21 世 纪 本 科 金 融 学 名 家 经 典 教 科 书 系

国家级一流本科课程配套教材
国家精品课程配套教材
国家精品资源共享课配套教材
普通高等教育“十一五”国家级规划教材

商业银行管理学

（第六版）

Commercial Bank Management

主 编 彭建刚

中国金融出版社

责任编辑：王　君
责任校对：潘　洁
责任印制：丁淮宾

图书在版编目（CIP）数据

商业银行管理学/彭建刚主编．—6 版．—北京：中国金融出版社，2023.9
ISBN 978－7－5220－2074－7

Ⅰ．①商…　Ⅱ．①彭…　Ⅲ．①商业银行—银行管理　Ⅳ．①F830.33

中国国家版本馆 CIP 数据核字（2023）第 127012 号

商业银行管理学（第六版）
SHANGYE YINHANG GUANLIXUE（DI-LIU BAN）

出版
发行　中国金融出版社

社址　北京市丰台区益泽路 2 号
市场开发部　（010）66024766，63805472，63439533（传真）
网 上 书 店　www.cfph.cn
　　　　　　（010）66024766，63372837（传真）
读者服务部　（010）66070833，62568380
邮编　100071
经销　新华书店
印刷　河北松源印刷有限公司
尺寸　185 毫米×260 毫米
印张　28.75
字数　643 千
版次　2004 年 3 月第 1 版　2009 年 4 月第 2 版　2013 年 6 月第 3 版
　　　2014 年 7 月第 4 版　2019 年 4 月第 5 版　2023 年 9 月第 6 版
印次　2023 年 9 月第 1 次印刷
定价　80.50 元
ISBN 978－7－5220－2074－7

21 世纪高等学校金融学系列教材
编审委员会

张礼卿　中央财经大学　教授　博士生导师
张成思　中国人民大学　教授　博士生导师
张　杰　中国人民大学　教授　博士生导师
张桥云　西南财经大学　教授　博士生导师
张志元　山东财经大学　教授
陆　磊　国家外汇管理局　副局长
陈伟忠　同济大学　教授　博士生导师
郑振龙　厦门大学　教授　博士生导师
赵锡军　中国人民大学　教授　博士生导师
郝演苏　中央财经大学　教授　博士生导师
胡炳志　武汉大学　教授　博士生导师
胡金焱　山东大学　教授　博士生导师
查子安　金融时报社　总编辑
贺力平　北京师范大学　教授　博士生导师
殷孟波　西南财经大学　教授　博士生导师
彭建刚　湖南大学　教授　博士生导师
谢太峰　首都经济贸易大学　教授　博士生导师
赫国胜　辽宁大学　教授　博士生导师
裴　平　南京大学　教授　博士生导师
潘英丽（女）　上海交通大学　教授　博士生导师
潘淑娟（女）　安徽财经大学　教授
戴国强　上海财经大学　教授　博士生导师

主编简介

彭建刚，1955 年生，武汉大学经济学博士，比利时根特大学金融系和美国休斯顿大学金融系高级访问学者。湖南大学金融与统计学院二级教授，金融学博士生导师，应用经济学博士后合作导师。长期担任湖南大学金融学科学术带头人和“商业银行管理学”本科课程负责人，在银行业宏观审慎管理、微观审慎管理和普惠金融等学科前沿研究领域有突出的成果。系享受国务院特殊津贴专家（1999 年），湖南省优秀社会科学专家（2003 年），湖南省 121 人才工程第一层次专家（2007 年），湖南省优秀博士学位论文指导教师（2011 年）。获湖南大学哲学社会科学突出贡献奖（2017 年）和宝钢优秀教师奖（2019 年）。现任湖南大学学术委员会委员，湖南大学金融管理研究中心主任，中国金融学会理事，中国金融工程学年会常务理事，湖南省金融学会副会长。2003 年作为学科带头人牵头申报湖南大学金融学博士学位授权点获批，2001 年牵头申报湖南省重点学科（湖南大学金融学科）获批。2006 年组建并主持湖南大学 985 工程经济开放与现代金融管理创新团队。

主持国家社会科学基金重点项目和一般项目、国家自然科学基金面上项目、教育部人文社会科学研究项目、中国人民银行重点项目等重要课题 30 多项。出版《彭建刚文集》（五卷）（湖南大学“双一流”建设重大成果培育基金支持项目）、《现代商业银行资产负债管理研究》《中国地方中小金融机构发展研究》《商业银行经济资本管理研究》《基于宏观审慎监管的银行业压力测试研究》等学术专著。在国内外学术期刊发表论文 200 多篇。主编国家级规划教材《商业银行管理学》。主持国家精品课程、国家精品资源共享课程和国家级一流课程“商业银行管理学”。作为第一获奖人获教育部人文社会科学优秀成果二等奖、湖南省哲学社会科学优秀成果一等奖和中国金融教育优秀科研成果一等奖等国家级省部级科研成果奖。曾任中共湖南大学委员会委员、湖南大学研究生院副院长（分管日常工作）、金融学院党总支书记兼副院长、985 工程金融学科首席科学家、原湖南财经学院金融系副主任、湖南省人民政府院士专家咨询委员会委员等职。

2020 年入选《中国哲学社会科学最具影响力学者（经济学和金融学）排行榜》。2022 年入选《中国高贡献学者榜》。

第六版前言

2019年6月，本教材编写组主讲的本科课程“商业银行管理学”在中国大学MOOC（爱课程网）上线，至今已在线开课9次，2021年2月被湖南省教育厅认定为湖南省一流本科课程，2023年6月被教育部认定为国家级一流本科课程。该开放课程教学课时与线下课堂教学课时（48课时）基本相同，便于选课同学根据本科培养方案和教学大纲线上学习。这一开放课程受到了同学们的欢迎，特别是在新冠疫情期间，国内许多高校的任课老师运用本课程的开放资源建立了SPOC（小规模限制性在线课程），为同学们提供了很好的线上学习机会。

2022年10月，中国共产党二十大报告指出，继续推进实践基础上的理论创新，首先要把握好新时代中国特色社会主义思想的世界观和方法论，坚持好、运用好贯穿其中的立场观点方法；必须坚持人民至上，必须坚持自信自立，必须坚持守正创新，必须坚持问题导向，必须坚持系统观念，必须坚持胸怀天下。“六个必须坚持”是进一步充实和提高本教材质量的指导思想，系统观念与市场经济原理有机结合，是学习和研究商业银行管理学的基本方法。本教材编写组从党的二十大精神中得到鼓舞，按照历史与逻辑相统一的辩证关系，修订第六版教材。

利率市场化是银行业及整个金融业最重要的改革之一。近年来，我国着力推进的贷款市场报价利率（LPR）形成机制和存款利率市场化调整机制，已取得明显的效果，发挥了市场在利率形成中的决定性作用。2023年3月10日，美国金融监管当局宣布关闭陷入流动性危机和巨额亏损中的硅谷银行，凸显了商业银行利率风险管控和基于资产负债持续期缺口的资金时间价值管理的重要性。为适应新形势下教学和实践的需要，第六版教材增加了资金时间价值原理及其计算方法，作为课程的基础内容。根据国家对银行业高质量发展的要求，第六版教材修订重点关注银行业宏观审慎管理与微观审慎管理协调创新、普惠金融和互联网金融等方面的发展变化。

第六版教材主编为彭建刚教授，编写组成员（相同职称以姓氏笔画为序）为王修华教授、龙海明教授、乔海曙教授、周鸿卫教授、何婧副教授、周再清副教授、张学陶副教授、易传和副教授、钟林超副教授、赵静副教授。彭建刚教授执笔新增了第一章“资金时间价值”，并对导论、第二章、第四章、第五章、第九章、第十章、第十二章、第十四章、参考文献、附录等部分进行了必要的补充和修改，更新了各章随时间变化的数据；根据商业银行发展的需要，在各章的最后用新的教学辅助材料替换了过时的材料，读者可扫描二维码参阅。周再清副教授执笔编写了第九章第五节案例二“系统重要性银行流动性监管指标分析”。赵静副教授执笔编写了第五章第七节案例三“国有大型商业银行全流程线上普惠贷款”。教材编写组各位老师对第六版稿件进行了讨论和审读。

感谢中国金融出版社出版部王效端主任、教材编辑一部王海晔主任和王君编辑，她们细心负责的编辑工作保证了本教材（第六版）的顺利出版发行。感谢湖南大学2021年将本教材（第六版）列为本科规划教材建设项目。今年是本教材（第一版）向中国金融出版社投稿20周年，特对中国金融出版社历届社领导、教材编辑部领导和各位编辑同志的长期支持表示感谢；向支持本教材编写出版的教育部高等教育司、兄弟院校同行专家、金融机构专家、“爱课程”中国大学精品开放课程共享平台和使用本教材的各校老师和同学们表示感谢。

感谢美国加州州立大学金融学助理教授刘畅博士为本教材（第六版）部分国外数据更新提供的帮助。感谢湖南大学金融学研究生胡月、张慧媛、鲁斯玮、刘玲、黄瑞欣、李金霞、徐韬涵、孙倩、林子楚、吴金津、徐倩雯等同学在新冠疫情期间为“商业银行管理学”线上课程提供的协助。

需要本教材课件或进入爱课程网、湖南大学校园网学习本课程的读者，可扫描以下二维码。

国家级一流
本科课程（线上）
（商业银行管理学）
（爱课程网）

国家精品资源
共享课程
“商业银行管理学”
（爱课程网）

国家精品课程
“商业银行管理学”
（需要进校园网或
登录湖南大学 VPN）

编者
2023 年 6 月

第五版前言

2016 年，本教材编写组主讲的本科课程“商业银行管理学”被教育部正式认定为国家精品资源共享课程。2018 年，该课程被湖南大学认定为本校首批本科品牌课程。本教材于 2015 年被中国金融出版社列入 21 世纪本科金融学名家经典教科书系。为了适应新时期培养高质量金融人才的需要，进一步推进国家精品课程的建设，完善本教材的专业知识结构，在纪念改革开放 40 周年之际，出版本教材第五版。

第五版由彭建刚任主编，参编人员（以姓氏笔画为序）为王修华、龙海明、乔海曙、何婧、周鸿卫、周再清、张学陶、易传和、钟林超。

这一次再版，教材编写组进行了多次讨论。彭建刚教授重点修改了第一章、第二章、第五章、第十章和第十四章，更新了部分随时间变化的数据。周再清副教授修改了第九章表 9－1 和表 9－2，易传和副教授修改了第十四章第三节。

2015 年底，国务院发布《推进普惠金融发展规划（2016—2020 年）》，普惠金融已成为国家金融发展战略的重要支撑。商业银行需要高度重视普惠金融领域的贷款。因此，第五版在第五章增加了一节“普惠金融领域贷款管理”，介绍普惠金融领域贷款管理的理念和方法。

为便于同学们课后学习，第五版各章结尾附了本章教学辅助材料相关链接，供扫描二维码阅读。

第五版新增部分成稿时，征求了国内多所高等学校任课教师的意见，特表示感谢。为支持本教材的修订，中国人民银行宁波市中心支行办公室副主任金小平提供了普惠金融的案例，中国银保监会湖南监管局、中国人民银行长沙中心支行、浏阳农村商业银行提供了有价值的普惠金融文献资料；湖南大学金融学研究生徐轩、陈琪、宁芾、唐甜校对了更新的数据和文稿；另外，湖南大学和超星集团湖南分公司为制作本科课程“商业银行管理学”在线视频提供了支持，湖南大学金融学研究生肖主宸、杨淑、崔云婷、陈玉婷、周润民、严楚琦提供了相关协助，一并表示感谢。

感谢中国金融出版社教材编辑一部王效端主任和王君编辑，她们高质量和负责任的工作，保证了本教材（第五版）的顺利出版。感谢兄弟院校同行们使用本教材。在本教材（第五版）的使用过程中，我们继续期待专家和读者的批评建议，以便改正。

需要本教材课件、相关教学资料及课程在线视频的读者，可扫描以下二维码获取。

国家精品资源
共享课程
“商业银行管理学”
（爱课程网）

国家精品课程
“商业银行管理学”
（需要进校园网或
登录湖南大学 VPN）

中国大学 MOOC
课程（爱课程网）
“商业银行管理学”

编者

2019 年 1 月

第四版前言

2013 年，本教材编写组主讲的大学本科课程“商业银行管理学”被教育部确定为国家精品资源共享建设课程，并在中国大学精品开放课程网（爱课程网）顺利上线，成为在该网站最早上线的金融类课程之一。为了体现课堂教学和网上资源共享教学的一致性，作为国家精品资源共享课配套教材，本次再版时，主编彭建刚教授对教材各章做了进一步的梳理和适当的补充，重点在第一章加强了基础理论部分的阐述，在第二章、第九章、第十二章和第十三章增加了《巴塞尔协议Ⅲ》、中国银监会《商业银行资本管理办法（试行）》和《商业银行流动性风险管理办法（试行）》核心内容的阐述；补齐了各章的案例分析，并对第二章的案例做了更新。

本教材自 2004 年 3 月发行第一版，至今已逾 10 年。第一版是在《巴塞尔资本协议》和巴塞尔委员会《有效银行监管的核心原则》框架下编写的，强调了效益性、安全性、流动性“三性”平衡和资产负债管理的理念；第二版是在《巴塞尔新资本协议》（即《巴塞尔协议Ⅱ》）框架下修订的，强调了经济资本管理的理念；第三版和第四版是在《巴塞尔协议Ⅲ》的框架下修订的，强调了宏观审慎监管和防范系统性风险的理念。各版次的修订既反映了商业银行管理前沿领域的内容，也体现了这一学科体系历史与逻辑的统一。

1997 年以来，随着巴塞尔协议的演进，本课程组负责人彭建刚教授先后主持了国家社会科学基金项目“我国商业银行资产负债比例管理研究”、国家社会科学基金重点项目“我国地方中小金融机构发展研究”和国家自然科学基金项目“我国商业银行违约模型与经济资本配置研究”“基于宏观审慎监管的我国银行业压力测试研究”“我国银行业宏观审慎管理与微观审慎管理协调创新研究”等国家级课题，可谓教学与科研相长，对商业银行管理规律的认识在不断深化。科学研究是通过不断追求相对真理，从而日益接近绝对真理的过程，大学教材内容的完善也是如此。本教材（第四版）仍不免存在缺陷，期待同行专家和读者提出批评和建议。

衷心感谢中国金融出版社教材编辑一部王效端主任和王君编辑在本次修订过程中给予的支持和高质量的编辑工作。为第四版各章节标题、公式和图表等内容所增加的彩色标示，突出了重点，将方便师生的教与学以及相关专业人员的阅读。

需要本教材课件和相关教学资料的读者，请登录以下网址：

国家精品课程“商业银行管理学”网站：http://kczx.hnu.cn/G2S/Template/View.aspx?action=view&courseType=1&courseId=695&ZZWLOOKINGFOR=G

国家精品资源共享课程“商业银行管理学”网站：http://www.icourses.cn/coursestatic/course_2802.html

编者

2014 年 4 月

第三版前言

本教材第二版自2009年出版以来，商业银行的经营环境和经营理念发生了深刻变化。2010年12月，巴塞尔委员会发布了第三版巴塞尔协议；2012年6月，中国银行业监督管理委员会发布了《商业银行资本管理办法（试行）》。新的银行业监管规则强调宏观审慎管理与微观审慎管理的有机结合，强调商业银行的逆周期管理和精细化管理，对商业银行管理学教材提出了更高的要求。这也说明本教材编写组将经济资本管理内容编入《商业银行管理学》本科教材是合适的。

2013年5月，由本教材编写组主要成员讲授的大学本科课程“商业银行管理学”被教育部评审专家列入国家级精品资源共享课立项项目建议名单。为了适应国家精品资源共享课程建设的需要和教学的要求，本次再版时，主编彭建刚教授对整个教材进行了系统的修改，对一些知识点和名词术语进行了规范，补充了一些关键信息，更新了一些数据，纠正了个别错误，进一步提高了教材的严谨性和科学性。

值得一提的是，与本教材的教学相配套，教材编写组建立了国家精品课程“商业银行管理学”的标准化网站，已在湖南大学课程中心上网，内容包括“教学大纲”“教学课件”“教学录像”“教学资料”等。主编彭建刚教授承担了网站组织和建设工作，周鸿卫教授、张学陶副教授和周再清副教授承担了部分网站资料收集的工作，博士研究生和硕士研究生潘凌遥、蒋达、黎灵芝、陈晓嘉、董景文、左峥、周雨、刘艺哲、邱浩宇、但迁、胡真做了部分网站维护和拓展资源校对工作。

在本教材的建设过程中，教育部高等教育司、中国金融出版社教材编辑一部和国内金融学专家给予了许多支持和鼓励，特表示衷心的感谢。

本教材（第三版）仍不免存在缺点，望同行专家和读者批评指正。

需要本教材课件的读者，请登录以下网址：

http：//kczx. hnu. cn/G2S/Template/View. aspx? courseId = 695&topMenuId = 127427&action = view&type = &name = &menuType = 1

编者

2013年6月

第二版前言

本教材（第二版）2008 年被教育部确定为普通高等教育“十一五”国家级规划教材。

本教材（第一版）自 2004 年 2 月出版以来，得到了国内许多高等院校经济类、管理类师生的支持和鼓励，我们表示衷心的感谢。2007 年由本教材编写组主要成员讲授的大学本科课程“商业银行管理学”被教育部确定为国家精品课程，这对我们是一个很大的鼓励，对教材有了更高的要求。第二版在保持第一版体系和特色的基础上，增加了经济资本管理的内容，以适应现代商业银行风险管理的需要；针对第一版各章节存在的一些不足和国内外金融形势的变化，第二版做了必要的修改和补充。

在主编彭建刚教授的组织下，本教材编写组的龙海明教授、乔海曙教授、易传和副教授、张学陶副教授、周鸿卫副教授、周再清副教授、钟林超副教授、王修华副教授、何婧讲师多次集体讨论，在总结使用本教材经验并听取国内高校一些任课教师意见的基础上，提出了修改意见。各章（按第二版排序）修改的主要执笔人员如下：彭建刚（第 1、2、6、15 章），王修华（第 2、3 章），张学陶（第 4、15、16 章），龙海明（第 5 章），易传和（第 7、14 章），乔海曙（第 8 章），周再清（第 9 章），周鸿卫（第 11 章）。第 10、17、18 章未作修改。新增两章执笔人员如下：何婧、彭建刚（第 12 章），彭建刚、张丽寒、吕志华（第 13 章）。在各章修改的基础上，彭建刚对第二版全部书稿进行了统改并定稿。湖南大学金融学院博士研究生周行健、李关政、崔杰和硕士研究生唐棠、钟海、吴玉梅、刘佳、黄玺、汤伯虹、梁立做了部分校对工作。

在本教材的建设过程中，教育部高等教育司和国内金融学专家给予了大力支持。中国金融出版社教材编辑一部的编辑做了大量工作。我们表示诚挚的谢意。

由于水平有限，本教材（第二版）仍不免存在缺陷，望国内同行和读者批评指正。

编者

2009 年 3 月

第一版前言

在市场经济条件下，商业银行与一般的工商企业一样，实行自主经营、自担风险、自负盈亏、自我约束、自求平衡、自我发展。同时，由于经营货币这种特殊的商品，商业银行又具有自己特殊的经营规律。商业银行的目标是在维持信用资金安全性、流动性和效益性“三性”平衡的基础上谋求利润最大化。

自20世纪70年代以来，商业银行经营的外部环境发生了深刻的变化：金融管制放松，金融全球化进程加快，市场竞争日趋激烈，混业经营成为主流模式，信息技术飞速发展以及新监管协议即将出台等。这些变化在给商业银行带来广阔发展空间的同时，也带来了前所未有的挑战。

商业银行是我国金融业的主体，在国民经济发展中发挥了十分重要的枢纽作用。当前，我国商业银行的改革正日益深化，各种金融工具的引入和创新方兴未艾，已能提供发达国家商业银行所能提供的大多数金融服务。加入世贸组织后，我国商业银行发展的步伐将进一步加快。然而，在融入国际金融市场的进程中，仅仅靠过去的金融管理知识与管理方法已难以适应外部环境变化的需要，必须采用国际上通行的现代商业银行的管理原理、方法与手段，方能更好地参与国际竞争。

基于上述目的，我们编写了这部教材。本书以现代金融学、经济学和管理学理论为指导，对商业银行内部管理和外部管理两个方面进行了全面系统的阐述。商业银行管理既包括自身的资本金管理、资产与负债的管理、资金流动性管理、财务管理、人力资源管理，也包括客户信用分析、客户经济效益跟踪管理、收贷管理、市场营销管理等内容。根据现代商业银行经营的特点，证券投资管理、中间业务管理、国际业务管理、资产负债综合管理、全面质量管理都已成为商业银行管理学研究的重要内容。

本书的特色体现在以下方面：一是系统性，对商业银行的各种业务及相关的组织管理问题进行了详尽的论述；二是实用性，本书以可操作性和实用性为出发点，从近期商业银行的实践中选取了大量丰富而生动的案例，以期使读者对商业银行的业务及其管理不仅有章可循，而且有例可鉴；三是不变性，本书阐明了商业银行业务及其管理的诸多新变化，但更注重介绍商业银行管理不变的原理和方法，强调基本原理与方法的传授；四是前瞻性，本书与国际商业银行的实践活动相吻合，论证了现代商业银行管理的最新发展趋势，可以促进我国商业银行的管理尽快与国际惯例接轨。

本书可以作为高等学校金融专业及相关专业本科生的教材，也可以作为金融专业研究生、商业银行和其他金融机构专业人员的参考用书。

本书由湖南大学金融学院博士生导师彭建刚教授担任主编并拟订详细写作大纲，龙海明副教授、易传和副教授和张学陶副教授担任副主编。博士研究生王修华担任教材编写的联络工作。本书共分16章。各章书稿执笔人员如下：彭建刚（第1、10章），彭建刚、王修华（第15章），钟林超（第2、16章），周再清（第3章），张学陶（第4、14章），龙海明（第5、13章），周鸿卫（第6、11章），易传和（第7、12章），乔海曙（第8章），周再清、王修华（第9章）。彭建刚、龙海明、易传和、张学陶对全部书稿进行了修改，彭建刚总纂定稿。湖南大学金融学院硕士研究生王睿、周行健、李巾杰、何桐娟、杨露、周立枚、宋端芳和李关政为本书做了校对工作。

在本书的编辑和出版过程中，湖南大学及金融学院领导给予了大力支持，中国金融出版社彭元勋主任、责任编辑古炳鸿同志付出了大量心血，在此一并表示诚挚的谢意。

由于编者水平有限，时间仓促，书中的疏漏和错误之处在所难免，恳请读者和专家批评指正。

编者

2004年1月

21st Century 名家经典

目　录

商业银行管理导论

作为金融中介的商业银行实行企业化经营，在维持信用资金效益性、安全性和流动性平衡的基础上谋求价值最大化。

第一节 商业银行的性质与功能

一、商业银行的性质

（一）商业银行具有十分明显的特征：企业性质

与一般的企业一样，商业银行具有业务经营所需要的自有资金，在市场经济条件下，实行自主经营、自担风险、自负盈亏、自我约束、自求平衡、自我发展。商业银行追求的最终目标是价值最大化。商业银行与中央银行、政策性银行在性质上有重要的区别。中央银行和政策性银行都不是企业，不追求价值最大化。中央银行代表国家制定宏观货币政策，行使宏观金融管理职能。政策性银行属于政府的金融机构，基本职责是以融资手段贯彻国家产业政策，弥补市场机制对社会资源配置的不足。

（二）商业银行具有特殊的经营规律

商业银行经营的商品是货币，经营内容包括货币收付、借贷以及各种与货币运动有关的或者与之相联系的资金融通服务。作为金融中介机构，商业银行从事货币的负债经营，除少量自有资金和固定资产外，资金来源和资金运用两头在外。因此，揭示一般企业生产过程投入产出关系的边际收益递减规律、边际技术替代率递减规律以及生产的三个阶段在商业银行基本不适用。商业银行负债的来源多种多样，资金的流入日和到期日千变万化，资产的形成日和到期日也千变万化，且各种资产和各种负债的利率不尽相同；商业银行经营货币存在广泛的空间差和时间差。这与经营物质产品的一般企业有很大的不同，大学教科书《微观经济学》《管理经济学》所阐述的常用于一般企业管理的最优化经济原理用于商业银行管理具有很大的局限性。

1. 边际分析方法用于商业银行管理的局限性

在一些情况下，边际分析方法用于商业银行管理是可以的，但在许多情况下，对商业银行来说，存在空间差和时间差的限制性条件，这些限制性条件是不容忽视的，否则将导致完全错误的决策。

我们知道，生产的边际成本：

$$MC = \lim_{\Delta Q \to 0} \frac{\Delta TC}{\Delta Q} = \frac{dTC}{dQ} \tag{0.1}$$

式中，*TC* 为企业生产的总成本，*Q* 为产量。

生产的边际收入：

$$MR = \lim_{\Delta Q \to 0} \frac{\Delta TR}{\Delta Q} = \frac{dTR}{dQ} \tag{0.2}$$

当边际收入等于边际成本，即

$$MR = MC \tag{0.3}$$

企业取得最大的利润。

商业银行是金融中介机构，从事货币的负债经营，一般来说，运用式（0.3）确定商业银行某一金融产品的最佳供应量是十分困难的。

具体分析式（0.3）运用于商业银行遇到的空间差和时间差问题。对一般生产型企业而言，所分析对象的 *MC* 和 *MR* 的物质载体是同一的，即 *MC* 和 *MR* 分别是发生在同一新增产品上的费用和收入，不存在空间差。在商业银行业务经营中，某一笔资金的来源及其运用在财务管理上一般不一一对应，众多来源分散、期限不一、储蓄种类不同的存款在该银行后来的经营过程中形成了什么样的金融资产，银行一般不得而知，也没有必要十分清楚。通常情况下，商业银行决策者在决定是否使用某一笔资金时，不知道这笔资金的具体来源和其边际成本，因此，商业银行资金的来源与其应用存在着空间差。

一般生产企业产品增量 ΔQ 所带来的成本增量 ΔC 和收入增量 ΔR 都可在企业往来账上在较短的时间内实现，可视为不存在时间差。商业银行的情况则不同。一般来讲，存放在银行的一笔资金的使用权不能一次性买断，储户可能随时取回存款，也可能延长存期。资金成本（利息）的付出与存款余额、利率相关联，各类存款的余额和利率频繁变动，使得商业银行很难及时确定一笔可用资金的成本。更重要的是，商业银行资产收入的实现很可能存在着较长的期限，且在这一较长的期限过程中包含着资金本息不能收回的可能性（信用风险）、市场利率变动的可能性（市场风险）、收入实现时间的不确定性（分期还贷），等等。就商业银行一笔可用资金而言，其负债形成日和到期日通常难以确定，而其资产收入到账又有一定的期限，因此，商业银行资金来源与其运用存在着广泛的时间差。

不存在明显的空间差和时间差是判断式（0.3）得以有效运用的前提。商业银行资金来源与资金运用过程存在着广泛的空间差和时间差，不存在同一的物质载体，这使得式（0.3）在商业银行最优化管理过程中的有效运用大打折扣。

MR 和 *MC* 是在一动态的、连续变化的过程中确定的。在作决策分析时，如果商业银行资产收入的变量不能连续地变化，其判断式（0.3）就难以有效运用。而资金变量离散的、大幅度跳跃式的变动正是商业银行经营的主要特点之一。

金融产品投入产出过程中存在的空间差、时间差和资金变量的非连续变化在相当大的程度上限制了边际分析方法在商业银行管理中的有效应用。

2. 投入要素最优组合原理用于商业银行管理的局限性

投入要素最优组合原理适用于一般企业的生产经营管理。在变动要素价格 P_X 不变的条件下，单一可变投入要素最优投入量确定的判别式为

$$MRP = P_X \tag{0.4}$$

其中

$$MRP = MP \times P_Q \tag{0.5}$$

MRP 为边际产量收入，MP 为边际产量，P_X 为变动投入要素的价格，P_Q 为产品的价格。

因为式（0.5）来源于式（0.3），故式（0.5）在商业银行管理过程中的运用同样遇到了空间差和时间差的问题。除此之外，还存在如下问题：(1) 商业银行作为金融企业，表现出更复杂的投入产出特性，边际产量一般不呈现先上升后下降的趋势。(2) 商业银行投入资金的单位成本各不相同。(3) 一些金融产品特别是一些金融衍生产品的投机性或保值性色彩浓厚，不遵循判别式（0.5）所包含的最优化原理。以上诸因素限制了单一可变投入要素最优投入量判别式（0.5）在商业银行的应用。

同理，多种可变投入要素最优组合（所有投入要素均为可变的情况）的判别式：

$$\frac{MP_1}{P_1} = \frac{MP_2}{P_2} = \cdots = \frac{MP_n}{P_n} \tag{0.6}$$

也因上述几种因素一般难以用于商业银行的最优化管理。

式（0.6）中，MP_n 为投入要素 n 的边际产量，P_n 为投入要素 n 的价格。

3. 规模经济原理用于商业银行的局限性

按同一生产要素组合比例增加所有要素的投入量，即增加企业经营的规模，产量的增长一般会遵循这样一种经济规律，在这种规律作用下，产量增长的倍数开始大于投入增加的倍数，然后等于投入增加的倍数，最后小于投入增加的倍数，这就是规模收益率问题。规模收益率递增主要归因于专业化。随着生产规模的扩大，在生产过程中可以有效使用受过专门训练的员工和高效能的大型设备。由于生产设备的不可分割性，只有达到了一定的生产规模后，它们的高效能才能发挥出来。随着生产规模的扩大，企业的管理工作同样存在专业化效率问题，科室的合理分工，能够更好地发挥专业技术人员和管理人员的作用。规模收益的增长是有限度的，当生产规模的放大所产生的协调费用大于专业化带来的经济效益时，规模收益率即出现递减。

一些经济学家通过实证考察，认为商业银行存在着规模经济性。这种规模经济性在单一制银行和总分行制银行都存在。例如，如果某一商业银行存贷款比例不变，扩大其存贷款的经营规模，该银行的平均成本在初始阶段呈现递减，然后呈现不变，在最后阶段平均成本则呈现递增。

但是，我们细加考察就会得出结论：商业银行的这种规模经济性是就其整体而言的，对具有一定经营权的分支行及其营业网点不一定能用规模经济原理进行管理。在商业银行的基层，点多面广，经营的金融产品具有较广泛的同一性，总行可以组织分支行之间的专业性协作，基层营业点和分支行内部则不一定能用规模经济原理进行经营，受客源、地域和经济环境的自然约束，许多分支行扩大经营规模受到限制。分支行及其基

层营业网点作为商业银行伸向各地的触角，它们的设立通常是考虑到对客源的争取并提供相应的便利性服务，其规模经济性被放在次要的地位。

以上分析说明，商业银行经营的特殊性质决定了它们的最优化管理不能简单套用一般生产企业采用的方法。商业银行为了实现其管理的优化，需要找到适合其管理特色的有效方法。

由于商业银行的金融中介地位以及它们为国民经济发展所提供的广泛的金融服务，商业银行对整个社会经济的影响要远远大于一般企业，商业银行受整个社会经济的影响也比一般企业大得多，金融风险管理成为商业银行经营的核心内容之一。商业银行应考虑的风险比一般企业更为广泛，信用风险、操作风险、市场风险、流动性风险等都是应高度关注的。商业银行业务经营的特殊性决定了其有着与一般企业不同的经营规律。

二、商业银行的职能

现代商业银行为了保持足够的竞争力和满足社会的需求承担着越来越多的职能。商业银行的主要职能有以下几种。

1. 中介职能。中介职能指商业银行通过存款等负债业务，把社会上的各种闲散资金集中起来，再通过贷款等资产业务，将吸收的资金投向单位和个人。

商业银行的中介职能在国民经济中发挥着重要作用：将社会闲散资金转化为生产经营资金；将社会的小额资金转化为生产经营所需的大额资金；将社会的短期闲散资金的长期稳定余额转化为长期的生产经营资金；引导社会资金从效益低的部门流向效益高的部门。

2. 支付职能。支付职能指商业银行代表客户支付商品和服务价款，例如，签发和支付支票、电汇资金、电子支付、支付现金等。商业银行经常通过存款在账户上的转移代理客户支付，在存款的基础上为客户兑付现款，成为社会各团体和个人的货币保管者、出纳者和支付代理人。

商业银行的支付职能形成了以商业银行为中心的国民经济支付链条和债权债务关系，大大减少了现金的使用，加速了结算过程和货币资金周转，提高了资金的使用效率，为客户的经济活动提供了方便。

3. 信用创造职能。信用创造职能指商业银行利用存款发放贷款，在支票流通和转账结算的基础上，贷款又转化为派生存款，在这种存款不提取或不完全提现的情况下，除了必须上存中央银行的法定存款准备金，增加了商业银行可用的资金来源，最后整个商业银行体系形成了数倍于原始存款的派生存款。

商业银行的信用创造职能对社会的货币供应量、信贷总规模和国民经济运行产生了很大影响，政府运用法定存款准备金制度等货币政策工具来调节商业银行的信用创造职能，从而商业银行充当了政府实现经济增长和社会目标的手段。

4. 金融服务职能。金融服务职能指商业银行为客户提供担保、信托、租赁、保管、咨询、经纪、代理融通等业务。商业银行通过这些业务扩大了社会联系面，增加了市场份额，同时也增加了非信贷收入。

随着经济的发展以及金融市场竞争日益激烈，对商业银行金融服务职能的要求越来越高，这将进一步推动金融服务创新。

三、商业银行在金融市场中的作用

至今，贷款一直是商业银行的主要资产业务，通过对贷款占外部融资结构的比重及相关原因的分析，可以说明商业银行在金融市场中的作用。

1. 贷款占全部商务外部融资的主要部分。根据美国哥伦比亚大学教授 Frederic S. Mishkin 和东卡罗来纳大学教授 Stanley G. Eakins 2018 年出版的大学教科书 *Financial Markets and Institutions*（第九版）提供的数据，1970 年至 2000 年，所有美国商务（American Businesses）的外部融资（Using External Funds）中，贷款占56%，债券占32%，股票占11%。该教材还对德国、日本、加拿大等发达国家的相同分类数据进行了比较，这三个发达国家的贷款占比都超过了70%，也就是说，贷款在这些发达国家也是最主要的融资工具。

根据中国国家统计局的年度数据，2021 年，我国全年社会融资规模增量（当年实体经济从金融体系获得的资金总额）为 31.4 万亿元，全年全部金融机构本外币各项贷款增加 20.1 万亿元，新增贷款占社会融资规模增量的 64.01%。2022 年，我国全年社会融资规模增量为 32.0 万亿元，全年全部金融机构本外币各项贷款增加 20.6 万亿元，新增贷款占社会融资规模增量的 64.38%。我国的社会融资规模既包括人民币贷款和外币贷款等间接融资，也包括政府债券、企业债券和非金融企业股票融资等直接融资。2021 年和 2022 年两个最近年度的数据表明，虽然我国证券市场发展很快，时至今日，贷款在我国金融体系的实体经济融资中仍占主要比重。

上述各国金融市场数据告诉我们，发行市场可交易的证券在发达国家和发展中国家都不是最重要的外部融资来源，而商业银行等金融中介机构提供的贷款才是最重要的外部融资来源。

2. 交易成本与信息不对称决定了商业银行在金融市场中的作用。贷款主要由商业银行提供。为什么股票与债券至今不能成为最重要的外部融资来源？为什么商业银行在现代金融市场中仍处于主体地位？这是由金融市场的交易成本与信息不对称决定的。

至今，世界上大多数普通家庭未拥有任何可交易的证券。交易成本是其中重要的影响因素。如果一个中等收入的家庭将 1/3 的薪金投资于股票，能买到的股票数量是相当少的，所付出的交易费用与购买股票的价格相比具有较大的比例；由于投入的资金量少，“鸡蛋只能放在同一篮子里”，无法分散风险。若投资于债券，诸如国债，许多国家的金融市场上国债销售的最小货币单位往往数字不小，一般的家庭没有足够的资金购买，证券经纪公司对小额债券投资也不会重视，因为与收入相比较，成本过大了。

交易成本影响了证券市场的发展，金融中介机构却能降低交易成本。商业银行这一重要的金融中介能够运用规模经济原理，通过专业化管理与协作，将积累的小额储蓄资金从事大额投资，大大降低了交易成本，分散了风险，实现了合理的资产组合。

交易成本的存在部分地解释了为什么商业银行等金融中介以及间接融资在金融市场

中发挥了如此重要的作用。

导致间接融资比直接融资更为重要的另一关键因素是信息不对称。信息不对称指交易双方中一方对另一方的信息掌握不足，因而不能作出正确的决策。例如，一上市公司的CEO知道自己是否诚实并且掌握公司的全部经营情况，而股东们掌握公司的信息却有限。

信息不对称导致了金融市场的逆向选择。逆向选择影响了金融市场的融资结构，这就是所谓的“柠檬问题”。柠檬问题最初引自旧车市场的一种现象。进入旧车市场，欲购方一般不能甄别旧车是好车还是坏车，故必须付出的车价反映的是旧车的平均质量，这一价格处在柠檬（坏车）的低价与桃子（好车）的高价之间。卖方知道某台旧车是桃子还是柠檬，却希望将柠檬卖以高价，不愿将桃子以市场平价卖出。买方不愿购买柠檬，旧车就会卖不出去。柠檬问题同样存在于证券市场。一般的股票投资者难以分辨业绩好与不好的上市公司，他们只能付出反映各上市公司平均业绩的股票价格。另一方面，上市公司管理者掌握的信息多，业绩好的上市公司不愿接受只反映平均业绩的股票价格，只有业绩差的上市公司才愿接受相对自身业绩而言被高估的价格。许多投资者因此决定不购买上市公司股票，于是，证券市场的发展受到了阻碍。这一分析可以解释金融市场之谜：为什么市场可交易的股票和债券不是商务外部融资的最主要来源。柠檬问题的存在严重影响了资金供给者与需求者之间的有效融资。

解决逆向选择导致的柠檬问题，需要消除买卖双方的信息不对称。市场上可能出现一些专门收集、加工并出售信息的私人公司，证券投资者付费购买了有用信息后，能以较低的价格购买到绩优股并赚取利润。另一些投资者见有利可图，便会跟着购买那些绩优股而不必付出信息费，这就是所谓“免费搭车”。免费搭车使得绩优股交易加大，使其价格趋于实际价值，购买信息的利润消失了，导致证券市场的信息卖不出去，信息的收集与加工随之减少，故逆向选择（柠檬问题）依然存在。

政府的金融监管部门可免费向公众提供有关信息，但金融监管只是减轻了信息不对称问题，并不能从根本上消除该问题，上市公司仍比投资者掌握更多的信息，一般投资者仍然难以甄别上市公司的好坏。

旧车市场的买卖成交是如何实现的呢？一般地，旧车车主与购车者不直接打交道，而是通过经纪人，旧车经纪商是行家，掌握了必要的信息，有能力区别柠檬（坏车）和桃子（好车）。旧车经纪商充当中介人，先买后卖，满足了购车者的要求，自己也获得了价差利润，避免了“免费搭车”问题。

在金融市场，商业银行等金融中介起着类似于旧车市场经纪人的作用。从整体上来讲，商业银行拥有大量生产并把握金融信息的专家，能较好地区分和控制金融风险，先吸收存款，然后向优良的企业、个人或项目发放贷款。商业银行成功的关键在于它们的贷款一般不能自由交易，从而能避免“免费搭车”问题并从信息生产中获得相应的利润。“信息不对称”解释了为什么至今商业银行等金融中介提供的间接融资在金融市场占的比重仍大于证券市场提供的直接融资。

只要金融市场的信息不对称问题依然存在，证券市场上的交易成本依然不可忽视，商业银行的贷款功能就不会消失。因商业银行等金融中介也不能完全消除金融交易双方的信息不对称，这些中介机构需通过金融创新活动进一步降低交易双方和金融机构内部的信息不对称，控制金融风险，许多创新的金融产品具有特定的融资功能以适应市场的需要。

随着信息技术、国民经济的不断发展和公司、个人信息披露愈加规范，债券和股票在商务外部融资中占的比重会不断提高，贷款占的比重会慢慢下降。2023 年 2 月 17 日，中国证券监督管理委员会发布全面实行股票发行注册制相关制度规则，自公布之日起施行，标志着注册制推广到全市场和各类公开发行股票行为，核准制下的发行条件将会尽可能地转化为信息披露要求，直接融资渠道因而更为畅通。但是，可以肯定地说，根据上述分析和相关理论依据，在今后相当长的时间内，贷款的重要地位不会改变，贷款融资的总量会不断增加。

我国是发展中国家，95% 以上的企业是中小企业，大多数中小企业因信息状况不够明朗，难以通过发行市场可交易的证券获取资金，往往依靠商业银行等金融中介机构取得贷款。我国人口众多，个人消费信用发展的空间也很大。故今后我国商业银行的作用将十分显著，商业银行的贷款仍将是我国融资结构的主要部分。

商业银行在现代金融市场中的作用还体现在非贷款业务得到了迅速发展，本章第三节将作进一步的说明。

第二节 商业银行管理的目标

一、企业价值最大化——商业银行管理的最终目标

如前所述，商业银行与一般工商企业一样，业务经营建立在市场机制基础之上，以价值最大化作为管理的最终目标。价值最大化是从长期经营角度来定义的，不是一个短期的概念，价值最大化涉及资金的时间价值。因此，商业银行追求价值最大化即是在其受资源、技术和社会约束的市场经济体制下，谋求其股东财富最大化。所谓价值就是指商业银行未来现金流量的现值之和。这一目标模式可表述如下：

$$\max PV = \frac{\pi_1}{1+i} + \frac{\pi_2}{(1+i)^2} + \cdots + \frac{\pi_n}{(1+i)^n} = \sum_{t=1}^{n} \frac{\pi_t}{(1+i)^t} \tag{0.7}$$

式中，PV 为商业银行的价值；π_t 为商业银行在第 t 年的利润；i 为适当的折现率。

这一目标模式提出了这样一种经营理念：商业银行价值最大化是在长期经营过程中（时间上可至无穷）形成的。

二、“三性”平衡——商业银行管理的基本目标

商业银行业务经营的特殊性决定了它们与一般的企业在管理方法上表现出重大差异

性。这种差异性首先表现在商业银行在其最终目标之前还有一个管理的基本目标，即资金来源与运用的安全性、流动性、效益性“三性”平衡。它们的基本目标与最终目标当然是一致的，商业银行只有围绕着基本目标开展其日常的经营活动才能实现其最终目标。

1. 安全性。银行在社会经济活动中所处的中介地位决定了其安全经营的重要性。商业银行资金的“安全性”包含两重意义：一是银行投入的信用资金在不受损失的情况下如期收回，能保持和发展银行的经营规模和业务能力；二是银行不会出现因贷款本息不能按期收回而影响客户提取存款的情况。商业银行经营的安全性主要表现在：将资产分散化，降低资金运营中的风险。加强对客户的资信调查和经营预测，从制度上保证信用资金的及时回笼。资产负债清偿期限合理匹配，时刻保持银行的清偿能力。保持一定比例的流动性较高的资产，如活期贷款、短期流动资金贷款等。

2. 流动性。商业银行应保持及时支付客户全部应付款项的能力。银行资金流动性需求既来自客户的存款取现和转账，也来自客户对贷款的需求；资金流动性供给既产生于客户的新增存款和贷款的收回，也产生于商业银行借款等其他渠道；资金的流动性需求量既与商业银行负债的存量成正比，也与商业银行资产规模成正比。商业银行经营的流动性主要表现在：时刻满足资金的流动性需求。根据资金流动性变化规律，运用一定的预测分析工具对未来的流动性需求和供给作出正确估计并作出适当的资金安排。

3. 效益性。商业银行资金的优化配置是通过自身追求利润的过程完成的。商业银行经营盈利水平高，就能积聚更多的资本，提高客户对银行的信任度，改善和提高银行职员的物质生活待遇，从而有利于扩大业务规模和增强竞争的实力。商业银行的利润最终来源于物质生产，银行在追求利润的过程中，一般应选取产品有前途、经济效益好的客户和项目发放贷款或提供相关金融服务，从而实现信用资金的优化配置。商业银行经营的效益性主要表现在：在决策指标上，银行在配置每一笔资金时，都要考虑在一定的收入水平上，选取机会成本最低的资产项目，或者在一定的机会成本水平上，选取收入最高的资产项目，以期取得最大的经济利润。在会计指标上，银行在某一考核期内，表现出较高的资本收益率、资产收益率、运营净收入率和每股利润等。

三、“三性”之间的辩证关系

如果孤立地看待资金的安全性、流动性、效益性，分别把它们视为商业银行经营的基本目标，那就大错特错了。“三性”之间存在着错综复杂、既对立又统一的辩证关系。银行某笔资产盈利大小与该资产的风险度往往是成正比的，也就是说，某笔资金的效益性与该笔资金的安全性往往成反比。例如，商业银行现金资产流动性最强，其盈利性最低；一些盈利性强的中长期贷款和租赁资产，它们的流动性却较低。资金的流动性及其安全性常常表现出一致性但有时也表现出一定的矛盾性。如果商业银行过分注重资金的安全性，资金的机会成本很高，就会丧失许多盈利的机会，经营规模不易扩大，存款人担心银行经营不善从而抽走资金，将会出现资金流动性不足的情况。兑付出现问题的银行或者盈利较低的银行，即使资金的安全性高，也很可能难以通过借款增加资金的流动性供给。

因此，商业银行经营业务时，单纯强调“三性”中的哪一性都是行不通的，可能导致不良的效果；要求“三性”同时都达到最高水平同样不现实，不可能做得到。商业银行经营的基本目标只能是资金来源与运用的安全性、流动性、效益性“三性”平衡。在这里，资金的效益性是核心，资金的安全性和流动性是实现其效益性的基础，都有一个适度的问题。离开了资金的效益性，资金的安全性和流动性就会失去存在的价值；反过来，离开了这两个基础，资金的效益性便成了空中楼阁；“三性”在短时期内既相容又矛盾，彼此可能既相消又相长，具有系统相关性，但可以肯定地说，在长期意义上，动态的“三性”平衡能够保证商业银行取得最大利润。

商业银行管理的最终目标、基本目标与“三性”之间的关系如图 0－1 所示。

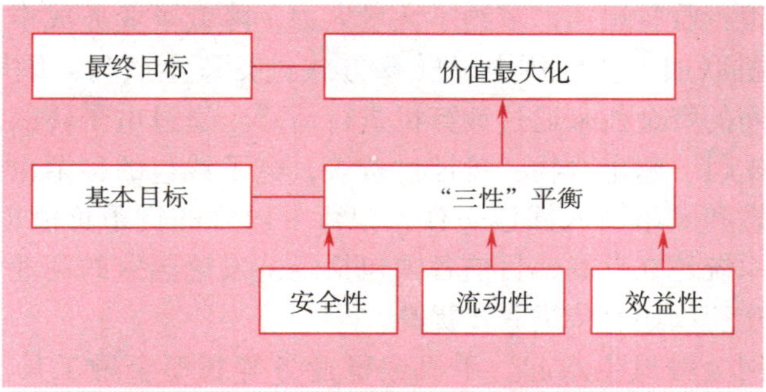

图 0－1　最终目标、基本目标与“三性”之间的关系

第三节　现代商业银行经营的特点

20 世纪 70 年代以来，世界各国先后采取了放松金融管制的政策，信息革命、日益强化的市场竞争以及经济全球化进程给商业银行带来了挑战和新的发展机遇，商业银行经营的外部环境发生了很大的变化，其经营呈现出新的特点。

一、商业银行业务电子化

技术进步是商业银行的经营发生重大变化的主要动力之一。在经济发达国家和大多数发展中国家，电子计算机已在商业银行得到了相当普遍的运用。商业银行及其客户能够以较低的成本方便、及时地获取资金和相关信息，计算机的广泛使用使商业银行的业务及其经营管理发生了革命性变化。而互联网时代的到来，加速了商业银行业务的电子化和互联网化进程，催生了新的业务模式，并将深刻地重塑行业面貌，影响行业发展方向。

商业银行业务电子化过程可分为三个阶段。第一阶段是利用计算机进行联机作业，即在银行总行安装计算机主机，在各分支行安装分机，从而使银行总行及各分支行的业务连接成有机整体。这种作业可提供活期储蓄、支票往来、定期存款、放款等服务。联机作业提高了商业银行的工作效率，同时方便了客户，某一银行的客户可以在银行的不同分支机构办理存款或者提款。第二阶段是装设自动柜员机（ATM）。自动柜员机可设在银行营业部，也可单独设在户外任何地点。自动柜员机不需要银行工作人员即时操作，可提供24小时全天候服务，节假日也不例外，且服务范围并不单一，包括取款、查询存款余额、存款、转账、数据打印（如提取存款的数额及时间、存款余额、资金往来的时间、付款人、受益人及其资金数额等），自动柜员机还可以供持国内外其他商业银行银行卡的客户提款。第三阶段是建立电子资金转账系统（EFTS）。通过这一系统，支票等大部分付款凭证被计算机控制的调拨系统所取代，这种系统可以无形地、实时地把一个账户的资金转入另一个账户。过去，支票处理一直占据商业银行大量的工作量，造成清算时间不及时，效率较低，费用较高。利用电子转账对商业银行和工商企业、居民等客户都有利，银行收款迅速，节约了大量人力，降低了业务成本。一些商业银行与工商企业利用计算机联成一体使用电子转账方式进行资金收付。同时，银行与客户之间、银行与银行之间的资金往来通过计算机进行清算。通过电子转账的方式，居民可使用银行卡进行网上支付、超市购物、餐馆付费等，电子钱包的称谓由此而来。电子钱包的使用原理与将现钞和硬币装入钱包一样，银行卡内含的货币价值也被称为电子现金。商业银行电子转账系统还在发展，目前各国包括经济发达国家的商业银行，支票仍在使用，银行业务电子化程度还有待进一步提高。

近年来，互联网金融风生水起，手机银行业务等新型金融工具已经出现并快速发展。目前，自助银行业务、电话银行业务、手机银行业务和网上银行业务构成了商业银行电子银行服务体系。银行卡与第三方支付平台（微信、支付宝等）绑定，商业银行的支付功能更加完善、快速。可以预见，商业银行将发展无纸化金融业务和无人或很少人值班的营业网点，更多的日常业务将交给电子计算机处理。2018年4月，中国建设银行上海市分行在上海九江路303号开设了全国首家无人银行网点，由机器人和自助设备取代柜台人员，能够提供大部分的现金和非现金业务。2018年6月，中国农业银行首家“绿色农行”营业网点在深圳梅龙支行投入使用，提供低碳、智能的金融服务，探索无纸化办公的运营模式。2022年2月，中国邮政储蓄银行北京分行在其营业部开通集约服务舱，启动客户智能化业务新模式。舱体集成远程视频服务机具、智能服务终端、智能营销平台等设备，兼具紫外线消毒、监控、新风换气等功能。该集约服务舱除可提供无人网点所能提供的一般自助服务，客户还可在该集约服务舱内通过远程视频交互模式，由远程柜员快捷地为客户办理更多、更复杂的金融业务，如为客户办理农产品营销等中间业务，实现电子银行、信用卡、个人贷款、个人外汇、基金理财、大额存单、保险国债、公司业务以及代客营销等22类、200余项普惠金融业务办理功能，为客户提供舒适、私密、高质量的电子化普惠金融服务。

二、商业银行业务综合化、国际化

现代商业银行职能日益丰富，许多大的商业银行被称做“金融百货公司”，它们的职能涉及贷款、支付、存款、保管、现金管理、经纪业务、担保业务、投资银行业务和国际业务等，有的国家商业银行已涉足保险、租赁、信托等领域。

20 世纪 20 年代末 30 年代初西方世界经济大萧条促使美国国会于 1933 年通过了《格拉斯—斯蒂格尔法》（*The Glass-Steagall Act*），该法旨在实现美国证券投资部门与商业银行之间的永久性分离，而在此之前，两个部门是结合在一起的。《格拉斯—斯蒂格尔法》认为，如果允许商业银行从事证券投资业务，商业银行必然会购买低质量证券，一旦股票价格猛降，银行势必倒闭，故禁止商业银行持有资本证券，以避免银行既是企业所有权人同时又是它的债权人。该法同时禁止在美国从事证券投资业的任何人或商号接受凭支票或存折，或其他欠据，或根据存款人的要求即须偿还的存款。该法在以后一段时期内取得了成功，规范了金融秩序，恢复了美国公众对金融业的信心，但付出的代价却是昂贵的，整个金融系统的活力大为降低。20 世纪 70 年代，美国商业银行的竞争力日益下降，其经营领域被各种非银行金融机构侵蚀。到了 80 年代，经济形势发生了大的变化，在美国，由法律（例如，1980 年通过的《吸收存款机构放松管制和货币控制法》）和金融市场形成的一股合力又试图将分离的金融部门联结在一起。1987 年 10 月 19 日，美国股票市场道琼斯平均工业指数下跌 508 点，称为“黑色星期一”，这天的形势比 1929 年 10 月 28 日“黑色星期一”更“黑”、更严峻。后者因美联储没有及时提供必要的流动性导致国民经济持续的大衰退，而这一次美联储马上宣布将给金融系统提供必要的流动性支持，避免了一场新的经济全面性大崩溃。这一行动的成功无疑增强了美国金融管理当局的信心。整个 20 世纪 90 年代，《格拉斯—斯蒂格尔法》虽然尚没有被彻底废除，美国证券投资业和商业银行之间的界限却日益模糊。同时，不少国家的金融业也存在着这种“界限模糊”的发展趋势。德国、荷兰、卢森堡、瑞士等欧洲国家的商业银行较早地实行了综合银行制度，设置内部业务部门经营银行、证券和保险业务，取得了成功。

1999 年 11 月 4 日，美国国会以压倒多数通过了《金融服务现代化法案》，同年 11 月 12 日，时任美国总统克林顿签署了这一法案，使其正式成为一项法律。该法的核心内容，一是废止了《格拉斯—斯蒂格尔法》，允许商业银行、证券公司、保险公司业务相互交叉，三者可联合经营；二是禁止一般企业通过收购存款金融机构从事银行业务，继承了将金融服务业与工商行业严格分离的美国金融业传统；三是保留并发展监管机构，对加强金融监管作出了若干规定。这一法案的通过具有划时代的里程碑意义，标志着美国自 20 世纪 30 年代大危机后实行了 60 多年之久的金融分业经营体制将被混业经营体制取而代之，也反映了全能银行体制已成为现代金融业发展的潮流。

2008 年 9 月 29 日美国又遇到了“黑色星期一”，当天道琼斯平均工业指数下跌了 777.68 点，创历史上单日最大下跌点数，跌幅为 6.98%，美国又陷入了大的金融危机之中。这一天，美联储宣布向金融系统追加注入 6 300 亿美元的流动性。在这之前，美国政府提出了 7 000 亿美元的救市方案，于 2008 年 10 月初获得美国众议院和参议院通过。2009 年 1 月奥巴马政府上台以来，又推出了新的救市方案。这表明，美国政府和中央银行在着力维护现有的金融体系和经济稳定。

近些年兴起的商业银行金融资产证券化是一种金融创新，它不同于狭义上的银行证券投资业务，代表着银行业一种新的发展趋向。证券化指商业银行将自己的贷款资产转化为证券出卖给投资者，该银行实际上充当了借贷双方的中介人，贷款本息由最后提供资金者所得，出卖贷款的银行只赚取一定的手续费。商业银行出卖的这种贷款证券称为“过手证券”（Pass-through Securities）。本教材统称为“贷款证券”。随着商业银行之间竞争日趋激烈和金融市场风险加大，一方面，部分银行贷款质量降低，贷款收益率下降，贷款损失越来越多；另一方面，金融管理当局要求商业银行增加贷款损失准备金和资本金，以随时弥补可能发生的贷款损失。这两方面的因素都增加了商业银行的负担，降低了资产利润率和资本利润率。通过金融资产证券化，增加了经营手段和盈利机会，减少了金融风险和资本金要求，还可获取流动性。这里涉及的关键概念是风险、流动性、手续费和资本约束。例如，商业银行把一些特征相同的资产（汽车贷款、住宅贷款、信用卡贷款等）集中起来，以这些资产的本息为担保，发行贷款证券，银行利用自己的专业优势和信誉作为原始贷款的承担者然后过渡到证券持有人，并为证券持有人收取贷款本金和利息。在这一过程中，银行把一些风险转移给了证券投资者，出售贷款收回资金从而获得了流动性，贷款服务中增加了手续费收入。如果银行销售的这种证券无追索权，对应的贷款资产可从其资产负债表中去掉，从而可降低对该商业银行资本金和贷款损失准备金的要求。金融资产证券化使商业银行进一步丰富了经营管理手段。

需要进一步说明的是，金融资产证券化是一把“双刃剑”，金融机构处理不当会带来很大的风险。在美国的次贷危机中，资产证券化放大了金融风险。大量次级贷款转化为证券，继续演变为各种金融衍生产品。当这些次级贷款成为有问题贷款（大批借款人违约）后，风险迅速放大。2008 年，美国几大投资银行受到沉重的打击，雷曼兄弟公司宣布破产，美林公司被美国银行收购，美国最大的储蓄银行——华盛顿互惠银行被迫倒闭，美国国际集团被迫以出让 79.9% 股权的方式向美联储紧急融资等，这一系列动荡事件撼动了整个华尔街金融体系。从中可以得到警示，对于实施证券化的金融资产需从严把握其质量、组合及其证券化方式。

商业银行业务的综合化还表现在银行将把信息处理及与此相关的金融服务作为主要业务之一，与存贷相联系的专项或综合配套服务，如投资顾问、融资委托管理、信息管理等将成为重要的经营项目，服务费在银行收入中将越来越有分量。

商业银行业务的国际化是与经济全球化紧密联系在一起的。经济和技术的神奇力量已使世界变得越来越小，“地球村”一词形象地说明了当今世界的经济发展格局。现在，从理论上说，从某地乘大型客机直达世界上任何一个城市都不超过 10 小时，世界各国大都已实现经济上相互开放，相互渗透，互促发展。金融作为现代经济的核心，必然要融入经济全球化过程。当跨国公司的业务在国外得到迅猛发展和国际贸易大额增加的情况下，各国商业银行也随着它们的客户进入了国际金融市场，从事国际信贷和国际结算业务，一旦某个国际金融市场初步形成，该市场本身也存在“滚雪球”效应，各国优惠的对外开放的金融政策和金融机构之间的激烈竞争，使该国际金融市场不断扩大，业务量快速增加。不少商业银行为了发挥其获利的潜力和分散风险，不放弃在国际金融市场上通过资产组合和外汇升值赚取大笔利润的机会。一些商业银行为了逃避国内金融管制到国外金融市场如离岸金融市场寻求发展。

商业银行业务国际化进程已从20世纪70年代在国外大量增设分支机构发展到利用电子记账、结算从事跨越国界的资金融通业务。现代商业银行国际业务范围很广，包括供应外汇，防止汇价和利率波动的资金套期保值，为贸易和资本扩张提供贷款和信贷担保，现金管理服务以及支持出口销售等，当前最活跃的银行国际业务领域是帮助客户从事外国企业的合并和收购，进入新的国际金融市场和开发新的金融产品，从而更好地满足国外客户和跨国公司的需求。

由于经济非均衡发展的原因和一部分客户的偏好，各国仍需要和存在大量规模较小的商业银行，它们只能提供业务范围相对较窄的金融服务，为地方经济提供金融支持，为社区居民提供金融便利。毋庸置疑，在激烈竞争的环境下，随着商业银行向业务综合化、国际化方面不断发展，从总体上讲，银行规模不断扩大，数量在逐步减少，合并的趋势在增加。

三、政府金融管制松化

商业银行之间的竞争一般存在五个主要障碍：（1）利率控制或金融产品的价格限制；（2）金融产品限制；（3）组织机构的限制；（4）地域限制；（5）征税和法定存款准备金及资本金的要求。20世纪70年代以来，越来越多的国家选择了对商业银行放松管制（或者说放松直接的行政管理）、鼓励竞争的道路。各国金融当局大都已形成这样的共识：信贷控制和过高的法定储备要求是配置信贷资源的低效或无效方式；金融产品的价格限制会促使金融机构恣意浪费其资源，例如，商业银行为争取客户和存款而开设太多的分支机构；外汇管制使得许多正常的金融交易无法进行。正是在这些共识的基础上，各国政府采取了放宽金融管制的行动。

在美国，1980年国会通过了著名的《吸收存款机构放松管制和货币控制法》（*Depository Institutions Deregulation and Monetary Control Act*，以下简称1980年银行法），1982年国会通过了另一重要金融法《加恩—圣杰曼吸收存款机构法》（*Garn-St. Germain Depository Institutions Act*）。由于这两项法律，到了1986年，美国商业银行存款利率不再有上限的约束，也就是说，商业银行可自由确定存款利率。这两项法律再加上其他一些政策变化还使美国商业银行得以扩大投资能力，发展新的金融产品，经营跨区业务等。1980年银行法也要求美国所有的金融机构保持规定比例的存款准备并将每一存款账户的最高保险额从1934年规定的2 500美元提高到10万美元。美国金融管制的松化在发达国家颇具代表性，近20年来，各国商业银行先后都有了较以前宽松得多的业务发展环境。

政府松化对金融的管理进一步强化了银行业的竞争，但这种松化的产生不是偶然的，它本身也是适应银行业竞争的结果。可转让存单（Certificates of Deposit，CDs）的问世及其在各国的发展很能说明这一问题。20世纪50年代，美国纽约市的商业银行遇到了其他金融机构如储蓄银行（Savings Banks）的竞争，损失了存款市场份额。由于联邦和州的法律限制，纽约市的商业银行不能在市外开设分支机构。同时，这些商业银行又面临着客户的贷款需求，因此，它们期待取得大公司的存款，而大公司喜欢高回报和高流动性的金融资产如国库券。那时，联邦金融管理当局禁止美国的银行对30天以下的定期存款付息，故CDs应运而生。它可以使商业银行脱离政府的约束并成为与国库券竞争的工具。CDs既具有流动性又产生利息，是吸引纽约市大公司存款的有效方式。另外，因为它可以通过二级市场在投资者中转让，不存在地域限制，通过经纪人，纽约的商业银行能够在整个美国获取资金。CDs的出现与新信息技术——计算机的使用基本无关系，那时计算机刚刚问世不久，CDs的产生主要是为了逃避官方的管制。国际金融市场也没有直接涉及这一创新过程，但对CDs的扩散起了积极的作用。1966年，伦敦金融市场引入美元CDs，它的交易量增长很快，促使许多美国银行获得了运用这一新金融工具的第一手经验。1968年，伦敦开始发行英镑CDs。20世纪80年代初，非美元的CDs有了大的增长，瑞典1980年引入CDs，意大利1982年引入CDs。CDs的推出与传播过程提供了商业银行在不利的经营环境下取得成功的范例，成为促使政府松化金融管制的重要因素之一。金融创新由政府的金融管制和金融业的竞争所引致，在许多情况下，一些管制既难以维护也实在无必要。于是，政府采取了放松金融管制的政策。

四、商业银行风险管理强化

风险对商业银行来说是与生俱来的。信用风险、流动性风险和利率风险是商业银行经营过程中遇到的传统性风险。当借款客户到期不能偿还债务时，这些违约贷款产生的损失将会导致商业银行资本和利润的下降，信用风险始终伴随着商业银行经营的全过程。商业银行还经常面临着流动性风险，即商业银行没有足够的现金用于满足存款的提取、贷款需求和其他即时的现金需求。一旦商业银行现金短缺，就有可能失去许多客户，给银行本身带来大的损失，在极端的情况下，所引起的客户到银行“挤兑”可能导致该银行破产。利率风险来自市场利率的变动使得商业银行经营成本上升、收入减少的可能性。当市场利率变动时，至少面临两种主要的利率风险——价格风险和再投资风险。当市场利率上升时，银行所持有的大多数债券与固定利率贷款的市场价值下跌，价格风险产生。当市场利率下跌时，银行不得不将资金投资于更低收益的贷款、债券和其他盈利性资产，因而其预期收入降低，从而产生再投资风险。

20世纪90年代以来，商业银行越来越重视风险管理，大多数商业银行已把风险管理作为其经营管理的核心。原因主要有以下三点：首先，在放松或取消了对商业银行存贷款利率的管制以后，许多国家金融管理当局将金融管理目标移向了社会货币供应总量，因此，金融市场利率的频繁变动使得传统风险中的利率风险更加突出了；另外，金融机构之间的激烈竞争和银行国际业务量的扩大，也增加了商业银行的信用风险和流动性风险。其次，资本金追加和金融市场竞争的压力，迫使商业银行积极拓展资产负债表外业务，如资产证券化、贷款承诺、备用信用证、金融期货、金融期权、利率互换和远期合约等。这些表外业务是锋利的“双刃剑”，在规避风险的同时，也潜藏着巨大的市场风险。最后，随着经济金融全球化的深入、金融技术和金融工具的日趋复杂、新经济模式（如网络银行、电子商务）的出现，银行所面临的操作风险也日益凸显。

20世纪90年代以来，以衍生金融产品交易为主的市场风险层出不穷，致使商业银行倒闭和巨额亏损事件屡屡发生，美国金融危机、东南亚金融危机和阿根廷金融危机的爆发所引发的金融动荡，使各国金融监管当局和国际银行业普遍认识到，进一步加强对商业银行的监管以及强化商业银行自身的风险管理已刻不容缓。从理论上讲，政府在放松了对商业银行管制的同时，就应该加强对它们的监管。商业银行作为金融机构，其功能具有两面性，运转正常能够促进国民经济发展，经营失败则会对国民经济造成破坏。政府金融管制的松化是为了增加银行的活力，使商业银行功能中有利的一面得以更好地发挥。政府金融监管的强化是为了限制银行的破坏力，使商业银行功能中不利的一面得以缩小或消除。这里，管制与监管在本质上是两种不同类型的管理。管制意指政府直接插手和限制金融机构的日常经营和具体业务，包括金融产品的定价限制和业务品种限制等。监管是政府或专门的监管机构为了保证各金融机构积极的公平竞争和整个金融体系的安全，按照公开性原则和公正性原则，对所有金融机构的总体经营情况进行规范和检查，政府或监管部门不直接干预商业性金融机构的日常经营活动。总之，当放松对商业银行管制的时候，金融监管对商业银行的经营来说绝对不是多余的东西；商业银行自律性管理不能够完全解决其自身的脆弱性；金融监管与商业银行自律性管理的有机统一可以保证商业银行在新形势下正常发展，维护国家的金融稳定。

巴塞尔委员会颁布的一系列旨在加强银行业风险管理的协议非常清晰地反映了这一趋势。1996 年 1 月，该委员会推出了《资本协议关于市场风险的补充规定》，该补充规定弥补了 1988 年《巴塞尔资本协议》只关注信用风险的不足，对市场风险予以重点关注，认识到市场风险是因市场价格波动而导致表内外头寸损失的风险，包括交易账户中受到利率影响的各类工具及股票所涉及的风险、银行的外汇风险和商品风险，它们同样需要计提资本金来进行约束。与此同时，一些主要的国际大银行也根据《资本协议关于市场风险的补充规定》着手建立自己的内部风险测量模型。1997 年 9 月，该委员会推出了《有效银行监管的核心原则》，从 7 个方面制定了有效银行监管系统必备的 25 条核心原则，确立了商业银行全面风险管理的理念，认为银行业存在的问题不仅仅是信用风险或市场风险等单一风险，而是由信用风险、市场风险和操作风险互相交织、共同作用造成的。尽管《有效银行监管的核心原则》只是一个原则性的建议，但它为此后《巴塞尔资本协议》的完善留下了广阔的空间。2001 年 1 月，该委员会公布了《巴塞尔新资本协议》（以下简称新协议）草案，这份新协议草案是以 1999 年 6 月该委员会提出的新的协议框架为基础修订的，它比较全面系统地阐述了即将在全球银行业推行的新协议的基本原则，这标志着国际金融界对商业银行风险管理的认识进入了一个新的时代。新协议继续以促进金融体系的安全性、稳健性为目标，提供了更全面的处理信用风险、市场风险和操作风险的"一揽子"方法，如对信用风险提供了三种计量方法：标准法、初级的内部评级法和高级的内部评级法；对市场风险提供了两种计量方法：标准法和内部模型法；对操作风险提供了三种计量方法：基本指标法、标准法和内部计量法。这些方法增强了商业银行的灵活性和敏感性，允许商业银行根据自身管理水平，在多种风险计量方法中选择，从而为商业银行改善风险管理提供激励。新协议以"最低资本要求、监管部门的监督检查和市场约束"为三大支柱，把内部评级法作为其核心，也充分体现了自律与监管的辩证统一。新协议充分考虑了混业经营、资产证券化等新业务、新产品发展所产生的影响，本质上是一个从微观层面上强化风险管理的协议。2003 年 4 月，该委员会公布了第三次征求意见稿。2004 年 6 月，《巴塞尔协议Ⅱ》正式发布，并于 2006 年底在各成员国开始实施，其中高级的内部评级法于 2007 年底开始实施。新协议的最终形成和实施推动了国际银行业从微观层面上增强风险意识。因为新协议将银行资产的预期损失和非预期损失做了分开的处理，提出了用资本缓冲非预期损失的理念，提出了相应的资本激励和约束机制，实质上对商业银行提出了实施经济资本管理的要求。2004 年以来，国际上相当多的商业银行研究开发风险计量模型，建立健全内部评级体系，实行经济资本管理，促使商业银行风险管理水平再上新台阶。2008 年美国金融危机的爆发，暴露了发达国家商业银行业微观风险管理的弱点，使得各国商业银行对实施经济资本管理有了新的认识。

美国金融危机爆发后，基于系统性金融风险防范的银行业宏观审慎监管引起高度关注。2010 年 12 月，巴塞尔委员会发布了第三版巴塞尔协议即《巴塞尔协议Ⅲ》，继承了《巴塞尔协议Ⅱ》的优点，弥补了其缺陷，同时强调宏观审慎管理和微观审慎管理，该框架提高了资本质量和数量，扩大了风险覆盖范围，引入杠杆率作为风险资本要求的后盾，建立了流动性监管标准。并从 2011 年开始，建立了全球系统重要性银行制度①，对系统重要性商业银行提出了附加资本的要求。

综而论之，商业银行业呈现出的各种新的经营特点互为关联。新的科学技术特别是数字金融在银行业的应用改变了商业银行的技术条件和物质基础，导致原有的金融服务功能和地位发生了根本的变化。技术创新及随之产生的金融创新冲破了人为因素及自然因素形成的市场分割，使商业银行、证券公司、保险公司等不同金融机构之间的潜在竞争日趋显现，各国传统的依据人为划分的金融机构之间的业务界限日益模糊，不同金融产品和服务之间的替代性增大。在新的竞争态势下，商业银行既面临着良好的发展机遇，又需要处理更多更大的风险，从管理方法上和经营体制上提高商业银行的抗风险能力已成为当务之急。能适时围绕“三性”平衡进行多种多样的资产组合，灵活调整业务范围的全能型商业银行已成为金融业的亮点。在市场主体具有较强的抗风险能力的条件下，为了降低资金在不同领域、不同区域的转换成本，提高资金的运用效率，各国金融市场不但具有内在一体化的要求，促使了金融业由分业经营向混业经营的转变，而且表现出强烈的金融全球化趋势。美国 2008 年爆发的大规模金融危机是合成谬误的结果，已酿成全球性金融危机，促使各国政府、金融机构重新思考在信息化时代的混业经营条件下如何有效地加强金融监管和风险管理，也促使我国审慎对待金融业的混业经营。

2012 年 6 月，中国银行业监督管理委员会公布了《商业银行资本管理办法（试行）》，并于 2013 年 1 月 1 日起施行，该办法综合了《巴塞尔协议Ⅲ》和《巴塞尔协议Ⅱ》的思想和要求，标志着我国商业银行将在宏观审慎管理与微观审慎管理的统一协调

---

① 继中国银行于 2011 年入选全球系统重要性银行后，我国的中国工商银行、中国农业银行、中国建设银行分别于 2013 年、2014 年、2015 年先后入选全球系统重要性银行。2021 年，全球系统重要性银行共有 28 家。

框架下发展。

2013 年 7 月 20 日，中国人民银行决定全面放开金融机构贷款利率管制；2015 年 10 月 23 日，中国人民银行宣布不再设置存款利率浮动上限的限制。尽管定价机制还需进一步完善，中国的利率市场化可谓基本实现。利率市场化为中国的商业银行带来了新的发展机遇，同时也对其风险管理带来了新的挑战。

2021 年 9 月 30 日，中国人民银行与中国银行保险监督管理委员会在此前公布的《系统重要性银行评估办法》基础上，发布《系统重要性银行附加监管规定（试行）》。基于 2020 年的数据，首次评估认定了 19 家中国系统重要性银行。2022 年 9 月 9 日，中国人民银行与中国银行保险监督管理委员会再次发布了 2022 年中国系统重要性银行名单（共 19 家），标志着我国银行业宏观审慎监管已进入了新的阶段。

第四节　我国商业银行的历史与现状

我国商业银行经历了一个多世纪的发展，历经沧桑。1897 年 4 月 26 日，清政府核准中国通商银行开业，标志着中国民族资本的商业银行业的开始。在此之前，我国金融业以钱庄、票号为主。直到新中国成立前夕，由于民族工业的落后和受帝国主义、封建主义的双重桎梏，我国的商业银行业仍处于落后的地位。

新中国成立后，我国长期实行的是高度集中统一的计划经济体制，同时建立了与这一经济模式相适应的具有行政性、封闭性和单一性的金融体系。在相当长的时期内，商业银行在我国大陆的金融舞台上消失了，当时的中国人民银行具有双重职能，既是政府管理金融事业的国家机关，同时又是办理各种具体信贷业务的金融机构。在计划经济时期，我国曾有过中国银行、中国农业银行和中国人民建设银行等专业银行，分别经营国家汇兑、农业信贷和基本建设业务等，但这些银行都受计划经济的严格约束，后来不是被撤并，就是被置于中国人民银行、财政部等不同政府部门的直接管理之下。

1978 年以后，在改革开放政策推动下，我国银行体系的发展出现了新的转机，取得了令人瞩目的金融改革成果。20 世纪 80 年代前后，中国农业银行、中国银行、中国人民建设银行先后重建，作为专业银行它们分别承担了中国人民银行原先经办的有关金融业务。1984 年 1 月 1 日，中国工商银行成立，承担了原由中国人民银行办理的工商信贷和城镇储蓄业务，它标志着过去大一统的单一银行体制的终结。20 世纪 90 年代，中国工商银行、中国农业银行、中国银行、中国建设银行四大国有专业银行的商业化改革，构成了我国重建商业银行体系最重要的基础工作。进入 21 世纪以来，中国建设银行（2004 年 9 月完成股改，2005 年 10 月和 2007 年 9 月分别在香港和上海上市）、中国银行（2004 年 8 月完成股改，2006 年 6 月和 7 月分别在香港和上海上市）、中国工商银行（2005 年完成股改，2006 年 10 月在上海、香港同步上市）、中国农业银行（2009 年 1 月完成股改，2010 年 7 月在上海、香港同步上市。）先后完成股改和上市。总体而言，上市以来，这 4 家商业银行的管理机制和经营绩效发生了很好的变化，不良资产率大幅度下降。

我国全国性经营的商业银行中，除了上述4家国有大型商业银行外，还有股份制商业银行。从1986年交通银行（该行2004年股改后，成为第5家国有大型商业银行；2005年6月和2007年5月分别在香港和上海上市）作为全国性股份制商业银行重组至今，股份制商业银行伴随着国民经济快速发展历经了从无到有、从小到大的成长过程。目前，共有中信银行、中国光大银行、招商银行、兴业银行、华夏银行、广发银行、上海浦东发展银行、平安银行（2012年6月深圳发展银行吸收合并平安银行，更名为平安银行）、中国民生银行、恒丰银行（2003年2月由烟台住房储蓄银行更名改制而成）、浙商银行（2004年7月成立）、渤海银行（2005年12月成立，总部设在天津）12家股份制商业银行，其中，中信银行、招商银行、兴业银行、华夏银行、上海浦东发展银行、平安银行、中国民生银行、中国光大银行、浙商银行、渤海银行等10家银行已经上市（除渤海银行，其余9家在A股上市）。

为了化解城市信用社的风险，同时促进地方经济的发展，1995年，经国务院批准，在一些城市信用社基础上组建了城市商业银行。截至2021年12月底，城市商业银行共128家。最初，城市商业银行基本上采取属地城市制，地方财政占控股地位。经过20多年的发展，已经成为我国商业银行体系的重要组成部分。城市商业银行呈现出新的发展趋势：一是争取上市。许多城市商业银行积极引进境内外战略投资者，在引进资本的同时，采用了新的管理机制并择机上市。截至2022年6月，A股上市的城市商业银行已有17家。二是突破属地城市制的限制，跨区域经营，一些经营绩效好、规模较大的城市商业银行，如北京银行、上海银行等已在异地设立分支机构。三是联合重组。2005年11月，安徽省内的6家城市商业银行和7家城市信用社在市场和自愿的基础上合并重组成徽商银行。2007年1月24日，由江苏省内无锡、南通、苏州、常州等10家城市商业银行组建的江苏银行开业。值得提及的是，城市商业银行作为地方经济发展的金融支撑，应立足于在属地城市和所属省份经营，积极为当地经济发展服务。

为了促进城乡经济协调发展，在农村信用社的基础上组建了一批农村商业银行。从2001年11月江苏省常熟市、张家港市、江阴市3家农村商业银行正式挂牌成立到2022年12月底，已有农村商业银行1 606家。2019年1月，中国银保监会办公厅发文，要求农村商业银行应专注服务本地，下沉服务重心，原则上机构不出县（区）、业务不跨县（区）。至2022年6月，A股上市的农村商业银行有10家，2007年，国家放宽农村地区银行业金融机构准入政策的试点，允许设立村镇银行，并发布了《关于加强村镇银行监管的意见》，要求村镇银行牢固树立服务县域、服务“三农”的宗旨，禁止村镇银行跨县（市）发放贷款和吸收存款。村镇银行的设立标志着一类崭新的农村银行业金融机构在我国农村地区正式诞生，进一步丰富了我国商业银行体系。到2022年12月底，村镇银行已达1 645家。

2007年，在邮政储汇局的基础上，国家批准组建了中国邮政储蓄银行。其成立后完全按照《商业银行法》的要求，全面办理商业银行业务。其市场定位是：充分依托和发挥邮政的网络优势，完善城乡金融服务功能，以零售业务和中间业务为主，为国民经济和社会发展，为广大居民群众提供金融服务；经监管部门批准，办理零售类信贷业务和公司业务，与国内其他商业银行形成良好的互补关系，有力地支持社会主义新农村建设。战略目标是逐步建成一个资本充足、内控严密、营运安全、竞争力强的现代商业银行。2016 年 9 月，中国邮政储蓄银行在香港联交所上市。2018 年，中国银保监会将中国邮政储蓄银行列入大型商业银行进行监管，该行成为第 6 家国有大型商业银行。

2014 年，我国启动民营银行试点。深圳前海微众银行、温州民商银行、天津金城银行、浙江网商银行和上海华瑞银行 5 家民营银行首批获准于 2014 年开业。截至 2022 年 12 月底，已有 19 家民营银行开业。民营银行的建立和发展，使我国的商业银行体系更加完备。

我国进行金融改革和金融业对外开放以后，外资银行逐渐进入我国金融业，扩大了国内的商业银行体系。

商业银行是我国金融业的主体，在国民经济发展中发挥了十分重要的作用。当前，我国商业银行的改革在进一步深化各种金融工具的引入和创新下方兴未艾。我国商业银行已能提供发达国家商业银行所能提供的绝大多数金融服务，并将继续发展。2023 年 7 月 5 日，英国《银行家》杂志在其官网公布 2023 年全球银行 1000 强榜单，按照一级资本排名，中国工商银行、中国建设银行、中国农业银行、中国银行连续 6 年列入榜单前 4 名。榜单前 20 名中，有 10 家中国的商业银行。连续第二年有 140 家中资银行进入该榜单。

第五节　商业银行管理学研究的对象与内容

商业银行的性质与功能，商业银行管理的目标，现代商业银行经营的特点决定了现代商业银行管理学研究的对象与内容。

一、商业银行管理学研究的对象

商业银行管理学研究的主要对象是围绕稀缺资源——信用资金的优化配置所展开的单家商业银行各种业务及相关的组织管理问题。

人类通过生产活动或经营活动将各种资源转换为具有一定使用价值的产品，以满足人们的需要。随着生产力的发展和社会的进步，人们的需求会越来越高，从消费者需求欲望上看，需求是无限的。但在一定生产力水平下，在一定的时间、空间范围内，可以用来进行生产和经营的资源却是有限的，是不可能满足人们无止境需求的。也就是说，资金、劳动、土地、原材料等相对于生产与经营来说是有限的，而且是必须付出代价才能取得的。这些资源不像空气那样，数量多得可以满足人们的任何需要，而且一般不需要人们用劳动换取。这就产生了经济学家常讲的“稀缺性”问题。商业银行的信用资金供应是有限度的，必须付出代价才能获得。信用资金一方面来自客户的存款和其他信用渠道，银行必须付出利息；另一方面来自银行自有资金，自有资金可能要支付股息，也可能是以前经营成果的一部分，总之，不是无偿取得的。

资源的有限性与人类需求的无限性之间的矛盾，必然导致资源在分配上的选择——将有限的资源作优化分配，追求经济效益最佳。商业银行经营决策正是围绕这个问题展开的。商业银行运用的资源主要是信用资金，还包括人力和其他有价物等，商业银行应使其资产和负债在品种、数量、期限、质量等方面保持适当的比例和对称性，实施缺口管理、利差管理、收益管理、成本管理、利润目标管理等都涉及资金的择优利用。

商业银行应合理确定经营什么业务，以适应客户的需要；应按科学的方式组织经营，使银行在一定经营成本条件下，取得最大的经营收入，或者在一定的经营收入条件下，花费最小的经营成本；通过有效的信用分析和科学的信贷决策，保证银行投入的信贷资金和其他货币资金在不受损失的情况下如期收回，保证银行不会出现因信贷资金本息不能按期收回等情况而影响客户提取存款，保证商业银行发放的贷款和经营的其他业务必须增加银行的利润。通过商业银行一系列环节的资金择优分配，实现其价值最大化。这些都是商业银行管理学所研究的基本问题。

二、商业银行管理学的内容

商业银行在国民经济中处于中介地位，与商业银行具有信用关系的企业效益和信用程度如何，直接影响到商业银行的盈利性。因此，商业银行管理包括银行内部管理和外部管理两个方面。商业银行内部管理包括银行自身的资本金管理、资产与负债的管理、资金流动性管理、财务管理、人力资源管理等。商业银行外部管理包括客户信用分析、客户经济效益跟踪管理、收贷管理、市场营销管理等。商业银行管理的二重性使得商业银行管理学的研究内容既涉及银行内部经济、各种业务及相关组织管理问题的分析和解决，又涉及客户经济问题和银企关系的分析和决策。根据现代商业银行经营的特点，证券投资管理、中间业务管理、国际业务管理、资产负债综合管理、经济资本管理、全面质量管理都已成为商业银行管理学研究的重要内容。

中国共产党二十大报告将“系统观念”确定为继续推进实践基础上理论创新的“六个必须坚持”之一，对学习和研究新时代中国特色社会主义具有重要的方法论价值。系统观念与市场经济原理有机结合，是学习和研究商业银行管理学的基本方法。

在遵循市场经济规律基础上，从系统整体最优视角追求商业银行企业价值最大化是本教材各部分内容的内在逻辑联系。例如，商业银行追求资金“三性”平衡目标及其经营管理过程需要运用系统观念分析问题解决问题，相关思考贯穿于本教材各章。单家商业银行不是孤立系统，而是在国家发展大平台、金融市场和市场经济环境中运营的，必须接受国家金融管理部门的监管和宏观指导。

2023 年 3 月，中共中央、国务院印发了《党和国家机构改革方案》，其中包括组建中央金融委员会和中央金融工作委员会，组建国家金融监督管理总局，体现了党中央、国务院对金融事业的高度重视，加强了党中央对金融工作的集中统一领导。国家金融监督管理总局作为国务院直属机构，在中国银行保险监督管理委员会基础上组建，已于 2023 年 5 月 18 日正式挂牌，统一负责除证券业之外的金融业监管，将强化机构监管、行为监管、功能监管、穿透式监管和持续监管，统筹负责金融消费者权益保护。中国商业银行业将在这一新的监管框架下更好地发展壮大。

随着银行业的发展和巴塞尔协议的演进，宏观审慎监管与微观审慎监管的协同已成为银行业监管的常态。商业银行管理学课程重点学习和研究商业银行自律性管理及银行业微观审慎监管的内容，在一定程度上也涉及银行业宏观审慎监管的内容。

商业银行管理学的内容在不断深化。本教材内容注重体现历史与逻辑的统一，即对商业银行管理规律的认识与商业银行管理实践的历史演变是辩证统一的。

[本章小结]

1. 商业银行具有十分明显的企业性质，具有特殊的经营规律。商业银行的主要职能有中介职能、支付职能、信用创造职能、金融服务职能。

2. 贷款是商业银行的主要资产业务，贷款占全社会商务外部融资的主要部分，因此，商业银行在金融市场起主导作用。

3. 价值最大化是商业银行管理的最终目标，安全性、流动性、效益性——“三性”平衡是商业银行管理的基本目标。动态的“三性”平衡能够保证商业银行取得最大利润。

4. 现代商业银行经营呈现出如下特点：业务电子化；业务综合化、国际化；政府金融管制松化；风险管理强化。

5. 商业银行管理学研究的主要对象是围绕稀缺资源——信用资金的优化配置所展开的各种业务及相关的组织管理问题。商业银行管理包括银行内部管理和外部管理两个方面。商业银行管理的二重性使得商业银行管理学的研究内容既涉及银行内部经济问题、各种业务及相关组织管理问题的分析与解决，又涉及客户经济问题和银企关系的分析与决策。

[本章重要概念]

商业银行　特殊的经营规律　空间差　时间差　交易成本　信息不对称
价值最大化　“三性”平衡

[练习题]

一、判断题

1.《金融服务现代化法案》的核心内容之一就是废除《格拉斯—斯蒂格尔法》。 (　　)

2. 政府放松金融管制与加强金融监管是相互矛盾的。 (　　)

3. 商业银行管理的最终目标是追求利润最大化。 (　　)

4. 在金融市场上，商业银行起着类似于中介经纪人的角色。 (　　)

5. 商业银行具有明显的企业性质，所以常用于企业管理的最优化原理，如边际分析原理、投入要素最优组合原理、规模经济原理也适用于商业银行。 (　　)

6. 金融市场的交易成本和信息不对称决定了商业银行在金融市场中的主体地位。（ ）

7. 企业价值最大化是商业银行管理的基本目标。（ ）

8. 商业银行管理学研究的主要对象是围绕稀缺资源——信用资金的优化配置所展开的各种业务及相关的组织管理问题。（ ）

9. 商业银行资金的安全性包含两重含义：一是指银行投入的信贷资金在不受损失的情况下能按期收回；二是指银行不会出现因贷款本息不能按期收回而影响客户提取存款的情况。（ ）

二、简答题

1. 试述商业银行的性质与功能定位。
2. 如何理解商业银行管理的目标？
3. 现代商业银行经营的特点有哪些？
4. 商业银行管理学研究的对象和内容是什么？
5. 如何看待“三性”之间的关系？

三、论述题

1. 论述商业银行基本目标与最终目标之间的关系。
2. 试结合我国实际论述商业银行在金融体系中的作用。
3. 论述投入要素最优组合原理用于商业银行管理的局限性。

练习题答案

[教学辅助材料相关链接]

《党和国家机构改革方案》

《关于推进农村商业银行坚守定位　强化治理　提升金融服务能力的意见》

基于系统性金融风险防范的银行业监管制度改革的战略思考（论文）

第一章

资金时间价值

导论部分已阐述，价值最大化是商业银行管理的最终目标，本教材各章节将围绕这一目标展开。商业银行的资本、负债、资产及资产负债管理等内容都与资金时间价值紧密相关。利率市场化条件下，资金时间价值及其计算方法是商业银行管理重要的基础理论，本章予以介绍和讨论。

第一节　现金流量

现金流量概念及其相关分析是资金时间价值分析的基础。

一、现金流量概念

现金流量是指某一经济系统在一定时期流入和流出该系统的现金量。这里，现金包括两个部分，即现金和现金等价物。现金是指现金资产，包括库存现金（纸币、硬币）、活期存款和其他货币性资金。现金等价物是指企业持有的期限短、流动性强、易于转换为已知金额现金、价值变动风险很小的投资，一般指在证券市场上流通的三个月以内到期的债券。权益性投资变现的金额通常不确定，因而不属于现金等价物。现金流量有正负之分。流入系统的现金收入称现金流入，为正现金流量；流出系统的现金支出称现金流出，为负现金流量。某一时期现金流入与现金流出的代数和称净现金流量（或称现金流量净额）。现金流量是现金流入、现金流出和净现金量的统称。正现金流量表示在某一特定的利息周期或年间的正的净现金流量；负现金流量表示在某一特定的利息周期或年间的负的净现金流量。现金流量可简称为现金流。

二、现金流量图

为了有效评估投资项目的经济效益，通常采用现金流量图和现金流量表的形式进行分析。现金流量表将在第十四章讨论。

现金流量图是项目在整个寿命期内各时期点的现金流入和现金流出状况的一种图示。在比较不同投资方案的经济效果时，运用现金流量图把各方案的现金出入情况表示出来，是一直观的方法。

（一）现金流量图的时间坐标

图 1－1 中，横轴是时间轴，向右延伸表示时间的延续。轴线等分成若干间隔，每一间隔代表一个时间单位（年、月、日等）。时间轴上的点称为时点。时点表示该期的期末，同时也是下一期的期初。零点为第一期的始点。一般假设现金流量仅发生在期末或期初。为方便计算，作现金流量图时约定，投资发生在期初，经营费用、经营收入等均发生在各期期末，回收固定资产净残值与回收流动资金则在项目寿命周期终了时发生。

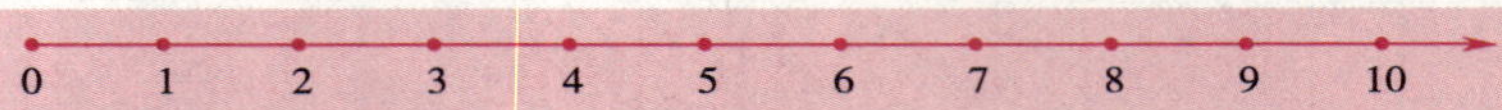

图 1－1　现金流量图的时间坐标

（二）现金流量图的箭头

图 1－2 中，箭头表示现金流动的方向，箭头向上表示现金流入，箭头向下表示现金流出，箭头线的长短与收入或支出的大小成比例。箭头上的数字分别表示现金流出和现金流入的数量。

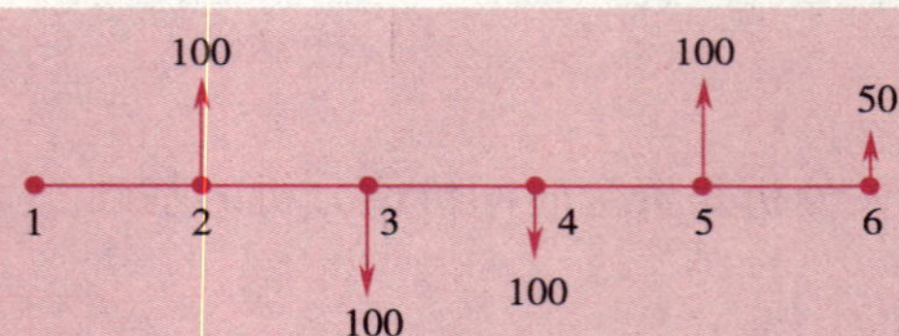

图 1－2　现金流量图的箭头

（三）现金流量图的立足点

现金流量图的分析与立足点有关。对于同一方案的资金，借款人的收入就是贷款人的支出，见图 1－3 和图 1－4。

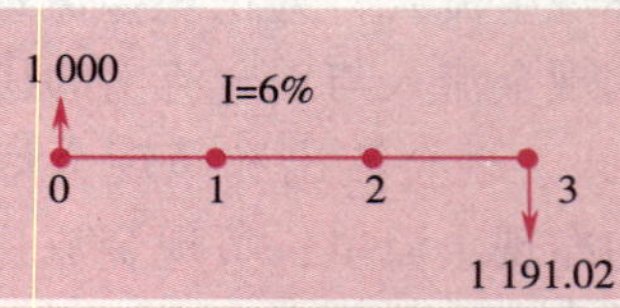

图 1－3　借款人的观点

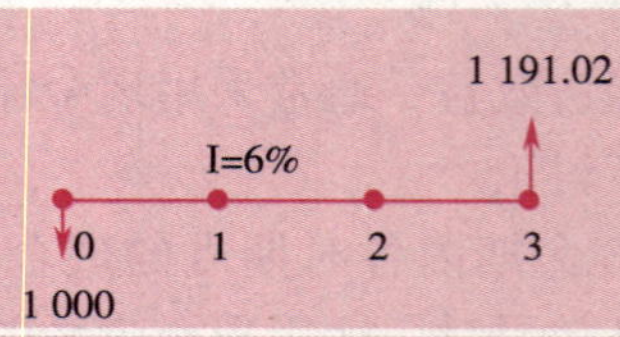

图 1－4　贷款人的观点

运用现金流量图分析项目方案的经济效益时，首先要确定立足点。

(四) 项目整个寿命期的现金流量图

为了全面考察项目的经济性，应对项目在整个寿命期内的收入和支出进行研究。以生产项目为例，可根据各阶段现金流量的特点，把一个项目分为四个区间：建设期、投产期、稳产期和回收处理期（见图1－5）。

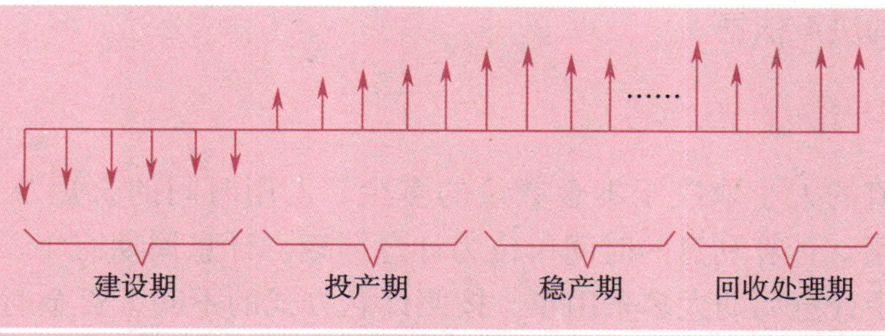

图1－5　项目整个寿命期的现金流量图

建设期指项目开始投资至项目开始投产获得收益之间的一段时期；投产期指项目投产开始至项目达到预定的生产能力的一段时期；稳产期指项目达到生产能力后持续发挥生产能力的一段时期；回收处理期指项目完成预计的生产周期后停产并进行善后处理的一段时期。

第二节　资金时间价值

一、资金时间价值的概念与意义

(一) 资金时间价值的概念

资金时间价值指资金随着时间推移而形成的增值。即一定量的货币资金，在不同的时点上，具有不同的价值，其实质是资金使用后的增值额。即货币经历一定时间的投资和再投资所增加的价值。例如，现在的1 000元钱和1年后的1 000元钱，其经济价值是不同的。现在的1 000元钱存入银行，1年后价值为1 050元（若年利率为5%）。一定量的资金，使用的时间越长，增值额越大。

资金时间价值可以从以下两方面来理解：

1. 将资金用做某项投资，由于资金的运动（流通—生产—流通）可获得一定的收益或利润，这就是资金时间价值。

2. 如果放弃资金的使用权利，失去了使用资金的收益，或牺牲了现期消费，即相当于付出了一定的代价（机会成本），应对这一代价予以一定的价值补偿，这也是资金时间价值的体现。

(二) 资金时间价值的意义

资金时间价值用利息及利息率计算。从理论上讲，利息率是社会平均资金利润率。在实际工作中，根据特定的项目评估目的，可采用适当的市场利率近似计算资金的时间价值。

资金时间价值具有重要的现实意义：

（1）它是考核项目经济效益的重要依据。（2）它是进行项目筹资和投资必不可少的依据。资金时间价值原理正确揭示了不同时点上资金之间的换算关系。离开了资金时间价值理念，就无法正确计算不同时期的财务收支。

因此，进行项目评估时必须考虑资金时间价值，资金时间价值应作为项目资金筹集和使用必不可少的决策依据。

二、资金时间价值的计算

资金时间价值的大小取决于本金数量的多少、占用时间的长短及利息率（或收益率）的高低等因素。计算利息的时间单位为计息周期。计息周期有年、月、日等计算方法，在项目评估中计息周期大多采用年。按照计息方式的不同，资金时间价值的计算分为单利法和复利法两种；按照对比的基准日不同，资金时间价值有终值和现值。

（一）单利法

单利法是指仅仅以本金计算利息的方法。不管时间多长，只对本金计算利息，利息不再计息。按单利计息方式，利息与资金占用的时间、本金量成正比例关系，比例系数即利率。

1. 单利终值的计算

终值是指本金经过一段时间之后的本利和。其计算公式如下：

$$F = P + P \cdot i \cdot n = p(1 + n \cdot i) \tag{1.1}$$

式中：P——本金，期初金额或现值；

i——利率，利息与本金的比例，通常指年利率；

n——计息期数（时间），通常以年为单位；

F——终值，期末本金与利息之和，即本利和，又称期值。

式（1.1）中的 i 和 n 应一致，如 i 为年利率，n 则为年份数；如 i 为月利率，n 则为月份数。

【例 1】借款 10 000 元，借款 3 年，年利率为 10%，使用单利法计算第 3 年末的终值。

解：P = 10 000 元　i = 10%　n = 3 年

根据式（1.1），第 3 年末的终值为

$$\begin{aligned} F &= P \cdot (1 + n \cdot i) \\ &= 10\,000 \times (1 + 3 \times 10\%) \\ &= 13\,000(\text{元}) \end{aligned}$$

2. 单利现值的计算

现值是指未来收到或付出一定的资金相当于现在的价值。现值可由终值贴现求得。其计算公式如下：

$$P = \frac{F}{1 + n \cdot i} \tag{1.2}$$

【例2】计划3年后在银行取出13 000元，则需现在一次存入银行多少钱?（年利率为10%）

解：根据式（1.2），现应存入银行：

$$P=\frac{13\ 000}{1+3\times10\%}$$
$$=10\ 000(元)$$

即需现在一次性存入银行10 000元。

单利法是从简单再生产的角度计算经济效果的。单利法虽然考虑了资金的时间价值，但仅以本金为基数在资金占用期末一次计算利息，对以前已经产生的利息并没有转入计息基数而累计利息，忽略了利息本身的资金时间价值，因此采用单利法计算资金时间价值是不完善的。

（二）复利法

复利法是指用本金和前期累计利息总额之和为基数计算利息的方法。按复利法计息时，不仅应计算本金生息，而且应计算利息生息，即把先前周期中的利息加到本金中去，作为本周期计算利息的本金。俗称“利滚利”。

2021年3月12日，中国人民银行发布〔2021〕第3号公告，要求所有贷款产品均应明示贷款年化利率，贷款年化利率采用复利法或单利法计算。可以预计，商业银行将越来越多采用复利法计算利息。

1. 复利终值的计算

复利终值是指现在一定数量的本金按复利计算将来某一时点的本利和。其计算公式如下：

$$F=P(1+i)^n \tag{1.3}$$

式（1.3）中符号的含义与式（1.1）相同。

式（1.3）的推导如表1－1所示：

表1－1 复利终值推导过程

计息周期 n	本利和 F_n
1	$F_1=P+P\cdot i=P(1+i)$
2	$F_2=P\cdot(1+i)+P\cdot(1+i)\cdot i=P\cdot(1+i)^2$
3	$F_3=P\cdot(1+i)^2+P\cdot(1+i)^2\cdot i=P\cdot(1+i)^3$
⋮	⋮
N	$F_n=P\cdot(1+i)^{n-1}+P\cdot(1+i)^{n-1}\cdot i=P\cdot(1+i)^n$

其中，F_1表示本金在第1年末的价值，F_2表示本金在第2年末的价值，依此类推。

【例3】某项目投资1 000万元，年利率为10%，使用复利法计算第3年末的终值。

$$F=P\cdot(1+i)^n$$
$$=1\ 000\times(1+10\%)^3$$
$$=1\ 000\times1.331$$
$$=1\ 331(万元)$$

即第三年末的终值是1 331万元。

式（1.3）中的$(1+i)^n$是利率为i，期数为n的1元的复利终值，称为复利终值系数，记作（F/P，i，n）。例如，（F/P，10%，3）表示现在的1元钱经过3年，利率为10%的复利终值。为便于计算，其数值可查阅“复利系数表”（限于篇幅，本教材不附复利系数表，可在项目评估工具书中找到）。

图1－6是例3的现金流量图。

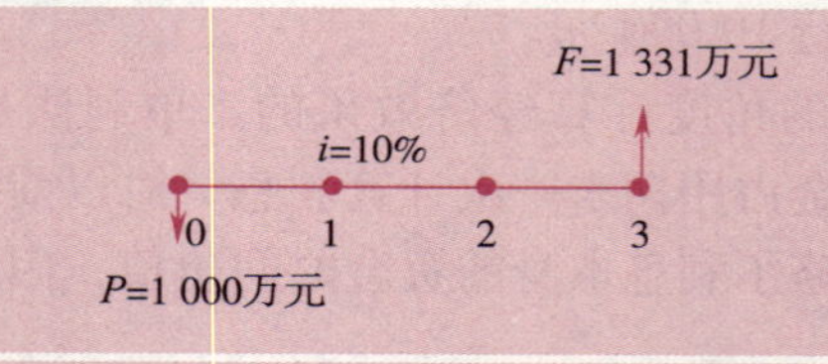

图1－6　一次支付现金流量图

式（1.3）可表示为

$$F = P \cdot (1+i)^n = P \cdot (F/P,i,n) \tag{1.4}$$

式（1.4）称为一次支付终值公式（已知P求F）。

复利计息考虑了利息再生利息，符合资金在社会再生产过程中的实际情况，是一种比较完善的资金时间价值计算方法。在项目评估中若不另加说明，一般应按复利法计息。复利法有间断复利法和连续复利法两种。间断复利法是按一定期限（如年、月、日等）计算复利的方法，连续复利法是按瞬时（即计息周期趋于无限短）计算复利的方法。因为资金通常在不断地运动并在生产过程中增值，从理论上讲应采用连续复利法计息，但为了简化计算，在实际工作中，一般按一定期限采用间断复利法计算利息。

2. 名义利率与实际利率

（1）名义利率

在复利计算中，当计息周期与付息周期不一致时（往往是前者小于后者），就会产生名义利率与实际利率的问题。

名义年利率是指计算周期利率与每年（设定付息周期为1年）计息周期数的乘积，即

$$\text{名义年利率} = \text{计息周期利率} \times \text{年计息周期数} \tag{1.5}$$

例如，半年计算一次利息，半年利率为4%，1年的计息周期数为2，则名义年利率为8%（＝4%×2）。通常称为“年利率为8%，按半年计息”。这里的8%是名义年利率。

将1 000元存入银行，年利率为8%，则存款在第1年年末的终值是

$$\begin{aligned} F &= 1\,000 \times (1+8\%) \\ &= 1\,080(\text{元}) \end{aligned}$$

如果计息周期设定为半年，半年利率为4%，则存款在第1年年末的终值是

$$\begin{aligned} F &= 1\,000 \times \left(1+\frac{8\%}{2}\right)^2 \\ &= 1\,081.6(\text{元}) \end{aligned}$$

以上两终值的差异 1.6 元是前半年利息 40 元（=1 000×4%）在后半年产生的利息（息生息）。1 年中计息的次数越多，在该年年末的终值将越大。

如果一年中计息 m 次，则本金 P 在第 n 年年末的终值的计算公式为

$$F = P\left(1+\frac{i}{m}\right)^{mn} \tag{1.6}$$

式中：i——年名义利率。

当式（1.6）中的计息次数 m 趋于无穷时，就是永续复利（连续复利）。这时 $\left(1+\frac{i}{m}\right)^{mn}$ 趋向于 e^{in}。e 约等于 2.71818。也就是，

$$F = \lim_{m\to\infty} P\left(1+\frac{i}{m}\right)^{mn} = Pe^{in} \tag{1.7}$$

如果名义年利率为 8%，本金为 1 000 元，则永续复利下第 3 年年末的终值为

$$\begin{aligned} F &= 1\ 000 \times e^{0.08\times 3} \\ &= 1\ 000 \times (2.71818)^{0.24} \\ &= 1\ 271.2(\text{元}) \end{aligned}$$

而每年复利一次的第 3 年年末的终值为

$$\begin{aligned} F &= 1\ 000 \times (1+8\%)^{3} \\ &= 1\ 259.7(\text{元}) \end{aligned}$$

在确定的名义利率下，第 n 年年末的终值在永续复利下达到最大值。

（2）实际利率

若将付息周期内的利息增值因素考虑在内，所计算出来的利率称为实际利率。

如前例，名义年利率为 8%，实际年利率应等于

$$\begin{aligned} &(1+4\%)^{2}-1 \\ &= 1.0816-1 \\ &= 8.16\% \end{aligned}$$

实际利率要比名义利率大，而且付息周期内的计息周期数越多，实际利率与名义利率的差距就越大。

实际年利率与名义年利率之间的关系可用下式表示

$$i' = \left(1+\frac{i}{m}\right)^{m} - 1 \tag{1.8}$$

式中：i'——实际年利率；

i——名义年利率；

m——年计息周期数。

下面推导式（1.8）。

设：投资一笔资金 P，年计息周期数为 m，计息周期利率为 r，则名义年利率 i 为

$$i = r \cdot m$$

第 1 年末的终值 F 为

$$F = P \cdot (1 + r)^m = P \cdot \left(1 + \frac{i}{m}\right)^m$$

$$利息 = 本利和 - 本金 = P\left(1 + \frac{i}{m}\right)^m - P$$

所以，实际年利率为

$$i' = \frac{利息}{本金} = \frac{P\left(1 + \frac{i}{m}\right)^m - P}{P}$$

$$i' = \left(1 + \frac{i}{m}\right)^m - 1$$

得证。

由式（1.8）可以看出，当 $m=1$，则 $i'=i$。即若一年中只计息一次，付息周期与计息周期相同，这时名义利率与实际利率相等。

第三节　资金等值计算

本节在复利法的基础上，讨论资金等值计算。

一、资金等值

在资金时间价值的计算中，资金等值是一个重要的概念。资金等值指在不同时点上数量不等的资金，从资金时间价值观点上看（按复利法计息）是相等的。

例如，1 000 元的资金额在年利率为 10% 的条件下，计息期数 n 分别为 1、2、3 年时，本利和 F_n 为

当 $n=1$ 时，$F_1 = 1\,000 \times (1+10\%) = 1\,100$（元）

当 $n=2$ 时，$F_2 = 1\,000 \times (1+10\%)^2 = 1\,210$（元）

当 $n=3$ 时，$F_3 = 1\,000 \times (1+10\%)^3 = 1\,331$（元）

也就是说，在期初和第 1 年末、第 2 年末、第 3 年末四个不同时点上，资金的数量不等；但从资金时间价值观点分析，现在的 1 000 元与第 1 年末的 1 100 元、第 2 年末的 1 210元、第 3 年末的 1 331 元等值。

资金等值的要素是：（1）资金数额；（2）计息期数；（3）利率。三个因素中任何一个因素发生变化都将导致等值改变。如现在的 1 000 元与第 3 年末的 1 331 元，只有在年利率为 10% 的条件下才等值。一般资金等值计算是以同一利率为依据的。

二、资金等值计算中的四种典型现金流量

运用资金等值概念，可以把某一时点的资金按一定利率换算为与之等值的另一时点或另一序列时点的资金。在项目评估中，为了考察项目的经济效果，有必要对项目寿命期内不同时间发生的全部费用和全部收益进行计算和分析。考虑到资金的时间价值、不同时间发生的收入与支出，其数值不能直接相加或相减，只能通过等值计算将它们换算

到同一时点上进行分析。

资金等值计算包括：

1. 单个现金流量之间的计算。
2. 单个现金流量与系列现金流量之间的计算。
3. 系列现金流量之间的计算。

在资金等值计算中，存在四种典型现金流量。

（一）现在值（当前值）P

现在值属于现在一次支付（或收入）性质的货币资金，简称现值。现值是未来某一时刻的单个现金流或未来一段时间的系列现金流量按某种利率折算到现在的值。现值 P 的现金流量图如图 1－7 所示。

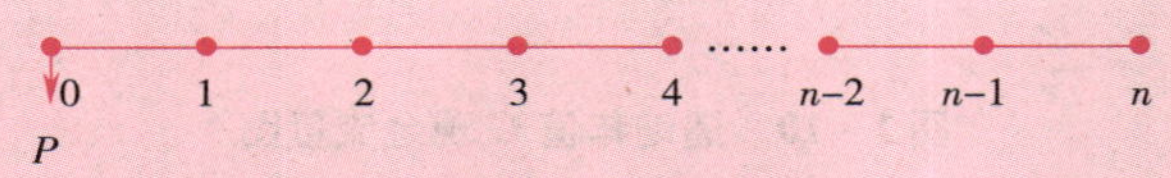

图 1－7　现值 P 现金流量图

（二）将来值 F

将来值指站在现在时刻来看，发生在未来某时刻一次支付（或收入）的货币资金，简称终值。终值 F 的现金流量图如图 1－8 所示。

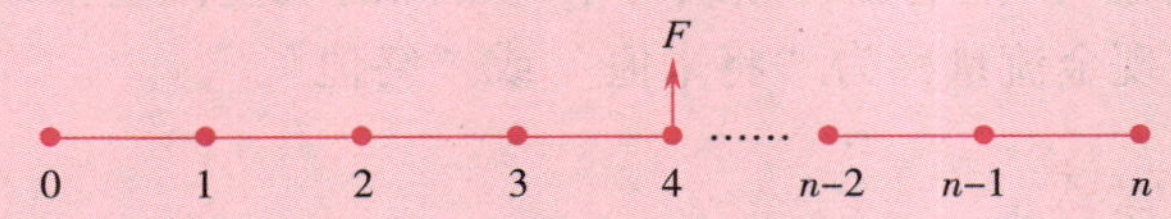

图 1－8　终值 F 现金流量图

（三）等年值 A（年金 A）

等年值指从现在时刻（或从未来某一时刻）来看，以后（或以前）分次等额支付（或收入）的货币资金，简称年金。年金满足两个条件：（1）各期支付（或收入）金额相等；（2）支付期（或收入期）各期间隔相等（通常为一年）。年金 A 的现金流量图如图 1－9 所示。

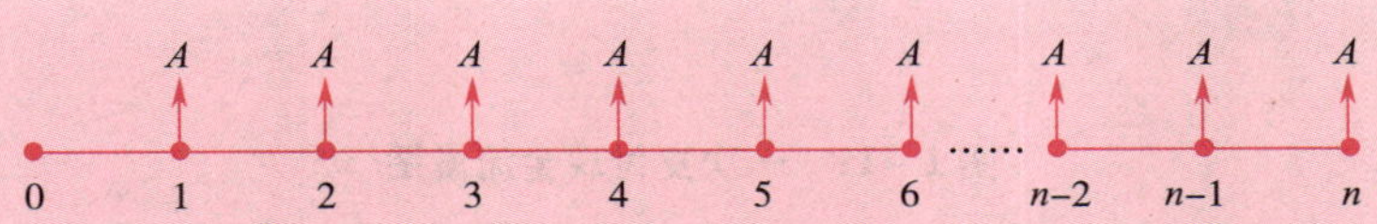

图 1－9　年金 A 现金流量图

（四）递增（或递减）年值 G

递增（或递减）年值指在第一年末的现金流量的基础上，以后每年末递增（或递减）一个数量 G，G 称为“等值差”或“梯度”，第一年末的现金流量称为基础付款额。递增年值 G 的现金流量图如图 1－10 所示。

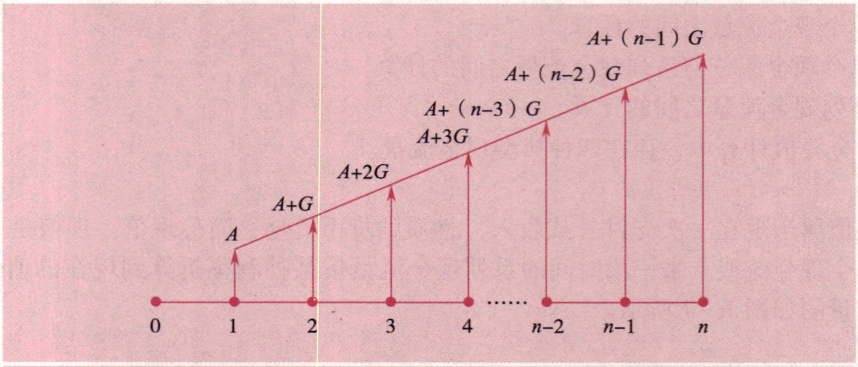

图 1－10　递增年值 G 现金流量图

1. 大部分现金流量可以归结为上述四种现金流量或者它们的组合。

2. 根据资金等值的概念，四种价值测度 P、F、A、G 之间可以相互换算，即现金流量可以转化为不同的形式。

3. 在等值计算中，把将来某一时点或一系列时点的现金流量按给定的利率换算为现在时点的等值现金流量称为“贴现”，换算过程中所用的利率称为“贴现率”，贴现后的现金流量称为“现值”。把现在时点或一系列时点的现金流量按给定的利率计算所得的将来某时点的等值现金流量称为“将来值”或“终值”。

三、普通复利公式

根据资金的支付方式不同，将等值计算公式分为以下四种类型。

（一）一次支付类型

一次支付类型的现金流量图仅涉及两笔现金流量，即现值与终值。若现值发生在期初，终值发生在期末，则一次支付的现金流量图如图 1－11 所示。

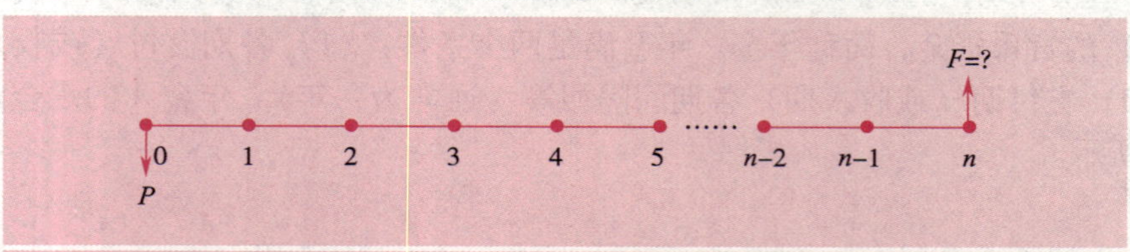

图 1－11　一次支付现金流量图

1. 一次支付终值公式（已知 P 求 F）

一次支付终值公式可称为一次支付复利公式，前面已作介绍（见式 1.4）。

2. 一次支付现值公式（已知 F 求 P）

已知未来值 F，求现值 P。由式（1.4），可得

$$P = \frac{F}{(1+i)^n} = F \cdot (P/F, i, n) \tag{1.9}$$

式（1.9）中，$\frac{1}{(1+i)^n}$称为一次支付现值系数，或称贴现系数，用符号（P/F，i，n）表示，可理解为已知 F，i，n，求现值 P。（P/F，i，n）可从“复利系数表”查得。

【例 4】如果要在第 3 年末得到资金 1 191 万元，按 6% 复利计算，现在必须存入多少？其现金流量图如图 1－12 所示。

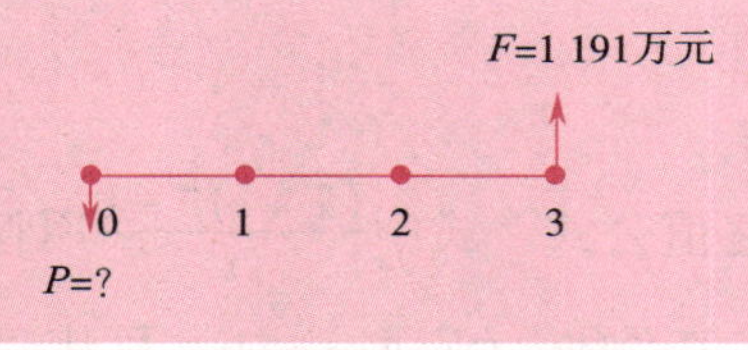

图 1－12　现金流量图

$$\begin{aligned} 解: P &= F \cdot (P/F, 6\%, 3) \\ &= \frac{1\ 191}{(1+6\%)^3} \\ &= 1\ 191 \times 0.8396 \\ &= 1\ 000(万元) \end{aligned}$$

即现在必须存入 1 000 万元。

（二）等额支付类型

对于等额支付类型，一般有如下约定：

a. 等额支付现金流量 A（年金）连续地发生在每期期末。

b. 现值 P 发生在第一个 A 的期初，即与第一个 A 相差一期。

c. 未来值 F 与最后一个 A 同时发生。

等额支付且连续发生的现金流量，称为等额系列现金流量。以下为等额系列现金流量的四个等值计算公式：

1. 等额支付终值公式（已知 A 求 F）

等额支付终值公式按复利方式计算与 n 期内等额系列现金流量 A 等值的第 n 期末的本利和 F（利率或收益率 i 一定）。其现金流量图如图 1－13 所示。

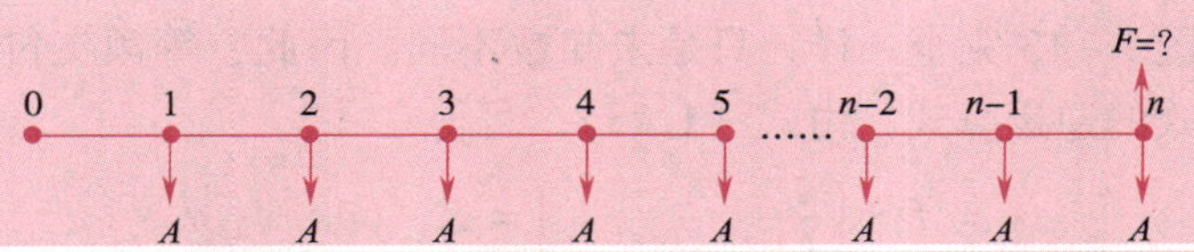

图 1－13　等额支付终值现金流量图

根据图 1－13，把等额系列现金流量视为 n 个一次支付的组合，利用一次支付终值公式（1.4）可推导出等额支付终值公式：

$$F = A + A \cdot (1+i) + A \cdot (A+i)^2 + \cdots + A \cdot (1+i)^{n-2} + A \cdot (1+i)^{n-1} \quad (1.10)$$

式（1.10）两边同时乘以（$1+i$），得

$$F \cdot (1+i) = A \cdot (1+i) + A \cdot (1+i)^2 + \cdots + A \cdot (1+i)^{n-1} + A \cdot (1+i)^n \quad (1.11)$$

由式（1.11）减式（1.10），得

$$F \cdot (1+i) - F = -A + A \cdot (1+i)^n \quad (1.12)$$

经整理，得

$$F = A \cdot \left[\frac{(1+i)^n - 1}{i}\right] = A \cdot (F/A,i,n) \quad (1.13)$$

式（1.13）也称为年金终值公式。式中$\frac{(1+i)^n-1}{i}$用符号（F/A，i，n）表示，称为等额支付终值系数或年金终值系数。（F/A，i，n）可从“复利系数表”查得。

【例5】若每年年末存款10 000元，年利率为6%，连续存5年后的本利和是多少？

解：

$$\begin{aligned} F &= A \cdot (F/A,6\%,5) \\ &= 10\,000 \times \left[\frac{(1+6\%)^5 - 1}{6\%}\right] \\ &= 10\,000 \times 5.637 \\ &= 56\,370(\text{元}) \end{aligned}$$

即连续存5年后的本利和是56 370元。

2. 等额支付偿债基金公式（已知F求A）

等额支付偿债基金公式按复利方式计算，为了在未来偿还一笔债务，或为了筹措将来使用的一笔资金，每年应存入多少资金（利率或收益率i一定）。其现金流量图如图1－14所示。

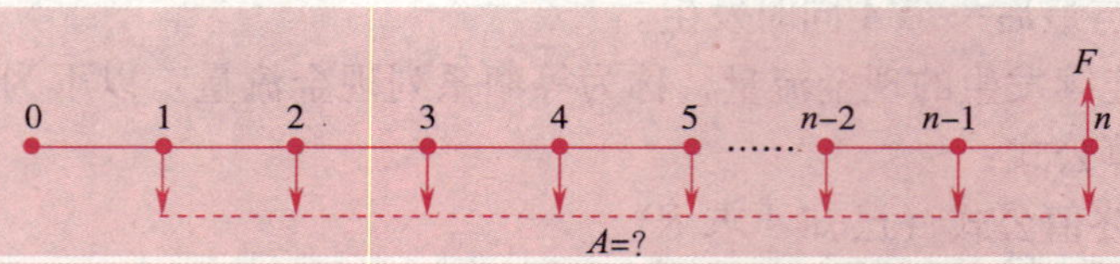

图1－14 等额支付偿债基金现金流量图

图1－14与图1－13完全一样，只是未知数不同。因此，等额支付偿债基金公式是等额支付终值公式的逆运算式。由式（1.13），可得

$$A = F \cdot \left[\frac{i}{(1+i)^n - 1}\right] = F \cdot (A/F,i,n) \quad (1.14)$$

式（1.14）也称为等额支付积累基金公式。式中$\frac{i}{(1+i)^n-1}$用符号（A/F，i，n）表示，称为等额支付偿债基金系数，也称为等额支付积累基金系数。（A/F，i，n）可从“复利系数表”查得。

【例6】计划在5年后得到40万元，年利率为7%，每年年末应存入多少资金？

解：$A = F \cdot (A/F, 7\%, 5)$

$$= 40 \times 10^4 \times \left[\frac{7\%}{(1+7\%)^5 - 1}\right]$$

$$= 40 \times 10^4 \times 0.1739$$

$$= 69\ 560(元)$$

即每年年末应存入69 560元。

3. 等额支付现值公式（已知 A 求 P）

在今后若干年份内，希望每年年末能获得等额的收益 A，现在应投入多少资金（利率或收益率 i 一定）？其计算式即等额支付现值公式。其现金流量图如图1－15所示。

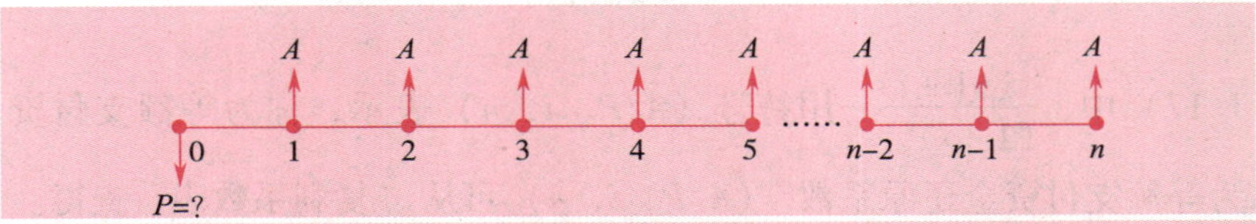

图1－15　等额支付现值现金流量图

由式（1.13）和式（1.14）得

$$P \cdot (1+i)^n = A \cdot \left[\frac{(1+i)^n - 1}{i}\right] \tag{1.15}$$

经整理，得

$$P = A \cdot \left[\frac{(1+i)^n - 1}{i \cdot (1+i)^n}\right] = A \cdot (P/A, i, n) \tag{1.16}$$

式（1.16）中，$\frac{(1+i)^n - 1}{i \cdot (1+i)^n}$用符号（$P/A$，$i$，$n$）表示，称为等额支付现值系数。（$P/A$，$i$，$n$）可从“复利系数表”查得。

【例7】计划今后5年每年年末支取2 500元，年利率为6%，现在应存入多少元？

解：$P = A \cdot (P/A, i, n)$

$$= 2\ 500 \times \left(\frac{(1+6\%)^n - 1}{6\% \times (1+6\%)^n}\right)$$

$$= 2\ 500 \times 4.2123$$

$$= 10\ 531(元)$$

即现在应存入10 531元。

4. 等额支付资金回收公式（已知 P 求 A）

现投入资金 P，希望在 n 年内每年年末等额回收，每次应回收多少才能连本带利全部回收（利率或收益率 i 一定），其计算式即等额支付资金回收公式。现金流量图如图1－16所示。

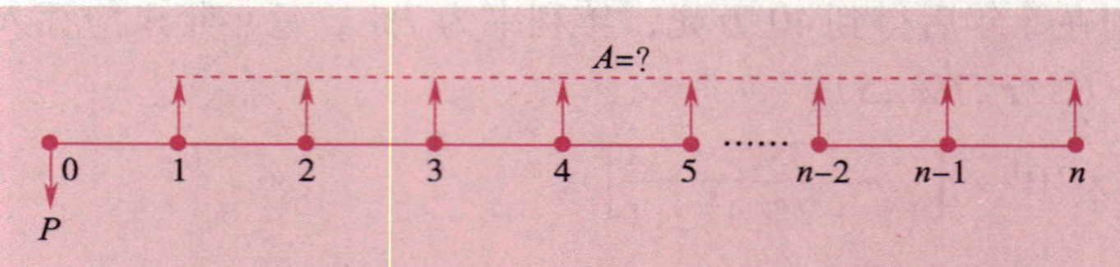

图 1－16　等额支付资金回收现金流量图

图 1－16 与图 1－15 基本相同，只是未知数不同。因此，等额支付资金回收公式是等额支付现值公式的逆运算式。由式（1.16）可得

$$A = P \cdot \frac{i \cdot (1+i)^n}{(1+i)^n - 1} = P \cdot (A/P, i, n) \tag{1.17}$$

式（1.17）中，$\frac{i(1+i)^n}{(1+i)^n-1}$用符号（$A/P$，$i$，$n$）表示，称为等额支付资金回收系数，或称为等额支付资金还原系数。（A/P，i，n）可从“复利系数表”查得。

【例 8】一笔贷款金额 100 000 元，年利率为 10%，分 5 年在每年年末等额偿还，求每期的偿付值。

$$\begin{aligned} \text{解}: A &= P(A/P, i, n) \\ &= 100\,000 \times \left[\frac{10\% \times (1+10\%)^5}{(1+10\%)^5 - 1}\right] \\ &= 100\,000 \times 0.2638 \\ &= 26\,380(\text{元}) \end{aligned}$$

即 5 年中每年年末应偿还 26 380 元。

因为，

$$\begin{aligned} (A/P, i, n) - i &= \frac{i(1+i)^n}{(1+i)^n - 1} - i \\ &= \frac{i(1+i)^n - i[(1+i)^n - 1]}{(1+i)^n - 1} \\ &= \frac{i}{(1+i)^n - 1} \\ &= (A/F, i, n) \end{aligned} \tag{1.18}$$

故等额支付资金回收系数与等额支付偿债基金系数存在如下关系：

$$(A/P, i, n) = (A/F, i, n) + i \tag{1.19}$$

（三）等差支付序列类型

进行项目评估时，资金的支付常常是不相等的，如图 1－10 所示。现金流量每年改变的金额为定值 G，即为等差数列，改变的定值（等差）可以是增加或者减少。图 1－17是一标准的等差支付序列现金流量图。

与图 1－10 比较，图 1－17 缺少基础付款额 A。因此，应注意标准等差支付序列不考虑第一年年末的现金流量，第一个等差值 G 的出现是在第二年年末。

存在三种等差支付序列公式：

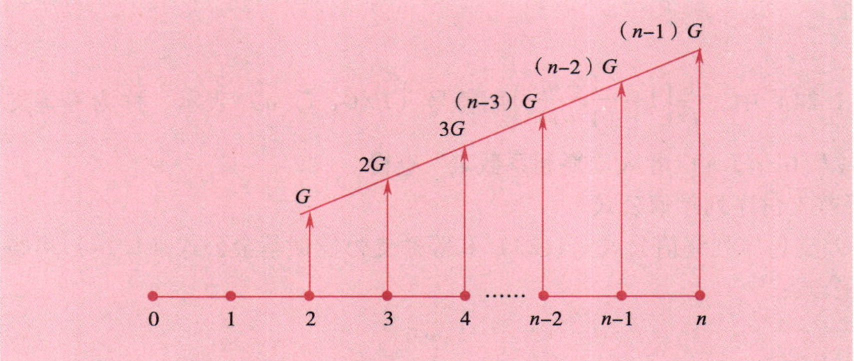

图1－17　标准等差支付序列现金流量图

1. 等差支付序列终值公式（已知 G 求 F）

$$F=G(1+i)^{n-2}+2G(1+i)^{n-3}+3G(1+i)^{n-4}+\cdots+(n-2)G(1+i)+(n-1)G \tag{1.20}$$

式（1.20）两边同时乘以（$1+i$），得

$$F(1+i)=G(1+i)^{n-1}+2G(1+i)^{n-2}+3G(1+i)^{n-3}+\cdots+(n-2)G(1+i)^2+(n-1)G(1+i) \tag{1.21}$$

式（1.21）减式（1.20），得

$$\begin{aligned}F\times i&=G[(1+i)^{n-1}+(1+i)^{n-2}+(1+i)^{n-3}+\cdots+(1+i)^2+(1+i)+1]-nG\\&=G\left[\frac{1-(1+i)^n}{1-(1+i)}\right]-nG\\&=G\left[\frac{(1+i)^n-1}{i}-n\right]\end{aligned} \tag{1.22}$$

所以

$$F=\frac{G}{i}\left[\frac{(1+i)^n-1}{i}-n\right]=G(F/G,i,n) \tag{1.23}$$

式（1.23）即为等差支付序列终值公式。式（1.23）中，$\frac{1}{i}\left[\frac{(1+i)^n-1}{i}-n\right]$用符号（$F/G$，$i$，$n$）表示，称为等差支付序列终值系数。（$F/G$，$i$，$n$）可从“复利系数表”查得。

2. 等差支付序列现值公式（已知 G 求 P）

由等差支付序列终值公式（1.20）和一次支付现值公式（1.9）可得等差支付序列现值公式：

$$\begin{aligned}P&=G(F/G,i,n)(P/F,i,n)\\&=G\cdot\frac{1}{i}\left[\frac{(1+i)^n-1}{i}-n\right]\cdot\frac{1}{(1+i)^n}\end{aligned}$$

$$= G \cdot \frac{1}{i^2}\left[1 - \frac{1 + in}{(1 + i)^n}\right]$$
$$= G(P/G,i,n) \qquad (1.24)$$

式（1.24）中，$\frac{1}{i^2}\left[1-\frac{1+in}{(1+i)^n}\right]$用符号（$P/G$，$i$，$n$）表示，称为等差支付序列现值系数。（$P/G$，$i$，$n$）可从"复利系数表"查得。

3. 等差支付序列年值公式

由等差支付序列终值公式（1.23）和等额支付偿债基金公式（1.14）可得等差支付序列年值公式：

$$A = G(F/G,i,n)(A/F,i,n)$$
$$= \frac{G}{i}\left[\frac{(1 + i)^n - 1}{i} - n\right]\left[\frac{i}{(1 + i)^n - 1}\right]$$
$$= \frac{G}{i}\left[1 - \frac{in}{(1 + i)^n - 1}\right]$$
$$= G(A/G,i,n) \qquad (1.25)$$

式（1.25）中，$\frac{1}{i}\left[1-\frac{in}{(1+i)^n-1}\right]$用符号（$A/G$，$i$，$n$）表示，称为等差支付序列年值系数。（$A/G$，$i$，$n$）可从"复利系数表"查得。

式（1.23）、式（1.24）和式（1.25）都是由递增型等差支付序列推导出来的。对于递减型等差支付序列，其分析处理方法基本相同，推导出的公式与递增等差复利计算相反，只差一个负号。递减一个G，相当于在反方向上增加一个G，见图1－18。运用以上三个公式分析解决问题时，应把握图1－17和图1－18标明的前提条件，如等差支付序列现金流量所计算的现值永远位于等差G开始出现的前两年。实际工作中，年支付额不一定是严格的等差序列，但可采用等差支付序列方法近似地分析问题。

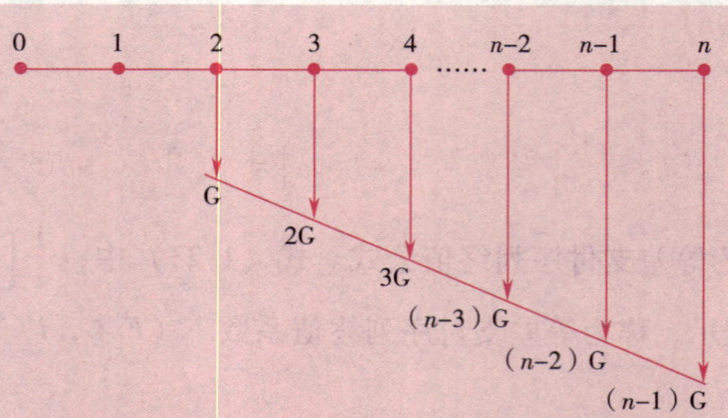

图1－18　标准递减型等差支付序列现金流量图

【例9】第1年末存入银行5 000元，并在以后9年内，每年末存款额逐年增加1 000元。若年利率为5%，该存款安排的现值是多少？其现金流量图如图1－19所示。

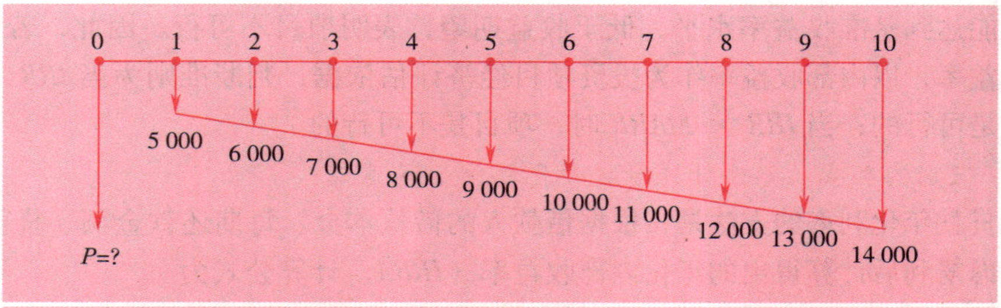

图 1－19　现金流量图

解：

基础存款额 A 为 5 000 元，等差 G 为 1 000 元。

$$\begin{aligned}P &= P_A + P_G\\&= 5\,000(P/A,5\%,10) + 1\,000(P/G,5\%,10)\\&= 5\,000 \times 7.7216 + 1\,000 \times 31.649\\&= 70\,249(\text{元})\end{aligned}$$

即该项存款安排的现值为 70 249 元。

第四节　案例分析

案例：采用内部收益率法计算商业银行贷款年化利率

（一）情况介绍

本章第二节指出，中国人民银行〔2021〕第 3 号公告要求所有贷款产品均应明示贷款年化利率，贷款年化利率采用复利法或单利法计算。该公告还明确要求复利计算方法采用内部收益率法。本案例是该公告中采用内部收益率法计算贷款年化利率的示例。

（二）内部收益率

内部收益率指在整个投资项目寿命期，净现金流量的净现值为零时的收益率（或称利率、折现率）。其表达式如下：

$$NPV = \sum_{t=0}^{n} \frac{(CI - CO)_t}{(1 - IRR)^t} \tag{1.26}$$

式（1.26）中，NPV 为净现值，CI 为第 t 年的现金流入量，CO 为第 t 年的现金流出量，n 为投资项目的寿命期（年份数量），IRR 为投资项目的内部收益率。

净现值反映投资项目在寿命期的获利能力。由式（1.26）可作出判断，净现值的数值随着投资收益率（将式中的 IRR 改为项目的投资收益率）的增大而减小。考虑到净现值大于零时，项目的投资收益率不仅达到了基准收益率水平，还能够得到超额的现值收益，表明项目可行。净现值等于零时，项目的投资收益率恰好达到了基准收益率水平，表明项目可行，这时对应的投资收益率即为内部收益率。净现值小于零时，项目的投资收益率不能达到基准收益率水平，低于收益期望，表明项目不可行。因此，若设 *MARR* 为基准收益率，以内部收益率作为投资项目经济评估依据，判断准则为当 $IRR \geqslant MARR$ 时，项目是可行的；当 $IRR < MARR$ 时，项目是不可行的。

（三）采用内部收益率法计算贷款年化利率示例

计算贷款年化利率的方法是，根据借款人的借款本金、每期还款金额、贷款期数等要素，考虑复利后计算得出的年化内部收益率（*IRR*）。计算公式为

$$本金 = \sum_{t=0}^{mn} \frac{第\,t\,期支付金额}{(1 + IRR)^{t/m}} \tag{1.27}$$

式（1.27）中，t 为贷款期数，n 为贷款年份数，m 为年内月份数，*IRR* 为贷款项目的内部收益率。因 *IRR* 的计算过程比较复杂，商业银行通常采用标准的电子计算机程序便利化处理。

1. 到期一次性还本付息类贷款产品

借款人在贷款到期日一次性归还贷款本金并支付利息。例如，某贷款产品，期限为2年，本金为10万元，2年后借款人一次性还本付息11万元。上述贷款的年化利率（*IRR*）约为4.88%，计算过程为

$$100\ 000 = \frac{110\ 000}{(1 + IRR)^2} \tag{1.28}$$

2. 分期偿还类贷款产品

借款人在还款期内，每期需偿还一定数额的本金，并支付实际占用的本金在该期所产生的利息。如使用等额本息或等额本金方式分期偿还的商业性个人住房贷款等。

例如，某个人住房贷款，期限为20年，按月还款，共240期，本金为100万元，采用等额本息方式还款。按照还款计划，从借款后第一个月末起，借款人每月等额偿还本息6 599.6元。上述贷款以 *IRR* 方法计算的年化利率约为5.12%，计算过程为

$$1\ 000\ 000 = \frac{6\ 599.6}{(1 + IRR)^{1/12}} + \frac{6\ 599.6}{(1 + IRR)^{2/12}} + \cdots + \frac{6\ 599.6}{(1 + IRR)^{240/12}} \tag{1.29}$$

3. 收取费用的贷款产品

借款人需在借款当期一次性支付手续费等与贷款直接相关的费用，并在还款期内，分期偿还一定数额的本金和费用。

例如，某消费金融公司贷款，期限为1年，按月还款，共12期，本金为10万元。按照还款计划，借款人在借款当期一次性支付1000元服务费，并从借款后第一个月末起，每月等额偿还8 833.3元，其中本金为8 333.3元（100 000 ÷ 12），分期费为500元（按初始贷款本金的0.5%计算，100 000 × 0.5%）。上述贷款以单利计算的综合年化利率约为12.80%。以 *IRR* 方法计算的综合年化利率约为13.58%，计算过程为

$$100\ 000 = \frac{1\ 000}{(1 + IRR)^0} + \frac{8\ 833.3}{(1 + IRR)^{1/12}} + \frac{8\ 833.3}{(1 + IRR)^{2/12}} + \cdots + \frac{6\ 599.6}{(1 + IRR)^{12/12}} \tag{1.30}$$

[本章小结]

1. 资金时间价值指资金随着时间推移而形成的增值。资金时间价值用利息及利息率计算。从理论上讲，利息率是社会平均资金利润率。

2. 资金时间价值是考核项目经济效益的重要依据，是进行项目筹资和投资必不可少的依据。资金时间价值原理正确揭示了不同时点上资金之间的换算关系。离开了资金时间价值理念，就无法正确计算不同时期的财务收支。

3. 资金时间价值的大小取决于本金数量的多少、占用时间的长短及利息率（或收益率）的高低等因素。计算利息的时间单位为计息周期。计息周期有年、月、日等计算方法。按照计息方式的不同，分为单利和复利；按照对比的基准日不同，分为终值和现值。

4. 单利法虽然考虑了资金时间价值，但仅以本金为基数在资金占用期末一次计算利息，对以前已经产生的利息并没有转入计息基数而累计利息，忽略了利息本身的资金时间价值，因此采用单利法计算资金时间价值是不完善的。

5. 中国人民银行发布〔2021〕第 3 号公告要求所有贷款产品均应明示贷款年化利率，贷款年化利率采用复利法或者单利法计算。可以预计，商业银行将会越来越多地采用复利法计算利息。

6. 采用复利法计算资金时间价值，资金等值是一个重要的概念。资金等值指在不同时点上数量不等的资金，从资金时间价值观点上看是相等的。

[本章重要概念]

现金流量　现金流量图　资金时间价值　复利法　复利终值　资金等值
内部收益率

[练习题]

一、判断题

1. 资金时间价值是考核实体经济项目的重要依据，与商业银行不直接相关。（　　）

2. 单利法没有考虑资金的时间价值。（　　）

二、简答题

1. 什么是现金等价物？
2. 资金等值的三个要素是什么？
3. 资金等值计算中的四种典型现金流量是什么？

三、论述题

1. 试论述利率市场化与商业银行资金时间价值管理之间的关系。
2. 本章案例分析内容对商业银行发展有什么启示？

练习题答案

第二章

商业银行资本金管理

商业银行会计意义上的资本金等于资产减去负债的净额，它是商业银行业务经营的基础和防范风险的根本保障。商业银行是高负债经营的特殊企业，不能只用自身的资本金来经营，还需广开负债渠道，吸收更多的资金来扩大业务经营。商业银行负债中的某些项目，如长期次级债务等，本质上又具有资本金的职能，能够吸收商业银行的经营风险。商业银行的资本金既不能过多，也不能过少，而需保持适度，这需要通过资本金的管理来实现。

第一节　商业银行资本金的功能与构成

一、商业银行资本金的功能

（一）营业功能

资本金的营业功能，是指商业银行的设立，首先必须拥有一定数量的资本金。资本金是商业银行开展业务、生存和发展的基本前提。

商业银行在开业之前，必须要有足够的营业设备和营运资金，这些不能依靠客户的资金。随着现代高科技迅猛发展，商业银行为了提高其竞争力，更多地采用高科技设备，使得各商业银行用于固定资产方面的资本投入超过了其资本总量的20%，且这一比例呈逐年上升之势。广大公众对商业银行充满信心是商业银行生存和发展的基础，而充足的资本又是商业银行声誉赖以树立的基本条件。商业银行大都以足够数量的资本来维持公众对银行的信心，以吸引客户将资金存入银行，以利于银行业务的开展与扩大。各国银行管理当局都对商业银行的准入和监管提出了严格的要求，规定了审批商业银行开业的最低资本金限额，商业银行只有达到或超过这一限额才能获准开业，随着业务的发展，商业银行还应不断补充资本，以达到管理当局规定的最低资本充足率。

（二）保护功能

资本金的保护功能，是指商业银行资本金在一定程度上可以使客户资金免受损失，从而也在一定程度上保证了银行的安全。

如导论所述，商业银行的大部分资金来自存款者，它从存户那里吸收资金，然后贷放或投资于各项盈利业务。当然，商业银行业务经营中的风险也是客观的，风险一旦成为现实即为损失。因此，商业银行基本的盈利模式是：业务收入减业务支出和损失，也就是说，商业银行通常是以其收入弥补其各项支出和损失的，收入超过支出和损失的部分即为利润，否则即为亏损。利润或亏损最终归于商业银行的所有者，因此，利润或亏损实际上也是商业银行资本金的增加或抵减因素，在商业银行的资产损失不超过其业务收支差额和资本金数量的情况下，存款人和债权人的资金就不会受到损害。显然，资本金是客户存款免受偶然损失的保障。

目前，许多国家实行了存款保险制度，当存款人的存款遭受损失时，由相应的存款保险机构进行补偿，这虽然在一定程度上削弱了商业银行资本金的保护功能，但它不能完全取代资本金的保护功能，因为这些国家的存款保险制度只对一定数量以内的存款提供保险。

我们在强调商业银行资本金的保护功能在于保护存款人利益的同时，还应清醒地认识到商业银行的资本金也保护了商业银行自身的安全，只有这样，才能提高银行家重视资本金管理、补充资本、保持资本充足的自觉性。

（三）管理功能

资本金的管理功能，是指监管机构通过系列资本指标加强对商业银行的监督管理以及商业银行自身加强资本金管理以满足监管机构规定的最低资本金要求。

为了加强对商业银行的管理，防范金融风险，各国银行管理当局都对商业银行的资本金提出了严格的管理要求，并将其具体化为一系列资本指标，如资本充足率等。

商业银行资本金的管理功能还表现为商业银行通过调整自身的经营行为和资产负债结构来满足银行监管机构规定的资本指标要求。以资本充足率为例，随着商业银行持续经营，由于诸多因素的影响，商业银行的资本充足率变化并不是一条水平线或直线，而是一条曲线，为了使本银行的资本充足率曲线保持在银行管理当局允许的范围之内，商业银行家必须适时调整自身的经营行为和资产负债结构，如增加资本、降低高风险资产比例等，使资本充足率符合监管的最低要求。

二、商业银行资本金的构成

各国关于商业银行资本的概念和范围一直存在争论，不同国家商业银行资本金的构成也存在一定的差异。但就其共性而言，商业银行的资本金主要由普通资本和优先资本组成。

（一）普通资本

普通资本是商业银行资本的基本形式，它包括普通股、资本盈余、盈余公积、未分配利润等。普通股是商业银行股金资本的基本形式，它是一种权利证明。这种权利主要体现在三个方面：一是对商业银行拥有经营决策权，股东可以参加股东大会，对商业银行的各项决策有投票权，可以按出资比例选举董事；二是对商业银行的利润和资产有分享权，股东有权分配或处置商业银行的税后利润，在商业银行破产清算时，对于商业银行收入和资产还可享有最后一位的要求权；三是在商业银行增发普通股股票时，享有新股认股权，这个权利可以维护股东对商业银行已有的权利。资本盈余也称资本公积或资本公积金，主要是股票溢价。股票溢价是指银行发行普通股时，其发行价格超出票面价值的差额。除此之外，资本盈余还反映资本的增值部分，如接受捐赠等增加的资本。盈余公积是指银行按照规定从净利润中提取的各种积累资金。未分配利润是商业银行税后利润减去普通股股息和红利以及其他分配后的余额。未分配利润是商业银行增加资本金的重要渠道，特别是对那些难以进入股市的商业银行，或是商业银行在经济发展缓慢或所得税税率较高时，往往选择这种办法来增加资本金。

（二）优先资本

优先资本是指在股息分配和资产清偿上先于普通资本的那部分资本。它包括优先股、资本票据和资本债券、可转换债券等，后三者在《巴塞尔资本协议》里称为长期次级债券。优先股是指对银行的收益和资产分配权先于普通股的股票。商业银行多在发行优先股时就已规定，经过一定时期后，发行银行可以按照事先确定的价格将其赎回，有些优先股还可以在一定条件下转为普通股。资本票据和资本债券是商业银行的债券型资本，有明确的利息和期限，在商业银行破产清算时，它们对商业银行资产的求偿权排在存款和借款等债务之后，因此又将其称为附属债务；其中，资本票据是指那些期限相对较短，有大小不同发行额度的银行借据，资本债券是指那些期限较长、发行面额较大的债务凭证。可转换债券是指商业银行发行的可按事先约定在一定时期内转换为普通股的资本性证券，它既具有债券的性质，又具有股票的性质，其转换价格为换成普通股而每股实际支出的价格，通常高于普通股市价的15%～20%。

第二节 《巴塞尔资本协议》与资本充足率的测定

一、《巴塞尔资本协议》产生的背景

1. 国际银行业竞争日趋激烈，资本与资产的比例呈下降趋势。进入20世纪60年代后，各国商业银行在负债管理理论的影响下，采取扩张策略，资产负债规模迅速扩大。1970年世界最大的34家银行资本与资产的比例略大于5%，但到了1986年时仅为3.75%左右，这种资本比例的下降趋势引起了各国银行管理当局的关注。

2. 随着金融创新的普遍推行，广泛使用金融衍生工具使得国际银行业风险加大。20世纪60年代末以来，国际银行业的发展日新月异，金融创新活动迅猛发展，特别是进入到80年代后，随着期货业的出现，各种金融衍生工具层出不穷并在国际银行业得到广泛使用，交易量直线上升。全球各金融机构、金融市场之间的关系变得更加复杂，更加相互依赖，国际间的资本流动也更加频繁并难以控制，一旦某个环节出了问题，其对国际金融市场的冲击力和波及范围将十分可怕。因此，金融衍生工具的广泛使用加大了国际银行业的经营风险。

3. 金融危机逐渐国际化。随着经济金融的国际化，国际银行间的关系日益密切和复

杂，形成了一个错综复杂的金融链条，链条中的每一家银行的利益彼此都休戚相关，一旦某家银行发生破产倒闭，势必会波及链条中的所有银行。因此，由某一家银行破产倒闭所引发的金融危机不仅只影响某一个国家或地区，其影响甚至会波及全世界，20 世纪 80 年代由墨西哥债务危机而引发的拉美债务危机就是其中一例。这种金融危机的国际化趋势，使得各国银行管理当局意识到防范国际银行业风险迫在眉睫。

4. 国际银行业的规模扩张改变了国际银行业的格局。进入 20 世纪 80 年代以后，乘着日本经济腾飞的东风，日本的银行业也迈开了对外扩张的步伐，在国际大银行排名中，日本银行的数量逐年增加，且名次也不断上升。日本银行业的规模扩张改变了昔日由英美银行一统天下的局面，引起了英美银行的嫉妒和不安。

5. 巴塞尔委员会的成立为国际银行业的监管问题提供了一个讨论场所和合作的舞台。1975 年 2 月，根据英格兰银行总裁理查森的建议，在国际清算银行的发起和主持下，由十国集团成员国比利时、荷兰、加拿大、英国、法国、意大利、德国、瑞典、日本、美国以及瑞士和卢森堡两个观察员国的中央银行的代表在瑞士巴塞尔市聚会，建立起一个监督国际银行活动的协调委员会，全称是“国际清算银行关于银行管理和监督活动常设委员会”，简称巴塞尔委员会。

为了加强银行资本的保护功能，促进国际银行体系的健康和稳定发展，消除国际商业银行在国际金融市场上不平等的竞争条件，1987 年 12 月 10 日，国际清算银行在瑞士的巴塞尔召集了由 12 个西方发达国家中央银行行长参加的会议，专门讨论加强经营国际业务的商业银行资本及风险资产的监管问题。1988 年 7 月底，巴塞尔委员会通过了《统一资本计量与资本标准的国际协议》，简称《巴塞尔资本协议》，其主要宗旨是通过制定资本对信贷风险资产的比例和确定最低资本比率的办法来加强国际银行的稳健性。

二、《巴塞尔资本协议》的基本内容

（一）划分资本

将银行的资本划分为核心资本（一级资本）和附属资本（二级资本）两个部分。

核心资本由银行股本及公开储备组成。银行股本主要包括已经发行并完全缴足的普通股和永久的非累积性优先股。普通股前面已经介绍，非累积性优先股是指银行没有法律义务支付累积未分配股息的那部分优先股。这部分优先股在股息的支付方面并不确定，具备与普通股股息支付相同的特性，因此被列入银行股本。公开储备必须是银行税后利润中提留的，一般由股票发行溢价、未分配利润等组成。核心资本的特点是资本的价值相对稳定，同银行的盈利率和竞争能力有密切关系，它是作为衡量资本充足率的基础。

附属资本主要包括未公开储备、资产重估储备、一般准备金、混合资本工具、长期次级债务。这几种附属资本的基本含义介绍如下。未公开储备：由于各国法律和会计制度不同，巴塞尔委员会提出的标准是，在该项目中，只包括虽未公开但已经反映在银行损益表上，并被银行监管机构所接受的储备。资产重估储备：由于一些国家按照本国的监管标准和会计条例允许对某些资产进行重估，以便反映它们的市值或其相对于历史成本更接近其市值。即如果这些资产是审慎作价的，并充分反映价格波动和强制销售的可能性，那么，这种储备可以列入附属资本中。这类资本一般包括对记入资产负债表上的银行自身房产的正式重估和来自有隐蔽价值的资本的名义增值。一般准备金：这是为防备未来可能出现的亏损而设立的。因为它可以被用于弥补未来的损失，符合资本的基本特征，所以被列入附属资本中。2004 年公布的《巴塞尔新资本协议》对一般准备金是否包括在附属资本中做了新的规定，按照内部评级法的要求，一般准备金不再计入附属资本，这一内容将在第十二章作详细介绍。混合资本工具：带有一定股本性质又具有一定债务性质的一些资本工具。由于这些金融工具与股本极为相似，特别是它们能够在不能清偿的情况下承担损失、维持经营，可以列为附属资本。长期次级债务：这部分资本主要包括普通的、无担保的、初次所定期限最少 5 年以上的次级债务工具和不可赎回的优先股。

两类资本的组成如图 2－1 所示。

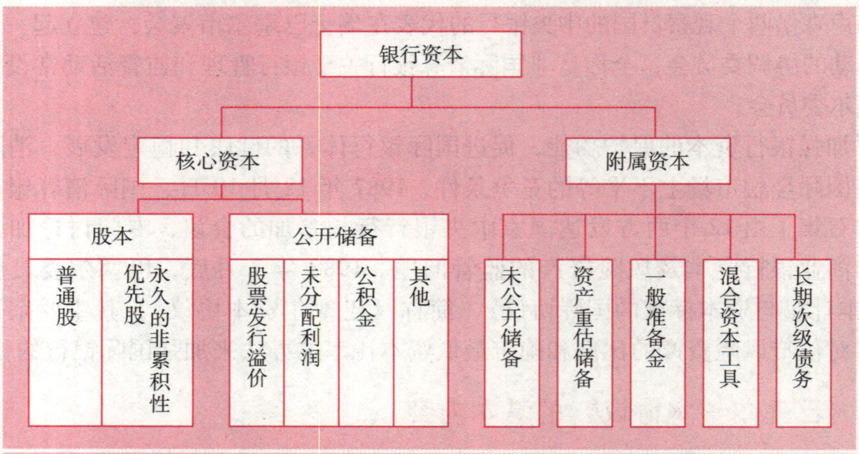

图 2－1　《巴塞尔资本协议》框架下银行资本的构成

为了使资本的计算趋于准确，《巴塞尔资本协议》还对资本中有些模糊的成分应予以扣除做了规定，包括：商誉应从核心资本中扣除；库存股票不应算在核心资本中；对单独列账的附属银行与财务公司的投资应从总资本中扣除；对其他银行和金融机构资本中的投资不计算在总资本中；附属资本的合计金额不得超出其核心资本的 100%；长期次级债务最多只能为核心资本的 50%；一般准备金占风险资产的比例最多不超过 1.25%。

（二）规定资产的风险权重

《巴塞尔资本协议》规定，商业银行表内资产的风险权重分为五级：0，10%，20%，50%，100%；表外项目的信用转换系数分为四级：0，20%，50%，100%。

1. 表内资产的风险权重

风险权重为零的资产：现金；以本币定值，并以此通货对中央政府和中央银行融通资金的债权；对经济合作与发展组织（以下简称经合组织）成员国或对国际货币基金组织达成与其借款总体安排相关的特别贷款协议的国家的中央政府或中央银行的其他债权；用现金或用经合组织成员国中央政府债券作担保，或由经合组织成员国的中央政府提供担保的贷款。

风险权重为10%的资产：对本国公共部门或由此类公共部门担保的贷款；对以国库券为抵押品的注册交易员贷款；对外国中央政府和外国中央银行的本币贷款。

风险权重为20%的资产：对在经合组织成员国注册的银行的债权和由这些银行担保的贷款；对经合组织成员国以外注册的银行余期在1年以内的债权和由经合组织成员国以外国家的法人银行提供担保的余期在1年以内的贷款；对非本国的经合组织成员国的公共部门（不包括中央政府）的债权，以及由这些机构提供的担保贷款；对多边开发银行（国际复兴开发银行、泛美开发银行、亚洲开发银行、非洲开发银行、欧洲投资银行）的债权，以及由这类银行担保或以这类银行发行的债券作抵押品的债权；托收中的现金款项。

风险权重为50%的资产：以完全用于居住用途的房产作抵押品的贷款。

风险权重为100%的资产：对私人机构的债权；对经合组织以外的国家的法人银行余期在1年以上的债权；对经合组织以外的国家的中央政府的债权；对公共部门所属的商业公司的债权；固定资产投资；不动产和其他投资（包括那些没有综合到资产负债表内的对其他公司的投资）；其他银行发行的资本工具（从资本中扣除的除外）；所有其他资产。

2. 表外项目的信用转换系数

信用转换系数为0的表外项目：可随时无条件取消的承诺，或类似初始期限为1年以内的承诺。

信用转换系数为20%的表外项目：短期的有自行清偿能力的与贸易相关的或有项目（如有优先索偿权的装运货物作抵押的跟单信用证）。

信用转换系数为50%的表外项目：与交易相关的或有项目（如履约担保、投标担保、认股权证和为某些特别交易而开出的备用信用证）；票据发行融通和循环包销便利；期限为1年以上的承诺（如正式的备用便利和信贷额度）。

信用转换系数为100%的表外项目：销售和回购协议以及有追索权的资产销售（此类资产的信贷风险仍在银行）；远期资产购买，超远期存款和部分缴付款项的股票以及代表承诺一定损失的证券；直接信用代用工具（如负债的担保、银行承兑担保和可为贷款和证券提供金融担保的备用信用证）。

与外汇和利率有关的表外项目的换算系数：剩余到期日在1年或1年以内的，利率合约换算系数为0，汇率合约换算系数为1%；剩余到期日在1年或1年以上的，利率合约换算系数为0.5%，汇率合约换算系数为5%。

（三）规定商业银行资本充足率的最低标准

《巴塞尔资本协议》规定，1992年底以前，各成员国商业银行资本对加权风险资产比率（资本充足率）的最低标准不得低于8%，其中，核心资本充足率不得低于4%。

（四）过渡期安排

1990年底，资本充足率最低标准为7.25%，资本中至少有一半应是核心资本；1992

年底以前，资本充足率应达到规定的资本充足率标准。

三、资本充足率的测定

《巴塞尔资本协议》基于资本是商业银行免受资产偶然损失的保障的考虑，将资本与风险资产的比例作为衡量商业银行资本充足程度（抵御风险的能力）的指标。由于商业银行的资产十分复杂，且各项资产的风险程度不一，既有表内资产，又有表外资产；有的资产有风险，有的资产没有风险；有的资产风险大，有的资产风险小。因此，为了统一口径，便于操作，《巴塞尔资本协议》统一将商业银行的表内资产按其风险程度分为五级不同权重的资产，风险程度越高，则权重越大，反之，则越小，从而计算出表内风险资产总额。同时规定商业银行表外资产的信用转换系数，先将表外资产转换为表内资产，然后再乘以相应表内资产的风险权重，从而计算出表外风险资产总额，进而计算出全部风险资产总额。具体指标如下：

$$\text{全部资本充足率} = \frac{\text{资本总额}}{\text{风险资产总额}} \times 100\% \tag{2.1}$$

$$\text{核心资本充足率} = \frac{\text{核心资本}}{\text{风险资产总额}} \times 100\% \tag{2.2}$$

其中，

$$\text{资本总额} = \text{核心资本} + \text{附属资本} \tag{2.3}$$

$$\begin{aligned}\text{风险资产总额} &= \text{表内风险资产总额} + \text{表外风险资产总额} \\ &= \sum(\text{表内资产} \times \text{风险权重}) \\ &\quad + \sum(\text{表外项目} \times \text{信用转换系数} \times \text{相应表内资产的风险权重})\end{aligned} \tag{2.4}$$

以下为计算示例。

（一）情况介绍

A 银行的表内及表外资产负债情况如表 2－1、表 2－2 所示，计算该行的资本充足率。

表 2－1　　A 银行资产负债表　　单位：百万美元

<table>
<tr><th>权数</th><th>资产项目</th><th>金额</th><th>负债项目</th><th>金额</th></tr>
<tr><td rowspan="3">0</td><td>现金</td><td>5</td><td rowspan="2">一级资本加上二级资本</td><td rowspan="2">10</td></tr>
<tr><td>短期国库券</td><td>5</td></tr>
<tr><td>中长期国库券</td><td>10</td><td>负债</td><td>120</td></tr>
<tr><td rowspan="2">20%</td><td>一般责任政府债券</td><td>10</td><td rowspan="5">合计</td><td rowspan="5">130</td></tr>
<tr><td>房利美发行的 MBS</td><td>10</td></tr>
<tr><td>50%</td><td>居民抵押贷款</td><td>40</td></tr>
<tr><td>100%</td><td>其他贷款</td><td>50</td></tr>
<tr><td></td><td>合计</td><td>130</td></tr>
</table>

表 2－2　　A 银行表外项目资料　　单位：百万美元

转换系数	相应表内项目风险权数	表外项目	金额
50%	100%	对某公司的 2 年期贷款承诺	80
100%	100%	支持商业票据发行的备用信用证	10
20%	100%	商业信用证	50
0.5%	50%	4 年期固定—浮动利率互换合约	100
5%	50%	2 年期远期美元/英镑外汇合约	40

（二）分析

根据表 2－1 和表 2－2 的数据，采用《巴塞尔资本协议》的规定，按照如下公式计算风险加权资产：

$$\text{表内风险资产}=\sum(\text{表内资产项目金额}\times\text{风险权数})$$

$$\text{表外风险资产(非利率与汇率项目)}=\sum(\text{表外资产项目金额}\times\text{信用转换系数}\times\text{相应表内项目风险权数})$$

$$\text{表外风险资产(利率与汇率项目)}=\sum[(\text{表外资产项目金额}\times\text{信用转换系数}+\text{按市价计算出的重置资本})\times\text{相应表内项目风险权数}]$$

在表外风险资产（利率与汇率项目）的计算式中，表外风险资产＝潜在风险暴露＋本期风险暴露。其中，潜在风险暴露反映合约对方当事人在将来违约的信用风险，这种风险的发生取决于利率或汇率合约中汇率的将来波动情况；本期风险暴露反映对方当事人现在违约重置合约的成本，银行通过将合约的原始利率或价格替换成当前相似合约的利率或价格来计算重置成本或本期风险暴露。

本例中，4 年期固定—浮动利率互换合约的重置成本为 300 万美元，2 年期远期美元/英镑外汇合约的重置成本为－100 万美元（盈利）。在计算与利率及汇率有关的表外资产的风险额时一般不将盈利计算在内，因此，2 年期远期美元/英镑外汇合约的 100 万美元的盈利就不计算在表外资产的风险额内。

该银行资本充足率的计算如下：

表内风险资产 $=0\times5+0\times5+0\times10+0.2\times10+0.2\times10+0.5\times40+1\times50=74$（百万美元）

表外风险资产（非利率与汇率项目）$=80\times0.5+10\times1+50\times0.2=60$（百万美元）

表外风险资产（利率与汇率项目）$=[(100\times0.005+3)+40\times0.05]\times50\%$

$=2.75$（百万美元）

$$\text{资本充足率}=\frac{10}{74+60+2.75}\times100\%=7.3\%$$

第三节 《巴塞尔协议Ⅱ》与资本充足率的测定

一、《巴塞尔资本协议》的不足

《巴塞尔资本协议》有不足之处，主要表现在：一是容易导致银行过分强调资本充足的倾向，从而存在忽视银行业全面风险管理的倾向，这样，即使银行符合资本充足性的要求，也可能因为其他风险而陷入经营困境。如1993年底巴林银行的资本充足率远超过8%，1995年1月巴林银行还被认为是安全的，但到1995年2月末，这家银行就破产并被接管了。二是在计算资本充足率时，确认资产（包括对政府、银行、企业的债权）风险权重的大小主要依据债务人所在国是否为经合组织成员国，成员国的主权风险为零，而非经合组织成员国的主权风险为20%。经合组织成员国与非经合组织成员国的划分标准带有明显的“国别歧视”。三是仅涉及信用风险，对市场风险、操作风险、流动性风险、法律风险等非信用风险，或语焉不详，或缺乏可操作性，或者根本没提起。四是粗线条的风险权重不能精确地把资本与银行面临的风险密切结合在一起，未能从监管上为银行改善自己的风险管理水平提供激励。五是许多已有的监管约束推动了国际银行界的资本套利的现象，这主要包括：通过推进资产的证券化将信用风险转化为市场风险等其他风险来降低对资本金的要求，广泛采用金融控股公司的形式来逃避资本金的约束，等等。

正是由于1988年的《巴塞尔资本协议》在实际应用中日益凸显的局限性，巴塞尔委员会一直着手对其进行修改和补充。其中主要包括1996年的《资本协议关于市场风险的补充规定》和1997年的《有效银行监管的核心原则》。1988年的《巴塞尔资本协议》只考虑了信用风险，忽视了市场风险，尤其对许多新的和复杂的场外衍生产品未能给予足够的重视。90年代以后，在风起云涌的金融创新的不断推动下，金融衍生工具及交易迅猛增长，银行业越来越深地介入到这些衍生交易中，因此，金融市场的波动性对于银行的影响越来越显著。从国际环境来看，几起震惊全球金融界的大案基本上主要是由市场风险管理失控引发和导致的。于是，1996年初，巴塞尔委员会及时推出了《资本协议关于市场风险的补充规定》。该规定认识到，市场风险是因市场价格波动而导致表内外头寸损失的风险，包括交易账户中受到利率影响的各类工具及股票所涉及的风险、银行的外汇风险和商品风险，它们同样需要计提资本金来进行约束。与此同时，一些主要的国际大银行也根据《资本协议关于市场风险的补充规定》着手建立自己的内部风险测量与资本配置模型。1997年7月全面爆发的东南亚金融危机更是引发了巴塞尔委员会对金融风险全面而深入的思考。从巴林银行、大和银行的倒闭到东南亚金融危机，人们看到，金融业存在的问题不仅仅是信用风险或市场风险等单一风险的问题，而是由信用风险、市场风险和操作风险互相交织、共同作用所造成的。1997年9月推出的《有效银行监管的核心原则》表明巴塞尔委员会已经确立了全面风险管理的理念。该核心原则共提出涉及银行监管7个方面的25条核心原则。尽管这个核心原则主要解决监管原则问题，未能提出更具操作性的监管办法和完整的计量模型，但它为此后巴塞尔资本协议的完善提供了一个具有实质性意义的监管框架。

二、《巴塞尔协议Ⅱ》的核心内容

（一）《巴塞尔协议Ⅱ》的形成

1999年巴塞尔委员会根据1988年《巴塞尔资本协议》执行中的实际问题以及国际金融市场不断创新、金融产品日趋复杂、银行业风险管理技术迅速发展的现状，公布了《巴塞尔新资本协议（也称为巴塞尔协议Ⅱ）（征求意见稿）》第一稿，以进一步增强国际金融体系的安全性和稳定性。在此框架基础上，2001年1月16日巴塞尔委员会发布了第二稿，比较全面地阐述了即将在全球银行业推行的新的资本协议的基本原则。尽管这个重要的协议在全球范围内广泛征求了金融机构和监管机构的意见，并且打算在2004年正式实施，但是，基于这个新的框架协议对于全球金融业的深远影响和实施过程中的复杂性，巴塞尔委员会主动宣布推迟一年实施。2003年4月，巴塞尔委员会发布了第三稿，2004年6月26日巴塞尔委员会正式颁布了修订期长达5年之久的《巴塞尔协议Ⅱ》，并决定于2007年1月1日正式在国际银行中实施。《巴塞尔协议Ⅱ》框架可以说是当代国际金融环境下银行风险管理的又一国际范本，其最终形成和实施必然会对全球银行业产生深远的影响。《巴塞尔协议Ⅱ》的结构如图2－2所示。

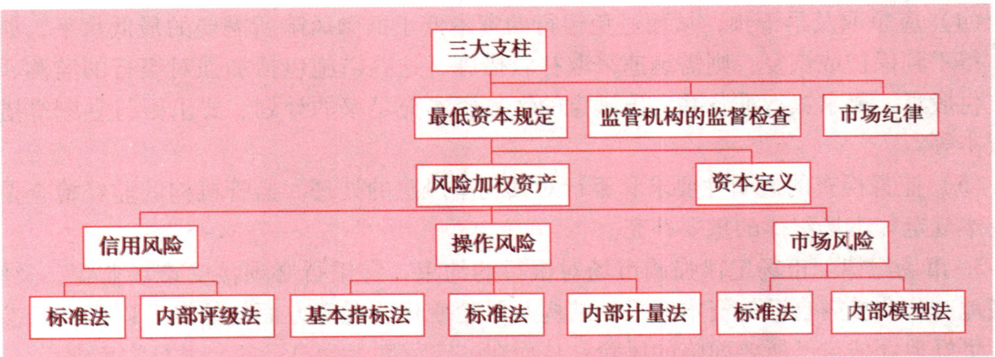

图2－2　《巴塞尔协议Ⅱ》的结构图

（二）《巴塞尔协议Ⅱ》的三大支柱

《巴塞尔协议Ⅱ》有三大支柱，即最低资本规定、监管机构的监督检查和市场纪律。三大支柱相辅相成，有助于进一步提高金融体系的安全性和稳健性。

1. 最低资本规定。《巴塞尔协议Ⅱ》关于最低资本规定的方案是建立在1988年《巴塞尔资本协议》基本内容的基础上，继续使用统一的资本定义和资本对风险加权资产的最低比率。《巴塞尔协议Ⅱ》在最低资本规定方面的变化，主要集中在资产的风险计量以及增加市场风险和操作风险的资本要求上。

市场风险主要指市场价格波动等因素导致银行可能的损失；操作风险主要指由于不完善或有问题的内部程序、人员、系统或外部事件所造成直接或间接损失的风险。《巴塞尔协议Ⅱ》不但对商业银行的信用风险提出了资本要求，而且对商业银行的市场风险和操作风险也提出了资本要求。因此，资本充足率的分母由三部分组成：所有风险加权资产以及12.5倍的市场风险和操作风险的资本。

假定一家银行的风险加权资产为875美元，市场风险和操作风险的资本要求分别为10美元和20美元，资本充足率的分母则等于875＋［（10＋20）×12.5］，即1 250美元。

2. 监管机构的监督检查。监管机构监督检查的目的是确保银行建立起有效的内部程序，借以评估银行在认真分析风险基础上设定的资本充足率。监管机构监督检查的主要内容包括：

（1）检查监督银行是否具备与其风险状况相适应的评估总量资本的一套程序，以维持资本水平的充足性，该程序应包括能涵盖主要风险的政策与程序，把银行的战略及资本水平与风险密切结合在一起的完整程序，以及确保整个管理体系健全性的内部控制、检查和审计。

（2）检查和评价银行内部资本充足率的评估情况及其战略，以及银行监测和确保满足监管资本比率的能力。

（3）明确表示希望银行的资本高于最低监管资本比率，并应有能力要求银行持有高于最低资本标准的资本。

（4）应争取及早干预，从而避免银行的资本低于抵御风险所需要的最低水平，如果资本得不到保护或恢复，则需迅速采取补救措施，这些措施包括加强对银行的监测、限制支付股息、要求银行准备并实施满意的恢复资本充足率的计划、要求银行立刻筹措额外资本等。

（5）监督检查的透明性要求和银行对其利率风险的处理。监管机构的监督检查是最低资本规定和市场纪律的重要补充。

3. 市场纪律。市场纪律强调市场对银行的约束，即银行必须接受市场监督，及时、准确地对公众披露自己的资本水平、结构及风险变化状况等方面的信息，以便市场参与者能更好地评估自己所要面临的风险，从而在一定程度上为自己的金融行为负责。

《巴塞尔协议Ⅱ》框架强调，最低资本要求、监管机构的监督检查和市场纪律这三个支柱是紧密联系在一起的，互为犄角，低水平或局部性地实施某一个或某两个支柱均不足以有效确保银行经营的稳健性和安全性，三者必须协调使用才能真正体现《巴塞尔协议Ⅱ》的核心所在。

（三）《巴塞尔协议Ⅱ》有关资本充足率的计算

1. 资本充足率的计算公式

$$\text{银行资本充足率}(CA)=\frac{\text{总资本要求}(TCR)}{\text{总风险加权资产}(TRWA)}\geqslant 8\% \qquad (2.5)$$

式中，

$$\begin{aligned}\text{总风险加权资产}(TRWA) &= \text{信用风险加权资产}(CRWA)\\ &\quad + \text{市场风险资本要求}(CRMR)\times 12.5\\ &\quad + \text{操作风险资本要求}(CROR)\times 12.5 \end{aligned} \tag{2.6}$$

因此，

$$TCR = CRWA \times CA + CRMR \times 12.5 \times CA + CROR \times 12.5 \times CA \tag{2.7}$$

显然，当资本充足率（CA）=8%时，银行的资本要求为信用风险加权资产总额的8%再加上对市场风险和操作风险的资本要求，此时的银行资本总额就是最低监管资本要求。因此，对银行资本充足性的考察，实际上就是考察银行信贷资产的风险状况，并通过确定信用风险加权资产总额以及与市场风险和操作风险相适应的资本持有量来计算银行的资本充足率。

2. 信用风险加权资产的计算

（1）标准法。《巴塞尔协议Ⅱ》提出了信用风险加权资产计算的标准法，按其是否有外部评级以及外部评级机构对资产的评级结果给予相应的风险权重，将风险权重乘以风险暴露就可求取单笔债项的信用风险加权资产，通过求和进而计算出总的信用风险加权资产。一个功能良好的评级系统应能将不同资产的风险进行充分区分。各银行确定的信用级别和相应的评级符号有所差别。按照国际标准，银行的内部信用等级可以分为九级：最佳级（AAA）、很好级（AA）、较好级（A）、一般级（BBB）、观察级（BB）、预警级（B）、不良级（CCC）、危险级（CC）和损失级（C）。一般级（BBB）以上（含一般级）是贷款等级。银行不能批准信用等级在观察级（BB）以下（含观察级）客户的贷款申请。贷后检查发现借款企业信用状况发生变化，银行可以变动借款企业的信用等级。当借款客户的信用等级下降到观察级以下（含观察级），银行应该采取措施，保证银行贷款安全。《巴塞尔协议Ⅱ》标准法关于银行主要资产的风险加权系数见表2-3。

表2-3 《巴塞尔协议Ⅱ》标准法关于银行主要资产的风险加权系数

评级对象		对应的风险加权比率/%					
		AAA~AA-	A+~A-	BBB+~BBB-	BB+~B-	低于B-	未评级
主权评级		0	20	50	100	150	100
银行和证券机构	方法1[①]	20	50	100	100	150	100
	方法2[②]（长期）	20	50	50	100	150	50
	方法2[③]（短期）	20	20	20	50	150	20
其他公司（包括保险公司）		AAA~AA-	A+~A-	BBB+~BBB-	低于BB-		未评级
		20	50	100	150		100

注：①这种方法下能使用金融机构所在国家的评级来确定风险权重，但金融机构的评级不能超过国家主权评级。

②这种方法下使用对金融机构本身的评级来确定风险权重。

③短期为到期时间小于或等于3个月的资产。

资料来源：Basel Committee on Supervision，The New Capital Accord，pp. 7-15.

表2-3 中，巴塞尔委员会采用了标准普尔评级方法中所使用的评级符号。将表2-3中的风险权重与1988 年《巴塞尔资本协议》中的风险权重进行比较，可以看出《巴塞尔协议Ⅱ》标准法关于资本金计算的主要进步在于它去掉了对非经合组织成员国的歧视，采用按外部评级的高低进行加权。

《巴塞尔协议Ⅱ》中计算资本的标准法虽然较之1988 年《巴塞尔资本协议》有了重大改进，但仍然存在一些问题，如：仅靠评级机构的评级能否全面反映信用风险还有待于进一步检验；实证研究表明，评级机构的信用评级滞后于被评级人的信用状况变化；实证研究表明标准法中的风险层次过少，且风险权重不合理，高质量资产的风险权重过高，低质量资产的风险权重过低，这样有可能会导致银行的逆向选择。因此，巴塞尔委员会在《巴塞尔协议Ⅱ》中推出了一整套基于内部评级的资本计算方法。

（2）内部评级法（The Internal Rating-Based Approach，IRB）。依据《巴塞尔协议Ⅱ》内部评级法的要求，银行必须将债项分为不同潜在风险特征的五大资产类别，即公司、主权、银行、零售、股权，分别采用不同方法处理，但计算方法的区别不大。以公司类债项的信用风险加权资本的计算方法为例，该方法需要四个输入参数：一是债务人的违约概率（Probability of Default，PD），即特定时间段内借款人违约的可能性；二是违约损失率（Loss Given Default，LGD），即违约发生时风险暴露的损失程度；三是违约风险暴露（Exposure at Default，EAD），即资产在违约事件中的在险金额；四是期限（Maturity，M），即某一风险暴露的有效期限。基于内部评级法的资本计算分初级法和高级法两种，其区别在于在初级法中 LGD、EAD 和 M 由监管机构确定，而在高级法中允许采用银行内部评级系统的结果计算。

具体计算过程分为两步：

第一步，计算每一债项单位资产的监管资本要求（K）：

$$K = \{LGD \times N[(1-R)^{-\frac{1}{2}} \times G(PD) + (R/(1-R))^{\frac{1}{2}} \times G(0.999)] - PD \times LGD\} \times (1-1.5 \times b)^{-1} \times [1+(M-2.5) \times b] \tag{2.8}$$

式中，$N(x)$ 为标准正态分布随机变量的累计分布函数，$G(x)$ 为其反函数；$R(PD)$ 和 $b(PD)$ 分别为相关性和期限调整因子，它们都是违约概率（PD）的函数。

$R(PD)$ 由下式确定：

$$\text{相关性}(R) = 0.12 \times \frac{1-EXP(-50 \times PD)}{1-EXP(-50)} + 0.24 \times \left[1 - \frac{1-EXP(-50 \times PD)}{1-EXP(-50)}\right] \tag{2.9}$$

$b(PD)$ 由下式确定：

$$\text{期限调整因子}(b) = [0.11852 - 0.05478 \times \ln(PD)]^2 \tag{2.10}$$

上述计算公式对内部评级法的初级法和高级法都适用。在初级法中，巴塞尔委员会要求所有债务的平均期限假定为2.5 年。这样，在初级法下，$1+(M-2.5) \times b = 1$，因此，初级法下的单位资产的监管资本要求 K 简化为

$$K = \{LGD \times N[(1-R)^{-\frac{1}{2}} \times G(PD) + (R/(1-R))^{-\frac{1}{2}} \times G(0.999)] - PD \times LGD\} \times (1-1.5 \times b)^{-1} \tag{2.11}$$

第二步，计算该债项所对应的风险加权资产（RWA）：

$$RWA = K \times 12.5 \times EAD \tag{2.12}$$

在基于内部评级法的资本计算方法中，关键是如何根据内部评级系统确定四个输入参数。巴塞尔委员会定义 PD 为债项所在信用等级的年违约率，PD 的确定必须是通过对这个级别的历史数据进行统计分析或模型测算得到的，而且应当为保守的前瞻的估计。关于 LGD，按照内部评级法初级法的规定，对无认定的抵押品抵押的公司、主权和银行的高级债权，违约损失率为 45%；对公司、主权和银行的全部次级债权，违约损失率为 75%；对于有合格抵押担保的债项，合格的金融抵押品的最低违约损失率为 0，抵押品为应收账款的最低违约损失率为 35%，抵押品为商用房地产或居住用房地产的最低违约损失率为 35%，其他抵押品为 40%；最低违约损失率处在 0～4%；高级法中的 LGD 则可以根据银行评级系统的内部数据分析得到。对于表外业务，所有债项的 EAD 被定义为资产负债表中的名义未清偿额；对于表外业务，初级法中对各种工具规定了一定的转换因子，高级法中则允许银行使用自己的内部评级系统确定各种债项的 EAD。

基于内部评级方法计算监管资本时，要求银行的内部信用评级系统必须满足一定的条件，并且只有在获得监管部门批准后才能使用。监管部门还应对银行的内部评级系统进行经常性检查以保证系统符合《巴塞尔协议Ⅱ》的要求。《巴塞尔协议Ⅱ》对银行内部评级系统的主要要求包括：第一，银行的内部评级系统必须是两维的，一维针对客户的信用情况，用于测算违约率（PD），另外一维反映债项的一些特殊性质，用于测量违约损失率（LGD）。第二，数据质量和时间要求，对于使用初级法的银行，必须有 5 年以上的历史数据来估计违约率，对于使用高级法的银行，必须有 7 年以上的历史数据来估计 LGD。第三，银行内部评级的方法必须经过严格的统计检验，并经监管部门批准才能使用。第四，银行应对自己的内部评级系统经常进行检查和更新，并进行后评估，以保证系统的实时性和正确性。

除了规定信用风险资产的计算外，《巴塞尔协议Ⅱ》还规定了市场风险和操作风险对资本金的要求。

（四）过渡期安排

考虑到各国和各银行的实际情况，巴塞尔委员会对实施《巴塞尔协议Ⅱ》做了过渡期的安排。在过渡期内，实施内部评级法的银行，《巴塞尔协议Ⅱ》要求其计算资本充足率时应同时使用内部评级法和 1988 年《巴塞尔资本协议》的方法计算资本；在过渡期内，针对公司、主权、银行和零售业务风险暴露的处理，《巴塞尔协议Ⅱ》也提出了放宽的要求。

第四节 《巴塞尔协议Ⅲ》的资本监管新规

一、《巴塞尔协议Ⅱ》的不足

2008 年下半年爆发的全球性金融危机由美国次贷危机引发。导致美国次贷危机的主要原因有：低利率的货币政策、发达的金融衍生品市场、商业性金融机构风险管理机制不健全、松化的金融监管。这其中最重要的原因是金融监管部门对系统性风险防范的忽视。所谓系统性风险通常是指金融风险从一家机构传递到多家机构，从一个市场蔓延到多个市场，从而使整个金融体系变得极为脆弱的可能性。系统性风险具有突发性、传染性、外部性等特点。在实行混业经营且缺乏有效防火墙的情况下，美国低利率的房贷政策和金融衍生品市场的杠杆效应使泡沫迅速扩大，在这一宏观审慎监管缺失的金融体系中，系统性风险引致危机的爆发在所难免。

国际金融危机暴露出《巴塞尔协议Ⅱ》的不足，其中突出的就是缺少防范系统性风险的监管框架。《巴塞尔协议Ⅱ》强调了商业银行风险的精细化管理，并提出了“一揽子”实施的方法和方案，考虑了混业经营、资产证券化等金融发展所产生的影响，这些思想和方法是值得充分肯定并需要继续推行的；但其忽略了在精细化计量条件下资产和风险对市场的高度敏感性，忽略了所导致的与实体经济几乎同步起伏的顺周期效应。银行业体系的顺周期效应主要表现为监管资本的顺周期效应、准备金计提方式的顺周期效应和公允价值估算准则的顺周期效应。建立在《巴塞尔协议Ⅱ》基础上的监管制度难以遏制商业银行经营指标的顺周期效应。《巴塞尔协议Ⅱ》在微观审慎监管方面给予了重点关注，却在宏观审慎监管和防范系统性风险方面存在不足。宏观审慎监管是一个将所有金融机构视为一个有机整体，以防范系统性风险为目标，维护整个金融体系健康、稳定的监管方式。微观审慎监管是以防范单家金融机构风险为目标，重点关注单家金融机构安全与稳定的监管方式。国际金融危机暴露了《巴塞尔协议Ⅱ》只重视微观审慎监管的缺陷。国际金融危机促使各国重新考量现有金融监管制度的合理性和有效性，重新审视《巴塞尔协议Ⅱ》对商业银行监管的要求。各国监管当局纷纷提出重构金融监管框架，把防范系统性风险作为改革的主要目标。2010 年 7 月 21 日，美国总统奥巴马签署了《多德—弗兰克华尔街改革与消费者保护法案》，标志着美国的金融监管体系发生重大改变，旨在防范系统性风险。巴塞尔委员会 2009 年起着手完善监管规则，提出了《更具稳健性的银行及银行体系的全球监管框架》和《流动性风险计量、标准和监测的国际框架》（即《巴塞尔协议Ⅲ》）的草案；2010 年 11 月，二十国集团首尔峰会批准了巴塞尔委员会提交的这一协议草案。2010 年 12 月，《巴塞尔协议Ⅲ》正式颁布，对各国银行业提出了防范系统性风险的要求，加强了宏观审慎监管。宏观审慎监管的强化弥补了微观审慎监管的缺陷，要求银行在风险管理的过程中将系统性风险囊括在内，使系统性风险在金融体系内部得到约束、控制和消除，从而降低金融危机爆发的可能性。

二、《巴塞尔协议Ⅲ》资本监管新规的核心内容

《巴塞尔协议Ⅲ》对原有的资本监管规则进行了修订。将银行业监管资本分为核心一级资本、一级资本和二级资本。为了提高资本基础的质量、一致性和透明度，制定了资本工具的合格性标准，明确一级资本的主要形式必须是普通股和留存收益，以提高一级资本工具吸收损失的能力；在全球范围内统一了资本扣减项目和审慎调整项目，并统

一在普通股层面或非股份公司制银行对应的资本层面上实施；为强化市场约束，改进了资本工具的透明度标准，监管资本所有要素都必须披露，并且与会计报表相协调。《巴塞尔协议Ⅲ》提高了银行业资本充足率监管标准，见表2-4。任何时候，核心一级资本不得低于加权风险资产的4.5%（将核心一级资本的要求从原来的2%提高到4.5%）；任何时候，一级资本不得低于风险加权资产的6%；任何时候，总资本（一级资本与二级资本之和）不得低于风险加权资产的8%。《巴塞尔协议Ⅲ》增设了2.5%的留存超额资本，要求由核心一级资本来满足；同时为了缓冲资本充足率的顺周期性，增设了0~2.5%的逆周期超额资本的要求，在巴塞尔委员会发布进一步的指引之前，逆周期超额资本的要求只能由核心一级资本来满足。针对系统重要性银行，《巴塞尔协议Ⅲ》提出了增加其附加资本的指导意见。在巴塞尔委员会2011年发布的《全球系统重要性银行：评估方法及附加资本要求》的文件中，将系统重要性银行的附加资本规定为1%~3.5%，这一附加资本必须完全由普通股权益构成。

表2-4　《巴塞尔协议Ⅲ》与《巴塞尔协议Ⅱ》的资本监管标准比较

文件	核心一级资本				一级资本	总资本
	最低要求	留存超额资本要求	逆周期超额资本要求	系统重要性银行附加资本要求	最低要求	最低要求
巴塞尔协议Ⅱ	2%				4%	8%
巴塞尔协议Ⅲ	4.5%	2.5%	0~2.5%	1%~3.5%	6%	8%

资料来源：根据巴塞尔委员会《巴塞尔协议Ⅲ》、《统一资本计量和资本标准的国际协议：修订框架》和《全球系统重要性银行：评估方法及附加资本要求》整理。

巴塞尔委员会还提出将杠杆率监管引入《巴塞尔协议Ⅱ》的第一支柱下，以弥补资本充足率监管的缺陷。杠杆率定义为一级资本与总风险敞口的比率，这一比率的监管红线确定为3%。杠杆率这一补充性的资本监管工具可以限制银行体系不适当地操作杠杆率的行为，降低资本计量模型的风险，避免不稳定的去杠杆化过程对金融体系和实体经济体的破坏作用；可以用简单、基于无风险的防御措施增强基于风险的要求措施。2017年12月，巴塞尔委员会发布了《巴塞尔协议Ⅲ》最终方案，对全球系统重要性银行设置了杠杆率缓冲标准，以防止资本充足率监管要求的提高会弱化杠杆率约束效应；将全球系统重要性银行分为A、B、C、D、E五个档次，对应的附加杠杆率监管要求分别为0.5%、0.75%、1%、1.25%和1.75%。另外，《巴塞尔协议Ⅲ》设置了两个流动性监管指标，即流动性覆盖率指标和净稳定融资比率指标，这一内容将在第九章介绍。

《巴塞尔协议Ⅲ》所引入的宏观审慎监管的理念，将系统性风险的防范作为主要的监管目标。其宏观审慎框架下的主要资本监管措施包括引入了逆周期超额资本、系统重要性银行附加资本和留存超额资本。《巴塞尔协议Ⅲ》是对《巴塞尔协议Ⅱ》的发展和完善，其监管标准更加严格。需要强调的是，《巴塞尔协议Ⅱ》是《巴塞尔协议Ⅲ》实施的基础和前提，《巴塞尔协议Ⅲ》不能够离开《巴塞尔协议Ⅱ》单独实施。从微观审慎监管的角度看，《巴塞尔协议Ⅱ》具有完整的微观审慎监管思想体系、逻辑基础和风险计量标准。《巴塞尔协议Ⅲ》增加了宏观审慎监管的框架，各国银行业及其监管部门需要在这一框架下，实现宏观审慎管理与微观审慎管理的协调创新。

根据《巴塞尔协议Ⅲ》和中国银行业的实际情况，中国银行业监督管理委员会2012年发布的《商业银行资本管理办法（试行）》制定了银行业新的监管资本标准，见表2－5。这一办法体现了《巴塞尔协议Ⅲ》监管要求与《巴塞尔协议Ⅱ》核心内容的有机整合。

表2－5 《商业银行资本管理办法（试行）》与《巴塞尔协议Ⅲ》的资本监管标准比较

文件	核心一级资本				一级资本	总资本
	最低要求	留存超额资本要求	逆周期超额资本要求	系统重要性银行附加资本要求	最低要求	最低要求
巴塞尔协议Ⅲ	4.5%	2.5%	0～2.5%	1%～3.5%	6%	8%
中国银监会《商业银行资本管理办法（试行）》	5%	2.5%	0～2.5%	1%	6%	8%

资料来源：根据巴塞尔委员会《巴塞尔协议Ⅲ》、《全球系统重要性银行：评估方法及附加资本要求》和中国银监会《商业银行资本管理办法（试行）》整理。

《商业银行资本管理办法（试行）》提出了比《巴塞尔协议Ⅲ》更严的资本监管指标，要求核心一级资本充足率不得低于5%。其余的资本监管标准与《巴塞尔协议Ⅲ》保持一致，即要求：一级资本充足率不得低于6%，资本充足率不得低于8%；储备资本要求为风险加权资产的2.5%，由核心一级资本来满足；逆周期资本要求为风险加权资产的0～2.5%，由核心一级资本满足；国内系统重要性银行附加资本要求为风险加权资产的1%，由核心一级资本满足。根据中国人民银行和中国银行保险监督管理委员会于2021年发布的《系统重要性银行附加监管规定（试行）》，附加资本有新的要求。国内系统重要性银行分为五组，第一组到第五组的银行分别适用0.25%、0.5%、0.75%、1%和1.5%的附加资本要求。若银行同时被认定为我国系统重要性银行和全球系统重要性银行，附加资本要求不叠加，采用二者孰高原则确定。

2023年2月18日，中国银行保险监督管理委员会会同中国人民银行对《商业银行资本管理办法（试行）》修订形成的《商业银行资本管理办法（征求意见稿）》，正式向社会公开征求意见，旨在进一步完善商业银行资本监管规则，推动商业银行提升风险管理水平，提升商业银行服务实体经济的质效，实现中国商业银行资本计量标准与《巴塞尔协议Ⅲ》有效接轨。修订后的《商业银行资本管理办法》坚持风险管理为本，强调各商业银行同质同类比较，保持监管资本总体稳定，构建差异化的资本监管体系。该办法拟定于2024年1月1日起正式实施。

第五节　商业银行资本金管理策略

由于商业银行资本金管理的核心是保持适度的资本，现阶段主要是要保持监管机构所要求的资本充足率。因此，商业银行资本金管理的策略实际上是围绕资本充足率的计算公式中的组成要素而展开的。

一、内源资本策略

所谓内源资本，是指以留存收益方式形成的资本，它是商业银行最普遍的补充资本金的来源。内源资本的优点包括：成本低，免去了向外筹资的发行成本；不会影响现有股东的控制权，不会减少现有股东的收益；风险小，不受外部市场波动的影响。

在资产风险程度和市场风险、操作风险对资本的要求以及资本充足率一定的情况下，内源资本对银行资产规模的扩张具有放大效应，不过，这种放大效应是有限度的，主要原因是内源资本受到银行股利政策的制约。戴维·贝勒提出的银行资产持续增长模型就很好地说明了这一问题。该模型为

$$SG = \frac{ROA(1 - DR)}{(EC_1/TA_1) - ROA(1 - DR)} \tag{2.13}$$

式中，ROA 代表资产收益率；DR 代表银行税后利润中红利所占比例；SG 代表由内源资本支持的银行资产年增长率；EC_1 代表期末银行的总股本；TA_1 代表期末银行总资产。

该模型揭示了银行资产持续增长率与银行资产收益率、银行红利占税后利润的比例和规定的资本对资产的比率三者之间的数量关系。商业银行可根据自身的股利政策，考虑戴维·贝勒模型中资本与资产的比率和《巴塞尔资本协议》中资本充足率间的转换关系，结合其他条件，将戴维·贝勒模型在监管机构的资本充足率要求下付诸资本金管理的实施，选择最佳内源资本策略。

二、外源资本策略

所谓外源资本，是指商业银行通过向外发行股票、长期次级债券等方式筹集的资本，它是商业银行资本金的重要来源。

（一）发行普通股的利弊分析

1. 发行普通股在以下几个方面对银行有利：可以为银行带来长期稳定的资本来源，因为普通股在银行持续经营期间不必考虑本金的偿还；普通股因其收益率一般高于优先股和次级债券而容易被市场接受；发行普通股可以扩大股东的数量和范围，有助于提升银行的知名度，扩大银行的客户群；发行普通股更符合监管机构和社会公众的心理要求，因为普通股属核心资本范畴，发行普通股有助于市场树立对银行的信心，增强银行的筹资能力。

2. 发行普通股在以下几个方面对银行不利：发行普通股的成本较高，因为各国金融监管机构对普通股的市场准入标准严格，加大了普通股的筹资成本；发行普通股稀释了

原股东的权益，一方面稀释了原股东的每股收益，另一方面也稀释了原股东对银行的控制和影响力。

（二）发行优先股的利弊分析

1. 发行优先股在以下几个方面对银行有利：股息固定，在银行收益大幅上升时可以使银行获得杠杆效应；优先股不会稀释原股东的权益，容易被原股东接受；发行优先股可以给银行带来长期稳定的资金来源，其中的永久的非累积性优先股属核心资本，更符合市场要求。

2. 发行优先股在以下几个方面对银行不利：与普通股一样，优先股发行成本高；由于股息固定，在银行收益下降时，会使普通股收益加速下降。

（三）发行长期次级债券的利弊分析

1. 发行长期次级债券在以下几个方面对银行有利：发行成本较低，因为金融监管机构对长期次级债券的市场准入条件不如股票严格；银行可以发挥长期次级债券的财务杠杆效应；资金成本低，因为利息可享受免税待遇；不会稀释股东的权益。

2. 发行长期次级债券在以下几个方面对银行不利：长期次级债券的市场接受程度不如普通股和优先股高；长期次级债券会加大银行的债务风险；长期次级债券具有财务杠杆风险，即当银行收益下降时，它会使得普通股收益加速下降。

（四）策略选择

从根本上讲，外源资本策略受制于监管机构的监管要求和股东价值最大化要求，商业银行的外源资本策略应围绕着上述这两个基本要求来选择。

在银行资本缺口较大、离监管机构要求的资本充足率较远时，外源资本不失为一个可取的补充资本手段，这比较符合我国商业银行的基本情况；在资本结构（核心资本充足率与附属资本充足率）不符合监管要求的情况下，商业银行可根据具体情况，分别采取发行普通股或永久的非累积性优先股和长期次级债券的方式来调整资本结构，使其符合监管机构的资本要求，如在核心资本不足时，主要采取发行普通股和永久的非累积性优先股，其中永久的非累积性优先股又是不影响原股东利益并增强后续融资的灵活性最佳选择，在附属资本不足时，发行长期次级债券是可行的选择，这一点也比较符合我国商业银行的实情。

三、资产结构调整与风险控制策略

从前述《巴塞尔协议Ⅱ》关于资本充足率的计算公式可知，影响资本充足率的因素除了资本金之外，还有资产结构和市场风险及操作风险对资本金的要求。因此，调整资产结构，控制市场风险和操作风险，是商业银行资本金管理的又一重要策略。

商业银行的资产规模大，种类繁多，每种资产的风险程度各不相同，高风险资产多，必然使得银行的加权风险资产总额大，要求的资本金也就越多，因此，商业银行要提高资本充足率，可采取资产结构调整策略，降低高风险资产的占比，提高低风险资产的占比。当然，《巴塞尔协议Ⅲ》和《巴塞尔协议Ⅱ》对商业银行资本金的要求是相对的，即是相对于商业银行的风险加权资产而言的，而不是一个绝对数，因此，如果某个商业银行的资本比较充足，采取资产结构调整策略，适当增加一些高风险的资产，也不失为一种可取策略。

商业银行应严格控制市场风险和操作风险。商业银行可采取利率敏感性缺口、持续期缺口、期限搭配和衍生金融工具等表内和表外风险控制技术，防范和化解市场风险。商业银行应建立清晰的操作风险管理流程和架构，制定控制操作风险的政策、程序和步骤，选择适宜的操作风险计量方法。

第六节　案例分析

案例:《巴塞尔协议Ⅲ》对商业银行财务杠杆效应的严格限制

《巴塞尔协议Ⅲ》将商业银行核心一级资本的要求从原来的2%提高到4.5%，任何时候一级资本不得低于风险加权资产的6%，一级资本与二级资本之和不得低于风险加权资产的8%；并且规定，留存超额资本要求、逆周期资本要求、系统重要性银行附加资本要求都必须由核心一级资本来满足。这一资本监管新规严格限制了商业银行的财务杠杆效应，能够大大降低因商业银行的"脆弱性"所引致的金融风险。

下面通过数据分析说明《巴塞尔协议Ⅲ》对商业银行财务杠杆效应的严格限制。商业银行的一级资本以普通股为主要成分，二级资本以长期债务等资本工具为主要成分。以最低资本充足率所要求的8%为参照，《巴塞尔协议Ⅲ》规定一级资本不得低于风险加权资产的6%，也就是要求长期债务等二级资本不得超过总资本的25%，从监管其角度严格地约束了商业银行财务杠杆的过度运用。

商业银行通过发行长期金融债券扩充资本金，然后运用这些通过较低成本获取的资本去推动其资产业务的发展，增加每股收益，称为财务杠杆效应。用债务资本替代部分股份资本可以增加商业银行的股权价值，财务杠杆银行的每股盈利可能超过同类非财务杠杆银行。

现作对比分析。A、B两家股份制商业银行分别为财务杠杆银行和非杠杆银行（简称银行A和银行B），两银行资本总额相等，资本总额分别为1亿元，资本结构见表2-6。

表2-6　　A、B两家商业银行的资本结构

项目	银行A	银行B
债务比率	50%	0
股东权益比率	50%	100%
股数	500 000	1 000 000
总资本	100 000 000元（其中50%为债务）	100 000 000元（全部为股本）

银行A的总资本中，股本和长期债务各占50%，银行B的资本则全部为股本，每股均为100元；长期债券的利息为10%；资本收益率为20%（税前）。在税率相等的情况

下，财务杠杆银行 A 股东的每股盈利比非财务杠杆银行 B 股东的每股盈利要高，见表2－7。

表2－7 长期债务的财务杠杆效应（资本收益率＝20％） 单位：元

项目	银行A	银行B
总资本	100 000 000	100 000 000
税前收益（20％）	20 000 000	20 000 000
减：债券利息（10％）	5 000 000	0
税前盈利	15 000 000	20 000 000
减：所得税（30％）	4 500 000	6 000 000
税后盈利	10 500 000	14 000 000
每股盈利	21	14

从表2－7可以看出，银行 A 的股东从财务杠杆效应中得到了好处。但是高财务杠杆银行在经济衰退时期的经营风险比较大，很有可能出现财务杠杆负效应，即不是增加了每股收益，而是降低了每股收益。上例中，若资本收益率低于10％，就会发生这种情况。表2－8、表2－9、表2－10分别列出了银行 A 和银行 B 资本收益率分别为10％、5％和4％时的各项数据，可与表2－7的数据进行对照。

表2－8 长期债务的财务杠杆零效应（资本收益率＝10％） 单位：元

项目	银行A	银行B
总资本	100 000 000	100 000 000
税前收益（10％）	10 000 000	10 000 000
减：债券利息（10％）	5 000 000	0
税前盈利	5 000 000	10 000 000
减：所得税（30％）	1 500 000	3 000 000
税后盈利	3 500 000	7 000 000
每股盈利	7	7

表2－9 长期债务的财务杠杆负效应（资本收益率＝5％） 单位：元

项目	银行A	银行B
总资本	100 000 000	100 000 000
税前收益（5％）	5 000 000	5 000 000
减：债券利息（10％）	5 000 000	0
税前盈利	0	5 000 000
减：所得税（30％）	0	1 500 000
税后盈利	0	3 500 000
每股盈利	0	4

表 2－10 长期债务的财务杠杆负效应（资本收益率＝4%） 单位：元

项目	银行 A	银行 B
总资本	100 000 000	100 000 000
税前收益（4%）	4 000 000	4 000 000
减：债券利息（10%）	5 000 000	0
税前盈利	－1 000 000	4 000 000
减：所得税（30%）	0	1 200 000
税后盈利	－1 000 000	2 800 000
每股盈利	－2	3

如果提高长期债务占总资本的比例，则长期债务的财务杠杆效应将有新的变化。例如，若银行 A 的长期债务占资本的比例提高到 75%，再考察资本收益率分别为 20% 和 4% 的财务杠杆效应。见表 2－11、表 2－12、表 2－13。

表 2－11 调整后 A、B 两家商业银行的资本结构

项目	银行 A	银行 B
债务比率	75%	0
股东权益比率	25%	100%
股数	250 000	1 000 000
总资本	100 000 000 元 （其中 75% 为长期债务）	100 000 000 元 （全部为股本）

表 2－12 长期债务的财务杠杆效应（资本收益率＝20%） 单位：元

项目	银行 A	银行 B
总资本	100 000 000	100 000 000
税前收益（20%）	20 000 000	20 000 000
减：债券利息（10%）	7 500 000	0
税前盈利	12 500 000	20 000 000
减：所得税（30%）	3 750 000	6 000 000
税后盈利	8 750 000	14 000 000
每股盈利	35	14

表 2－13 长期债务的财务杠杆负效应（资本收益率＝4%） 单位：元

项目	银行 A	银行 B
总资本	100 000 000	100 000 000
税前收益（4%）	4 000 000	4 000 000
减：债券利息（10%）	7 500 000	0
税前盈利	－3 500 000	4 000 000
减：所得税（30%）	0	1 200 000
税后盈利	－3 500 000	2 800 000
每股盈利	－14	3

将表2－12与表2－7、表2－13与表2－10的数据分别作比较，在其他条件不变的情况下，仅因为长期债务占总资本的比例不同，表2－7中银行A的每股盈利为21元，而表2－12中银行A的每股盈利高达35元；表2－10中银行A的每股盈利为－2元，而表2－13中银行A的每股盈利为－14元。不难得出结论，长期债务等二级资本占商业银行总资本的比例越高，财务杠杆的正负效应越明显。

在同样的资本总额、税制条件和资本收益率条件下，由于资本结构的差异，商业银行表现出不同的抗风险能力，故不能单一地采用资本与资产的杠杆比率和资本收益率等指标来评价商业银行的经营水平，还应该考虑商业银行资本的结构、负债的结构和资产的风险权重。在充分考虑可承受风险的基础上去争取最大的盈利是商业银行管理战略的真谛。

《巴塞尔协议Ⅲ》严格约束了商业银行财务杠杆的过度使用，从资本结构上保障了商业银行的抗风险能力，引导商业银行从事稳健性经营。

[本章小结]

1. 商业银行资本金的功能主要有营业功能、保护功能和管理功能。营业功能体现商业银行市场准入的基本要求，保护功能和管理功能体现商业银行安全性、流动性和盈利性原则。

2. 商业银行资本金的界定各国都存在差异，但主要包括普通资本和优先资本。其中，普通资本主要有普通股、资本盈余和未分配利润；优先资本主要有优先股、资本票据、资本债券和可转换债券。1988年《巴塞尔资本协议》将商业银行的资本金界定为核心资本（或一级资本）和附属资本（或二级资本、次级资本）两个层次，规定了商业银行的资本充足率。

3. 随着世界经济和金融的一体化，国际银行的经营环境和业务发生了很大变化，面临的风险也日益复杂和突出，1988年《巴塞尔资本协议》已不能适应新形势的要求，需要对其进行不断完善。于是，巴塞尔委员会分别于1997年9月和1999年6月发布了《有效银行监管的核心原则》和《巴塞尔协议Ⅱ（征求意见稿）》。经过几年的讨论和修改后，巴塞尔委员会于2004年6月正式发布了《巴塞尔协议Ⅱ》，并于2006年底开始在成员国实施。《巴塞尔协议Ⅱ》是对1988年《巴塞尔资本协议》的进一步完善，它在考核和衡量各商业银行资本充足率时，不但要考虑其信用风险，而且还要考虑其市场风险和操作风险，以更全面地反映各商业银行的风险暴露情况。

4. 《巴塞尔协议Ⅱ》关于资产信用风险的计算分为两种方法：标准法和内部评级法。内部评级法又分为初级法和高级法。《巴塞尔协议Ⅱ》鼓励各商业银行采用内部评级法下的高级法，以更好地把对各商业银行的风险监管与其内部风险管理有机地结合起来。

5. 《巴塞尔协议Ⅲ》引入了宏观审慎监管的理念，将系统性风险的防范作为主要的监管目标，在资本要求中引入了逆周期超额资本、系统重要性银行附加资本和留存超额资本。《巴塞尔协议Ⅲ》不能离开《巴塞尔协议Ⅱ》单独实施。

6. 商业银行资本金管理是围绕着《巴塞尔协议Ⅲ》和《巴塞尔协议Ⅱ》关于资本

充足率的计算公式展开的，管理策略主要包括内源资本策略、外源资本策略和资产结构调整及市场风险与操作风险控制策略等。商业银行总是依据监管机构的资本要求和股东价值最大化原则来实施资本管理的。

[本章重要概念]

核心资本　附属资本　内源资本　外源资本　资本充足率　风险资产　信用风险　市场风险　操作风险　内部评级法　标准法　系统性风险　顺周期效应　宏观审慎监管　微观审慎监管　核心一级资本

[练习题]

一、判断题

1. 《巴塞尔协议Ⅱ》规定，商业银行的核心资本充足率仍为4%。（　　）
2. 《巴塞尔协议Ⅲ》规定，银行核心一级资本最低要求为4%。（　　）
3. 《巴塞尔协议Ⅱ》对银行信用风险计量提供了两种方法：标准法和内部评级法。（　　）
4. 资本充足率反映了商业银行抵御风险的能力。（　　）
5. 我国国有商业银行目前只能通过财政增资的方式增加资本金。（　　）
6. 商业银行计算信用风险加权资产的标准法中的风险权重由监管机关规定。（　　）

二、单选题

1. 我国《商业银行资本充足率管理办法》规定，计入附属资本的长期次级债务不得超过核心资本的（　　）。

A. 20%　　B. 50%　　C. 70%　　D. 100%

2. 商业银行用于弥补尚未识别的可能性损失的准备金是（　　）。

A. 一般准备金　　B. 专项准备金　　C. 特殊准备金　　D. 风险准备金

3. 《巴塞尔资本协议》规定商业银行的核心资本与风险加权资产的比例关系为（　　）。

A. ≥8%　　B. ≤8%　　C. ≥4%　　D. ≤4%

三、简答题

1. 试述商业银行资本金的功能。
2. 试述商业银行资本金的构成。
3. 试述《巴塞尔协议Ⅲ》资本监管新规的基本内容。
4. 试述商业银行提高资本充足率的途径。

四、论述题

试论现阶段我国商业银行增加资本金的策略。

练习题答案

[教学辅助材料相关链接]

关于《商业银行资本管理办法（征求意见稿）》公开征求意见的公告

Basel Ⅲ_ Finalising post – crisis reforms （《巴塞尔协议Ⅲ》）

对《巴塞尔协议Ⅱ》亲周期效应缓释机制的改进（论文）

《全球系统重要性银行总损失吸收能力管理办法》

《宏观审慎政策指引（试行）》

第三章

商业银行负债业务管理

商业银行的负债是商业银行承担的能以货币计量的到期需要偿还的债务。负债作为商业银行的资金来源，其业务管理是商业银行管理的核心内容之一。

第一节 商业银行负债业务的性质与构成

一、商业银行负债的性质

1. 负债是商业银行的资金来源。商业银行作为信用中介，首先表现为“借入者的集中”，即通过负债业务广泛地筹集资金，然后才可能成为“贷出者的集中”，即通过资产业务有效地运用资金。因此，负债业务是商业银行开展资产业务的基础和前提。诚然，商业银行的运作离不开资本的支撑，但资本在其全部资金来源中所占比重很小。根据《巴塞尔协议Ⅲ》和《商业银行资本管理办法（试行）》的规定，商业银行全部资本与风险加权资产之比不得低于8%，其一级资本与风险加权资产之比不得低于6%。

2. 商业银行负债的规模和结构决定其资产的规模和结构。负债的规模决定着资产的规模。依法经营的商业银行负债规模越大，标志着资金实力越强，资金运用规模越大；反之，负债规模小的商业银行其资金运用必然限制在狭小的范围内。负债的结构可以包括期限结构、成本结构、币种结构等方面。商业银行资产负债综合管理的理论揭示了银行资产负债之间内在的对应关系，要求按照其内在规律进行管理。商业银行资金运用不仅要考虑负债量的限制，而且要考虑负债结构的影响。譬如，A商业银行以短期负债为主，其利息成本较低，则其资金运用宜以短期盈利性资产为主。又如，B商业银行以长期负债为主，其利息成本较高，则其资金运用应以盈利性较高的资产为主。

3. 负债是商业银行满足流动性需要的重要手段。安全性、流动性和效益性是商业银行追求的目标。在“三性”目标中，流动性目标是前提，只有实现了流动性目标，才有可能进一步实现安全性目标和效益性目标。如果流动性目标难以实现，则商业银行难以生存下来。因此，流动性管理成为商业银行日常管理必不可少的内容。为了满足流动性需要，商业银行可以增加负债、控制或减少资产等。负债为商业银行提供了流动性的供给，成为满足流动性需要的重要手段。

4. 负债构成社会流通中的货币量。流通中货币量有层次性，但其基本构成是现金加各种存款。现金是中央银行的负债，存款是商业银行的负债。全社会的现金流通量、存款量及贷款量之间有着密切的关系。如果贷款增长迅速，存款没有相应增长，则会导致社会上现金流通量的增加。存款的稳定增长有利于货币流通的稳定。

二、商业银行负债的构成

商业银行负债的构成可以从不同角度去考察。如果从负债的内容来看，可分为各项存款、各种借款及其他负债。如果按负债流动性标准来分类，则可分为流动负债、应付债券和其他长期负债等。

（一）按负债的内容分类

商业银行负债的构成，若按负债的内容分类，通常分为各项存款、各种借款及其他负债。

1. 各项存款。商业银行吸收的各项存款可按不同标准进行分类。

按存款资金性质及计息范围划分为财政性存款和一般性存款。财政性存款是指各级财政拨入的预算资金或应上交财政的各项资金以及财政安排的专项资金；一般性存款是指部队、各企事业单位、机关团体及个人存入的并由其自行支配的各种资金。我国财政性存款是中央银行的资金来源，由各商业银行代理收缴。商业银行对财政性存款一般不计付利息，而对一般存款应计付利息。

按存款对象不同划分为单位存款和个人存款。单位存款的来源是企事业单位、机关团体及个体工商户的暂时闲置资金。个人存款的来源主要是城乡居民生活节余款或待用款。

按存款期限长短划分为活期存款和定期存款。活期存款是指可以随时存取的存款；定期存款是存入时明确了期限，到期使用或续存的各种存款。

各国商业银行一般把存款分为三类，即活期存款（Demand Deposits）、定期存款（Time Deposits）和储蓄存款（Savings Deposits）。活期存款是指存款客户可以随时存取或支付使用的存款。银行与客户之间没有明确的时间约定，不需要预先通知银行。账户中的款项主要用于支付和交易用途。客户支付款项可以采取支票、本票、汇票、电话转账等多种手段。开设此账户的客户以各种公司居多。西方商业银行较少对活期存款支付利息，如现已废除的美国《Q条例》甚至不允许对活期存款支付利息。由于各种经济交易，包括信用卡、商业零售等，都是通过活期存款账户进行的，所以活期存款又被称为交易存款，在各种取款方式中，最传统的是支票提款，因此活期存款也称为支票存款。定期存款是客户和银行事先商定存款期限，并且客户到期取款时可以获得一定利息的存款。客户存入的定期存款由于约定了期限，一般不能提前支取，因此银行支付的利息相对较多，客户如果提前支取，会蒙受利息上的损失。定期存款存期固定，而且期限较长，从而为商业银行提供了稳定的资金来源，对商业银行长期放款和投资具有重要意义。储蓄存款是银行为吸收社会闲散资金而开设的一种存款业务。银行对储蓄存款账户中的资金需要支付利息。此类账户通常没有存款限额和到期日的限制。存款客户不能通过储蓄账户开出支票，但客户在需要时可以提取现金或将资金转入其他账户。由于储蓄存款利息成本较低，成为银行的主要资金来源。储蓄存款账户通常存在大量的、频繁的存取款行为，这无疑加大了银行的操作成本，所以许多银行通过限制取款次数或对存款账户进行收费来降低储蓄存款账户的操作成本。

随着金融市场的发展和人们交易方式的需要，存款品种也不断地发展和创新。创新品种主要有以下几种。

一是可转让支付命令账户（Negotiable Order of Withdrawal Accounts，NOWs），是个人和非营利性机构开立的一种以支付命令书取代支票、计算利息的支票账户。20 世纪 70 年代初由于存款利率管制较严，而且不允许储蓄账户使用支票，为规避管制，争取客户，1972 年，美国马萨诸塞州的一家互助储蓄银行创办了可转让支付命令账户。可转让支付命令账户既能像传统的活期存款那样使客户在转账结算上得到便利，又可让客户获取存款利息。这等于将储蓄存款与活期存款两者的优点集于一身，因而有较大的吸引力。1980 年银行法允许所有的互助储蓄银行、储蓄放款协会、信用合作社以及商业银行都可开设这种账户，使该业务在全美得到法律的认可。可转让支付命令账户使商业银行的资金来源得到增加，同时又使其他存款机构的清偿能力得到增加。但这一账户由于模糊了储蓄存款与活期存款的边界，从而致使社会的货币流通量也获得增加。同时由于互助储蓄银行、储蓄放款协会都可以经营这种账户，从而打破了商业银行经营活期存款的垄断地位。

二是自动转账服务账户（Automatic Transfer Service Accounts，ATS）。这是一种存款可以在储蓄存款账户和活期存款账户之间按照约定自动转换的存款账户。自动转账服务账户开办于 1978 年，是在电话转账服务账户的基础上发展起来的；其与电话转账服务账户的不同之处在于存款在账户间的转换无须存款人电话通知而由银行按约定自动办理。与电话转账服务账户一样，存款人需要在银行开立两个账户，即活期存款账户和储蓄存款账户，活期存款账户只保持 1 美元的余额，此外均存在储蓄存款账户上。当存款人收进一笔款项时，银行先存入活期存款账户，然后马上转入储蓄存款账户，活期存款账户始终保持 1 美元的余额。银行收到存款人的支付命令后，立即将所需金额从储蓄存款账户转入活期存款账户办理转账。这一存款创新的主要目的是增加银行资金来源，同时规避储蓄存款不能开立支票、活期存款不许支付利息的规定。

三是超级可转让支付命令账户（Super Negotiable Order of Withdrawal Accounts，SNOWs）。这是一种计息、允许转账且无转账次数限制的储蓄存款账户，是由可转让支付命令账户发展而来的，创办于 1983 年的美国。这种账户和可转让支付命令账户的区别在于没有转账次数限制，利率较高，且有最低存款余额要求，要大于 2 500 美元，1985 年起，调低为 1 000 美元。1986 年以后，随着利率管制的放松，两者已经没有区别。

四是货币市场存款账户（Money Market Deposit Accounts，MMDAs）。这也是一种计息并允许转账支付的存款账户，由美国商业银行于 1982 年推出，目的是以优惠条件吸收货币市场上的游资，便于银行与货币市场互助基金竞争。该账户的特点是：没有存款最短期限限制；银行计付利息；不限定开户对象；提款需提前若干天通知银行；可使用若干次数的支票；银行无须对这种存款交纳准备金；在规定的限额以上，银行按照较高的市场利率计息；在限额以下，按可转让支付命令账户计息。

五是大额可转让定期存单（Negotiable Certificate of Deposits，CDs）。这是一种面额较大，可以流通转让的定期存款凭证，是对传统定期存款的创新。这种存单不同于传统存单的特点有：第一，面额较大且为整数（美国此种存单的面额通常为 10 万 ~ 100 万美元），票面上载明息票利率；第二，存单采用记名和不记名两种方式发行，不记名存单发行后可以在二级市场流通转让，到期前不允许提前支取；第三，利率可固定也可浮动。

六是协定账户（Agreement Accounts）。这是一种存款按照约定可以在储蓄存款账户、活期存款账户和货币市场互助基金账户之间自动转账的账户。存款人开立账户时与银行达成一项协议，协议规定，存款人在银行同时开立三个账户即储蓄存款账户、活期存款账户和货币市场互助基金账户，其中活期账户保持在 1 美元，储蓄存款账户保持一个较低的余额水平，其余存款全部存入货币市场互助基金账户。当存款人需要开出支票时，银行主动把所需资金从储蓄存款账户转入活期存款账户，然后再从货币市场互助基金账户划入储蓄存款账户相应金额，以补足于约定余额；储蓄存款账户余额高于约定余额时，银行主动将多余部分划入货币市场互助基金账户。货币市场互助基金账户的收益率高于储蓄存款的利率，故协定账户保证了存款人获得尽可能多的收益。可以看出，协定账户是银行对自动转账服务账户的进一步创新发展。

七是个人退休金账户（Individual Retirement Accounts，IRAs）。这是专为工资收入者开办的储蓄养老金的账户，由美国商业银行于 1974 年创办。如果存款人每年存入 2 000 美元，可以暂时免税，利率不受《Q 条例》限制，到存款人退休后，再按其支取金额计算所得税。这种存款存期长，利率略高于储蓄存款，是银行稳定的资金来源，也深受存款人的欢迎。

2. 各种借款。商业银行的各种借款主要包括同业借款、中央银行借款、回购协议、欧洲货币市场借款等。

同业借款一般包括同业拆借、抵押借款及转贴现等。同业拆借是商业银行及其他金融机构之间的临时借款。借入资金的银行主要是用于解决本身临时资金周转的需要，期限短，有的拆借期限只有一天或一夜，被称为隔日或隔夜放款。同业拆借一般是通过商业银行在中央银行的存款账户进行的，实际上是超额准备金的调剂。在发达国家，同业拆借市场一般为无形市场，譬如在美国联邦资金市场上，联储头寸在几秒钟之内经过联邦电子转移网络（FED WIRE）从一家银行转移到另一家银行。我国 1996 年开通的全国同业拆借一级网络和各省市的融资中心，均为有形市场。1996 年初至 1997 年 7 月，我国同业拆借市场由两级网络组成，商业银行总行为一级网络成员，商业银行分支行和非银行金融机构为二级网络成员；各省市融资中心既是一级网络成员，又是二级网络的组织者和参与者，成为沟通一级网络和二级网络的桥梁。我国中央银行对同业拆借资金的期限、比例及使用都作出了明确规定。同业拆借因期限短，通常无须抵押品，只有当它变成循环借款或时间稍长时，才要求抵押。商业银行在资金周转困难时，也通过抵押的方式，向其他同业银行取得资金。作为抵押的资产，大部分是客户的抵押资产，这种转抵押的手续较复杂，技术性也很强。转贴现是指持有未到期票据的商业银行为融通资金向其他商业银行卖出票据的行为。

中央银行借款一般有两种形式：一是再贴现，二是再贷款。再贴现是商业银行从中央银行取得资金的一种方式，它是指商业银行把自己办理贴现业务时所买进的未到期票据再卖给中央银行以提前取得资金。在进行再贴现时，要求比较严格，商业银行必须提供财务报表和其他有关情况，特别是有关票据债务人的情况。中央银行还要审查票据的质量、期限及种类，并通过调整再贴现率和再贴现额度，以及其他货币政策给予适当控制，并不是所有的票据都给予再贴现。当执行偏紧的货币政策时，中央银行可通过提高再贴现率和压缩再贴现额的办法，使商业银行贴现受到限制，成本提高，从而对经济进行调控；当执行偏松的货币政策时，就可降低再贴现率和扩大再贴现额来影响商业银行的贴现规模。再贷款是中央银行对商业银行的信用放款，也称直接借款。在一般情况下，商业银行向中央银行的借款只能用于调剂头寸、补充储备不足，不能用于贷款和证券投资。再贴现和再贷款同属商业银行向中央银行借款的方式，只不过在市场经济发达的国家，由于商业票据和贴现业务广泛流行，再贴现成为商业银行向中央银行借款的主要渠道，而在商业票据不普及的国家，则主要采取再贷款的方式。

回购协议是商业银行在出售证券等金融资产时签订的协议，商定在未来某日以某一价格购回其金融资产，以获得可用资金的方式。大多数回购协议以政府债券作担保，风险低。其期限有长有短，短的为一个营业日，长的达几个月，大多数协议期限是几天，而且可续协议有增长的趋势。可续协议是指在回购协议下通过出售证券获得的资金，可以长期使用，直至买卖双方中有一方决定终止这种行为为止。由于回购协议通常有优质抵押品作支持，所以贷款利率较低。回购协议的实际交易有两种方式：一种是交易双方按相同的价格出售与再购回证券，再购回时，其金额为本金加双方商定的利息额；另一种是把再购回价格定得高于出售价格，其差额就是资金提供者的收益。

欧洲货币市场起源于欧洲，但现在已遍布世界各地，它是经营欧洲美元和西欧一些主要国家境外货币交易的国际资金借贷市场。其业务有两部分，一部分是银行同业之间的交易，另一部分是银行和非银行之间的交易。在欧洲货币市场吸收资金，其特点是管制较少。例如，欧洲美元存款无须交纳存款准备金和存款保险费，也不受当时美国有关存款利率条例的限制。因此，所提供的存款利率可以略高于美国国内的存款利率。另外，欧洲货币市场是一个批发市场，交易金额巨大，交易成本相对较低，因此，贷款利率也可以较低，其贷款利率一般以伦敦银行同业拆借利率为基准。资金的供给者主要来自美国等发达国家的商业银行及其在国外的分支机构、国际银团、跨国公司及私营工商企业、各国政府机构和中央银行等。

3. 其他负债。商业银行的其他负债包括发行金融债券、结算占用他人资金等。

商业银行为了筹集长期资金可以发行金融债券。发行金融债券时，银行对发行的数量、期限、利率、方式等有较大的主动权，所筹资金的稳定性高。债券可在二级市场流通转让，其流动性好，而且发行长期债券的财务杠杆效应明显，对于盈利能力强的商业银行非常有利，但发行长期债券易导致银行资产负债期限不匹配。

结算占用他人资金是指商业银行在办理结算过程中由于他人替本行垫款而占用他人的资金，这也是商业银行可利用的一项资金来源。在银行间的业务往来过程中，必然产生资金的相互占用。如果本行办理结算时应付账款大于应收账款，就自然占用了他行的资金。清算期越长，资金占用的时间越长，占用的资金量可能越多。随着资金清算调拨的电子化和自动化，资金清算的周期越来越短，银行彼此占用的资金会减少，但这并不能排除占用他人资金的可能性。

（二）按负债的流动性分类

商业银行的负债按其流动性，可分为流动负债、应付债券和其他长期负债等。

1. 流动负债是指商业银行将在1年（含1年）内偿还的债务。流动负债主要包括活期存款、1年（含1年）以内的定期存款、向中央银行借款、票据融资、同业存款、同业拆入、应付利息、代发行证券款、代兑付债券款、卖出回购证券款、应付工资、应交税金等。

2. 商业银行发行债券应当按照实际发行的价格总额，作负债处理，记入应付债券。债券发行价格总额与债券面值之间的差额，作为债券溢价或折价，在债券的存续期内按规定的方法进行摊销，并按借款费用的处理原则处理。若商业银行发行可转换债券，可转换债券在发行以及转换为股份之前，应按一般应付债券进行处理。

3. 商业银行的其他长期负债，主要包括长期存款、长期借款和长期应付款等。长期存款是商业银行吸收的存款单位和居民个人存入的1年以上的定期存款。长期借款是商业银行向中央银行或其他金融机构借入的期限在1年以上的各项借款。长期应付款是商业银行除长期借款、长期存款和应付债券以外的其他各种长期应付款项。

第二节　商业银行存款管理

一、商业银行存款管理的目标

在商业银行负债中，存款占有举足轻重的地位。各国商业银行在负债业务不断创新的情况下，存款负债仍是其最主要的资金来源。例如，2022年列为美国第二大商业银行的美国银行，2022年12月31日负债结构中“各项存款”19 303.41亿美元，占其全部负债27 781.78亿美元的比重达69.48%。我国商业银行负债中存款的比重一般要高一些，如中国工商银行在2022年12月31日资产负债表中，存款为298 704.91亿元，占其全部负债360 958.31亿元的比重高达82.75%。

商业银行存款的管理应服从于商业银行基本目标即“三性”平衡的目标，具体目标包括以下几个方面：

1. 保持存款的稳定性。保持存款的稳定性是商业银行存款管理的基本目标之一，也是商业银行维持流动性、扩大盈利性资产比重的重要手段。衡量存款稳定性的主要指标有活期存款稳定率及活期存款平均占用天数等。

$$活期存款稳定率 = \frac{活期存款最低余额}{活期存款平均余额} \times 100\% \tag{3.1}$$

$$活期存款平均占用天数 = \frac{活期存款平均余额 \times 计算期天数}{活期存款支付总额} \tag{3.2}$$

上述两个指标与存款稳定性之间呈正相关关系，即活期存款稳定率越高，活期存款平均占用天数越多，银行存款稳定性越高；反之，存款稳定性越低。

影响商业银行存款稳定性的因素很多，既有宏观方面的因素，又有微观方面的因素。宏观方面的因素如政局的稳定及社会的安定与否、金融市场的发展水平及金融资产种类的多少、利率政策及利率水平等。微观方面的因素则有存款的种类、存款人的动机、存户数量的多少、存期长短、服务质量高低、存款机构的竞争等。人们选择存款的动机，有的是图安全方便，有的是想保本增值，有的是为了投机。一般情况下，保本增值型存款稳定性高，便利型存款和投机型存款稳定性低。当存款规模一定时，银行存户数量越多，存款人之间此存彼取、相互抵消的可能性越大，存款的稳定性越高，反之则越低。在存款利率缺乏弹性的环境里，银行服务质量高低对存款的稳定性有着最直接的影响，态度热情、办事准确而高效的银行，存款的稳定性往往高，而服务质量较低的银行难以保证其存款的稳定性。

2. 降低存款的成本率。降低存款的成本率是商业银行存款管理目标中较高层次的一个目标，它是商业银行实现效益性目标的内在要求。商业银行在组织存款的过程中，既要付出利息成本，又要承担有关费用成本即营业成本。存款成本率的计算公式如下：

$$存款成本率 = \frac{利息成本 + 营业成本}{各项存款数量} \times 100\% \tag{3.3}$$

从以上公式不难看出，存款成本率的降低主要有以下几种途径：第一，降低利息成本率。各项存款利息成本的高低一般与存期的长短呈正相关关系，即存款期限越长，利息成本越高。在实际工作中，定期存款利息成本高于活期存款利息成本，期限长的定期存款利息成本高于期限短的定期存款利息成本。要降低存款的利息成本率，应在保证商业银行流动性供给的前提下，扩大低息存款的比重，即扩大活期存款的比重。第二，降低营业成本率。组织存款的营业成本包括相关人员工资性支出、设备运转费用及其他有关费用。当银行员工工资性支出呈现刚性态势、设备不断更新换代时，银行组织存款的营业成本总额是趋于上升的。只有当银行存款总量的增长速度超过营业成本的增长速度时，单位存款资金的营业成本率的降低才具有现实性。第三，调整存款结构。不同类型的存款有着不同的成本特点：活期存款的利息成本率低，但其营业成本率高；定期存款的利息成本率较高，但其营业成本率较低。商业银行的存款管理必须根据其流动性要求来进行存款结构的调整，力求降低存款成本率。

3. 提高存款的增长率。在考虑存款成本的前提下提高存款的增长率是每家商业银行存款管理的又一个较高层次的目标。存款的增长率是本期存款较上期存款的增量与上期存款量之比，即

$$存款增长率 = \frac{本期存款量 - 上期存款量}{上期存款量} \times 100\% \tag{3.4}$$

一家商业银行存款增长率的提高，意味着其存款市场占用率的提高、资金实力的扩大、竞争能力的提高和发展势头的强劲。在考虑成本的前提下提高存款的增长率是各商业银行努力追求的目标，但不能简单地、一味地追求存款的增长。因为一定时期内全社会存款总量是一定的，存款的增长受客观条件的制约，而且，不同商业银行流动性管理水平及盈利能力有着差异，因此，商业银行应根据自身实际情况科学地确定存款增长目标。

二、商业银行存款的成本管理

商业银行存款成本管理是商业银行成本管理的重要组成部分，是商业银行实现效益性目标的必然要求，也是存款定价的科学依据和贷款定价的前提条件。在进行存款成本管理的过程中，应了解银行存款成本的构成，熟悉各种存款成本的计算，并努力探索银行成本变化规律。

（一）商业银行存款成本的构成

1. 利息成本。这是商业银行按约定的存款利率以货币的形式支付给存款者的报酬。利息成本的高低依存款利息率而定。存款计息一般有两种方式：一是以不变利率计息；二是按可变利率计息。按不变利率计息是指存款时确定了存款的具体利率，计算方法简单。我国目前的存款一般按不变利率计息。按可变利率计息是指存款时不规定具体的利率，而是确定一个原则，以市场上不断变化的某种利率，如国库券利率为基础，加上一定浮动幅度来确定。

2. 营业成本。这是商业银行在吸收存款时除利息之外的其他所有开支，包括广告宣传费用、柜台和外勤工作人员的工资、设备折旧费、低值易耗品摊销、办公费以及为存户提供服务所需的开支等。

3. 资金成本。这是商业银行在吸收存款过程中发生的一切开支，即利息成本和营业成本。资金成本既可以用绝对数来表示，也可以用相对数来衡量。规模较大的银行可用绝对数来比较成本差异，规模不同的银行需要借助相对数即资金成本率来比较成本水平。

$$存款资金成本率 = \frac{利息成本 + 营业成本}{存款资金} \times 100\% \tag{3.5}$$

4. 可用资金成本率。商业银行吸收的存款中，要扣除应交的法定存款准备金和必要的超额准备金后，才能实际用于贷款和投资。可用资金成本是指相对于可用资金而言的银行资金成本。既可以计算存款的可用资金成本率，又可以计算银行全部可用资金成本率。可用资金成本率的计算是确定银行盈利性资产价格的基础。

$$可用资金成本率 = \frac{利息成本 + 营业成本}{可用资金数额} \times 100\% \tag{3.6}$$

5. 存款加权平均成本率。商业银行不同种类的存款，成本水平有高低之分，利用统计学中的加权平均法，以存款数量为权数可计算出存款加权平均成本率。其计算公式可表示如下：

$$\overline{X} = \frac{\sum XQ}{\sum Q} \tag{3.7}$$

式中，Q 表示各种存款的数量；X 表示每种存款的单位成本（成本率）；$\overline{X}$表示银行全部存款的加权平均成本率。

6. 边际成本。商业银行存款的边际成本是指银行增加最后一个单位资金所支付的成本增量。其计算公式表示如下：

$$MC = \frac{\Delta TC}{\Delta Q} \tag{3.8}$$

式中，MC 表示边际成本；ΔTC 表示成本增量，即新增的利息成本和营业成本；ΔQ 表示新增存款数量。

（二）商业银行存款成本的计算

1. 历史数据加权平均成本方法。该方法通过整理、归类和计算业已发生的负债情况的数据资料，运用加权平均法计算出有关负债的利息成本、营业成本、资金成本等。这种方法适宜于评估银行过去负债管理业绩，或对同行业同类指标加以评比。下面通过表 3 –1举例说明该种方法的运用。

表 3 –1　　某银行 2022 年负债加权平均成本表

负债项目	平均余额/万元	利息成本		营业成本		负债总成本	
		利率/%	利息额/万元	费用率/%	费用额/万元	成本率/%	总成本/万元
零息活期存款	6 000	0	0	4.1	246	4.1	246
有息活期存款	8 000	1.5	120	2.9	232	4.4	352
普通储蓄存款	40 000	2.8	1 120	1.2	480	4.0	1 600
大额可转让存单存款	15 000	3.5	525	0.8	120	4.3	645
同业借款	2 000	2.5	50	1.1	22	3.6	72
短期借款	8 000	2.7	216	1.2	96	3.9	312
金融债券	7 000	3.8	266	0.9	63	4.7	329
其他负债	4 000	1.8	72	2.0	80	3.8	152
合计	90 000		2 369		1 339		3 708

表 3 –1 中有关负债的费用率数据是如何得来的？在实际工作中，每家银行将所有费用分为营业费用和营业外支出，营业费用需要在各项业务中进行分摊，并进一步确定各类负债的营业费用及费用率。

若商业银行成本管理细化到能提供表 3 –1 中的数据资料，则不难计算出有关负债的历史加权平均成本。计算公式如下：

$$活期存款加权平均利率 = \frac{活期存款利息总额}{活期存款平均余额} \times 100\%$$

$$= \frac{6\ 000 \times 0 + 8\ 000 \times 1.5\%}{6\ 000 + 8\ 000} \times 100\% = 0.86\%$$

$$活期存款加权平均成本率 = \frac{活期存款成本总额}{活期存款平均余额} \times 100\%$$

$$= \frac{6\ 000 \times 4.1\% + 8\ 000 \times 4.4\%}{6\ 000 + 8\ 000} \times 100\% = 4.27\%$$

$$有息负债加权平均利率 = \frac{有息负债利息总额}{有息负债平均余额} \times 100\%$$

$$= \frac{2\ 369}{90\ 000 - 6\ 000} \times 100\% = 2.82\%$$

$$全部负债加权平均成本率 = \frac{全部负债成本总额}{全部负债平均余额} \times 100\%$$

$$= \frac{3\ 708}{90\ 000} \times 100\% = 4.12\%$$

2. 预计加权平均成本方法。这是对未来一段时期内商业银行负债资金的成本进行预计和分析的方法。通过预计未来一段时期内商业银行全部负债的加权平均成本，从而确定全部盈利资产的预期收益要求。表 3 – 2 有助于我们了解该种方法的运用。

表 3 – 2　　某银行 2023 年预计加权平均成本表

资金来源	预期余额/万元	资金成本率/%	总成本/万元	可投资资金比例/%	可使用资金总额/万元
零息活期存款	7 000	4.1	287	20	1 400
有息活期存款	9 000	4.4	396	40	3 600
普通储蓄存款	50 000	4.0	2 000	80	40 000
大额可转让存单存款	18 000	4.3	774	90	16 200
同业借款	2 000	3.6	72	50	1 000
短期借款	8 000	3.9	312	60	4 800
金融债券	7 000	4.7	329	95	6 650
其他负债	5 000	3.8	190	70	3 500
股 本	10 000	6.8	680	98	9 800
合 计	116 000		5 040		86 950

根据表 3 – 2 可以计算加权平均预计成本率和盈利资产收益率：

$$预计全部资金加权成本率 = \frac{\sum(资金成本率 \times 预期余额)}{\sum 预期余额} \times 100\%$$

$$= \frac{5\ 040}{116\ 000} \times 100\% = 4.34\%$$

$$\text{盈利资产保本收益率}=\frac{\text{总成本}}{\text{盈利资产}}\times 100\%=\frac{5\ 040}{86\ 950}\times 100\%=5.80\%$$

三、商业银行存款的定价

在金融市场发达的国家，利率自由浮动，商业银行可以自主定价。但自主定价绝不等于完全自由定价，因为在近乎完全竞争的金融市场上，单个银行在长时期里对存款定价几乎没有什么控制力，决定存款价格的主导因素是整个市场而非单个银行。商业银行存款定价方法通常有目标利润定价法、边际成本定价法、市场渗透定价法、高层目标定价法、价格表定价法等。

1. 目标利润定价法。这种方法是在银行存款成本的基础上，加上银行的既定目标利润率。

$$\begin{matrix}\text{每项存款服务}\\\text{的单位价格}\end{matrix}=\begin{matrix}\text{每单位存款}\\\text{的经营费用}\end{matrix}+\begin{matrix}\text{每单位存款}\\\text{的管理费用}\end{matrix}+\begin{matrix}\text{每单位存款}\\\text{的预计利润}\end{matrix}\tag{3.9}$$

上述公式把存款定价和银行成本结合起来，有利于各地的银行把价格和成本更密切地配合起来，调整以前许多免费服务的做法。向客户收取与存款服务相关的费用在银行业中基本得到了认可。

2. 边际成本定价法。当市场利率频繁变动时，利用平均成本为存款定价变得不可靠，使用边际成本定价更为合理。当利率下降时，筹集新资金的边际成本可能大大低于银行所筹全部资金的平均成本。一些与平均成本相比看起来无利可图的贷款和投资若以现在较低的边际成本来衡量，似乎会很有利。反之，如果利率上升，新增资金的边际成本可能大大超过银行的平均资金成本。如果管理层按照平均成本预定了新贷款，则贷款可能是无利可图的。因此，银行成本管理中不仅要考虑平均成本也有必要运用边际成本来衡量。边际成本的计算公式如下：

$$\begin{aligned}\text{边际成本}&=\text{总成本变动额}\\&=\text{新利率}\times\text{新利率下吸收的存款量}\\&\quad-\text{旧利率}\times\text{旧利率下吸收的存款量}\end{aligned}\tag{3.10}$$

$$\text{边际成本率}=\frac{\text{总成本变动额}}{\text{存款增量}}\tag{3.11}$$

3. 市场渗透定价法。这是一种至少在短期内不强调利润对成本的弥补，而主要以迅速扩大存款市场份额为目标的一种定价方法。采取这种策略的银行主要通过提供明显高于市场水平的高利率，或者向客户收取远远低于市场标准的费用来吸引更多的客户。这种方法有助于银行快速扩张，但通常是以利润的损失为代价的。实践证明，不同种类的存款人选择存款开户行时考虑的因素不同，价格并非唯一的最重要的因素。

4. 高层目标定价法。这种方法针对客户中高存款余额者设计。银行利用精心设计的广告方案，向事业有成的专业人员、业主及其他高收入家庭提供全方位的金融服务并收取较高的费用，而对其他存款账户，尤其是那些低余额高进出的账户按照盈亏平衡原理定价。这种方法的优点是可以抓住存款大户，控制小额存款，有利于控制成本，获取较高盈利，其缺点是对银行的社会形象有一定的负面影响。

5. 价格表定价法。这种方法是指商业银行将各种存款的收费标准及计息规定列成表格，张榜公布。价格表按收费条件可分为以下三类：第一类免费定价，无论存款余额大小，均不对服务收费；第二类固定费率，无论存款余额大小，按固定费率对每一项服务收费；第三类有条件免费定价，按存款余额大小，对服务进行有区别的收费（参看表3-3、表3-4）。这种定价法严格按银行的实际成本确定，安全可靠，且透明度高。

表3-3 香港某银行普通活期存款和储蓄存款价格表

项目	收费标准
①签发支票	
本行客户	每张40港元
非本行客户	每张60港元
②辅币找换/提取	每包2港元
③停止支付支票	每张60港元
④挂失本票	每张100港元另加交换所手续费
⑤交换所电子港元转账	每项100港元
⑥补领遗失存折	每本50港元
⑦ATM现金提取附加费	
经中国银通	10港元
经澳门银通	15港元
经Cirrus（万事达顺利卡）	25港元
⑧补发月结单	10港元

表3-4 某银行存款价格表

普通活期账户		普通储蓄存款	
①最低开户余额	100元	①最低开户余额	100元
②账户管理费：		②账户管理费：	
日均余额≥600元	不收费	日均余额≥200元	不收费
日均余额<600元	每月5元	日均余额<200元	每月3元
③支票费用：		③每月超过两次取款的费用：	
日均余额≥1 500元	不收费	日均余额≥100元	不收费
日均余额<1 500元	每次0.15元	日均余额<100元	每次2元

第三节　商业银行借入资金的管理

一、商业银行借入资金的各种渠道

商业银行负债构成中，存款依旧占最大的比重，但非存款负债呈现增长势头。非存款负债方式多种多样，而且相对于吸收存款而言，商业银行在使用非存款负债资金时有更大的主动性。鉴于本章第一节对各种借入资金已有介绍，在此只简要归纳各种借入资金的渠道（见图3－1）。

- 借入资金渠道
  - 同业借款
    - 同业拆借
    - 转贴现
    - 抵押借款
  - 中央银行借款
    - 再贴现
    - 再贷款
  - 回购协议
  - 欧洲货币市场借款
  - 发行金融债券

图3－1　商业银行借入资金渠道

二、商业银行借入资金时应考虑的因素

商业银行借入资金时不仅要考虑自身需要，而且要考虑可行性。借入资金时，需要考虑众多的因素，包括借入资金的规模、期限、相对成本、风险、法规限制等。

1. 借入资金的规模。商业银行借入资金的总规模取决于其信贷需求与存款之间的资金缺口。银行管理者不仅要满足客户当前的信贷需求，而且要对客户未来信贷需求作出合理预测。商业银行的资金缺口，即当前和预期的信贷量与存款量之间的差额，可用公式表示如下：

$$资金缺口 = 当前和预期未来的贷款与投资量 - 当前和预期的存款量$$

大多数银行会为估计的资金缺口多留出一些余地，以备贷款不时之需和防止存款突然下降。借入资金的规模则根据资金缺口来确定。现实中，大银行在借入资金方面有着优势，因为投资者一般只对大银行发行的大额可转让定期存单感兴趣，欧洲美元通常只提供给信用等级高的银行。小银行则更多地依赖存款、同业借款和中央银行借款。

2. 借入资金的期限。商业银行借入资金的期限有长有短，具体根据各家商业银行的需要来确定。当商业银行立即需要清算资金或可贷资金时，可向中央银行借款或向同业借款。当商业银行一段时间后才需要借入资金时，可通过回购协议、发行大额可转让定期存单、发行金融债券或从国际金融市场借入资金。

3. 借入资金的相对成本。商业银行借入资金时需要付出相应的成本，既有直接的利息成本，又有间接的费用成本或营业成本，前者是根据市场利率或资金供给方确定的利率计算得出，后者根据寻找资金的人力成本、设备成本等大体估算。需求方银行总是希望寻找到最便宜的资金来源渠道，但也不得不考虑成本以外的因素，如规模、期限、法规限制等，在其他因素符合需求方银行意愿的情况下，尽量选择成本相对较低的资金来源。不同来源渠道的资金，其利率水平存在差异。在美国，联邦资金市场上的利率比联储贴现率稍高，而且联邦资金利率波动性很大，即便在一个营业日内也会变动数次。联邦资金的主要优点就是方便、迅速、期限有弹性，只要打个电话或通过联网的计算机就可以获得联邦资金，联邦资金在几秒钟之内经过联邦电子转移网络可从一家银行转移到另一家银行。联储贴现率相对联邦资金市场上的利率稍低，但联邦法规禁止银行使用从贴现窗口借入的资金发放贷款。

我国目前资金市场已基本形成了市场化的利率形成和传导机制，同业拆借利率完全按市场供求关系确定，随行就市。商业银行向中央银行的借款利率由中央银行的货币政策确定，人民银行通过货币政策工具调节商业银行体系流动性，释放政策利率调控信号。

4. 借入资金的风险。商业银行借入资金时可能遭受下列风险：一是利率风险，二是信用风险。在市场经济发达的国家，资金市场的利率基本上是按市场供求关系确定，利率不断波动，借入资金的银行可能遭受利率变化与其预期不一致时的风险。同时，商业银行的信用风险总是客观存在的，当运用借入资金发放贷款或投资时，其风险有加大的倾向。

5. 借入资金的法规限制。商业银行借入资金时还应考虑相关法律法规方面的限制。在美国，联邦或国民银行法规对借入资金的数量、频率及用途均有所限制。例如，规定商业票据的期限至少是 7 天，通过贴现借入的资金不能发放贷款等。我国在同业拆借方面，《中华人民共和国商业银行法》和《同业拆借管理办法》（2007）对其范围和期限作出了相应规定。我国商业银行同业拆借的期限最长不得超过 1 年。拆出资金限于交足存款准备金、留足备付金和归还中国人民银行到期再贷款之后的闲置资金。拆入资金用于票据清算、联行汇差头寸的不足和解决临时性周转资金的需要，禁止利用拆入资金发放固定资产贷款或者用于投资。同时，拆借资金额度还应符合限额管理的规定，其中拆入资金限额和拆出资金限额均不超过各项存款余额的 8%。

第四节 案例分析

案例：在调整负债结构上做效益文章

（一）情况介绍

某商业银行岳麓分行（简称岳麓分行）坚持以效益为中心，以调整负债结构为突破口，以扩大负债规模为出发点，努力降低负债成本，全面提高经营效益，收到了较好的成效。截至 2008 年 10 月底，该行各项存款余额达 100 亿元，在全部存款中，活期占比为42.16%，存款付息率为2.5%。1—10月该行完成利润2.4亿元，在当地同类型银行中名列前茅。该行在调整负债结构、降低筹资成本上所进行的有益探索，具有很强的借鉴意义。

经验之一：不断改进创新产品，提高服务水平。实践使岳麓分行深刻地体会到，客户选择银行关键取决于其服务水平和服务质量。因此，该行始终把改进和提高服务水平当做一件大事来抓。（1）加强营业网点设施建设，创造良好的服务环境。为了树立岳麓分行的品牌，使客户感受到岳麓分行的品位，岳麓分行在硬件建设上实行了“四统一”，即统一装修营业网点、统一网点户外标识、统一一线人员着装、统一室内设施，显示了良好的银行形象。（2）采取不同形式，为优质客户提供全方位贴心服务。结合实际，银行采取了不同形式为优质客户服务：一是向企业派驻代表处，尽可能为客户提供财务、内部资金管理等方面的建议。二是大力发展理财业务，在2008年中国股市低迷的情况下，资金大量回流银行，岳麓分行抓住机遇，用满足客户需求的短期限信托理财产品，吸引社会闲置资金。三是为优质客户提供信贷产品，如循环贷款、绿色贷款、能效贷款、贸易贷款等信贷服务，既提高了岳麓分行资金的收益率，也与客户建立了长期合作关系。（3）进一步发挥商业银行基本结算服务优势，为客户提供高效、便捷的汇票、转账、托收等结算服务，通过代发工资等服务，扩大储蓄来源，提高活期存款比例。该行靠周到、快捷、优质的服务，赢得了客户，赢得了存款，赢得了效益。（4）加强与同业的合作，如通过第三方存管业务，建立与证券公司的联系，在证券公司派驻人员，通过近距离的服务主动吸收客户存款。

经验之二：夯实客户基础，培育负债持续增长动力。（1）着力发展公司业务客户。近年来，注重发挥整体功能，充分利用与辖区企事业单位常年保持着良好业务关系的优势，该行强力公关，积极承揽，使全行的负债业务规模实现突破，截至2008年10月，该行公司存款达80亿元，为优化负债结构打下了坚实的基础。（2）大力发展零售负债业务。通过阶段性地推出不同期限和不同类型的零售理财产品，吸引客户眼球，用真诚服务赢得客户的认可，使银行存款稳步增长，提升了该行的品牌效应，截至2008年10月，该行储蓄存款达20亿元。（3）加强与政府部门的合作。例如：岳麓分行抓住税制改革的契机，进行强力公关，加强政府和银行的合作，为税务部门提供了良好的工作环境和优质高效的服务，赢得了税务部门的好评。另外，与社保机构等合作，为社保机构提供细致完善的结算服务，经过大致统计，该行与政府部门合作带来的存款高达10亿元。（4）进一步挖掘潜在客户。该行结合所辖地区的实际情况，通过电视、杂志、报纸等加大宣传力度，编制宣传小册子，加深该地区居民对岳麓分行的印象，通过优质的信用卡服务，以及网上银行、电话银行、手机银行等，在激烈的竞争中赢得客户，赢得存款，在保障岳麓分行负债业务稳定性的基础上，调整负债结构，有选择性地吸收存款。

经验之三：建立健全考核机制，有效调动员工吸收低成本存款的积极性，运用适度的财务激励促进业务发展。岳麓分行之所以能在优化负债结构、降低负债成本上取得显著的成绩，与该行健全和完善考核机制是分不开的。具体而言，根据存款的付息率不同，对员工配置费用；建立了储蓄任务承包责任制、存款大户行长负责制、超额任务奖励制、临柜人员把关制、外勤人员包企业制等；阶段性地举行负债竞赛活动，由于该行建立健全了一系列激励机制，从而极大地调动了广大员工吸收低成本存款的积极性，为储蓄存款工作注入了活力，收到了良好的效果。同时，它们还努力拓宽揽存渠道，大力挖掘新兴产业、第三产业、外地注入资金、房改公积金等方面的潜力，不断增加存款。

（二）分析

存款工具是银行为客户提供的一种主要金融工具。客户能在多大程度上接受这一金融工具，主要取决于客户的动机和选择。存还是不存？存多还是存少？选择何种存款工具？而这些问题的决策权、主动权基本掌握在客户手中，银行通常处于被动地位。因此，对银行来说，存款实际上是一种被动负债。银行要在存款经营上实现预期目标，就不能像计划经济时代一样等客上门，而是要变被动负债为积极经营，通过一系列策略措施使银行推出的存款工具能迅速占领市场。

积极经营的具体策略措施很多。就居民储蓄存款而言，首先，必须重视利率高低的杠杆作用和优质高效的服务开发，并针对客户的储蓄动机设计出多样化的储蓄存款工具；其次，必须做好广告宣传、加强外勤工作和合理设置网点；最后，必须注重储蓄业务操作的现代化建设，提高储蓄工作人员的积极性、改善服务态度等。同时，银行应提供全方位的信用服务，以密切银行与企业的关系为核心，开发多样化的企业存款工具，努力做到以贷引存、存贷结合，并结合银行的资产业务和中间业务，协助企业管好、用好资金。

[本章小结]

1. 商业银行的负债是商业银行承担的能以货币计量的到期需要偿还的债务。负债是商业银行的资金来源，负债的规模和结构决定资产的规模和结构，负债是商业银行满足流动性需要的重要手段，负债构成社会流通中的货币量。

2. 商业银行的负债结构可以从不同角度去考察。如果从负债的内容来看，负债主要包括各项存款、各种借款及其他负债。如果按负债流动性标准来分类，负债可分为流动负债、应付债券和其他长期负债等。

3. 对银行来说，最有意义的始终是存款。商业银行存款管理的目标包括几个方面：保持存款的稳定性，降低存款的成本率及提高存款的增长率。在商业银行成本管理中，不仅要了解成本的多种形式，如利息成本、营业成本、资金成本、边际成本等，还应掌握银行成本的计算。随着利率的市场化，银行管理人员掌握存款定价理论与方法显得日益重要。常见的存款定价方法包括目标利润定价法、边际成本定价法、市场渗透定价法、高层目标定价法和价格表定价法等。

4. 商业银行借入资金的渠道多种多样，且呈现增长势头。商业银行借入资金的渠道包括同业借款、中央银行借款、回购协议、欧洲货币市场借款（国际金融市场筹资）、发行金融债券等，商业银行对借入资金的管理应考虑借入资金的规模、期限、相对成本、风险、法规限制等因素。

[本章重要概念]

负债　存款　借入资金　负债成本　存款定价　同业借款　中央银行借款
回购协议

[练习题]

一、判断题

1. 商业银行向中央银行借款可以用于投资。（　）
2. 欧洲货币市场借款利率一般以 LIBOR 为基准。（　）
3. 市场渗透定价法在短期内不强调利润对成本的弥补。（　）
4. 高负债是商业银行区别于其他企业的重要标志之一。（　）
5. 对商业银行来说存款并不是越多越好。（　）
6. CDs 存单是一种面额较大、不记名发行但不能在二级市场流通转让的定期存款凭证。（　）
7. 我国目前资本市场利率仍然是市场利率与计划利率并存。（　）
8. 负债是商业银行资金的全部来源。（　）

二、单选题

1. 商业银行存款管理的目标不包括（　）。
   A. 保持存款的稳定性　　B. 降低存款的成本率
   C. 降低存款的流动性　　D. 提高存款的增长率
2. 存款按存款资金性质及计息范围划分为财政性存款和（　）。
   A. 个人存款　B. 定期存款　C. 一般性存款　D. 单位存款
3. 使商业银行负债成本最低的存款为（　）。
   A. 同业存款　B. 有奖存款　C. 定期存款　D. 活期存款
4. 商业银行的被动负债是（　）。
   A. 发行债券　B. 吸收存款　C. 同业拆借　D. 再贷款
5. 下列借入负债中被采用"隔日放款"或今日货币形式的为（　）。
   A. 同业拆借　B. 回购协议　C. 间接借款　D. 再贴现
6. 商业银行中长期借款包括（　）。
   A. 同业拆借　　B. 回购协议
   C. 中央银行借款　　D. 发行长期金融债券
7. 同业借款不包括（　）。
   A. 同业拆借　B. 再贴现　C. 抵押借款　D. 转贴现
8. 目标利润定价法的核心在于（　）。

A. 严格测算各种存款的营业成本　　B. 计算存款的历史加权成本
C. 确定存款的边际成本　　D. 确定存款的风险成本

9. 商业银行吸收的存款中稳定性最好的是（　　）。
A. NOW 账户　　B. 定活两便存款
C. 储蓄存款　　D. 自动转账服务账户

10. 商业银行的存款成本除了利息支出，还包括（　　）。
A. 办公费　　B. 员工工资　　C. 差旅费　　D. 非利息支出

11. 关于同业拆借说法不正确的是（　　）。
A. 同业拆借是一种比较纯粹的金融机构之间的资金融通行为
B. 为规避风险，同业拆借一般要求担保
C. 同业拆借一般不需向中央银行缴纳法定存款准备金，降低了银行的筹资成本
D. 同业拆借资金只能作短期的用途

三、多选题

1. 商业银行负债按负债的流动性可分为（　　）。
A. 流动负债　　B. 应付债券
C. 其他长期负债　　D. 应付账款

2. 下列属于存款的创新种类的是（　　）。
A. 可转让支付命令账户　　B. 大额可转让定期存单
C. 货币市场账户　　D. 个人退休金账户

3. 影响存款成本定价的因素包括（　　）。
A. 市场利率的水平　　B. 存款的期限结构
C. 银行的盈利性　　D. 客户与银行的关系

4. 商业银行借入资金应考虑的因素包括（　　）。
A. 借入资金的规模　　B. 借入资金的期限
C. 借入资金的相对成本　　D. 借入资金的风险
E. 借入资金的法规限制

5. 商业银行国内市场借款的主要方式有（　　）。
A. 转贴现　　B. 向中央银行借款
C. 同业拆借　　D. 发行金融债券
E. 证券回购协议

6. 价格定价法中价格表按收费条件包括（　　）。
A. 免费定价　　B. 有条件免费定价
C. 浮动费率　　D. 固定费率

7. 以下属于商业银行“主动型负债”的是（　　）。
A. 存款　　B. 同业拆借　　C. 再贴现　　D. 金融债券
E. 转贴现

四、计算题

1. 假定一家银行筹集了500万元的资金，包括200万元活期存款、300万元定期存款与储蓄存款。活期存款的利息和非利息成本为存款的8%，定期存款和储蓄存款总成本为10%。假如储备要求减少银行可使用资金的数额为活期存款的15%，储蓄存款的5%。求该银行负债的可用资金成本率。

2. 某银行可通过7%的存款利率吸引50万元新存款。银行估计，若提供的利率为7.5%可筹集存款100万元，提供的利率为8%可筹集存款150万元，提供的利率为8.5%可筹集存款200万元，提供的利率为9%可筹集存款250万元。如果银行投资资产的收益率为10%，由于贷款利率不随贷款量的增加而提高，贷款利率就是贷款的边际收益率。那么，存款为多少时银行可获得最大的利润？

五、简答题

1. 简述商业银行负债的性质。
2. 简述商业银行负债业务的作用。
3. 简述商业银行负债业务经营管理的目标。
4. 商业银行借入资金时应考虑哪些因素？
5. 负债对商业银行管理有何意义？
6. 商业银行借入资金时一般有哪些渠道？
7. 商业银行存款定价通常有哪些方法？

练习题答案

六、论述题

论存款立行。

[教学辅助材料相关链接]

《储蓄管理条例》

《同业存单管理暂行办法》

《大额存单管理暂行办法》

第四章

商业银行贷款业务管理（一）

发放贷款是商业银行最主要的经济功能之一，即为社会消费活动和投资活动提供资金支持。对于大多数银行来说，贷款是其核心业务，一般占银行总资产的50%以上，也是银行收益和经营风险的主要源泉。因此，贷款业务是商业银行管理的重点。

第一节　商业银行贷款业务概述

一、商业银行贷款政策

商业银行在开展贷款业务之前，必须确定自己的贷款政策。贷款政策是商业银行为实现其基本目标而制定的指导贷款投向和规模、规范贷款业务操作的各项方针与规则的总和。银行贷款的构成与质量既可以反映其贷款政策是否成功，也可以反映其贷款理念与文化是否先进。

（一）制定贷款政策应考虑的因素

一家商业银行的贷款政策往往会随时间的变化而变化，会因信贷循环的阶段不同而有所差异。

1. 国家货币政策和财政政策。商业银行贷款业务是在国家相关法律、法规的约束下，特别是国家货币政策和财政政策指导下开展的。银行贷款政策的制定，首先必须了解和把握国家相关法规、经济政策。如果某一时期国家货币政策是紧缩的，银行虽然能够迅速扩张贷款，但很可能不得不限制其贷款的增长。管理良好的银行每年都会审查其贷款政策，以确保其贷款政策与国家法规、经济政策保持一致。

2. 银行的资本充足性及负债结构。根据《巴塞尔协议Ⅲ》和《商业银行资本管理办法（试行）》对银行资本充足性的要求，银行贷款政策的制定必须根据自身资本的状况考虑银行贷款的总量和结构，以满足金融监管机构对银行资本充足性的要求。同时，商业银行负债规模、结构及负债的稳定性也是制约贷款政策的一个重要因素；在资产负债综合管理的条件下，存款的规模、稳定性、期限及成本结构在很大程度上制约着银行贷款的规模与结构。

3. 宏观经济状况与经济周期的变化。在经济萧条的时候，银行大量发放中长期贷款，往往要承担较大的风险。在经济结构调整时期，银行贷款的发放必须注意与国家产业政策协调一致。在经济高涨时期，银行贷款规模急剧扩张，特别要注意贷款的流动性风险的控制。20 世纪 70 年代末到 80 年代初，一些大银行试图在发展中国家寻求贷款机会，但这一政策因许多发展中国家不能满足还款要求而不得不中止。80 年代中期，许多银行将贷款重点投放于商业不动产市场，这一市场由于得到不动产投资新的税收政策与管理当局的鼓励而进一步迅速发展。80 年代末，由于非银行贷款者的竞争和新技术产业的发展，许多银行将贷款更多地投放于规模相对较小、风险相对较高的公司借款者。

4. 商业银行的风险意识及风险控制能力。如果商业银行决策者风险偏好较强，那么在确定贷款政策时，往往采取比较激进的策略，将贷款投放在收益较高的中长期贷款领域。但是，谨慎、稳健的贷款政策是众多银行决策者的首选。

5. 地区经济环境。对于数量较多的地方商业银行而言，地方经济环境是制定其贷款政策的重要依据；地方经济特色、地方产业结构以及地方商业银行与当地政府的关系都是必须重点考虑的因素。

（二）贷款政策的基本内容

贷款政策指导着银行的贷款活动，为确保这种指导是理性的并且能够得到很好的贯彻执行，贷款政策应以书面形式表达出来。一家银行的贷款政策一般应包含以下五个部分。

1. 引言。贷款政策的引言表述了银行的信贷哲学，它强调银行贷款活动应力求达到的质量要求。此外，引言还应使贷款政策成为银行贷款活动的指导，使从事贷款业务的所有银行职员都意识到他们必须充分了解贷款政策，以此作为开展信贷活动的依据，并能够对贷款政策提出有效的改进意见。

2. 目的。这一部分充分阐明了银行信贷业务要达到的内部与外部经营目标与任务。具体而言，就是银行在这一业务领域中要扮演的角色，希望达到的市场地位、盈利能力等目标以及维持银行在公众中的信誉。关于贷款目标一般可以用一组数量指标来表示，如贷款增长比率、盈利能力指标、贷款质量指标以及贷款组合的规模在存款总量或资产总量中的比率。

3. 战略。贷款政策应充分详细说明银行信贷管理战略，包括贷款扩张规模战略、贷款组合投向战略、风险管理战略以及流动性战略等。

4. 贷款的工作规程。为了确保银行贷款工作的程序化、规范化和制度化，贷款政策必须明确规定贷款工作的规程。贷款工作规程即贷款业务操作的规范化程序。一般分为三个阶段：第一阶段是贷前推销、调查及信用分析阶段。这是贷款科学决策的基础。第二阶段是银行接受贷款申请，进行评估、审查及贷款发放阶段。这是贷款的决策和具体发放阶段，是整个贷款过程的关键。第三阶段是贷款发放以后的监督检查、风险监控及贷款本息收回的阶段。这一阶段是贷款能否及时、足额收回的重要环节。

5. 信用标准。一家商业银行的贷款政策应详细列出银行愿意发放的贷款类型和具体的信用标准。

二、贷款品种与贷款程序

（一）贷款品种

银行贷款是商业银行对借款人提供的并按约定的利率和期限还本付息的一种借贷行为。这种借贷行为由贷款的对象、条件、额度、用途、期限、利率和方式等诸多因素构成。从银行贷款经营管理的需要出发，可以对银行贷款按照不同的标准进行分类。而不同的分类对我们认识银行贷款的本质及贷款业务的经营与管理都具有重要的意义。

1. 按贷款期限分类，商业银行贷款可以分为活期贷款与定期贷款两大类。

活期贷款又称为通知贷款，即银行发放贷款时不预先确定期限，可以随时由银行发出通知收回，客户也可以随时偿还的贷款。这种贷款的主要特点是灵活、利率较低、流动性强。当银行资金宽裕时，可以任由客户使用借以生利，而在银行需要资金时，又可随时通知收回。

定期贷款是银行按固定偿还期限发放的贷款。即在借款合同中规定的偿还期限到来之前，只要借款人没有违反借款合同的条款或行为，商业银行便不得要求借款人偿还的贷款。定期贷款按其偿还期限的长短，又可以分为短期贷款、中期贷款和长期贷款。定期贷款是商业银行贷款的主要形式，其主要特点是利率相对较高，流动性较差，风险较大，且贷款期限较长。

2. 按贷款的保障条件分类，商业银行贷款可以分为信用贷款、担保贷款和票据贴现。

信用贷款是商业银行仅凭借款人的信誉无须借款人提供担保而发放的贷款。信用贷款作为商业银行贷款的一种独立的品种，有其存在的客观必然和条件。但它又具有风险大、保障条件弱的特点，商业银行应持十分谨慎的态度。因此，银行可能对这类贷款收取较高的利息，且只对那些声誉卓著、与银行有长期业务往来、资本实力雄厚、在行业中占重要地位的大公司发放，贷款期限也不太长。

担保贷款是指以某些特定的财产或信用作为还款保证的贷款。担保贷款保障性强，有利于银行强化贷款条件，减少贷款的风险损失，是商业银行最主要的贷款方式。在我国，担保贷款按照担保方式的不同，又分为保证贷款、抵押贷款和质押贷款三种。保证贷款是按照《中华人民共和国担保法》规定的方式以第三人承诺在借款人不能偿还贷款时，按约定承担一般保证或连带责任保证为前提发放的贷款。保证人代被保证人承担债务，是一般保证与连带责任保证的共同之处。是否具有先诉抗辩权，是一般保证与连带责任保证的关键区别。一般保证人具有先诉抗辩权，而连带责任保证人不具有先诉抗辩权。抵押贷款是按照《中华人民共和国担保法》规定的抵押方式以借款人或第三人的财产（主要指不动产和动产）作为抵押物发放的贷款。质押贷款则是指按照《中华人民共和国担保法》规定的质押方式以借款人或第三人的质物（主要指动产和权利）作保证而发放的贷款。担保贷款由于有借款人或第三人的保证，财产抵押或质押作保障，贷款风险相对较小，但贷款手续较为复杂。由于寻保、核保以及对抵押物（或质物）的评估、保险和保管的需要，无论对于借款人还是贷款人，贷款的成本都比较大。

票据贴现是商业银行贷款的一种特殊方式，它是指银行应持票人（客户）的要求，以现款买进持票人持有但尚未到期的商业票据的方式而发放的贷款。票据贴现实行的是预扣利息，票据到期后，银行可向票据载明的付款人或承兑人收回票款。在票据真实、合法，且有信誉良好的承兑人的前提下，这种票据贴现的安全性、流动性都可以得到较好的保障。

3. 按照贷款规模分类，商业银行贷款可以分为批发贷款与零售贷款两大类。

批发贷款也称为企业贷款，一般是指商业银行对个人、合伙人或公司为经营企业的目的而发放的金额较大的贷款。批发贷款通常是商业银行贷款业务中的主要部分，包括工商业贷款、不动产贷款、农业贷款、对其他金融机构和政府的贷款。

零售贷款即消费者贷款，是指银行仅仅为个人消费目的而不是为经营目的所发放的贷款，包括住房消费贷款、汽车贷款、教育贷款、医疗贷款、信用卡透支等。

批发贷款和零售贷款的贷款对象有比较大的差异，两类贷款的操作程序及信用分析也存在较大的区别。因此，区别批发贷款和零售贷款对于商业银行贷款的经营管理具有重要的现实意义。

4. 按贷款的偿还方式分类，商业银行贷款可以分为一次性偿还贷款和分期偿还贷款两类。

一次性偿还贷款是指借款人在贷款到期时一次性地向商业银行偿还本金的贷款。这种贷款的利息可以分期支付，也可以在归还本金时一次性付清。一次性偿还贷款一般用于短期周转性贷款或金额较小的贷款。

分期偿还贷款是指借款人按预先约定的期限分次偿还本金和支付利息的贷款。商业银行中长期贷款大都采用这种方式，至于贷款期内分期偿还的次数，每次偿还的本金数额、利息的支付等都由借贷双方谈判决定，并在借款合同中明确规定。

（二）贷款程序

贷款程序一般可以归纳为六个环节：贷款推销与申请、贷款准备、贷款谈判、贷款审批、贷款执行与监督、贷款评估。

1. 贷款推销与申请。大多数银行向个人发放的贷款开始于借款人的直接请求，申请贷款的个人一般会找到一位银行职员，并被要求填写贷款申请表。而企业贷款的申请，则产生于银行信贷人员（或客户经理）与企业代表之间的相互联系中。信贷人员应时刻在银行的业务区域内寻找公司企业开展新的业务往来，特别是银行潜在的优良客户和业务区域内新出现的客户，寻找信贷机会，鉴别信贷项目。有些情况下，信贷人员会与公司企业联系数月，直至公司同意尝试，并填写贷款申请表。

一旦客户决定申请贷款，信贷人员应予以积极配合，介绍银行信贷产品及性能，帮助客户了解银行贷款条件、程序以及准备贷款必需的材料和证明文件。

2. 贷款准备。贷款准备，即通过客户和银行详细而认真的研究与分析，将一个贷款概念或初步设想进一步深化为一个具体而完整的贷款方案的过程。从而让借款人（客户）确认是否有必要且可能实施这个贷款方案，让贷款银行对该方案进行详细的信用评估。

贷款准备阶段的工作是贷款申请人和银行双方互动的过程。贷款申请人的主要工作是鉴别投资机会，分析投资项目背景、趋势、基础和条件，分析信贷资金使用的作用与经济效益，撰写信贷项目可行性研究报告。银行则要进行现场考察来对客户的有关情况进行评估，核心是贷款客户的信用评估和对客户贷款项目可行性研究报告的评估工作，以期最大限度地了解客户，了解贷款项目，把握并预先控制贷款风险。

3. 贷款谈判。贷款谈判是商业银行与借款申请人为保证贷款方案的成功实施，而对贷款条件、金额、利率、贷款方式以及双方权利、义务等具体条款的协商和草签的过程。

贷款谈判是商业银行贷款程序的一个重要环节，其主要谈判内容是银行和借款人双方的责、权、利的协调统一，其目的是协商，达成一份令双方都感到满意的贷款协议，以保证贷款项目的成功。

对于商业银行信贷人员（或客户经理）来说，贷款谈判是一项必须花大力气做好的挑战性工作，充分的谈判准备是一位客户经理能够带到谈判桌上的最大的资本，谈判技巧是整个谈判过程中不可或缺的要素。信贷人员（或客户经理）对银行贷款政策的理解、把握，对银行信贷产品的熟悉和控制是谈判的基础，准确地预测客户的金融服务需求并且制订一套令其信服的贷款方案来满足这些需要是贷款谈判的关键，这将使一项孤零零的贷款申请发展为一套令客户和银行双方获益的全面的、长期的客户关系。

4. 贷款审批。经过银行和借款申请人双方的贷款准备和贷款谈判，一旦确认贷款事项和条件，银行就应当及时进行审批。银行审批贷款应按照“分级负责、集体审定、一人审批”的贷款审批制度和“审贷分离”制度进行贷款决策，逐笔逐级签署审批意见并办理审批手续。建立健全商业银行贷款审查委员会，进行集体决策是贷款审批、科学决策的有力保证。

5. 贷款执行与监督。银行贷款发放以后，贷款银行和借款人就进入了贷款的执行与监督过程。借款合同的执行与贷款资金的使用并非完全是借款人单方面的事情，当然这取决于贷款谈判和贷款协议中双方所约定的权利、义务和协作关系。例如，世界银行的项目贷款协议中，对借款方借款合同执行过程中的招投标、材料采购过程、配套资金的提供以及贷款资金的支付、使用方式，进行严格的控制或要求规范化操作，以确保银行贷款资金使用的透明和高效。

商业银行除根据贷款协议的相关条款有针对性地参与借款合同的执行外，对借款人的资信状况及其借款合同执行情况进行贷后的检查、监督是十分必要的。检查监督的内容包括：借款人是否按合同规定的用途使用贷款；借款人资产负债结构的变化情况；借款人还款能力和还款资金来源的落实情况；借款人的产权结构、高管决策队伍有无重大变更；借款人有无违规、违纪、违背借款合同的行为等。对问题突出、性质严重的，要及时上报主管领导，必要时可采取紧急措施，以尽量减少贷款的风险损失。

6. 贷款评估。商业银行贷款到期，无论是及时收回本息还是未按期收回本息，都应作出书面的、规范的贷款评估报告。贷款评估报告一般由主管该笔贷款的信贷员或客户经理撰写，然后由银行贷款审查委员会（或贷款评估委员会）进行评估审查。贷款评估报告主要内容是确认借款合同到期贷款所处的状态，并明确责、权、利关系，反馈贷款管理的经验和教训，并对未及时收回或有问题贷款提出解决的对策和建议。

第二节 商业银行贷款定价

在商业银行贷款业务的经营管理中，贷款定价是一个非常敏感而且重要的环节。对于商业银行来说，当然希望收取足够高的利息，不仅希望确保每笔贷款都能盈利，而且希望充分补偿银行贷款所承受的风险损失。但从银行客户和竞争对手的角度而言，不仅应考虑使客户有能力成功地偿还贷款，而且需要在激烈的同业竞争中保持一定的价格优势。因此，充分了解银行贷款定价的原理，把握银行贷款价格的影响因素，正确地使用贷款定价的方式方法，具有十分重要的意义。

一、贷款定价的一般原理

贷款是商业银行提供的一种核心商品，在市场经济的条件下，其贷款价格的变化同样符合市场供需平衡决定价格的一般原理，即贷款供给曲线是价格的增函数，贷款需求曲线是价格的减函数；贷款供给与需求相交的均衡点是贷款价格的最佳点，也是贷款需求的平衡点。上述原理用图形可以表示为图 4－1。

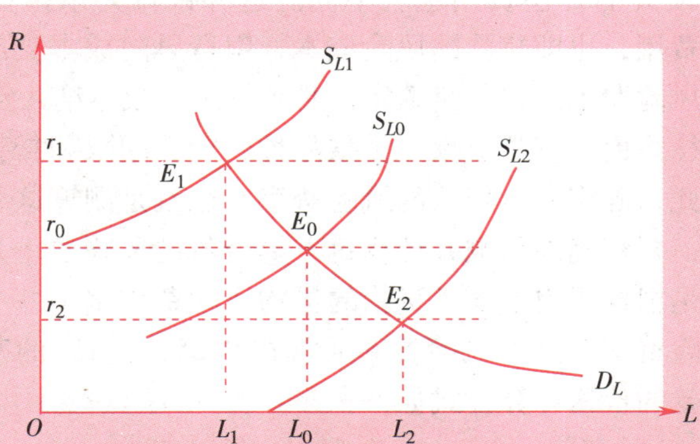

注：D_L 表示贷款需求曲线，S_L 表示贷款供给曲线，E_0 表示贷款供求均衡点，L 表示贷款数量，R（r）表示贷款价格（利率）。

图 4－1 贷款定价的一般原理

二、贷款定价的影响因素

商业银行贷款价格的高低，从一般经济学原理角度来看取决于信贷资金的供求关系，这充分体现了银行贷款价格的共性。从单个商业银行的实际操作来说，在确定贷款价格时还必须考虑以下几方面的因素。

（一）资金成本

银行资金成本是贷款定价的核心因素。在这里银行资金成本一般可以从资金平均成本和资金边际成本两个角度展开分析。

资金平均成本，它是银行资金的利息、费用总额与平均负债余额之比，即单位资金的平均利息费用率。资金平均成本是用来反映商业银行现有资金的平均借入成本的指标，它适应于衡量、评价银行过去的经营情况，不考虑市场未来利率的变动和银行负债结构的变化。因此，在市场利率相对平稳，银行费用、银行资金来源结构变化不大的条件下，以银行的平均资金成本作为贷款定价的标准，有一定的指导意义和代表性。但如果上述前提条件不存在，资金平均成本对贷款定价的作用就不大了。

资金边际成本是指商业银行每增加一单位可用于投资、贷款的资金所需支付的利息、费用成本。每项资金来源都有不同的边际成本，其边际成本随市场利率、管理费用以及法定存款准备金率的不同而变化，再对各项独立的资金来源的边际成本进行加权平均，就可以得到全部新增资金的平均边际成本。平均边际成本是动态的，既反映了市场利率、银行费用、法定存款准备金率的变化，也反映了银行资金来源结构的变化。因此，以平均边际成本作为新贷款的定价基础是比较科学合理的。

（二）贷款的风险程度

由于贷款对象、品种、期限、保障程度的不同以及银行经营理念的差异，贷款的风险程度也有很大的差异。对于不同风险程度的贷款，银行为此所耗费的管理费用以及由于风险而可能产生的损失的补偿费用也就不同。这种银行为承担贷款风险而耗费的费用，称为贷款的风险费用，也即贷款的风险成本，银行风险成本支出的总和与全部贷款余额之比，称为平均风险费率。银行贷款定价必须将风险成本纳入贷款价格之中。

贷款的风险费率往往由于贷款对象、贷款品种、贷款期限和贷款保障程度的不同而出现较大的差异。因此，确定一笔贷款的风险费率，也就是测算这些因素在实践中的不同组合和变化。当然，要精确地预测并计算每一笔贷款的风险费率是比较困难的。在实际工作中，银行一般是根据历史上某类贷款的平均风险费用水平并考虑未来各种新增因素后确定一类贷款风险费率，这一风险费率通常在0.25%～1%的范围内变化。考虑风险因素的某一特定贷款的价格计算公式如下：

$$\text{贷款利率} = \text{优惠利率} + \text{风险费率} \tag{4.1}$$

（三）贷款费用

商业银行向客户提供贷款，从贷款申请、贷款准备、贷款谈判到最后收回贷款的全过程需要做大量的工作，需要花费大量的人力、财力、物力，这些也应该从贷款回报中得以补偿。因此，贷款定价必须考虑贷款费用的大小。贷款费用与贷款品种密切相关。如固定资产贷款、项目贷款和银团贷款的费用均普遍较大。贷款费用与贷款金额也有很紧密的关系，贷款金额越小，贷款客户越分散，单位贷款所耗费的费用就越高。因此，银行零售贷款业务费用比率也较高。同样，银行要针对每一笔贷款业务精确地预测和计算其贷款费用也是比较困难的。实际操作中，可以根据历史上某类贷款的平均费用水平确定某类贷款的费用率。这一比率一般占贷款本金的0.25%～0.75%。

（四）银行贷款的目标收益水平

出于盈利性的要求，商业银行都有自己的盈利目标。为了实现这一目标，银行对各项资金运用都应当确定相应的资产收益目标。贷款是商业银行主要的资金运用项目，贷款资产的收益目标能否实现，直接影响到银行总体盈利目标的实现。因此，银行贷款的定价必须考虑贷款的目标收益率。当然，银行贷款的目标收益水平不能定得过高，否则，将使银行贷款价格失去竞争力。

（五）客户的信用以及与银行的关系

客户的信用状况主要是指借款人的偿还能力和偿还意愿。如借款人偿还能力强，且无不良欠债记录，则说明其信用好，贷款的风险就小，贷款价格也应越低。相反，如借款人信用状况欠佳，过去的偿债记录不能令银行满意，银行就应以较高的价格或更为严格的贷款约束条件来限制其借款。

客户与银行的关系也是贷款定价中必须要考虑的因素之一。那些长期与银行有密切业务往来的忠诚客户，那些在银行有大量存贷款业务，广泛使用本行提供的各种金融产品和服务的优良客户，还有那些具有潜在的市场价值，银行必须争取的客户，在确定贷款价格时，都应考虑适当给予一定的价格优惠。

银行在确定贷款价格时，除应该考虑上述因素外，客户的视角也是一个值得考虑的因素。商业银行家通常会发现：中小企业（尤其是那些刚刚起步的中小企业所有者）往往不太关注一项贷款的定价，而是更关心自己是否有资格获得贷款以及获得贷款后每月的偿还金额，而成熟企业的所有者则会更加关注于一项贷款的成本。

三、贷款价格的构成

银行贷款的价格在很大程度上直接体现为贷款协议上的利率水平，但利率并非贷款价格的唯一构成。一般来讲，贷款价格的构成包括贷款利率、承诺费、补偿余额和隐含价格。

（一）贷款利率

贷款利率是一定时期客户向商业银行交付的贷款利息与贷款本金之比，是银行贷款价格的主体。

确定利率的方法是多种多样的。商业银行一般都会确定一个体现其资金成本、日常管理费用、贷款组合风险、利润目标以及其他相关因素的优惠利率。然后，各项具体贷款的定价以这个优惠利率为基数来计算，表示为高于或低于这一基数多少个百分点，这主要取决于每一项贷款所涉及的具体成本和风险。优惠利率或低于优惠利率的贷款定价一般保留给向本银行最好的、最值得信赖的客户提供的风险较低的贷款以及商业银行的短期贷款。从理论上讲，任何一家银行都可以确定自己的优惠利率（或称基础利率）。但是，大多数银行都会追随资金雄厚的大型中心银行所确定的优惠利率，而大银行又是根据主要货币市场上的指导性利率来确定自己的优惠利率。比如，短期贷款的优惠利率往往以 90 天短期国库券利率为基准。因此，国库券利率、大额定期存单利率、银行同业拆借利率和中央银行再贴现利率就构成了商业银行优惠利率的基本指导利率。

浮动利率或可变利率为商业银行对难以预测的市场利率变化提供了一定的保障。例如，通过把某项具体贷款的利率同一项全国性的利率指标（如 90 天短期国库券利率或同业拆借市场利率）联系起来，银行得以确保自己从资产利用中获得的收入将随着资金成本的上升而上升。因此，在相似的期限和条件下，可变利率贷款的起始定价往往低于固定利率贷款的定价。当然，在利率急剧上升的情况下，可变利率贷款将会使银行承担更大的信用风险。在固定利率贷款安排之下，银行客户经理可以通过与客户谈判来确定一种提前支付的惩罚性条款，以弥补客户在利率下降的时候提前偿还贷款而给银行造成的损失。

商业银行在通过向政府及公共部门提供贷款而获得利息收入时可以享受到政府提供的免税优惠。因此，在确定这类贷款利率时，商业银行应该考虑贷款收益的免税状态。

（二）承诺费

承诺费是指商业银行对已承诺贷给客户而客户暂未使用的那部分资金收取的费用。银行通常把承诺费视为一项补偿，所补偿的是银行承诺按照贷款申请得到批准时所确定的条件来发放贷款可能面临的损失，这种损失可能来源于贷款申请得到批准到资金发放期间的条件变化，比如市场利率的上升。银行会针对一项长期性周转限额贷款中的未使用部分来收取承诺费，以补偿银行留出（承诺提供）专门的资金来供客户使用所遭受的利息损失。

（三）补偿余额

补偿余额是指按银行的要求，客户（借款人）在获得银行贷款支持的同时应保持在银行有一定数量的活期存款或低利率的定期存款。银行以此为贷款的条件而写入贷款协议中。这实际上是银行变相提高贷款利率的一种表现形式。因此，它构成贷款价格的一个组成部分。

例如，某商业银行按8%的年利率贷出100万元1年期贷款，协议规定借款人必须保留贷款额度的15%以活期存款（利息率1.44%）的方式存在本行，那么，这笔贷款名义利率是8%，而实际利率应该是9.16%，即$\frac{(100\times8\%-15\times1.44\%)}{85}\times100\%=9.16\%$。

（四）隐含价格

隐含价格是指贷款价格中的一些非货币性内容。商业银行为保障贷款的安全性和提高贷款的收益性，常常在贷款协议中加上一些附加条款。附加条款可以是禁止性的，如规定融资限额和各种禁止事项；也可以是义务性的，如规定借款人必须遵守的特别条款。这些附加条款不直接给银行带来收益，但可以防止借款人经营状况的重大变化给银行利益造成损失，降低贷款风险，因而也可视为贷款价格的一个组成部分。

四、贷款定价方法

（一）成本加成定价法

商业银行在为贷款定价时，管理者必须考虑银行筹集贷款资金的成本是多少，贷款管理的成本（包括风险成本）是多少。决策者只有认清了贷款的全部费用是多少，才能对发放的贷款进行合理的定价，使贷款有利可图。贷款的成本加成定价法就是银行将贷款的全部成本加上预期利润决定贷款利率的方法。

运用成本加成定价法确定贷款利率，银行任何一笔贷款的利息收入都应包含四个部分：（1）银行为筹集贷款资金所需花费的成本；（2）银行的经营成本（包括信贷人员的工资、贷款的管理成本等）；（3）贷款的预期损失（将在第十二章详细讨论）；（4）银行对每笔贷款的预期利润。商业银行这一定价方法，其实质就是要保证贷款的四部分成本（包括预期利润）必须从该笔贷款的利息收入中得到补偿。

（二）价格领导模式定价法

成本加成定价法存在一定的局限性：第一，需要准确地知道贷款成本是多少，银行有时却难以确定。银行信贷资金筹集渠道的多样化和银行贷款品种的多样化，以及银行资金用途上的相互替代作用往往使这种定价方法遇到许多困难。第二，成本加成定价法意味着银行在贷款定价过程中，不会考虑其他贷款人（竞争对手）的定价策略。在激烈的市场竞争中，常常不会这么简单；一些竞争力较弱的银行难以随心所欲地确定贷款的预期利润。

成本加成定价法的局限性促使一些商业银行采用价格领导的定价模式，简称“价格领导模式”。当一家商业银行或几家商业银行取得了行业领导的地位，其他商业银行又都接受其价格政策时，就出现了价格领导现象。

自20世纪30年代经济大萧条时期开始，美国的主要商业银行实施了一种优惠利率（Prime Rate）制——这是银行向信誉最好的客户就短期信贷收取的最低利率。优惠利率包含了商业银行筹集信贷资金的平均成本以及银行期望取得的平均利润率。这是一种较为典型的价格领导模式。美国各商业银行通过统一的优惠利率加上统一的风险金费率确定贷款的价格。商业银行向客户发放贷款时的定价采用如下公式计算：

$$\text{贷款利率}=\text{基准利率或优惠利率}+\overbrace{\begin{matrix}\text{非优惠利率借款人支}\\\text{付的违约风险金费率}\end{matrix}+\begin{matrix}\text{长期贷款借款人支付}\\\text{的长期风险金费率}\end{matrix}}^{\text{加 成}} \tag{4.2}$$

例如，一标准风险客户申请一笔为期3年的贷款用于购买设备，银行将贷款利率确定为10.5%，这10.5%包括8%的优惠利率、0.5%的违约风险金费率和2%的长期风险金费率。

为什么长期贷款要加收长期风险金费用呢？这是因为银行发放长期贷款比发放短期贷款更有可能遭受损失。

由于各商业银行有不同的风险调节机制，所以决定到底如何收取风险金费率是这一定价模式的关键。商业银行违约风险金费率和长期风险金费率的定价标准和基本做法一般采用风险等级加成的办法。参见表4-1。

表4-1 风险等级与违约风险金费率

风险等级	违约风险金费率	风险等级	违约风险金费率
无风险	0	较高风险	0.75%
低风险	0.25%	高风险	1.00%
标准风险	0.50%	可疑贷款	5.00%

贷款的风险等级可以根据客户的信用等级、贷款方式、担保的条件以及行业（如高科技产业）的差别来区别确认，风险越大，银行收取的风险金费率越高。从理论上来说，向高风险客户和行业贷款可以收取高风险报酬作为补偿，然而，这并不总是明智的做法。这种做法可能会增加借款人违约的可能性，结果是银行在此种贷款上的收益小于优良贷款带来的收益。这就是为什么大多数银行在确定贷款组合的规模及组成方式时同时考虑价格（贷款利率）和信贷配额（例如，无论利率高低不向某些高风险借款人放贷）的原因。

在相当长一段时间内，美国商业银行普遍使用的优惠利率是由30家货币中心银行定期发布的普通贷款基准利率，多年来，优惠利率极少变化，每次变化都需要每家银行的董事会投票决议。随着商业票据和大额定期存单市场的发展，以及通货膨胀和利率变化日渐活跃的影响，浮动优惠利率逐渐兴起并成为贷款价格新的领导力量。它盯住的对象主要是90天商业票据和90天大额定期存单以及国库券市场等重要的货币市场利率。所确定的贷款利率通常为同期市场利率加上一定的基点（50~100个基点不等）。

在以优惠利率（或基准利率）为价格领导的模式下，西方商业银行开发出两种不同的优惠利率定价法：优惠利率加成定价法和优惠利率乘数定价法。其操作方法见表4-2。

表4-2　两种不同优惠利率定价法

优惠利率水平	优惠利率加成定价法		优惠利率乘数定价法	
	风险等级A+1%	风险等级B+2%	风险等级A×1.1	风险等级B×1.2
6%	7%	8%	6.6%	7.2%
8%	9%	10%	8.8%	9.6%
10%	11%	12%	11%	12%

表4-2表明，两种定价方法得出最初的贷款利率是相同的，但如果利率发生变动，而借款人申请的是浮动利率，那么得出的结果就会产生差别。在贷款利率上升时，优惠利率乘数定价法比优惠利率加成定价法的贷款利率增长得更快；而在贷款利率下降时，优惠利率乘数定价法下的利率下跌也要更快些。

进入20世纪70年代以后，优惠利率作为西方一些商业银行贷款基础的领导地位，受到了伦敦银行同业拆借利率（LIBOR）的挑战。这种银行间拆借的期限少则几天，多则几个月。

下面举例说明以LIBOR为领导的定价模式。1997年12月16日（星期二）伦敦主要银行报出下列伦敦银行同业拆借的平均利率如表4-3所示。

一标准风险公司向银行借入期限为90天的100万美元贷款，银行报出的利率可能为6.91%（以LIBOR为基准的贷款利率=LIBOR+风险费率+利润率=5.91%+0.5%+0.5%=6.91%）。

表 4－3 伦敦银行同业拆借的平均利率

期限	LIBOR
1 个月	5.96%
3 个月	5.91%
6 个月	5.91%
1 年	6.00%

需要指出的是，英国金融行为监管局（UKFCA）已宣布，自 2022 年 1 月 1 日起，停止发布各期限英镑、欧元、瑞士法郎、日元 LIBOR，及 1 周、2 个月期限美元 LIBOR，其他期限美元 LIBOR 也将于 2023 年 6 月 30 日停止发布，未来 LIBOR 相关业务将使用新的替代利率基准。

2019 年 8 月以来，中国商业银行实行贷款市场报价利率机制（LPR），即由具有代表性的报价行，根据本行对最优质客户的贷款利率，以公开市场操作利率加点形成的方式报价，由中国人民银行授权全国银行间同业拆借中心计算并公布所得到的 LPR，各商业银行参考 LPR 进行贷款定价。

关于贷款定价，第十二章将进一步讨论。

第三节　商业银行贷款的风险管理

即便商业银行制定了谨慎的贷款政策，确立了科学、合理的贷款价格，也并不能保证银行能从每笔贷款中获利。银行贷款风险是客观存在的，任何一家商业银行都不可能完全避免问题贷款和由此产生的贷款损失。但贷款风险又是可以认知、可以有效防范和控制的，商业银行若加强贷款的管理，及早发现问题贷款，充分认知贷款风险，采取有效的防范和控制的措施，则可以最大限度地保证银行贷款的安全。

一、贷款风险的种类与成因

贷款风险的种类和成因可以从不同的角度进行归纳、总结、分类，这里主要从信用风险、市场风险和操作风险归类加以说明。

1. 信用风险。银行贷款的信用风险是指由于借款人或市场交易对手违约导致贷款资产不能按期收回本息而给银行带来损失的可能性。信用风险的成因是：（1）产业分析落后，导致不恰当的贷款支持；（2）对借款人财务状况分析粗糙，贷前未能充分认识借款人的潜在风险；（3）忽视道德风险的危害，对借款人（法人或自然人）的品德缺乏足够的重视；（4）不完备的贷款监督，导致贷款信息反馈的滞后或信息不对称。

2. 市场风险。银行贷款的市场风险是指由于信贷产品的价格变动、市场利率和汇率变化等不确定性因素给银行造成损失的可能性。从市场风险的影响因素来看，市场风险又包括信贷产品的价格风险、利率风险、汇率风险以及竞争风险等具体形态。导致市场风险产生的原因有：（1）银行对环境、条件判断的失误；（2）银行资产、负债组合（如融资缺口、持续期缺口）不合理；（3）市场竞争的加剧；（4）一些不可抗力因素的影响。

3. 操作风险。操作风险是与贷款业务操作相联系的风险，是指由于不完善或有问题的内部程序、人员及其系统或由外部事件所造成损失的可能性。操作风险又可以分为操作失败风险和操作战略风险两部分。操作失败风险来自银行内部操作业务过程中发生失败的可能，这主要与人员、流程、技术因素相关。操作战略风险来源于银行外部环境，主要与政治、法律、监管、政府、社会、竞争等因素相关，当然这些也与“人”相关。综合归纳银行贷款操作风险的成因包括：（1）对环境、条件等外部因素判断失误；（2）缺少科学、成文的信贷政策；（3）内部管理制度的缺失或不完善；（4）不科学的操作流程或工作程序等。

二、贷款风险的识别与防范

（一）贷款风险分类

贷款风险分类是认识贷款风险的基本前提，银行贷款按其状态、质量和风险程度划分，一般分为正常类贷款、关注类贷款、次级类贷款、可疑类贷款和损失类贷款五类。

1. 正常类贷款。借款一直能够正常还本付息，银行对借款人最终偿还贷款有充分的把握，各方面情况正常，不存在任何影响贷款本息及时全额偿还的消极因素，没有任何理由怀疑贷款会遭受损失。

2. 关注类贷款。借款人偿还贷款本息仍属正常，但是发生了一些可能影响贷款本息偿还的不利因素，如果这些因素继续存在下去，则有可能影响贷款本息的偿还。

3. 次级类贷款。贷款的缺陷已经很明显，借款人依靠其正常经营收入已经无法偿还贷款本息，而不得不通过重新融资或拆东墙补西墙的办法来归还贷款。比如通过出售、变卖资产，或对外融资，乃至执行抵押担保来归还贷款等。

4. 可疑类贷款。这类贷款具备次级贷款的所有特征，只是程度更加严重。即贷款已经肯定要发生一定的损失了。如果是有担保抵押的贷款，即使执行抵押担保，贷款本息也注定要发生损失。只是因为存在借款人重组、兼并、合并，抵押物处理和未决诉讼等待定原因，损失金额还不确定。

5. 损失类贷款。损失类贷款是无论采取什么措施和履行什么程序，贷款都注定要损失了，或者虽然能够收回极少部分，但其价值也是微乎其微。从银行的角度看，已经没有意义和必要再将其作为银行的资产在账面上保留下去了。对于该类贷款在履行必要程序之后，立刻予以冲销。

按贷款风险程度划分为以上五类，对商业银行贷款的经营管理具有重要的意义：有利于银行加强贷款的风险管理、科学决策，提高银行信贷资产质量；有利于金融监管当局强化对商业银行进行有效监管，保证金融体系平稳运行；有利于我国金融监管与国际惯例接轨。

（二）信用分析

信用分析是商业银行在发放贷款之前，对债务人的道德品格、资本实力、经营能力、担保抵押品及环境状况进行系统分析，以确定是否给予贷款及相应贷款条件的分析评估过程。银行通过全面、系统、科学的信用分析，可以充分了解客户履约还款的可靠程度以及贷款所面临的风险状况，从而有针对性地加强贷款管理，确认贷款的风险费率，为防范信用风险提供依据。

1. 信用分析要素。综合中外商业银行信用分析的经验和做法，许多商业银行对客户的信用分析均集中在五个方面，即所谓的“5C”标准：品德、经营能力、资本、状况和抵押品。除“5C”标准以外，由于不同的征信机构信用分析的视角不完全相同，因此，还有“5P”和“5W”标准存在。“5P”标准：借款人（Personal）、借款目的（Purpose）、偿还（Payment）、担保（Protection）、企业发展前景（Perspective）。“5W”标准：借款人（Who）、借款用途（Why）、借款期限（When）、担保物（What）、还款方式（How）。事实上“5C”、“5P”、“5W”标准大同小异，本教材重要介绍“5C”标准。

品德（Character）。在银行信贷中，品德是指客户履行义务的主动性和决心，它体现了一个人正直、可靠和诚实的内在素质。在银行家眼中，品德是客户人格中最重要的一种成分。具有良好品德的企业家或个人将会尽其所有的努力来偿还贷款，当他们的企业或家庭陷入财务困难时，他们会以开放与合作的态度来同银行商讨解决问题的办法。相反，缺乏品德的人则把偿还负债放在次要的位置，一旦出现财务困难的征兆，他们就会首先考虑拖欠银行贷款。判断一位客户的品德，最好的办法是长期同他打交道，考察其过去的还贷记录。可惜的是，商业银行家没有这么多的时间，而且他们对许多初次到本银行来申请贷款的客户是完全陌生的。因此，要想准确地判断一位贷款申请者的道德品格，往往需要不止一次的面谈。贷款申请者的客户、供应商、债权人和其他相关人员都可以帮助银行了解一位潜在贷款申请者的品德。

经营能力（Capacity）。经营能力是贷款申请人（客户）创造超额现金（利润）以偿付所有负债的能力，这在很大程度上又取决于贷款申请人的管理水平和生产经营能力。对于一家成熟的企业来说，它的经营能力是比较容易判断的。一是看其管理能力，即企业管理者的素质、经验和能力。特别是要分析企业主要决策者的决策能力、组织能力、用人能力、协调能力和创新能力。二是判断企业的生产经营能力，如生产成本、产品质量、销售收入及竞争能力。这一点，从企业过去的财务绩效、市场份额和与同行业其他企业的比较都能够很好地说明它的经营状况与能力。

资本（Capital）。资本是借款人财产的货币价值，通常用借款人的资产净值（总资产 - 总负债）来衡量。资本反映了借款人的财力及承受风险的能力，并作为借款人从银行获取贷款数量大小的一个决定性因素。同时，也在一定程度上反映了企业经营者的成就。在评估借款人的资本实力时，一是要看业主投入该企业的股东权益资本总量，二是要看包括债权资本在内的所有资本的使用效率，三是观察其账面资本与市场价值的区别，以及资本的稳定性和变现能力。

状况（Conditions）。状况是指企业自身的经营状况和外部经营环境。企业的经营状况包括经营范围、经营方向、原材料供应、竞争能力和企业市场应变能力、企业的技术装备水平、生产能力、生产规模、人员素质等一系列因素，这些因素大部分是企业可以控制的。外部环境则是一个外生变量，诸如企业所处地区的经济现状或所处的行业类型及发展前景。举例来讲，当房地产行业处于萧条时期，不仅房地产开发商，而且地毯零售商、装饰材料供应商等都不得不受其负面影响。银行在发放贷款时，必须对借款人所处的经济环境及变动趋势进行分析、预测，并采取必要的措施作为应变手段，以保证贷款的安全。为了正确地评估企业的经营状况，银行可以通过报纸、杂志、商业信息服务机构，以及专业信贷机构预测和把握相关信息。

抵押品（Collateral）。借款人可以通过提交抵押品来弥补自己在其他方面的弱势或不足。因此，担保也是影响信用风险的一个重要因素。评估贷款的担保，要看借款人提供的抵押品是否适合于作抵押，抵押品的整体性、价格稳定性、变现能力以及保险状况，贷款保证人的保证资格、经济实力和信用状况的认定，以及保证人担保能力是否与担保贷款额度相适应等。不过，银行还必须明白，提供抵押品或保证，本身并不意味着偿还负债。因此，借款人提供抵押品并不必然保证银行会提供贷款。抵押品只是为银行提供了第二位的偿债资源，如果主要的偿债资源根本无法兑现的话，银行必须谨慎地考虑。当银行打算变卖一家企业的资产（抵押品）时，债务人往往会通过破产来保护自己，或者提出法律上的抗辩。

2. 企业信用分析技术，包括企业经营决策能力分析和企业财务状况调查分析两个方面。

（1）企业经营决策能力分析。一是决策者的素质。决策者的素质包括思想素质、智力素质、文化素质、心理素质和身体素质。思想素质要求企业决策者首先具有良好的职业道德和伦理道德；其次要有较强的责任心，忠于职守，忠于企业整体利益。智力素质则主要表现为决策者的观察力、记忆力、思考力和想象力以及对事物本质的把握能力。文化素质（或知识素质）主要体现在决策者的学历和资历两方面：学历反映了决策者的间接知识和书本知识；资历则反映了决策者的直接知识和实践经验。决策者的心理素质也主要表现在两方面：其一是情商；其二是逆商（具体内容见本教材第十六章人力资源管理相关内容）。决策者的身体素质体现在健康的体魄，具有健康的体魄才能精力旺盛地完成好本职工作。二是决策者的业绩。银行家如果面对一个阅历丰富，以往经营业绩突出的企业主要决策者或决策团队，那么该企业偿还贷款的前景是非常乐观的。对决策者或决策团队业绩的考核可以从企业过去经营状况，决策者的阅历，成功的次数、经验或教训以及猎头公司的档案文献中获取必要的资料。三是决策者的能力。企业决策者的能力是多样的，它一般应包括决策能力、组织能力、协调能力和创新能力。决策能力是指决策者对企业长远发展目标的确定，经营方略的制定以及对关系企业经营管理全局的重大事项进行决断的能力。组织能力是指决策者将企业有限的资源（包括人、财、物）加以系统的安排和运用，以发挥出最大的整体效用的可能性。协调能力则主要表现为决策者处理企业内外各种社会经济关系，增强企业凝聚力，进而提高工作效率的能力。创新能力则主要指决策者的开拓、创新精神。

（2）企业财务状况调查分析。这是银行对借款企业开展信用分析的重点。所谓财务状况的调查分析，是指根据企业财务报表和相关调查所取得的资料，运用科学的分析方法评价企业盈利水平的高低、财务状况的好坏和偿债能力的大小。企业财务状况调查分析主要由财务报表分析和财务比率分析两大部分构成。

财务报表分析主要是对企业的资产负债表、损益表和财务状况变动表进行的分析。从银行贷款管理角度出发，对企业财务报表的分析，应重点从四大项目展开分析。一是资产项目的分析。企业资产项目包括流动资产、固定资产和无形资产三大类。银行应重点把握的内容是应收账款、存货、固定资产和投资等项目。应收账款是企业偿还短期债务的主要资金来源，也是企业短期资产中流动性仅次于现金的资产。应收账款的分析主要包括对应收账款的账龄、结构以及账务抵押三方面的分析。存货分析应重点集中在存货规模、存货结构和存货流动性三个方面。固定资产项目的分析包括固定资产的规模、折旧、保险及变现能力。投资项目分析重点在投资规模、投资组合以及企业投资的合法性、流动性和盈利性等方面。二是负债与权益资本项目的分析。企业负债与权益资本项目分析的主要内容及目的是为了了解企业资金来源的规模、结构及成本状况，了解企业的资本来源及资本实力，借以判断企业的自身实力和银行贷款的风险。三是损益表项目的分析。损益表反映了企业在一定时期内的经营成果。对损益项目的分析可以使银行充分了解企业收入、成本、费用、税收及利润分配的状况。通过必要的动态分析和比较分析，能使银行充分认识企业的财务管理能力和企业的盈利能力。四是财务状况变动表项目的分析。对企业财务状况变动表项目的分析，有助于银行了解企业在一定时期内营运资本的变动和企业的流动性状况。

财务比率分析是对企业财务状况的量化分析，通常可以用一组财务比率指标体系来反映：

$$①流动比率=\frac{流动资产}{流动负债} \tag{4.3}$$

$$②速动比率=\frac{速动资产}{流动负债} \tag{4.4}$$

$$③现金比率=\frac{现金+等值现金}{流动负债} \tag{4.5}$$

$$④销售利润率=\frac{销售收入-销售成本-销售税金}{销售收入} \tag{4.6}$$

$$⑤资产收益率=\frac{净利润}{资产总额} \tag{4.7}$$

$$⑥股权收益率=\frac{净利润}{股东权益} \tag{4.8}$$

$$⑦股票市盈率=\frac{每股市价}{每股盈利} \tag{4.9}$$

$$⑧资产负债比率=\frac{负债总额}{资产总额} \tag{4.10}$$

$$⑨负债净值比率=\frac{负债总额}{资本净值} \tag{4.11}$$

$$⑩流动负债比率=\frac{流动负债}{全部负债} \tag{4.12}$$

$$⑪流动资产比率=\frac{流动资产}{总资产} \tag{4.13}$$

$$⑫杠杆比率=\frac{总资产}{股东权益} \tag{4.14}$$

$$⑬总资产周转率=\frac{销售收入}{资产总额} \tag{4.15}$$

$$⑭存货周转率=\frac{销售成本}{存货的平均余额} \tag{4.16}$$

$$⑮应收账款周转率=\frac{销售收入}{应收账款平均余额} \tag{4.17}$$

上述15大财务比率指标又可以进行分类处理并进行相关财务状况和经营能力分析：①～③项指标可归纳为企业流动性分析；④～⑦项指标为企业盈利性分析；⑧～⑫项指标归属企业结构性比率分析；⑬～⑮项为企业经营能力比率分析。

另外，还可以采用杜邦分析体系。众所周知，一家企业财务状况的重要信息蕴含在几个财务比率中，而非单一的比率。财务比率体系可以揭示一家企业的利润业绩，单个的比率不能说明企业经营的多个方面。杜邦分析体系将权益收益率分解为杠杆比率、盈利率、业务活动比率与总体结构比率。分析者通过这一体系可以观察到一家企业的几种关键联系。权益收益率（ROE）可定义为

$$ROE=\frac{总资产}{总权益}\times\frac{税后净收益}{总资产} \tag{4.18}$$

可以看出，权益收益率即为杠杆比率与资产收益率（ROA）的乘积。资产收益率又可表示为

$$ROA=\frac{销售收入}{总资产}\times\frac{税后净收益}{销售收入} \tag{4.19}$$

销售收入/总资产即为总资产周转率，是一个业务活动比率，而税后净收益/销售收入即为盈利率。总资产可以具体划分为几个项目，税后净收益可表示为总体结构损益表的余额，各财务比率指标中的销售收入是指企业一定会计期间的销售收入净额。图4－2比较全面地展现了杜邦分析体系。

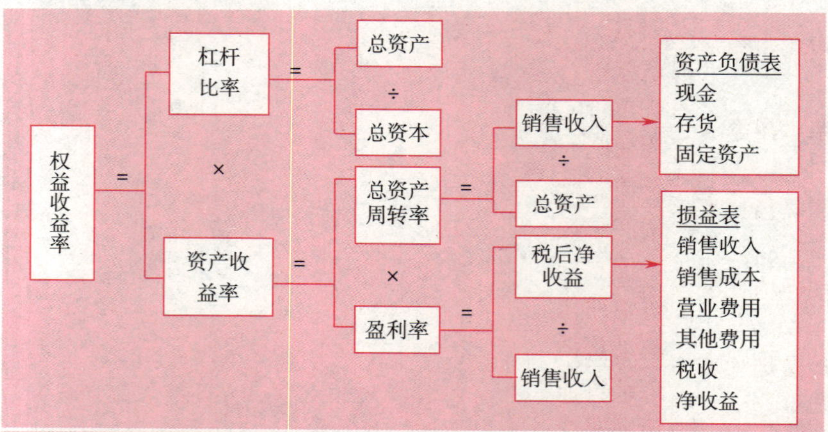

图4－2 杜邦分析体系

（三）现金流量分析

企业信用分析的主要目的是为了考察银行贷款的风险程度，即借款人偿还贷款的可能性有多大，这取决于借款人还款能力和还款意愿。一般来说，盈利企业比亏损企业偿还银行贷款的可能性大。但是，也会出现一家盈利企业因不能偿还到期贷款面临清算，而一家亏损企业却能偿还到期贷款而继续维持经营的情况。这是因为前者虽然赚了钱但没有现金，后者虽然没有赚钱但有现金。因此，利润是偿还贷款的来源，但不能直接偿还贷款；偿还贷款最可靠的是现金，贷款人最关心的应该是借款人的现金流量。

日常生活中所说的现金指手头持有的能立即支付的现钞；会计核算中的现金指会计主体的库存现金；现金流量中的现金是广义的现金概念，包括库存现金、活期存款、其他货币性资金以及 3 个月以内的债券投资。

现金流量包括现金流入量、现金流出量和现金净流量。根据会计准则，企业的现金流量来源于三个方面，即企业经营活动产生的现金流量、企业投资活动产生的现金流量以及企业融资活动产生的现金流量。其中，经营活动的现金流入包括企业的销货现金收入、利息与股息的现金收入、增值税销项税款和出口退税、其他业务现金收入；经营活动的现金流出包括企业购货现金支出，营业费用现金支出，支付利息、股息，缴纳所得税，以及其他业务现金支出。投资活动的现金流入包括出售证券和固定资产的现金收入及收回对外投资资本金；投资活动的现金流出包括企业购买有价证券和固定资产所产生的现金支出。融资活动的现金流入是指企业取得的短期贷款和长期贷款以及发行股票或债券获得的现金收入；融资活动的现金流出则指分配股利和偿还借款本金的现金支出。企业的现金流入量减去现金流出量等于现金净流量，可以用公式表示如下：

$$\text{现金净流量} = \text{经营活动的现金净流量} + \text{投资活动的现金净流量} + \text{融资活动的现金净流量} \tag{4.20}$$

一定时期内企业现金净流量计算的结果可以为正，也可以为负。现金净流量为正，表明企业现金流入大于现金流出，具备短期还款能力，正的现金净流量越大，表明还款能力越强；现金净流量为负，表明企业短期还款能力不足，负数越大，还款能力越弱。现金流量的具体计算见本章第五节案例分析。

与借款人未来偿债能力紧密相关的是企业负债结构与债务偿还的优先次序，这也是现金流量分析的重要内容。借款人历史负债水平与债务结构可以大致反映管理层的理财观念和对财务杠杆的运用策略，同时也可以反映该企业再融资空间。债务到期安排是否合理，对于某一期间企业的偿付能力有很大影响。如果某一期间到期债务过于集中，不能偿付的风险会明显加大。过分依赖短期借款则容易导致再筹资风险。表 4－4 列出了美国、加拿大工业企业不同信用等级的财务指标。

表 4－4　1994—1996 年美国与加拿大工业企业不同信用等级的主要财务指标中值

指标	AAA	AA	A	BBB	BB	B
1. 利息保障倍数	16.05	11.06	6.26	4.11	2.27	1.18
2. 净现金利息保障倍数	20.30	14.94	8.51	6.03	3.63	2.27

续表

指标	AAA	AA	A	BBB	BB	B
3. 营运资金比率（%）	116.40	72.30	47.50	34.70	18.40	10.90
4. 现金比率（%）	76.80	30.50	18.80	8.40	2.40	1.20
5. 资本利润率（%）	31.50	23.60	19.50	15.10	11.90	9.10
6. 营业利润率（%）	24.00	19.20	16.10	15.40	15.10	12.60
7. 长期负债与资本比率（%）	13.40	21.90	32.70	43.40	53.90	65.90
8. 负债与资本比率（%）	23.60	29.70	38.70	46.80	55.80	68.90

资料来源：Canadian Imperial Bank of Commerce，Risk Management Division。

三、贷款风险的控制

贷款风险的控制就是在风险发生之前或已经发生时采取一定的方法或手段，以减少风险损失或制止风险损失继续发生的过程。贷款风险的控制机制包括以下内容。

（一）风险回避

风险回避即商业银行的决策者已经意识到高风险的存在，主动放弃某些贷款业务，拒绝承担该风险的一种事前控制的管理决策。风险回避不能理解为放弃有风险的业务，去做无风险的业务。应该是放弃自己所不熟悉、没有把握，或者是不具备相应条件和能力的某种风险业务的经营，而去经营那些自己熟悉、有优势、有能力去管理、去控制的业务。当然，不可否认，风险回避是一种较为保守的风险控制手段，不承担风险自然也就不会蒙受风险损失。但同时也意味着市场份额的降低和盈利机会的丧失，使自身在竞争激烈的市场中处于不利地位。所以，商业银行经营者们应持有的正确态度是权衡风险与效益的关系，主动回避那些风险与效益不相匹配的业务，主动争取那些风险与效益相匹配的业务，既保证信贷资金的安全，又保证信贷资金的效益。

（二）风险分散

风险分散是为了控制风险过于集中而将风险组合多元化的一种措施。商业银行发放的每一笔贷款都是有风险的，但并不意味着都发生损失。将贷款进行有效的贷款对象分散、期限分散、利率分散、地区分散、币种分散等，以便从整体上降低风险水平，实现贷款效益的最大化。

1. 贷款对象分散。即把商业银行的贷款分散到众多的借款人手中，避免贷款数量过于集中而导致商业银行的贷款过分依赖个别借款人的经营状况而带来的损失。当然，风险的分散要求有个限度，并非越分散越好，否则会导致营业费用上升、成本增加，同样是很不经济的。

2. 贷款期限分散。商业银行一定时期的贷款总量应该按照期限的短、中、长，合理进行搭配，在兼顾贷款效益的同时，保证商业银行必要的流动性要求，使“三性”达到最佳的协调和统一，以避免陷入支付危机。一般认为，贷款期限越长，利率越高，效益就越好，而风险也就越大。商业银行在贷款期限结构的搭配上，应首先考虑流动性和安全性的要求，安排好足够的短期贷款，然后再根据资金实力和管理条件，适当安排中、长期贷款。

3. 贷款利率分散。即指商业银行贷款总量中，固定利率和非固定利率的贷款均应各占一定的比例，从而避免或减少因市场利率变动给商业银行造成的损失。在市场经济条件下，利率变动是十分频繁的，这是商业银行经营环境中一个不可回避的客观事实。利率的变动可能使商业银行贷款遭受利息上的损失。为了避免这种情况的发生，商业银行贷款时应同时采用固定和浮动的利率计息方式，这样就可以以不变应万变，最大限度地保证自身利益的稳定性。

4. 贷款参与者分散。这类贷款可以称为银团贷款。银团贷款是指一家商业银行牵头，联合多家商业银行共同筹集资金为同一借款人提供贷款业务。银团贷款的出现，使原来一些效益较好、风险较高、金额较大、单个商业银行无法承担的贷款项目，通过多家商业银行的联合贷款得以实现。对于商业银行来讲，银团贷款既可以抓住有利的获利机会，又可以有效地分散贷款风险，还可以促进借款人注重信誉，加强管理，按期还本付息。

（三）风险转移

风险转移也是一种事前控制风险的手段。它是指在贷款风险发生之前，通过各种手段，把可能发生的风险转移给其他人承担，从而保证商业银行贷款的安全。贷款风险转移的途径主要有以下几种。

1. 向客户转移。一方面，通过对未来市场利率的预测，采用适当提高贷款利率或采用浮动利率的方法把利率因素可能引起的风险转嫁给借款人；另一方面，通过要求借款人提供相应抵押物或质物的方式，把贷款项目本身可能造成的风险损失转移给借款人。

2. 向保证人转移。即要求借款人采取保证贷款的方式，一旦风险可能转化为现实，贷款人除追索借款人的直接责任外，还可追索保证人的连带保证责任，这样可以将贷款风险转移给保证人。

3. 向社会保险机构转移。一方面，可以采取间接投保转移贷款风险的做法。即在贷款协议中，规定借款人对其拥有的财产向保险公司投保作为贷款的保证条款。如果贷款风险可能转化为现实，借款人可以向保险公司索赔，然后用索赔收入归还贷款。另一方面，在信贷保险基金制度建立以后，可采取直接向保险公司投保的方式，完成风险的转移。

（四）风险补偿

贷款风险补偿是通过建立一系列的风险基金，当贷款发生风险损失时，可以通过风险基金弥补。风险补偿机制是一种事后控制措施，对于确保银行的安全经营具有重要的意义。贷款风险的补偿机制一般可以通过以下几方面得以实现。

1. 强化贷款抵押（或质押）。抵押（质押）贷款最大的特点就是其安全性较高，使信贷资金的安全在借款人信誉的基础上多了一层保护屏障。当借款人由于各种原因发生违约行为，造成贷款损失时，商业银行可以依据适当的法律程序，通过对贷款抵押物（质押物）的处置和优先受偿，使贷款在一定程度上得到了补偿。

2. 提取足够的贷款损失准备金。尽管商业银行对于次级类、可疑类贷款会采取措施去催收和追索，但由于种种原因，总有一部分贷款无法收回，形成损失。因此，建立贷款损失准备金制度显得至关重要。贷款损失准备金是从商业银行利润中提取并留存的资金储备，一般包括：按照贷款余额的一定比例提取的一般准备；根据贷款风险分类的结果，对各类别的贷款按照不同比例计提的专项准备；按照贷款组合的不同类型，如地区、行业等，提取的不同比例的特别准备。

3. 保持较高的资本充足率。银行资本是资产损失的缓冲体，是保证商业银行安全的最后一道屏障。

第四节 商业银行公司贷款业务管理

对银行来说，公司贷款是其贷款业务中最为重要的一部分。因此，讨论商业银行贷款业务经营管理，就必须从公司贷款开始。

商业银行的公司贷款，一般可分为短期公司贷款和中长期公司贷款两大类，按照我国传统公司贷款的定义，短期公司贷款就是商业银行对各种公司所发放的期限在1年以内的各种贷款，具体又包括公司流动资金贷款（或称流动资本贷款）、临时贷款、票据贴现贷款等种类。中长期贷款主要是对公司因生产经营、技术、工艺、设备的更新改造，基本建设投资和科技新产品的研发推广而发放的贷款，贷款期限为1年以上，3~5年或5~10年甚至10年以上，其中1~5年称为中期贷款，5年以上称为长期贷款，具体种类又分为基本建设贷款、技术改造贷款和科技开发贷款等。

按照我国《贷款通则》的一般规定，商业银行公司贷款的种类，特别是中长期贷款品种，无论其贷款用途、贷款条件，还是贷款的审批及贷款程序都有非常严格的规范和要求，特别是国家或行业的监督控制。随着我国经济金融改革的深化，商业银行体系的完善，银行自主经营及经营管理水平、业务创新能力的提高以及公司对金融产品需求的多样化，商业银行公司贷款品种、适应范围、贷款用途、贷款条件以及贷款审批和贷款程序都在一定程度上发生了变化并得到改进和完善，本教材将尝试从一个全新的视角，力图从与国际商业银行公司贷款口径一致的角度对银行公司贷款作出分类及说明。

一、公司短期贷款

1. 公司流动资金贷款。公司流动资金贷款也称流动资本贷款，是商业银行向公司提供的短期信贷，时间常从几天到1年不等，具体用途主要是公司用来购买商品，然后将商品上架销售，或者买入原材料以待生产。

公司流动资金贷款被频繁地用来满足公司经营周转和信贷需求的季节性变化。比方说，一家服装制造公司预计，在秋季由于学生返校以及人们开始准备冬装，服装需求量会有迅猛的增长。因此，公司在春末和夏季就会产生短期贷款的需要，用于购买布匹补充库存，并雇用更多的工人，在8月至12月能够准备足够的货物以满足零售商的需要。这样，制衣商的银行可以建立一个6~9个月的贷款额度，允许借款人在此期间按照自身的需要，在此贷款额度内提取资金。贷款的额度是依据借款人在银行提供贷款的6~9

个月内，预计使用资金的最大值确定的。很多情况下，如果借款人在申请继续贷款之前已经归还了全部贷款或者贷款的主要部分，那么此类贷款就有很大的可能性取得续展。

2. 零售商贷款。消费者分期购买汽车、家用电器、家具和其他耐用品时，经销商们如果和客户签订了分期付款的合同，银行可以通过对经销商出售商品所应取得的应收账款进行融资。银行应当相应地对建立信用关系的经销商签订的这些合同进行审核。如果这些合同符合信用标准，可以接受，银行就会根据不同借款人反映出的不同风险程度、抵押物的质量和每笔贷款的期限等条件，确定利率，给予贷款支持。

如果经销商出售的是汽车、电视机、家具和其他耐用消费品，银行可以通过一种称为“保底安排”（Floor-planning）的方法，对经销商的整个存货融资。银行同意向经销商提供贷款，这样经销商就可以向制造厂家下订单，进货以备销售。大多数此类贷款开始的期限是90天，然后按30天一期，可逐期续延。为了得到贷款支持，经销商必须按照银行的要求签署担保协定，如果将来不能偿还贷款，银行可以取得担保物权。同时制造厂商得到授权向经销商发货，并将货物的价值转入银行。银行会定期派出人员，代表银行检查经销商店内的商品，哪些正在出售，哪些仍然未能售出。货物售出后，经销商会对卖出的每件商品，按照制造厂商出具的发票金额向银行签发支票（称为售后支付管理协议）。如果银行人员在检查经销商的经营场所时，发现某件货物已经售出，而银行却未收到支付的货款，那么银行就会立即索要该笔货款，或索取担保物权，甚至中止借款合同。

3. 建筑商临时开发贷款。对于商业银行来说，建筑商的临时开发贷款是一种非常流行的、有保障的短期贷款形式，常常用来支持建造住房、公寓、写字楼、购物中心和其他永久性建筑。尽管建筑物是固定的，但是贷款本身是短期临时的。此类贷款用于雇用工人、租赁建筑机械、购买建筑材料等。一旦建筑工程结束，此类银行贷款通常要由一种长期抵押贷款清偿，后者由另外的贷款人提供。如果该建筑商不能取得长期抵押贷款承诺，即在建筑完工之后不能得到该项目的长期贷款融资，那么银行一般不会向这一建筑商提供此类临时开发贷款。

4. 证券交易商贷款。这是商业银行对证券交易商提供的一种短期贷款。一般情况是证券交易商（或投资银行）需要商业银行提供短期融资来购买新的有价证券，或继续持有手中的证券，直到向客户出售或证券期满。证券交易商通常可以用客户持有的政府债券作为抵押担保，因而可从许多大型商业银行方便地取得融资。这类贷款的期限一般非常短，只有几天或者只隔一夜，银行可以迅速地收回资金。需要强调的是，此类贷款也隐藏着较高的风险，商业银行应谨慎操作。2008年国际金融危机中，美国一些商业银行陷入困境，其中部分不良资产的形成与证券交易商融资有关。

5. 资产担保贷款。资产担保贷款，即贷款以公司较短期限的资产作为抵押，而这些资产预计将来会转化为现金。在银行发放的短期贷款中这类贷款所占的比例越来越高。对于此类贷款，公司采用的主要抵押资产是应收账款、原材料以及制成品等存货。银行根据应收账款或公司存货的价值，确定一个百分比，以此作为发放贷款的依据。例如，按当期应收账款的70%或公司当期仓库库存价值的40%确定贷款额度。当应收账款被收回或者存货被售出，其中的一部分现金将流向银行以偿还贷款。现在越来越多的企业让商业银行承购应收账款，银行可收取较高的利息和额外的费用。

6. 票据贴现贷款。票据贴现贷款是指商业银行在票据到期前买进有价票据。从表面上看，这是一种票据买卖，实际上是银行的信用业务，即银行通过票据贴现间接贷款给票据支付人，或给予贴现申请人融通资金。

我国现行的票据贴现只是对商业汇票的贴现。根据现行规定，银行承兑和贴现的票据必须是国有企业、集体所有制工业企业，为商品交易而签发的商业汇票。严禁承兑、贴现无商品交易的商业汇票，严禁利用银行承兑汇票进行资金拆借、贷款抵押和套取银行贴现资金。

二、公司中长期贷款

1. 定期公司贷款。定期公司贷款一般用于支持企业（公司）中长期的产业投资行为，比如购买设备、建造物质设施等，贷款时间在1年以上。通常借款企业（公司）按照计划项目的成本预算向银行提出一次性贷款的申请，并且保证以分期还款的方式偿还贷款，每季或每月支付一次。

定期公司贷款一般着眼于用企业（公司）未来的收入分期偿还贷款金额，这一点与短期公司贷款有比较明显的区别。因此，在制订分期还款计划时，必须时刻考虑到借款人正常的资金流入流出的循环规律。定期公司贷款一般由借款人的固定资产（如厂房、设备）作为担保，贷款利率可以是固定的或浮动的，由于银行面对的风险较高，所以利率比短期公司贷款的利率要高。很明显，由于定期公司贷款在较长的贷款期间内，借款人违约或经营状况发生变化等不确定性因素产生的可能性（即风险）更大，因此银行在审批、发放定期公司贷款的过程中，都非常重视对借款申请人（即公司或企业）的信用等级分析和现金流量的分析。

2. 循环信贷融资。循环信贷额度允许客户在事先商定的限额以内使用贷款，在此信贷额度期满时偿还部分或全部贷款，并可以按照实际需要再向银行借款。作为一种非常灵活的公司贷款形式，循环贷款的发放不需要专门的抵押物，贷款可以是长期的，也可以是3年、4年或5年。即使借款人不能确定将来资金流动的时间或贷款需求的确切数额，也能申请这种贷款。循环贷款能够帮助公司（企业）克服经营周期带来的波动，允许公司（企业）在衰退期间销售下降的时候，另外借到资金；而在繁荣时期公司内部拥有足够的资金时，偿还贷款。银行依法批准所有客户在限额以下的贷款申请，并且相应地要对客户未使用的金额（但有时也对所有供客户使用的循环信贷金额）收取贷款承诺费。

贷款承诺通常有两种形式。第一种是正式贷款承诺，即银行以合同的形式许诺，按照规定的利率向客户提供最高限额下的贷款。在这种情况下，银行只有在借款人的财务状况发生“实质性改变”，或者借款人未能按照承诺合同履行其中的某些条款时，才能收回其承诺。第二种是松散型的贷款承诺，称为确认信贷额度。在此情况下，尽管银行表明在紧急情况下将会批准客户的贷款申请，但是信贷额度的价格并未事先确定，客户也并未表示出用款的意图，只把它作为支持在别处借款的担保。这种较为宽松的承诺一般只提供给信誉最好的公司，而且费用比起正式贷款承诺来要低得多。

3. 中长期项目贷款。所有的公司贷款中，风险最大的是中长期项目贷款。它是指商业银行为计划在将来带来收入的固定资产的建设项目或技术改造项目融通资金，如厂矿建设、管道或港口设施建设等。这类项目贷款的风险巨大、种类繁多，具有以下特征：（1）项目贷款周期长，短则3～5年，长则5～10年，甚至更长；（2）资金需求量巨大；（3）项目贷款所面临的经济环境、法律环境变化大，不确定性因素多；（4）利率风险大。项目贷款发放的对象通常是项目建设单位或联合建设项目的几个公司。鉴于项目贷款的以上特点，大型项目贷款往往采取银团贷款的方式进行。

项目贷款可以在追索权基础上发放，如果项目本身不能按照预计偿还贷款，贷款人可以向项目的建设单位要求支付资金。项目贷款也可以是无追索权的，贷款不能取得建设单位的担保，项目的成功与否与建设单位无关。在后一种情况下，贷款人面临着巨大的风险，作为补偿，在合同中会要求高额的贷款利息。许多项目贷款要求建设单位在完工以前，用足够数额的资产作为贷款的抵押。

第五节　案例分析

案例：公司现金流量的计算及分析

（一）情况介绍

太极公司2022年12月31日的资产负债表如表4－5所示，2022年度损益表如表4－6所示。要求计算并分析其现金流量。

表4－5　　太极公司资产负债表（2022年12月31日）　　单位：万元

资产	年初	年末	负债及所有者权益	年初	年末
流动资产			流动负债		
现金	1 010	1 767	应付票据	139 702	200 000
应收账款	247 135	344 977	应付账款	452 163	757 385
存货	707 870	936 491	应付费用	56 822	33 370
预付费用	10 224	8 913	未交税金	19 306	25 501
其他应收款	16 644	21 326	1年内到期的长期负债	30 000	30 000
流动资产总计	982 883	1 313 474	流动负债合计	697 993	1 046 256
投资及固定资产			长期负债	67 396	90 000
固定资产原值	80 629	155 704	负债合计	765 389	1 136 256
减：累计折旧	14 085	30 805	所有者权益		
固定资产净值	66 544	124 899	资本金	20 000	20 000
投资	0	4 584	盈余公积	264 038	286 701
投资与固定资产总计	66 544	129 483	所有者权益合计	284 038	306 701
资产总计	1 049 427	1 442 957	负债及所有者权益总计	1 049 427	1 442 957

表 4－6　　太极公司损益表（2022 年 12 月 31 日）　　单位：万元

项目		金额
产品销售收入		4 737 405
减：产品销售成本		3 695 176
产品销售利润		1 042 229
减：管理费用（包括折旧 16 720）		993 151
利息		19 915
税前净利润		29 163
所得税		6 500
净利润		22 663

（二）现金流量的计算

在计算中，加括号表示现金流出，无括号表示现金流入。

1. 经营活动的现金净流量

（1）销售所得现金。损益表的销售收入是 4 737 405 万元，资产负债表中应收账款余额的增加数是 97 842 万元，因此，销售所得现金是

销售收入	4 737 405
－应收账款的增加数	（97 842）
销售所得现金	4 639 563

（2）购货所付现金。损益表中的产品销售成本是 3 695 176 万元，资产负债表中存货余额增加 228 621 万元，应付账款增加 305 222 万元，应付票据增加 60 298 万元。购货付出的现金为

产品销售成本	（3 695 176）
＋存货的增加	（228 621）
－应付账款增加	305 222
－应付票据增加	60 298
购货所付现金	（3 558 277）

在进行下一步计算前，让我们比较毛利润与现金毛利的差别：

销售所得现金	4 639 563
－购货所付现金	（3 558 277）
现金毛利	1 081 286
－产品销售利润	（1 042 229）
现金毛利与产品销售利润之差	39 057

现金毛利之所以大于产品销售利润，是因为该公司在 2022 年应收账款和存货两个资产项目的增加小于应付账款和应付票据两个负债项目的增加，也就是说，公司享受的自发性融资在支持应收账款和存货的增加外还有剩余。

（3）管理费用现金支出。根据损益表，管理费用为 993 151 万元，预付费用减少

1 311万元，应付费用减少23 452万元，折旧费用16 720万元。管理费用现金支出为

管理费用	(993 151)
－预付费用减少	1 311
＋应付费用减少	(23 452)
－折旧费用	16 720
管理费用现金支出	(998 572)

（4）其他业务现金收入。损益表的其他费用和收入为0，资产负债表中的其他应收款增加4 682万元。其他业务现金收入为4 682万元。

（5）财务费用现金支出。损益表的利息支出是19 915万元，即财务费用现金支出为19 915万元。

（6）缴纳所得税。损益表的所得税为6 500万元，资产负债表中未交税金增加6 195万元，所得税支付的现金计算如下：

所得税	(6 500)
＋未交税金增加	6 195
所得税支付的现金	(305)

由此得出，经营活动的现金流量为：

销售所得现金	4 639 563
－购货所付现金	(3 558 277)
－管理费用现金支出	(998 572)
－其他业务现金收入	(4 682)
－财务费用现金支出	(19 915)
－缴纳所得税	(305)
经营活动的现金净流量	57 812

2. 投资活动的现金净流量

（1）购置固定资产支付的现金。资产负债表中，期初固定资产净值66 544万元，期末固定资产净值124 899万元，折旧16 720万元。购置固定资产支付现金计算如下：

固定资产期初净值	66 544
－固定资产折旧	(16 720)
预期固定资产期末值	49 824
－实际固定资产期末值	(124 899)
固定资产增加额	(75 075)

（2）投资支付的现金。根据资产负债表，投资增加4 584万元，即投资支付的现金是4 584万元。

投资活动的现金净流量为：

购置固定资产支付的现金	(75 075)
投资支付的现金	(4 584)
投资活动的现金净流量	(79 659)

3. 融资活动的现金净流量

（1）支付1年内到期的长期负债30 000万元，相应的现金流量为30 000万元。

（2）长期融资获得的现金。资产负债表中，当期的长期负债为90 000万元，1年内到期的长期负债为30 000万元，期初长期负债为67 396万元，长期融资所得现金计算如下：

当期的长期负债总计	120 000
－前期的长期负债	(67 396)
长期融资获得现金	52 604

融资活动的现金流量：

支付1年内到期的长期负债	(30 000)
＋长期融资获得现金	52 604
融资活动的现金净流量	22 604

太极公司2022年度现金流量为：

经营活动所得现金	57 812
投资活动支付现金	(79 659)
融资活动所得现金	22 604
现金净流量	757

（三）分析

该公司2022年度实现的净利润为22 663万元，但是剩余的现金却只有757万元。为什么呢？让我们分析其现金流量的构成。

该公司从经营活动中得到了现金57 812万元，这一方面由于其在2022年是盈利的，另一方面由于其减少了营运资本。但是，该公司2022年的固定资产和证券投资太多，需要支出现金79 659万元。对外融资所得现金22 604万元，弥补投资所需现金外，只剩现金757万元。尽管如此，该公司现金净流量大于0，说明其能够还款。

[本章小结]

1. 贷款是商业银行资产的重要组成部分，是银行收益的主要来源，也是银行风险的主要源泉。

2. 贷款政策是一家商业银行经营哲学、贷款经营方针战略及贷款管理规则的总和。

3. 贷款品种与贷款程序是每一个银行信贷管理者必须充分把握的常识。

4. 贷款定价体现了银行贷款业务经营管理的技巧与手段。贷款的信用评估及风险监控是把握和做好银行信贷管理工作的重中之重。

[本章重要概念]

贷款政策　贷款组合　贷款定价　贷款风险　信用分析　现金流量　风险控制

[练习题]

一、判断题

1. 五级分类法中，不良贷款包括可疑贷款和损失贷款两类。（　　）

2. 质押贷款的质物指借款人或第三人的不动产。（　　）

3. 补偿性余额实际上是银行变相提高贷款利率的一种表现形式。（　　）

4. 资金边际成本是指商业银行每增加一单位可用于投资或贷款的资金所需支付的利息、费用成本。（　　）

5. 一般保证条件下，借款人贷款到期没有归还银行贷款，保证人即应承担第一还款人责任。（　　）

二、单选题

1. 按担保合同规定，借款人贷款到期不能偿还银行贷款时，按约定由担保人承担偿还贷款的责任，此类贷款称为（　　）。

A. 信用贷款　　B. 一般保证贷款

C. 连带责任保证贷款　　D. 票据贴现贷款

2. 如银行贷款已经肯定要发生一定的损失，但损失金额尚不确定，此类贷款应归属于（　　）。

A. 关注类贷款　　B. 次级类贷款　　C. 可疑类贷款　　D. 损失类贷款

3. 由于对环境条件等外部因素判断失误而给银行带来损失的风险，一般归纳于（　　）。

A. 信用风险　　B. 市场风险　　C. 操作风险　　D. 国家风险

4. 产业分析落后导致银行不恰当的贷款支持属于（　　）。

A. 信用风险　　B. 市场风险　　C. 操作风险　　D. 国家风险

三、多选题

1. 下列措施中，属于风险补偿机制范畴的有（　　）。

A. 保险　　B. 抵押（或质押）

C. 贷款组合　　D. 提取呆账准备金

2. 下列项目中，属于银行贷款价格构成要素的有（　　）。

A. 利率　　B. 承诺费　　C. 补偿余额　　D. 隐含条款

3. 下列风险状况中，应归类于操作风险范畴的有（　　）。

A. 对借款人财务状况分析失误导致不能按期还款

B. 不科学的操作流程或工作程序

C. 缺乏科学、成文的信贷政策

D. 银行资产、负债组合不匹配

4. 下列贷款项目中，应属于公司短期贷款的有（　　）。

A. 票据贴现　　B. 证券交易商贷款

C. 循环信贷融资　　D. 项目贷款

四、计算分析题

资料：某上市公司资产负债表如下：

资产负债表（2022年9月30日）　　单位：元

资产		负债及股东权益	
流动资产		**流动负债**	
货币资金	99 059 888.78	短期借款	230 666 350.20
应收票据	7 471 746.00	应付账款	68 743 479.53
应收账款净额	128 262 559.10	预收账款	15 490 058.40
其他应收款净额	36 546 170.17	应付工资	3 575 267.48
应收款项净额	164 808 729.30	应交税金	5 618 141.21
预付账款	35 771 611.46	其他应交款	0
存货净额	113 501 599.10	其他应付款	22 311 251.18
流动资产合计	420 613 574.60	流动负债合计	346 792 432.50
长期投资		**长期负债**	
长期股权投资	1 490 838.97	长期借款	75 000 000.00
长期投资净额	1 490 838.97	专项应付款	3 000 000.00
固定资产		长期负债合计	78 000 000.00
固定资产净额	276 437 297.00	递延税项贷项	14 935 143.44
在建工程净额	23 246 284.95	负债合计	439 727 575.90
固定资产清理	63 890.00	少数股东权益	55 250 848.37
固定资产合计	299 747 471.90	**股东权益**	
无形资产及其他资产		股本	137 000 000.00
长期待摊费用	887 190.89	股本净额	137 000 000.00
无形资产及其他资产合计	146 356 713.60	资本公积金	72 522 706.11
递延税项		盈余公积金	25 560 376.71
递延税项借项	767 880.47	未分配利润	140 653 551.40
		货币换算差额	−1 738 578.97
		股东权益合计	373 998 055.30
资产总计	868 976 479.60	**负债及股东权益总计**	868 976 479.60

根据以上资料，计算以下财务指标：资产负债率、流动比率、速动比率、流动资产比率、财务杠杆比率。

五、简答题

1. 简述商业银行贷款政策的主要内容及意义。
2. 简述商业银行贷款定价的主要影响因素及其贷款价格的构成要素。
3. 试述商业银行贷款风险的主要类型，并简述其形成原因。

4. 商业银行信贷风险控制的主要方法有哪些？
5. 简述质押贷款与抵押贷款的区别。
6. 简述一般保证贷款与连带责任保证贷款的区别。
7. 银行贷款准备阶段的主要工作和任务有哪些？
8. 商业银行信贷风险补偿机制主要有哪些措施？

练习题答案

六、论述题

试论商业银行贷款面临的主要风险及其基本成因。

[教学辅助材料相关链接]

《项目融资业务指引》

《固定资产贷款管理暂行办法》

《流动资金贷款管理暂行办法》

《商业银行金融资产风险分类办法》

第五章

商业银行贷款业务管理（二）

本章将介绍个人消费贷款管理和普惠金融领域的贷款管理。个人消费贷款是一种不同于公司贷款的重要信贷方式，是商业银行向消费者个人发放的用于购买消费品或支付其他费用的贷款。它是商业银行的主要零售业务之一，对扩大消费、促进社会经济增长、提高银行资金使用效率、改善资产结构、增加利息收入起到了积极的作用。发展普惠金融领域的贷款业务，是我国建设社会主义现代化强国的必然要求，有利于促进金融业可持续均衡发展，推动大众创业、万众创新、助推经济发展方式转型升级。

第一节　个人消费贷款种类及特点

一、个人消费贷款的产生和发展

消费贷款作为一种信用交易，其特殊性在于将现在的财产权转化为将来收回的债权，它是信用消费发展到一定阶段的产物。现代意义上的消费贷款是在工业化和城市化进程中逐渐产生和发展起来的。一般而言，实施消费贷款需要具备相应的条件：第一，买方市场的形成，使消费品供应充足，这是推进消费贷款的物质基础和前提条件。第二，金融市场发达，银行实力强大，成为消费领域内处于主导地位的贷款人，这是实施消费贷款的保证条件。第三，现有收入水平下，人们对未来预期消费的提前实现有一定的需求，这是实施消费贷款的必要条件。

美、英等发达国家消费贷款发展的历史表明，消费贷款的产生最早可以追溯到20世纪初期。1910年建立的美国摩利斯计划银行通常被认为是最早提供消费贷款的银行。但是直到20世纪50年代以前，消费贷款的发展速度都较为缓慢。第二次世界大战以后，由于西方国家社会生产力水平迅速提高，而消费者受收入水平的限制，消费需求增长滞后于生产的发展，产销矛盾相当突出；与此同时，人们价值观念的更新激发了消费者对产品、服务的需求，从而促使消费贷款在发达国家得到较快发展。以美国为例，从20世纪40年代末到50年代末的短短10年之间，消费贷款总额增长了291%，达到451亿美元，目前，美国全部商业银行贷款总额的构成中，狭义的消费贷款比重超过15%，如果加上向个人提供的住房贷款，广义的消费贷款所占比重超过了50%，几乎到了无人不负债的程度。在法国，1/2 的家庭有债务，1/4 的家庭靠贷款买房子，借债消费已成为许多西方国家居民的一种重要的消费选择。

我国的个人消费贷款起步于 20 世纪 80 年代中期，中国建设银行率先在部分大中城市开办个人住房贷款业务，但由于受经济发展水平、市场体制及消费观念等多种因素的制约，消费贷款总体发展缓慢，截至 1997 年底，全国消费贷款规模仅有 172 亿元。1998 年以来，随着宏观经济、金融形势的变化，为扩大内需，作为治理有效需求不足的政策工具的消费贷款得到较快发展，不仅总量迅速增长，而且品种也日益增多，出现了以住房消费贷款和汽车消费贷款为重点、其他消费贷款为辅助的多元化发展态势。根据中国人民银行的报告，截至 2022 年末，金融机构住户消费性贷款（不含个人住房贷款）余额为 17.25 万亿元，个人住房贷款余额为 38.8 万亿元，两项之和占全部人民币各项贷款余额的 26.2%，具有了相当的规模。纵观这段历史不难发现，我国消费贷款的发展有着特殊的市场背景，作为扩大内需，刺激居民消费，提高最终消费率的一种政策手段，具有很强的政策推动特征；作为一种新兴的金融产品，其运行机制正日益得到完善。

二、个人消费贷款的种类

消费贷款是当今世界居于主体地位的信用消费模式，消费贷款的类型可以按不同的标准来划分。

1. 按提供贷款期限的长短对消费贷款进行分类，可分为短期消费贷款、中期消费贷款和长期消费贷款三种。

短期消费贷款一般指消费者凭银行颁发信用凭证，到指定的机构购买商品的信用消费方式，银行依据凭证定期与消费者和消费商进行结算，期限一般为几天或几个月，最长不超过 1 年。

中期消费贷款是指消费者在一定时期内（1～3 年）以分期付款的方式赊购商品，主要用于购买价值较高的耐用消费品，如彩电、冰箱、计算机等。

长期消费贷款是指期限在 3 年以上的贷款，这种贷款绝大部分采用抵押贷款方式，如以所购住房进行抵押的贷款。

当然，消费者选择哪种贷款方式，主要取决于商品本身的特点和消费者自身的收入状况，对于大宗的耐用消费品的购置，贷款期限相对较长。对于收入较高的城镇居民来说，可实行短期消费贷款方式，而对于收入不高的农村居民来说，可选择中期消费贷款方式。

2. 按信用方式和信用工具对消费贷款进行分类，可分为分期付款贷款、按揭贷款、信用卡贷款、支票信贷和反抵押贷款五种。

分期付款贷款是消费者用于购买大宗耐用消费品或用于清偿现有的家庭债务，并按月分期偿还的贷款。这类贷款数额一般由贷款的用途决定，期限一般在 2～5 年，绝大部分分期付款贷款都有担保。在国外，这类贷款主要用于汽车贷款，而国内则主要适用于购买家用电器和大型家具。分期付款既可实行直接贷款方式，也可实行间接贷款方式。

按揭贷款是指购房人在支付前期规定的价款后，由贷款银行支付其余购房款，而将所购不完全产权的商品房作为履行债务担保抵押给贷款银行的消费贷款方式。消费者交纳首付款后，对房产拥有使用权，但直到清偿本息后，方才拥有最终房屋产权。按揭贷款实际上是一种个人住房贷款，也是一种以商品房本身作为抵押品的分期付款贷款方式。在我国，按揭贷款一般为五成、六成、七成按揭，即银行支付其余的50%、60%、70%，它要求贷款申请人具有合法的身份证明，首期购房付款应达到规定比例。

信用卡贷款是以信用卡特别是贷记卡为工具的消费贷款方式。信用卡贷款的特点在于安全、快捷、方便，避免了携带现金的不安全性，且不受地域和消费品种的限制，因此，受到国内外消费者的普遍欢迎。西方国家发行的信用卡多数属于贷记卡，我国贷记卡的发卡量也在逐年扩大。

支票信贷是将信贷额度的融通和支票账户结合在一起使用的一种信用形式，其实质是一种循环信贷方式。这种贷款方式介于分期付款和非分期付款形式之间，将赊购的方便与分期付款的优点有效地结合起来，常见的支票信贷形式有透支账户和特种支票账户两种。其中，透支账户是利用个人支票账户提供事先约定的自动信贷额度的信用形式；特种支票账户则是提供事先规定的面额的支票，当客户开出这种支票向银行用款时，贷款随即发生。

反抵押贷款是与按揭贷款相对应的消费贷款方式，其主要特点是：消费者（房主）以按揭贷款或其他方式购置一套住房，但随着房主年龄的增大，收入来源减少，医疗等费用增加，微薄的养老金根本解决不了他们的生活问题，此时，银行按月给这些老年房主一笔固定的贷款，当房主去世后，银行将房产出售所得归还贷款本息。在美国，这种贷款方式比较流行，而在我国则尚未发展起来，要推行这种消费信贷方式，还需一定的时间。

3. 按贷款用途对消费贷款进行分类，可分为个人住房抵押贷款、汽车消费贷款、个人耐用消费品贷款、个人助学贷款和旅游消费贷款等。

个人住房抵押贷款是指金融机构向城镇购买、建造、大修各类型住房的自然人发放的贷款。个人住房抵押贷款分为政策性个人住房贷款、商业性个人住房贷款、个人组合住房贷款三类。个人住房抵押贷款具有贷款期限长、贷款额度大的特点，是个人消费贷款中最为常见的一种。

汽车消费贷款是指金融机构对在特约经销商处购买汽车的借款人发放的担保贷款。金融机构发放汽车消费贷款一般遵循“先存后贷、存贷挂钩、贷款担保、专款专用、按期偿还”的原则。汽车消费贷款的产生，其目的一方面是为满足消费者的购车资金需求，另一方面也为扩大内需、刺激消费、促进汽车工业发展、拉动经济增长起到积极作用。

个人耐用消费品贷款是金融机构对在特约商户购买耐用消费品的个人客户发放的贷款。这里的耐用消费品是指彩电、冰箱、计算机、空调、健身器材等正常使用寿命在两年以上的家庭消费品。开办个人耐用消费品贷款遵循“有效担保、专款专用、按期偿还”的原则。

个人助学贷款是金融机构对大专院校学生或其直系亲属发放的人民币担保贷款，主要用于支付学生在校期间学费和生活费。开办个人助学贷款的目的是适应我国教育体制改革新形势的要求，支持和帮助学生完成学业。目前可供选择的方式主要有两种：一是“国家助学贷款”，其最大优惠是对借款学生在校期间的贷款利息全部由国家财政补贴，毕业后全部自付，即借款学生毕业后开始计付利息。二是“一般商业性助学贷款”，不享有上述优惠，但具有办理机构多、贷款对象更加广泛、贷款地域不受限制等优点。

旅游消费贷款是金融机构向客户（信用卡持卡人）发放的用于旅游度假消费的贷款。它是对参加国内登记注册的各类旅行社（公司）的国内外旅游所需交纳费用的贷款，期限最长为2年。

三、个人消费贷款的特点

个人消费贷款是金融机构为使消费者能够购买商品和劳务而向其提供贷款的信用活动，是个人金融服务的一种形式，其特点表现在以下几个方面。

1. 广泛性。贷款的对象为个人或家庭，具有客户数量多而分散、单笔贷款数额小和期限长的特点。消费贷款是和工商企业贷款相对应的经济行为，其参与主体一般是普通居民而非工商企业，因此，贷款客户“点多面广”，具有一定的分散性。尽管每个客户的贷款额少则几千元、几万元，多则几十万元，但相对于工商企业的贷款而言，仍属于单笔数额较小的“零售业务”。

2. 目的性和层次性。消费贷款具有清晰的目的性和层次性，消费者进行消费贷款的目的是消费，即特定用于购买住房、汽车和生活所需的耐用消费品或支付劳务等方面的消费。发展消费贷款的直接效果是扩大有效消费需求、改变消费结构、提高消费水平。一般而言，消费需求由低到高可分为三个层次，即生活需求、享受需求和发展需求，不同时期不同的收入水平对应不同的消费需求，而通过消费贷款满足的是人们的享受需求和发展需求，“用明天的钱来圆今天的梦”，更好地提高居民当前生活质量和生活水平。

3. 利率“黏性”。消费贷款具有“黏性”利率，在欧美国家，由于考虑到消费贷款成本与风险因素，对贷款的定价，通常远远超过筹集贷款资金的成本，且与大多数企业贷款不同，消费贷款合同规定的利率在贷款期间一般不根据市场情况而变化。从贷款对象角度来分析，借款人（消费者）考虑更多的是按照贷款协议，每月要还多少钱，对利率变化并不敏感，因此，消费贷款利率弹性比较小。

4. 周期敏感性。消费贷款一般呈现出周期性的敏感趋势。在经济膨胀时，消费者对未来充满希望和乐观，对未来收入预期较高，此时，消费者贷款会趋于上升；而经济进入萧条期，个人和家庭对未来预期降低，对前景看法暗淡，特别是感到失业压力时，消费者贷款规模会相对减少。

5. 贷款方式多样性。消费贷款一般采用抵押贷款、支票贷款、分期付款贷款、信用卡贷款等多种方式。不同的方式要求不同，收益水平也存在差异，对消费者和金融机构的影响也是不同的。

四、个人消费贷款的作用

个人消费贷款是随着社会化大生产的发展而不断发展起来的，在现代社会，它已成为人们生活中不可缺少的一部分。发展消费贷款业务，无论是对消费者个人、对金融机构还是对整个社会经济发展都具有积极作用。

1. 提高消费者生活水平，提前满足享受高质量生活的愿望。发达的消费贷款使人们能够在收入水平较低时实现较高的消费水平。无论是购买住房、购买汽车、购买家用电器还是接受高等教育或出国旅游，都需要一笔较大的开支，这对大部分中等收入的工薪阶层而言，单靠自身当前收入的积累需要等待相当长的时间，而消费贷款可以通过将消费者未来收入转化为现时收入，从而解决消费者即期可支配收入与所需消费的价格之间存在较大差距的矛盾，使消费者可以提前购买所需商品和服务，提高生活质量和生活水平。

消费贷款也为消费者提供了一种安全、方便的消费方式。无论是购物还是支付服务费用，也不论是国内消费还是出国旅游，通过信用卡方式来实现贷款消费，最大限度地方便了消费者的消费支出和贷款归还。另外，消费贷款还具有“安全阀功能”，在消费者个人或家庭遭遇意外事故时，通过消费贷款可解燃眉之急，帮助消费者及时渡过难关。

2. 调整商业银行资产结构，降低经营风险，提高资产质量，培育新的利润增长点。长期以来，我国商业银行对国有企业和集体企业的资金供给形成了商业银行单一的资产结构和信用结构。如果企业生产、经营发生困难，就会导致居民高债权，政府和企业高债务，银行高风险。拓展消费贷款，一方面，可以有效扩大商业银行的业务范围和服务触角，优化资产结构，推进多元化经营；另一方面，可以扩大和刺激消费，拉动有效需求，促使企业实现生产—分配—交换—消费的良性循环，增强还贷能力，并因此化解银行贷款的存量风险。消费贷款在西方各国早已流行，并作为商业银行扩大经营、拓展业务、树立形象、增强竞争力及利用资金获取盈利的重要业务品种。近年来，我国商业银行积极开展消费贷款业务，通过推进消费贷款业务，使消费性贷款和生产性贷款比例趋于合理，从而实现商业银行资产负债结构的优化调整，有效形成新的业务增长点。

3. 促进国民经济持续、快速、健康发展。消费贷款对国民经济的促进作用主要通过扩大有效需求—拉动经济增长这一途径来实现的。我国社会主义市场经济的发展，已由供给导向型经济转化为需求导向型经济。消费需求成为经济增长的根本、持久的拉动力量。促进消费需求增长，不仅是拉动我国经济增长的一项重大措施，也是我国经济发展的基本立足点和长期战略方针。发展消费贷款，可在即期投入不变的情况下，一方面有效增加居民的即期消费倾向，扩大居民的消费需求；另一方面促进创造新的消费热点，使住房、中高档耐用消费品以及农业生产资料等成为市场消费的主导商品。

消费贷款为经济增长提供推动力。从全社会看，消费总是滞后于生产，消费贷款的实施有助于增加即期消费，保持生产和消费的良性循环，从而达到启动消费品市场，带动经济增长的目的。与此同时，居民消费的增长与消费需求结构的升级正是经济规模扩展与经济向更高层次进化的根本推动力。

2023 年 6 月 16 日，中国人民银行等五部门联合印发《关于金融支持全面推进乡村振兴　加快建设农业强国的指导意见》，提出改善县域消费金融服务，通过农村电商融资、结算等金融服务，提高农村消费金融可得性，推进乡村振兴。

第二节　个人消费贷款信用评估

商业银行开展个人消费贷款业务，需要消费者提供有关资料来判断其信用水平，由于信息资源分散以及信息传递不畅，银行与消费者对有关信息的获取是不对称的，由此会导致消费信贷市场上的逆向选择和道德风险问题，从而影响消费贷款的健康发展。信用评估是有效解决这一问题的方法，信用评估的实质就是运用一定的公式和规则，通过个人信用分值来评估客户的可信度，从而决定是否放款及放款的额度。

建立科学、合理、规范的消费贷款信用评估体系，提高商业银行辨别消费者信用水平的能力，能有效缓解消费信贷市场信息不对称问题，是推动商业银行开展消费贷款业务的有效保证。一套科学的、完整的消费贷款评价指标体系的建立，应该遵循正确的指导原则，达到预定的目标要求。

一、构建个人消费贷款信用评估指标体系应遵循的原则

1. 全面性原则。个人消费贷款评价指标体系的内容应该全面地反映所有影响消费贷款状况的各项要素，不能只通过少数几项指标就作出信用评估结论，否则容易产生评价失实的错误。

2. 科学性原则。建立消费贷款评价指标体系，各项指标必须有机配合，形成体系，相互之间既不重复，又不矛盾。同时，指标的计算和评价标准必须是科学的，要有一定的依据。整个指标体系的建立，要在不断实践的基础上逐步充实和完善。

3. 合法性原则。信用评估必须遵守国家的有关政策、法律和法规，指标体系要体现国家宏观政策的导向，有些经济效益指标和风险监管指标，政府规定有标准值的，应该体现规定要求。

4. 可操作性原则。信用评估指标体系的建立，要具有实用性，便于操作，便于设计计算机运算程序。

二、指标选择

国内越来越多的商业银行借鉴国外商业银行的个人消费贷款评价体系，应用于银行的信用卡和个人消费信贷业务，综合而言，适合我国个人消费贷款评价的具体指标可归结如下。

1. 基本情况：年龄、性别、婚姻状况、健康状况、教育程度、居住状况。

年龄：信用风险随年龄的增加而递减。因为年龄越大，观念越趋保守；生活越稳定，违约概率越低。

性别：一种观点认为性别对于违约风险没有影响，但是也有观点认为，相对来说女性的违约风险比男性的违约风险要低些。

婚姻状况：用于考察个人生活的稳定性，一般认为结婚的人生活更稳定，工作更加勤奋，且大部分情况下，一个家庭有双份收入。

健康状况：个人身体状况也是非常有价值的，一个体弱多病或有某种疾病的人，出

现特殊危机的可能性比较大，违约的可能性也就比较大。

教育程度：从我国的情况来说，高学历意味着容易就业、高收入以及相对较高的道德水平。

居住状况：一般认为住房情况可以反映借款人的稳定性，自有住房对应较低的违约风险，并且必要时，可以作为抵押资产。

2. 职业情况：单位类型、行业情况、职位或职称、在当前单位工作年限、月收入。

单位类型：体现工作的稳定性，如同一般人的看法，政府部门和事业单位职员的工作较有保障，收入稳定，信用风险较低。

行业情况：体现收入水平，譬如金融行业的收入水平明显较工业企业的收入要高。

职位或职称：体现了个人的社会地位，高的职位或职称意味着较高的社会地位，其信用风险也较低。

在当前单位工作年限：越长的工作年限，工作的稳定性越高，信用风险越低。

月收入：这是反映借款人还款能力最直接的，也是最有效的指标，显然，个人收入越高，违约的风险越小。

三、评分模型

目前，多数商业银行主要利用信用评分模型来评估消费者的信用水平，判断是否发放贷款。其基本步骤是：先根据各分组指标的评分和组内权重计算出组内加权平均分，再根据组间权重计算出借款人的综合加权分。若 y_{ij} 表示第 i 组第 j 个变量的信用评分，α_{ij} 表示第 i 组第 j 个变量的组内权重，ω_i 表示第 i 组的组间权重，则综合信用评分（y）为

$$y = \sum_i \omega_i \left(\sum_j \alpha_{ij} y_{ij} \right) \tag{5.1}$$

式中，$\sum_i \omega_i = 1$，$\sum_j \alpha_{ij} = 1$。

通过信用评分模型计算出借款人的信用评分后，还需确定一个临界值作为参照，若大于临界值，则发放贷款；小于临界值，就拒绝贷款。由于存在信息不对称，商业银行在发放贷款时，不可避免地会犯第Ⅰ类错误（将信用好的客户误判为信用差的客户而拒绝发放贷款）和第Ⅱ类错误（将信用差的客户误判为信用好的客户而对其发放贷款）。最佳临界值就是要使贷款损失最小化，也就是贷款损失后的净收益最大化。

若用 A 表示发放贷款，$\bar{A}$ 表示拒绝放贷，B 表示信用差客户，G 表示信用好客户，则犯第Ⅰ类错误的概率是 $P(\bar{A} \mid G)$，犯第Ⅱ类错误的概率是 $P(A \mid B)$，c 表示临界分数值。

假设，信用评分模型能将好信用及差信用区分为具有不同的尾部有些重叠的两个标准正态分布。如图 5－1 所示，设信用好客户的均值为 μ_1，标准差为 σ_1，信用差客户的均值为 μ_2，标准差为 σ_2。则有：

$$\begin{aligned} P(A \mid B) &= P(X > c) = P\left(\frac{X - \mu_2}{\sigma_2} > \frac{c - \mu_2}{\sigma_2}\right) \\ &= 1 - \Phi\left(\frac{c - \mu_2}{\sigma_2}\right) \end{aligned} \tag{5.2}$$

同理可得 $$P(\bar{A} \mid G) = \Phi\left(\frac{c-\mu_1}{\sigma_1}\right) \tag{5.3}$$

式中，$\Phi(x)$ 为标准正态函数。

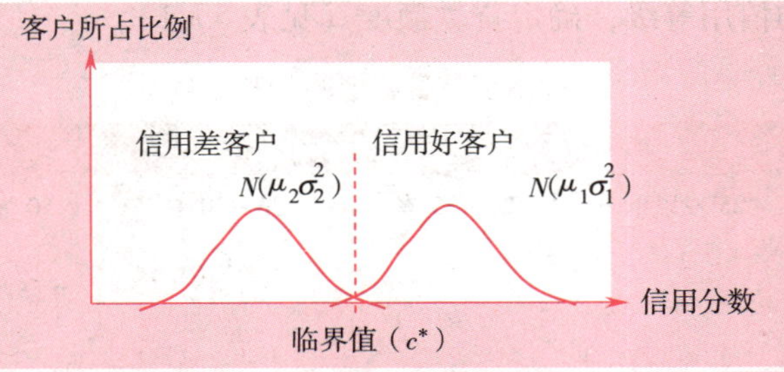

图 5－1 信用评分模型中信用好客户与信用差客户的信用分数分布

又设商业银行发放一笔数额为 K 的贷款，若犯第Ⅱ类错误将损失部分贷款，其损失率为 β，贷款损失额为 βK；犯第Ⅰ类错误将损失潜在的利息收益 iK。那么最佳临界值的确定就转化为求以下函数的最小值：

$$\min P(A \mid B)\beta K + P(\bar{A} \mid G) iK$$

$$= \min\left(1 - \Phi\left(\frac{c-\mu_2}{\sigma_2}\right)\right)\beta K + \Phi\left(\frac{c-\mu_1}{\sigma_1}\right) iK \tag{5.4}$$

上式最小值的一阶条件为

$$-\Phi'\left(\frac{c-\mu_2}{\sigma_2}\right)\beta K + \Phi'\left(\frac{c-\mu_1}{\sigma_1}\right) iK = 0 \tag{5.5}$$

即

$$\Phi'\left(\frac{c-\mu_1}{\sigma_1}\right) iK = \Phi'\left(\frac{c-\mu_2}{\sigma_2}\right)\beta K \tag{5.6}$$

上式的含义：最佳临界值是使犯第Ⅱ类错误的边际损失等于犯第Ⅰ类错误的边际损失的 c^*。同时还可发现，当 c^* 往左移时，犯第Ⅰ类错误的概率将减小，而犯第Ⅱ类错误的概率将增大。当 c^* 往右移时，犯第Ⅱ类错误的概率将减小，而犯第Ⅰ类错误的概率将增大。在两个样本空间（信用好、信用差）的分布给定的情况下，调整临界值不能使犯第Ⅰ类错误和第Ⅱ类错误的概率同时增加或减小。

商业银行在实际经营过程中把个人消费信贷违约率最小化当做与利润最大化等同的概念，把违约率的大小作为考察信贷员业绩的标准。认为违约率越小甚至零违约率银行利润就越大，其实不然，违约率降低（主要降低犯第Ⅱ类错误的概率），银行贷款损失减少使利润增加，当违约率降低到某一临界值（最佳信用评分 c^* 所对应的违约率），此时会将众多潜在优质客户排除在消费信贷市场之外（大大提高犯第Ⅰ类错误的概率），从而减少银行的收益。在外部条件给定的情况下，不能同时降低犯两类错误的概率。当把违约率降低到一定水平后会使众多潜在优质客户排除在消费信贷市场之外，从而减少银行的收益。所以，一味地强调降低消费贷款违约率，可能会增加银行的潜在损失，影响银行的竞争力。消费贷款违约率宜最优化不宜最小化。

四、个人消费贷款综合评分表的应用

实际上，目前国内各商业银行普遍采用评分表方法对借款人进行信用评级，并根据一定时期的借款人的信用等级，确定贷款额度（见表 5 - 1）。

表 5 - 1　　消费信贷综合评分表

	项目	评分标准				得分
自然条件	年龄	25 岁以下	26 ~ 35 岁	36 ~ 50 岁	50 岁以上	
		2	4	6	4	
	性别	男	女			
		1	2			
	婚姻状况	已婚有子女	已婚无子女	未婚	其他	
		5	4	3	2	
	健康状况	良好	一般	差		
		5	3	-1		
	文化程度	研究生	本科	大专	其他	
		8	6	4	2	
	户口性质	常住户口	临时户口			
		2	1			
职业情况	单位类别	机关事业	国有企业	集体企业	军队	
		6	4	3	5	
		个人独资企业	个人经营户	“三资”企业	其他	
		4	2	5	1	
	单位经济状况	良好	一般	较差		
		8	4	1		
	行业发展前景	较好	一般	较差		
		6	3	1		
	岗位性质	单位主管	部门主管	职员		
		6	4	2		
	工作年限	2 年以上	1 ~ 2 年	1 年以内		
		3	2	1		
	职称	高级	中级	初级		
		4	3	2		
	月收入	1 万元以上	8 000 ~ 1 万元	5 000 ~ 8 000 元	4 000 ~ 5 000 元	
		12	10	9	8	
		3 000 ~ 4 000 元	2 000 ~ 3 000 元	1 000 ~ 2 000 元	1 000 元以下	
		6	4	2	1	

续表

	项目	评分标准				得分
与银行关系	本行账户	信用卡账户	储蓄账户	无		
		6	4	2		
	贷款历史	正常还款	无	拖欠记录		
		4	2	-4		
	不良记录	0 次	1~2 次	2 次以上		
		4	-2	-6		

资料来源：钟楚男．个人信用征信制度［M］．北京：中国金融出版社，2004：58-59.

根据上面的信用评分表对贷款申请人的各项因素进行信用评估，得到借款人的信用得分。这里采用百分制，并且把借款人的信用等级分为七个等级，AAA、AA……C。七个信用等级所对应的信用得分见表 5-2。

表 5-2　消费信贷评分与信用等级对应表

100	90	80	70	60	45	35
AAA	AA	A	BBB	BB	B	C

资料来源：钟楚男．个人信用征信制度［M］．北京：中国金融出版社，2004：60.

如果贷款申请人的综合信用得分为 88 分，他的得分距 90 分的距离比与 80 分的距离短，因此，该客户的得分所对应的信用等级为 AA 级；若该客户的得分为 85 分，与 90 分和 80 分等距，则舍大取小，此客户的信用等级为 A 级。

第三节　个人住房抵押贷款管理

一、个人住房抵押贷款概述

个人住房抵押贷款是贷款的重要形式，一般是指借款人以所购买或所拥有的住房作为抵押向金融机构申请贷款，并按借款合同规定履行还本付息的义务。在西方国家，个人住房抵押贷款余额大大高于中、短期消费贷款余额。我国的个人住房抵押贷款是伴随着城镇住房制度改革而出现的，是住房商品化的产物。1987 年中国建设银行率先颁布《住房储蓄存款和住宅借款暂行办法》，标志住房抵押贷款在我国正式推行。三十几年来，从无到有，从少到多，个人住房抵押贷款业务得到快速发展。

个人住房抵押贷款一般有以下几种主要类型：标准的固定利率住房抵押贷款、可调整利率住房抵押贷款、分级支付住房抵押贷款、买下住房抵押贷款、较短期限的住房抵押贷款、可转换住房抵押贷款、两步式住房抵押贷款、反向年金抵押贷款。

标准的固定利率住房抵押贷款期限最长为 30 年，利率在整个贷款期内固定不变，每月的还本付息额也完全相同且固定不变。这种贷款的优点是简单易懂，还款时间和收入时间挂钩，便于消费者进行预算；贷款利率固定，消费者不必承担利率风险。在美国，从20世纪30年代到70年代，标准的固定利率住房抵押贷款一直是主要的贷款形式。

可调整利率住房抵押贷款是20世纪70年代后兴起的消费贷款方式，其利率在贷款期内随着市场利率的变化而变化。这种贷款有如下特点：一是需选择某一具有代表性的市场利率为“指数”，将贷款利率与该指数挂钩。例如，美国住房抵押贷款常用的指数有6个月期国库券利率、1年期国库券利率、资金成本、合同利率等。二是贷款利率每半年或1~2年随市场利率调整一次，并设有利率上限，使借款人每月还本付息额的增加被限制在一定的幅度以内。这种贷款的优点在于：贷款利率随市场利率的变化而调整，借贷双方共同承担利率风险，而利率上限的设定，也在一定条件下减轻了借款人的还款负担。但这种贷款的不足之处也是明显的，由于“负分期付款”现象的存在，从长远看，可能加重借款人的负担。

分级支付住房抵押贷款是一种固定利率的住房抵押贷款，它与标准的固定利率住房抵押贷款的区别在于借款人每月的还本付息额不完全相同，在第一年的还本付息额低于按标准的固定利率住房抵押贷款计算的还本付息额，以后以一个固定的比率上升，直到偿还全部贷款本金。这种设计有利于使目前收入水平较低，但将来收入有望增长的人能够申请到住房贷款。

买下住房抵押贷款也是一种固定利率贷款。在这一方式下，借款人按正常的程序向贷款人申请固定利率贷款，由卖房人或建筑商向买房人即借款人在还本付息的前几年提供贴息，使借款人前几年的还本付息额下降。这是20世纪80年代初市场利率大幅上升时所产生的一种减轻借款人利息负担、鼓励贷款买房的方式。

较短期限的住房抵押贷款是为了缩短还款期限减少贷款成本，减轻利息负担而设计的贷款方式。传统观念认为，要减轻借款人还本付息的负担，就应延长贷款期限，然而，实质上总的贷款利息成本则呈增长趋势。在其他条件相同情况下，贷款期限越短，利息支付越少。较短期限的住房抵押贷款正是这一背景下应运而生的，其类型主要有两种：一是双周抵押贷款，即按固定利率计算每月的还本付息额，但还款次数增加至每月两次，以此来加速还款，缩短贷款期限，减轻利息负担。二是增长权益抵押贷款，即每年的月还本付息额不断增加，以缩短贷款期限，减轻利息负担。

可转换住房抵押贷款，即在贷款期限以内借款人可以选择将贷款由原来的可调整利率转变为固定利率的个人住房抵押贷款。这种贷款方式集固定利率与可调整利率的特点于一身，借款人不仅可以享受可调整利率贷款所带来的较低的首期利率，而且可以根据需要转换成固定利率贷款，有效回避利率上升所带来的风险。

两步式住房抵押贷款，即在借款人还本付息5~7年以后，贷款由一种固定利率调整为另一种固定利率的贷款，也即在贷款期限内，利率可在5~7年间重新确定一次。其特点是：前5~7年的起始利率比标准的固定利率抵押贷款的利率要低，这对5~7年后准备搬家的消费者是较为合适的贷款方式。

反向年金抵押贷款是一种典型的用于其他消费用途的住房抵押贷款，是为了给那些住房富余、现金短缺的老年人提供一个将不流动的住房资产转变为现金的途径，以便改善晚年生活。一般是贷款人在对住房价值进行评估的基础上发放贷款，期限为 3 ~ 10 年，以固定数额按月发放，贷款本金及应付的利息总和不超过住房价值的一定比例。借款人去世时，则住房将被拍卖用于偿还贷款。

二、个人住房抵押贷款的对象及申请条件

1. 个人住房抵押贷款的申请对象必须是具有完全民事行为能力的自然人，包括中国自然人及在中国境内有居留权的境外、国外自然人。如果是公积金贷款，贷款对象还必须是已交存住房公积金的企事业单位的在职职工。

2. 个人住房抵押贷款的借款人除必须是上述规定范围内的自然人外，还必须具备以下条件才能申请贷款：（1）具备城镇常住户口或有效居留身份；（2）有固定的职业和收入，信用良好，有偿还贷款本息的能力；（3）具有合法有效的购买、建造、大修普通住房的合同协议；（4）有不低于所购住房全部价款的 30% 作为购买住房的首期付款；（5）有贷款人认定的资产进行抵押或质押，或有足够还贷能力的法人、其他经济组织或自然人作为保证人；（6）贷款人要求提供的其他证明文件或规定的其他条款。

个人住房抵押贷款的期限最长不超过 30 年，最短一般为 1 年；贷款金额原则上不超过所购住房价格总额的 70%，其中首付不低于所购房屋价格总额的 30%，最高额度不超过按借款家庭成员退休双方各 30 年工龄计算的平均收入。

三、个人住房抵押贷款的市场运作

个人住房抵押贷款的市场运作分为一级市场运作和二级市场运作。前者是贷款的发行市场或启动市场，其活动主要是银行吸引消费者前来申请贷款，借贷双方协商贷款条件，签署贷款文件，最后导致贷款的发放。后者是住房抵押贷款的买卖和交易市场，是贷款人在贷款到期前出售贷款获得现金的场所。

（一）一级市场运作

一级市场运作即发放住房抵押贷款。住房抵押贷款的发放程序及其运作较为复杂，一般要经历以下四个过程。

1. 接受申请。这个过程也叫“贷款启动”，借款人在与售房单位签订购房意向书后，持有关材料向所选择的银行填写贷款申请表，银行经初步审查，接受申请。在市场竞争十分激烈的情况下，选择的主动权在消费者一方，而银行则在不断提高服务质量的情况下，通过一定的营销手段和途径来吸引借款人，通常可通过房地产经纪人、佣金贷款代理人来具体实施和吸引潜在借款申请人。

2. 向申请人提供有关贷款的信息。银行在接到正式申请后，应向申请人提供有关住房抵押贷款的利息和所有费用的信息，包括贷款利息、贷款折扣、贷款启动费、保险费等。此外，贷款人还必须向申请人披露其他所有的贷款条件，如贷款逾期的惩罚规定、提前还款的规定（即是否允许提前还款、可否退回部分利息等）和债务的继承规定。

3. 贷款的调查与评估。这是任何贷款都不可或缺的一项重要程序，对住房抵押贷款

而言，由于其金额大、期限长，更应如此。银行对被抵押住房的价值要通过中介评估机构进行评估，并要求借款人购买住房的财产保险，以防意外事故造成被抵押住房的损失。同时，银行还要对申请人的资信进行调查，只有资信条件达到相应标准的借款人才有可能获取贷款。

4. 完成贷款手续。它是指准备各种文件，通知借款人交纳必要的费用，签署贷款合同、办理抵押住房的登记以及向借款人发放贷款的整个过程。这是准备抵押贷款的最后一道程序。

（二）二级市场运作

二级市场运作即住房抵押贷款的买卖和交易。银行在发放了住房抵押贷款后，如果想提前收回贷款，可以将贷款出售给二级市场（住房抵押贷款的买卖和交易市场）的投资者，或将其中一部分贷款转换、包装或改造成流动性强的住房抵押贷款担保证券在资本市场上公开出售。住房抵押贷款二级市场运作在我国目前尚处于初步发展阶段，但美国等西方国家早在20世纪初期就已存在，在20世纪30年代后期得到较快发展，在20世纪70年代后期逐步繁荣起来。现在，美国已拥有相当发达的住房抵押贷款二级市场，提供每年所需要的住房信贷约80%的资金。

个人住房抵押贷款二级市场的产生和发展对于提高住房抵押贷款的流动性，解决银行信贷资金不足问题，推进住宅业和银行业的共同繁荣起到了不可估量的作用。首先，解决流动性问题，使贷款发放后，其资金不必被长期占用，贷款人可以迅速出售贷款，收回资金，用于发放更多贷款，从而推动住房抵押贷款市场的发展。其次，有效地调节了不同地区住房信贷资金供求上的差异，这对于合理配置住房信贷资金起到了积极的作用。最后，扩大了投资渠道，分散了风险。由于大量的投资者购买了住房抵押贷款和住房抵押贷款担保证券，过去由贷款人一家承担的各种风险全部分散到了无数的投资者身上，从而降低了风险损失。

个人住房抵押贷款二级市场运作，可以美国联邦国民抵押贷款协会为例来说明。联邦国民抵押贷款协会是美国政府1938年成立的第一家专营住房抵押贷款二级市场业务的机构，是目前世界上最大的住房抵押贷款的持有者。其主要业务是购买贷款机构向消费者发放的住房抵押贷款。在业务开展中，对申请向其出售抵押贷款的机构有严格要求：资产净值必须在25万美元以上，有相当丰富的发放住房抵押贷款的经验，使用统一的贷款文件等。除此之外，还定期进行检查，以保证贷款质量。联邦国民抵押贷款协会定期或不定期从已获批准的贷款机构手中购买个人住房抵押贷款，买进贷款后，一般不会直接面向借款人收取贷款本息，而是由原贷款机构或其他收款机构负责收款，借款人所支付的本息在扣除约占贷款余额25～50个基点后将全部转交该协会。若原贷款机构在签订远期合约后无法履约，则需向联邦国民抵押贷款协会支付一笔违约金。联邦国民抵押贷款协会对所购买的每笔贷款规定了最高限额，所购买的贷款也有许多种类。

四、个人住房抵押贷款担保证券与证券化

（一）住房抵押贷款担保证券

住房抵押贷款担保证券是指通过以一系列个人住房抵押贷款组成的集合而产生的现

金流量为担保，在资本市场发行的一种新型的证券。它是在将流动性差的贷款转换包装、改造成流动性强的、可出售的证券过程中产生的。

尽管二战以来，美国等西方国家启动了住房抵押贷款二级市场，为住房抵押贷款提供了一定的资金支持，但二级市场的发展毕竟是有限的，无法满足市场需求，要为更多的资金流入住房信贷资金市场打开一个渠道，吸引更多的投资者进入住房抵押贷款市场，需要另辟蹊径，将贷款包装、转换或改造成为它们所熟悉的证券市场工具。因此，住房抵押贷款担保证券应运而生。

住房抵押贷款担保证券的种类很多，从结构上分，主要有简单结构和复合结构两种；从贷款的发放人或发行人是否拥有贷款的所有权来看，又可分为转手抵押贷款证券和住房抵押担保债券两种。

（二）住房抵押贷款证券化

住房抵押贷款证券化（MBS）是指金融机构把自己所持有的流动性较差，但具有稳定性的未来现金流收入的住房抵押贷款资产经过一系列组合，再配以相应的信用担保和信用增级，使其产生的未来现金流（主要是利息收益）的收益权转变为可在金融市场流动、信用等级较高的债券型证券的技术性融资过程。

住房抵押贷款证券化过程具有特殊的资金流动方向：住房抵押贷款的发放者将所持有的各种流动性较差的同类或类似的住房抵押贷款卖给抵押贷款证券化的机构（SPV），从中间商（SPV）那里取得销售抵押贷款的资金，然后，由中间商（SPV）以这些资产为抵押，发行资产抵押证券，二级市场的中介机构把证券化的抵押贷款销售给投资者，从最终投资者那里取得销售抵押证券的资金。个人住房抵押贷款证券化的参与者涉及面很广，包括相关政府机构、商业银行、存款机构、投资银行等。具体涉及贷款发放人、收款人、发行人、投资银行、担保人或保险人、信用评估机构、受托人和投资人等。

个人住房抵押贷款证券化 20 世纪 70 年代在美国开始推行，80 年代、90 年代直到 21 世纪迅猛发展。本教材导论已提及，2008 年美国发生了与个人住房抵押贷款证券化相关的次贷危机。次贷危机是指部分涉及次级抵押贷款的机构破产、投资基金被迫关闭、股市剧烈震荡引起的风暴。次贷泡沫产生的过程是这样的：金融机构吸收次级贷款；银行和房贷公司联手把次贷“打包”成资产抵押证券；投资银行对资产抵押证券多次打包重组；债券评级；各投资机构争相炒作；次贷泡沫不断放大以致形成大的金融危机。次贷危机产生的根本原因一方面是金融机构缺乏风险控制，另一方面是美国政府缺乏对房地产金融和证券市场的监管。个人住房抵押贷款证券化这把“双刃剑”效应在美国得到了充分的体现，我国可从其得到深刻的启示和借鉴。

五、个人住房抵押贷款的偿还及其方式

个人住房抵押贷款的偿还及其方式是借款人最为关心的问题之一。一般来说，不同的还款方式，借款人所承担的利息成本及每月还款负担是不一样的。按照有关规定，贷款期 1 年及 1 年以内的采用到期一次还本付息、利随本清的还款方式；贷款期 1 年以上的采用按月偿还贷款方式，具体方式主要有等额本息还款法、等额本金还款法、等比例

还款法和比例还本法四种，其中前两种是我国目前主要的计算还款的方法。

（一）等额本息还款法

等额本息还款法是指在贷款期内每月以相等的额度平均偿还贷款本息。这是住房抵押贷款中最为常见的一种还款方法。其计算公式为

$$R = \frac{Pi(1+i)^n}{(1+i)^n - 1} \tag{5.7}$$

式中，n 为贷款期限（还款月数）；R 为每月还本付息额；i 为贷款月利率；P 为贷款本金。

或者用普通年金现值的计算公式：

$$P = A\frac{1-(1+i)^{-n}}{i} \tag{5.8}$$

式中，P 为贷款本金，即现值；A 为年金，即每次还款额。

（二）等额本金还款法

等额本金还款法是指在贷款期限内按月偿还贷款本金和利息，其中每月所还本金相同。这一方法的特点是：每月等额归还贷款本金，但利息随着本金的减少而逐月递减，直至期满还清。其计算公式为

$$\begin{aligned} R &= P_n + I_n \\ &= \frac{P}{N} + [P - (n-1)P_n] \times i \end{aligned} \tag{5.9}$$

式中，R 为每月还本付息额；P 为贷款本金；N 为贷款期限（还款月数）；i 为贷款月利率；n 为已还贷款期数；P_n 为每月所还贷款本金；I_n 为每月应还利息。

（三）等比例还款法

等比例还款法是指在贷款期限内逐年按同一比例递增贷款偿还额，且每年年内各月以相等的偿还额足额偿还贷款本金和利息。其计算公式为

$$M_1 = \frac{(P/12)[(1+i)^n(D-i)]}{(1+D)^n - (1+i)^n} \tag{5.10}$$

$$M_t = M_1(1+D)^{t-1} \tag{5.11}$$

式中，M_1 为第一年月还款额；P 为贷款本金；i 为贷款年利率；n 为贷款期限（年）；D 为等比例递增率；t 为还款期内的某年；M_t 为第 t 年的月还款额。

这种方法关键是确定等比例递增率 D 及第一年月还款额 M_1。与前两种方法相比，该方法计算较为复杂，特别在处理利率调整、提前还款、逾期罚息等方面很不方便。

（四）比例还本法

比例还本法是指在贷款期限内按年约定还本比例，每月按月计算应还本金和利息，其中一年中每月还本额相等。其计算公式为

$$\begin{aligned} R &= P_n + I_n \\ &= \frac{A_n P}{12} + \{P - [12(n-1) + (M-1)]P_n\} \times i \end{aligned} \tag{5.12}$$

式中，P 为贷款本金；n 为贷款期限（年）；P_n 为每年的月还贷款本金；A_n 为每年还本比例（ $\sum A_n = 100\%$ ）；I_n 为第 N 年每月应还利息；i 为贷款月利率；M 为每年已还款月数；R 为月还款额。

这种方法在欧洲国家运用较多，而且规定第一年的每月还本比例限定不低于30%。

第四节　汽车消费贷款管理

一、我国发展汽车消费贷款的一般分析

汽车消费贷款是消费贷款的最主要品种之一，也是我国目前最具发展潜力的消费贷款品种。20世纪90年代以来，随着我国城乡居民收入的增加，生活水平稳步提高，恩格尔系数开始呈现出明显缩小的趋势，消费结构正由过去的“衣、食、用”为主向“住、行”为重心转化和升级。《中国人口普查年鉴2020》显示，中国有车家庭比例为41.67%，仍有继续发展的空间。现实证明，我国汽车消费贷款正在步入良性发展阶段。

1. 我国已具备相当规模汽车市场需求和资金供给环境。首先，近年来居民储蓄仍呈平稳增长态势，截至2022年12月，我国人民币存款余额为258.5万亿元，全年人民币存款增加26.26万亿元，其中住户存款增加17.84万亿元。根据中国汽车工业协会的估计，到2020年，我国使用汽车信贷服务购买汽车的消费者比例已达到50%以上。鉴于汽车市场的巨大潜力，以及中国汽车消费金融组织体系日益完善，金融服务水平不断提高，在中国以消费贷款方式购车的消费者已位居世界的前列。

2. 法律保障得到健全。2004年10月1日，修订后的《汽车贷款管理办法》正式执行，为汽车贷款业务健康发展提供了强有力的法律保障。同时，在现有的法律法规中也有对汽车消费贷款融资中的借方和贷方应承担的权利和义务的明确规定。如《中华人民共和国民法通则》中规定了消费贷款购车的合法性，解决了消费贷款购车中汽车所有权转移的问题；《中华人民共和国担保法》、《中华人民共和国商业银行法》、《中华人民共和国合同法》、《中华人民共和国保险法》及《贷款通则》等也都直接或间接对消费贷款购车予以一定的法律支持，提供了基本的法律、法规构架。

3. 已积累了汽车消费贷款经验。从1996年起，国内金融机构就试行对汽车经销商的库存融资业务和对消费者的消费贷款业务，近年来，各家商业银行及汽车金融公司相继开展了汽车消费贷款业务，尽管有的商业银行远未达到规模经济要求，但已摸索出一套行之有效的方法，总结了经验，为下一步汽车消费贷款业务的大发展奠定了基础。

二、汽车消费贷款的相关规定

1. 汽车消费贷款的对象与条件。汽车消费贷款的对象是指在中国境内有固定住所的中国公民及企业、事业单位法人。申请汽车消费贷款的个人必须具备的条件：是中华人民共和国公民，或在中华人民共和国境内连续居住1年以上（含1年）的港、澳、台居民及外国人；有当地常住户口或有效身份证明，有固定和详细住址；具有完全民事行为

能力的自然人；具有正当的职业和稳定的合法收入来源或足够偿还贷款本息的个人合法资产，具备偿还贷款本息的能力，个人信用良好；持有与贷款人指定经销商签订的指定品牌汽车的购买协议或合同；具有担保能力，能够提供贷款人认可的财产抵押、质押或第三方保证，保证人应为贷款人认可的具有代偿能力的个人或单位，并承担连带责任；购车人为夫妻双方或家庭共有成员，必须共同到场申请，一方因故不能到场的应填写委托授权书，并签字盖章；能够支付规定限额以上的首期购车款；贷款人规定的其他条件。

2. 贷款期限、利率和金额的规定。汽车消费贷款的贷款期限（含展期）一般为3年，最长不得超过5年，其中，二手车贷款的贷款期限（含展期）不得超过3年，经销商汽车贷款的贷款期限不得超过1年。汽车贷款利率按照中国人民银行公布的贷款利率规定执行，计、结息办法由借款人和贷款人协商确定。原则上，贷款期限1年以内的按合同利率计息，遇法定利率调整不分段计算；贷款期限1年以上的，遇法定利率调整于下年初开始，按相应利率档次执行新的利率水平。汽车消费贷款的贷款金额，以质押方式申请贷款或者银行、保险公司提供连带责任保证的，首期付款额不得少于所购汽车价格的20%，借款额最高不得超过购车款的80%；购买二手车的借款金额不得超过借款人所购汽车价格的50%。

3. 申请汽车消费贷款的程序。消费者个人和企、事业单位到银行办理汽车消费贷款的手续有所不同，应具体情况具体分析。对自然人而言，其具体程序如下。

（1）消费者到银行信贷部门提出申请，并填写汽车消费贷款申请表（自然人）。

（2）向银行信贷部门提供以下资料：居民身份证、户口簿、居民委员会（或村民委员会）证明，已婚者还应提供配偶的居民身份证、户口簿、居民委员会（或村民委员会）证明，上述资料均需提供原件和复印件；消费者个人的有关收入证明，包括工资收入证明等；消费者与银行的特约经销商所签订的购车合同或协议；抵押物、质押物清单和有处分权人同意抵押、质押的证明，另外，抵押物还须提交所有权或使用权证书、估价、保险文件，质物还须提供权利凭证，保证人同意保证的文件（如果是以所购车作为抵押物的，则不用提供上述材料）；消费者将购车首期款足额存入银行的储蓄专柜，并出示储蓄专柜开出的购车首期存款证明（存折）；其他一些银行所需的相关材料。

（3）银行受理消费者的借款人申请后，开始对借款和保证人的资信情况、材料的真实性、偿还性、还款方式进行调查，其内容包括：借款人所提供的资料是否齐全；借款人所提供的材料原件是否真实有效，原件与复印件是否吻合，材料之间是否一致；借款人的资信及收入状况，能否按时偿还贷款本息；保证人是否具有保证能力；抵押物或质物的所有权是否属于抵押人或出质人，是否已设定抵押及其他相关情况。

（4）如果保险公司同意开办汽车消费者贷款分期还款保证保险，银行在对消费者进行调查后还应向消费者提供保险公司办理汽车消费贷款分期还款保证保险所需材料清单。消费者把清单所列资料再提供给保险公司审查，以便保险公司确认是否接受消费者的投保。

（5）银行信贷部门审查合格后报上级审批。同意贷款的，消费者便可以和银行签订汽车消费借款合同并办理贷款的担保及保险手续。与此同时，消费者将购车首期款划入经销商账户。如果保险公司同意开办分期还款保证保险的，消费者还应当投保分期还款保证保险，保险受益人为银行。

（6）银行的审计部门再对信贷部门与消费者签订的各种法律文件进行复审，审核通过后双方签字盖章生效，然后信贷部门便向经销商出具汽车消费贷款通知书，经销商在收到汽车消费贷款通知书及首期款收款凭证后，消费者便可以在经销商处提车，经销商协助消费者到有关部门办理缴费及领取牌照等手续。

（7）汽车消费贷款的担保。借款人向银行申请汽车消费贷款，应当按照有关规定提供担保，借款人可以所购汽车或银行认可的抵押物或质物进行抵押或质押，也可以第三方保证方式提供连带责任的保证。具体操作按银行贷款担保办法办理。

对于以所购汽车向银行设定抵押的借款人，银行在收到购车发票等凭证后，与借款人共同到车辆管理部门办理汽车抵押登记。

对于以所购车辆设定抵押的，借款人必须在银行指定的保险公司办理车辆损失险、盗抢险、自燃险和第三者责任险，并在保险单中明确第一受益人为银行，保险期不得短于贷款期限，在抵押期间借款人不得以任何理由中断或撤销保险，在保险期内，如发生保险责任以外的毁损，均由借款人负全部责任。

三、汽车消费贷款的偿还

消费者偿还汽车消费贷款一般按借款合同约定分期偿还，即按月或按季等额偿还本金，按季支付利息。其计算公式为

$$\text{每月还本金额}=\frac{\text{贷款本金}}{\text{还款期数(月)}} \tag{5.13}$$

或

$$\text{每季还本金额}=\frac{\text{贷款本金}}{\text{还款期数(季)}} \tag{5.14}$$

利息则按实际使用天数计算。

从目前的实际情况看，借贷双方更多的是选择等额本息还款法，其计算公式与住房抵押贷款方式等额本息还款法相同。应该说，消费者可以根据自己的需要选择还款方法，但是一笔贷款合同只能选择一种还款方法，合同一旦签订不能随意更改。

例：某品牌轿车销售价 18.75 万元，首付款 10 万元，余款 8.75 万元向银行借款，并规定分 2 年（24 个月）付清，月利率为 0.495‰。试问按等额本息还款法计算每月还款应为多少？

$$\text{每月还款额}=\frac{87\ 500\times 0.495‰\times(1+0.495‰)^{24}}{(1+0.495‰)^{24}-1}=3\ 668.43(\text{元})$$

也可以用普通年金现值的计算公式求年金：

$$87\ 500=A\,\frac{1-(1+0.495‰)^{-24}}{0.495‰}$$

$$A=3\ 668.43(\text{元})$$

对消费者未能按规定偿还贷款本息的，按违约处理。银行根据规定对贷款本金加收利息，对未按期支付的利息计收复利。若因意外事故或自然灾害影响不能按正常规定还本付息，银行应与消费者重新签订还款计划；若属借款人恶意逃废债务或拖延还款，银行要根据不同的担保方式采取相应措施。

四、汽车消费贷款的发展前景

从国际、国内的实际情况来观察，不难发现汽车消费贷款有着广阔的发展前景。世界各国经济起飞进程显示，人均 GDP 从 500 美元到 1 500 美元是经济结构也是消费结构剧烈变动时期。2022 年，我国人均 GDP 达到 12 741 美元（85 698 元人民币），我国已连续两年人均 GDP 超过 12 000 美元，我国汽车消费信贷业务正处于快速发展的时期。

1. 随着我国市场经济体制改革的推进，市场机制逐渐发挥作用，卖方市场已向买方市场转变，如何适应并满足消费者的需求是今后决定企业生产的一个重要方面。我国当前仍处在消费结构的进一步升级阶段，居民对住、行的要求逐渐增加并提高，这对汽车消费贷款业务的发展是个千载难逢的机遇。此外，中国的许多汽车生产企业都在努力改变自身形象，提高产品质量，增加产品种类，以最大限度地满足消费者的需求。这一切既离不开汽车消费贷款的支持，也为汽车消费贷款业务的开展奠定了基础。

2. 对银行来讲，国有银行在推进商业化的进程中，角色正在逐渐发生转变，国有银行的发展要逐渐适应市场经济的要求，而发展汽车消费贷款正是银行转变角色的一个重要体现。

3. 国家政局稳定、经济持续增长、人民安居乐业，应该说当前正是个人创业的最佳时期，以车代步、节省时间是其必然的选择，在创业资金紧缺的情况下申请汽车消费贷款不失为明智的选择。

可见，发展汽车消费贷款，是与当前产业结构升级和经济发展水平相适应的，具有美好的前景，当前我们应正确处理银行、汽车生产企业、经销商与消费者之间的关系，把握机遇，创造辉煌。

第五节 其他消费贷款管理

消费贷款的种类除上述住房抵押贷款和汽车消费贷款外，还有个人耐用消费品贷款、个人助学贷款、旅游消费贷款、个人住房装修贷款等。

一、个人耐用消费品贷款

1. 个人耐用消费品贷款的对象和条件。个人耐用消费品贷款是我国最具发展空间的消费贷款品种之一，以家电市场为例，达到近 7 000 亿元规模，具有广阔的开拓前景。个人耐用消费品贷款的贷款对象是具有经办银行所在地常住户口和固定住所，且具有完全民事行为能力的中国公民。借款人必须具备的条件主要有：具有完全民事行为能力、年龄在 20 ~ 60 岁的自然人（一般女性为 55 岁、男性为 60 岁），自然人刚退休的，月退休金不低于人民币 1 000 元；有正当职业和稳定的经济收入，具有按期偿还贷款本息能力；能够提供具有足够代偿能力的担保（个人或法人的保证担保），或者以合法有效的不动产、动产、权益作抵（质）押；能够提供本项贷款所购耐用消费品价格总额 20% ~ 30% 的首期付款（这里的价格总额是指一次贷款可同时购买单价超过 3 000 元人民币的两件或多件耐用消费品的价格总和）；购买商品的目的是本人或自己家庭使用（即消费），如果商品是用来经营或他用，就不能得到贷款；借款人信用良好，并有诚意进行分期付款；在银行开立信用卡专户或有银行通存通兑活期储蓄存折；符合经办银行规定的其他条件。

2. 贷款期限、利率和金额。个人耐用消费品贷款期限通常在半年以内，最长为 2 年（含 2 年）。个人耐用消费品贷款利率按照中国人民银行规定的同期贷款利率执行，上浮不超过 20%，自贷款之日起，一年一定，如遇国家利率调整时，借款期限在 1 年以内的，不分段计息，仍按合同约定利率计算利息；借款期限在 1 年以上的，于下年初开始按相应档次执行新利率。

3. 办理个人耐用消费品贷款的程序。办理个人耐用消费品贷款主要包括以下基本程序。

（1）选购商品。客户在银行特约经销商场选择商品，填写分期付款申请书，经商场初审同意后，客户支付所购商品价格总额 20% ~30% 的首期付款，并保留商品。

（2）申请贷款。客户持首期付款收据、申请表及相关材料到银行指定受理点办理申请贷款手续。

借款人在申请贷款时应提供的资料包括：本人有效身份证明（身份证）；住址证明（户口簿）；职业和收入证明（工作证、工资单、代发工资存折或其他有效证明），必须有联系电话、经办人员、公章等，以家庭收入参与还款的，必须提供本人及家庭主要成员的基本情况以及家庭共同财产所有人的委托书；贷款银行指定特约商户出具的推荐书；贷款申请书；担保所需的证明文件；提供授权扣款的信用卡账号或活期存折账号。

（3）签订合同。经办银行经审查后与客户签订贷款合同和担保合同。

（4）办理保险和担保登记手续。经办银行协助客户持贷款合同、担保合同等文件办理保险和担保登记手续。

（5）银行出具通知单。银行对合同、保险、担保登记等手续和资料进行审查后，向商场发出核准通知单，通知商场发货。

（6）提货。客户手持核准通知单到商场办理购货、提货等相关手续。

（7）还款。客户按贷款合同约定的方式和时间分期还贷款本息。

不同银行办理个人耐用消费品贷款的程序基本相同，只是首期款支付对象略有差别：有些银行要求首期款交给经办银行，再由经办银行划拨给经销商场，而有些银行则约定首期款交给商场。对客户来说，首期款交给谁都一样，最终目的是取得贷款，并购回自己所需商品。

二、个人助学贷款

个人助学贷款包括国家助学贷款和一般商业性助学贷款两类。国家助学贷款是指由商业银行发放、国家财政给予贴息的贷款，主要适用于我国境内（不含港、澳、台地区）全日制普通高等学校中经济困难的本科学生、专科学生（含高职学生）、研究生、第二学士学位学生。国家助学贷款资金只能用于学生在校期间的学费和日常生活费。一般商业性助学贷款是指银行业金融机构按商业性原则自主发放的用于支付境内全日制高等院校困难学生学费、住宿费和就读期间基本生活费的商业贷款。商业性助学贷款借贷双方应当遵循平等、自愿、诚实、守信的原则，依法签订借款合同。

接到录取通知书的学生，在收到通知书后既可以到家庭所在地金融机构申请担保助学贷款，也可以到学校后再申请信用助学贷款；既可以在家庭所在地申请一般性商业助学贷款，也可以到学校后申请国家助学贷款；如在家庭所在地申请，既可以由学生本人申请，也可以由学生的直系亲属或法定监护人申请。

1. 申请个人助学贷款的条件。申请各类助学贷款的申请人应具备不同的条件，只有条件符合，才能获得批准。

申请国家助学贷款者应具备的条件是：（1）申请人必须是年满 18 周岁具有完全民事行为能力的中国公民；（2）中国境内（不含港、澳、台地区）的全日制本科学生、专科学生（含高职学生）、研究生、第二学士学位学生的学籍证明；（3）学生所在学校提供的学习期间所需学费和日常生活费用证明；（4）学生家庭的收入证明；（5）学生的学习、品德证明及无不良信用记录证明；（6）商业银行要求的其他相关条件。

申请商业性信用助学贷款者应具备的条件是：（1）借款人具有中华人民共和国国籍，并持有合法身份证件；（2）申请人必须是年满 18 周岁具有完全民事行为能力；（3）提供所在学校及院系的详细地址，提供所在学校发放的学籍证明文件，学习期所需学杂费、生活费以及与学习有关费用的证明；（4）提供贷款要求的学习、品德证明，借款人应无不良信用记录，不良信用等行为评价标准由贷款人制定；（5）必要时需提供有效的担保和其法定代理人同意申请贷款的书面意见；（6）贷款人要求的其他条件。

2. 个人助学贷款的额度、期限与利率。助学贷款的金额、期限、贷款方式以及还本付息方式，主要由贷款银行考虑学校学制和学生就读情况等因素确定。

国家助学贷款的发放以普通高校为单位实行借款总额包干办法，普通高校每年的借款总额原则上按全日制普通本科学生、专科学生（含高职学生）、研究生以及第二学士学位在校生总数 20% 的比例，每年每人 6 000 元的标准计算确定。同时，实行借款学生毕业后视就业情况，在 1 ~2 年后开始还贷、6 年内还清的做法。借款学生办理毕业或终止学业手续时，应当与经办银行确认还款计划，还款期限由借贷双方协商确定。若借款学生继续攻读学位，借款学生要及时向经办银行提供继续攻读学位的书面证明，财政部门继续按在校学生实施贴息。借款学生毕业或终止学业后 1 年内，可以向银行提出一次调整还款的申请，经办银行应予受理并根据实际情况和有关规定进行合理调整。贷款还本付息可以采取多种方式，可以一次或分次提前还贷。提前还贷的，经办银行要按贷款实际期限计算利息，不得加收除应付利息之外的其他任何费用。对毕业后自愿到国家需要的艰苦地区、艰苦行业工作，服务期达到一定年限的借款学生，经批准可以奖学金方式代偿贷款本息。

商业性助学贷款的最高限额不超过借款人在校年限内所在学校的学费、住宿费和基本生活费。贷款人可参照学校出具的基本生活费或当地生活费标准确定有关生活费用贷款额度。贷款期限原则上为借款人在校学制年限加 6 年，借款人在校学制年限指从助学贷款发放至借款人毕业或终止学业的期间。对借款人毕业后继续攻读学位的，借款人在校年限和助学贷款期限可相应延长。助学贷款期限延长须经贷款人许可。

除非在特殊情况下由于极特别的原因，经贷款银行的同意按有关规定延期外，助学贷款一般不得延期。国家助学贷款的利率在中国人民银行利率政策规定的范围内可以给予适当的优惠。如果贷款期限在 1 年以内（含 1 年）的，实行固定利率，遇法定利率调整也不分段计息；如果贷款期限在 1 年以上的，遇法定利率调整，于下年初开始，按相应利率档次执行新的利率规定。商业性助学贷款的利率按中国人民银行规定的利率政策执行，原则上不上浮。借款人可申请利息本金化，即在校年限内的贷款利息按年计入次年度借款本金。

3. 申请个人助学贷款的程序。个人助学贷款的申请程序主要包括以下几个方面。

（1）确认申请资格。先确认学生所就读的学校是否与银行签订了银校合作协议书，只有签订了合作协议书的学校的在校生才可以申请贷款。

（2）申请人提出申请。学生本人或其亲属、法定监护人到家庭所在地或学校所在地的银行信贷部门提出贷款申请，并填写个人助学贷款申请书。

（3）向银行提供如下资料：有效身份证件（身份证、户口簿、学生证、工作证等）的原件和复印件两份；学生所在院校出具的学生鉴定材料，如学籍、学习、品德证明等（如果申请信用助学贷款，还要提供贷款介绍人的相关证明）；如果新生报到前在家庭所在地申请担保助学贷款，则要出示就读学校的录取通知书；学校开具的学习期间所需生活费、学杂费以及与学习有关费用的证明；学生向银行提供自己的家庭情况证明材料，包括父母工作单位、身份证复印件、家庭住址、联系电话；亲属或法定监护人申请担保助学贷款则要提供自己的收入证明，以确保按时还清贷款；以抵押和质押方式申请贷款的借款人，应提供抵押物或质押财产权利凭证清单、权属证明及有权处分人（包括财产共有人）同意抵押或质押的证明，由第三方提供保证的，应出具保证人同意担保的书面文件和有关资信证明材料及身份证原件和复印件。

（4）银行进行资信调查。银行收到借款人的借款申请和各项资料后，就要开始一系列的调查：检查借款人提供的资料是否齐全，有无遗漏；检查借款人提供的原件是否真实有效，原件与复印件是否一致，各材料之间是否一致，有无前后矛盾；到学生所在学校了解学生所提供材料是否可靠真实；到学生家长所在单位了解其提供资料是否准确无误，评估其资信情况，以确定其是否有还本付息能力；检查保证人是否有保证能力；检查抵押物或质物的所有权是否属于抵押人或出质人，抵押物或质物是否已被设定抵押等相关情况。

（5）银行审批贷款。所有资料审查合格后，经办银行就可以报上级部门审批，经审批合格后同意贷款的，借款人就要和银行签订个人消费信贷借款合同，申请担保助学贷款的还要视不同情况分别签订个人消费信贷抵押合同、个人消费信贷质押合同，采用保证担保方式的，保证人也要到银行签订个人消费信贷保证合同。另外，贷款银行还要将审批同意的助学贷款申请表副联寄至学生就读学校的有关管理部门，学校要将此表存入学生档案。

（6）签订合同。借款人申请助学贷款的借款合同一般包括以下内容：借款人所在学校、院系及专业的名称；借款人姓名和身份证号码；借款人父母姓名、身份证号码、工作单位；已婚借款人应填写配偶姓名、身份证号码；借款人家庭地址；还本付息方式；金额、期限、利率、违约罚则；借款人、介绍人、见证人和贷款人的签字盖章，并备注以上有关当事人的联系方式；借款人承诺按时履约还款，并保证毕业后在贷款没有还清之前向贷款人提供有效的联系方式；其他条款。

三、旅游消费贷款

1. 个人旅游消费贷款的对象与条件。个人旅游消费贷款的对象为有拟申请贷款银行所在地的常住户口和固定住所，且具有完全民事行为能力，年龄在20 ~ 65 岁的中国公民。旅游消费贷款只对个人的旅游消费发放贷款，不对法人发放消费贷款。考虑到老年人对旅游的需求有日趋增长的趋势，旅游消费贷款对年龄限制较为宽松。申请旅游消费信贷借款人必须具备以下条件。

（1）具有稳定的经济收入或具有偿还贷款本息的能力，且无不良记录。旅游消费贷款作为一种商业性贷款，它要求借款人必须在约定的期限内以约定的方式全部偿还贷款本息，因此借款人收入来源的稳定性及收入水平的高低，是银行决定是否发放贷款所要考虑的首选条件。同时，借款人信用程度高低，也是银行决定是否发放贷款所考虑的重要条件。

（2）能够提供具有代偿能力的担保。为了保证贷款的安全回收，银行通常要求借款人提供借款担保。

（3）借款人和作为保证人的自然人在申请贷款银行（支行）以外的其他银行（支行）没有贷款或累计贷款不超过 100 000 元。以防止借款人或贷款保证人因贷款数额过大而缺乏还贷能力。

（4）提供旅游贷款 20% 的首期付款，并存入银行。

2. 旅游消费贷款的贷款方式。旅游消费贷款的方式主要有以下四类。

（1）旅游消费贷款的保证贷款。保证贷款的保证人可以是法人或自然人，对法人的要求是必须具有良好资信和足够代偿能力的企事业单位；对自然人的要求是具有完全民事能力和足够代偿能力，而且没有不良记录。

（2）抵押贷款。目前对抵押担保所提供的抵押物主要是借款人有权处分的本市个人产权房。个人无产权或产权关系不清楚的住房不能作为抵押物。

（3）质押贷款。银行要求借款人提供的质物、质押品必须是国债现券、AAA 级企业债券、本行人民币或外币存单、本行发售的依法可质押的凭证或国债。

（4）信用贷款。信用贷款是指银行单凭借款人信誉发放的贷款。信用贷款风险较大，所以银行在发放这种贷款时一般附加一些较为严格的条件，通常只有少数人才能获得此种贷款。

3. 旅游消费贷款的贷款额度、贷款期限、贷款利率与还款方式。贷款金额起点一般为人民币3 000元，而用凭证式国库券作为质押品的贷款，最低贷款金额为5 000元；国内旅游贷款金额上限为20 000元，国外旅游贷款金额上限为50 000元。旅游消费信贷为短期贷款，其贷款期限一般分为半年和一年两种；贷款利率按中国人民银行公布的定期贷款利率执行，还款方式一般采用期末一次还款和按月等额还款两种形式。

四、个人住房装修贷款

个人住房装修贷款是指银行向个人客户发放的用于装修自用住房的人民币担保贷款。个人住房装修贷款只能是自然人申请，申请的个人住房装修贷款只能用于装修自己居住的住房，而不能挪作他用。

1. 申请个人住房装修贷款的条件。申请人应具备以下条件：（1）必须是年满18周岁至60周岁的自然人；（2）必须有当地的常住户口或有效居民身份证件；（3）向贷款银行提供装修自住房屋的证明材料；（4）必须有稳定、合法的收入来源，有按期偿还贷款本息的能力；（5）能够提供贷款银行认可的担保方式，如抵押、质押、连带责任保证等；（6）向银行提供与装修企业签订的家庭装修工程合同，或与装修材料供应商签订的购买家庭装修材料合同、购买厨卫设备合同；（7）向贷款银行提供家庭装修预算书；（8）必须在贷款银行开立活期储蓄账户；（9）要符合贷款银行规定的其他有关条件。

2. 个人住房装修贷款的额度、期限与利率。个人住房装修贷款的起点为人民币5 000元（含5 000元），最高不得超过人民币150 000元（含150 000元）。其中：如果采用抵押方式进行担保，则贷款额度不得超过抵押物价值的70%；如果采用质押方式进行担保，则贷款额度不得超过质押财产价值的80%；如果采用保证方式担保，则贷款额度不超过50 000元。个人住房装修贷款的最短期限为1年，最长期限不能超过5年（含5年）。个人住房装修贷款利率按照中国人民银行规定的同期贷款利率执行。

第六节 普惠金融领域贷款管理

本章前五节介绍了个人消费贷款管理的一般内容和方法。没有涉及个人生产贷款或个人经营贷款。目前，普惠金融已成为国家金融发展战略的重要支撑，普惠金融领域贷款的管理需要得到高度重视。普惠金融领域贷款既涉及个人生产贷款或个人经营贷款，也涉及个人消费贷款，还涉及小微企业贷款。本节主要介绍普惠金融领域贷款管理的理念和方法。

一、普惠金融的定义与重点领域

根据国务院发布的《推进普惠金融发展规划（2016—2020年）》，普惠金融是指立足机会平等要求和商业可持续原则，以可负担的成本为有金融服务需求的社会各阶层和群体提供适当、有效的金融服务。小微企业、农民、城镇低收入人群、贫困人群和残疾人、老年人等特殊群体是当前我国普惠金融重点服务对象。

依据上述普惠金融的内涵，针对普惠金融重点服务对象发放的贷款一般称为普惠金融领域贷款。

普惠金融作为中国金融改革深化的重要内容，对促进经济发展方式转型升级和经济增长起着至关重要的作用。在中国现阶段，普惠金融不仅应当强调向社会各阶层提供金融产品和服务，还需要重视为普惠对象创新创业及提高劳动生产率提供金融支持，其中贷款是最主要的普惠金融业务。

国家已明确，普惠金融的重点在农村。当前我国普惠金融重点服务对象主要集中在小微企业和农户，因此小微企业贷款和农户贷款是普惠金融的重点领域。普惠金融领域贷款支持社会的弱势群体转变生产方式，支持新业态、新模式、新主体的生产组织，促进分工协作和产业化、规模化生产经营，为提高社会弱势群体收入提供生产资金保障。

普惠金融领域贷款业务的开展应做到服水土、接地气、益大众，应提高小微企业和农户贷款覆盖率，提高小微企业和农户申贷获得率和贷款满意度，提高小微企业、农户信用档案建档率，降低贷款的投诉率。

二、大中型商业银行普惠金融领域贷款的运作原则与经营机制

（一）运作原则

大中型商业银行开展普惠金融领域的贷款业务，需要选择合理的模式，做到扬长避短。大中型商业银行普惠金融领域的贷款业务有直接参与模式和间接参与模式。直接参与模式有：内部机构（如普惠金融事业部）经营或组建专门金融机构（如村镇银行）经营。间接参与模式有：外包给运作良好的中小型金融机构或向中小型金融机构提供贷款支持。以上几种模式，我国大中型商业银行都有涉及。从目前的实践来看，普惠金融事业部制的推行和发展最值得关注。

2017 年 5 月，中国银监会等 11 个部门发布《大中型商业银行设立普惠金融事业部实施方案》，鼓励大中型商业银行设立普惠金融事业部，实行差别化考核评价办法和支持政策，以弥补金融服务短板，增加有效金融供给。

大中型商业银行通过建立健全事业部制开展普惠金融领域贷款业务，需要遵循以下原则。

1. 商业化运作。按照成本可算、风险可控、保本微利的总体要求，加大信贷投入，倾斜资源配置，加强贷款产品和服务模式创新，实现普惠金融事业部信贷业务的长期可持续发展。

2. 条线化管理。建立普惠金融领域贷款条线型垂直管理体系，按照贴近市场和客户的原则自上而下搭建垂直的贷款管理机构，下放贷款审批权限，提高市场反应能力和审批效率，实现普惠金融经营战略的有效传导和落实。

3. 专业化经营。建立专门的普惠金融领域贷款的综合服务、统计核算、风险管理、资源配置、考核评价机制，将内部资源、政策向普惠金融领域倾斜，下沉经营重心，建立健全权、责、利相结合的激励约束机制。

4. 差异化发展。以提升重点薄弱行业、人群、地区信贷服务水平为导向，发挥资金、网络、产品等方面优势，立足客户的生产开发和业务特点，关注新业态新产业，突出重点，提高服务精准性和有效性，形成各具特色的普惠金融领域的贷款模式。

（二）经营机制

大中型商业银行普惠金融事业部是为实施普惠金融服务专业化经营采取的一种内部组织管理模式，应明确事业部业务边界，实施普惠金融领域贷款的条线型垂直管理。在董事会层面，负责制定普惠金融领域贷款业务的发展战略规划、基本管理制度，审议普惠金融事业部的年度贷款计划、考核评价办法。在管理层面，负责落实董事会相关决议，协调、推进全行普惠金融领域贷款业务的管理和发展，并开展普惠金融领域贷款的考评激励工作。在执行层面，由普惠金融事业部承担全行普惠金融领域贷款的政策研究、规则制定、产品研发、风险管理等职责，并按照风险管理的相关要求，合理界定划分普惠金融事业部与其他内设部门之间的贷款管理职责边界。在分支机构层面，设置普惠金融事业部贷款的前台业务部门和专业化经营机构，合理界定职责范围，按照贴近市场和客户的原则，下沉信贷经营重心，下放贷款审批权限。

大中型商业银行普惠金融领域贷款专业化经营机制的主要内容如下。

1. 专门的贷款综合服务机制。制定符合普惠金融需要的贷款管理政策，细化贷款准入政策和标准，建立专项贷款评审机制。根据各地经济金融发展状况和风险管理能力，区分业务种类下放贷款审批权限，简化业务流程，缩短决策链条。

2. 专门的统计核算机制。明确普惠金融领域贷款与其他部门资金之间成本分摊、收益分享的办法，合理确定内部资金转移价格，真实反映普惠金融领域贷款的成本、收益和风险状况，定期生成普惠金融领域贷款统计核算报表。

3. 专门的贷款风险管理机制。根据全行风险管理战略和政策，构建科学的普惠金融领域贷款风险管理制度和体系，足额计提减值准备金，覆盖资产减值风险。强化内部审计功能，防范普惠金融领域贷款的风险。对普惠金融领域贷款确定合理的风险容忍度，落实授信尽职免责制度。

4. 专门的信贷资源配置机制。专门配置普惠金融事业部各项资源，专门下达贷款、经济资本、费用、固定资产、用工等资源计划，为普惠金融领域贷款提供强有力的资源。

5. 专门的普惠金融领域贷款考核评价机制。建立符合普惠金融业务特点的贷款绩效考核制度，完善差异化考核指标体系，构建有效的绩效薪酬管理和激励约束机制。

三、小型商业银行普惠金融领域贷款管理的特色创新

小型商业银行主要指在县域经营的农村商业银行以及村镇银行，以及经营规模较小的城市商业银行，在县域经营的农村信用社也包括在内。小型商业银行重点在县域、农村和城市社区经营。

小型商业银行服务普惠金融主要对象具有一定的比较优势。从信贷市场定位来说，

小型商业银行应当把小微企业和“三农”主体作为贷款业务的主要服务对象，深耕普惠金融市场并获取利润。从自身的比较优势来说，小型商业银行比大中型银行更加贴近基层，更加了解普惠金融主体的贷款需求；因掌握较多的软信息，在服务能力和特点上也就更加适应普惠金融主体的贷款需求。小型商业银行需要在追逐商业利益和承担社会责任之间达到平衡。商业银行的内部绩效评价体系和贷款授权体系要体现这样一种平衡，从而有助于普惠金融领域贷款的开展。

小型商业银行主营业务就是普惠金融。应当充分发挥贴近基层、业务流程简化、决策链条短、实行扁平化管理的基本特点，根据自身条件、当地经济发展状况和普惠对象的信贷需求，创新性地开展普惠金融领域的贷款管理工作。下面介绍两个典型的范例。

（一）浙江泰隆商业银行普惠金融领域贷款准入模式

在开展普惠金融领域贷款业务时，浙江泰隆商业银行（以下简称T行）推行“三品三表”、“两有一无”和“信用+道义”的贷款准入模式，以解决贷款的信息不对称及服务效率的问题。其中，“三品三表”指考察人品信不信得过，产品卖不卖得出，抵押品靠不靠得住，核实水表、电表、海关报表，锁定借款人真实信息。这一贷款准入模式主要用于普惠金融领域的生产经营性贷款。“两有一无”指实行有劳动能力、有劳动意愿、无不良嗜好的客户准入标准，重点聚焦农户的生产经营贷款和消费贷款，贷款金额一般在10万元以内。“信用+道义”指推出保证、信用、道义担保等贷款品种，是“两有一无”贷款准入模式的延伸。以“义融通”道义担保贷款为例，该产品由与借款人具有亲情、友情、爱情等道义关系的第三人提供保证，通过道义担保人对借款人情感上的约束，强化借款人的还款意愿，降低信用风险。T行的贷款准入模式实施效果良好，对小型商业银行开展普惠金融领域贷款业务有一定的示范作用。

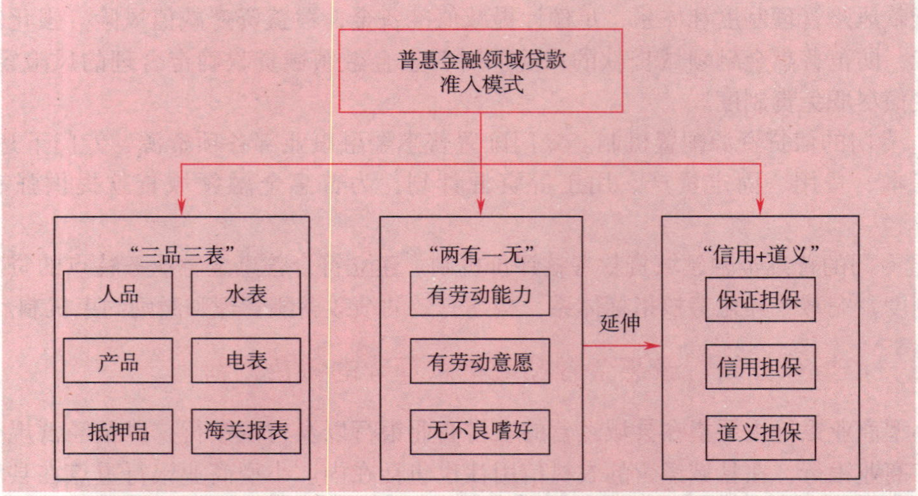

图5-2 T行普惠金融领域贷款准入模式

（二）湖南浏阳农村商业银行推进普惠金融领域贷款良性发展的模式

1. 推进措施

（1）实行“三级管理”。湖南浏阳农村商业银行（以下简称L行）于2008年4月在S支行开展创新小额信用贷款评级授信试点工作，摸索出“政府主导、银行联动、村组推进、农民参与”的“四位一体”小额农户信用贷款评级授信新机制。这一举措得到所在浏阳市（县级市）政府的支持，全市自上而下成立“三级管理”机构。即由市政府牵头，成立由农办、农商行等相关部门为成员单位的小额农户信用贷款评级授信领导小组，负责整体部署和考核验收工作；各乡镇、街道办事处金融工作负责人牵头成立小额农贷评级授信管理小组，负责本辖区工作的安排部署和推动；各村委、社区居委会负责人牵头成立农户信用等级评定工作小组，负责对农户信息采集、等级初评、贷款协管等工作，形成市、乡（镇）、村主导推动和农商行纵横互动的推进合力。

（2）严把“三道关口”。一是把好信息采集关。以村级农户信用等级评定工作小组为主体，支行客户经理全程参与，对所有农户逐村逐户认真采集信息，详细填制表格，所采集信息由农户户主签字确认。二是把好评级授信关。具体分三步：首先是等级初评。村级工作小组按照据实评分、民主决策的原则，对所采集信息的农户初评划级。其次是审核复评。乡镇工作小组对初评结果逐一分类，逐一筛选，有选择、有重点地进行上户交叉核实，确保信息采集真实可靠，复评结果客观公正。最后是检查确认。由管辖支行组织客户经理对各村评级授信情况进行交叉检查，对授信偏离度进行抽查确认，对信用等级在“优秀”及以上的进行逐笔核查，确保评级授信的准确性。三是把好信息公示关。整个评级授信过程需进行两次公示，一次是村级工作小组对辖区内农户信用等级初评结果张榜公示，5个工作日无异议后，将初评资料上报乡镇评级授信管理小组审核；另一次是对审核复评结果及时对外张榜公示，全面接受群众监督。

（3）开展“三项创新”。一是提高授信额度，满足有效需求。根据农户家庭净资产、年均纯收入、信用记录等情况，将农户信用等级划分为“一般”“较好”“优秀”“特级”四类，最高授信额由最初的5 000元调整为10万元。农户凭农户贷款证及有效身份证明，可直接在就近营业网点贷款，在授信额度内随借随贷，无须任何抵押担保。二是实行动态管理，及时调整授信。为确保评级授信持续有效，从2008年起L行实行农户贷款证年审机制，每年第一季度集中开展年审工作，根据农户信用情况适时调整信用等级，对有需求的农户开展新一轮等级评定。2018年第一季度开展的年审，L行对66 594户农户进行了信用等级调整，新采集农户信息102 605户，进行了评级授信，评级授信覆盖面由原来的86%提高到95%。三是降低准入门槛，给予优惠政策。对本地农户、居民和外地承包户从事农业生产或经营的，只要信用良好，均可申请小额信用贷款。一经评级，及时核发农户贷款证，对信用户贷款执行利率下浮10%。

（4）完善“三项机制”。一是完善考核激励机制。以按量计酬为考核载体，对客户经理实行分片划块、包干负责、量化考核，将小额农贷笔数、客户增量与客户经理收入挂钩，实行贷款农户增量、覆盖面和到期贷款收回率同时考核，充分激发客户经理的主动性和责任意识。二是完善贷款流程机制。设立小额农贷服务专柜，信贷内勤既负责信贷管理系统的用信流程，又负责综合业务系统的放贷手续，切实做到“柜台受理、凭证放款”的服务承诺。三是完善监督机制。按照“作风实不实、服务好不好”的监督标准，在公众媒体和《农户贷款证年审公告》上公开投诉电话，主动接受群众监督，及时处理客户反映的情况，提高群众满意度。

（5）推行“三项奖补”。各村评级授信工作小组均安排1~2名小额农贷协管员，负责到（逾）期贷款的信息收集反馈和协助农户贷款证年审工作。为确保协管到位，L行实行了三项协管经费奖补。即分别按农户信息采集2元/户、农户贷款证年审2元/本、辖区内凭证放贷累计发生额的1.5‰计付工作经费，按年奖补；若辖区内小额农贷不良贷款率增加，则相应扣减。这样既调动了村级协管的积极性，又提高了农户信用贷款的安全性。

（6）抓好“三个结合”。一是与乡镇目标考核相结合。浏阳市政府将小额农贷评级授信纳入《浏阳市乡镇目标考核办法》，每个年度对乡镇目标的考核中，明确规定小额农贷评级授信情况计1分，充分调动乡镇工作的积极性。二是与清收不良贷款相结合。以推进小额农贷为契机，借助各方力量，形成清非合力，探索农户不良贷款委托村组清收办法。自2014年开始，L行共收回不良贷款本息3 036万元。三是与信用创建工作相结合。浏阳市政府下发了《浏阳市乡（镇、街道）金融生态评估办法》《浏阳市信用

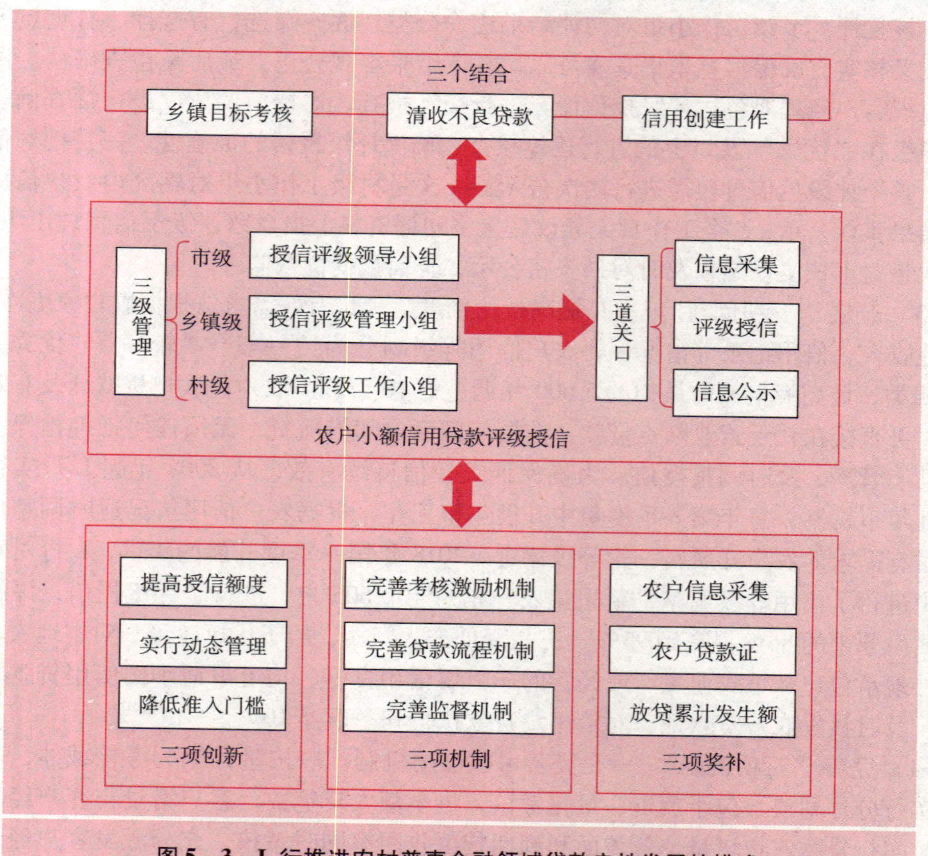

图5-3 L行推进农村普惠金融领域贷款良性发展的模式

乡（镇、街道）、村（社区）评定办法的通知》，将小额农贷评级授信面、小额农贷投放量、不良贷款率等综合指标，作为信用乡（镇、街道）、村（社区）、户评定的依据，根据评定结果分别施以不同的信贷政策，有力推动了乡村信用建设。截至 2018 年 6 月末，L 行小额农贷不良率由 2015 年的 3.49% 降至为 1.06%，小额农贷不良率呈逐年下降趋势。

2. 工作成效

（1）带动了农村小额贷款的发放。截至 2018 年 6 月末，L 行完成采集农户家庭经济信息 33.26 万户，评级授信 30.59 万户，评级授信面达 95%，授信金额达 95 亿元。已发放农户贷款证 26.25 万本，2018 年上半年凭证放贷 4.65 万户，金额达 26.16 亿元。截至 2018 年 6 月末，L 行有贷款客户 82 305 户，其中 10 万元以内农户信用贷款客户 65 120 户，占比 79%。

（2）改善了农村信用环境。新一轮评级授信的持续深入开展，使当地诚信氛围发生了明显改观。截至 2018 年 6 月末，L 行农户信用贷款到期收回率达 98% 以上，信用贷款不良率控制在 2% 以内。建立信用乡镇 5 个，信用村（社区）182 个。

（3）促进了银行业务可持续发展。截至 2018 年 10 月末，L 行资产 363.63 亿元，负债 319.42 亿元，所有者权益 46.21 亿元。其中，各项存款 305.67 亿元，较 2014 年末净增 132.49 亿元，年均增幅为 15.26%；各项贷款 217.40 亿元，较 2014 年末净增 86.88 亿元，年均增幅为 13.60%；不良贷款率为 1.18%，资本充足率为 16.32%，拨备覆盖率为 374.24%，拨贷比为 4.4%，杠杆率为 9.32%。2014 年以来，累计实现经营利润 43.32 亿元。L 行的行业管理综合评价为一类一级行，监管评级为“2B 级”标杆银行。

第七节 案例分析

案例一：个人住房组合贷款的计算及分析

（一）情况介绍

张力看中了一套 80 平方米的住房，房价是 4 000 元/平方米，房款为320 000元，按照规定，申请个人住房贷款必须首付 30%，即张力自己必须有 96 000 元房款用于首付，余下的 224 000 元房款靠贷款支持。贷款期限 5 年，按月等额还款。

张力和他的妻子每人每月缴纳住房公积金 150 元，而且这对夫妻正好都是 30 岁，根据《个人住房贷款管理办法》的规定：“公积金贷款额度最高不得超过贷款家庭成员退休年龄内所交纳住房公积金数额的 2 倍。”张力能够申请到的住房公积金最高额度为

$$150 \times 12 \times 55 \times 2 = 198\ 000\text{（元）}$$

如果公积金贷款为 200 000 元，余下的 24 000 元就只能依靠商业银行的个人住房担保贷款了。根据个人住房组合贷款的规定，其利率是“按实际的贷款资金比例分别计算

住房公积金的优惠利率和商业性个人住房贷款利率”。张力申请的贷款期限是5年，公积金贷款年利率为5.13%，按揭贷款的年利率为7.74%。

（二）分析

200 000元公积金贷款的每月还款额：

$$每月还款额=\frac{贷款本金\times 月利率\times (1+月利率)^{还款月数}}{(1+月利率)^{还款月数}-1}$$

$$=\frac{200\ 000\times 4.275‰\times (1+4.275‰)^{60}}{(1+4.275‰)^{60}-1}=3\ 790.12（元）$$

24 000元按揭贷款的每月还款额：

$$每月还款额=\frac{24\ 000\times 6.46‰\times (1+6.46‰)^{60}}{(1+6.46‰)^{60}-1}=483.79（元）$$

张力每月共需偿还借款本息总额为4 273.91元（即3 790.12+483.79）。

（三）问题

该案例所求等额本息还款法的月还款额，除上述计算方法外，是否还有其他方法？如果采用等额本金还款法计算月还款额与前述方法计算的月还款额有多大差异？你认为张力应选择上述两种方法中的哪种还款方式更好？为什么？

案例二：汽车消费贷款的计算及分析

（一）情况介绍

肖强2002年大学毕业后一直在省城一家电信公司供职，月薪5 000元；肖强的妻子姜小娟在一所中学当教师，月收入1 500元。夫妇结婚已两年，两个人一直希望有一个自己的家，于是决定申请按揭贷款购买商品房，在用积蓄支付了8万元的首付款后，每月还款1 600元。当夫妇二人心满意足地拥有属于自己的一片天地时，他们又有了新的梦想：拥有一辆私家小汽车，既方便自己工作，又能享受驾车的乐趣。但是，付完住房的首付款后，他们的积蓄所剩无几，于是，他们依旧选择申请贷款购买小汽车。为了早日实现购车梦，他们利用休息时间先后到几家商业银行咨询，了解个人申请汽车消费贷款的条件、程序、利率、期限、还款规定等。

不久，肖强在报纸上看到一篇关于申请汽车消费贷款的有关报道，惊喜地发现：现在很多汽车经销商考虑到消费者个人到银行申请汽车消费贷款的种种不便，为了方便消费者，减轻消费者的负担，与银行和保险公司联手推出1～2年期的个人汽车消费贷款产品，消费者只需用所购车向银行抵押担保，经销商为消费者向银行提供保证担保，而且所有购车程序由经销商代理完成，购车手续如公证、汽车上户、上牌、抵押登记等也可在经销商处一次完成，从而使消费者尽早提取新车。报纸上的报道使肖强为之振奋，他迫不及待地通知妻子一起找到汽车经销商，并向市商业银行枫林支行递交贷款购车申请。

（二）贷款过程

肖强夫妇向枫林支行提出贷款购车申请，并按要求填写个人汽车消费贷款调查表。肖强夫妇向银行提供以下相关手续。

提供××市城区城镇户口；肖强的免冠一寸照片6张；肖强的身份证原件及3张复印件以及其妻子姜小娟的身份证原件及3张复印件；夫妇二人的户口簿原件及3张复印件；派出所大厅计算机打印的肖强及其妻子姜小娟的“详细信息浏览单”并盖户籍专用章；居委会、房产物业管理等部门开出的常住地证明及房产证复印件；经银行认可的相关收入证明（肖强所在电信公司出具）。

肖强提供的资料经银行审查合格后，与银行签订汽车消费借款合同，并在银行交纳车辆保险费，一般来说，保险期限不能低于贷款期限。如果肖强所购汽车价值超过10万元，还应该向银行提供其他资产并经有关部门同意。肖强相中的汽车是某品牌1.6L自动豪华型，车价为142 000元，需首付42 600元（大约为车价的30%），从银行申请的贷款额为99 400元。根据汽车经销商的要求，银行可以为肖强提供6个月、12个月、18个月、24个月、30个月、36个月的不同期限的贷款。汽车消费贷款的本金和利息的归还一般都采取等额本息还款法。目前年利率为：半年期6.21%，1年期7.20%，1年半期至3年期7.29%。

几天后，贷款审批表格批下来，肖强就可以到汽车经销商处选车并缴纳首付款。

肖强应及时向银行指定的保险公司提供所选车的车型号及发动机号，以便保险公司出具保险单据。

肖强和银行还要到公证处对所签订合同进行公证。

待完成上述手续后，汽车经销商便可办理汽车上户手续并将汽车交给肖强。

以上这些手续全部在汽车经销商的现场一次性办理，最短3个小时，最长7天，肖强便可以拿到自己的车。对肖强来说真是既简单又方便，既解除了来回奔波之苦，又减轻了肖强的负担。

肖强每月按时向银行归还贷款，贷款全部归还完之后，肖强就可以到银行办理贷款结清手续。

（三）问题

根据所给计算公式，试分别计算贷款期限为半年、1年、3年等不同情况下肖强夫妇的月还本付息额。

根据肖强夫妇目前的收入及债务情况，你认为选择还款期限多长为好？为什么？

如果肖强夫妇目前没有任何积蓄，那么你认为选择1.6L自动豪华型车型是否恰当？若不当，请为其设计一款更为恰当的车型。

案例三：国有大型商业银行全流程线上普惠贷款

（一）案例背景

近年来，国有大型商业银行利用大数据、人工智能、云计算等互联网技术开发线上贷款产品，推动普惠金融服务转型升级。本案例简要分析国有大型商业银行运用金融科技开展全流程线上普惠贷款情况。

（二）案例介绍

6家国有大型商业银行均推出全流程线上普惠贷款产品。

1. 工商银行。2018 年，构建“小微 e 贷”产品体系，着力打造“经营快贷”“网贷通”“线上供应链融资”三大线上信贷产品。加大经营快贷产品研发力度，提供覆盖小微客户各类生产经营场景的大数据融资服务；优化提升网贷通业务体系，创新推出“e 抵快贷”，实现房产在线评估和贷款智能审批；持续完善线上供应链融资产品体系，利用区块链技术创新打造核心企业信用跨层级流转工具“工银 e 信”，覆盖全产业链客户融资需求，积极拓展线上供应链业务。

2. 农业银行。2018 年，运用金融科技，创新线上融资产品，推出全线上纯信用的小微企业法人信贷产品——“微捷贷”，实现“秒申”“秒审”“秒贷”；创新供应链金融模式，发展“数据网贷”业务，向核心企业上下游小微客户提供全线上融资服务。2019 年，实施数字化转型战略，在平台打造、线上融资、场景构建、数据治理等方面取得明显进展；构建“农银小微 e 贷”“农银个人 e 贷”“农银惠农 e 贷”和“农银产业 e 贷”四大线上融资产品体系。

3. 中国银行。2019 年，投产“中银 e 贷 · 经营贷”“中银 e 贷 · 税易贷”“中银来聚财”等普惠贷款产品。2020 年，进一步通过金融科技赋能普惠金融，创新“中银企 e 贷”线上融资产品体系，推出“中银 e 贷 · 信用贷”“中银 e 贷 · 银税贷”等产品。借助互联网与大数据技术，依托风控模型对小微企业进行综合评价，实现客户申请、审查审批、提款还款等在线服务。2021 年，开发“惠如愿”普惠金融系列线上产品，为小微企业提供“零接触”在线信贷服务。

4. 建设银行。积极推进小微企业金融业务，探索可持续的新机制、新模式、新服务，取得显著成效。自 2012 年起，研究“小微快贷”模式，积累数据和创建模型，借鉴零售业务理念，利用 6 万多户小微企业、数亿条数据信息，创新小微企业评分卡，建立了区别于大中型企业的贷款评价方式和流程。2017 年，突破传统线下融资模式，推出互联网融资平台——“小微快贷”，实现全流程网络系统化操作，为小微企业快速放款。

5. 交通银行。2018 年，推出“线上优贷通”“线上税融通”和“线上抵押贷”等全线上标准化小额信用贷款产品。2019 年，以“在线评估授信审批 + 线下标准化核实调查”相结合方式，推出“在线抵押贷”产品。2020 年，围绕客户需求打造“普惠 e 贷”线上综合融资产品体系，支持客户灵活选择“个人或法人”作为借款主体，自助采用“抵押、信用或保证”方式，提升普惠金融的便利性，当年小微企业贷款净增额“普惠 e 贷”占比近 78%。2021 年，实现线上标准产品与个性化场景定制产品“双轮驱动”，“普惠 e 贷”余额较上年增长 94%。

6. 邮政储蓄银行。2017 年，创新小微金融服务模式，推进小微金融与“互联网 +”相融合，加强大数据技术在营销方面的应用，有效提升小企业信息采集及其分析的能力。2018 年，积极引入第三方数据，推出全流程在线化的“小微易贷”产品。2019 年，以数字化和标准化为核心，优化线上贷款产品，着力打造小额“极速贷”等大数据拳头产品，通过细分客户，运用税务、发票、电力等数据建立综合评价模型，实现客户信用的精准画像与快捷评价。

根据可获得的普惠贷款数据，整理出表 5－3 作为示例，说明国有大型商业银行近三年线上普惠贷款规模逐年大幅提高，较好地满足了小微企业、农户和个体工商户“短、小、频、急”的融资需求。

表 5－3 3 家国有大型商业银行线上普惠贷款规模 单位：亿元

银行名称	产品及规模	2019 年	2020 年	2021 年
农业银行	线上产品	农银 e 贷①	农银 e 贷	农银 e 贷
	放贷规模	余额：5 894	余额：13 200	余额：超过 20 000
建设银行	线上产品	小微快贷	新模式产品②	新模式产品
	放贷规模	累计：超过 17 000	累计：超过 36 000	累计：59 300
邮政储蓄银行	线上产品	线上小微贷款③	线上小微贷款	线上小微贷款
	放贷规模	余额：2 050	余额：4 570	余额：7 131

注：①农业银行的农银 e 贷包括“农银小微 e 贷”、“农银个人 e 贷”、“农银惠农 e 贷”和“农银产业 e 贷”四大线上融资产品。

②建设银行的线上新模式产品包括“小微快贷”、“裕农快贷”、“交易快贷”和“个人经营快贷”。

③邮政储蓄银行线上小微贷款产品包括“小微易贷”和小额“极速贷”等产品。

数据来源：各商业银行年报。

（三）线上普惠贷款的比较优势

1. 全流程在线操作，便于客户快捷使用。6 家国有大型商业银行推出的线上普惠贷款产品均实现了全流程在线操作。小微企业无须提供烦琐的纸质贷款申请材料，不用到银行网点，在办公室或在家就能办理，通过多种电子渠道，包括网上银行、手机银行、智慧柜员机等，自助申请、实时审批、在线支用，真正实现“秒申请、秒审批、秒放款”。

2. 运用大数据进行风险识别。与传统银行过度依赖企业提供足额有效抵押物和种类繁多的财务报表不同，线上普惠贷款对客户的金融资产、押品、信用状况、业务办理等信息，运用大数据技术进行全方位评价，并引入政府政务平台、法院和中国人民银行征信系统等第三方数据，综合采用数字化手段实现精准识客、有效获客、押品在线评估、自动审批。在风险管理方面，银行运用大数据技术对客户各项数据的变化情况进行分析，强化贷后智能化和差异化监控。

3. 贷款随借随还，降低融资成本。金融科技的应用降低了普惠贷款的运营成本。在普惠贷款给予的授信额度和有效期内，按日计息，根据用款需求随支随还，贷款用时才计息，还款后立即停止计息，客户融资成本大大降低。除贷款利息外，无任何中间费用，不存在担保中介、保险、评估、咨询等费用。

4. 金融科技推动普惠金融快速发展。国有大型商业银行运用金融科技，不断加大线上产品创新力度，持续丰富普惠贷款产品体系，促进普惠金融向精准化、集中化、智能化方向发展，提高了普惠金融的覆盖率、可得性、便捷性和满意度，推动了普惠金融的快速发展。

[本章小结]

1. 商业银行个人消费贷款是商业银行向消费者个人发放的用于购买消费品或支付其他费用的贷款，可按不同的标准进行分类。个人消费贷款不同于公司贷款，具有广泛性、目的性、层次性、利率“黏性”、周期敏感性及贷款方式多样性等特点。

2. 个人消费贷款信用评估是有效解决由于信息不对称而导致的消费信贷逆向选择和道德风险的重要方法。信用评估的实质是运用一定的公式和规则，通过个人信用分值来评估客户的可信度，从而决定是否放款及放款的额度。

3. 住房抵押贷款是消费贷款的重要形式，其贷款对象是具备完全民事行为能力的自然人，其贷款发放需具备一定的条件。

4. 住房抵押贷款的市场运作分为一级市场运作和二级市场运作，其中，一级市场是贷款的发行市场或启动市场，二级市场是住房抵押贷款的买卖和交易市场。

5. 住房抵押贷款担保证券，是在将流动性差的贷款转换包装、改造成流动性强的可出售的证券过程中产生的，这一过程习惯上称为证券化。

6. 汽车消费贷款是我国目前最具发展潜力的消费贷款品种，获得汽车消费贷款必须符合相关规定条件。

7. 其他消费贷款主要包括个人耐用消费品贷款、个人助学贷款、旅游消费贷款、个人住房装修贷款等，不同的贷款方式，其贷款对象、相关条件要求是不一样的。

8. 普惠金融领域发放的贷款主要有小微企业贷款和农户贷款。

9. 大中型商业银行普惠金融事业部是为实施普惠金融服务专业化经营采取的一种内部组织管理模式。

10. 小型商业银行主要指在县城、社区经营的农村商业银行和村镇银行，以及经营规模较小的城市商业银行。

[本章重要概念]

个人消费贷款　按揭贷款　可调整利率住房抵押贷款　消费信贷信用评估
可转换住房抵押贷款　住房抵押贷款证券化　汽车消费贷款　旅游消费贷款
个人助学贷款　普惠金融　普惠金融领域贷款

[练习题]

一、判断题

1. 关于贷款利率敏感性，个人消费贷款和大多数企业贷款是完全一样的。（　　）

2. 商业银行在开展消费贷款业务时，为保证银行资产质量，增加银行收益，应当追求消费贷款违约率最小化。（　　）

3. 个人住房抵押贷款是指借款人以所购买或所拥有的住房作为抵押向金融机构申请

贷款，并按借款合同规定履行还本付息的义务。（　）

4. 两步式住房抵押贷款，是指在第一年的还本付息额低于按标准的固定利率住房抵押贷款计算的还本付息额，以后以一个固定的比率上升，直到偿还全部本金。（　）

5. 汽车消费贷款的贷款期限（含展期）最长不得超过10年，借款额最高不得超过购车款的80%。（　）

二、多选题

1. 商业银行在发放个人消费贷款前，需要对申请人进行信用评估。建立科学、合理、规范的消费贷款信用评估体系，是推动商业银行开展消费贷款业务的有效保证。那么，构建科学、完整的消费贷款评价指标体系应遵循的原则包括（　）。

A. 全面性　B. 合法性　C. 可操作性　D. 科学性

2. 个人住房抵押贷款的种类包括（　）。

A. 标准的固定利率住房抵押贷款　B. 可调整利率住房抵押贷款
C. 买下住房抵押贷款　D. 较短期限的住房抵押贷款
E. 分级支付住房抵押贷款

3. 个人住房抵押贷款的一级市场运作，其过程有（　）。

A. 接受申请　B. 向申请人提供有关贷款的信息
C. 贷款调查与评估　D. 完成贷款手续
E. 贷款买卖和交易

4. 个人住房抵押贷款的偿还及其方式是借款人最为关心的问题之一，1年期以上的贷款的还款方式有（　）。

A. 等额本息还款法　B. 等额本金还款法
C. 等比例还款法　D. 比例还本法
E. 到期一次还本付息法

5. 以下属于消费贷款的是（　）。

A. 住房抵押贷款　B. 汽车消费贷款
C. 个人耐用消费品贷款　D. 个人助学贷款
E. 旅游消费贷款

三、简答题

1. 试述消费贷款的特点和作用。
2. 发展消费贷款有何重要意义？
3. 如何进行住房抵押贷款的一级市场运作和二级市场运作？
4. 住房抵押贷款有哪几种偿还方式？
5. 旅游消费贷款的对象和条件有哪些？
6. 小型商业银行服务普惠金融主要对象的比较优势有哪些？

四、论述题

1. 论述我国商业银行进一步扩大消费信贷业务的现实条件。
2. 论述美国次贷危机对我国住房抵押贷款证券化的启示。

练习题答案

3. 论述开展普惠金融领域贷款业务的必要性。

[教学辅助材料相关链接]

《个人贷款管理暂行办法》

《关于推动建立金融服务小微企业敢贷愿贷能贷会贷长效机制的通知》

国务院关于印发推进普惠金融发展规划（2016—2020年）的通知

普惠金融的货币政策支持

《关于开展“携手行动”促进大中小企业融通创新（2022—2025年）的通知》

中国农业银行“农村个人生产经营贷款”

第六章

商业银行证券投资管理

证券投资不仅能为商业银行带来利润，而且有利于商业银行进行流动性管理、资产优化配置、利率风险管理等，是商业银行实现其管理基本目标的重要业务活动。证券投资已成为商业银行除贷款和存款外的第三大表内业务。

第一节　商业银行混业经营趋势

世界各国的商业银行经营模式可以分为专业银行制和全能银行制，与此相对应的两种银行管理是分业经营体制和混业经营体制。在分业经营体制下，银行、证券、保险和信托各行业间有着严格的业务限制，金融机构不能在经营银行业务的同时又经营证券、信托和保险业务。在混业经营体制下，经营机构可以提供包括银行、证券、信托和保险业务在内的全方位金融服务。从国际银行业（以美国为代表）经营体制的演变过程来看，主要经历了从混业经营到分业经营，再从分业经营到混业经营的演变历程。

一、美国银行经营体制的演变历程

（一）20 世纪 30 年代以前的混业经营时期

20 世纪 30 年代以前，尽管美国《国民银行法》对银行兼营证券业做了一些限制，但并不严格。当时商业银行可以通过两种方式涉足证券市场：一是利用存款投资于股票、债券；二是向证券投资者直接发放贷款。这一时期银行业务具有综合化、自由化的特点，包括存款、贷款、汇兑、证券、信托等。早期的美国证券市场是自发性市场，联邦政府没有任何监管措施，证券的发行和交易几乎没有限制。因此，这一阶段基本上属于混业经营。

（二）分业经营体制确立时期

1929 年 10 月，美国纽约股市暴跌，引发了美国历史上影响最大、危害最深的经济衰退。这场股灾持续了多年，影响波及英国、德国、法国、意大利、西班牙等国家，最终演变为西方资本主义世界的经济危机。在这次危机中，仅美国就有 5 000 多家银行倒闭，银行总数由 25 000 家减少到 14 000 家，金融企业遭到毁灭性打击。事后舆论普遍认为，证券与银行的混业经营是危机爆发的主要原因。其具体过程如下：银行受到高收益但同时也是高风险的证券市场吸引，将大量短期资金投入进去，一旦证券市场崩溃就会使众多从事证券业务的银行倒闭，并产生“多米诺骨牌效应”，从而导致整个金融系统的瘫痪。在此背景下，由当时的民主党参议员卡特·格拉斯和众议员亨利·斯蒂格尔提议的《格拉斯—斯蒂格尔法》在国会获得通过。该法规定：禁止商业银行、投资银行、保险公司相互渗透；禁止商业银行参与包销、买卖证券及集团证券业务，只允许以经纪人的身份在美国的债券市场活动；商业银行不得设立从事证券业务的分支机构，其员工也不得在各种证券机构兼职；商业银行从证券市场获得的收益不得超过总收入的10%；授权联邦储备系统监管定期存款利率，并禁止对活期存款支付利息。其后，美国又先后出台了《1934年证券交易法》、1956年《银行控股公司法》、1968年《威廉姆斯法》等一系列法案，逐步形成了金融分业经营制度。

（三）从分业经营到混业经营时期

20世纪70年代以后，随着全球经济的发展和布雷顿森林体系的崩溃，美国传统商业银行面临的挑战日益激烈。一方面，由于金融监管，存款机构的资金来源、利率水平都受到严格限制。美国20世纪70年代出现物价狂涨的局面，民众的存款迅速外流到基金、证券公司、保险公司等非银行金融机构，出现“脱媒”现象，从而造成商业银行资金流失，竞争力下降。另一方面，电子技术广泛应用于金融领域，金融创新层出不穷，使得金融交易成本大大降低，传统商业银行的业务日益萎缩。此外，美资银行还受到欧洲、日本全能银行的冲击，国际竞争力明显下降。这样，商业银行开始挑战《格拉斯—斯蒂格尔法》，问津投资银行业务。美国金融分业经营体制开始动摇。

20世纪80年代，美国银行分业经营体制进一步松动，1980年通过了《吸收存款机构放松管制和货币控制法》，1986年完全废除了对银行存款利率的限制，1987年授权部分银行持股公司通过其子公司介入证券业务，1989年批准商业银行承销企业债券。特别是20世纪90年代以后，美国国内要求放松金融管制的呼声更高。1990年美国财政部在《关于金融体系全面改革的报告》中指出：为增强银行的竞争力，应允许商业银行从事包括证券业务在内的所有金融业务。此后，美国开始初步放松对银行的管制。首先是限制银行地理扩张的州内和州际法规初步突破或废除。从1991年的《存款保险和监管改革法》《金融机构安全和消费者选择法》，到1994年的《里格—尼尔1994年银行跨州经营和跨州设立分行之效率法》，最终准许银行在全国范围内设立分支机构，标志着早已名存实亡的单一银行制退出历史舞台。其次是《格拉斯—斯蒂格尔法》的突破和废除。1995年5月美国众议院银行委员会通过了《金融服务竞争法》，开始允许商业银行从事一些证券业务，商业银行可以承销一些证券，投资银行可以提供类似现金账户的产品，有的甚至可以提供信用卡服务。这种战略调整推动美国商业银行不断成长壮大，使美国真正意识到废止《格拉斯—斯蒂格尔法》的必要性和重要性。在1999年11月4日，美国参众两院通过了《金融服务现代化法》，废除1933年制定的《格拉斯—斯蒂格尔法》，允许银行业、证券业、保险业相互跨行业经营，使得混业经营模式在法律上得以确立，标志着美国金融业放弃分业经营，进入混业经营的新纪元。

二、中国金融分业经营制度的形成过程

新中国成立后一直到20世纪80年代中期证券市场出现以前，银行业在中国金融体系中长期占据主导地位，间接融资一直是企业融资的主渠道，其他非银行金融业务在国家金融体系中所占份额极少甚至是空白。证券市场出现以后，最先由银行承担证券中介业务，各专业银行的信托投资公司成为证券业务发展的主力军。同时，财政部门、保险公司也纷纷涉足证券业务。这期间，中国金融业实质上进入了混业经营时代。

进入20世纪90年代以后，我国设立了上海证券交易所和深圳证券交易所，全国兴起了证券投资热潮。在证券市场发展初期，我国的金融体制极不完善，各项金融法规很不健全，金融监管相对比较薄弱，市场投机性很强。在传统银行、证券、保险互相兼营的情况下，大量资金从银行、保险公司进入股市，甚至国有企业的生产建设资金也进入股市，导致股市暴涨暴跌。这不仅不利于证券市场的持续稳定发展，而且影响银行体系的安全性，损害广大投资人的利益，导致社会金融秩序混乱，威胁国家宏观金融安全和社会稳定。因此，客观上要求实行分业经营制度。

1995年在北京召开的全国金融工作会议正式提出了中国金融分业经营的原则和精神，同年5月，第八届全国人大常委会第13次会议通过了《中华人民共和国商业银行法》，其中第四十三条规定，商业银行在中华人民共和国境内不得向非银行金融机构和企业投资。这里的商业银行包括外资银行、信用合作社以及邮政储蓄机构，从法律上正式确立了金融分业经营制度。1999年7月1日，《中华人民共和国证券法》正式生效，其中第六条明确规定：银行、保险、证券、信托实行分业经营，分业管理。《中华人民共和国商业银行法》《中华人民共和国证券法》《中华人民共和国保险法》《中华人民共和国信托法》，共同构筑了中国金融分业经营的法律基础。在监管体系上，证券、保险、银行监管职能先后从中国人民银行分离出来，成立了中国证监会、中国保监会和中国银监会，构成了中国金融分业经营的监管体系。

三、分业经营与混业经营利弊分析

（一）分业经营的优势和混业经营的劣势

分业经营体制是为克服混业经营体制的弊端而确立的，混业经营的弊端主要体现在风险控制和监管难度较大，分业经营体制的积极作用集中体现在以下两个方面。

1. 有利于维护金融体系的安全。分业经营的优点就体现在其在商业银行业务和非商业银行业务之间设立了一道防火墙，从而将风险锁定在各自的领域内，降低了风险监控的难度，增强了金融体系的安全性。实行分业经营、分业管理以后，银行自身不能参与证券业务，也不能与证券公司建立和维持稳定的关联关系，因而证券市场上的任何变化都不会对银行的安全与稳定产生威胁，公众也不会因银行在金融市场上扮演不同的角色而产生利益冲突，进而丧失对银行的信任，并引发金融危机，这有利于金融体系的安全运行。商业银行参与证券业务或者其他非银行业务，安全性肯定会受到影响，因为从本质上讲，证券业的风险远远大于银行业。当然也有一些学者对此持反对意见，根据他们

的统计分析，结论是当银行将一部分资金投入证券业务时，其增加的盈利能力增强了银行的支付能力，其倒闭的可能性会降低。但是，实际上造成这种情况的原因并非是商业银行参与了证券业务，而是它们在参与证券业务时采取了有效的风险控制措施。尽管从理论上讲，银行介入证券业会因经营多元化降低风险，但实际上当银行因迫于竞争压力和对高利润的盲目追求而将一部分资金投入证券业务时，会面临更大的风险。对美国银行控股公司行为的研究表明，比较富于进取心的金融机构都倾向于利用其被扩大的投资权进一步提高总体风险。同时，由于银行债务具有短期性、流动性的特点，可能会到期无法还本付息，从而损害存户的利益和银行的信誉，并由此导致金融危机。

2. 有利于监管。实行分业经营以后，风险控制难度和监管难度都相应降低，金融监管部门无须过多考虑多种业务交叉带来的监管问题。从根本上讲，在分业经营体制下，监管机构的职能主要体现在：一是依法设置防火墙并维护其有效性，防止分业后的各部门进行业务交叉和信息交流，防止利益冲突、风险扩散情况的发生；二是明确监管范围，保证从事不同业务的机构由不同的监管机构监管，使各个监管机构在各自监管的范围内更为集中地发挥其监管效力，保证对各金融经营机构的健全经营实施管理。

（二）分业经营的弊端和混业经营的优势

自分业经营体制确立以后，人们对它的争论就一直没有停止过。分业经营体制在发挥其积极作用的同时，也带着自身难以克服的弱点。作为一种人为的分割市场的做法，分业经营体制不利于市场资源的充分利用，降低了资源配置效率，具体来说有以下弊端。

1. 商业银行业务范围受到限制，难以获得更大发展。商业银行被禁止从事证券业务，发挥空间被人为缩小，所拥有的资金、设备、信息和人力资源优势得不到充分有效的发挥，不能提供全面优质的金融服务，丧失了许多获利的机会，削弱了银行参与金融业竞争的实力，难以获得更大的发展。

2. 造成市场垄断，缺乏有效竞争。20 世纪 80 年代后期，在美国证券市场上，5 家最大的商业票据承销商占有 90% 的市场；5 家最大的公司债券承销商占有 70% 的市场；5 家最大的股票承销商占有一半以上的市场。可以说，分业经营这种体制在有效阻止商业银行参与证券市场的竞争造成商业银行垄断的同时，也造成了证券公司的垄断局面。

3. 金融机构运行成本增加，效率降低。市场分割和垄断的必然结果就是增加运行成本，降低经营效率。因为在一定的条件下，规模的放大能够产生成本降低的效应，而较小的规模将承担相对较高的成本。如果同一家金融机构能够提供多种金融服务，整个社会的融资成本会大大降低，经营效率将大幅度提高。

当然，我们也可以从分业经营体制弊端的分析中看到混业经营的优点，这就是：混业经营扩大了商业银行的业务范围，提高了银行资源的利用效率，为银行的业务扩展和利润增长提供了机会，增强了其竞争实力；混业经营有利于促进证券市场竞争，优化市场主体结构，提高金融服务水平；混业经营有利于提高效率，降低金融体系运行成本。

（三）适应条件分析

两种体制各有利弊，但分业经营的缺陷是很难通过体制内的努力克服的，除非改变这种体制本身，因为只要维护分业经营体制，就会产生市场分割，这正是其弊端的根源所在。混业经营的弊端却可以通过加强监管和提高行业自律等手段加以克服，如果能够采用有效的方法克服混业经营的缺陷，混业经营要比分业经营优越得多。当然，实行混业经营要求的条件比较苛刻，对金融法规、监管水平、风险控制、人员素质的要求较高，一般来说，需要具备以下条件。

1. 健全的法律法规。健全而严密的法律法规是顺利实行混业经营的法律制度保障和外部约束条件，这是因为在混业经营体制下，多种金融业务交叉，多个业务部门和利益主体的存在会产生大量风险，要想防范风险，保障金融安全运作，必须依赖健全完善的法律法规。

2. 严密而高效的金融监管体系。混业经营体制下，金融机构的行为更为复杂，风险程度更高，这就需要一套严密而高效的监管体系对其进行监控。如果监管不善，金融机构的违规行为不能被及时发现和有效惩治，就不能有效地控制各种风险，也就无法克服混业经营制度自身的缺陷，混业经营的优越性也就难以发挥出来。

3. 金融机构自身有较强的风险控制能力。只有建立起良好的风险管理制度，形成良好的风险预警机制，才能使金融机构，尤其是银行有足够的能力从事多元化经营，这是实行混业经营的一个重要条件。

此外，一个发展相对成熟的、有序竞争的金融市场体系也是实行混业经营不可缺少的外部条件。

2008 年美国爆发了严重的金融危机，这是在混业经营环境中产生的，其根源在于，美国政府前几年放松了对金融业的监管，金融机构内部风险管理机制不健全导致为追逐短期高利润而盲目扩张。不能因这一次金融危机而否定混业经营体制，但从中可得到十分重要的启示：前面提到的实行混业经营条件必须得到很好的满足。

第二节　商业银行证券投资的目标与工具

一、商业银行证券投资的目标

商业银行证券投资是指在商业银行业务活动中，为增强资产的收益性和保持相应的流动性而把资金投放于有价证券的经济行为。由于证券资产具有较强的盈利性和很强的流动性，因此，银行投资于证券实际上正是商业银行安全性、流动性、效益性“三性”均衡经营原则的体现，是商业银行增加收益、分散风险、提高资产流动性的重要保证。

1. 获取收益。商业银行的目标是价值最大化，在经营过程中不断追求利润，而利润的取得主要通过资产业务的开展获得。一般来说，商业银行持有的证券是其资产负债表中除贷款资产外的最大资产，因此，证券投资业务已成为商业银行获取收益的主要资产业务之一。商业银行通过证券投资增加收益有三种来源：一是通过购买有高利息的债券来实现，在贷款需求不振时，证券就可以成为另一种收益来源；二是资本利得，当商业银行投资于以很高贴现价格出售的债券，其息票利率相对较低时，主要是通过资本利得来增加收益；三是通过合理避税来增加收益，商业银行投资的证券大都集中在国债和地方政府债券上，由于地方政府债券的信用等级比国债低，地方政府债券往往具有税收优惠（如对投资市政债券所获利息减免所得税等），因此，银行可以利用证券组合来进行合理避税，以增加收益。

2. 进行风险管理，提高商业银行资产的安全性。商业银行可利用证券投资来有效管理利率风险、流动性风险、信用风险。在利率市场化环境下，商业银行常常利用缺口（包括资金缺口和持续期缺口）来控制利率风险。商业银行调整缺口的能力主要取决于其资产的流动性，在很多情况下贷款资产很难调整，而证券资产则可以在证券市场上买卖，很方便地进行调整，以实现商业银行的缺口管理战略。表 6－1 显示了利率风险管理和流动性风险管理是美国各家银行证券投资的最主要目的。

通过投资证券来实现银行资产多样化，可降低银行信用风险：一是投资证券可改变银行资产结构单一、风险集中的弊端，而且选择证券的信用风险常常比贷款的信用风险要低；二是投资于资产支持证券能将银行资产在地域空间上分散，降低资产的信用风险。

表 6－1 银行证券投资的目标（对 56 家美国银行的调查）

目　标	资产规模分组（单位：10 亿美元）					
	所有银行	<5	5～10	10～25	25～50	>50
管理利率风险	1.84	1.88	2.50	1.95	1.55	1.13
流动性管理	2.60	2.38	2.00	2.79	2.83	2.86
增加收益	2.65	2.63	2.75	2.78	2.36	2.71
管理信用风险	4.44	4.00	3.63	4.29	5.20	5.40
投资总体收益	4.45	4.63	4.53	4.35	4.46	4.13
风险资本管理	5.50	6.38	4.75	5.39	5.60	5.50
获得证券价格短期波动的收益	6.10	6.25	6.14	6.29	6.09	6.30

说明：表中的数据为平均值，1 表示最重要，7 表示最不重要。

资料来源：Investment Portfolio Performance：Survey Results，BAI Foundation，Bank Administration Institute，Chicago，Illinois 1995.

3. 保持资产的流动性。保持资产的流动性是商业银行业务的经营方针之一，流动性高低是衡量商业银行经营是否稳健的一个重要标志。由于证券常具有活跃的二级市场交易，持有证券不仅可获得一定的收入，在必要时也可以迅速变现以满足银行的流动性需求，因此，保持资产的流动性也是商业银行证券投资的重要目标。

二、商业银行证券投资的主要工具

商业银行投资证券的工具可分为三大类：货币市场工具、资本市场工具和创新投资工具。

1. 货币市场工具。货币市场工具包括所有到期期限在 1 年以内的金融工具与证券。商业银行最普遍使用的投资工具主要有：短期国库券、距到期日不到 1 年的中长期国库券、政府机构证券、存款单、银行承兑票据、短期市场债券和国际欧洲货币存款等。这些货币市场工具往往具有很高的流动性，同时又具有一定的收益性，是商业银行管理流动性风险的有效工具。银行是货币市场工具的主要投资者。

2. 资本市场工具。这类金融工具包括所有到期期限在 1 年以上的证券。商业银行投资的该类证券主要有：期限在 1 年以上的中长期国库券、中长期市政债券、公司票据和公司债券、股权证券等。在这类债券中，中长期国库券没有违约风险，其流动性也较强；市政债券的流动性次之，有一定的违约风险，但其利息收入常可以免缴所得税；公司债券有较高的违约风险和利率风险，故商业银行一般只购买信用等级在投资级以上的公司债券；股权证券由于风险较高，商业银行一般只投资于优先股。

3. 创新投资工具。20 世纪 80 年代末以后，商业银行大幅度减少了对传统证券的投资，转而大量购买新出现的金融投资工具。这些新工具主要包括结构化票据、证券化资产和剥离证券等。银行投资结构化票据主要是为保护自身免受利率变动的影响，但结构化票据的组成及定价极为复杂，投资失误会招致巨大的损失。因此，1994 年 7 月，美国国民银行的主要管理机构——货币监管当局警告说："如果银行缺乏对结构化票据涉及风险的全面了解，大量地投资于结构化票据就是一种既不安全又不稳定的做法。"在资产支持证券中，商业银行主要投资于住房抵押贷款支持的证券，主要有三大类：抵押过手证券、抵押担保证券和可剥离抵押支持证券。剥离证券是把本金和利息支付与相关的债务证券相分离，且分别销售对该两种承诺的收入流的债权的一种混合工具，只对证券本金支付有要求权的剥离证券称为只付本金（PO）证券，只对证券承诺的利息支付有要求权的剥离证券称为只付利息（IO）证券。

三、商业银行实际持有证券组合的构成

表 6 - 2 是 1990—1998 年美国所有有存款保险的商业银行所持有的证券组合的构成。从该表可以看出，证券资产在总资产中所占的比重一直处于15% ~20%，而且呈现先增后减的现象，即从 1990 年的 16.19% 上升至 1993 年的 21.97%，此后逐步下降到 1998 年的 16.65%，与之相对应的是，贷款在总资产中所占的比重呈现先下降，再上升的现象，即从 1990 年的 62.22% 下降到 1993 年的 56.33%，再上升至 1998 年的 64.40%。由此可见，银行投资证券在资产中所占的比重与贷款在资产中所占的比重呈反向变动趋势，银行证券资产是贷款资产的替代品。在总的证券组合中，主要是美国财政部和政府机构的证券，这两类证券资产占银行总资产一般在 10% ~17%，州和地方政府证券只占总资产的1% ~2%，其他证券约占总资产的 2% ~3%，多数是公司债券和有抵押支持的证券，说明美国商业银行证券投资的目标主要是利率风险管理和流动性管理，进一步证实了表 6 - 1 的结论。

表 6－2　　1990—1998 年美国商业银行证券组合的构成表　　单位：%

占总资产的比重	1990 年	1991 年	1992 年	1993 年	1994 年	1995 年	1996 年	1997 年	1998 年
证券	16.19	17.38	20.38	21.97	21.19	18.64	16.87	15.80	16.65
美国财政部	3.42	3.78	5.88	7.05	6.85	4.8	3.34	2.81	2.24
美国政府机构	7.42	8.43	9.26	9.55	9.28	9.40	9.12	8.98	9.93
州和地方政府	2.03	1.63	1.46	1.31	1.21	1.11	0.99	0.88	0.92
其他	2.27	2.19	2.39	2.43	2.15	2.18	2.17	1.19	2.49
贷款合计	62.22	60.08	58.30	56.33	58.56	62.68	64.24	63.89	64.40

资料来源：Antonio N. Bomfim 和 William R. Nelson：《1998 年美国商业银行的利润和资产负债的变化》。

表 6－3 反映了不同规模银行持有证券的百分比。从该表可以看出，随着银行规模的扩大，证券资产占总资产的比重呈下降的趋势。

表 6－3　　不同资产规模银行的资产结构表　　单位：%

资产构成	按资产规模分组				
	所有银行	最大 10 家	第 11～100 位银行	第 101～1 000 位银行	其他银行
证券资产	22	20	16	23	28
贷款资产	59	51	64	63	59
其　他	19	29	20	14	13

资料来源：根据《美国财政部公告》（1999 年）整理。

第三节　商业银行证券投资方法与策略

一、商业银行证券投资政策

商业银行应当建立正式的投资政策，而且要有书面形式，作为管理层明确责任、确定投资目标、指挥证券买卖和评估组合业绩的指导原则。证券投资政策主要包括：（1）银行证券投资目标，投资目标的选择直接关系到投资组合中证券的构成。（2）管理职责，有效的证券投资管理与合理分配投资管理职责有很大关系。（3）每一种证券的监管规定以及银行确定的投资规模、质量和期限等，这是银行证券投资政策的主要内容，也是银行投资经理选择证券的依据。表 6－4、表 6－5 是一家美国大银行的投资政策，共有两个步骤：一是将证券按风险水平分为 3 类（即Ⅰ、Ⅱ、Ⅲ类）；二是按照监管和内部管理指导原则，规定投资组合中每一种资产的数量。

表 6－4　　证券的定义或类型（不是全部）

Ⅰ类证券（无限制）：	
财政部和机构	联邦全国抵押贷款协会
美国财政部国库券、中期和长期债券	联邦住房抵押贷款公司
政府全国抵押贷款协会	联邦住房贷款银行系统
社区开发公司	合作银行
农民住房管理局	联邦土地银行
联邦融资银行	联邦中介信贷银行
服务管理总局	联邦农业信贷银行
海事管理局	地方政府
小企业管理局	州或任何下级政府的一般债券
大学生贷款营销协会	
Ⅱ类证券（不超过资本的 4%）：	
机构	亚洲开发银行
地方政府	泛美开发银行
所有州、下级政府或机构为了住房、大学和宿舍目的发行的债券	世界银行
	田纳西河谷管理局
Ⅲ类证券（不超过资本的 4%）：	
公司票据和债券	汽车贷款/租赁
工业收入债券	信用卡应收款
限于银行自身购买	建造房屋
公司股票	移动住房
银行不得交易或承销Ⅲ类证券	住房权益贷款
可接受的资产支持证券类型	设备租赁
未经联邦监管机构批准，银行不得购买自己的股票或其他公司的股票	船舶贷款
	娱乐用汽车

表 6－5　　可接受的投资

投资组合资产类型	监管指导原则	规模[1]、质量、发行人	最长期限、重新定价频率
美国财政部国库券、中长期债券Ⅰ类债券	无限制	无限制	无限制
机构债务	无限制	无限制	对Ⅰ类债务无限制；可以购买 30 年期 WAM[2] 和 10 年期 WAL[3]有抵押支持的债务；对抵押衍生产品的限制在其他地方规定
免税一般责任证券	无限制；＞S&P BBB	每个州债务发行人不超过 20 年期资本[4]的 10%	
Ⅰ类债券	＞Moody's Baa	对所有＞Moody's 的 A/P－1 和＞S&P 的 A/A－1 的其他每个发行人；＞资本[4]的 4%	
符合《二级市场加强法》的证券（非机构发行）	无限制	如果评级 Moody's 为 Aaa/P－1 或 S&P 为 AAA/A－1＋，则＞资本的 10%；如果评级 Moody's 为 Aa/P－1 或 S&P 为 AA/A－1＋，则＞资本的 4%；不得超过每个发行人资本[4]的 50%	30 年期 WAM[2] 和 10 年期 WAL[3]抵押支持的债务；对抵押衍生产品的限制在其他地方规定

续表

投资组合资产类型	监管指导原则	规模①、质量、发行人	最长期限、重新定价频率
应税债券、Ⅱ类债券	>资本④的 10% >Moody's Baa >S&P BBB	>资本④的 4%；>Moody's 的 A/P-1 或 S&P 的 A/A-1	债券 20 年期；有抵押支持的债券 WAM② 30 年期和 WAL③ 10 年期；对抵押衍生产品的限制在其他地方规定
免税住房、大学或宿舍用途债券、Ⅱ类债券	<资本④的 10% >Moody's Baa >S&P BBB	>资本④的 4%；>Moody's 的 A/P-1 或 S&P 的 A/A-1	20 年期
免税收入债券、Ⅲ类证券	<资本④的 10% >Moody's Baa >S&P BBB	<资本④的 4%；>Moody's 的 Aa/P-1 或 S&P 的 AA/A-1	20 年期
公司债券、Ⅲ类证券（有关可接受的资产抵押证券，参阅Ⅲ类证券的定义）	<资本的 4% >Moody's 的 A/P-1 或 S&P 的 A/A-1	<资本④的 4%；>Moody's 的 A/P-1 或 S&P 的 A/A-1；如果超过 5 000 万美元和低于 Moody's 的 Aaa/P-1 或 S&P 的 AAA/A-1+评级，要经过批准	10 年期。有抵押支持的债务 WAM②30 年期和 WAL③ 10 年期；对抵押衍生产品的限制在其他地方规定
隔夜出售联邦基金	无限制	限于银行；授信额度要经过批准，单个借款人不超过资本金的 10%，合计不得超过资本金的 200%	隔夜
出售定期联邦基金	<资本④的 15%	<资本④的 4%；要有经过批准的授信额度	1 年
合格的银行承兑汇票	<资本④的 15%	<资本④的 10%	182 天
可转让 CDs（国内、欧洲美元、扬基）	无限制（非联邦储备银行不得超过资本的 10%）	<公司资本的 10%	短期额度内 <6 个月，长期额度内 >6 个月
货币市场、优先股	资本④的 15%	对任何发行人总的风险暴露不得超过公司资本的 4%；如果超过 5 000 万美元和低于 Moody's 的 Aaa/P-1 或 S&P 的 AAA/A-1 评级，要经过批准；>Moody's 的 A 或 S&P 的 A	
货币市场互助基金（限于美国财政部证券）		对象和品种要经过批准；一种基金不得超过公司资本的 5%；对一种基金的投资不得超过基金总额的 5%	90 天

注：①在发放短期信贷（<6 个月）时，必须进行短期评级和相应的长期评级。没有相应长期评级实体发行的证券必须经过首席信贷官员和首席投资官员批准。

②WAM：加权平均期限。WAM 的计算方法是用给定组合中每一种抵押品的期限乘以余额，加总后再被总余额除。

③WAL：加权平均生命期。WAL 是一种债券的加权平均剩余期限，每一美元本金额未来剩余的平均时间。WAL 的计算方法是用每一笔偿还的本金乘以还款时间（从计算日起的月或年），加总后再被偿还本金的总数除。

④资本的定义是股票和资本公积加上未分配利润，就是这里所指的公司资本。

二、收益率曲线

收益率曲线是描述利率期限结构的重要工具，是反映在某一时刻利率如何随证券到期日变化而变化的一条曲线。一般而言，在风险、流动性、税收特征等方面相同的债券，由于债券的期限不同，利率也会不同，根据这些债券的收益率绘成的曲线即是收益率曲线。图 6－1 为 1999 年 12 月 1 日美国财政部证券收益率曲线。

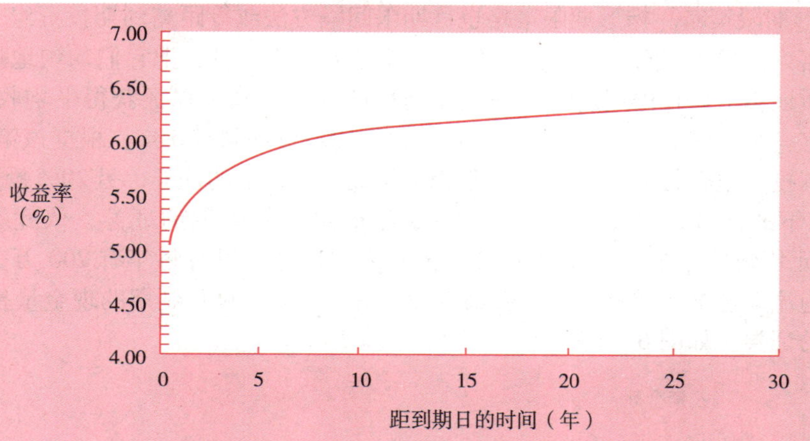

资料来源：数据源公司。

图 6－1 1999 年 12 月 1 日美国财政部证券收益率

收益率曲线的形状主要有向上倾斜型（见图 6－1）、平缓型和向下倾斜型三种情况。收益率曲线向上倾斜，说明长期利率高于短期利率；收益率曲线向下倾斜，说明短期利率高于长期利率；收益率期限呈平缓型，说明长期利率等于短期利率。在正常情况下，收益率曲线向上倾斜。为解释在整个经济周期中收益率曲线的形状及变化，人们提出了预期理论、市场分割理论和流动性偏好理论。

收益率曲线对银行证券投资的作用表现在三个方面：一是收益率曲线对未来利率变动的预测作用，如向上倾斜的收益率曲线反映市场平均预测未来的短期利率将上升；向下倾斜的收益率曲线表明预期未来的短期利率会下降。二是短期内，收益率曲线为银行证券投资提供了有关过度定价证券和定价不足证券的线索。由于收益率曲线也表明每一期限证券的各种收益率为多少，当某证券的收益率位于某一特殊时点的收益率曲线之上，说明该证券可以买入，因为其收益率暂时比较高，或其价格被低估；当某证券的收益率位于收益率曲线之下，说明该证券应出售，因为该证券的收益率暂时较低，或其价格被高估。三是收益率曲线的形状决定了银行通过用长期证券替换短期证券（或者反之）能为银行赢得多少额外收益。例如，向上倾斜的收益率曲线，从 5 年期到 10 年期证券的收益率上升了 150 个基点，表明银行通过把 5 年期债券转换成 10 年期债券能获得 1.5% 的额外收益。

三、商业银行证券投资策略

商业银行证券投资策略的目标应是在控制利率风险条件下，实现证券投资流动性和收益性的有效组合。银行可以选择被动投资策略和主动投资策略以及避税组合策略。

（一）被动投资策略

被动投资策略包括梯形期限策略和杠铃方法两种。

1. 梯形期限策略。梯形期限策略也称期限间隔方法或等距离到期投资组合。该方法的基本思路为：根据银行资产组合中分布在证券上的资金量，把它们均匀地投资于不同期限的同质证券上。在由到期证券提供流动性的同时，基本保证获得平均收益。例如，如果银行有一个 1 000 万美元的投资组合，银行的投资期限是 5 年，根据该策略的思想，银行会把其投资组合的 20% 投资于期限为 1 年或 1 年以下的证券，另 20% 投资于 1 年以上、2 年以下的证券，再 20% 投资于 2 ~ 3 年的这一间隔期的证券，依此类推，直到 1 000万美元均匀地分布在 5 年计划时间区间内。这样，银行每年有 200 万美元证券到期，可作为流动性准备或补充。如果银行现金资产正常，可将到期的现金量投资于 5 ~ 6 年间隔期的证券。如图 6 – 2 所示。

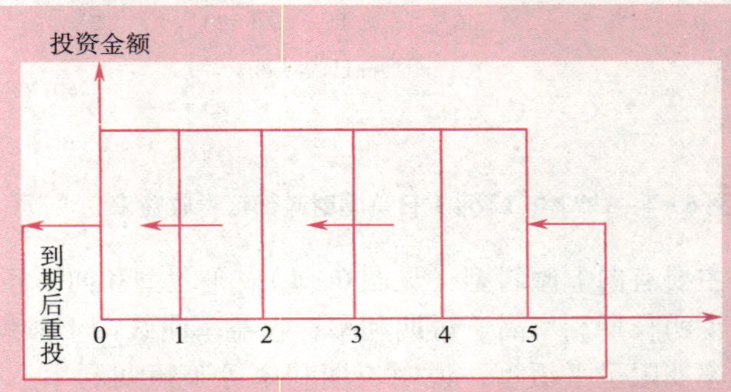

图 6 – 2　证券投资的梯形期限策略

梯形期限策略为中小银行在证券投资中所采用。其优点主要在于：一是管理知识要求较少，银行只需将资金在期限上作均匀分布，并定期进行重投资即可；二是银行不必对市场利率趋势进行预测，也不必频繁进行证券交易，可使交易业务和交易成本保持最低；三是由于投资证券均匀地分布在收益率曲线的不同时间点，故可以获得平均收益率。该种策略的主要缺点是，银行对利率条件的反应是被动的，不能抓住有利的投资机会。如当短期利率提高较快时，可能会使银行收益的增长受到不利的影响。另外，在出现突发性流动性需求时，如到期证券不能满足，需出售中长期证券，造成投资损失。

2. 杠铃方法。杠铃方法也称分拆期限，其方法是把证券划分为短期证券和长期证券两个类别，银行资金只分布在这两类证券上，对中期证券一般不予考虑。这种证券组合结构反映在图上形似杠铃，故此得名。该方法要求所投长期证券在其偿还期达到中期时就出售，并将其收入重投资于长期证券；所投短期证券到期后若无流动性补充需要，再行投资于短期证券。长、短期证券的期限由银行根据货币市场状态和证券变现能力自行决定。

根据长、短期证券在投资组合中所占的比重不同，杠铃方法可分为前端装载法和末端装载法。前端装载法是在银行的证券投资组合中，短期证券所占的比重大于长期证券，如图6－3所示。末端装载法则相反，在投资组合中，长期证券比重大于短期证券，如图6－4所示。如何选择，主要取决于银行的流动性状况和收益率曲线的水平和形状。

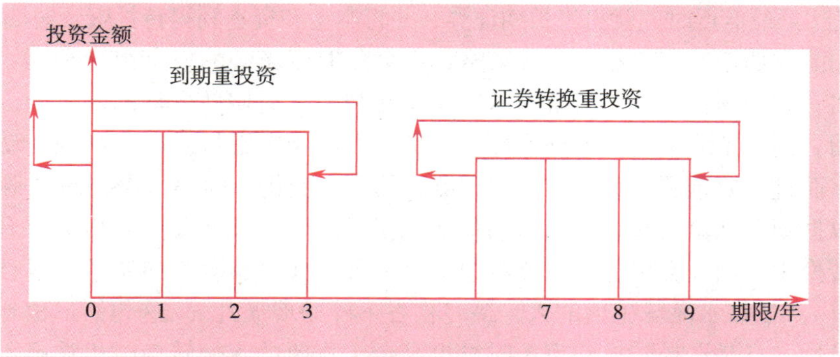

图6－3　证券投资的前端装载法

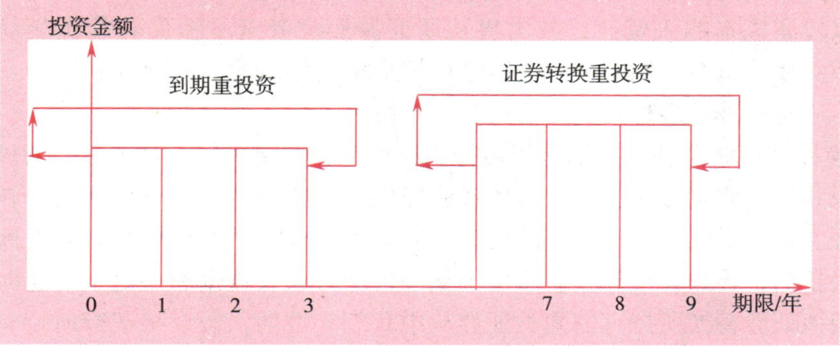

图6－4　证券投资的末端装载法

从理论上说，杠铃方法能使银行证券投资达到流动性、灵活性和盈利性的高效组合。短期证券保证了银行的流动性，长期证券能保证较高的收益率（即使收益率曲线向下倾斜，长期证券的利息率下降，但其价格会上涨，产生资本利得），短期证券和长期证券在投资组合中所占比重的可调性，提供了灵活性。但这种方法对证券管理人员的素质要求比较高，只有在银行的证券转换能力、交易能力和投资经验都较强的情况下才可能较好地把握这一策略。

（二）主动投资策略

主动投资策略比被动投资策略管理复杂，成本更高。分析和利用收益率曲线以及利用各种债券掉期都属于该种策略，主要包括收益率曲线策略、替换掉期策略、组合转换（债券掉期）策略等。

1. 收益率曲线策略。根据该策略，银行在构造投资组合时，根据收益率曲线的水平和形状的预期变化来分配资金。其基本思路是：当收益率曲线相对较低和向上倾斜时，通常购买短期证券，随着利率在未来几个月（或几年）内出现上升，证券不断地续期为较高收益证券，如果银行有额外流动性需求，也可以提供额外的流动性；当收益率曲线处于相对高水平时，预期利率会下降，银行转向长期证券，这样银行可获得最大的利息收入，而且在未来一段时间内，如因流动性需求而出售长期证券，也可获得资本利得；当认为利率已经达到最低点时，就出售长期证券，并将本金和资本利得转投资于短期证券。

银行如能成功地运用收益率曲线策略，将会赚取相当多的投资组合利润。但在实际操作中存在一些问题：一是该策略的运用建立在利率呈周期性变动的基础上，如市场利率频繁波动，则该策略不具有可操作性。二是该方法要求银行对市场利率变动方向有准确的预测，而且需要预测市场整体没有预测到的利率变化，即银行需要有“胜过”市场的能力。根据预期理论的解释，当市场预期利率下降时，长期证券价格会上升，银行由短期证券转换为长期证券可能导致资本损失。另外，如果预测方向错了，银行证券投资将损失惨重。“依靠水晶球生活的人，最终将吞下碎的玻璃片。”这句话形象地说明了该策略的风险性。三是选择转换的市场时机也是至关重要的，如转换时机选择不恰当，可能会给银行带来损失。例如，当银行在收益率曲线处于相对高水平时（此时预期利率将会下降），将短期证券转换为长期证券，如利率继续上升，则为了满足流动性需求，银行将被迫以较高成本购入资金，或出售长期证券而蒙受资本损失和承担交易成本。因此，收益率曲线策略在运用中可能会给银行带来较大的风险，在投资管理中不应过分强调该策略，应与一种或多种其他投资策略一起使用。

2. 替换掉期策略。替换掉期是指银行用一种债券去交易另一种债券，两种债券在息票率、期限和信用质量方面类似，但后者能提供更高的收益率。一般认为，在一个有效市场上，证券价格反映了所有公开的信息，但是有些时候（如市场暂时的失衡）仍有可能出现价格扭曲，导致某证券收益率位于某一特殊时点收益率曲线之上，这时银行投资经理可以用该证券替换所持有的同类证券从中获利。例如，假设某银行所持有的证券组合中，有一张面值为 1 000 000 美元，收益率为 12% 的 5 年期 A 债券。此时投资经理发现，另一张名义收益率、风险特征相同的 5 年期 B 债券，其本期市场收益率为 12. 25%。银行出售 A 债券，购买 B 债券，能增加收益率。其收益来自两个方面：一是增加的利息收入，银行持有 A 债券的价格为 1 000 000 美元，而本期 B 债券的售价为991 030 美元，故可以购买一张以上的 B 债券，则其利息收入增加；二是获得资本利得，当其他市场参与者都觉察到这种差异后，会进行相似的掉换交易从而提高 B 债券的价格，银行可获得资本收益。

3. 组合转换（债券掉期）策略。该策略是出售低收益率的证券，代之以较高收益率的证券。基本思路是：当一家银行在低利率期间购买了证券，随着利率的逐步上升，银行资金的成本也会上升。当证券收益与平均利息成本之间出现负利差时，银行可以出售旧的证券，虽然会造成资本损失，但可从税收中扣减这部分损失。接着用出售的收入和节约的税金购买新的较高收益证券。这样可使银行在利率水平变化的情况下，保持较高的利润。

例：某银行按面值购买 1 000 000 美元的 5 年期财政部债券，年息票率是 6%。另外，初期的平均存款成本是3%，但是利率上升使存款成本在购买债券之后的2年内达到5%，假设应计营业支出为1.5%，该银行的现金流量见表6-6。

表6-6　银行某项债券业务现金流量表　单位：美元

项　目	第1年	第2年	第3年	第4年	第5年
利息收入	60 000	60 000	60 000	60 000	60 000
平均存款支出	(30 000)	(30 000)	(50 000)	(50 000)	(50 000)
应付营业支出	(15 000)	(15 000)	(15 000)	(15 000)	(15 000)
债券净利润	15 000	15 000	(5 000)	(5 000)	(5 000)

从表6-6可以看出，3年后该债券业务出现亏损。现在考虑在第3年开始时出售这一债券。利率上升会使该债券的价值减少到950 000美元。假设银行的边际税率为30%，则因资本损失而节约的税金为35 000［即50 000×（1-0.30）］美元。因此银行可以将985 000（即950 000+35 000）美元投资于按面值出售和息票率为8%的3年期财政部债券。该种组合转换的现金流量如表6-7所示。

表6-7　银行债券组合转换后的现金流量表　单位：美元

项　目	第1年	第2年	第3年	第4年	第5年
利息收入	60 000	60 000	78 800	78 800	78 800
平均存款支出	(30 000)	(30 000)	(50 000)	(50 000)	(50 000)
应付营业支出	(15 000)	(15 000)	(15 000)	(15 000)	(15 000)
债券净利润	15 000	15 000	13 800	13 800	13 800

从表6-7可以看出，组合转换后，第3年开始债券净利润为13 800美元，虽比前2年的15 000美元少了1 200美元，但比原来的-5 000美元多了18 800美元。

（三）证券投资的避税组合策略

在银行的证券投资组合中，政府债券占了绝对高的比重。由于不同政府债券在税赋上有差异，这为银行证券投资提供了合理避税的条件。利用应税债券与减免税债券的组合，可以使银行证券投资的收益进一步提高。

构造证券投资避税组合的基本原则是：当存在证券投资利息收入税赋差异，从而使两种债券出现税前收益率与税后收益率不一致时，银行应在投资组合中尽量利用税前收益率高的应税证券，使其利息收入弥补融资成本，并使剩余资金投资于税后收益率高的减免税证券上，从而提高证券投资盈利水平。

例：某银行计划发行1 000万美元的大额存单，筹集的资金全部用于证券投资。大额存单年利率为8.2%，并需缴纳3%的法定存款准备金。现有两种债券可供银行选择，一种是年收益率为10%的应税国债，另一种是年收益率为8%的免税市政债券。该银行所处的边际所得税税率为34%，问银行应如何组合证券才能使投资收益最高？投资组合效果比较如表6-8所示。

表 6 - 8　　证券投资组合效果比较表　　单位：美元

投资组合方式	全投资于应税国债	全投资于免税市政债券	最佳组合
应税国债	9 700 000	0	8 200 000①
免税市政债券	0	9 700 000	1 500 000
利息收入			
应税国债	970 000	0	820 000
应税市场债券	0	776 000	120 000
利息收入合计	970 000	776 000	940 000
利息支出（大额存单）	(820 000)	(820 000)	(820 000)
净利息收入	150 000	-44 000	120 000
支付所得税（34%）	(51 000)	0	0
税后净收入	99 000	-44 000	120 000

注：①根据构造避税组合的原则，应税国债的利息应全部弥补筹资成本 820 000 美元，则应税国债应分配的资金为 8 200 000 美元（即 $\frac{820\ 000}{10\%}=8\ 200\ 000$）。

从表 6 - 8 可知，只有避税组合的税后净收入最高，为最优组合。

第四节　案例分析

案例：国债的零息票收益率

商业银行证券投资的收益率曲线策略的关键在于构造一系列合理的收益率曲线，由于一年期以上的证券的利息并不是一个时点一次性支付，纯粹依据证券的收益与其期限对应的曲线构筑的收益率曲线存在缺陷。零息票债券的现金流是期末一次性发生，其期限与持续期相等，因此，零息票债券收益率曲线就是可贷资金的供需状况按照连续的持续期（或期限）的一个纯粹的描述。但是可观察到的各种债券收益率并不是零息票收益率，需要运用补价法（Bootstrapping）从可观察到的收益率曲线得出暗含的零息票收益率曲线。

表 6 - 9 是从某国债市场上在某一天观察到的相关信息。

表 6 - 9　　某国债市场当日相关数据

票面价值/元	到期时间/年	年利息/元	债券价格/元
100	0.25	0	97.5
100	0.50	0	94.9
100	1.00	0	90.0
100	1.50	8	96.0
100	2.00	12	101.6

求出每种债券对应的暗含的零息票收益率，并画出对应的收益率曲线。

第一步，求到期时间为 0.25 年、0.5 年和 1.0 年国债的零息票收益率。

由于该三种国债是采取贴现方式发行，它们就是零息票国债。对于到期时间为 0.25 年的债券，在 3 个月内可获得 2.5 元（100 - 97.5），以年利率表示的 3 个月期利率为

$$(4 \times 2.5)/97.5 \times 100\% = 10.256\%$$

用年利率表示的 3 个月期的连续复利利率为①

$$4\ln(1 + 0.10256/4) \times 100\% = 10.127\%$$

用同样的方法可求得 6 个月期和 1 年期的连续复利利率分别为 10.469% 和 10.536%。

第二步，求到期时间为 1.5 年国债的零息票收益率。

现金流量图如下：

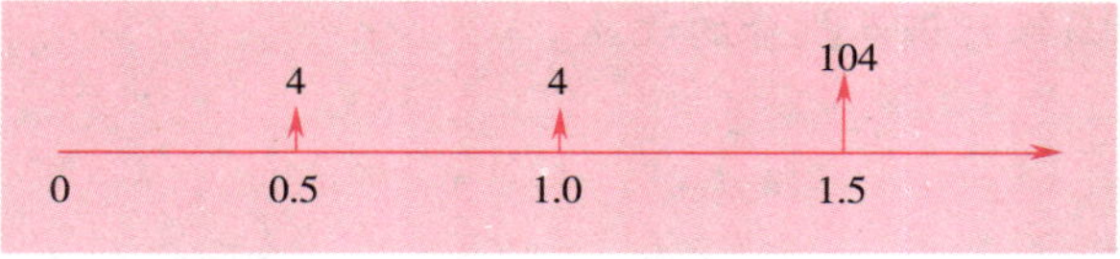

设其零息票利率为 R（连续复利利率），根据估值原理，有：

$$4e^{-0.1047 \times 0.5} + 4e^{-0.1054 \times 1.0} + 104e^{-R \times 1.5} = 96$$

解得：$R = 10.681\%$

用同样的方法可求得 2 年期的连续复利零息票利率为 10.808%。

第三步，画出对应的零息票国债收益率曲线。

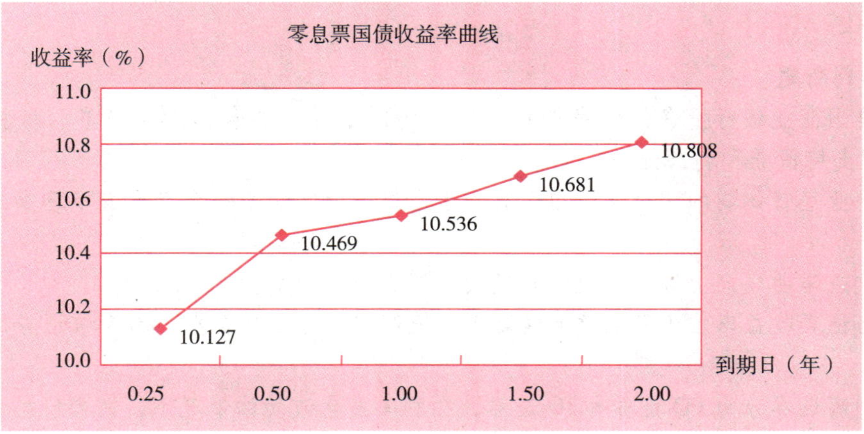

[本章小结]

1. 混业经营和分业经营一直是金融界不断争论的话题。从历史的角度来看，顺应了

① 一年复利 m 次利率 R_m 与连续复利利率 R_c 换算公式为：$R_c = m\ln\left(1 + \frac{R_m}{m}\right)$。

“分久必合，合久必分”的古话。1999 年 11 月，美国通过的《金融服务现代化法》为这些争论暂时画上了句号：混业经营成为当今世界许多国家金融的一种发展趋势。因此，证券投资在现代商业银行中的地位也将越来越重要。

2. 商业银行从事证券业务的目标主要有获取收益、风险管理和提高流动性。其可投资的金融工具包括货币市场工具、资本市场工具和创新金融工具。从现代商业银行实际持有证券组合的构成来看，政府债券占了绝对高的比例。

3. 银行的投资政策一旦确立，就需要选择投资策略。被动投资策略，如梯形期限策略和杠铃方法不需要很多专业技能，可以节省管理资源，实施成本较低，一般中小型银行倾向选择被动投资策略。主动投资策略，如收益率曲线策略和各种债券掉期法，需要更多管理经验和交易业务，而且比被动投资策略的风险更大，但可以提供更高的潜在收益，一般大型银行倾向选择主动投资策略。商业银行还可利用应税债券与减免税债券来构造避税组合，以提高银行证券投资的收益。

[本章重要概念]

分业经营　混业经营　《格拉斯—斯蒂格尔法》　《金融服务现代化法》
证券投资　收益率曲线　梯形期限策略　杠铃方法　货币市场工具　资本市场工具
替换掉期　组合转换（债券掉期）策略　投资政策

[练习题]

一、判断题

1. 美国商业银行投资的住房抵押贷款支持的证券主要包括过手证券、抵押担保证券、抵押支持债券和剥离证券。（　）

2. 分业经营体制的积极作用在于有利于维护金融体系的安全，形成市场垄断，提高银行竞争力。（　）

3. 收益率曲线向上倾斜时说明长期利率高于短期利率。（　）

4. 当证券收益率位于收益率曲线之下，说明该证券应当卖出，因为该证券的收益率较低。（　）

5. 剥离证券分为 PO 证券和 IO 证券，在利率发生波动的情况下，两者价格的变动方向一致。（　）

二、单选题

1. 1999 年，美国废除（　），标志着美国金融业放弃分业经营。

A.《金融服务现代化法》　B.《金融服务竞争法》
C.《格拉斯—斯蒂格尔法》　D.《威廉姆斯法》

2. 商业银行证券投资主动投资策略不包括（　）。

A. 收益率曲线策略　B. 梯形期限策略

C. 替换掉期策略　　D. 组合转换策略

3. 商业银行证券投资的目标不包括（　　）。

A. 获取收益　　B. 保持资产流动性

C. 进行风险管理，提高资产安全性　　D. 风险可控条件下实现合理避税

4. 根据期限将债券分为两类并按流动性状况进行配置的投资策略为（　　）。

A. 债券掉期策略　　B. 杠铃方法

C. 收益率曲线策略　　D. 梯形期限策略

5. 商业银行证券投资的主要工具不包括（　　）。

A. 货币市场工具　B. 资本市场工具　C. 外汇市场工具　D. 创新投资工具

三、计算题

1. 假设一种5年期市政债券的收益率是10%，一种相应期限公司债券的收益率是15%，所得税税率是34%。问银行应选择哪一种债券？

2. 一张10年期美国长期国库券，面值为1 000美元，当前各证券交易商的售价为775美元，该债券息票率为9%。如果现在购入并持有至到期，其预期的到期收益率是多少？

四、简答题

1. 收益率曲线如何帮助银行投资经理选择买卖证券？
2. 收益率曲线策略的基本思路是什么？
3. 如何构建避税组合？
4. 比较杠铃法和收益率曲线策略的异同。
5. 为什么我国目前还实行金融业分业经营的管理体制？
6. 试述银行投资政策应包括的内容。
7. 商业银行证券投资的目标是什么？
8. 创新型投资工具对商业银行证券投资有何正面和负面影响？

练习题答案

[教学辅助材料相关链接]

《全国银行间债券市场债券交易管理办法》

《全国银行间债券市场金融债券发行管理办法》

《银行间债券市场非金融企业债务融资工具管理办法》

第七章

商业银行中间业务管理

中间业务作为商业银行非资产负债业务，在金融全球化和金融创新的推动下正在快速发展。其发展水平目前已成为衡量商业银行综合实力的重要标准。

第一节　中间业务的内涵与种类

一、中间业务的内涵

中间业务指不构成商业银行表内资产和表内负债、形成银行非利息收入的业务。这是我国习惯上的称法，在国际银行界，在谈到资产、负债业务以外的业务时，往往使用“表外业务”这一概念。二者既有区别又有联系。在对中间业务与表外业务的认识上，大致可以归纳出以下四种观点：第一种观点认为，狭义的中间业务不同于狭义的表外业务。狭义的中间业务一般不会形成或有资产、或有负债，主要指结算、代理、咨询等业务。结算业务伴随银行存贷款业务的产生而产生，由来已久；代理、咨询等业务伴随商业银行的发展而得以拓展。狭义的中间业务风险程度较低，一般不需要银行垫付资金。狭义的表外业务常常形成或有资产、或有负债，如贷款承诺、备用信用证、金融衍生工具等，这些业务风险较大，对商业银行的管理要求较高，它对商业银行的作用犹如一把“双刃剑”，既是单个商业银行避险的工具，又会使经营不当的银行招致新的风险。第二种观点认为，中间业务包含表外业务。这里中间业务是广义的。第三种观点认为，表外业务包含中间业务。这里表外业务是广义的，指商业银行所从事的、按通行的会计准则不列入资产负债表内、不影响资产负债总额，但能影响当期损益从而改变资产报酬率的经营活动。第四种观点认为，中间业务就是表外业务。本教材采用第二种观点。

二、中间业务的种类

（一）支付结算类

支付结算是单位、个人在社会经济活动中由于商品交易、劳务供应和资金调拨等引起的货币给付及其清算行为。按给付方式的不同，可分为现金结算和转账结算两种。现金结算是收付双方直接使用现金进行的货币给付行为；转账结算是通过银行将款项从付款单位账户划转到收款单位账户的货币收付行为，表现为各存款账户之间的资金转移。支付结算类中间业务则是由商业银行为客户办理因债权债务关系引起的与货币支付、资金划拨有关的收费业务，由结算工具和结算方式组成。

1. 结算工具。结算业务的主要结算工具包括银行汇票、商业汇票、银行本票和支票。

（1）银行汇票。银行汇票是出票银行签发的、由其在见票时按照实际结算金额无条件支付给收款人或者持票人的票据。单位和个人的各种款项均可使用银行汇票。银行汇票可用于转账，填明"现金"字样的银行汇票可用于支取现金，公司客户只能用于转账结算。银行汇票可在全国范围内使用，付款期限自出票日起1个月。银行汇票经持票人（收款人）背书后可以转让。

（2）商业汇票。商业汇票是出票人签发的委托付款人在指定日期无条件支付确定的金额给收款人或持票人的票据。商业汇票根据承兑人的不同分为银行承兑汇票和商业承兑汇票。付款期限最长为6个月。商业汇票经持票人背书后可以转让。

（3）银行本票。银行本票是银行签发的、承诺自己在见票时无条件支付确定的金额给收款人或者持票人的票据。银行本票分为不定额本票和定额本票两种，在同一票据交换区域的单位和个人的各种款项支付，均可以使用银行本票。银行本票可以用于转账，注明"现金"字样的可以支取现金。银行本票的提示付款期限自出票日期最长不得超过2个月。银行本票见票即付。现金银行本票只适用于个人。银行本票可以背书转让。

（4）支票。支票是出票人签发的、委托办理存款业务的银行在见票时无条件支付确定的金额给收款人或持票人的票据。出票人是签发支票的单位或个人，付款人是出票人的开户银行。支票分为现金支票、转账支票和普通支票。现金支票只能用于支取现金；转账支票只能用于转账；普通支票既可以用于支取现金，也可以用于转账，在普通支票左上角划两条平行线称为划线支票，划线支票只能用于转账。

2. 结算方式。有同城结算和异地结算两种方式，具体可以分为以下四种。

（1）汇款。汇款是由付款人委托银行将款项汇给外地某收款人的一种结算业务。汇款结算分为电汇、信汇和票汇三种形式。

（2）委托收款。委托收款是收款人委托银行向付款人收取款项的结算方式。委托收款在同城、异地均可使用，单位和个人凭已承兑的商业汇票、债券、存单等付款人的债务证明办理款项结算，均可以使用委托收款结算方式。

（3）托收承付。托收承付是根据购销合同由收款人发货后委托银行向异地付款人收取款项，由付款人向银行承认付款的结算方式。托收承付结算款项的划回方法，分为邮寄和电报两种，由收款人选用。托收承付结算每笔的金额起点为1万元。办理托收承付结算的款项，必须是商品交易，以及因商品交易而产生的劳务供应的款项。代销、寄销、赊销商品的款项，不得办理托收承付结算。收付双方使用托收承付款项结算必须签有符合《中华人民共和国合同法》的购销合同，并在合同上写明使用托收承付结算方式。收款人办理托收，必须具有商品确已发运的证件。

（4）国内信用证。信用证是由银行根据申请人的要求和指示，向受益人开立的载有一定金额，在一定期限内凭规定的单据在指定地点付款的书面保证文件。国内信用证只限于国内企业之间商品交易的资金清算，信用证只能办理转账结算，不得支取现金。

3. 其他支付结算业务。其他支付结算业务包括利用现代支付系统实现的资金划拨、清算，利用银行内外部网络实现的转账等业务。

（二）银行卡类

银行卡是由经授权的金融机构（主要指商业银行）向社会发行的具有消费信用、转账结算、存取现金等全部或部分功能的信用支付工具。银行卡业务在我国发展较快。每家商业银行一般都发行了多种银行卡，用途非常广泛。为了推动我国银行卡业务的进一步发展，实现一机多卡、一卡多机、资源共享，我国从2000年开始建立银行卡联网联合，成立了中国银联股份有限责任公司，制定了《银行卡联网联合业务规范》。银行卡可以按不同的标准进行分类，一般有以下几种。

1. 依据清偿方式，银行卡可分为贷记卡、准贷记卡和借记卡。借记卡可进一步分为转账卡、专用卡和储值卡。贷记卡的特点是“先消费后还款”，持卡人只需少量或无须存款，就可以享受从银行借款的权利，即可在一定信用额度内透支。借记卡的特点是“先存款后支用”，持卡人必须在银行有存款才能够消费。准贷记卡介于二者之间，是指持卡人须先按发卡银行要求交存一定金额的备用金，当备用账户余额不足支付时，可在发卡银行规定的信用额度内透支的信用卡。

2. 依据结算的币种不同，银行卡可分为人民币卡、外币卡和双币卡。

3. 按使用对象不同，银行卡可以分为单位卡和个人卡。

4. 按载体材料的不同，银行卡可以分为磁性卡和智能卡（IC卡）。

5. 按使用对象的信誉等级不同，银行卡可分为金卡和普通卡。

6. 按流通范围，银行卡还可分为国际卡和地区卡。

其他分类方式，包括商业银行与营利性机构、非营利性机构合作发行的联名卡、认同卡。

（三）代理类

代理类中间业务指商业银行接受客户委托、代为办理客户指定的经济事务、提供金融服务并收取一定费用的业务。代理类中间业务有以下几种。

1. 代理政策性银行业务。商业银行接受政策性银行委托，代为办理政策性银行因服务功能和网点设置等方面的限制而无法办理的业务，如代理贷款项目管理等。

2. 代理中国人民银行业务。根据政策、法规应由中央银行承担，但由于机构设置、专业优势等方面的原因，由中央银行指定或委托商业银行承担的业务，如财政性存款代理业务、国库代理业务、发行库代理业务、金银代理业务。

3. 代理商业银行业务。商业银行之间相互代理的业务，如为委托行办理支票托收等业务。

4. 代收代付业务。商业银行利用自身的结算便利，接受客户的委托代为办理指定款项的收付事项的业务，例如代理各项公用事业收费、代理行政事业性收费和财政性收费、代发工资、代扣住房按揭消费贷款还款等。

5. 代理证券业务。商业银行接受委托办理的代理发行、兑付、买卖各类有价证券的业务，还包括接受委托代办债券还本付息、代发股票红利、代理证券资金清算等业务。此处有价证券主要包括国债、公司债券、金融债券、股票等。

6. 代理保险业务。商业银行接受保险公司委托代理的保险业务。商业银行代理保险业务，可以受托代理个人或法人投保各险种的保险事宜，也可以作为保险公司的代表，与保险公司签订代理协议，代保险公司承接有关的保险业务。代理保险业务一般包括代售保单业务和代付保险金业务。

7. 其他代理业务。其他代理业务包括代理财政委托业务、代理其他银行的银行卡收单业务等。

（四）担保类

担保类中间业务指商业银行为客户的债务清偿能力提供担保，承担客户违约风险的业务。担保类中间业务主要有银行承兑汇票、备用信用证、各类保函业务等。

1. 银行承兑汇票。由收款人或付款人（或承兑申请人）签发，并由承兑申请人向开户银行申请，经银行审查同意承兑的商业汇票。

2. 备用信用证。开证行应借款人要求，以放款人作为信用证的受益人而开具的一种特殊信用证，以保证在借款人破产或不能及时履行义务的情况下，由开证行向受益人及时支付本息。

3. 各类保函业务。保函又称保证书，是商业银行应债务人（申请人）要求，向债权人（受益人）开出的担保被保证人履行职责的书面保证文件。当申请人不能及时完成其对受益人承诺的责任又拒不付款或无力付款时，由开立保函的银行向受益人作出偿付。保函是建立在基础合约如销售、借贷及租赁等合约基础上的附属性文件，是商业银行的或有责任。保函一经开出，银行就承担了付款的法律责任，因此银行对保函申请必须严格审查。

商业银行开立保函，主要是以银行信用补充或代替商业信用，使交易双方解除顾虑，增加信任，促进交易顺利进行。保函的种类很多，可分为以下七大类：融资类保函，包括借款保函、透支保函、有价证券发行保函、银行授信额度保函等；租赁保函；补偿贸易保函；付款保函；信用类保函，包括投标保函、履约保函、预付款保函（目前商业银行开办的品种仅是这三种信用类保函）；转开代理行保函；其他类保函，如质量保函、海事保函、维修保函、关税付款保函、诉讼保函、提货担保保函等。备用信用证视同保函业务处理，可逐笔按其性质分别归入上述七类保函中。

（五）承诺类

承诺类中间业务是指商业银行在未来某一日期按照事前约定的条件向客户提供约定信用的业务，主要指贷款承诺，包括可撤销承诺和不可撤销承诺两种。

可撤销承诺是附有客户在取得贷款前必须履行的特定条款，在银行承诺期内，客户如没有履行条款，则银行可撤销该项承诺。可撤销承诺包括透支额度等。

不可撤销承诺是银行不经客户允许不得随意取消的贷款承诺，具有法律约束力，包括备用信用额度、回购协议、票据发行便利等。

（六）交易类

交易类中间业务指商业银行为满足客户保值或自身风险管理等方面的需要，利用各种金融衍生工具进行的资金交易活动。根据2011年中国银行业监督管理委员会（简称中国银监会）修订的《金融机构衍生产品交易业务管理暂行办法》规定，金融衍生产品是一种金融合约，其价值取决于一种或多种基础资产或指数，合约的基本种类包括远期、期货、掉期（互换）和期权。衍生产品还包括具有远期、期货、掉期（互换）和期权中一种或多种特征的混合金融工具。金融机构衍生产品交易业务可分为两大类。

1. 金融机构为规避自有资产、负债的风险或为获利进行衍生产品交易。金融机构从事此类业务时被视为衍生产品的最终用户。

2. 金融机构向客户（包括金融机构）提供衍生产品交易服务。金融机构从事此类业务时被视为衍生产品的交易商，其中能够为其他交易商和客户提供衍生产品报价和交易服务的交易商被视为衍生产品的造市商。

以上担保类、承诺类和交易类合并称为表外业务。

（七）基金托管类

投资基金是一种大众化的信托投资工具，这种投资工具由基金管理公司或其他发起人发起，通过向投资者发行受益凭证，将大众手中的零散资金集中起来，委托具有专业知识和投资经验的专家进行管理和运作，由信誉良好的金融机构充当所募集资金的信托人或托管人。基金经理人通过多元化的投资组合，将基金投资于股票、债券、可转换证券等各种金融工具，努力降低投资风险，以谋求资本长期、稳定的增值。投资者按出资比例分享投资收益并承担投资风险。根据投资基金组织形式的不同，可分为公司型基金与契约型基金；根据投资基金受益单位能否随时认购或赎回及转让方式的不同，可分为开放型基金和封闭型基金；根据投资基金投资对象的不同，可分为货币基金、债券基金、股票基金等。投资基金的当事人主要是基金投资者、基金管理人、基金托管人，此外还有基金销售机构、注册登记机构、注册会计师、律师等中介服务机构。

设立基金托管人的目的在于防止基金财产挪作他用，保障基金投资人的合法权益。根据《中华人民共和国证券投资基金法》的规定，基金托管人的职责有11项，如：安全保管基金财产；按照规定开设基金财产的资金账户和证券账户；对所托管的不同基金财产分别设置账户，确保基金财产的完整与独立；保存基金托管业务活动的记录、账册、报表和其他相关资料；按照基金合同的约定，根据基金管理人的投资指令，及时办理清算、交割事宜，等等。基金托管人由依法设立并取得基金托管资格的商业银行担任。申请取得基金托管资格，应当具备证券投资基金法规定的条件，并经国务院证券监督管理机构和国务院银行业监督管理机构核准。

商业银行的托管类中间业务，除了基金托管以外，还有QFII（Qualified Foreign Institutional Investor的简写，即合格境外机构投资者）托管业务。商业银行作为QFII托管人，不仅能为QFII投资中国证券市场提供开立账户、资产保管、资金清算、信息咨询等服务，还可以向监管机构提供必要的监管信息，为维护证券市场的稳定发挥重要作用。

（八）咨询顾问类

咨询顾问类业务指商业银行依靠自身在信息、人才、信誉等方面的优势，收集和整理有关信息，并通过对这些信息以及银行和客户资金运动的记录和分析，形成系统的资料和方案，提供给客户，以满足其业务经营管理或发展的需要的服务活动。一般有以下四种。

1. 企业信息咨询业务：包括项目评估、企业信用等级评估、验证企业注册资金、资信证明、企业管理咨询等。

2. 资产管理顾问业务：指为机构投资者或个人投资者提供全面的资产管理服务，包括投资组合建议、投资分析、税务服务、信息提供、风险控制等。

个人理财业务，是指商业银行为个人客户提供的财务分析、财务规划、投资顾问、资产管理等专业化服务活动。

商业银行个人理财业务按照管理运作方式不同，分为理财顾问服务和综合理财服务。理财顾问服务，是指商业银行向客户提供的财务分析与规划、投资建议、个人投资产品推介等专业化服务。商业银行为销售储蓄存款产品、信贷产品等进行的产品介绍、宣传和推介等一般性业务咨询活动，不属于上述所称理财顾问服务。在理财顾问服务活动中，客户根据商业银行提供的理财顾问服务管理和运用资金，并承担由此产生的收益和风险。综合理财服务，是指商业银行在向客户提供理财顾问服务的基础上，接受客户的委托和授权，按照与客户事先约定的投资计划和方式进行投资和资产管理的业务活动。在综合理财服务活动中，客户授权银行代表客户按照合同约定的投资方向和方式，进行投资和资产管理，投资收益与风险由客户或客户与银行按照约定方式承担。

商业银行个人理财业务按照客户获取收益方式的不同，理财计划可以分为保证收益理财计划和非保证收益理财计划。保证收益理财计划是指商业银行按照约定条件向客户承诺支付固定收益，银行承担由此产生的投资风险，或银行按照约定条件向客户承诺支付最低收益并承担相关风险，其他投资收益由银行和客户按照合同约定分配，并共同承担相关投资风险。2018 年，中国人民银行、中国银保监会、中国证监会、国家外汇管理局发布《关于规范金融机构资产管理业务的指导意见》，明确要打破资管产品的刚性兑付，金融机构不得对资管产品承诺保本保收益。但在其他国家仍存在保证收益理财计划。非保证收益理财计划可以分为保本浮动收益理财计划和非保本浮动收益理财计划。保本浮动收益理财计划是指商业银行按照约定条件向客户保证本金支付，本金以外的投资风险由客户承担，并依据实际投资收益情况确定客户实际收益的理财计划。非保本浮动收益理财计划是指商业银行根据约定条件和实际投资收益情况向客户支付收益，并不保证客户本金安全的理财计划。

3. 财务顾问业务：包括大型建设项目财务顾问业务和企业并购顾问业务。大型建设项目财务顾问业务指商业银行为大型建设项目的融资结构、融资安排提出专业性方案。企业并购顾问业务指商业银行为企业的兼并和收购双方提供的财务顾问业务，银行不仅参与企业兼并与收购的过程，而且作为企业的持续发展顾问，参与公司结构调整、资本充实和重新核定、破产和困境公司的重组等策划和操作过程。

4. 现金管理业务：商业银行协助企业，科学合理地管理现金账户头寸及活期存款余额，以达到提高资金流动性和使用效益的目的。

（九）其他类

以上八类业务中不能包括的都可以列入其他类，如信托业务、保管箱业务等。

信托业务的基本含义是指建立在信任基础上的委托。有广义和狭义两种概念。广义上，所有基于相互间的信任而产生的委托行为都可以称为信托。如委托他人销售自己的产品，委托他人代为管理或处理自己的财产，亲朋好友之间委托照顾老人等。狭义上，信托是建立在信任基础上的财产经营管理制度。《中华人民共和国信托法》规定：信托是指委托人基于对受托人的信任，将其财产权委托给受托人，由受托人按委托人的意愿以自己的名义，为受益人的利益或者特定目的，进行管理或者处分的行为。上述基金托管业务就是一种信托行为。

信托的关系人有三个：委托人、受托人、受益人。商业银行办理信托业务，处于受托人的地位，行使受托人的权利和义务。

信托可以按照不同的标准进行分类。按照信托对象划分，有个人信托和法人信托；按照信托的目的划分，有盈利信托与公益信托；按照信托受益的对象划分，有自益信托和他益信托；按照信托标的物划分，有资金信托、实物信托、债权信托和经济事务信托；按照信托经营的性质划分，有贸易信托和金融信托；按照信托发生的依据划分，有自由信托和法定信托。

由于我国现行法律规定银行、保险、证券、信托实行分业经营和监管，因此，我国商业银行的信托业务主要是资金信托，具体包括信托存款、信托贷款、信托投资、委托贷款、委托投资等。

第二节　中间业务的管理

一、我国银行业监管机构关于中间业务的管理规定

（一）金融衍生产品交易业务的管理

1. 商业银行申请开办衍生产品交易业务应具备的条件

（1）有健全的衍生产品交易风险管理制度和内部控制制度。

（2）具备完善的衍生产品交易前、中、后台自动连接的业务处理系统和实时的风险管理系统。

（3）衍生产品交易业务主管人员应当具备 5 年以上直接参与衍生交易活动和风险管理的资历，且无不良记录。

（4）应具有从事衍生产品或相关交易 2 年以上、接受相关衍生产品交易技能专门培训半年以上的交易人员至少 2 名，相关风险管理人员至少 1 名，风险模型研究人员或风险分析人员至少 1 名；以上人员均需专岗人员，相互不得兼任，且无不良记录。

（5）有适当的交易场所和设备。

（6）外国银行分行申请开办衍生产品交易业务，必须获得其总行（地区总部）的正式授权，且其母国应具备对衍生产品交易业务进行监管的法律框架，其母国监管当局应

具备相应的监管能力。

（7）中国银行业监管机构规定的其他条件。

2. 衍生产品交易的风险管理。商业银行应根据本机构的经营目标、资本实力、管理能力和衍生产品的风险特征，确定能否从事衍生产品交易及所从事的衍生产品交易品种和规模。

按照规定对所列衍生产品交易业务的分类，建立与所从事的衍生产品交易业务性质、规模和复杂程度相适应的风险管理制度、内部控制制度和业务处理系统。

高级管理人员应了解所从事的衍生产品交易风险；审核批准和评估衍生产品交易业务经营及其风险管理的原则、程序、组织、权限的综合管理框架；并能通过独立的风险管理部门和完善的检查报告系统，随时获取有关衍生产品交易风险状况的信息，在此基础上进行相应的监督与指导。高级管理人员要决定与本机构业务相适应的测算衍生产品交易风险敞口的指标和方法，要根据本机构的整体实力、自有资本、盈利能力、业务经营方针及对市场风险的预测，制订并定期审查和更新衍生产品交易的风险敞口限额、止损限额和应急计划，并对限额情况制定监控和处理程序。

负责衍生产品业务风险管理和控制的高级管理人员必须与负责衍生产品交易或营销的高级管理人员分开，不得相互兼任。从事风险计量、监测和控制的工作人员必须与从事衍生产品交易或营销的人员分开，不得相互兼任；风险计量、监测或控制人员可直接向高级管理层报告风险状况。应当建立并严格执行授权和止损制度。对于高风险的衍生产品交易种类，金融机构应对交易对手的资格和条件作出专门规定。

应建立健全控制操作风险的制度，严格控制操作风险。要书面明确衍生产品交易主管和交易员的权限以及责任，实行严格的问责制，对在交易活动中有越权或违规行为的交易员及其主管，要有明确的惩处制度。要制定合理的成本和资产分析测算制度和激励约束机制，不得将衍生产品交易和风险管理人员的薪酬与衍生产品交易盈利简单挂钩，避免其过度追求利益而增加交易风险。对衍生产品交易主管和交易员应实行定期轮岗和强制带薪休假制度。

（二）个人理财业务的管理

商业银行应建立健全个人理财业务管理体系，明确个人理财业务的管理部门，针对理财顾问服务和综合理财服务的不同特点，分别制定理财顾问服务和综合理财服务的管理规章制度，明确相关部门和人员的责任。

应建立健全综合理财服务的内部控制和定期检查制度，保证综合理财服务符合有关法律、法规及银行与客户的约定。对理财计划的研发、定价、风险管理、销售、资金管理运用、账务处理、收益分配等方面进行全面规范，建立健全有关规章制度和内部审核程序，严格内部审查和稽核监督管理。销售的理财计划中包括结构性存款产品的，其结构性存款产品应将基础资产与衍生交易部分相分离，基础资产应按照储蓄存款业务管理，衍生交易部分应按照金融衍生产品业务管理。不得将一般储蓄存款产品单独当做理财计划销售，或者将理财计划与本行储蓄存款进行强制性搭配销售。

开展个人理财业务，应建立相应的风险管理体系，并将个人理财业务的风险管理纳入商业银行风险管理体系之中。个人理财业务风险管理体系应覆盖个人理财业务面临的各类风险，并就相关风险制定有效的管控措施。

对理财计划的资金成本与收益进行独立测算，采用科学合理的测算方式预测理财投资组合的收益率。不得销售不能独立测算或收益率为零或负值的理财计划。

在进行相关市场风险管理时，应对利率和汇率等主要金融政策的改革与调整进行充分的压力测试，评估可能对银行经营活动产生的影响，制定相应的风险处置和应急预案。不应销售压力测试显示潜在损失超过商业银行警戒标准的理财计划。

商业银行开展个人理财业务实行审批制和报告制。

（三）电子银行业务的管理

电子银行业务是指商业银行等银行业金融机构利用面向社会公众开放的通信通道或开放型公众网络，以及银行为特定自助服务设施或客户建立的专用网络，向客户提供的银行服务。电子银行业务包括利用计算机和因特网开展的银行业务（简称网上银行业务）、利用电话等声讯设备和电信网络开展的银行业务（简称电话银行业务）、利用移动电话和无线网络开展的银行业务（简称手机银行业务）以及其他利用电子服务设备和网络，由客户通过自助服务方式完成金融交易的银行业务。

商业银行开办电子银行业务，应向国家金融监督管理总局申请或报告。利用互联网等开放性网络或无线网络开办的电子银行业务，包括网上银行、手机银行和利用掌上计算机等个人数据辅助设备开办的电子银行业务，适用审批制；利用境内或地区性电信网络、有线网络等开办的电子银行业务，适用报告制；利用银行为特定自助服务设施或与客户建立的专用网络开办的电子银行业务，法律法规和行政规章另有规定的遵照其规定，没有规定的适用报告制。

增加或者变更以下电子银行业务类型，适用审批制：有关法律法规和行政规章规定需要审批但金融机构尚未申请批准，并准备利用电子银行开办的；金融机构将已获批准的业务应用于电子银行时，需要与证券业、保险业相关机构进行直接实时数据交换才能实施的；金融机构之间通过互联电子银行平台联合开展的；提供跨境电子银行服务的。

商业银行应将电子银行业务风险管理纳入本机构风险管理的总体框架之中，并应根据电子银行业务的运营特点，建立健全电子银行风险管理体系和电子银行安全、稳健运营的内部控制体系。电子银行风险管理体系和内部控制体系应当具有清晰的管理架构、完善的规章制度和严格的内部授权控制机制，能够对电子银行业务面临的战略风险、运营风险、法律风险、声誉风险、信用风险、市场风险等实施有效的识别、评估、监测和控制。对电子银行管理的关键岗位和关键人员，实行轮岗和强制休假制度，建立严格的内部监督管理制度。

二、商业银行中间业务的风险与控制

（一）中间业务风险的种类及成因

因信息不充分、不对称而导致的不确定性，普遍存在于经济活动中。因不确定性导致的银行风险也普遍存在于商业银行的经营管理之中。商业银行中间业务的风险主要有

信用风险、市场风险、流动性风险、操作风险、法律风险等。

1. 信用风险。信用风险是因交易对手无法履行合约或不履行责任而导致损失的可能性。任何时候，只要获得某一产品和服务而不立即付款，那么信用风险就会存在，信用风险和借贷行为一样古老悠久。中间业务的信用风险主要存在于银行卡类、代理类、担保类、承诺类和交易类等业务中。

代理类业务中，目前商业银行可以接受委托代理发行、兑付、买卖各类有价证券业务。这些业务虽说只是代理，委托人应该将资金预先存入受托银行，银行才能代理兑付债券。但在债券发行时，债券票面上或业务宣传单上注明由“××银行代理发行和兑付”，债券投资人基于银行信誉才去购买，债券到期时，无论债券发行人的资信质量如何，投资人只找代理银行兑付。如果发行人不能保证兑付，代理银行就得代替发行人履行偿债义务，使原来的或有负债变为真实负债并同时变为银行的不良资产。因此，代理类业务也有信用风险，其信用风险的大小取决于委托人的资信能力。

信用卡中的恶意透支也是一种信用风险。它主要取决于信用卡持有人的道德标准和法制意识。

担保业务中，商业银行以“银行信用”为借款人作出还款保证，出售的是“银行信誉”，并据此收取了手续费。比如银行办理承兑、签证或出具保函时，银行并无资金付出，只是到期有可能要替担保申请人还债。因此，担保类、承诺类的信用风险主要取决于客户的财务状况和偿债意愿。

衍生金融工具交易类业务中，信用风险包括结算日风险和结算前风险两个方面。结算日风险指结算日因对方违约造成的损失。结算前风险指在结算日之前的某一天由于对手违约造成的损失。在金融衍生产品市场上，信用风险的大小与合约的期限长短有着密切的关系。合约的期限越长信用风险就越大。而且，对于同一期限的合约来说，其信用风险随着时间的推移还会不断地发生变化。在不同场所交易的金融衍生产品，信用风险也大不相同。在交易所交易时风险较小，而在场外交易的风险则要大得多。

2. 市场风险。中间业务的市场风险主要存在于交易类业务中，指由于金融现货价格变动引起衍生产品价格或价值变动而导致损失的可能性。这里的市场价格变动包括市场利率、汇率、债券等行情的变动。风险包含两部分，一是采用金融衍生产品保值仍未能完全规避的价格变动风险；二是衍生产品本身就具有的价格变动风险。由于杠杆作用，衍生产品有很强的“收益与风险放大”功能，对金融现货市场的利率、汇率以及指数等变量具有高度敏感性，它反映基础市场价格变动的幅度也很大。虽然衍生产品设计的初衷是要规避上述风险的，但由于衍生产品将社会经济中分散的风险全部集中在少数金融衍生产品市场上释放，所以风险很大。

3. 流动性风险。中间业务的流动性风险是指银行无力为负债的减少、资产的增加提供融资以及持有衍生产品合约无法在市场上找到出货或平仓机会而造成损失的可能性。中间业务的流动性风险存在于表外业务中。它表现在两个层次上：一是业务所涉及的金融工具的流动性不足。比如，银行因缺乏交易对手而无法将持有的金融工具以合理的价位变现时，导致资金不足而造成损失。许多衍生金融工具都是根据客户实际需要所设计的非标准化产品，市场面小，交易量少，市场广度和深度不足，其交易方式又是场外交易，其价格往往是一对一敲定，而非集中竞价形成。当商业银行需要补充流动性时，要想在较短时间里以合理的价格转让这些衍生产品，必然存在着交易成本高、收益保证难等困难。二是商业银行表外业务规模过大时出现的流动性不足。担保类、承诺类业务中，当客户的财务状况恶化，资金周转不灵时，往往要求银行兑现其承诺。银行不得不对客户发放贷款或替客户履行偿还债务的义务。对银行来说，担保类和承诺类开始只是一种或有负债，但随着时间的推移，这种或有负债有可能变成现实债务。一旦这些或有负债集中变成现实负债时，银行必然出现流动性不足。

4. 操作风险。根据《巴塞尔协议Ⅱ》中的定义，操作风险指的是由不完善或有问题的内部程序、人员及系统，或者由于外部的事件所引起损失的风险。这一界定包含了法律风险。操作风险主要包括两类：第一类是在日常经营过程中，由于各种自然灾害或意外事故，如火灾、抢劫或盗窃、通信线路故障、计算机系统故障、高级管理人员人身意外事故、职员的日常工作差错等，而给整个机构带来损失的可能性；第二类是由于经营管理上的漏洞，管理人员在作决策时出现故意的错误或者非故意的失误，从而给整个机构带来损失的可能性。1991 年 7 月 5 日在卢森堡注册的国际商业信贷银行集团破产事件、1995 年 2 月 27 日巴林银行破产事件、1995 年 9 月 26 日大和银行纽约分行关闭事件等，都属于操作风险的典型案例。

操作风险存在于所有的中间业务。有些中间业务不会形成银行的或有负债，因而也就不会出现信用风险和市场风险，但操作风险始终存在。

5. 法律风险。法律风险是合约在法律范围内无效、合约内容不符合法律法规的要求而导致损失的可能性。中间业务大都属于商业银行经营创新，信用卡、银行承兑汇票、各种保函、备用信用证、期货、期权、互换等都是 20 世纪 70 年代以后发展起来的，这些业务存在着突出的法律缺位、不足或滞后的问题。虽然我国正逐步走向法治社会，“有法可依、有法必依”是今后商业银行面临的法律环境，但是法律法规的变化仍有可能给银行收益、营运资本以及未来前景带来负面影响，因此银行需要承受不同形式的法律风险。这些风险具体包括：司法解释与银行规定不一致而造成银行同预计情况相比资产价值下降或负债加大；执法不严、违法不究的现象也许仍将存在；现有法律可能不能解决与银行中间业务有关的法律问题，比如，在开拓新业务或交易对象的法律权利未能界定时，银行尤其容易遭受法律风险的影响。

20 世纪 80 年代末期发生在英国的 H－F 事件，就是一次典型的因交易对手不具备参与金融衍生产品交易法律授权而引发的法律风险的事例。英国伦敦郊区两个自治镇——哈默史密斯（Hammersmith）和法尔汉（Fulham），于 80 年代后期分别与其对手签订了名义本金超过 60 亿英镑的利率互换合约。由于利率的逆向变化，这两个自治镇出现了潜在的巨额亏损。两镇的议员们开始了一系列的法律行动，试图以英国议会没有授权地方政府参与金融衍生产品交易为由，宣称该金融衍生产品交易合约无效。1989 年 5 月，地区法院判定所有与地方政府之间的金融衍生产品交易合约无效。1991 年 1 月，英国上议院以最终决定的方式，宣布地方政府无权参与金融衍生产品交易，所有与地方政府之间的金融衍生产品合约均无效。这样，就免除了这两个自治镇履行合约的责任，从而使签订这些合约的对手遭受了1.2亿英镑的巨额损失。

上述五种风险各自的侧重点不同，但是对于某一事件，往往是一种风险的产生，引发另一种或几种风险，几种风险相互影响扩张，使得银行的损失不断升级而酿成重大的风险事件。中间业务的风险特别是其中的表外业务的各种风险，其损失之大让人触目惊心。表7－1列举了20世纪90年代全球金融交易六大损失事件。

表7－1　20世纪90年代全球金融交易六大损失事件

公司名称	发生截止时间	损失额	交易内容及结果
日本昭和壳牌石油	1993年2月	14亿美元	外汇期货交易
日本鹿岛石油	1994年4月	15.6亿美元	外汇期货交易
美国宝洁	1994年4月	1.6亿美元	利率互换交易
日本东京证券	1994年11月	3.2亿美元	美国债券期权交易
英国巴林银行	1995年2月	14亿美元	股指期货交易失控，最后破产
英国国民西敏寺银行	1997年2月	8 140万美元	利率期货交易错误定价

2008年1月26日，担任世界最大衍生交易市场领导角色的法国第二大银行兴业银行24日爆出该行历史上最大违规操作丑闻。一名交易员在未经授权情况下大量购买欧洲股指期货，最终给银行造成49亿欧元（约合71.4亿美元）损失。这是世界银行业迄今因员工违规操作而蒙受的单笔最大金额损失。

（二）商业银行中间业务的内部控制

商业银行中间业务的风险控制，应遵循《商业银行市场风险管理指引》《商业银行操作风险管理指引》《银行业金融机构衍生产品交易业务管理暂行办法》《商业银行理财业务监督管理办法》等规定。但是，内部控制在控制中间业务各种风险时有着不可替代的作用。内部控制是商业银行为实现经营目标，通过制定和实施一系列制度、程序和方法，对风险进行事前防范、事中控制、事后监督和纠正的动态过程和机制。

第三节　中间业务创新

金融创新，是金融机构在经营过程中将各种经济要素进行重新组合进而提供新的金融服务的过程。它包括金融产品创新、金融服务创新、金融管理创新、组织体系创新等。近年来，银行中间业务已成为商业银行激烈竞争的创新领域。随着我国金融体制改革的深入和社会经济的发展对金融需求的推动，我国各商业银行现在越来越注重中间业务的创新，逐步认识到中间业务作为商业银行三大支柱业务之一的重要意义，积极探索新的服务方式，倡导新的服务理念。各商业银行利用现有资金、技术、网点、结算等方面的优势发展各项中间业务。同时，在机构设置、组织建设、制度建设、监控管理、人员培训等方面做了许多工作，使我国商业银行的中间业务有了良好的开端和明显进展。

一、国外商业银行中间业务的经验借鉴

分析比较中外商业银行中间业务发展现状，借鉴国外经验，对促进我国银行中间业务的发展和有效监管具有重要的现实意义。

20 世纪 80 年代以来，西方国家的商业银行中间业务以较快的速度增长。特别是 1988 年《巴塞尔资本协议》实施以来，中间业务成为各国商业银行业务发展的重点。2018 年第一季度，美国商业银行非利息收入占商业银行总营业收入（净利息收入与非利息收入之和）的比重为 34%。以美国银行业为例，其中间业务的特点如下。

1. 账户收费比较普遍。支票账户一般都设定最低余额标准，账户余额少于此标准收取费用，高于此标准不收费。有 19% 的银行机构提供最低余额以上免费储蓄存折账户，免费最低余额标准为 158 美元，最低开户金额为 97 美元，余额不足此数的账户平均月收费率为 2.15 美元。只有 14.6% 的银行机构提供完全免费储蓄存折账户，平均最低开户金额为 29 美元。67% 的银行机构提供免费最低余额储蓄对账单账户，平均为 184.4 美元，最低开户金额为 105 美元。对低于此标准的账户平均收取 2.5 美元月费。

2. 特别服务收费较高。特别服务包括止付、开出支票余额不足退票、开出支票余额不足透支、收存支票要素不符退票等。99.2% 的银行机构对止付服务收取费用，平均每次收费 18 美元。100% 的银行机构对开出支票余额不足退票收费，每次 20.7 美元。99.7% 的银行机构对开出支票余额不足透支收费，每次 20.4 美元。74.1% 的银行机构对收存支票要素不符退票收费，每次 7.1 美元。

3. ATM 服务收费较多。91% 的银行机构提供 ATM 服务。10.7% 的银行机构收取 ATM 年使用费，平均费率为 10.35 美元。有 3.5% 的银行机构对发放 ATM 卡收费，平均费率为 4.5 美元。对客户从本行 ATM 中取款收费的银行机构只有 3.6%，平均费率为 0.8 美元。但是有 78.5% 的银行机构对本行客户从他行 ATM 中取款收取费用，平均费率为 1.17 美元。对于他行客户从本行 ATM 中取款，有 88.5% 的银行机构收取附加费，平均费率为 1.32 美元。

二、我国商业银行中间业务发展现状与问题分析

我国商业银行开办的中间业务品种已达 30 余种，如支付结算、银行卡、各种代理、担保、承诺等。在最近几年，代理业务和银行卡业务发展最快。2022 年 9 月 1 日，中国银行业协会发布《2022 年度中国银行业发展报告》，指出 2022 年第一季度，银行业金融机构实现手续费及佣金净收入 2 658.8 亿元，占营业收入的比重为 17%。

我国商业银行中间业务虽然有了一定的规模，发展速度也比较快。但就总体而言，我国商业银行中间业务的规模和范围还有很大的发展空间，而且地区之间、行业之间、业务品种之间发展很不平衡，与国际比较还有一定的差距。其影响因素主要有以下几点。

1. 中间业务经营环境的影响。经营环境包括市场基础、竞争环境和政策法规等方面。中资银行在开展中间业务活动时，缺乏良好的市场基础，一方面表现为市场需求环

境较差。许多企业非常想获得信息咨询、现金管理、投资理财等金融服务，但又不愿意把这些服务当做商品、作为生产过程的要素来对待。而在国外，“用者自付”的观念深入人心，银行只要提供服务、动用银行的人力物力资源，或借用银行的信誉，就收取相应的费用。另一方面表现为商业银行开展中间业务的自由度受到限制。我国金融业实行的是严格分业经营体制，银行、证券、保险等各自分业经营，银行即使有进行中间业务创新的冲动，也没有让其表现的市场基础。

从竞争环境来看，西方商业银行在金融监管当局监管、舆论监督和银行自律的作用下，银行业的竞争是一种市场环境下有序的竞争。以美国为例，对于银行服务收费的价格，美国金融法规，特别是联邦一级的金融法规基本上未作出具体规定，而是让银行根据自身的经营状况和市场状况来确定。至于银行协会在银行服务收费方面的作用，美国银行家协会、纽约州银行家协会等银行同业组织并不承担对银行服务收费标准的规定和管理职责。相比之下，我国银行中间业务收费的规定缺乏较多的自主性。

2. 硬件设施及人才方面的影响。发展中间业务需要技术设备的支持。比如提高资金汇划清算效率、开展全行范围的咨询和理财服务等，都需要银行系统的数据集中处理，否则业务就会受到制约。目前在技术设备方面存在着明显的不足，如主机处理能力、业务软件处理效率、业务软件可扩充性、地区业务发展特性、管理能力等问题都是比较突出的。金融信息和数据库的覆盖面窄，使金融信息系统没有充分投入商业化运作。

中间业务是知识密集型业务，具有集人才、技术及信誉于一体的特征，需要一批懂技术、有经验、会管理的复合型营销人才。目前，银行开展中间业务的专业人员也略显不足，研究、开发、营销力量不够，尤其缺乏能够从事创新型的、技术含量高的、复杂性的中间业务的工作人员。这已成为我国银行业开展技术含量高、风险适中、收益高的业务品种的“瓶颈”。比如理财顾问，就要求对银行、保险、证券、房地产、外汇、国内外经济形势都有较全面的掌握，而这方面的人才在我国金融界还不能满足需要。

3. 金融产品种类方面的影响。商业银行中间业务产品种类繁多，除了结算、代理、资金托管、信用卡、咨询、外汇交易等品种外，还提供资产管理、担保承诺、投资银行、为客户提供金融衍生品等业务。目前，我国商业银行中间业务的品种和范围有所扩大，已经开办的大多是结算类、银行卡类、代理类、资金托管类，担保类、承诺类和咨询顾问类开展较少，金融衍生品等交易类就更少。

三、我国商业银行中间业务创新策略

1. 放宽政策，给予商业银行制定金融产品价格的权利。在中间业务的收费项目、收费标准等各个方面，可以借鉴国外的做法。银行业务的收费标准通常是由各家商业银行根据银行公会制定的指引自行确定。如有调整，则依照银行公会发布的银行业行为准则及有关规定，在正式实施前 30 天逐一通知客户。因此，我国银行在中间业务的收费项目、收费标准方面应采取备案制。在中间业务的经营范围上，除了交易类采取审批制以外，其他中间业务都应采取备案制。放开中间业务收费的限制，允许中资商业银行按照国际惯例办事，为所有中外资银行创造一个公平竞争和合作的政策环境。

商业银行在制定收费标准时要体现成本补偿、风险补偿和收益性原则，使收益能够弥补成本，收费水平与风险程度相适应。同时还要考虑业务开展与同业竞争的关系，使收费标准既具有竞争力又有利于本行业务的开展。

2. 建立适合市场需求的中间业务经营体系。各商业银行有必要按市场导向重新考虑内部职能机构的设定，从上到下建立独立的专门管理中间业务的组织机构，打破以存贷为中心、按产品设置职能部门的旧框架。比如以结算业务部门为基础，组建中间业务部；组建专门办理国内国际保理业务的保理公司。为此，一要建立授权体系，按照品种、风险程度高低、金额大小、操作程序难易等标准来界定相应权限，确定分支行经营种类与额度。二要强化统计考核指标体系建设，建立科学完整的中间业务考核指标体系，加强对中间业务拓展状况的调研分析和把握。三要建立目标责任制和考评激励机制，把中间业务的发展切实纳入各级行经营目标责任制，扩大其在整个业务目标中的权重，并将目标任务的完成情况作为考评领导者业绩、各级行年度评选的重要依据，从而建立起系统的经营体制。

3. 健全对中间业务的内部管理和风险控制系统。虽然中间业务能为银行带来丰厚的利润，但利润的取得从来都是与风险结伴同行。需要根据中国银监会的相关规定，对原有业务品种随职能部门调整而进行业务管理制度的操作规范的整合，使权限范围更明确、流程更科学、风险防范更有效。同时建立各种风险评估模型，经常进行定性与定量相结合的风险分析与内部审计，有效地控制各种风险。

4. 创新符合市场需求的中间业务发展机制。一要制定合理的中间业务发展规划。商业银行应实施中间业务的区域定位发展战略，确定合理的中间业务发展阶段，并在此基础上形成科学合理的中间业务中长期发展规划。二要加强新产品的开发，突出发展市场需要的重点中间业务产品。三要注重中间业务人才的培训和引进。培养有创新意识和创新能力的高素质金融人才是商业银行发展中间业务的根本。四要完善市场需求的科技支撑平台。各商业银行应在实现收付清算大集中的基础上，逐步建立与中间业务发展重点相配套的科技支撑平台，搞好代客理财、咨询服务、银证合作等重点业务的电子运作软硬环境建设，将分销网络拓展到客户的办公桌上或家庭，提高银行卡业务的集约化水平和服务质量，以此争取和稳定大批客户。

5. 监管部门对中间业务的监管应权衡安全与竞争、效率与成本。金融监管部门对商业银行中间业务监管的目标应为既维护金融安全又保护竞争。从多年的实践来看，金融监管是一把“双刃剑”，一方面有利于减少金融体系的风险，维护金融业的稳定和安全，另一方面也会给金融业的运行带来成本。如果监管不当或者监管过度，监管的成本很可能超过监管的效益，从而破坏金融机构的竞争力，降低金融体系的效率，阻碍金融业的发展。因此，监管部门应该更多地关注监管中竞争与安全、效率与成本这一矛盾的统一关系，在制定和实施对中间业务的监管政策、措施的过程中应考虑可能对竞争、效率和金融创新产生的影响，权衡利弊，采取灵活的有应变能力的监管政策和手段，在监管理念上要将现行的“法不批准不可行”改为“法不禁止即可行”，在稳定的前提下营造一个有利于竞争和金融创新的监管环境，达到安全与效率的最佳平衡。

第四节　案例分析

案例：英国巴林银行事件

（一）案例简介

1995 年 2 月 26 日，英国银行业的泰斗，在世界 1 000 家大银行中按核心资本排名第 489 位的巴林银行，因进行巨额金融期货投机交易，造成 9.16 亿英镑的巨额亏损，被迫宣布破产。后经英格兰银行的斡旋，3 月 5 日，荷兰国际集团（ING）以 1 英镑的象征性价格，宣布完全收购巴林银行。

巴林银行创立于 1762 年，到 1995 年已有 233 年的历史。最初从事贸易活动，后涉足证券业，19 世纪初，成为英国政府证券的首席发行商。此后 100 多年来，在证券、基金、投资、商业银行业务等方面取得了长足发展，成为伦敦金融中心位居前列的集团化证券商，连英国女皇的资产都委托其管理，素有“女皇的银行”的美称。该行 1993 年的资产有 59 亿英镑，负债 56 亿英镑，资本金加储备 4.5 亿英镑，海内外职员 4 000 余人，盈利 1.05 亿英镑。1994 年税前利润高达 1.5 亿英镑。该行当时管理 300 亿英镑的基金资产，15 亿英镑的非银行存款和 10 亿英镑的银行存款。

这样一家历史悠久、声名显赫的银行，破产的起因是其新加坡分公司经理尼克·里森进行期货投机形成的巨额亏损。

28 岁的尼克·里森 1992 年被巴林银行总部任命为新加坡巴林期货有限公司的总经理兼首席交易员，负责该行在新加坡的期货交易并实际从事期货交易。1992 年巴林银行有一个账号为“99905”的“错误账户”，专门处理交易过程中因疏忽造成的差错，如将买入误为卖出等。新加坡巴林期货有限公司的差错记录均进入这一账户，并发往伦敦总部。1992 年夏天，伦敦总部的清算负责人乔丹·鲍塞（Gordon Bowser）要求里森另外开一个“错误账户”，以记录小额差错，并自行处理，以省却伦敦的麻烦。由于受新加坡华人文化的影响，此“错误账户”以代码“88888”为名设立。

数周之后，伦敦总部换了一套新的计算机系统，重新决定新加坡巴林期货有限公司的所有差错记录仍由“99905”账户向伦敦总部报告。“88888”差错账户因此搁置不用，但却成为一个真正的错误账户留存在计算机中。这个被遗忘的账户后来就成为里森造假的工具。倘若当时能取消这一账户，那么巴林银行的历史就有可能改写了。

1992 年 7 月 17 日，里森手下一名刚加盟巴林的王姓交易员出了一笔差错，将客户的 20 口日经指数期货合约的买入委托误为卖出。里森在当晚清算时发现了这笔差错。要矫正这笔差错就须买回 40 口合约，按当时收盘价计算，损失为 2 万英镑，并应报告伦敦总部。但在种种考虑之后，里森决定利用错误账户“88888”承接了 40 口卖出合约，以使账面平衡。由此，一笔代理业务衍生出了一笔自营业务，并形成了空头敞口头寸。

数天后，日经指数上升了200点，这笔空头头寸的损失也由2万英镑增加到6万英镑。里森当时的年薪还不足5万英镑，且先前已有隐瞒不报的违规之举，此时他更不敢向总部报告了。

此后，里森便一发不可收拾，频频利用“88888”账户吸收下属的交易差错。仅其后不到半年的时间里，该账户就吸收了30次差错。为了应付每月底伦敦总部的账户审查，里森将自己的佣金收入转入该账户，以弥补亏损。由于这些亏损的数额不大，结果倒也相安无事。

1993年1月，里森手下有一名交易员出现了两笔大额差错。一笔是客户的420口合约没有卖出，另一笔是100口合约的卖出指令误为买入。里森再次作出了错误的决定，用“88888”账户保留了敞口头寸。由于这些敞口头寸的数额越积越多，随着行情出现不利的波动，亏损数额也日趋增长至600万英镑，以致无法用个人收入予以填平。在这种情况下，里森被迫尝试以自营收入来弥补亏损。幸运的是，到1993年7月，“88888”账户居然由于自营获利而转亏为盈。如果里森就此打住，巴林银行的倒闭厄运也许又一次得以幸免。然而这一次的成功却从反面为他继续利用“88888”账户吸收差错增添了信心。

1993年7月，里森接到了一笔买入6 000口期权的委托业务，但由于价格低而无法成交。为了做成这笔业务，里森又按惯例用“88888”账户卖出部分期权。后来，他又用该账户继续吸收其他差错。结果，随着行情不利的变化，里森又一次陷入了巨额亏损的境地。到1994年，亏损额已由2 000万、3 000万英镑一直增加到7月的5 000万英镑。为了应付查账的需要，里森假造了花旗银行有5 000万英镑存款。其间，伦敦总部虽曾派人花了1个月的时间调查里森的账目，但却无人去核实花旗银行是否真有一笔这样的存款。

1994年下半年起，尼克·里森在日本东京市场上做了一种十分复杂、期望值很高、风险也极大的金融衍生产品交易——日本日经指数期货。他认为日本经济走出衰退，日元坚挺，日本股市必大有可为。日经指数将会在19 000点以上浮动，如果跌破此位，一般来说日本政府会出面干预，故想一旦日本股市劲升，便逐渐买入日经225指数期货建仓。1995年1月26日里森竟用了270亿美元进行日经指数期货投机。不料，日经指数从1月初起一路下滑，1995年1月18日又发生了日本神户大地震，股市因此暴跌。里森所持的多头头寸遭受重创。为了反败为胜，他继续从伦敦总部调入巨资，增加持仓，即大量买进日经股价指数期货，沽空日本政府债券。到2月10日，里森已在新加坡国际金融交易所持有55 000口日经股价指数期货合约，创出该所的历史纪录。

所有这些交易均进入“88888”账户。为维持数额如此巨大的交易，每天需要3 000万~4 000万英镑。伦敦总部竟然接受里森的各种理由，照付不误。2月中旬，伦敦总部转至新加坡5亿多英镑，已超过了其4.7亿英镑的股本金。

1995年2月23日，日经股价指数急剧下挫276.6点，收报17 885点，里森持有的多头合约已达6万余口，面对日本政府债券的一路上扬，持有的空头合约也多达26 000口。由此造成的损失则激增至令人咂舌的8.6亿英镑，并决定了巴林银行的最终垮台。

当天，里森已意识到无法弥补亏损，于是被迫仓皇出逃。

26 日晚 9 时 30 分，英国中央银行——英格兰银行在没有其他拯救方案的情况下只好宣布对巴林银行进行倒闭清算，寻找买主，承担债务。同时，伦敦清算所表示，经与有关方面协商，将巴林银行作为无力偿还欠款处理，并根据有关法律赋予的权力，将巴林银行自营未平仓合约平仓，将其代理客户的未平仓合约转移至其他会员处理。

27 日（周一），东京股市日经平均指数再急挫 664 点，又令巴林银行损失增加了 2.8 亿美元。截至当日，尼克·里森持有的未平仓合约总值达 270 亿美元，包括购入 70 亿美元日经指数期货、沽出 200 亿美元日本政府债券与欧洲日元。

在英国中央银行及有关方面协助下，3 月 2 日（周四）在日经指数期货反弹 300 多点情况下，巴林银行所有（不只新加坡的）未平仓期货合约（包括日经指数及日本国债期货）分别在新加坡国际金融期货交易所、东京及大阪交易所几近全部平掉。至此，巴林银行由于金融衍生工具投资失败引致的亏损高达 9.16 亿英镑，约合 14 亿多美元。

3 月 6 日，荷兰国际集团（International Netherlands Group，ING）与巴林银行达成协议，愿出资 7.65 亿英镑（约合 12.6 亿美元）现金，接管其全部资产与负债，使其恢复运作，将其更名为“巴林银行有限公司”。3 月 9 日，此方案获得英格兰银行及法院批准，ING 收购巴林银行的法律程序完成，巴林银行全部银行业务及部分证券、基金业务恢复运作。至此，巴林银行倒闭风波暂时告一段落，令英国人骄傲两个世纪的银行已易新主，可谓百年基业毁于一旦。

此案中，使巴林银行遭受灭顶之灾的尼克·里森于 1995 年 2 月 23 日被迫仓皇逃离新加坡，3 月 2 日凌晨在德国法兰克福机场被捕，11 月 22 日，应新加坡司法当局的要求，德国警方将在逃的里森引渡到新加坡受审。12 月 2 日，新加坡法庭以非法投机并致使巴林银行倒闭的财务欺诈罪判处里森有期徒刑 6 年 6 个月，同时令其缴付 15 万新加坡元的诉讼费。1999 年 4 月 5 日，新加坡司法当局宣布，里森因在狱中表现良好，提前于 1999 年 7 月 3 日获释出狱，并被驱逐出境。7 月 4 日，里森回到伦敦。

（二）因素分析

1. 巴林集团管理层的失职。早在 1994 年末和 1995 年初，新加坡国际金融交易所曾发现新加坡巴林期货有限公司的交易中存在若干异常，并向巴林集团提出了一些关于新加坡巴林期货有限公司的征询。这些原本是可能促成较早发现里森活动的。根据官委清盘人的观点，如果巴林集团的管理层适当检讨并理解新加坡国际金融交易所在致该集团的信中所表述的忧虑，那么倒闭是可能挽回的。官委清盘人认为巴林资产负债管理委员会回复新加坡国际金融交易所第二封信的态度尤其应该受到严厉指责，该回信向新加坡国际金融交易所作出许多毫无根据的错误保证。同样，琼斯对新加坡国际金融交易所的两封信的态度，也反映了他对问题掉以轻心到了令人无法接受的程度。我们无法理解，琼斯作为新加坡巴林期货有限公司的财务董事，何以未经独立地详细了解整个事件，就在里森草拟的回复新加坡国际金融交易所征询里森交易活动的复函上签字。

2. 松散的内部控制。各国金融监管机构或国际金融组织都普遍认为，金融机构内部管理是风险控制的核心问题，但从巴林银行破产的整个过程看，巴林银行的内部控制却是非常松散的。

据报载，在2月26日悲剧发生之前，巴林银行的证券投资已暴露出极大的风险性，但竟未引起该行高级管理人员的警惕。1月第一周，里森持有合约3 024张，20天后，即持有合约16 852张（短短20天内，合约持有量增长4倍）。到2月中旬，里森持有的合约突破2万张，比在同一市场操作的第二大交易商持有的头寸多出8倍。这个信号由于我们所不知道的原因而没有被巴林银行的最高管理当局注意到从而作出应有的反应。总之，巴林银行本身的内部控制制度失灵了，预警系统失败，最终导致了悲剧的发生。巴林银行破产前不久，该银行直到尼克·里森辞职的那天，即2月23日（星期四），公司的风险报告仍出现交易平衡。但是，据新加坡有关当局说，巴林银行伦敦总部在1995年2月头18天里给新加坡巴林期货有限公司汇去1.28亿美元作垫付维持金之用。据英国《金融时报》报道，英格兰银行行长埃迪·乔治（Eddie George）4月5日对英国公共财政部及内务委员会的国会成员说，巴林银行伦敦总部在未通知英格兰银行的情况下，擅自给新加坡分部汇去7.6亿英镑现金。

破产前的巴林银行运作机构，里森主要是与巴林银行的伦敦总部、东京分部及香港分部交易。而在新加坡的期货交易，仅有少数客户，其中三个为巴林分支，另一个是巴黎国家银行，每笔交易都会经过一家巴林分支。因此，巴林银行主管完全不知晓里森所作所为是不可能的。里森后来在监狱中感慨："对于没有人来制止我的这件事，我觉得不可置信。伦敦的人应该知道我每天向伦敦总部要求现金是不对的，但它们却仍然支付这些钱。"可以说，巴林银行的倒闭不是一人所为，而是一个组织结构漏洞百出、内部管理失控所致。

3. 业务交易部门与行政财务管理部门职责不明。在巴林银行新加坡分部，尼克·里森本人就是制度。他分管交易和结算，这种做法给了里森许多自己做决定的机会。作为总经理，他除了负责交易外，还集以下四种权力于一身：监督行政财务管理人员；签发支票；负责把关与新加坡国际金融交易所交易活动的对账调节，以及负责把关与银行的对账调节。行政财务管理部门保留各种交易记录并负责付款。虽然伦敦总部对他的职责非常清楚，却并未采取任何行动，它们生怕因得罪他而失去了这个"星级交易员"。他既负责前台交易又从事行政财务管理，就像一个人既看管仓库又负责收款。由于工作便利，尼克·里森的代号为"88888"的错误账户用了一年多，直到1995年2月23日他辞职时才被发现。

伦敦总部也曾想到确定来自新加坡分部的利润是否能够长期持续下去，还派了一个审计组来到新加坡分部。审计组主要依靠里森提供的情况，编制了一个长达24页的报告。他们对公司的一般性风险有所了解，在报告中这样写道："管制有可能被总经理一人取代"，"他负责前台交易及财务管理"，"可能会以集体的名义做交易，并保证按自己的意图去交割和记录"。但是报告接着又说，"鉴于行政财务管理方面缺少有经验的资深骨干，总经理必须积极兼任交易和后勤管理两职"，同时报告还指出，"在巴林新加坡期货部存在着离开交易正常轨道做违反新加坡国际金融交易所规章之事的可能”。审计组对里森的交易策略也非常了解，许多交易并非是低风险的套利，而是日经指数的单向高风险投赌，“虽然风险高，却可能有更高的回报”。

4. 代客交易部门与自营交易部门划分不清。尼克·里森所做的交易也曾受到巴林新加坡期货部同行们的质询，但是他总是说自己是代客户交易。也有人提出尼克·里森在对巴林银行撒谎，因为代客户垫付期货合同的维持金是非常少有的事。代客户交易与自营交易混淆不清造成管理上的困难，只有把两者划分清楚，才能进行有效的风险管理。

5. 奖金结构与风险参数比例失当。许多公司为鼓励员工辛勤工作，采取发放奖金的办法。一般根据员工的职务、工作经验、工作成绩以及其他诸多因素来确定，各个公司规定不一。当然，表彰工作成绩是一回事，根据交易所得利润支付大笔奖金，而不考虑公司的风险参数或公司的长期策略，则是另一回事。巴林银行一直将50%的毛利作为奖金发给雇员。这个百分数比绝大多数公司都高。巴林银行1994年的1亿英镑（1.61亿美元）奖金在倒闭前几天刚刚宣布分配。几个主要总裁可望拿到100多万英镑。奖金时常根据一个小组或个人在前一年所赚利润决定。这种把交易员的收入与他的交易利润挂钩的奖励制度，最大的问题是刺激了交易员的贪利投机，高额的奖金使得雇员急于赚钱而很少考虑公司所承担的风险。

6. 缺乏全球性的信息沟通与协调。据英国《金融时报》报道，英格兰银行行长埃迪·乔治1995年4月5日曾对公共财政部和内务委员会中的国会成员讲，巴林银行伦敦总部在未通知英格兰银行的情况下，擅自将7.6亿英镑的资金汇到新加坡。而1987年英国银行法规定任何银行如需将大于其资本25%的资金汇到海外分支，必须事先通知英格兰银行。至1995年2月23日，巴林银行伦敦总部总共汇去了7.6亿英镑以垫付里森的交易，而这个数额将近巴林银行资本的两倍。

虽然金融市场特别是衍生产品市场已越来越全球化，但是其法规大多数仍由各个国家自己制定，而且实施范围也不超出本国国界。巴林新加坡期货部则受制于新加坡国际金融交易所（新加坡国际金融交易所的上级为新加坡货币局）。而东京股票交易所（TSE）、大阪股票交易所（OSE）及东京国际金融期货交易中心（TIFFE）却受制于日本银行（中央银行）。

这三个国家的管理者并没有义务去沟通管理信息，而其中的一些组织如新加坡国际金融交易所和大阪股票交易所在日经指数衍生产品方面又一直是竞争对手。显然，缺乏全球性的协调及信息互不沟通也是未能阻止巴林银行破产的又一重要原因。

（三）经验教训

1. 必须加强对金融机构特别是跨国金融机构的监管。巴林银行已经有200多年的经营历史，理应有一套完善的内部管理制度。个别职员在职权范围内违反操作规程是可能发生的，但一名交易员能够违反制度，擅自越权操作，将相当于其母行资本几倍的资金做赌注，而且能够掩藏几周不为监管部门所知晓，可见巴林银行内部的监管漏洞很多。本来巴林银行后线结算部门应该履行监察职责，但是这个预警系统并没有发挥作用，这抑或是里森与结算部门的人同谋，来欺瞒管理层；或许是既让里森负责前台交易又让他掌管后线结算这种做法的严重恶果。

除了巴林银行内部存在的原因外，新加坡国际金融交易所、新加坡金融监管当局、英国金融监管当局都负有不可推卸的责任。事件也反映了对从事跨国业务的金融机构施以更加严密监管的必要性。

2. 必须建立衍生产品交易严密的内部监管制度。从理论分析和实践经验来看，衍生产品一旦脱离了贸易保值的初衷而成为投机手段，风险是极大的，尤其是当交易员孤注一掷时，可能会招致无法挽回的损失。银行管理层应当建立起严密的风险防范机制，经常审查资产负债表中的表内及表外业务，及早发现问题，堵塞漏洞。从巴林银行事件来看，即使是里森用开立虚假户头进行衍生产品交易，以造成代客买卖的假象，但作为巴林银行管理层应该从或有资产的不正常增加中发现问题，这时应该核实客户的身份、财力等。有鉴于此，金融机构在制定有关从事衍生产品交易的内控制度时，应该考虑自身从事该类交易的目的、对象、合约类别、交易数量等。较完善的内控制度应包括交易的目标价、交易流程、坐盘限额、权责划分、预立止蚀点、报告制度等。

3. 应加强金融机构的外部监管。新加坡曾被认为是金融监管很完善的国家，但是巴林银行事件的发生使人们对新加坡监管体系产生了疑问。现在新加坡国际金融交易所已将每份合约保证金由 62. 5 万日元提高到 135 万日元，新加坡还将加强制度方面的监管。有关人士还提出了将交易合约数量与投资者的资金实力相挂钩，虽然这样可能使市场成交量受到影响，但是市场的健康发展可能会吸引更多的投资者。许多投资衍生产品遭受灭顶之灾的，都与超出自身财务承受能力从事过度投机有关。

4. 必须加强对金融机构高层管理人员和重要岗位业务人员的资格审查和监督管理。由于里森熟悉业务，所以被委以重任，但却疏于对他进行考核管理。甚至问题初露时，管理当局也未予以足够重视，使事态逐步扩大，最终导致银行倒闭。

[本章小结]

1. 我国商业银行的中间业务可以分为 9 类：支付结算类、银行卡类、代理类、担保类、承诺类、交易类、基金托管类、咨询顾问类和其他类。

2. 商业银行中间业务的管理应从市场的准入、产品的类别、风险的程度、内部的控制、信息的披露以及监管的要求等多方面进行。

3. 我国商业银行中间业务虽然发展较快，但存在发展规模偏小、范围较窄且发展不平衡等问题。应从放开金融产品的定价权、建立适合市场需求的中间业务体系、健全对中间业务的内部管理和风险控制系统等方面进行金融创新。

[本章重要概念]

中间业务　表外业务　中间业务内部控制　中间业务风险管理　中间业务创新

［练习题］

一、判断题

1. 银行汇票可在全国范围内使用，付款期限自出票日起10天。（　　）
2. 银行汇票经持票人（收款人）背书后可以转让。（　　）
3. 商业汇票根据承兑人的不同分为银行承兑汇票和商业承兑汇票。（　　）
4. 商业汇票付款期限最长为6个月。（　　）
5. 商业汇票经持票人背书后不可以转让。（　　）
6. 银行本票的提示付款期限自出票日起最长不得超过2个月。（　　）
7. 银行本票见票即付。（　　）
8. 银行卡依据清偿方式可分为贷记卡、准贷记卡和借记卡。（　　）

二、单选题

1. 由出票人签发的委托付款人在指定日期无条件支付确定的金额给收款人的票据是（　　）。

A. 银行汇票　B. 商业汇票　C. 银行本票　D. 支票

2. 商业汇票的付款期限最长为（　　）。

A. 3个月　B. 6个月　C. 9个月　D. 12个月

3. 银行本票的提示付款期限自出票日起最长不得超过（　　）。

A. 1个月　B. 2个月　C. 3个月　D. 4个月

4. 托收承付结算每笔的金额起点为（　　）。

A. 1 000元　B. 5 000元　C. 10 000元　D. 50 000元

5. 因交易对手无法履行合约或不履行责任而导致损失的风险属于（　　）。

A. 信用风险　B. 市场风险　C. 操作风险　D. 法律风险

三、多选题

1. 结算业务的主要结算工具包括（　　）。

A. 银行汇票　B. 商业汇票　C. 银行本票　D. 支票

2. 商业银行的代理业务有（　　）。

A. 代理政策性和商业银行业务　B. 代理人民银行业务
C. 代理证券和保险业务　D. 代理收付业务

3. 担保业务包括（　　）。

A. 银行承兑汇票　B. 备用信用证
C. 各类保函　D. 商业承兑汇票

4. 交易类中间业务指商业银行为满足客户保值或自身风险管理等方面的需要，利用各种金融衍生工具进行的资金交易活动。具体包括（　　）。

A. 远期合约　B. 金融期货　C. 互换　D. 期权

5. 商业银行中间业务的风险主要有（　　）。

A. 信用风险　B. 市场风险　C. 操作风险　D. 流动性风险

四、简答题

1. 简述商业银行中间业务的概念及范围。
2. 商业银行中间业务的风险有哪些？应如何控制？

五、论述题

试论商业银行中间业务的创新。

练习题答案

[教学辅助材料相关链接]

《商业银行表外业务风险管理办法》

第八章

商业银行国际业务管理

经济全球化是当今国际社会的显著特征，现代市场经济是一种全球性的开放经济。经济关系的国际化加速了全球资金流动的国际化，国际经济、金融形势的发展，为各国商业银行拓展国际业务提供了广阔的空间和巨大的商机。一般而言，商业银行开展的国际业务主要有国际结算业务、外汇买卖业务、国际信贷业务等。

第一节　国际结算业务管理

一、国际结算业务概述

（一）国际结算的含义

国际结算一般是指以货币清偿国际间的债权债务关系及实现资金转移的行为。国际间的各种经济交易，如国际贸易往来，劳务的提供与接受，资本和利润的转移，资金借贷交易，政府间的政治、外交及民间的非贸易往来等，是形成国际间债权债务的主要原因，也是国际结算的主要内容。虽然就结算金额而言，金融交易结算已于20世纪80年代初成为国际结算中的“超级大户”，但从国际结算的产生、发展及对国际经济交易的作用角度来看，国际贸易结算至今仍排在第一位。对商业银行而言，国际贸易结算虽然比其他结算业务复杂，但其成本低、收益高、风险小，一般也不需要占用银行信贷资金，属重要的中间业务。

（二）国际结算的特征

国际结算不同于一般的国内结算，前者主要用于实现国际间债权债务的清偿及货币资金的转移，后者一般只涉及一国境内的货币结算及相关事项。与国内结算相比，国际结算具有以下显著特征。

1. 结算中遵循多种国际法规及国际惯例。国内结算以一国的相关法规为基础依据，如我国商业银行开展的国内结算必须依照中国人民银行和国家金融监督管理总局颁布的有关规定。国际结算作为跨国结算，必然涉及各有关当事国及当事人的权利和义务。经过长期的国际贸易实践，全球已逐渐形成一系列有关国际结算的国际法规与国际惯例，如国际商会的《跟单信用证统一惯例》《托收统一规则》《国际贸易术语解释通则》等。

这些法规与惯例在实践探索中日趋完善合理，已经得到全球银行业及国际商贸界的广泛承认和采纳，对国际贸易及国际结算的发展起到了保障与推动作用。

2. 结算中采用多种货币作为结算货币。国内结算以本国货币即本币为结算货币，人民币是我国国内结算的合法货币。国际结算由于实现的是国际间的货币收付，因而涉及多种可在国际流通领域自由兑换的国际货币，如美元、欧元、日元等。国际结算中使用的票据、单据及其他凭证的金额也大都以上述国际货币表示。

3. 结算中需跨国界的多家银行的协调合作。国际结算单靠一国的一家银行很难完成，通常必须通过经办国际结算业务银行的驻外分支机构或者国外代理行的协助，才能完成客户委托的国际结算业务。国际结算的内容若是国际贸易结算，则除银行外还涉及进出口商、保险公司、运输公司等众多的跨越国界的当事人。上述这些当事诸方必须在遵循有关国际法规及国际惯例的基础上，在结算及贸易程序等方面相互衔接，密切合作，才能最终完成一笔国际结算业务。

二、国际结算业务工具

目前，国际结算使用支付工具并通过相互抵账的办法来结算国外债权债务关系。这种支付工具一般是票据。票据是国际通行的支付结算工具，具有一定格式，由出票人签发，无条件约定自己或要求他人支付一定金额，是一种经过背书可予以转让的书面支付凭证。票据具有要式性、无因性、流通性、有价性等特点。票据的签发、取得和转让必须具有真实的交易关系与债权债务关系，因而票据凭证具有支付功能，也具有汇兑功能和信用功能。国际结算中广泛使用的票据有汇票、本票、支票三大类。

（一）汇票

《英国票据法》对汇票的定义是："汇票是由一个人向另一个人签发的，要求对方于见票时或定期在可能确定的将来时间，对某人或其指定人或持票人支付一定金额无条件的书面支付命令。"由此可见，一张汇票必须具有三个基本当事人：出票人、付款人、收款人。

汇票是一种要式证券。出票人在制作汇票时，必须使汇票具备必要的形式和内容，否则汇票不产生任何票据效力。根据《日内瓦统一法》的规定，汇票上必须标明票据类型字样。汇票作为一种体现债权债务关系的有价证券，必须载有无条件支付命令。汇票收款人又称汇票抬头，分为限制性抬头、指示性抬头、持票人抬头三种。汇票金额由阿拉伯小写数字和文字大写数字来体现，二者必须相符。汇票付款到期日分为见票付款、定日付款、出票日后定期付款、见票后定期付款、延期付款等，另外，汇票还必须有出票日期及地点、出票人签字等要件方能生效。

汇票从不同的角度划分，可分为若干类型：（1）按出票人划分，可分为银行汇票、商业汇票；（2）按付款时间划分，可分为即期汇票、远期汇票；（3）按承兑人划分，可分为银行承兑汇票、商业承兑汇票；（4）按有无附属单据划分，可分为光票、跟单汇票。

汇票的流通使用要经过出票、承兑、背书、付款、拒付和追索等一系列法定程序。

如果汇票遭到拒付，持票人可做成拒付证书，依法行使追索权。

（二）本票

《英国票据法》规定，本票是一个人向另一个人签发的保证于见票时或定期或在可以确定的将来的时间，对某人或其指定人或持票人支付一定金额的无条件的书面承诺。本票的当事人只有出票人和收款人，出票人即为付款人，故本票无须承兑。这是本票与汇票的根本区别。

同汇票一样，本票的制作人也必须依据有关票据法的规定，使本票具备必要的形式和内容。本票须标明“本票”字样，须有出票人姓名及其签字，须载明收款人姓名，要注明金额、付款期限、出票日期与地点，载明付款地点，并特别写明无条件的支付承诺。

本票一般分为两种：银行本票，一般本票。银行本票的出票人为银行，一般本票出票人为企业和个人。银行本票有不少是见票即付的。不记载收款人，其流通性与纸币相似。一般本票可以开成即期或远期的。在国际贸易中利用买方信贷进口大型设备时，进口商可开出远期付款的本票，经进口方银行保证，到期再偿还本息。

（三）支票

《英国票据法》规定，支票是以银行为付款人的即期汇票。具体来说，支票是银行的活期存款户对银行签发的要求银行从其活期存款账户上对指定人或持票人即期支付一定金额的无条件书面支付命令。根据《日内瓦统一法》的规定，支票必须具备以下必要项目：标明“支票”字样；无条件支付命令，出票人名称及其签字；一定金额、出票日期及出票地点；付款银行名称及地点；标明“即期”字样，若未标明，仍被视为见票即付；收款人或其他指定人。

虽然支票与汇票有诸多相同或类似之处，如支票也有出票人、付款人和收款人三个基本当事人，但二者仍有许多不同。如汇票有即期与远期两种，支票一般均为见票即付；汇票的付款人可以是商号、个人或银行，支票的付款人仅限于银行；汇票一般需经承兑方能生效，支票不需要承兑。

国际上，支票一般有以下类型：记名支票、不记名支票、划线支票、保付支票等。

三、国际结算方式

由于使用的票据不同，国际结算有三种基本方式：汇款、托收和信用证。从资金与票据的流动方向是否一致来看，汇款属于顺汇，又称汇付法；托收和信用证则属于逆汇，又称出票法。

（一）汇款

汇款是指银行应客户的委托或自身业务的需要，利用一定的结算工具，如汇票、支付委托书、加押电传等，通过电汇、信汇、票汇等方式，将资金从本国拨付到收款人所在地的分行或代理行转付给债权人或收款人。汇款业务一般有四个当事人，即汇款人、收款人、汇出行与汇入行。

1. 电汇（T/T）。电汇是汇出行受汇款人的委托，用加押电报或电传通知汇入行向收款人解付汇款的方式。电汇具有收款快捷、资金安全的特点，运用于金额大、需求急的汇款结算。电汇的基本程序如图 8－1 所示。

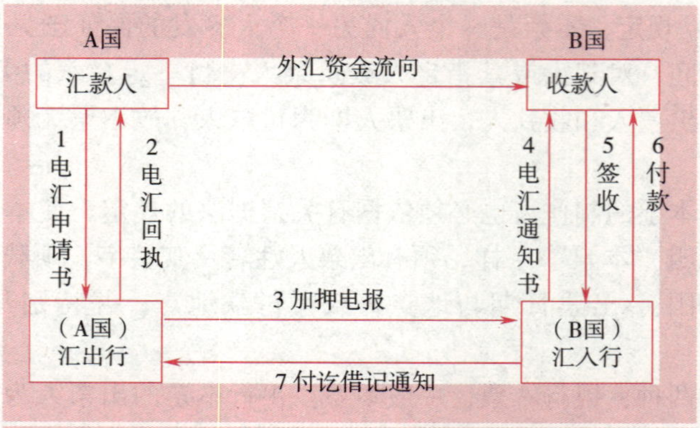

图 8－1　电汇的基本程序

2. 信汇（M/T）。信汇是汇出行受汇款人的委托，将信汇委托书或付款委托书，用邮寄（多为航空邮寄）的方式委托汇入行解付汇款的结算方式。信汇业务与电汇业务大致相同，区别主要在于结算工具及其寄送方式的差异。信汇虽然费用较电汇低廉，但邮寄速度慢，传递环节多，易遗失。信汇方式的操作程序参见上述电汇基本程序图。

3. 票汇（D/D）。票汇是汇出行受汇款人委托，开立以汇入行为付款人的银行即期汇票，交由汇款人自带出境，或自行寄送收款人，并凭以向汇入行提取款项的结算方式。与电汇、信汇显著不同的是，票汇中的结算工具传递并不通过银行，汇入银行无须通知收款人取款，而由收款人自己凭票向汇入行提示请求解付票款。票汇的基本程序如图 8－2 所示。

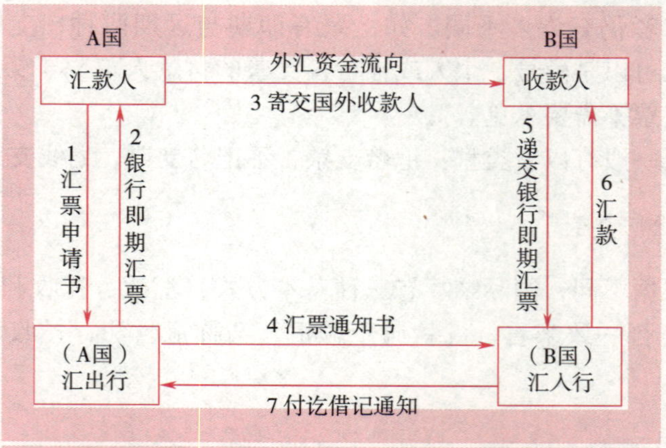

图 8－2　票汇的基本程序

4. 汇款的偿付与退汇。汇出行委托汇入行解付汇款后，应及时将所汇款金额拨交给汇入行，叫做汇款的偿付，俗称拨头寸。汇款的偿付按拨款与解付的先后，可以分为先拨后付和先付后拨两种情况。我国绝大多数银行对汇款的解付都在收到头寸之后。

汇款人或收款人某一方在汇款解付前要求撤销该笔汇款叫做退汇。信汇和电汇的退汇必须在汇款解付以前进行，汇款人与收款人均可提出退汇要求。对票汇的退汇，应在汇款人寄出汇票前由汇款人本人持原汇票到汇出行申请办理。汇票如果遗失、失窃或邮递途中毁失，应办理挂失、止付手续，由汇款人向汇出行出具保证书，汇出行据此通知汇入行挂失止付。

（二）托收

托收指债权人（出口商）出具汇票，委托银行向债务人（进口商）收取货款的一种结算方式，托收方式的资金流向与信用工具的传递方向相反，称为逆汇。

托收可根据托收单据的不同分为两种，即光票托收和跟单托收。光票托收是指不附有商业单据的资金单据或仅附有发票等不包括运输单据的一般商业单据的托收；跟单托收是指附有包括货运单据在内的商业单据的托收。

1. 光票托收。托收的主要当事人包括委托人、委托行、代收行、付款人、提款行。托收是建立在商业信用基础之上的一种结算方式，最大的特点是收妥付汇、实收实付。出口商与托收银行之间、托收银行与代收银行之间仅是一种代理关系。进口商是否按规定的交单条件付款赎单，完全取决于其付款的能力和付款的愿望，银行并不承担付款的责任。

2. 跟单托收。由于光票托收主要用于委托收取出口货款尾数、样品费、代垫运费、佣金、其他贸易从属费用和进口索赔款等，国际结算业务的日常托收业务以跟单托收为主，所以本部分只介绍跟单托收业务。

根据代收行交付货运单据给付款人的不同条件，跟单托收可分为付款交单和承兑交单两种交单与付款条件。付款交单（D/P）包括即期付款交单和远期付款交单两种，一般是指出口商的交单以进口商的付款为条件，即出口商在托收委托书中指示银行，只有在进口商付清款项后，才能向进口商交出货运单据。承兑交单（D/A）是指出口商的交单以进口商在汇票上承兑为条件。进口商承兑汇票后，即可向银行取得货运单据，待汇票到期后才付款。使用承兑交单一定是远期付款，因为只有远期汇票才有必要承兑。跟单托收业务的结算程序如图 8－3 所示。

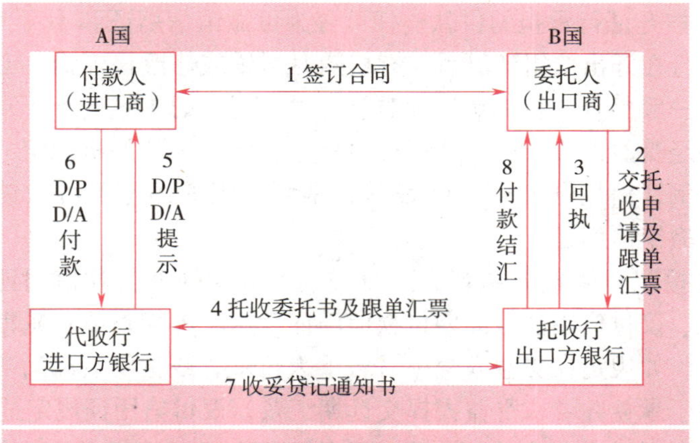

图 8－3 跟单托收业务的结算程序

（三）信用证

1. 信用证概述。信用证（L/C）是当前全球最主要、最广泛的国际结算方式。根据国际商会（ICC）《跟单信用证统一惯例》的有关规定，信用证是指开证行根据申请人（进口商）的申请和要求，对受益人（出口商）开出的授权出口商签发以开证行或进口商为付款人的汇票，并对提交符合规定的汇票和单据保证付款的一种银行保证文件。从性质上看，信用证是一种由开证银行向出口商签发的以开证银行为付款人的信用担保函。

信用证结算涉及的基本当事人有开证申请人、开证行、受益人。信用证结算的其他当事人有通知行、保兑行、议付行、偿付行。开证申请人一般为进口商或购货商；开证行是应开证申请人要求开立信用证的银行；受益人指信用证保证金额的合法享有人，一般为出口商或销货商；通知行指代理开证行将信用证或开证电报的内容通知受益人的银行；保兑行指接受开证行的委托和要求，对信用证的付款责任以本行名义实行保付的银行；议付行指具体办理议付的银行；偿付行指开证银行的付款代理行。

信用证结算是在托收方式的基础上演变出来的一种比较完善的逆汇形式。它的主要作用是把托收方式由进口商履行跟单汇票的付款人责任转由银行履行，保证进出口双方的货款或单据不致落空，同时使双方在资金融通上得到便利，从而有利于国际贸易的发展。信用证结算具有以下显著特点：（1）开证行负第一性的付款责任；（2）信用证是一项独立文件，不受交易合同的约束；（3）信用证业务的处理以单据为准，而非货物，开证行只对信用证负责，认单不认货，只要出口商提供的单据符合信用证规定的付款条件，即予以付款。

2. 信用证的种类。国际结算中使用的信用证可以从有无单据、性质、形式、付款期限、流通方式等不同角度分成很多类。

（1）信用证按有无货运单据可分为光票信用证和跟单信用证。光票信用证指不凭货运单据只凭汇票而付款的信用证。跟单信用证指凭附有货运单据的汇票或仅凭货运单据付款的信用证。国际贸易结算中大量使用的是跟单信用证。

（2）信用证按开证行承担的付款责任可分为可撤销信用证和不可撤销信用证。可撤销信用证指开证行在开出信用证以后，有权随时撤销或修改该证而不必征求有关当事人同意的信用证，一般标有“可撤销”字样或表达同样意思的语句。不可撤销信用证指信用证一经开出并经受益人接受后，开证行便承担按照信用证上所规定的条件履行付款义务。根据国际惯例，信用证必须明确表示其是可撤销的还是不可撤销的，如无明确表示，则视为不可撤销信用证。

（3）信用证按照对受益人结算方式分类，可分为即期付款信用证、延期付款信用证、承兑信用证、议付信用证。即期付款信用证适用于即期付款；延期付款信用证付款日由信用证规定，如规定在受益人交单后若干天付款，或货物装船后若干天付款；承兑信用证规定适用于承兑并要求受益人提交远期汇票；议付信用证规定适用于议付。

（4）信用证的其他分类方式还有：按照信用证有无开证行以外的其他银行保兑，分为保兑信用证和不保兑信用证；按照受益人使用信用证的权利能否转让，分为可转让信用证和不可转让信用证。另外信用证还有循环信用证、背对背信用证、对开信用证、红条款信用证等类型。

3. 信用证的业务程序。信用证因其种类及用途不同，在业务和程序上略有差异。现以最常见的跟单信用证为例，简述信用证的一般业务程序。

跟单信用证业务程序可分为 12 个环节：签订合同，申请开证，开立信用证，通知信用证，发货，提交全套单据，议付货款，汇票和单据付款，发贷记通知书，通知赎单，付款赎单，提货，如图 8 –4 所示。

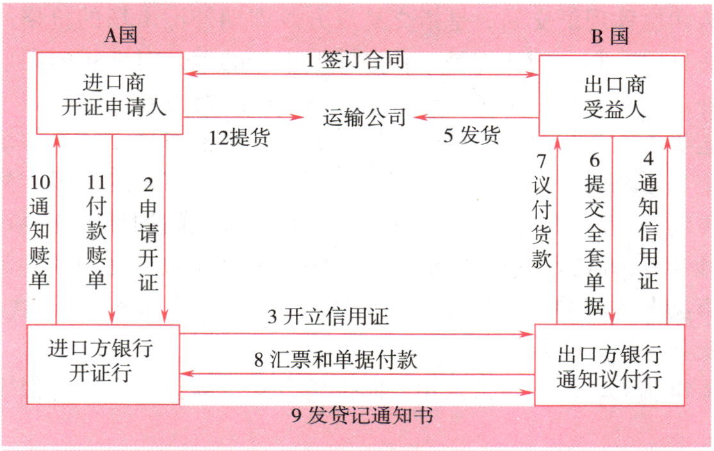

图 8 –4 跟单信用证业务的结算程序

第二节 外汇买卖业务管理

外汇是指以外国（地区）货币表示的，可用于国际结算的支付手段以及可用于国际支付的特殊债权。外汇交易是指为了结算、支付等需要而在买进一种货币的同时卖出另一种货币的交易。外汇买卖是商业银行基本的国际业务，是商业银行将一种货币按既定的汇率兑换成另外一种货币的活动。外汇汇率是指一种货币兑换成另一种货币的比价，或者说是用其他货币来表示一种货币的价格。外汇汇率可采用两种标价法：直接标价法和间接标价法。直接标价法是以一定单位的外币作为标准，折算成若干本币来表示其汇率的标价方法；间接标价法又称应收标价法，是指以一定单位的本币为标准，折算成若干数额的外币来表示其汇率的标价方法。

作为外汇市场的主要参与者，商业银行不仅是外汇交易的中介，而且也是外汇供求的最大客户，是外汇市场的重要主体。一般而言，现代商业银行参与外汇买卖的原因主要有：（1）规避外汇风险。银行持有一定数量和规模的外汇资产和负债，除了通过各类交易增加银行的收益外，还要通过各类外汇交易降低银行本身的外汇风险，如通过远期交易规避汇率风险，或通过外汇期货交易使银行实现保值，降低汇率风险，或通过货币互换等工具消除其敞口风险。（2）调节货币结构。汇率波动影响到商业银行外汇资产和负债的价值。通过外汇买卖，商业银行能够调整外汇资产与负债的构成，以适应外汇汇率的变动。（3）调剂外汇头寸。商业银行进行外汇买卖的主要原因是满足客户调剂外汇头寸的需要，方便客户进行贸易与非贸易结算。

商业银行开展的外汇买卖业务有多种类型，最常见的有即期外汇买卖业务、远期外汇买卖业务和外汇衍生工具买卖业务等。

一、即期外汇买卖业务

即期外汇买卖也称现汇交易，是指交易双方以即期外汇市场的价格成交，一般在成交后的两个营业日内交割。例外的是，香港外汇市场的美元对港元的即期交易是成交当日交割。即期外汇买卖是外汇市场上最常见、最普遍的交易形式。

与即期外汇买卖业务相对应的外汇市场称为即期外汇市场。该类市场可以根据交易中使用的金融工具或金融资产不同分为外汇零售市场和外汇批发市场。外汇零售市场又称为外币现钞市场，是经营外汇业务的商业银行与顾客之间的外汇交易市场，交易对象主要是外币现钞和外币旅行支票。外汇批发市场是银行与银行之间的外汇交易市场，它是在外汇零售市场上形成的，交易的主要是银行所持有的多余的外汇现钞。

（一）即期外汇买卖的报价方式

在即期外汇市场上，汇率通常采用双向报价方式，即报价者同时报出买入价格和卖出价格，如：

USD/DEM　1.6510/20　　GBP/USD　1.7650/60

上述银行报价，汇率中的第一个数字（1.6510 和 1.7650）表示报价者愿意买入被报价货币的价格，即买入汇价或买价；第二个数字（1.6520 和 1.7660）表示的是报价者愿意卖出被报价货币的价格，即卖出汇价和卖价。

外汇买卖使用的交易价格习惯上也称为外汇牌价，包含买价和卖价两部分。买卖价之间的差价实际上是银行开展外汇买卖业务的收益，一般在 0.3% ~0.5%。即期汇价一般由外汇市场供求关系决定。我国商业银行之间的人民币外汇牌价由设在上海的中国外汇交易中心决定，这是人民币兑换外汇的批发价格。各家商业银行对客户的报价通常参照批发价格，根据自己的供求状况适当调整，一般不超过批发价格的 0.5%，表 8 -1 为中国银行 2023 年 6 月 26 日的外汇牌价。

表 8 -1　　中国银行人民币外汇牌价

日期：2023/06/26　人民币/100 外币

货币名称	现汇买入价	现钞买入价	现汇卖出价	现钞卖出价	中国银行折算价
英镑	917.81	889.29	924.57	928.66	917.74
港元	92.17	91.44	92.54	92.54	92.01
美元	721.54	715.67	724.6	724.6	720.56
瑞士法郎	804.61	779.79	810.27	813.74	804.88
新加坡元	532.54	516.11	536.28	538.95	533.38
瑞典克朗	67.12	65.05	67.66	67.98	67.22

续表

货币名称	现汇买入价	现钞买入价	现汇卖出价	现钞卖出价	中国银行折算价
丹麦克朗	105.3	102.05	106.14	106.65	105.6
挪威克朗	66.65	64.59	67.19	67.51	66.64
日元	5.0333	4.8769	5.0704	5.0782	5.026
加拿大元	547.52	530.23	551.56	553.99	547.78
澳大利亚元	481.03	466.08	484.56	486.71	481.72
欧元	784.73	760.34	790.51	793.06	786.18
澳门元	89.59	86.58	89.94	92.94	89.19
菲律宾比索	12.89	12.45	13.05	13.63	12.89
泰国铢	20.46	19.83	20.62	21.28	20.47
新西兰元	443.96	430.26	447.08	453.23	443.54
韩国元	0.5509	0.5315	0.5553	0.5757	0.5518

资料来源：中国银行网站（http://www.bank-of-china.com）。

（二）即期外汇买卖业务的交易程序

1. 询价。首先报出询价银行的名称，以便让报价行知道对手是谁。询价内容包括交易货币、起息日和交易额。交易额以100万美元为单位，交易中One Dollar代表100万美元，若低于100万美元者，应预先说明是小额的，并报出具体金额。

2. 报价。报价行一般只报汇率的最后两位数，并同时报出买价和卖价。报价时力求简明，让对手一目了然。如汇率为7.7300/10，只报00/10，如108.90/00，只报90/00。

3. 成交。询价行首先表示买或卖的金额，然后由报价行承诺。买卖双方一言为定。交易时一般都使用行话，如“1 Mine”即指“我买100万美元”。

4. 证实。交易双方相互证实买或卖的金额、汇率、起息日以及头寸交割方法。

例：某行10月26日通过路透社交易系统成交一笔即期交易（用美元兑日元）。

A：HIHI SPOT JPY 2（即A银行向B银行要美元兑日元的即期汇价，交易额为200万美元）。

B：1 616.50～1 618.00（报价）。

A：At 50（击中对手的买入价，即A银行卖出美元）。

B：Ok，Done（好，成交）。

Now confirm，at 1 616.50，We buy 2 Dollar USD Against JPY Value 27 oct，chemical BK NYK for my USD，Where is YR JPY（现确认，在1 616.50的水平，我们买入200万美元，卖出日元，10月27日起息。我们美元付到纽约化学银行，你的日元账户在哪儿？）

A：Norinchukin Tokyo Tks Good Luck（请把日元汇日本农村中央金库，谢谢。祝你好运）。

B：U2，BIBI（你也一样，再见）。

通过电传或路透社交易系统做交易，除交易单外，还有交易对话的打印件，包括交易细节及交收指示等内容，必要时可寄送外汇买卖确认书。

（三）实务

1. 套汇汇率的计算。

例：假设已知市场港元和日元的即期汇率：

USD/HKD = 7.7360/80　　USD/JPY = 108.35/45

银行客户要求 HKD/JPY 的即期汇率是多少？

解：这是根据同为欧式报价法的两个汇率求套汇汇率。先计算报价行港元的买入价（即日元的卖出价），这相当于报价行买入港元，卖出日元。设报价行先从市场买入美元（卖出日元），手头上无美元，买入价即为市场日元卖出价。

市场日元的卖出价 USD1 = JPY108.35（买入美元）；市场港元的买入价 USD1 = HKD7.7380（卖出美元）。上述两方程联立解：HKD7.7380 = JPY108.35

$$HKD/JPY = \frac{108.35}{7.7380} = 14.00$$

上式是港元的买入价。

现计算港元的卖出价（买入日元，卖出港元）：

市场港元的卖出价 USD1 = HKD7.7360（买入美元）；市场日元的买入价 USD1 = JPY108.45（卖出美元）。JPY108.45 = HKD7.7360

$$HKD/JPY = \frac{108.45}{7.7360} = 14.02$$

套汇汇率为：HKD/JPY = 14.00/02

这只是银行的成本价，银行还可以加一定的利润。上述分析可得出港元兑日元套汇汇率的公式：

$$HKD/JPY = USD/JPY \div USD/HKD \tag{8.1}$$

2. 即期外汇交易盈亏的计算。

在外汇交易中，经常使用头寸的概念。当日某种货币买入比卖出的多，俗称多头，又称超买；若某种货币卖出的多，则称空头，称超卖。

例：某行某日美元兑日元外汇买卖头寸如表 8－2 所示。

表 8－2　某行某日美元兑日元外汇买卖头寸表

单位：万美元，万日元

美元		汇率	日元	
买入	卖出		买入	卖出
100		106.50		10 650
300		106.40		31 920
	200	106.30	21 260	
	100	106.10	10 610	
100		105.90		10 590
	100	106.00	10 600	
500	400		42 470	53 160

当日美元多头 100 万美元，日元空头 10 690 万日元。

根据收盘时的外汇市场买入美元汇率 106. 10 计算，则

USD 1 000 000 × 106. 10 = JPY 106 100 000

若以日元计算当日头寸的盈亏情况，则

106 100 000 − 106 900 000 = − JPY 800 000

二、远期外汇买卖业务

远期外汇买卖即远期交易，又称期汇交易，指外汇买卖双方成交后，按双方签订的远期合同，在未来的约定日期按约定的汇率进行外汇交割的外汇交易。常见的远期外汇买卖业务期限有 1 个月、2 个月、3 个月、6 个月和 1 年，超过 1 年则称为超远期外汇交易。为方便起见，通常将在成交 2 个营业日之后的任何一个营业日的外汇交易都视做远期外汇买卖。较之即期外汇买卖，远期外汇交易有着极强的灵活性，其在交割时间、交易价格等方面均可以由商业银行与交易对方商定。

远期外汇买卖业务可根据交割日的不同，分为固定交割日的期汇交易和选择交割日的期汇交易。固定交割日的期汇交易是指交易的交割日期是确定的，交易双方必须在约定的交割日期办理外汇的实际交割，此交割日既不能提前也不能推迟。选择交割日的期汇交易又称择期交易，指交易没有固定的交割日，交易一方可在约定期限内的任何一个营业日要求交易对方按约定的远期汇率进行交割的期汇交易。这类交易在交割日期上具有较大的灵活性。

对商业银行而言，开展远期外汇买卖业务的主要目的是套期保值，同时也可借此进行外汇投机。套期保值是指商业银行通过开展外汇远期交易，将外汇汇率锁定于某一既定的水平，从而将汇率变动所造成的风险转移出去的交易行为。商业银行运用远期外汇买卖方式，可将未来不确定市场交易价格“锁定”，从而有利于加强汇率风险管理。

外汇投机是一种基于对外汇汇率波动的预测，纯粹以外汇买卖为手段谋取汇差收入的行为。由于谋取汇差是引发这类投机活动的基本动力，因而这类交易被称为套汇。套汇与套期保值的区别在于前者没有以即将发生的实质性外汇交易为基础，因此在汇率出现与预测汇率波动方向相反的时候，套期保值者只会有机会损失，而投机套汇者则会有实际的、真正的财产损失。

（一）远期汇率的报价

在实际的外汇交易中，商业银行对于远期外汇买卖及远期汇率，也采用双向报价法。根据国际惯例，通常有两种远期汇率报价方法：完整汇率报价方法和远期差价报价方法。

完整汇率报价方法又称直接报价方法，是直接将各种不同交割期限的远期买入价、卖出价完整地表示出来。这种报价方法与即期汇率报价方法相同，通常用于银行对客户报价。

商业银行同业间的远期外汇交易报价，通常采用远期差价报价方法。远期差价报价方法又称掉期率或点数汇率报价方法，其不直接公布远期汇率，只报出即期汇率和远期

差价来计算远期汇率。某一时点上远期汇率和即期汇率差称为掉期率或远期价差。这种远期价差又分为升水和贴水两种。升水表示远期汇率比即期汇率高，或期汇比现汇贵；贴水表示远期汇率比即期汇率低，或期汇比现汇贱；另外，如果远期汇率与即期汇率相同，则称为平价。即

$$\text{远期汇水：}\Delta = \text{远期汇率} - \text{即期汇率} \tag{8.2}$$

升水　远期汇率 > 即期汇率

贴水　远期汇率 < 即期汇率

平水　两者相等

汇水与两种相关货币的利差有关，利率高者则贴水，该种货币的远期汇率比即期汇率便宜。反之则升水，远期的币值比近期的昂贵，利率高则贬值，利率较低则相对升值。

升水、贴水可弥补远期交易的利率不同所导致的损失，使两种货币的利差趋于平衡。

远期汇水又称做掉期点、掉期价。掉期点要通过两种货币的利差来计算。

$$\text{掉期点} = \frac{\text{即期汇率} \times \text{两种货币年利率之差} \times \text{远期天数}}{360} \tag{8.3}$$

一般来说，若单位货币利率比计价货币利率低，则单位货币远期应升水，远期汇率为即期汇率加上掉期点；相反，若单位货币利率比计价货币利率高，则单位货币远期应贴水，远期汇率为即期汇率减去掉期点。

$$\text{远期汇率} = \text{即期汇率} \pm \text{升（贴）水} \tag{8.4}$$

例：2007 年 2 月 14 日伦敦市场开盘价

Spot（即期）：EUR/JPY　121.12　121.91

3 个月同业利率：EUR：4.94688（拆入）　4.94938（拆出）

JPY：1.03375（拆入）　1.03438（拆出）

求 3 月的远期汇率。

运用公式求掉期点：$\text{远期汇水} = \text{即期汇率} \times \text{两种货币年利率之差} \times \frac{\text{远期天数}}{360}$

买入价：$121.12 \times (\text{欧元拆入利率 } 4.94688\% - \text{日元拆出利率 } 1.03438\%) \times \frac{92}{360}$

$= 1.21$

卖出价：$121.91 \times (\text{欧元拆出利率 } 4.94938\% - \text{日元拆入利率 } 1.03375\%) \times \frac{92}{360}$

$= 1.22$

因起息日是在远期 3 个月到期日的两天后，故远期天数为 92 天。

掉期点表达为 121BP/122BP

欧元比日元利率高，远期欧元兑日元应贴水，故 3 个月远期汇率为

买入价（买入欧元）= 121.12 − 121BP = 119.91

卖出价（卖出欧元）= 121.91 − 122BP = 120.69

即远期汇率 EUR/JPY＝119.91/120.69

（二）择期外汇交易

按外汇实际交割日是否固定，可将远期外汇交易分为定期交易和择期交易。择期交易指交割日不固定，交易的一方可在成交后的第二天起至约定的期限内的任何一个营业日，按照事先确定的价格要求（即约定的远期汇率）进行外汇交割的交易。

银行应选择成交后的第一天和最后一天的远期汇率中对银行最为有利的汇率作为该期限内的择期远期汇率，因为客户可在约定期限内的任何一天交割。根据以上计算式可知，最为不利的汇率要么是约定期限内的第一天，要么是约定日期内的最后一天。前者，掉期点数为零，后者掉期点数为该期限内的最大值。为了使银行有较大的保障，银行有权在即期汇率和期限最后一天的远期汇率两者之中选择一个对银行最为有利的价格，即买入用两者中最低价，卖出用两者中最高价，也就是对客户最为不利的价格。

对客户来讲，应尽可能确定远期外汇交割的时间，尽可能签订外汇定期合约而少用择期合约。在签订外汇择期合约时尽可能缩短择期的天数，以减少成本，获得有利的远期汇率。

可以根据掉期点数的成对数据判断升水和贴水。若每对掉期点左边数字小，右边数字大，是升水（左小右大），远期汇率＝即期汇率＋掉期点数。反之，右小左大，应减去掉期点数，是贴水（左大右小）。

例：USD/DEM	Spot	1MTH	3MTHs	6MTHs
	1.6660/70	72/67	212/207	478/468

计算1个月远期汇率：美元买入价＝1.6660－72BP＝0.9460

美元卖出价＝1.6670－67BP＝0.9970

三、外汇衍生工具买卖业务

外汇衍生工具是在远期外汇买卖基础上发展起来的新型交易品种，包括外汇掉期、外汇期权、外汇期货等。与远期外汇买卖相类似，外汇衍生工具交易也能起到管理汇率风险的作用，且功能上有所强化，并能够减少交易的成本或信用风险，增加流动性及获利能力。

（一）外汇掉期业务

外汇掉期业务又称为外汇换汇交易，是指在一笔外汇交易中同时进行两笔或两笔以上币种相同、交易方向相反、交割期限不同的交易行为。当外汇交易的一方从对方买进或者卖出一定数量的即期外汇（或远期外汇）时，交易的另一方也同时向对方或者第三方卖出或者买进相同金额的远期外汇（或即期外汇）。掉期业务是远期类外汇交易中规模最大的业务，远远超过单纯的远期外汇买卖和其他外汇衍生工具的买卖，是仅次于即期外汇买卖的第二大外汇买卖业务。掉期交易的主要交易对象是银行同业。

即期对远期是最常见的外汇掉期交易。这种掉期交易是在买进或卖出一种即期外汇的同时，卖出或买进远期之间的相互对调，货币的持有时间在即期与远期之间相互对调。即期对远期掉期交易的报价和计算方法具有一般性，是计算其他类型掉期交易价格的基础。即期对远期掉期交易的交割期限大都为1周、2个月、3个月、6个月。在国际金融市场上，常见的即期对远期掉期交易有：即期对次日（S/N）、即期对一周（S/W）、即期对整数月（S/M）。

即期对即期掉期交易、远期对远期掉期交易是在即期对远期掉期交易基础上发展起来的。即期对即期掉期交易是一种即期交割日以前的换汇交易，由当天交割或明天交割和标准即期外汇买卖组成，是银行为处理即期交割日之前的资金缺口为短期头寸普遍采用的方法。远期对远期的掉期交易是对不同交割期限的远期外汇双方进行货币、金额相同而方向相反的两个交易，也就是从未来的某一特定日期起，至未来更远的某一特定日止，这两个交割日都迟于即期交割日的掉期外汇交易。这种交易使交易者可以利用有利的汇率机会。

外汇掉期业务中，掉期汇率的计算较为重要。掉期汇率与远期汇率的计算方法是不同的。

计算中掉期点的第一、第二两个数字分别表示远期汇率买价与即期汇率买价差额和相应的卖价之间的差额。

在掉期交易中，对于报价方而言，掉期点的第一个价格（点数）相当于即期卖出单位货币与远期买入单位货币的两个汇率的差额（先卖后买）。

掉期点的第二个价格相当于即期买入单位货币与远期卖出单位货币的两个汇率的差额（先买后卖）。

因为，

远期汇率 = 即期汇率 ± 掉期点数（远期汇水）　　(8.5)

因此，在计算掉期汇率时：

掉期中的远期卖出价 = 即期买入价 ± 掉期点的卖出价　　(8.6)

掉期中的远期买入价 = 即期卖出价 ± 掉期点的买入价　　(8.7)

例：已知 USD/HKD 的报价为

USD/HKD　即期　7.7350/55

　　　　1个月　65/55　　（掉期点）

求 USD/HKD 的1个月远期汇率和掉期汇率。

解：美元贴水，港元升水（左大右小——贴水）

由7.7350/65 和7.7355/55 得1个月的远期汇率：7.0850 和7.1855。

下面计算掉期汇率：

即期买入美元汇率7.7350

1个月远期卖出美元汇率7.7350 - 55BP = 7.1850

即期卖出美元汇率7.7355

1个月远期买入美元汇率7.7355 - 65BP = 7.0855

例：请根据市场下述报价回答问题：

GBP/USD　Spot：1.4860/65

　　　　1MTH：50/55

（1）何种货币远期升水？何种货币远期贴水？

左小右大英镑升水，美元贴水。

（2）你觉得适宜做何种掉期交易？

英镑看涨、美元看跌，从套期保值的角度宜做英镑的即期买入和远期卖出的掉期交易，反之，即期卖出、远期买入。

（二）外汇期权业务

外汇期权业务，指商业银行买卖远期外汇权利的交易，是一种货币买卖合约，它赋予期权购买者（或持有者）在规定的日期或在此之前按照事先约定的价格购买或出售一定数量某种货币的权利。期权合约赋予合约的买方以权利而非义务，期权买方获得这种货币买卖权利的条件是向期权卖方支付一笔期权费，其本质与投保人向保险公司支付的保险费完全一致，都是为回避风险、达到保值目的而付出的代价。无论期权买方执行该期权还是放弃该期权，期权费均不予退还。

根据期权合同赋予持有权利的不同，外汇期权可分为看涨期权和看跌期权。看涨期权也称买入期权，指期权持有者有权在到期日或到期日之前按执行价格从期权出售者手中买入一定数量的某种货币。当市场汇率超过协议价格时，期权买方能够从市场价格上涨中赚取价差收益；反之，当市场汇率低于协议价格时，期权买方将以更低的价格直接从外汇市场购买所需货币并放弃购买权利。看跌期权又称卖出期权，指期权持有者有权在到期日或到期日之前，以执行价格向期权出售者卖出一定数量的某种货币。当市场汇率低于协议价格时，期权买方能够从市场价格下跌中赚取价差收益；反之，当市场汇率高于协议价格时，期权买方将以更高的价格直接从市场出售货币并放弃出售权利。

外汇期权交易最早由美国费城证券交易所在 1982 年 12 月推出，上市的主要是外汇现汇期权。在美国，交易外汇期汇期权的主要是芝加哥商业交易所的分部——指数与期权市场。外汇期权种类繁多，根据期权交易的基础资产来分类，可分为外汇现汇期权、外汇期汇期权、期货期权和复合期权；根据交易场所来分类，可分为场内交易期权和场外交易期权；根据期权的复杂程度和使用范围分类，可将外汇期权分为标准期权和奇异期权。

外汇期权的定价较为复杂。1973 年，诺贝尔经济学奖获得者、美国芝加哥大学教授费希尔·布莱克与迈伦·斯科尔斯发表了《期权定价与公司负债》一文，首次提出期权定价模型，在全球引起极大震动。1979 年，考克斯、罗斯和鲁宾斯坦提出另一种期权定价模型——二项式模型。期权理论研究的进展大大促进了外汇期权的发展。现代商业银行应积极借助期权模型对各种条件的期权合约定价，使自身承受的汇率风险得到有效规避和控制，并借此大力开展为客户提供风险管理的业务。

正确运用外汇期权业务手段，对新时期的企业、银行有重要意义。下例中，某三资企业正是因为缺乏这种意识而未能有效运用外汇期权业务，从而造成较大损失。

例：国内某三资企业从瑞士菲尔公司进口一批加热罐生产设备，需在 6 个月后支付 412.50 万瑞士法郎（CHF），按当时市场汇率为 1.6500/10，约合 250 万美元，当时瑞士法郎呈微略跌势。

遗憾的是该公司因缺乏外汇风险管理意识，未采取任何保值措施，至6个月后，美元汇率波峰急转，疲软滑坡，瑞士法郎处于坚挺。

USD/CHF 跌为1.487/75，按市场买价此时以美元购买瑞士法郎需支付277.40万美元，较6个月前多支付27.40万美元。

①如果该企业为避免风险，固定进口成本，向银行支付3.5%的费用，即8.75万美元，购进一笔期权，使其有权在6个月后按上述汇率1.6500买进所需的412.50万瑞士法郎，尽管支付了8.75万美元的期权费，但固定了成本，避免了27.40万美元的损失（去掉期权费，净降低损失18.65万美元）。

②假设购买了买入期权，6个月后美元对瑞士法郎的汇率上升到1.7500/10，该企业可以放弃期权。按此时的市场买价购买412.50万瑞士法郎，只需支付235.71万美元，即使加上8.75万美元的期权费，仍可使进口成本降低5.54万美元。

③即使汇率保持原水平不变，该企业虽然为避免汇率风险而支付了8.75万美元，但是固定了进口成本。

（三）外汇期货业务

外汇期货业务是指在外汇交易市场上，按照约定的价格，在约定的未来时间买卖某种外汇合约的一种衍生外汇交易。

外汇期货是产生最早也是最重要的一种金融期货，距今只有30多年的历史。1972年美国芝加哥商业交易所建立了国际货币市场（IMM），在全球首次进行了7种货币的外汇期货交易。由于外汇期货等金融期货具有价格发现、避险、提高市场效率、信息传递等功能，因而受到商业银行和投资者的青睐，发展势头迅猛。

外汇期货交易虽然在很多方面与外汇远期交易相似，如交易的客体都是外汇，交易的原理、目的、经济功能类似等，但二者也存在显著的区别。一是二者的交易标的物不同。外汇期货交易的标的是合约，远期外汇交易中买卖的是外汇。二是二者的交易方式不同。外汇期货交易是一种场内交易，是在集中性的交易场所通过公开报价的方式成交；外汇远期交易是一种场外交易，一般通过电话或电报成交，交易时间不受限制。三是实际交割率不同。外汇期货交易不以实际交割为目的，95%以上的成交合约将通过对冲交易来结清，实际交割率通常只有1%～2%；外汇远期交易一般以实际交割为目的，在到期日有90%以上的成交合约被实际交割。四是二者的保证金和佣金制度不同。外汇期货交易是一种保证金交易，购买或出售外汇期货合约须缴纳佣金；外汇远期交易一般以客户的信誉作为履约保证，交易者不必缴纳保证金。佣金是否缴纳则视情况而定。五是二者的结算制度不同。外汇期货交易的结算统一由专门的结算单位办理，既可以是交易所所属的一个部门，也可以是与交易所无隶属关系的独立的结算公司，且逐日盯市，现金结算；外汇远期交易的结算业务一般由经办银行同经纪人直接进行，在协定的交割日现货交割。

第三节　国际信贷业务管理

国际信贷是一国的银行、其他金融机构、政府、公司企业以及国际金融机构，在国际金融市场上，向另一国的银行、其他金融机构、政府、公司企业以及国际金融机构提供的贷款。

国际信贷一般是在国际金融市场上进行的。国际金融市场的活动范围超越了一国的领土范围，借贷双方当事人往往为不同国家的法人。广义的国际信贷大体上可归纳为四种形式：国际商业信用、国际银行信用、国际债券信用、政府信用。国际商业信用是在不同国家的进出口商之间进行国际贸易时，由某国出口商以商品延期付款形式向另一国进口商提供的信用；国际银行信用是指某国商业、对外贸易银行组成国际贷款银团，向另一国的银行、工商企业、政府机构、国际机构提供的信用；国际债券信用是某国政府、工商企业、银行及其他金融机构，为了筹措长期巨额货币资金，在国际债券市场上以公开发行用外币面值表示的国际债券的国际信用形式；政府信用是某国政府利用国家财政资金，以条件优惠的贷款形式向另一国政府提供的信用。

商业银行开展的国际信贷业务，一般是以商业银行作为国际信用的提供者，对国内外经济主体开展的授信行为，通常包括对外贸易融资、国际银团贷款、项目贷款等。

一、对外贸易融资

（一）对外贸易融资概述

对外贸易融资基本上可分为外汇贷款与外贸贷款两大类，包括出口信贷、福费廷、打包贷款、进出口押汇等多种业务形式。

外汇贷款是指外汇指定银行根据国家信贷政策，利用自有外汇资金、银行吸收的国内外外汇存款以及从国际资金市场、各国政府和国际金融机构等筹措的外汇资金，对国内企业发放的贷款。

外汇贷款与其他贷款相比较，具有许多共同的性质，如必须偿还本息，坚持贷款安全性、流动性和效益性的统一。但是，由于外汇贷款使用的资金是外汇，因此，它还具有自身的特点：借外汇还外汇；实行浮动利率和收取承担费；借款单位必须有外汇来源。

外贸贷款是外汇指定银行对经营进出口业务的工商企业为完成进口、出口贸易，在组织商品流转以及生产过程中，对货币资金的合理需要而发放的人民币贷款。外贸贷款包括出口商品生产贷款、商品流转贷款、出口押汇、出口打包贷款、出口卖方信贷等类型。

凡是经营进出口业务的企业，为进出口服务有外汇收入的工商企业，只要符合贷款条件和贷款政策规定，都可以向外汇指定银行申请外贸贷款。

外贸贷款的主要特点有：（1）资金融通与对外贸易相结合。外贸贷款对经营进出口贸易的企业和有外汇收入的外事企业单位在收购、销售、储存、调运出口和结汇五个环节上的资金进行融通，促进商品流通和对外贸易的扩大。（2）资金融通与出口创汇相结合。外贸贷款从资金上支持国家和企业的出口创汇，增强出口商品的竞争能力，优先支持出口创汇项目的技术改造，扩大机电产品、大型设备项目的出口。（3）资金融通与国际结算业务相结合。外贸贷款对外贸企业在结汇环节上的资金支持是必不可缺的，而国际结算中的结汇对外贸贷款的收支也有重要的影响。

（二）对外贸易融资形式

1. 买方信贷。买方信贷是一种常见的对外贸易融资的方式，它是由出口国银行向进口国企业或银行提供用于购买出口国商品的贷款。

买方信贷通常有两种方法：一种是出口银行直接向进口商提供贷款，并由进口方银行或第三国银行为该贷款担保；另一种是由出口方银行提供贷款，再由进口方银行转给进口商，并由进口方银行负责向出口方银行清偿该贷款。在这两种做法中，进口商和出口商之间的交易都以现汇结算。买方信贷第二种做法如图8－5所示。

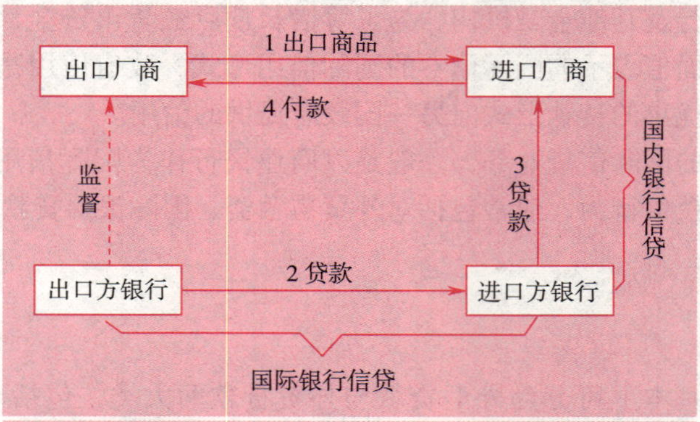

图 8－5　买方信贷简图

我国商业银行办理的买方信贷有进口买方信贷和出口买方信贷两种方式。

（1）进口买方信贷是指由国外出口商的银行直接向我国进口方或所在银行提供贷款，用于支付进口商品的货款。贷款只能用于购买单机、成套设备及相关技术和劳务等。贷款的最高限额只能占商务合同的85%，其余的15%要付现汇，其中在商务合同签订或生效之后，至少要先付5%的定金，而且贷款使用是以付清15%的现汇为先决条件的。还款方式均为等额分期偿还，一般规定每半年还本付息一次，期限有长有短。当贷款到期时，由我国的商业银行对国外出口商银行偿付贷款本息，并向借款单位收回贷款。

（2）出口买方信贷是为鼓励国外进口商购买我国企业出口的机电产品、船舶和专有技术及有关劳务，由我国外汇指定银行向国外进口商或指定银行发放的贷款。贷款的最高金额为贸易合同金额的80%或85%。使用出口买方信贷的单个贸易合同的金额需在10万美元以上。国外进口商用现汇支付的定金和进度款，订购船舶的至少为贸易合同总金额的20%，订购机械设备的至少为贸易合同总金额的15%。申请贷款的国外进口商或其指定的银行一般是向进口商开户银行贷款。申请贷款时必须提供必要的条件和资料，接受我国贷款银行的资信审查；进口商申请贷款必须提供经我国银行认可的担保还款手段。

2. 福费廷是指对大宗国际贸易应收账款按照无追索权的原则进行的贴现。福费廷又称卖断，还有人称“包买”，它是国际贸易中一种特殊的融资方式。福费廷使出口商能够向买方提供固定利率的中长期融资（5～10 年），也可用于短期（360 天之内）的融资，同时它又使出口商能够在发货备单后立即获得款项，而且将款项拒付的一切风险（包括信用、外汇、利率等方面的风险）转嫁给福费廷代理人——银行及其他金融机构或福费廷公司。福费廷代理人以无追索权贴现的方式购买了出口商的债务工具，获得其所有权，承担从海外进口商和进口商的担保人（牵头银行）取得还款的事务。这种方式一般用于延期付款的大型设备贸易中。

（1）福费廷的主要特点。①福费廷对出口商或背书人无追索权。一般票据贴现，如票据遭拒付，银行对出票人、背书人能行使追索权，而福费廷业务是对汇票、本票等债务工具的一种卖断，福费廷代理人对票据的贴现无追索权（信用证议付有追索权）。②有国外银行担保。一般贴现的票据，有的国家规定要具备三个人的背书，但一般无须银行担保，而办理福费廷业务，需有进口方第一流银行的担保。③办理福费廷的手续比较简单、灵活。福费廷与官方出口信贷等融资方式相比，手续简便，而且福费廷允许对买方融资达总价的 100%，而官方出口信贷一般最高只允许到 85%。它允许货物供货商从本国以外的其他国家供货，而出口信贷中则一般不允许。此外其分期还款的办法十分灵活。④费用比一般贴现高。贴现的费用负担一般仅按当时市场利率收取贴息，而办理福费廷业务的负担则较高，除按市场利率收贴现利息外，一般还收管理费、承担费等。

（2）福费廷业务的操作流程。①进出口商经与福费廷代理人（银行或福费廷公司）事先约定后，在贸易合同中订明使用福费廷方式，并商定由进口方的往来银行对汇票（包括远期信用证项下汇票）进行担保。②出口商一经签订供货合同，福费廷代理人经审核符合条件立即报实盘，承诺某一特定的贴现率。③不论是跟单托收，还是信用证方式下的福费廷业务，出口商应将全套装运单据经银行寄单，取得经进口方承兑的附有银行保付的汇票（或本票）。④按照与福费廷代理人的约定，由代理人对上述汇票（或本票）无追索权地贴现。

（3）福费廷业务的主要优点。①出口商方面：对提供的商品和劳务无追索权地立即付款；交单迅速简便，福费廷代理人一般对申请人在一两天内作出答复；免除了企业对进一步管理债务托收方面的忧虑；改进了清偿和现金流量；避免了进口方的信誉风险、国家风险、银行风险、汇率风险；出口商为信誉可靠，但又不能从政府的出口信贷机构得到信贷额度的买方提供了信贷便利（远期付款、分期付款的方式为买方提供了融资）；为超过一个产地或转手设备的商品提供了信贷方面的便利，而按传统的出口信贷这常常是不可能的；政府的出口信贷机构或私人保险只能保合同价格的 80% 或 90%，而福费廷包括 100%。

②进口商方面：没有其他渠道时，可从福费廷代理人那里取得信贷；取得 100% 的融资并确切知道要花费多大成本；手续简便灵活，在币种到期日和宽限期的选择上相当灵活。

③福费廷代理人方面：因存在强大的次级市场，其流动性不受限制；固定利率的福费廷票据的收益一般高于相当风险和相同期限的流动资金贷款利率的收益。

（4）福费廷贴现率的计算。福费廷贴现率的计算并不复杂，福费廷代理人收取的折扣金额按适用的利率，自购进债务之日至偿还债务之日的期间加上一定的宽限期来计算。在买进时以贴现的方式立即减去利息。

我们介绍直接贴现法：将本金按照还款计划划分成等分金额，然后根据一段时间逐渐减少的余额计算利息。

例：一张票据金额为 USD1 000 000，年利率为 10%，1 年内还清（没有宽限期），求贴现后的金额。

解：应付利息 = USD1 000 000 × 10% = USD100 000（被代理人扣除）

贴现后的金额 = 1 000 000 − 100 000 = USD900 000（交出口商）

收益贴现率 = 100 ÷ 900 = 11.11%

直接贴现率 10% 相当于收益贴现率 11.11%，可见收益贴现率（存款利率）高于直接贴现率。

贴现息（应付利息）的一般计算公式：

$$D = \frac{V(S+G)}{N}d \tag{8.8}$$

式中，D 为贴现息；G 为宽限天数；V 为票据面值；S 为至到期日的天数；N 为一年的天数 360 天；d 为年利率（百分比）。

3. 保理。保理为保付代理的简称，指卖方在与买方签约并交付货物后，将发票提交保付代理人（保理人），保付代理人相应地付款给卖方，然后按照商务合同的条款，保理人向买方收取应收账款。它是继汇款、托收和信用证之后的一种融资代理业务。近几十年来，保理在国际贸易中起到重要的作用。保理一般是无追索权的。保理业务涉及四个当事人：出口商，出口保理人，进口商，进口保理人。保理人或保理公司一般都隶属于办理国际贸易结算的商业银行。

（1）国际保理业务的主要程序如下。

①出口商与出口保理人达成保理协议，申请保理信用限额。

一家出口公司一旦决定将发票作为保理，应事先向保理人或承担保理的银行提供保理情况说明。

出口公司应提供：该公司所有买方名单；一年内销售给每一买主的平均金额；每一张发票的一般金额；对每一买方采取的付款方式。

保理人对每一买方进行调查研究，取得信用机构报告或者银行报告、贸易注册报告、资产负债表，然后为每个买方建立一个信用限额，即保理人根据卖方对各买方的总销售量愿意垫款给卖方的最高金额。

交货前，卖方就在保理公司开立账户，填写信用限额申请表，一式三联，申请或增加信用限额。申请表的第一、第二联交保理人，第三联由出口商留存。保理人将第一联标明可用信用限额后退还出口商。

应该注意的是，尽管出口商可以与进口商所在国的进口保理人直接发生关系，但一般应通过国内出口保理人（保理公司）向进口方保理人申请信用额度。后者更为妥当、方便。

出口商在取得信用限度后可以循环使用。连续发货，出口商应函告所有的买主，通告已将所有发票金额作保理，或在贸易合同中规定使用保理方式进行结算，应将通知函或有关合同的副本交给保付代理人。

②出口保理人向出口商垫款（付款）扣除有关服务费用。货物发运后，出口商向出口保理人递交发票等全套单据，连同有关的形式发票或销售合同及转让应收账款的通知书交给出口保理人，出口保理人按发票价值的80%左右垫款给出口商并扣除服务费。每笔应收账款的所有权将通过出口保理人转让给进口保理人，由进口保理人向债务人（进口商）催收应收款项。

③进口保理人接受转让的应收款项。如果付款条件是交货付现，即交进口保理人，进口保理人立即向进口商索汇。如果交易是交货后60天、90天或120天付款，于到期日向进口商索汇，进口商到期向进口保理人付款，由其转付给出口代理人。如果到期后进口商不付款，保理人会定期发催收通知。如果严重逾期赖账，保理人会对买方采取法律行动。出口保理人收到进口保理人的款项后，将80%以外的所欠余额在扣除有关费用、利息后贷记出口商账户。

（2）保理业务对出口商的利弊。

①保理业务为出口商提供了便利，包括以下几点。

提供了债务管理服务。保理代理人接管了出口商的销售分户账的全部管理工作，解除了出口商的负担。保理人按期收款催收等使出口商不必监督发票的托收催查，只需先通知买方有关日报由保理人负责收账的安排，节省了会计工作的人力，降低了管理成本。

减少了信用风险。出口商可以通过保险人在无追索权的情况下承购贸易中的应收账款，免除坏账损失风险。保理人代出口商对进口商进行资信调查，为其提供了大量的有用信息。因专业的保理公司或银行积累和掌握了大量的行业资料和各有关当事人的信用档案，对每个买主进行风险评估，经其同意后，出口方才能作出赊销，保理人为出口商承担了信用风险。同时，出口商将汇价风险转嫁给承购组织。

融通资金。出口商一经与保理人建立保理融资关系，就可在提交发票时预先获得大部分垫款，余款待到期还清。这样对出口商来说获得了融资，使账面债权转变成了可用资金，加速了资金周转，改善了资产负债比率。

②保理业务对出口商不利的因素，包括以下几点。

需支付额外的费用。保理费用一般是按出口商全年营业额的10%～13%计收（手续费的费率一般为应收账款总额的1.75%～2%）。

对买方和有关方泄密，产生负效应。

信用额（限额）可能一经保理人通知便可随即取消。

对进口商的好处：免开证（L/C）申请，免交押金，节省开证、催证时间，简化了进口手续。

4. 出口押汇。出口押汇指借款单位根据国外开来的信用证发运货物，提供以国外银行或进口商为付款人的商业汇票连同全套单据（商业发票、提货单、保险单/证、其他单据）为抵押，向银行办理资金融通的行为。银行从汇票总额中扣减自办理押汇日至预计收妥票款日的押汇利息，将净额按当日外汇牌价折成人民币，付给借款人，待到期日收妥票款归还。其基本程序如图 8 - 6 所示。

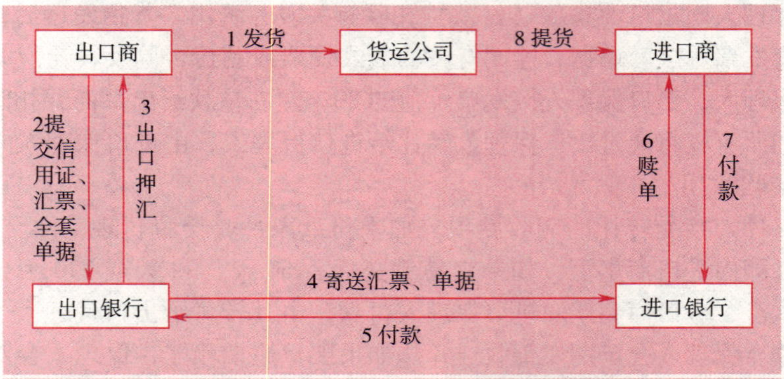

图 8 - 6 出口押汇程序

银行对出口商保留追索权，一旦付款银行拒付，贷款银行有权主动从出口商账户扣还票款全额。

5. 出口打包贷款。凡从事进出口业务的公司，以及与进出口公司订立出口代理合同的工业生产企业，可以凭与外商签订的出口销售合同或国外银行开来的有效信用证的正本，向外贸外汇银行申请出口打包贷款。本贷款只限于借款人在出口商品生产、销售和结算等环节上的资金需要。

出口打包贷款属抵押贷款，其抵押品是尚在打包中而暂时还没有达到可以装运出口程度的货物。出口打包贷款的额度一般是按照外销合同或信用证金额折成人民币计算的，其计算公式为

贷款最高限额 = 信用证外币金额 × 外汇牌价 × 80%

或 贷款最高限额 = 外销合同规定出口额 × 80%

出口打包贷款的期限，一般从贷款之日起到外销货款结汇日，以国外进口商开出的信用证有效期，或以外销合同规定的结汇方式的收汇期为限，一般为 6 个月，最长不超过 1 年。

出口打包贷款一般不要求编制借款计划，企业实际需要资金融通时，由借款企业逐笔申请，银行逐笔核贷。

二、国际银团贷款管理

（一）国际银团贷款概述

国际银团贷款是由一家或几家银行牵头，多家跨国银行参加，共同向一国政府、某一行业、某一项目提供贷款的国际信贷形式。国际银团贷款又称为国际辛迪加贷款。

国际银团贷款是国际银行信贷的一种。国际银行信贷根据期限可分为短期与中长

期两类。中长期国际信贷的贷款方式有独家银行贷款、银团贷款。国际银团贷款是由国际贷款银团发放的。国际贷款银团是一个结构严密的金融机构集团，是由按共同条件将货币资金贷给外国某一借款人的牵头银行、代理银行、参加银行所组成的银行集团。

国际银团贷款产生于20世纪60年代后期，当时国际上较大的商业银行面临严重的国际债务危机，一般都不敢大胆放款，各国政府也限制本国银行的对外贷款规模，导致国际资金特别是大额资金的供求矛盾突出。在此背景下，欧洲货币市场首先采取银团贷款方式。1970年银团贷款总额规模为47亿美元，1980年增长到760亿美元，随后增长更为迅速。尤其表现在单个项目的资金供应量大幅增加，如1987年英吉利海峡海底隧道工程采用国际银团贷款，有150家银行联合参加，涉及3种货币，贷款总金额达86亿美元。1983年，我国首次运用国际银团贷款，从此国际银团贷款成为我国获得国际商业贷款的主要形式。从20世纪90年代开始，中国银行、中国建设银行等国内大型商业银行积极参与国际银团贷款，向境外企业或项目提供银团贷款。进入21世纪以来，随着“一带一路”沿线项目的开展和中国企业在国外投资建厂，国内商业银行的国际银团贷款发展更为迅速。

银团贷款之所以发展迅速，是因为其无与伦比的巨大优势。

1. 可以满足借款人巨额的资金需求，促进生产的发展。银团贷款可以积少成多，动用几家、几十家甚至上百家银行的资金，形成强大的资金供应能力，满足客户超出一般规模的资金借贷需求。

2. 可以有效地分散贷款风险。一笔大额的国际借贷，若只由某一家银行承担，如果能够承受，也将冒巨大的风险，而由银团承担，每家银行只认购一部分，风险就被分散了，这对自担风险的商业银行来说，具有较大的吸引力。

3. 可以形成规模优势，提高借贷双方的知名度。对于借方来说，银团贷款可以免除企业单独同多家银行接触、谈判的复杂环节，节省人力、财力；对于银行来说，银团贷款使每家银行分摊的调查、评估费用降低，节省了成本；对借贷双方来说，银团贷款由于其数额大，通过签字仪式、新闻发布、刊登广告等形式能有效地扩大双方的影响，提高银团中的银行及借款企业在全体公众心目中的地位。

银团贷款为借款人提供了极大的便利，因此，借款人除了支付正常的借款利息外，一般还承担一些费用。在国际金融市场上，银团贷款中借款人支付的费用包括：（1）管理费，类似于手续费，按贷款总额的一定百分比计算，一次或分次付清。（2）代理费，是由借款人向银团中的代理行支付的费用。代理费主要是代理行在联系银团贷款业务中发生的各种费用开支。代理费标准不一，按每年商定的比例付给代理行。（3）承担费，是借贷双方签订银团贷款协议后，借款人未按期使用资金，造成银行资金闲置浪费而收取的弥补货币时间价值的费用。承担费按借贷合同规定用款进度尚未提取款项的一定比例收取（一般为0.25%），每季度或每半年收取一次。（4）还有杂费，是指借款人承担的牵头行的差旅费、银团贷款的律师费、审计费、调查费等费用。

（二）银团贷款的当事人

银团贷款的当事人包括借贷双方，即借款人与银团。借款人主要是生产经营好、效益好、市场潜力巨大的大中型企业。为了扩大再生产或者开发新产品，进行技术改造，需要大额信贷资金，而单个银行难以承受时，该企业可向有关银行提出银团贷款申请。其申请被接受时，该企业即成为银团贷款的当事人。一般而言，国际贷款银团主要由下列银行组成。

1. 牵头行。一笔银团贷款通常有一两家银行作为牵头行，牵头行一般由资金实力雄厚、信誉好的国际性大银行担任。牵头行主要负责组织银团，起草贷款文件和备忘录，并在银团贷款的初期起着沟通借贷双方、组织资金来源的重要作用。

牵头行在达成银团贷款协议之前，首先与借款人联系，为之物色合适的贷款银行。牵头行需要考虑贷款的条件，与借款人共同准备备忘录，以便发给有提供贷款意向的银行。借款人向牵头行提出对自己最有利而又能够被银团所接受的借款条件；各贷款银行则通过牵头行来了解借款人的资信状况，将其对贷款条件的要求告知借款人。除此之外，牵头行还要草拟贷款协议及其他法律文件等。在贷款协议正式签字生效后，全部的贷款管理工作就由代理行负责，牵头行就成为一个普通的贷款参加行，牵头行兼任代理行的除外。

牵头行的职责包含对借款人和银团两方面。对借款人的职责，主要是为借款人物色贷款银行，组织银团；对银团的职责，则主要是如实向各参加贷款行提供借款人的情况资料，披露借款人的真实信息，并对提供不实、虚假信息引起贷款行遭受的损失负责。

2. 代理行。代理行是受银团的委托担任银团贷款管理人的一家银行，它负责在贷款协议签字生效后，全权代表银团按贷款协议的有关条款，对借款人发放和收回贷款，负责全部贷款的管理工作；沟通银团内各成员行之间的信息，代表银团与借款人进行谈判、协商；协商银团与借款人之间的关系，等等。代理行的职责归纳起来有以下几点。

（1）审查贷款的先决条件，把好贷款关。银团与借款人签订借款协议后，只有当代理行经审查认为银团贷款所要求的各项条件已经具备时，银团才开始承担提供贷款资金的义务。代理行必须认真审查借款人是否已取得举债的各种授权，是否已经办妥银团贷款所要求的担保手续等。经审查确认无误后，代理行必须出具证明书，并对证明书的真实性负法律责任。

（2）沟通银团与借款人的信息，充当二者之间的桥梁。代理行负责沟通银团与借款人之间的信息，并充当二者之间的桥梁。各贷款行并不直接向借款人发放贷款，而是把款项交给代理行汇总，然后转交给借款人。同样，在借款人偿还贷款本息时，先由代理行收受款项，再逐一按份额分配。具体来说，它对借款人的主要职责是：按照借款人提款通知规定的时间和金额，把从各贷款行转来的款项贷记到借款人指定的银行账户上；按照贷款协议的规定，在每个利息计付期以前一定时日通知借款人偿付本息和利息。代理行对银团的主要职责是：及时将借款人偿付的本息按比例划拨到各贷款银行指定的银行账户上。

（3）及时掌握并披露借款人财务状况，妥善处理违约事件。代理行通过多途径、多渠道掌握借款人的各种情况，特别是借款人定期提交的各种财务报表，反映借款人的经营状况和资金运用状况。代理人如果发现财务报表有异常，应及时向各贷款行通报，并代表银团对借款人早期违约行为进行处理。

3. 参与行。同意参加贷款银团，并承担一定份额贷款的银行。

（三）银团贷款的管理

银团贷款数额大，期限长，影响深远。一笔成功的银团贷款，可以促使银企双方获得良好的经济效益，大大提高双方的知名度与影响力。相反，如果银团贷款因管理不当出现失误，将会给当事人造成巨大的经济损失。因此，对银团贷款的申请、受理到发放、使用、收回的全过程，必须加强管理。

1. 组织银团的管理。组建银团是一件竞争与合作错综交织的复杂工作，因此牵头行组织银团贷款时所承担的责任比较重。作为牵头行，除了要负责银团的组织管理以及与借款人进行谈判等工作外，还要妥善处理好银团内部的各种关系，协调各种矛盾，尽可能使各项工作能顺利开展。国内商业银行应努力“走出去”，适时地组建有影响的国际贷款银团。

2. 银团内责任、风险与利益的管理。国际贷款银团成立后，牵头行、代理行与参加行都要承担各自的责任。牵头行要注意协调好代理行、参加行之间的关系，并负责与借款人进行谈判；代理行在银团贷款协议书签字生效后负责管理银团贷款；参加行按认购份额提供资金，承担相应的风险，享有相应份额的收益。银团内部的风险与收益，一般按贷款份额来分摊。

3. 银团贷款的法律管理。银团贷款特别是国际银团贷款，往往涉及很复杂的法律问题，既有银团贷款的管辖法问题，同时，一笔大额的银团贷款又涉及许多法律文件。这些文件的制作必须以有关国家的法律、法规为依据。

第四节　案例分析

案例一：择期交易的远期外汇交易范例

（一）情况介绍

在伦敦市场上

某日	GBP/USD
即期汇率	1.8210/20
2 个月远期差价	145/137
3 个月远期差价	189/178

客户根据业务需要：卖出美元，择期从 2 个月到 3 个月；买入美元，择期从 2 个月到 3 个月。

（二）分析

从已知即期汇率和远期差价可知，英镑为被报价货币且 2 个月远期贴水。客户卖出美元，也就是报价银行买入美元。对报价银行而言，若所减的远期差价越大，则买入被报价货币的价格就越低，对报价银行越有利。因此按照报价银行定价原则，可确定此择期远期汇率为：GBP 1 = USD 1.8021（即 1.8210 - 0.0189）。

从已知即期汇率和远期差价可知，3 个月英镑远期亦为贴水。客户买入美元，就是报价银行卖出美元。对报价银行而言，若所减的远期差价越小，则卖出被报价货币的价格就越高，对报价银行则越有利。因此，由定价原则可确定此择期远期汇率为：GBP 1 = USD 1.8083（即 1.8220 - 0.0137）。

案例二：买方信贷案例介绍与分析

（一）情况介绍

某电缆厂为了对电磁线生产设备进行技术改造，向商务部和中国银行申请德国混合贷款。该项目总投资为 2 871 万元人民币，其中德国混合贷款 169.7356 万欧元（折合 237.6299 万美元或 1 862 万元人民币），国内配套资金1 009万元人民币。建设规模为年产铜电磁线 8 410 吨，其中漆包线 3 510 吨，纸包线 3 000 吨，玻璃包线 1 500 吨，薄膜绕包线400 吨。项目建成后，预计每年新增产值14 059万元人民币，利润 1 421 万元人民币，税金 1 629 万元人民币，创汇 213.8193 万美元。

项目的资金来源为：向中国银行申请利用德国混合贷款 169.7356 万欧元，配套人民币 1 009 万元，企业自筹 309 万元人民币，其余部分分别向当地中国银行和中国建设银行申请 300 万元人民币与 400 万元人民币技改贷款解决。企业项目建设的其他条件基本具备，供水、供电、蒸汽、运输、环保设施都能满足项目投产后的要求。

该项目利用的国外贷款是一种政府贷款与买方信贷配合而成的混合贷款，条件较为优惠，贷款的本金贷款利率为 4.5%，利息贷款利率为 4.875%，用款偿还期为 18 年。贷款由德国某银行贷给中国银行，再由中国银行转贷给企业。

（二）分析

这是一笔典型的买方信贷案例。由于该企业生产的产品在当时的市场上供不应求，因而，根据测算，本项目经济效益较好，贷款的回收期为 2.5 年。但是企业长期负债高达 3 662 万元人民币，在还贷期的测算上，将以前的负债统筹考虑，由此计算出国内配套贷款偿还期为 4 年，整个贷款偿还期为 7.4 年。经进一步分析发现，项目经营成本与销售收入比较敏感，当经营成本增加 10% 和销售收入减少 10% 时，内部收益率分别为 9.71% 与 7.02%，大大低于基本方案的 24.34%。这说明企业应对这两种因素变动采取监控或应变措施，同时也指明了转贷银行对项目跟踪管理的重点。

[本章小结]

1. 商业银行国际业务从广义上讲是指所有涉及外币或国外客户的经营活动。与国内业务相比，其在交易对象、业务规模及空间上均有显著区别。常见的商业银行国际业务有国际结算业务、外汇买卖业务、国际信贷业务等。

2. 国际结算业务是商业银行重要和传统的中间业务，虽然较为复杂，但成本低、风险小、收益高。国际结算业务使用的支付结算工具一般是票据，分为汇票、支票、本票三大类。由于使用票据的不同，国际结算有三种基本方式：汇款、托收和信用证。汇款属于顺汇，托收和信用证则属于逆汇。

3. 外汇买卖是商业银行重要和新兴的国际业务。商业银行作为外汇市场的主要参与者，不仅是外汇交易的中介，而且也是外汇供求的最大客户。外汇买卖的方式随着金融衍生工具的发展而不断推陈出新，其中最基本的外汇交易方式有即期外汇买卖、远期外汇买卖、外汇衍生工具买卖等。外汇买卖的产生与发展，源于商业银行及其客户对规避外汇风险、调节外汇结构、调剂外汇头寸的现实需要。

4. 国际信贷业务是商业银行重要和基本的国际业务。国际信贷业务一般是在国际金融市场上进行的，以商业银行作为国际信用的提供者，对国内外经济主体开展的授信行为，通常包括对外贸易融资、国际银团贷款等。作为商业银行重要的资产业务，国际信贷业务的风险管理工作应予加强。

[本章重要概念]

国际结算　外汇买卖　国际信贷　汇款　托收　信用证　即期外汇买卖
远期外汇买卖　外汇衍生工具买卖　买方信贷　卖方信贷　银团贷款

[练习题]

一、计算题

有一笔为期5年的5 000万美元国际银团贷款，于2022年5月10日签订贷款协议，确定用款期为半年（截至2022年11月10日），并规定从签订贷款协议之日1个月后，即2022年6月10日起开始计付承担费，承担费率为0.25%。该借款人实际支用贷款的情况如下：5月12日支用了1 000万美元，6月3日支用了2 000万美元，7月12日支用了500万美元，8月9日支用了700万美元，4次共支用了4 200万美元。到11月10日用款期截止时，仍有800万美元未动用，自动注销。请计算该笔银团贷款的承担费。

二、简答题

1. 国际结算有哪些主要方式？
2. 商业银行外汇买卖业务发展的动因是什么？
3. 即期与远期外汇买卖业务分别如何报价？
4. 外汇期货交易与外汇远期交易有何区别？
5. 商业银行对外贸易融资有哪些主要形式？
6. 银团贷款各当事人应分别承担哪些职责？

三、论述题

1. 试述国际结算的含义与特征。
2. 试述国际银团贷款如何操作。

练习题答案

[教学辅助材料相关链接]

关于印发《银行办理结售汇业务管理办法实施细则》的通知

第九章

商业银行流动性管理

确保充足的流动性是商业银行管理的关键问题。商业银行流动性管理的基本思路是：首先，要明确流动性管理的含义及必要性；其次，要做好流动性的衡量；再次，对流动性需求和供给作细致的分析，在此基础上，预测未来的流动性状况，这是流动性管理的重要手段；最后，现金是商业银行最具流动性的资产，加强现金资产和头寸的管理，是商业银行流动性管理最重要的内容。

第一节　商业银行流动性管理的含义与必要性

一、商业银行流动性管理的含义

商业银行的流动性是指商业银行满足存款人提取现金、支付到期债务和借款人正常贷款需求的能力。商业银行提供现金满足客户提取存款的要求和支付到期债务本息，这部分现金称为“基本流动性”，基本流动性加上为贷款需求提供的现金称为“充足流动性”。流动性管理意味着商业银行在经营活动中要保持足够的高质量的流动性资产来满足存款人提取现金、支付到期债务和借款者正常贷款的需要，其实质在于避免流动性盈余和不足，因为前者会提高流动性成本，后者会导致支付危机。在二者之间作出权衡，保持适度的流动性是商业银行流动性管理所追求的目标。流动性管理的主要难题在于：一是如何准确预测商业银行的流动性需求；二是如何满足商业银行的流动性需求；三是如何在流动性与效益性之间取得最佳平衡。

二、商业银行流动性管理的必要性

流动性对商业银行至关重要。流动性状况既能反映出经营环境的好坏，又能显示出商业银行管理能力的高低。流动性被视为商业银行的生命线。一家商业银行即使资产质量低下，在技术上已处于清偿力不足的状态，但只要有充足的流动性，就能够争取时间，解决已经出现或即将出现的问题；相反，如果商业银行流动性严重不足，即使这家商业银行从技术上说仍具有清偿力，仍然可能难逃破产倒闭的命运。因此，对于商业银行管理者而言，日常管理的最重要任务之一是保证充足的流动性。事实上，流动性不仅直接决定着单个商业银行的安危存亡，对整个国家乃至全球经济的稳定都至关重要。在1997年爆发的东南亚金融危机中，泰国、马来西亚、印度尼西亚、菲律宾等国家都发生了因客户挤兑而引发的流动性危机，并迫使大批商业银行清盘，以致引发了一场波及全球许多国家和地区的金融危机。2008年国际金融危机也是因为许多金融机构陷入流动性困境而造成的。在金融自由化、资本流动全球化的环境中，商业银行经营中面临的流动性压力远远大于过去任何时期。流动性管理也因而显得比以往任何时期更重要，是实现金融、经济平稳运行，防范和化解金融风险的关键。美国金融危机后，出现了强化流动性监管的趋势，《巴塞尔协议Ⅲ》通过引入两个流动性监管指标，即流动性覆盖率和净稳定资金比例，来加强商业银行的流动性风险管理。

第二节 商业银行流动性的衡量

如何识别商业银行的流动性状况是商业银行采取流动性管理策略的前提，可见流动性衡量的重要性。但是如何衡量商业银行的流动性不仅是实践中的一个难题，而且在理论上尚无定论。下面介绍两种常用的流动性衡量指标方法。

一、财务比率指标法

财务比率指标法又叫流动性指标法，是指商业银行根据资产负债表的有关数据，计算流动性指标，用于衡量商业银行流动性状况的预测方法。实践中商业银行大都采用这种方法，根据工作经验和商业银行同业平均水平估算流动性需求。主要的流动性指标如下。

1. 流动性覆盖率指标。美国金融危机后，巴塞尔委员会提出短期流动性管理指标。用公式表示为

$$\text{流动性覆盖率} = \frac{\text{合格优质流动性资产}}{\text{未来 30 日现金净流出量}} \tag{9.1}$$

这一指标衡量在短期特定压力下，商业银行持有的高流动性资产应对资金流失的能力。压力情景下的现金净流出量应该按照未来30日计算。流动性覆盖率的标准应不低于100%（即合格优质流动性资产储备至少应等于现金净流出量）。鉴于现金流出时间与流入时间的不确定性，商业银行应把握未来30日的任何潜在期限错配情况，确保持有足够的流动性资产应对这一期间的现金流缺口。合格优质流动性资产是指30日内商业银行能够在无损失或极小损失的情况下在金融市场快速变现的各类资产。

2. 净稳定资金比例。美国金融危机后，巴塞尔委员会提出鼓励商业银行增加中长期稳定资金来源的流动性管理指标。用公式表示为

$$\text{净稳定资金比例} = \frac{\text{可用的稳定资金}}{\text{所需的稳定资金}} \tag{9.2}$$

该指标定义为可用的稳定资金与所需的稳定资金之比。中国银保监会规定，这一比例适用于资产规模在2 000亿元（含）人民币以上的商业银行，必须大于100%。“稳定资金”是指在持续压力情景下，1年内都能保证为稳定资金来源的权益类和负债类资金。该指标与流动性覆盖率指标构成互补关系，能够抑制商业银行使用期限刚好大于流动性

覆盖率规定的30日时间区间的短期资金建立其流动性资产储备，要求商业银行对表内外资产的中长期流动性风险作充分的评估。

3. 流动性比例。流动性比例是指商业银行流动性资产余额与流动性负债余额的比例。用公式表示为

$$流动性比例 = \frac{流动性资产余额}{流动性负债余额} \tag{9.3}$$

流动性资产指1个月内（含1个月）可变现的资产，包括库存现金、中央银行存款、1个月内到期的同业净拆出款、1个月内到期的贷款等。流动性负债指1个月内（含1个月）到期的存款、同业净拆入款等。该指标越高，说明商业银行的流动性越强，资金的偿付能力越强。中国银保监会规定，商业银行的流动性比例不低于25%。

4. 流动性匹配率。该指标用于衡量商业银行主要资产与负债的期限配置结构。用公式表示为

$$流动性匹配率 = \frac{加权资金来源}{加权资金运用} \tag{9.4}$$

这一指标旨在引导商业银行合理配置长期稳定负债、高流动性或短期资产，避免过度依赖短期资金支持长期业务发展，提高流动性风险抵御能力。中国银保监会规定，这一指标的最低监管标准为不低于100%，适用于全部商业银行。

加权资金来源包括中央银行资金、各项存款、同业存款、同业拆入等，加权资金运用包括各项贷款、存放同业、拆放同业等。权重与资金的剩余期限相关。

5. 优质流动性资产充足率。根据中国银保监会的规定，该指标是对流动性覆盖率的简化，衡量银行持有的优质流动性资产能否覆盖压力情景下的短期流动性缺口，适用于资产规模小于2 000亿元人民币的商业银行。用公式表示为

$$优质流动性资产充足率 = \frac{优质流动性资产}{短期现金净流出} \tag{9.5}$$

这一指标旨在确保商业银行保持充足的、无变现障碍的优质流动性资产，在压力情景下，银行可通过变现这些资产来满足未来30天内的流动性需求。该指标的最低监管标准为不低于100%。

6. 现金状况指标。现金状况指标是指商业银行的现金与总资产的比率。用公式表示为

$$现金状况指标 = \frac{现金}{总资产} \tag{9.6}$$

现金是商业银行用来满足日常提现和结算需要的。该指标越高，意味着商业银行可动用的付现资产比率越高，在满足立即付现需求过程中越处于有利地位。

7. 流动性证券指标。流动性证券指标是指商业银行持有的1年期以内的政府债券（包括政府机构债券）与总资产的比率。用公式表示为

$$流动性证券指标 = \frac{政府债券}{总资产} \tag{9.7}$$

1年期以内的政府债券是信誉高、期限短、流动性强的资产，可以在任何时候以最

小的成本出售。该比率越高，表明商业银行资产的流动性越高，当商业银行出现流动性缺口时，可随时将其出售以补足流动性缺口。

8. 同业拆借比率。同业拆借比率是指商业银行同业拆出和同业拆入差额与资产总额之间的比率。用公式表示为

$$\text{同业拆借比率}=\frac{\text{同业拆出资金}-\text{同业拆入资金}}{\text{总资产}} \tag{9.8}$$

同业拆借是商业银行之间为了调剂资金余缺，利用资金融通过程的时间差、空间差来调剂资金而进行的短期借贷。拆出的资金只限于交足存款准备金、留足备付金、归还央行到期贷款之后的闲置资金。拆入的资金只能用于弥补票据清算、先支后收等临时性资金周转的需要。

同业拆借资金是商业银行调节现金头寸的重要渠道。该比率越高，表明商业银行资产的流动性越高。

9. 能力比率。能力比率是指商业银行贷款和租赁资产余额与总资产的比率。用公式表示为

$$\text{能力比率}=\frac{\text{贷款和租赁资产}}{\text{总资产}} \tag{9.9}$$

贷款和租赁资产是商业银行获取盈利的主要资产，也是商业银行持有的流动性低的资产。该比率越高，表明商业银行资产的流动性越差，它是流动性的逆向指标。

10. 担保证券比率。担保证券比率是指商业银行持有的担保证券与证券总额的比率。用公式表示为

$$\text{担保证券比率}=\frac{\text{担保证券}}{\text{证券总额}} \tag{9.10}$$

担保证券是商业银行借款时用做担保品的证券。如在回购协议借款和向中央银行借款时，往往需要以证券作担保。担保证券在债务偿还以前是不能出售的。在美国，所有作为担保的证券都是从流动资产中剔除的。该比率越高，说明能够满足商业银行流动性需求的证券比率越低，商业银行证券资产的流动性越差，它也是一种流动性的逆向指标。

11. 游资比率，又称为热钱比率。游资比率是指商业银行的货币市场资产与货币市场负债的比率。用公式表示为

$$\text{游资比率}=\frac{\text{货币市场资产}}{\text{货币市场负债}} \tag{9.11}$$

式中，货币市场资产指商业银行流动性极强的短期资产，包括现金、短期政府债券资产、中央银行超额准备金拆出及逆回购协议（商业银行暂时购入证券贷出资金）。货币市场负债是商业银行流动性极强的负债，包括大额存单、中央银行超额准备金头寸的拆入以及回购协议借款（商业银行暂时售出证券来借款）。该比率反映商业银行平衡货币市场资金头寸的能力。

12. 核心存款比率。核心存款比率是指核心存款与总资产的比率。用公式表示为

$$\text{核心存款比率}=\frac{\text{核心存款}}{\text{总资产}} \tag{9.12}$$

核心存款是商业银行存款中最稳定的部分，其特点在于利率敏感性不强，且不随经济条件和周期性因素的变化而变化。由于核心存款到期前被提取的可能性很小，该比率越高，表明商业银行流动性压力越小。

13. 存款结构比率。存款结构比率是指活期存款与定期存款的比率。用公式表示为

$$存款结构比率 = \frac{活期存款}{定期存款} \tag{9.13}$$

这一比率用来衡量商业银行融资基础的稳定性。活期存款的稳定性差，该比率上升，意味着商业银行存款的稳定性减弱，流动性需求增加。

存贷款比例（即贷款余额与存款余额之比）也是重要的流动性指标，该指标越低，商业银行资金流动性越强。

为加强商业银行流动性风险管理，维护银行体系安全稳健运行，中国银保监会在2018年5月公布的《商业银行流动性风险管理办法》中，将流动性覆盖率、净稳定资金比例、流动性比例、流动性匹配率和优质流动性资产充足率规定为流动性风险监管指标。其中规定，资产规模不小于2 000亿元人民币的商业银行应当持续达到流动性覆盖率、净稳定资金比例、流动性比例和流动性匹配率的最低监管标准。资产规模小于2 000亿元人民币的商业银行应当持续达到优质流动性资产充足率、流动性比例和流动性匹配率的最低监管标准。

商业银行流动性指标值的变化趋势

1. 美国参与保险的商业银行流动性指标值（见表9－1）。

表9－1 美国参与保险的商业银行若干流动性指标值

流动性指标	现金资产/总资产	（净贷款与租赁）/总资产	活期存款/（定期存款＋储蓄存款）
2002年	5.03%	58.89%	14.32%
2003年	4.70%	58.94%	9.72%
2004年	4.17%	59.75%	9.18%
2005年	4.00%	61.04%	10.37%
2006年	3.96%	60.33%	9.00%
2007年	4.02%	59.87%	9.33%
2008年	7.98%	55.63%	9.79%
2009年	8.02%	53.90%	10.46%
2010年	7.44%	53.64%	9.38%
2011年	9.28%	52.43%	9.70%
2012年	9.87%	52.13%	9.14%
2013年	11.58%	52.66%	10.81%
2014年	12.36%	52.64%	9.29%
2015年	11.01%	54.62%	9.29%
2016年	11.58%	58.76%	8.79%

资料来源：根据美国联邦存款保险公司发布的资产负债表数据整理。

表 9－1 显示，美国参与联邦保险的商业银行资产结构中，现金资产占比（衡量流动性的正向指标）在 2008 年以后逐步提高；贷款及租赁资产占比（衡量流动性的逆向指标）相对比较稳定；活期存款与定期存款及储蓄存款占比（衡量流动性的逆向指标）逐步降低。

2. 中国国有商业银行流动性指标值（见表 9－2）。

表 9－2　中国国有商业银行流动性指标值

流动性指标	储备资产/总资产	对其他部门债权/总资产	活期存款/（定期存款＋储蓄存款）
2002 年	8.81%	75.23%	50.61%
2003 年	8.64%	78.10%	49.16%
2004 年	8.77%	74.44%	49.14%
2005 年	8.19%	67.28%	45.82%
2006 年	9.62%	67.69%	46.29%
2007 年	12.27%	66.73%	51.77%
2008 年	14.88%	63.69%	43.92%
2009 年	14.13%	61.66%	45.78%
2010 年	15.84%	68.43%	44.96%
2011 年	17.40%	70.57%	42.10%
2012 年	16.78%	74.21%	38.62%
2013 年	15.59%	73.73%	36.84%
2014 年	15.54%	74.84%	33.81%
2015 年	12.54%	80.25%	34.69%
2016 年	12.83%	79.49%	38.56%

资料来源：根据《中国金融年鉴》和国家开发银行年报的数据整理。

《中国金融年鉴》中自 2009 年起删除了国有商业银行资产负债表科目，取而代之，在“中资大型商业银行”类别中加入了国家开发银行，所以 2009—2016 年国有商业银行资产数据由年鉴中“中资大型商业银行资产负债表”科目和国家开发银行历年年报中数据整理得出。具体计算方法为中资大型商业银行资产数目减去国家开发银行对应科目资产数目。由表 9－2 可见，我国国有商业银行流动性指标中储备资产与总资产占比稳中有升；资产中贷款占比很大，波动上升；活期存款与定期存款及储蓄存款之比趋于下降。商业银行的储备资产指其拥有的库存现金和准备金存款。表中对其他部门债权指商业银行对政府机构债权、对非金融机构债权及对其他金融机构债权等方面，其与商业银行总资产比例越高，说明商业银行对流动性需求越强，它是衡量银行流动性的逆向指标。活期存款与定期存款之比这一指标旨在衡量银行存款结构，比例越低，银行资金稳定性越强，这也是衡量银行流动性的逆向指标。我国的居民储蓄存款大多是定期存款，故加入企业定期存款一起计算定期存款。

二、市场信号指标

很多金融分析家认为，仅仅根据商业银行资产负债表的内容计算出一些比率不足以全面、及时、准确地衡量商业银行的流动性。在很多情况下，商业银行是否具有抵御流动性风险的能力，这种能力的强与弱，在很大程度上由商业银行在市场上的地位、形象和实力决定。在经过市场的检验之前，任何一家商业银行都不能肯定它已持有了足够的流动性。因此，在衡量流动性时，除了分析商业银行的上述比率之外，观察以下市场信号也是非常重要的。

1. 公众的信心。公众对商业银行的信心可以通过存款的变化来反映。在某些情况下，商业银行存款的流失反映的正是公众对商业银行信心的下降，而公众对商业银行信心的下降不仅直接导致存款的流失，还使得商业银行利用其他债务工具在市场上筹资变得困难。考虑到商业银行的高负债经营特征，以及商业银行资产负债结构的内在匹配要求，公众信心的下降以至丧失对商业银行来说是非常严重的。

2. 股票价格。如果商业银行是上市公司，那么商业银行股票在市场上的流通价格也可以在一定程度上反映公众对商业银行的基本评价。如果公众对商业银行未来的盈利和发展有很强的信心，那么他们愿意购买和持有商业银行的股票，商业银行的股票价格就能保持稳定甚至上涨，以股票价格反映的商业银行价格更为灵活和便利；相反，如果公众对商业银行未来的经营和发展前景没有信心，那么他们不会继续投资商业银行股票，商业银行的实力受损，在拓展市场方面也会遭受阻力。同样的现象也反映在商业银行所发行的债券价格变动上，只是债券价格变动相对于股票价格变动缓慢一些。

3. 商业银行发行债务工具的风险溢价。如果与其他本地同规模的商业银行相比，某商业银行发行债务工具的风险溢价明显增加，这往往表明该商业银行在筹资方面已遇到障碍。例如，商业银行在吸收存款、发行可转让存单或债券时，必须向投资者支付更高的利息率，这可能就是商业银行面临流动性风险的一个重要信号。

4. 资产售出时的损失。在正常情况下，如果商业银行需要通过出售资产来获得流动性，首先选择的应该是价格稳定、市场交易活跃的短期流动性资产，如短期政府债券。当商业银行被迫仓促出售其非流动性资产并因此而承受较大损失时，这表明商业银行已不能仅凭出售短期流动性资产和外部筹资来满足全部的流动性。如果这种行为并非偶然发生，则说明商业银行已面临严重的流动性风险。

5. 履行对客户的承诺。满足商业银行基本客户的贷款需求是商业银行流动性管理的重要内容。如果商业银行不能很好地满足这些能给商业银行带来利润的好客户的贷款需求，说明商业银行已面临流动性不足的情况，如不及时解决，不仅会直接损害商业银行的盈利，而且会在商业银行经营的各个方面造成不良影响。

6. 向中央银行借款的情况。在各国的金融体系中，中央银行充当着“最后贷款人”的角色，商业银行向中央银行融资往往要受较多的制约。如果某家商业银行最近经常向中央银行申请贷款，中央银行的官员也对商业银行借款询问借款原因，这也表明商业银行在流动性管理方面存在一些问题，商业银行必须重新审查其流动性管理政策，并作出相应调整。

7. 资信评级。在有效率的金融市场上，资信评级结果对商业银行筹资成本和筹资难度具有很大的影响。在东南亚金融危机中，两家国际著名的评级机构——穆迪投资者服务公司和标准普尔公司相继调低了对韩国、中国香港等地商业银行的资信评级，反映出市场对这些商业银行信心的降低，也进一步增加了这些商业银行流动性管理的难度。因此，关注市场中介机构对商业银行的评级，也可以为评判商业银行的流动性提供一定的依据。如果评级降低，说明商业银行的市场地位降低，并直接导致商业银行筹资成本增大，融资难度增加，商业银行的流动性风险也必然增大。

当然，上述市场信号的有效性与市场效率直接相关。在市场为弱式市场的情况下，严重的信息不对称会使信号失真，也就无法根据上述市场信号来衡量商业银行的流动性；但如果市场是较有效率的，则信息不对称问题就能在一定程度上解决，市场信号有效性也大大增加。当然，要准确地掌握商业银行的流动性风险状况，将财务比率和市场信号适当结合来考虑是必要的。

第三节　商业银行流动性需求与供给

银行产生流动性问题的原因很多。但从基本情况来看，其主要表现为：流动性的供需之间出现不相匹配的现象。这种不匹配现象包括：要么是流动性需求增加，而流动性供给减少；要么是流动性需求减少，而流动性供给增加。当然，也有可能出现流动性供给与需求同增、同减的情况，但是同增、同减的幅度不同。为此，银行需要对流动性的需求进行预测，并采取一定措施，促使银行流动性需求与流动性供给相匹配，以能够合理、科学地处理银行的流动性问题。

一、商业银行流动性需求

（一）流动性需求的含义

商业银行的流动性需求是指商业银行为了满足客户需要、往来银行清算及监管当局规定而必须立即兑现的流动性资产需求。对大多数商业银行而言，其流动性需求通常来自以下几个方面：（1）客户从其存款中提取现金；（2）商业银行为了留住老客户，同意对已到期贷款展期或对已承诺的贷款履行承诺；（3）商业银行为了争取新客户，满足新客户的贷款需求；（4）偿还其他商业银行的借款；（5）向中央银行缴存存款准备金；（6）支付营业费用及税金；（7）向股东派发现金股利等。

（二）流动性需求的类型

商业银行流动性需求可以根据其变化特点，分为季节性流动性需求、长期流动性需求、周期流动性需求、临时流动性需求等。

1. 季节性流动性需求。季节性因素影响着存款的变化和贷款需求的波动。一般而言，商业银行的贷款对象多为其存款客户，流动性需求的季节性变动过程也就是存款和贷款相互影响的过程。例如，农业地区的商业银行往往因农业生产的季节性变化，其流动性需求也呈季节性特点，即在春播季节，农户存款下降，贷款需求增加，而在秋收之后，农户存款上升，贷款需求减少。商业银行的客户越单一，季节性流动性需求越明显。又如中国人特别重视过春节，春节之前各家各户精心准备年货，商业部门生意兴隆，各商业银行为了保持充足的流动性准备，不断从人民银行发行库调运头寸。春节过后，则又是另一番景象：各商业银行将因商业部门商品回笼增加的现金头寸存入人民银行。

商业银行季节性流动性需求具有可预测性，至少可作出大致判断。商业银行在充分掌握历史相关资料的基础上，可以根据基期数据估算出季节性变化指数，再根据各期季节性流动性需求总额可以预测出各期具体的流动性需求情况。例如，某行的贷款可分为如下两类，一类是波动贷款，即随大客户贷款变化而波动，另一类是季节性贷款。假定某年年底，两类贷款分别为 2 000 万元和 18 000 万元；根据历史资料，该行 1 月、2 月、3 月的季节性指数分别为 94%、100% 和 110%，则 1—3 月季节性贷款分别为 16 920 万元、18 000 万元和 19 800 万元。

2. 长期流动性需求。长期流动性需求由商业银行所服务区域产业的经济发展所决定。如果商业银行服务的主要社区是新开发地区，或者商业银行服务的产业是新兴产业，其贷款需求一般会大于存款，在较长时期内表现为净现金需求。如果商业银行服务于成熟稳定发展的地区或产业，则贷款需求较少而存款较多，现金需求量较小。对商业银行的长期流动性需求要进行长期性预测，长期性战略预测较为复杂，但长期流动性需求趋势相对稳定。不妨通过图 9－1、图 9－2、图 9－3 来描述。其中，实际值用实线表示，预测值用虚线表示。

图 9－1 是存款变动图。将不同时期存款最低点连接成线，这是商业银行的核心存款线。核心存款是指对市场利率变化不敏感和不随经济条件和季节性、周期性波动而变化的存款。可以看出，核心存款稳定性较强，正常情况下没有流动性需求。核心存款线以上的曲线为易变性存款线或季节性存款线，这部分存款容易被提取，从而引起现金需求上升。

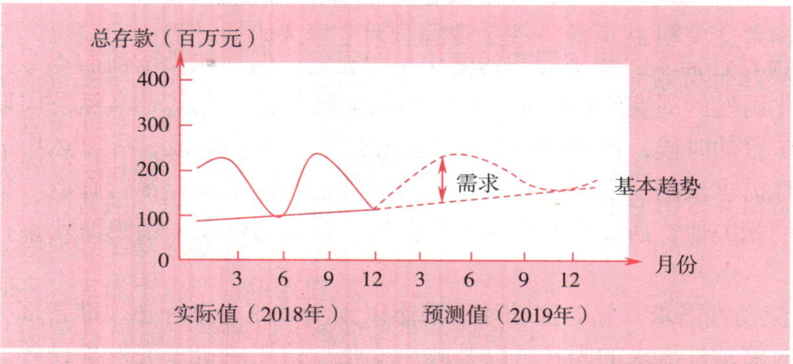

图 9－1　商业银行存款变动图

图 9－2 是贷款变动图。将不同时期贷款需求最高点连接成线，这是商业银行长期贷款趋势线，表示长期贷款的上限，低于贷款趋势线的曲线部分，表示季节性（或短

期）贷款变化引起的现金需求。

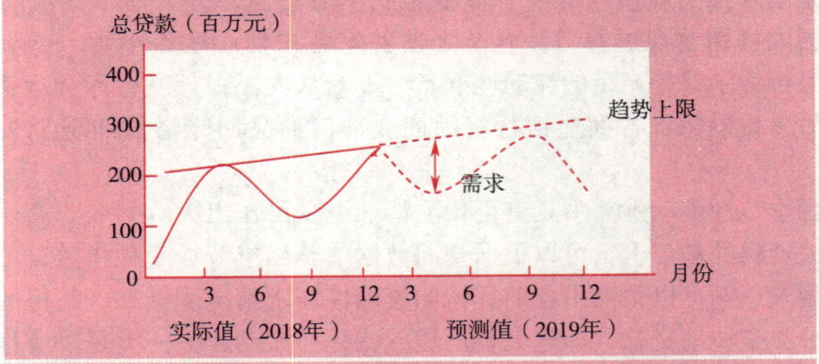

图 9－2　商业银行贷款变动图

图 9－3 是前两个图的合成图，代表商业银行的流动性需求变化。如果贷款需求超过存款的增加，表示有现金需求，反之，商业银行则有过剩现金。本图中因长期贷款趋势线高于长期存款趋势线，故存在一定的长期流动性需求。

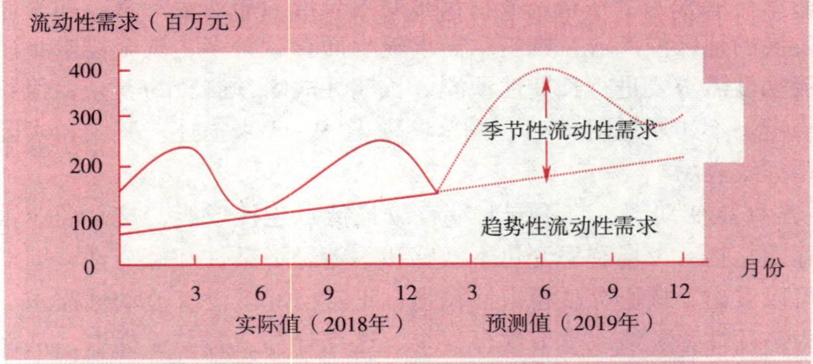

图 9－3　商业银行流动性需求图

3. 周期流动性需求。经济周期的变化是明显的，但周期长度前后不尽一致，由于经济周期性变化引发的周期流动性需求往往难以准确估计，尤其是当经济周期从一个阶段转向另一个阶段的时候，预测难度更大。但在周期的某一阶段，可以运用适当的方法进行有关流动性需求预测。在拥有历史数据的基础上，根据商业银行存款、贷款和一些宏观经济指标的相关性，通过预测商业银行存款、贷款的变化来预测商业银行周期流动性需求的变化。

4. 临时流动性需求。临时流动性需求难以预测，商业银行必须准备部分现金以备急用。导致临时流动性需求的因素可以是政局变化、信用危机、突发事件等。为了应付临时流动性需求，商业银行到底应持有多少现金，没有统一标准。在美国，从事零售业务的商业银行一般应持有相当于短期存款 20% 的现金，从事批发业务的商业银行应具备应付 70% 的信贷总额的能力。

二、商业银行流动性供给

（一）流动性供给的渠道

为了满足流动性需求，商业银行可从一些渠道获取流动性供给。通常，最重要的渠道是吸收新的存款，包括从新开立的账户和从已有的账户中获取的新增存款。另一个重要的流动性供给渠道来自客户偿还的贷款，这为商业银行满足流动性需要提供了新的资金。流动性供给同样来自提供非存款服务所得收入和在货币市场借款，流动性供给的具体渠道如下。

1. 库存现金。商业银行持有的库存现金是随时可以动用的最活跃的货币资金。

2. 存放于中央银行的超额准备金。商业银行拥有的在中央银行的超额准备金，随时可用于支付结算或支取现金。

3. 短期证券。商业银行持有的短期政府债券及其他各种即将到期的证券，其变现能力较强。

4. 证券回购协议。已买进证券回购协议的商业银行当面临流动性需要时，可按约定返售证券以取得现金。

5. 从中央银行借入资金。当商业银行面临流动性需要时，可向中央银行办理再贴现或直接进行信用借款。

6. 向其他商业银行拆借资金。需要资金的商业银行可在同业拆借市场上拆入资金。

7. 发行大额可转让定期存单。有实力的商业银行通过发行大额可转让定期存单可筹措资金。

8. 国外借款。商业银行在国际金融市场上发行金融债券，借入资金等。

9. 其他形式的负债。

（二）影响流动性供给的因素

影响流动性供给的因素多种多样，既有来自商业银行内部的因素，又有来自商业银行外部的因素，可归纳为以下几个方面。

1. 流动性需求的不同种类。流动性需求的种类不同，商业银行满足其供给的方法不太相同。如对于季节性流动性需求，商业银行可通过拆借方式来满足，风险较小。在美国，联邦储备当局在这方面的政策限制较少，允许商业银行使用拆借资金满足季节性需要。因此，美国的商业银行可以减少满足季节性需要的准备，增加盈利性资产的投入，以获取较高收益回报。但是，商业银行使用拆借方式来满足周期性流动性需求就不恰当。因为，一方面，周期流动性需求难以预测；另一方面，在经济周期中拆借现金很困难。因此，商业银行应持有一定的现金来满足周期流动性需求。对于长期流动性需求，商业银行可通过资产变现和拆借资金来满足，当这两条途径都不能满足长期流动性需求时，商业银行则应调整资产增长率或发展速度。一般而言，小商业银行主要通过资产变现来满足流动性需求，大商业银行则可较多地使用拆借方式来满足流动性需求，而且拆借渠道多样化。

2. 商业银行的管理哲学。商业银行流动性供给渠道在一定程度上受其管理哲学的影响。保守的银行家不用或很少使用拆借手段筹措资金，基本上依赖于资产变现。具有激进管理思想的银行家则广泛使用筹资手段，如拆借资金、境外筹资等。

3. 筹资的成本。商业银行选择流动性供给渠道时，不仅要考虑其可行性、及时性，还要考虑筹资成本的高低。在测算筹资成本时，不仅要计算其直接利息成本，而且要考虑相关的费用成本及有关准备金等方面的规定。

4. 商业银行的流动性计划。每家商业银行根据自身的情况都相应制订了有关流动性计划，既有较长期的策略又有临时应急措施。在一般情况下，流动性计划对流动性供给渠道有直接的指导作用。

5. 外部环境的变化。商业银行面临的外部环境处于不断变化之中，满足流动性需要时应相机抉择。外部环境的变化因素众多，如中央银行法定准备金制度的变化，财税制度的变革，国内资金市场融资方式的改变，国际金融市场的风起云涌，社会政治制度的变革等都将在一定程度上对商业银行的流动性管理带来影响。

以上分别对流动性需求和供给进行了较深入的分析。在实际工作中，通常将流动性需求和供给结合起来考察。在任何时刻，商业银行的流动性供给与流动性需求之差额便构成净流动性头寸。当净流动性头寸为正时，表明商业银行流动性供大于求，即形成流动性盈余。当净流动性头寸为负时，表明商业银行流动性供不应求，即产生流动性赤字。对于流动性盈余，管理者需要寻找合适的资金使用方式；对于流动性赤字，管理者需要紧急有序地调入资金。

三、商业银行流动性预测

流动性预测是商业银行预测内部流动性供给和流动性需求来源，估算可能出现的流动性余缺，据此平衡流动性供求的管理手段。流动性预测的方法很多，常用的有：资金来源与运用法、资金结构法、概率分析法及上节所讲的流动性指标法。每一种方法都有一些特定的假设，并只对任意给定时候的实际流动性需要作出近似的估算。随着时间的推移，经济条件也在发生变化，因此当新的信息出现时，商业银行的流动性预测也会发生改变。

1. 资金来源与运用法。资金来源与运用法是指商业银行通过预测流动性资金来源与运用数量来预测流动性需要量，进而组织资金来源，满足流动性需要的一种方法。

商业银行的流动性是由资金来源和资金运用决定的，并随资金来源与运用的变化而变化。在商业银行业务活动中，任何存款的增加和贷款的减少都会增加商业银行的流动性，任何存款的减少和贷款的增加都会减少商业银行的流动性。当流动性资金来源大于流动性资金运用时，如存款增加、贷款减少，为正缺口。这时商业银行必须将多余的资金投资于收益性资产。反之，当流动性资金运用大于流动性资金来源时，如贷款增加、存款减少，便出现负缺口。这时商业银行必须以尽可能低的成本尽快筹措流动性资金弥补缺口。

基于上述事实，商业银行使用大量的统计方法并根据管理层的经验预测存贷款。预测总贷款的变化主要考虑该国预期的经济增长率、公司预期的盈利、当前国家货币供给的增长率、商业银行预期的基本贷款利率、商业票据利率和预期的通货膨胀率等因素。

预测总存款的变化主要考虑该国预期的个人收入增长率、预期的零售增长率、当前国家货币供给的增长率、预期货币市场的存款收益率和预期的通货膨胀率等因素。

下期的流动性盈余或赤字 = 预计总存款变化 - 预计总贷款变化 (9.14)

我们还可以运用经过简化的资金来源和运用法来预测流动性需求，这种流动性预测基本步骤如下。

（1）存贷款趋势预测。根据过去 10 年（或更长）数据计算出存贷款在正常情况下的年度增长率，以此确定预测年度每月的存贷款水平。

（2）存贷款季节性因素预测。用过去 10 年（或更长）每月平均存贷款水平和过去 10 年（或更长）每年 12 个月的平均存贷款水平相减，确定季节性因素。

（3）存贷款周期性因素预测。上一年每月预计的存贷款水平（趋势因素和季节性因素合计数）和该月商业银行实际的存贷款总额之间的差。

（4）存贷款预测值为趋势性存贷款、季节性因素与周期性因素之和：

存（贷）款预测值 = 趋势预测值 + 季节性预测值 + 周期性预测值 (9.15)

（5）流动性需求的预测值为

流动性需求预测值 = 贷款变化的预测值 + 法定准备金变化值 - 存款变化的预测值 (9.16)

假设某商业银行上年总存款为 24 亿元，过去 10 年商业银行总存款的趋势增长率平均每年为 10%。表 9 - 3 为某商业银行的存款预测表。

表 9 - 3 存款预测表 单位：亿元

存款预测时间	存款的趋势预测	季节性因素	周期性因素	预测的总存款
1 月	24.2	-0.4	-0.6	23.2
2 月	24.4	-5.4	-5.8	13.2
3 月	24.6	-12	-9.3	3.3
4 月	24.8	7	-10	21.8

2. 资金结构法。该方法根据商业银行资金来源稳定性的高低，相应提取不同比例的流动性准备，同时根据银企关系，确定新增合理贷款数额，这两项合计构成一定时期内商业银行总的流动性需求。

在这种方法中，商业银行的存款和其他资金来源可以分为以下三类。

（1）游资负债。这种负债对利率极为敏感或近期提取可能性极高。

（2）易变负债。这种负债为近期内有可能（如 25% ~30%）被取走的存款。

（3）稳定资金。它通常被称为核心存款或核心负债，在近期内被提取的可能性极低。

根据上述三类负债的稳定性程度，相应提取不同比例的流动性准备。例如，对游资负债提取 95% 的流动性准备，对易变负债持有 30% 的流动性准备，对于稳定资金持有不超过 15% 的流动性准备。这些比例的确定大多根据经验掌握，并非千篇一律。在上述假定条件下，则负债流动性准备公式如下：

$$负债流动性准备 = 95\% \times（游资负债 - 法定准备）+30\% \times（易变负债 - 法定准备）+15\% \times（稳定资金 - 法定准备） \quad (9.17)$$

在贷款方面，根据目前盛行的保持客户关系原则，商业银行应尽量满足客户的合理贷款需求，以建立与客户的长期合作关系。因此，商业银行必须估计最大可能的新增贷款额，并保持100%的流动性准备。商业银行的流动性总需求公式如下：

$$\begin{aligned}流动性总需求 &= 负债流动性需求 + 贷款流动性需求\\ &= 95\% \times（游资负债 - 法定准备）\\ &\quad +30\% \times（易变负债 - 法定准备）\\ &\quad +15\% \times（稳定资金 - 法定准备）\\ &\quad +100\% \times 预计新增贷款\end{aligned} \quad (9.18)$$

假设某商业银行支行对其目前的存款与非存款负债的分类估计为：

游资存款（包括非存款负债）　0.19 亿元

易损资金（包括大额存款）　0.54 亿元

核心存款　1.12 亿元

该商业银行准备为游资存款和非存款负债提取80%的存款准备（扣除3%的法定准备之后），为易损资金提取25%的流动性准备（扣除法定准备后），为核心存款提取5%的流动性准备（扣除法定准备后）。

该商业银行上年的贷款总额为1.37 亿元，贷款的年均增长速度是8%，目前的贷款数额是1.32 亿元。该商业银行希望随时满足所有符合贷款条件的客户的贷款请求。

根据上述条件，该商业银行的流动性需求为

$$\begin{aligned}&0.80 \times (0.19 - 0.03 \times 0.19) + 0.25 \times (0.54 - 0.03 \times 0.54)\\ &+ 0.05 \times (1.12 - 0.03 \times 1.12) + 1.08 \times 1.37 - 1.32\\ &= 0.492(亿元)\end{aligned}$$

3. 概率分析法。在商业银行流动性管理中，可借助数学中概率论有关方法来分析其流动性状况，这种方法便称为概率分析法。在实际工作中，商业银行面临流动性最好和最坏的可能性较低，而介于两者中间的可能性较大。所谓流动性最好的状况，是指存款会出现超出预测的大幅度增长，达到历史最高纪录，或者贷款需求可能由于经济不景气等原因超出预测大幅度降低，商业银行出现大量流动性盈余。相反，如果存款出现超出预测的大幅度下降，甚至达到历史最低纪录，或者合格贷款需求可能超出预测大幅度上升而达到历史最高点，商业银行面临流动性的巨大压力，就会出现流动性最差的状况。其计算公式为

$$\begin{aligned}流动性需求 &= 出现\text{ A }情况的可能性 \times 在\text{ A }情况下的流动性缺口\\ &\quad + 出现\text{ B }情况的可能性 \times 在\text{ B }情况下的流动性缺口\\ &\quad + 出现\text{ C }情况的可能性 \times 在\text{ C }情况下的流动性缺口\\ &\quad + \cdots\cdots\end{aligned} \quad (9.19)$$

该方法运用请参见表9－4。

表 9－4　概率分析法运用　单位：亿元

可能的流动性状况	平均存款估计	平均贷款估计	净流动性头寸	各种情况发生的概率
流动性最好	2.8	2.2	0.6	10%
流动性一般	2.0	1.8	0.2	70%
流动性最坏	1.7	2.4	-0.7	20%

根据上述数据，商业银行预期的流动性需求为

$$\text{商业银行的预期流动性需求} = 0.6 \times 10\% + 0.2 \times 70\% + (-0.7) \times 20\% = 0.06\ (\text{亿元})$$

上例说明，该商业银行在计划期内总的流动性状况是有盈余（600 万元），商业银行应进一步做好存贷款期限合理匹配、金额尽量均衡的有关工作，避免大额贷款集中投放造成流动性不足，以及当存款增长时又需寻找资金出路导致资金往返调度的情况。

第四节　现金资产与头寸管理

现金资产是商业银行所有资产中最具流动性的资产。商业银行要维持资产的流动性，要满足中央银行存款准备金制度的要求，保持清偿力和获取更有利的投资机会，就必须持有一定比例的现金资产，并对其进行科学管理。现金资产和头寸的管理是商业银行流动性管理的重要内容。

一、商业银行现金资产的构成及管理

（一）商业银行现金资产的构成

商业银行现金资产是商业银行持有的库存现金及现金等价物，它们是商业银行随时用于支付清算的资产。商业银行的现金资产一般包括以下几类。

1. 库存现金。它是指商业银行保存在业务库中的现钞和硬币。商业银行的库存现金来源于广大客户的现金存入以及从中央银行发行库支取的现金，主要用来应付客户提取现金和商业银行自身的日常零星开支。库存现金完全是一种非盈利性资产，商业银行持有库存现金还需花费相当的管理成本，如守库人员的个人经费和公用经费、押运员的个人经费和公用经费、钞币运送费等。

2. 在中央银行存款。它是指商业银行存放在中央银行的资金，包括法定存款准备金和超额准备金。在中央银行制度下，各商业银行吸收的一般存款应按照中央银行规定的法定存款准备率向中央银行缴存法定存款准备金。法定存款准备金的规定及其调整构成中央银行三大货币政策调控工具之一。商业银行在一般情况下不得动用法定存款准备金。我国存款准备金制度在 1998 年进行了重大改革，将法定存款准备金账户和超额准备金账户合二为一，称之为准备金存款，中央银行对商业银行法定存款准备金充足性的监控以法人为单位进行，改变过去直接由中央银行的分支机构对当地商业银行实行监控的办法。超额准备金一般是指商业银行在中央银行的存款扣除法定存款准备金的部分，是商业银行用于日常支付和债权债务清算的资金。超额准备金的多少直接影响商业银行的

信贷扩张能力。当法定存款准备率调低时，超额准备金增加，商业银行的信贷能力得以增强。商业银行保持法定准备金和超额准备金，是应中央银行的要求和保证支付的需要，它们自身的盈利性较低，可以将它们称为低盈利资产。

3. 存放同业款项。它是指商业银行存放在代理行和相关商业银行的存款。商业银行保持一定存放同业款项是为了商业银行在同业之间开展代理业务和结算收付。对于存出资金的商业银行而言，存放同业款项是随时可以支用的现金类资产。

4. 结算在途资金。它是指商业银行在办理结算业务的过程中形成的资金占用，如本行开户单位的委托收款，从对方商业银行收到划回款项之前，对本行而言是一笔在途资金。随着银行业务电子化程度的提高，结算资金在途时间越来越短，收回的可能性很高，因此将结算在途资金归入现金类资产。

（二）商业银行现金资产的管理

商业银行现金资产的管理，应坚持总量适度、适时调节和安全保障的原则。

1. 总量适度。商业银行现金资产既不应太多，也不应太少，而应维持在总量适度区域，因为当现金资产太少时，商业银行满足不了流动性需要，而当现金资产太多时，商业银行的效益性目标会受到影响，只有当现金资产适度时，才能较好地兼顾流动性与效益性。商业银行对现金资产管理，就是要在充分满足流动性需要的前提下，力求相关成本的降低。其相关成本可以包括管理成本、机会成本及短缺成本等。保持库存现金，需要专门守库、押运、清点的工作人员及完好的技术装备，这些人员的工资性支出及其他对个人性支出、设备折旧及其他公用经费等构成现金资产的管理成本。同时，现金资产一般是无利或微利资产，当商业银行保持太多现金资产时，则失去了获取利息或其他收入的机会，形成较高的机会成本。但当商业银行保持的现金资产太少时，为了满足临时的流动性需要，不得不以较高的代价拆入资金、调拨资金，形成较高的短缺成本。因此，适度的现金资产应是在满足商业银行流动性的前提下，力求其管理成本、机会成本和短缺成本之和最小。在较短的时期内，商业银行发生的管理成本相对稳定，而机会成本与现金资产数量呈正相关，其短缺成本与现金资产数量呈负相关。

2. 适时调节。商业银行在业务经营过程中，现金资产的数量、渠道都会不断地发生变化，商业银行需要不断测算不同时期甚至每天的流动性需要，根据其流动性供给来动态地进行调节，当供给大于需要时，商业银行需要通过合适的方式将暂时多余的资金合理运用出去，反之，则需要寻找合适的资金来源渠道，满足其急需的流动性需要。在现实生活中，商业银行流动性供求不平衡是司空见惯的，资金调入、调出在所难免。资金的灵活调度既是流动性管理的手段，也是获取目标收益的前提。一家商业银行资金调度能力的高低，表明其管理水平的高低、行际关系的融洽程度以及参与金融市场的活跃程度。

3. 安全保障。商业银行的现金资产在应付流动性需要时处于首要的地位，商业银行对其总量及构成应了如指掌、妥善保管，确保其安全。对于库存现金的管理，应是领导重视、制度健全、操作规范，防止出现出纳短款、出纳错款、被盗、被抢、被诈等情况。对于商业银行在中央银行的存款，一方面，应及时核对账务，做到不错不乱，另一方面，应做好本行存款变化的预测工作，使其在中央银行的存款数额不低于法定存款准备金的要求。对于商业银行在同业的存款，应根据代理业务的变化适时调整存款数额。对于商业银行在结算中的资金占用，应根据结算制度方面的要求，加强结算管理，提高结算资金利用率。

二、商业银行头寸的构成及预测

（一）商业银行头寸的构成及预测

头寸意即款项。银行业关于头寸的术语很多，当收入款项大于付出款项时，称“多头寸”，反之，叫“缺头寸”，对头寸多缺的预计称“轧头寸”，当轧缺时，四处张罗款项，称“调头寸”。在这里，我们要了解的商业银行的头寸，是指基础头寸、可用头寸及可贷头寸等。

1. 基础头寸。基础头寸是商业银行独立核算行处的库存现金和在中央银行的超额准备金（备付金存款）。用公式表示如下：

$$基础头寸 = 库存现金 + 超额准备金 = 库存现金 + 备付金存款 \quad (9.20)$$

无论库存现金还是备付金存款，都是商业银行随时可以运用的资金，是商业银行一切资金清算的最终支付手段。当商业银行面对客户提取存款、汇出款项或与中央银行进行资金清算时，都会要动用基础头寸。企业单位之间的结算主要是转账结算，当交易双方同在一个商业银行机构开户时，其账务划转不会影响该行的存款总量，也就不会影响基础头寸的变化，但当交易双方在同区域不同商业银行或异地商业银行开户时，其结算势必会影响该行备付金存款的增减变化，可见构成基础头寸的备付金存款是如何充当“最终支付手段”的。在基础头寸中，库存现金和备付金存款是可以相互转化的，当商业银行库存现金超过一定限额时，应将多余库存现金存入中央银行，则其备付金存款增加，库存现金减少，当商业银行某一时刻库存现金短缺时，又可向中央银行开出现金支票提取库存现金，则库存现金增加，备付金存款减少。

2. 可用头寸。可用头寸是商业银行独立核算行处于某一时期中可以运用的资金，它包括基础头寸和银行存放同业款项。用公式表示如下：

$$可用头寸 = 基础头寸 + 存放同业款项 \quad (9.21)$$

可用头寸既是一个时点指标，又是一个时期指标。若从某一时点来考察，商业银行可用头寸由该时点的基础头寸和存放同业款项两部分组成。若从一段时期（如1周、1个月、1个季度等）来考察，则需考虑各项业务的变化引起可用头寸的变化，如某行一定时期内存款增长超过贷款增长的部分，拆入资金或收回资金多于拆出资金或借出资金的部分，代理业务中形成的同业存放款项多于存放同业款项的部分统统构成可用头寸。换言之，要了解某商业银行在一段时期内的可用头寸的变化，需要全面考察各项业务变化引起的存贷款变化、拆入拆出额变化、代理款项变化等情况，进一步测算最终的可用头寸数量。

3. 可贷头寸。可贷头寸是商业银行独立核算行处在某一时期内可直接用于贷款和投资的资金，它是形成商业银行盈利性资产的主要来源。商业银行的可用头寸中有一部分是用来应付客户提取存款和满足债权债务清偿需要的头寸，这部分头寸一般称为备付金，经验表明，在正常情况下，商业银行的备付金比例相当于商业银行各项存款的5% ~7%。商业银行的可用头寸扣除备付金后，形成可贷头寸。因此，可贷头寸可用公式表示如下：

$$可贷头寸 = 可用头寸 - 备付金限额 \tag{9.22}$$

（二）商业银行头寸的预测

头寸的预测是实际工作中商业银行资金计划部门的一项重要工作。科学合理的头寸预测是商业银行维持流动性、实现效益性目标的重要手段。头寸预测期可长可短，短的可以是一天或几天（如3日预测、5日预测等），长的可以是1个月、1个季度或1年。预测期越短，直接影响头寸变化的各项因素应尽可能考虑周全，准确性越高。预测期越长，往往只考虑影响头寸变化的主要因素，如存款变化，贷款变化及准备金变化等，是一种基本趋势的把握。一般来说，1个月以上（含1个月）的头寸预测称为中长期头寸预测，1个月以内的头寸预测称为短期头寸预测。

1. 中长期头寸预测。中长期头寸预测主要是通过预测一定时期内商业银行存贷款的变动趋势来预测头寸余缺的方法。商业银行的经营是连续不断进行的，在基期存款、基期贷款的基础上，由于宏观因素、微观因素的变化，本行的存款、贷款相应发生变化，存款的增加使得本行可用头寸增加，贷款及存款准备金的增加将使本行可用头寸减少，因此，存贷款的变化影响可用头寸的变化。我们可得出以下公式：

$$头寸余缺 = \Delta 存款 - \Delta 贷款 - \Delta 法定准备金 \tag{9.23}$$

公式中“Δ”表示变动量，当其减少时，用“-”号表示，当其增加时，用“+”号表示。当计算结果大于零时，表示头寸有余，反之，则表示头寸不足。其具体计算请参见表9-5。

表9-5　某商业银行中长期头寸预测表　单位：万元

月份	存款总额	存款变动量①	法定准备金变动量②	贷款总额	贷款变动量③	头寸余缺④=①-②-③
12	27 000			19 100		
1	27 300	300	18	19 280	180	102
2	27 800	500	30	19 420	140	330
3	26 900	-900	-54	20 500	1 080	-1 926
4	26 300	-600	-36	22 300	1 800	-2 364
5	26 200	-100	-6	21 220	-1 080	986
6	26 400	200	12	19 840	-1 380	1 568
7	27 100	700	42	19 120	-720	1 378
8	27 300	200	12	19 980	860	-672
9	27 300	0	0	21 060	1 080	-1 080
10	27 300	0	0	21 420	360	-360
11	27 200	-100	-6	21 060	-360	266
12	27 700	500	30	21 000	-60	530

注：法定准备金比率按6%确定。

从表9－5中不难看出，该行在预测年度内各月头寸余缺情况是不断变化的。头寸有余的月份出现在1月、2月、5月、6月、7月、11月和12月，头寸剩余最多的月份是6月，达1 568万元。头寸不足的月份出现在3月、4月、8月、9月、10月，头寸缺口最大的月份是4月，达2 364万元。针对头寸余缺的变化，商业银行管理者应适时适量调度头寸，当头寸有余时，应根据多余头寸的数量及闲置时间选择合适的方式运用出去。如闲置时间短，则主要考虑存入中央银行、拆放同业等方式；如闲置时间长，除可拆出资金外，还可考虑扩大贷款投放、增加投资等。当商业银行面临头寸不足时，则应设法及时调入头寸适当考虑调入资金的成本因素，同时通过抓存稳贷、合理安排贷款期限等措施缓解流动性不足的压力。

2. 短期头寸预测。短期头寸预测是通过直接预测短期内商业银行在中央银行存款增减变动量来进行头寸预测的一种方法。在实际工作中，各商业银行可根据各自情况，编制一张短期头寸预测表来进行预测。基础头寸由库存现金和在中央银行备付金存款两部分构成，但在短期内，商业银行的库存现金增加超过限额的部分存入中央银行，因此，基础头寸的变化集中体现在中央银行的备付金存款的变化上（见表9－6）。

在表9－6中，在中央银行存款期末余额可利用会计公式计算得出。因为在中央银行存款对应的会计科目是“存放中央银行款项”，它是典型的资产类科目，所以有关计算公式如下：

$$\begin{aligned}\text{在中央银行存款期末余额} = &\text{在中央银行存款期初余额}\\ &+\text{在中央银行存款本期增加额}\\ &-\text{在中央银行存款本期减少额}\end{aligned} \tag{9.24}$$

当商业银行短期内在中央银行存款期末余额预测出来后，其基础头寸可迅速求出，可用头寸及可贷头寸都可掌握，头寸余缺便了如指掌。

表9－6　短期头寸预测表　　单位：万元

项目	金额
一、在中央银行存款期初余额	6 000
二、在中央银行存款增加额	3 000
（一）向中央银行借款增加	1 000
（二）现金缴入	1 500
（三）同业往来清入	500
……	
三、在中央银行存款减少额	2 000
（一）归还中央银行借款	500
（二）向中央银行领取现金	1 000
（三）同业往来清出	500
……	
四、在中央银行存款期末余额	7 000

第五节　案例分析

案例一：商业银行流动性指标的计算与分析

（一）情况介绍

某商业银行12月1日资产负债表有关项目如下：

净贷款和租赁为35.02亿元；现金（包括存放同业存款）6.33亿元；同业拆出资金0.48亿元；政府债券1.85亿元；同业拆入资金0.62亿元；活期存款9.88亿元；定期存款26.27亿元；总资产44.46亿元。根据这些数据，你可计算出哪些流动性指标?

（二）分析

根据流动性指标法，我们可以计算出下列一些指标：

$$现金状况指标=\frac{现金}{总资产}\times 100\%$$

$$=6.33\div 44.46\times 100\%=14.24\%$$

$$流动性证券指标=\frac{政府债券}{总资产}\times 100\%=1.85\div 44.46\times 100\%=4.16\%$$

$$能力比率=\frac{贷款+租赁资产}{总资产}\times 100\%$$

$$=35.02\div 44.46\times 100\%=78.77\%$$

$$同业拆借比率=\frac{同业拆出资金-同业拆入资金}{总资产}\times 100\%$$

$$=(0.48-0.62)\div 44.46\times 100\%=-0.31\%$$

$$存款结构比率=\frac{活期存款}{定期存款}\times 100\%$$

$$=9.88\div 26.27\times 100\%=37.61\%$$

以上这些指标都能在一定程度上反映该商业银行的流动性状况，但也都有其不足之处。在运用这些指标时，需要注意：一是要选择正确的参照物，即应该与相似经营环境下相似规模和相似地位的商业银行的平均水平进行比较，并要适当考虑经济周期性变化和季节性因素的影响；二是综合运用这些指标。对于流动性管理者而言，保持每个指标的某个绝对水平远不如准确地把握商业银行流动性的变化趋势那么重要。

案例二：系统重要性银行流动性监管指标分析

2022年9月，中国人民银行、中国银保监会发布了19家国内系统重要性银行名单，其中国有商业银行6家，股份制商业银行9家，城市商业银行4家，按系统重要性得分，从低到高分为4组。这19家系统重要性银行的资产规模都在2 000亿元人民币以上，根据中国银保监会《商业银行流动性风险管理办法》，应当持续达到流动性覆盖率、净稳定资金比例、流动性比例和流动性匹配率的最低监管标准。本案例考察并分析了近几年这19家商业银行流动性覆盖率、净稳定资金比例和流动性比例指标三个监管指标的状况。因中国银保监会将流动性匹配率暂作为监测指标（2020年以前），故本案例对其不作讨论。

（一）流动性覆盖率

流动性覆盖率指标［见式（9.1）］旨在确保商业银行具有充足的合格优质流动性资产，能够在规定的流动性压力情景下，通过变现这些资产满足未来至少30天的短期流动性需求。按照中国银保监会规定，流动性覆盖率的最低监管标准为不低于100%。表9－7列出的是2015年以来系统重要性银行流动性覆盖率。

表9－7 系统重要性银行流动性覆盖率一览表 单位：%

组别	银行名称	2015年	2016年	2017年	2018年	2019年	2020年	2021年
第一组	中国民生银行	88.21	88.42	95.46	121.13	133.66	128.37	133.42
	中国光大银行	84.78	86.56	101.96	118.15	125.12	150.47	136.39
	平安银行	140.82	95.76	98.35	139.17	143.02	127.68	103.52
	华夏银行	75.54	86.37	93.43	107.14	113.95	133.07	138.15
	宁波银行	100.34	83.8	116.23	206.57	169.03	136.67	279.06
	广发银行	105.32	80.03	103.6	141.47	139.99	144.78	172.47
	江苏银行	—	119.86	113.52	132.75	212.48	215.65	267.71
	上海银行	122.02	152.01	141.52	128.85	129.66	163.52	150.51
	北京银行	90.11	101.02	117.68	123.52	134.25	118.49	164.03
第二组	中信银行	87.8	91.12	97.98	114.33	149.27	135.14	146.59
	中国邮政储蓄银行	—	128.19	145.79	225.2	233.84	234.61	248.54
	浦发银行	78.31	84.3	97.51	123.24	123.37	132.25	140.34
第三组	交通银行	115.6	111.85	110.2	112.03	120.69	132.33	115.7
	招商银行	119.71	111.59	101.9	137.99	171.53	125.8	164.82
	兴业银行	90.35	85.91	102.74	142.07	179.64	190.25	138.86
第四组	中国工商银行	—	139.75	129.02	126.66	121.89	123.28	112.2
	中国银行	119.33	117.17	117.41	139.66	136.36	139.79	127.61
	中国建设银行	132.91	120.27	121.99	140.78	154.83	158.53	134.7
	中国农业银行	127.5	139.8	121.2	126.6	125.6	116.3	121.1

资料来源：各商业银行年报。

表9－7表明，实行《商业银行流动性风险管理办法》以来，我国系统重要性银行的流动性覆盖率指标都符合监管要求，实际数值高于监管最低指标100%的规定；在这之前的三年，表中有部分商业银行的流动性覆盖率指标低于100%，工、农、中、建、交、邮储6家国有大型商业银行及招商银行、上海银行、江苏银行的该项指标值高于100%，说明这些商业银行一直重视短期流动性管理。

（二）净稳定资金比例

净稳定资金比例［见式（9.2）］旨在确保商业银行具有充足的中长期稳定资金来源。按照中国银保监会监管规定，净稳定资金比例的最低监管标准为不低于100%。因净稳定资金比例指标是中国银保监会2018年才引入的，缺乏该年度及以前年度的数据，表9－8列出的是2019年以来系统重要性银行半年度净稳定资金比例指标。

表9－8　系统重要性银行净稳定资金比例一览表　单位：%

组别	银行名称	2019年6月	2019年12月	2020年6月	2020年12月	2021年6月	2021年12月	2022年6月
第一组	中国民生银行	—	—	104.08	104.57	104.25	104.11	105.05
	中国光大银行	103.66	105.34	109.19	107.29	104.9	104.94	104.9
	平安银行	110.77	109.03	108.14	105.5	105.18	103.18	107.68
	华夏银行	104.46	103.16	103.82	105.1	107.42	107.83	109.26
	宁波银行	113.9	106.83	107.7	108.44	110.48	110.16	110.27
	广发银行	111.21	115.94	109.5	108.14	108.25	109.54	109.18
	江苏银行	101.84	105.32	103.73	107.19	102.86	112.91	104.97
	上海银行	103.84	109.31	109.17	108.49	107.04	109.26	109.73
	北京银行	102.08	102.43	103.32	104.6	102.37	117.89	115.96
第二组	中信银行	104.66	105.85	105.75	106.14	103.36	106.01	104.77
	中国邮政储蓄银行	—	166.28	164.24	162.41	160.82	165.6	169.66
	浦发银行	104.72	103.36	103.82	105.01	104.21	102.39	103.29
第三组	交通银行	113.4	111.33	109.72	109.01	110.8	108.64	110.05
	招商银行	119.65	121.04	119.17	117.51	120.68	123.88	124.12
	兴业银行	102.72	104.57	104.59	105.08	103.1	106.46	106.2
第四组	中国工商银行	128.36	127.54	127.89	128.33	129.7	128.18	127.02
	中国银行	126.81	124.46	124.58	123.5	121.22	122.21	123.12
	中国建设银行	128.41	129.12	126.4	127.15	123.55	125.75	126.05
	中国农业银行	129.6	128.2	124.7	125.5	127.4	127.1	129

资料来源：各商业银行年报。

表9－8表明，实行《商业银行流动性风险管理办法》以来，各系统重要性银行的净稳定资金比例指标都符合监管要求，实际数值高于监管指标100%的规定。从表中可以看到，系统重要性得分更高的银行，该比例值普遍较高一些，说明这些商业银行更加重视中长期流动性管理。

（三）流动性比例

流动性比例［见式（9.3）］旨在确保商业银行的资金偿付能力。按照中国银保监会监管规定，流动性比例最低监管标准为不低于25%。表9－9列出的是2014年以来系统重要性银行流动性比例。

表 9－9　　系统重要性银行流动性比例一览表　　单位：%

组别	银行名称	2014 年	2015 年	2016 年	2017 年	2018 年	2019 年	2020 年	2021 年
第一组	中国民生银行	36.00	44.72	39.64	39.80	51.64	54.06	49.72	46.11
	中国光大银行	45.9	54.9	63.18	59.93	64.26	72.63	66.07	75.58
	平安银行	52.51	52.14	47.62	52.57	59.23	61.46	60.64	53.98
	华夏银行	46.75	39.14	31.45	45.08	51.23	53.69	55.01	61.10
	宁波银行	54.61	42.44	44.95	51.54	57.43	53.39	56.04	64.25
	广发银行	55.05	51.27	46.09	63.75	80.58	79.28	70.81	72.54
	江苏银行	51.34	57.35	52.15	52.75	52.23	62.07	72.77	93.8
	上海银行	35.19	39.84	51.92	41.71	43.40	59.27	66.35	75.47
	北京银行	33.46	34.76	50.1	41.28	55.93	62.5	60.33	71.82
第二组	中信银行	52.59	42.48	40.98	45.29	50.80	64.07	58.21	59.99
	中国邮政储蓄银行	43.66	33.96	38.37	42.1	61.17	67.96	71.61	72.86
	浦发银行	32.93	33.50	37.05	57.16	55.43	51.64	46.03	49.63
第三组	交通银行	47.17	42.9	50.92	58.66	67.28	72.92	69.24	67.11
	招商银行	59.38	65.67	59.42	40.68	44.94	51.18	42.06	48.33
	兴业银行	41.59	56.80	59.35	60.83	66.52	75.07	67.39	56.26
第四组	中国工商银行	33.2	35.5	35.7	41.7	43.8	43	43.2	41.5
	中国银行	49.9	48.6	45.6	47.1	58.7	54.6	54.5	49.6
	中国建设银行	48.88	44.17	44.21	43.53	47.69	51.87	55.66	59.32
	中国农业银行	44.02	44.5	46.74	50.95	55.17	57.74	59.15	62.01

资料来源：各商业银行年报。

表 9－9 表明，各系统重要性银行流动性比例都保持高于 25% 的监管规定。总体而言，实行《商业银行流动性风险管理办法》以来，流动性比例指标实际值更高一些，表明在国际复杂多变的形势和疫情背景下，系统重要性银行总体谨慎，保持着更为充足的流动性水平。

流动性是资金“三性”平衡的重要一环，没有流动性，商业银行无法正常营业，保证了流动性，商业银行才能生存和发展。历次国际金融危机倒闭的银行或陷入深度困境的银行，无论起因有何不同，共同之处必表现为流动性不足。19 家系统重要性银行对我国金融稳定具有举足轻重的作用，应高度重视流动性风险管理，保证长期稳健经营。

[本章小结]

1. 流动性是商业银行的“三性”目标之一，是实现效益性的基础。流动性管理是商业银行经营管理的重要内容。

2. 流动性的衡量是流动性管理的基础工作，衡量流动性的状况可以从财务比率和市场信号两个方面着手。

3. 流动性需求是指商业银行为了满足客户需要，往来商业银行清算及监管当局规定而必须立即兑现的流动性资产需求，它包括季节性、周期性、临时性和长期流动性需求。流动性供给是满足流动性需求的来源，受很多因素的影响。流动性预测方法是流动性管理的重要手段。主要有资金来源与运用法、资金结构法与概率分析法等。

4. 现金资产与头寸管理是流动性管理的一项重要内容，其核心任务是保证商业银行经营过程中的适度流动性。商业银行对现金资产的管理必须坚持总量适度、适时调节与安全保障原则。

[本章重要概念]

流动性　流动性覆盖率　净稳定资金比例　流动性供给　流动性需求　现金资产　可用头寸　可贷头寸　净流动性头寸　基础头寸

[练习题]

一、单选题

1. 衡量商业银行负债流动性指标的是（　　）。

A. 现金状况指标　B. 流动性证券指标　C. 游资比率　D. 能力比率

2. 将不同时期存款的最低点连接成线，这就形成了商业银行的（　　）。

A. 易变性存款线　B. 核心存款线

C. 季节性贷款波动线　D. 长期贷款趋势线

3. 将不同时期贷款的最高点连接成线，这就形成了商业银行的（　　）。

A. 易变性存款线　B. 核心存款线

C. 季节性贷款波动线　D. 长期贷款趋势线

4. 商业银行独立核算行处的可贷头寸等于（　　）。

A. 可用头寸减备付金限额　B. 可用头寸

C. 基础头寸减备付金限额　D. 基础头寸

二、多选题

1. 属于商业银行基本流动性范畴的业务是（　　）。

A. 满足存款人提取存款　B. 支付银行到期债务

C. 归还中央银行再贷款　D. 满足客户的合理贷款需求

2. 衡量商业银行资产流动性的指标包括（　　）。

A. 现金状况指标　B. 流动性证券指标

C. 游资比率　D. 能力比率

3. 下列指标值越高，表明商业银行流动性越好，这些指标是（　　）。

A. 能力比率　B. 核心存款比率

C. 现金资产比率　　D. 游资比率

4. 下列指标值越低，表明商业银行流动性越好，这些指标是（　　）。

A. 游资比率　　B. 流动性证券比率

C. 活期存款与定期存款之比　　D. 经纪人存款比率

5. 对上市商业银行流动性监管时应注意的市场信号包括（　　）。

A. 银行的资信评级　　B. 银行的股票价格

C. 对客户履约程度　　D. 向中央银行的借款情况

三、计算分析题

假设 A 城市商业银行主管资金计划的部门预计本行下月有 20% 的可能会出现 1 亿元的流动性赤字，40% 的可能会出现 1.6 亿元的流动性赤字，25% 的可能会出现 1.8 亿元的流动性盈余，15% 的可能会出现 2 亿元的流动性盈余。本行预计下月的流动性需求是多少？该部门应该对管理层提出哪些流动性管理举措？

四、简答题

1. 简述商业银行流动性管理的必要性。
2. 商业银行增加流动性的途径有哪些？
3. 衡量商业银行流动性强弱的指标有哪些？
4. 商业银行现金资产由哪些构成？
5. 商业银行现金资产管理的原则是什么？

练习题答案

五、论述题

论述从美国金融危机反思商业银行流动性管理的必要性。

[教学辅助材料相关链接]

《商业银行流动性风险管理办法》

第十章

商业银行资产负债管理（一）

资产负债管理是现代商业银行管理的核心内容。随着我国金融业市场化程度和开放程度的不断提高，资产负债管理方法在我国商业银行的运用不断走向深入。

在现代商业银行管理领域，资产负债管理这一名词具有特定的内涵，它不简单地等同于商业银行资产和负债的管理。商业银行资产和负债管理通常指商业银行各种主要业务的管理。资产负债管理是商业银行一种全方位的管理方法，即银行为了达到已确定的经营目标，对银行的各种业务进行协调管理。这一管理过程的实质在于对银行资产负债表中各种账户包括各种资产、负债以及资本的资金水平、变化和相互之间的组合进行规划、支配和系统控制。资产负债管理的关键变量在短期意义上是银行的净收入，在长期意义上是银行股权（或所有者权益）的市场价值。

考察世界商业银行的历史发展过程，其资产和负债的管理经历了资产管理、负债管理和资产负债管理三个阶段。

第一节　商业银行资产管理阶段

一、资产管理战略

资产管理是商业银行资产和负债管理的第一阶段。从商业银行出现到 20 世纪 50 年代，各国商业银行（本章主要指西方发达国家商业银行）大都一直奉行资产管理战略。这是基于商业银行负债来源较为固定，业务范围狭窄，国际国内金融市场不够发达的背景，银行家们普遍认为，既然商业银行的存款种类和数量，以及银行能够借入的资金主要由客户决定，商业银行经营管理的重要决策领域不是负债而是资产，即商业银行只能够对谁将获取这些数量稀缺的贷款以及获取贷款需要满足哪些条件进行决策。在这种资产管理战略的指导下，商业银行通过仔细管理其资产来满足现金的流动性需求，保证银行获取利润。

在不同的经济发展时期，商业银行资产管理战略又出现了几种具体的管理方式：商业性贷款管理、资产转换管理和预期收入分析。

二、商业性贷款管理

商业性贷款亦称生产性贷款。在商业银行发展的初期，大多数贷款是短期的，贷款数量和期限随生产的季节性存货融资需求和借款人现金流量方式的变化而及时加以调整。商业银行通常以真实交易为基础，用真实商业票据作抵押，对生产中的流动资产发放贷款。这类贷款很安全，流动性也好，流动资产以存货、在产品和产成品等形态存在并逐步转化，最后作为商品销售出去，生产企业垫付的资金收回，银行的贷款也得以偿还。商业票据以真实的商业信用作基础，客户归还贷款是有基础的，即使企业不按时还款，银行通过处理抵押票据，也能使被欠债务得到清偿。商业性贷款具有很强的自偿性，在生产力不够发达、银行资本不够雄厚的条件下，是一种适宜的银行经营方式，因此，在商业银行发展史上占有突出的地位。时至今日，满足企业流动资金需求的短期贷款仍是商业银行的信贷业务之一。

三、资产转换管理

20 世纪 30 年代初的经济危机和第二次世界大战以后，随着经济建设的恢复和进一步发展，金融市场有了较大的发展，商业银行开始把一部分资金投向具备二级市场的债券，通过流动性强的金融资产储蓄流动性。例如，商业银行把资金投向政府短期债券，当出现流动性需求时，银行有选择地在金融市场上出售这些债券以获取所需的现金。这种经营方式通过将非现金的银行资产转换为现金以筹集流动资金，故被称为资产转换管理。

资产转换管理减少了商业银行为保持一定的流动性而对非盈利性现金资产的依赖，而且适当购买可随时变现的有价债券资产可增加银行的利润。资产转换管理还使得商业银行资产结构有了新的变化，不局限于只是发放以企业流动资产和真实商业票据作抵押的短期贷款。

资产转换不是一种不付出转换成本的管理方法。商业银行出售债券获取现金时存在着机会成本，银行失去了已售出债券的未来收益，同时还要付出一定的交易成本，这是银行在出售债券时必须付给证券交易商或经纪人的费用。有时候，如果银行在行情下跌时不得不出售一些债券，就会给银行带来较大的资本损失。另外，流动性强的债券资产常常是利润较低的金融资产，若不是为满足银行流动性需要，可将资金投向盈利较多的资产。所以说，资产转换作为商业银行的资产管理手段之一，要同其他管理手段结合起来并正确决策才能显出成效。

四、预期收入分析及其相关贷款管理

第二次世界大战后的一段时期，西方经济迅速发展，生产率和居民生活水平提高较快。经济发展带来了更多的资金需求，表现为不仅需要更多的短期资金，还需要大量中长期资金。在凯恩斯需求管理理论影响下，人们接受了举债消费的观念。因此，许多客户向商业银行提出了中长期贷款和消费贷款的需求。此时，一种关于信贷业务的预期收入理论应运而生。该理论认为，贷款的偿还取决于借款人在未来的收入，只要预计银行发放的贷款到期能够收回并取得收益，短期商业性贷款、非生产性的居民消费贷款都可以发放。借款人的预期收入是关键，如果借款人预期收入不可靠，即使贷款期限短，银行也不应承担。

新的资金需求和预期收入理论扩大了商业银行的资产业务范围，在商业性贷款管理和资产转换管理的基础上，商业银行经过对贷款申请人的未来收入进行预期分析，开拓了中长期贷款业务和消费贷款业务。预期收入理论对商业银行盈利性方面考虑较多。若预期收入分析的结论与实际发生结果不相吻合或者国民经济状况发生逆向变化，就会增大相关贷款的风险。

上述三种资产管理方式的依次出现，反映了商业银行资产管理的视野逐步扩大，但它们之间不是简单的否定或者替代关系，而是相互补充的关系，丰富了资产管理战略的内容。

第二节　商业银行负债管理阶段

一、负债管理战略

负债管理是商业银行资产和负债管理的第二阶段。20 世纪 60 年代和 70 年代，西方商业银行的资金来源出现了紧张的局面，其原因主要有：（1）西方经济通货膨胀率较高，企业加强资金管理，以尽量减少闲置现金。（2）在高通货膨胀率的情况下，商业银行的资金成本有可能增大。（3）其他一些金融机构和非金融机构提供了商业银行的传统业务，直接或间接地与商业银行展开竞争，互相争夺资金来源，商业银行却受到存款利率上限的约束。与此同时，西方经济持续繁荣，商业银行面临着强的贷款需求。例如，在美国，由于肯尼迪政府实行减税政策，其后的约翰逊政府扩大公共开支和支持越南战争等，刺激了经济的增长。西方商业银行面临着来自两头的压力，于是把对资产负债表的管理重点放在了负债方面，开始实施负债管理战略。该战略要求商业银行根据其经营目标（如资金筹集成本的最小化，可获得资金的稳定性，满足银行资金的流动性需求等），开发新的资金来源，对其存款、非存款和资本金等各种不同来源的资金进行适当组合，努力以一定的成本筹集更多的资金。

二、资金购买管理

在负债管理战略的指导下，资金购买成了商业银行主要的管理方式之一。银行对于负债不再消极被动，而是采取主动负债、主动购买外界资金的经营策略，许多商业银行通过在货币市场借款筹集其所需要的流动性资金。购入流动性的负债管理要争取做到借入足够的、立即可动用的资金来满足所有预期的流动性需求。这种管理方式通常仅在需要时才借入资金，因此，在商业银行资产中避免了大量的流动性储备闲置。如果实际流动性需求超过了原先的预期，银行仅需通过支付较高的借入资金的价格就可获得所需的即时可支配的资金数量。在提高资金价格时，借入银行利用了当时存款管制条例的空隙，采用支付较高利息、变相利息和隐蔽补贴以及免费服务等实际上高于一般存款利息的价格，吸引资金供应者。

商业银行借入流动性的主要来源是各种非存款借入，其资金供应者包括国内同业金融机构、中央银行、财政机构、国际金融机构以及居民（发行金融债券）等。资金购买管理在西方国家一些规模较大的商业银行取得了成功，它们常常借入接近 100% 的流动性需求。

资金购买管理在商业银行盛行的重要条件是高通货膨胀率状态下的实际低利率甚至是负利率。商业银行通过及时购入流动性资产来降低筹资成本，同时扩大信贷规模以弥补较低的资产利润率。

在资金购买管理过程中，商业银行存在着利率风险和资金可得性风险。（1）借入流动性是解决银行流动性问题风险最大的一种方法（尽管也有较高的预期收益）。货币市场利率的频繁波动导致商业银行借入的成本变化，成为影响银行盈利目标的不稳定因素。（2）某一商业银行陷入财务困境或存款人挤提存款时，是该银行最需要借入流动性的时候，而此时别的金融机构和其他的资金供应者出于风险考虑，一般不愿向困境中的银行提供流动性资金。另外，商业银行积极从事资金购买可能给国民经济带来一些负效应。在通货膨胀严重的态势下，商业银行不断扩大负债，转而增加信贷规模，将导致货币乘数的加大，很容易催生泡沫经济和进一步加剧通货膨胀。事实上，在 20 世纪 80 年代初期，冒险的资金活动引发了发达国家的银行危机和不发达国家的债务危机。

三、金融产品销售管理

金融产品销售管理是负债管理战略的组成部分。金融产品销售理论认为，银行是金融产品的制造企业，商业银行负债管理的中心任务是努力推销这些产品，从而获得银行所需要的资金和相应的效益。从事金融产品销售管理时，银行要做到客户至上，千方百计满足客户的各种需要；要实现金融产品多样化，应根据公司或居民的喜好、收入、行业、职业、年龄、文化、区域经济特征、自然环境等开发和设计新的金融产品；要树立好自身的企业形象，做好广告宣传，加强公共关系。通过以上各方面的销售管理工作，可以从客户那里吸收更多的资金。

可转让存单（CDs）就是实行负债管理战略而开发的金融产品。美国商业银行在公司减少活期存款持有量、存款利率和经营地域受到限制等情况下，通过发行 CDs 和促进 CDs 市场发展，从客户手中争取到了可观的存款，扭转了存款下降的颓势。美国 1961 年 9 月 CDs 发行额是 11 亿美元，1981 年达到 1 375 亿美元。美国商业银行不但在国内发行 CDs，还以美元标价在欧洲美元市场发行 CDs。后来，各国商业银行发行的 CDs 可谓五花八门，有变动利率的 CDs、推迟利息支付的 CDs、零息票 CDs、分期付款的 CDs、基于银行收益的 CDs、指数化的 CDs 等，这是商业银行在金融产品销售管理过程中为尽力满足客户需要而产生的结果。

第三节 商业银行资产负债管理阶段

一、资产负债管理战略

资产负债管理是商业银行资产和负债管理的第三阶段。20 世纪 70 年代中期以后，不少国家出现了严重的经济衰退，同时保持着较高的通货膨胀率，且利率变动频繁，利率变动的幅度不断扩大。在商业银行实现业务电脑化、综合化和国际化，以及商业银行利率风险、信用风险、流动性风险日益突出和新出现表外业务风险的背景下，伴随着负债管理的逐渐成熟，商业银行资产负债管理战略产生了。商业银行资产负债管理兴起于 20 世纪 70 年代末，在整个 80 年代得到了全面的发展。20 世纪 90 年代，由于银行业的兼并、金融产品的扩张、货币市场和资本市场的全球化、金融资产证券化、金融监管方式的变化及监管的国际统一规则出现等，商业银行资产负债管理进一步得到发展。1997 年出现的东南亚金融危机、1998 年出现的俄罗斯金融危机和 2008 年发生的美国金融危机，不同程度地波及全球，各国商业银行面临着在信息时代如何稳健经营、在新的竞争中求发展的问题，资产负债管理也将面临更多的挑战。2015 年，中国已基本实现利率市场化，中国的商业银行需要进一步地重视资产负债管理。

资产负债管理战略是一种十分重要的资产负债平衡的管理方法，它改变了过去只偏重于资产负债表一边（资产或负债）管理的方式，同时关注该表两边的管理，并越来越重视表外业务的管理，把商业银行发展史上的资产管理、负债管理和展幅管理（即利率差管理）有机地结合起来进行协调管理。为了适应经常波动的市场，商业银行应正确估计资金的流量，使其资产和负债结构具有充分的弹性。在资产负债管理战略的指导下，商业银行为了达到其长期和短期的工作目标，尽可能地对其资产和负债的数量、结构，以及收益和成本加以协调和控制，争取实现银行资产的收益与负债的成本二者之差额最大化。为此，商业银行一般采取六条工作策略：（1）展幅管理；（2）非利息收入及相应成本的控制；（3）流动性管理；（4）资本管理；（5）纳税管理；（6）表外业务管理。与之相联系，还存在金融产品、金融市场和银行自身结构的战略选择。

商业银行资产负债管理战略把利率风险管理放在十分突出的位置上，科学地管理资产和负债以实现利率风险的短期效应和长期效应最小化是资产负债管理的重要目标之一。但利率风险最小并不一定是商业银行营运的最佳结果，一个基本前提就是应与银行的盈利挂钩。在一定利润水平上的最小利率风险，或者说，在一定利率风险水平上的利润最大化才是商业银行资产负债管理追求的目标。就这一目标而言又有短期和长期之分，短期（通常指 1 年以内）目标注重的是银行的净收入，通过会计模型来进行分析；长期（通常指 1 年以上）目标注重的是银行股权的市场价值，通过经济模型来进行分析。

在资产负债管理的会计模型中，银行的每股利润是其短期运营中关键的价值测度。由于净利息收入（净利息收入 = 利息收入 − 利息成本）是银行盈利的主要源泉，故净利息收入及其边际值成了资产负债管理会计模型的关键变量。在资产负债管理的经济模型中，商业银行资产与负债的市场价值的敏感性是利率风险分析的核心，这种分析要考虑当前利率水平与银行未来盈利之间的关系，以及利率变化对银行股权价值的影响，并且应将表内业务和表外业务的价值考虑在内。银行股权的市场价值是资产负债管理经济模型的关键变量。

下面分别举例说明会计模型分析和经济模型分析在资产负债管理中的作用。

例题 1：假设某商业银行资产负债结构简单，仅存在一笔 5 年期固定利率为 10% 的资产，共 100 单位，其资金来源是 1 年期利率为 9% 的负债，共 90 单位，展幅为 1%。银行的股权（资本）为 10 单位，股权乘数相应地等于 10（100/10）。该银行年利息收入为 10 单位（现金流入），年利息支出为 8.1 单位（现金流出），不考虑税收，所以净利息收入为 1.9 单位（净现金流入）。如果利率在 5 年内都不发生变化，银行的净收入和股权的市场价值也不会改变。现假设当该银行 5 年期资产刚刚形成之后，市场上对应于该资产与负债的金融产品的利率紧接着分别提高了 300 个基点，即与该资产对应的金融产品的利率上升到 13%，与该负债对应的金融产品的利率上升到 12%。故从第二年开始，年负债成本提高到 10.8 单位，资产的年利息收入保持不变（5 年期固定利率），年净利息收入下降到 -0.8 单位。以上的变化及其分析反映了会计模型的本质，分析的焦点是净利息收入。与之不同，经济模型的分析则把焦点放在银行资本的市场价值变化上。在市场利率变动之前，银行资本的市场价值是 10，而市场利率变动之后，银行资本的市场价值（即股权的市场价值）下降到 1.8 单位。得出这一结果的计算过程如下。

（1）利率变化前：

资产的账面价值 = 100 单位，资产的市场价值 = 100 单位

负债的账面价值 = 90 单位，负债的市场价值 = 90 单位

银行资本的市场价值 = 资产的市场价值 - 负债的市场价值

= 100 - 90 = 10（单位）

（2）利率变化后。资产和负债的账面价值均不改变，但资产的市场价值与负债的市场价值都发生了变化：

$$资产的市场价值 = \sum_{t=1}^{5}\frac{10}{(1+13\%)^t}+\frac{100}{(1+13\%)^5} = 89.4(单位)$$

$$负债的市场价值 = \frac{8.1}{1+12\%}+\frac{90}{1+12\%} = 87.6(单位)$$

银行资本的市场价值 = 89.4 - 87.6 = 1.8（单位）

利率仅提高了 3 个百分点（即 300 个基点），这就使得商业银行资本的市场价值由 10 单位下降到 1.8 单位，可见该银行资产与负债结构很不对称，抗风险能力很差。

2023 年 3 月 10 日，美国硅谷银行被当地金融监管机构关闭。表面原因是存款挤兑造成的银行资金流动性短缺，实质原因正是上述例题 1 所揭示的银行资产负债管理经济模型变化机理。硅谷银行因为资产与负债结构不对称，抗利率风险的能力很差。2022 年 3 月至 2023 年 2 月，美联储为了抑制国内的通货膨胀，累计加息 450 个基点，使得硅谷

银行过去依靠大量短期负债形成的长期资产的市场价值大幅减值，该银行资本金的市场价值随之大幅缩水。

在资产负债管理过程中，会计模型分析与经济模型分析不是互替的，而是互补的。经济模型分析常常需要会计运算的结果。经济模型分析中，通过分析利率和利率变化得出银行股权的现值，并掌握银行所有资产、负债、或有债权对未来预期利率变化的敏感性，从而有利于对潜在问题进行预防或准备好适当的应变措施。通过会计模型分析，可得知利率风险何时在银行账面上反映出来。可以说，经济模型分析属于战略性研究，会计模型分析属于战术性研究，精明的银行管理者不会只偏重于其中的一种，而是将两种分析方法同时用于银行资产与负债的协调管理之中。

二、平衡的流动性管理

运用资产负债管理战略处理银行的流动性问题强调资产负债的协调与平衡，商业银行可以继续实施资产转换管理和资金购买管理，但不偏重于其中的一种管理方法。

在平衡的流动性管理中，预期流动性需求的一部分通过销路良好的有价证券储藏得到保证，另一部分通过提前安排来自其他资金来源的信贷和到期资产得到支持。非预期的和临时的现金需求可通过短期借入和发行 CDs、金融债券等有价证券的方式予以满足。在资产方面，商业银行一般都掌握了一定的流动性较强的金融资产，包括库存现金、在中央银行的存款、存放同业和托收未达款等；在负债方面，向中央银行借款、向同业和国内外金融市场借款，以及发行金融债券、CDs 等都能保持较强的流动性。实行资产负债管理战略以来，许多商业银行依靠资产与负债的偿还期对称来满足流动性需求，例如，偿还期较短的负债和流动性较强的资产相匹配，偿还期较长的负债和流动性较弱的资产相匹配。当然偿还期对称并不是绝对的一一对称，而是在考虑资金流动性的实际需求、资金的盈利性和安全性、其他的资金流动性供给来源以及短期负债中存在稳定的长期余额和长期资产中存在短期偿还部分等因素的基础上，根据资金的客观运动规律和对资金流动性需求的分析，合理安排资产与负债的期限结构，保持一定的偿还期对称。

三、利率敏感性分析与缺口管理

资产的利息收入与负债的利息支出受市场利率变化影响的大小以及它们对市场利率变化的调整速度，称为银行资产或负债的利率敏感性。利率浮动的资产与利率浮动的负债，其利率随着市场利率变化而变化，故它们分别是利率敏感性资产和负债。相反，利率固定的资产与负债就不是利率敏感性的。即将到期或展期的贷款、即将到期或展期的大额定期存单也是利率敏感性的。利率敏感性分析通过资产与负债的利率、数量和组合的变化来反映利息收支的变化，从而分析它们对银行利息差和收益率的影响。利率敏感性分析及其相应的缺口管理已成为商业银行实施资产负债管理战略的主要内容之一。

利率敏感性缺口（GAP，简称敏感性缺口）等于一个计划期内商业银行利率敏感性资产（ISA）与利率敏感性负债（ISL）之间的货币差额，即

$$GAP = ISA - ISL \tag{10.1}$$

$GAP > 0$，称为正缺口，意味着利率浮动的资产中有一部分来自固定利率负债。

$GAP < 0$，称为负缺口，意味着部分固定利率资产来自利率浮动的负债。

$GAP = 0$，称为零缺口，意味着利率浮动的资产等于利率浮动的负债。

商业银行能够利用利率敏感性缺口谋求盈利或者套期保值。下面的公式用简单的方式反映了银行净利息收入的变化量（ΔNII）与敏感性缺口及利率变化量（Δi）三者的关系：

$$\begin{aligned} \Delta NII &= \Delta i \times GAP \\ &= \Delta i \times (ISA - ISL) \end{aligned} \tag{10.2}$$

利率敏感性缺口管理实际上就是前面所述的会计模型分析及相关决策。管理的重点是银行的短期净利息收入。根据式（10.2）可知，缺口为正，利率上升时，净利息收入增加；缺口为负，利率下降时，净利息收入也会增加；只有缺口的符号与利率变化量的符号相反时，银行净利息收入变化量为负。利率敏感性缺口、利率变动与银行净利息收入变动之间的关系见表10－1。这为商业银行在预测利率变化的基础上，通过协调、控制资产负债表中的各个项目，利用敏感性缺口来增加利润提供了机会，同时银行也必须承担相应的利率风险。如果商业银行只是为了使资金不承担利率变化的风险，在考虑资产与负债利率变化存在时滞的基础上，实施零缺口的管理策略是可行的。

表10－1　利率敏感性缺口、利率变动与银行净利息收入变动之间的关系

利率敏感性缺口	利率变动	净利息收入变动
正值	上升	上升
正值	下降	下降
负值	上升	下降
负值	下降	上升
零	上升	不变
零	下降	不变

在利率敏感性缺口管理中，式（10.2）包含了盈利性（ΔNII）与资产（ISA）、负债（ISL）以及市场利率变化（Δi）的多种关系。商业银行若采取进攻性经营策略，则通过调整资产负债组合、利用利率变动和缺口谋取利润；若采取防御性经营策略，则通过实现利率敏感性资产与利率敏感性负债之间的平衡，减少缺口以至为零，谋得资金的安全性。何时采取进攻性策略，何时采取防御性策略，要视市场的利率走势和银行的整个资产、负债状况而定。在某一时刻，若需增加资金的效益性，则应取前者；若需增加资金的安全性，则应取后者。无论采用哪种策略，都必须考虑资金的流动性需求并提供必要的流动性支持。出售长期证券、发行长期CDs、置换同业拆入资金、贷款证券化等都是提供流动性支持的具体手段。利率敏感性缺口管理涉及资产负债的协调重组，实现合理调节的基本目标则是资金的“三性”平衡。

应当注意到，即使敏感性缺口为零，也不一定能完全消除利率风险。因为存在贷款利率的变化滞后于货币市场借款利率的变化等情况，在经济扩张、利率上升时，商业银行的利息收入增长可能会慢于利息支出的增长；利率下降、经济走向衰退时，利息支出的下降可能会快于利息收入的下降。

四、持续期缺口管理

与利率敏感性缺口管理相对应，商业银行还存在一个持续期缺口管理，它同样是资产负债管理战略的重要内容。与利率敏感性缺口管理不同的是，它采取的是经济模型分析方法。持续期是一笔或一组金融资产或负债以现值方式收回其价值的时间，有人将其视为金融工具的投资回收期。持续期采用下列公式进行测算：

$$D = \frac{\sum_{t=1}^{n} \frac{P_t t}{(1+i)^t}}{\sum_{t=1}^{n} \frac{P_t}{(1+i)^t}} \tag{10.3}$$

式中，D 为持续期；P_t 为在时间 t 利息收入（或利息支出）和本金偿还的预期现金流；t 为某笔现金流量发生时刻距期初的时间；i 为利息率或收益率；n 为现金流量次数。

商业银行的持续期缺口（GAP）等于其资产组合的持续期 D_a 减去其负债组合的持续期 D_l。即

$$GAP = D_a - D_l \tag{10.4}$$

例题 2：一张债券面值为 100 单位，期限为 5 年，年利息率为 10%，每年付息一次，到期还本，则其持续期为

$$D = \frac{\frac{10}{1+0.1}\times 1 + \frac{10}{(1+0.1)^2}\times 2 + \frac{10}{(1+0.1)^3}\times 3 + \frac{10}{(1+0.1)^4}\times 4 + \frac{110}{(1+0.1)^5}\times 5}{\frac{10}{1+0.1} + \frac{10}{(1+0.1)^2} + \frac{10}{(1+0.1)^3} + \frac{10}{(1+0.1)^4} + \frac{110}{(1+0.1)^5}}$$

$=4.17$（年）

例题 1 资产的预期现金流量的大小和时间分布与例题 2 完全一样，故例题 1 资产的持续期同样等于 4.17 年。

金融工具的期限与持续期是不同的两个概念。期限是指金融工具的生命周期，从其产生开始一直持续到期为止；持续期概念则需考虑到其到期之前的全部现金流量特征，譬如说利息的支付、部分本金的提前偿还等。

一般而言，对于到期一次偿付本息的金融工具，其持续期即等于期限，而对于多次付息或本金分期偿还的金融工具而言，持续期比期限要短。

持续期（Duration or Effective Maturity）这一概念及其计算方法是由美国国家经济研究局研究员弗雷德里克·麦克莱（Frederick Macaulay）1936 年提出的，他当时在积极思考如何测定带息票债券的有效期限。带息票债券附有息票单，单上的每张息票可以定期撕下来收取利息，直到债券到期方可收回本金。因为无息债券在债券到期以前不支付利息，弗雷德里克·麦克莱定义无息债券的持续期（有效期限）等于债券的实际期限，再定义带息票债券的持续期等价于一组无息债券的持续期限。

例题 3：一张 10 年期、面值为 1 000 元、年利率为 10% 的带息票债券的现金支付等价于如下一组无息债券：

一张 1 年期、面值为 100 元的无息债券（第 1 年底支付）；

一张 2 年期、面值为 100 元的无息债券（第 2 年底支付）；

一张 3 年期、面值为 100 元的无息债券（第 3 年底支付）；

……

一张 10 年期、面值为 100 元的无息债券（第 10 年底支付）；

一张 10 年期、面值为 1 000 元的无息债券（第 10 年底支付）。

这张带息票债券的持续期等于这一组无息债券的持续期，这组无息债券的持续期是各单一无息债券持续期（实际期限）的加权平均值，权重为各单一无息债券价值占整个一组无息债券价值的比例。持续期的计算见表 10－2。

表 10－2 持续期计算

期限（年）	现金支付（无息债券）（元）	现金支付的现值（PV）（$i=10\%$）（元）	权重 $PV/1\ 000$（%）	加权的期限（年份数×权重）（年）
1	100	90. 91	9. 091	0. 09091
2	100	82. 64	8. 264	0. 16528
3	100	75. 13	7. 513	0. 22539
4	100	68. 30	6. 830	0. 27320
5	100	62. 09	6. 209	0. 31045
6	100	56. 44	5. 644	0. 33864
7	100	51. 32	5. 132	0. 35924
8	100	46. 65	4. 665	0. 37320
9	100	42. 41	4. 241	0. 38169
10	100	38. 55	3. 855	0. 38550
10	1 000	385. 54	38. 554	3. 85500
总计		1 000. 0	100. 0	6. 75850

由表 10－2 计算结果可知，这组无息债券的持续期为 6. 7585 年，因此，面值为 1 000 元的这张带息票债券的持续期等于 6. 7585 年。

事实上，式（10. 3）与例题 3 的含义是完全吻合的。

从商业银行长期利率风险管理的角度看，持续期是一个非常重要的概念，这是因为银行某一资产或负债的市场价值的变化率近似地等于该资产或负债的持续期与对应的利率变化量的乘积，即

$$\frac{\Delta PV}{PV}=-D\frac{\Delta i}{1+i} \tag{10.5}$$

当 i 值很小时，式（10.5）可表述为

$$\frac{\Delta PV}{PV}=-D\Delta i$$

式（10.5）的证明过程如下：

银行某一资产（或某一负债）的现值即该资产（或负债）所产生的未来现金流量的贴现值，可表示为

$$PV=\sum_{t=1}^{n}\frac{P_t}{(1+i)^t} \tag{10.6}$$

式中，PV 为现值；其他字母含义与式（10.3）相同。

式（10.6）对 i 求导可得该资产（或负债）对利率变化的敏感程度，即

$$\frac{\mathrm{d}PV}{\mathrm{d}i}=-\sum_{t=1}^{n}\frac{tP_t}{(1+i)^{t+1}} \tag{10.7}$$

由式（10.3）、式（10.6）、式（10.7）联立可推出：

$$(1+i)\frac{\mathrm{d}PV}{\mathrm{d}i}=-DPV \tag{10.8}$$

故有：

$$\frac{\mathrm{d}PV}{PV}=-D\frac{\mathrm{d}i}{1+i} \tag{10.9}$$

取其差分形式：

$$\frac{\Delta PV}{PV}=-D\frac{\Delta i}{1+i} \tag{10.10}$$

即得证。

$\Delta PV/PV$ 为资产或负债市场价值的变化率，Δi 为对应资产或负债利率的变化量。式（10.10）指出，商业银行资产或负债的市场价值变动与其利率变动反向相关，银行金融工具的利率风险与其持续期呈线性关系，持续期越长，利率变动引起的资产或负债价值变动率越大，银行资本市场价值的振动幅度也就越大。

在例题 1 中，当利率提高 3% 以后，资产的市场价值下降的幅度大于负债的市场价值下降的幅度，这是因为资产的持续期 D_a（4.17 年）大于负债的持续期 D_l（1 年）的缘故。

由例题 1，$\Delta i=3\%$，资产的市场价值变化率为

$$\frac{\Delta PV_a}{PV_a}=-D_a\frac{\Delta i}{1+i}=-4.17\times\frac{3\%}{1+13\%}=-11.07\%$$

负债的市场价值变化率为

$$\frac{\Delta PV_l}{PV_l}=-D_l\frac{\Delta i}{1+i}=-1.0\times\frac{3\%}{1+12\%}=-2.68\%$$

由此可见，资产的市场价值下降率大大高于负债的市场价值下降率，故该商业银行资本（净资产）的市场价值损失相当严重。

由于考虑到了每笔现金流量的时间价值，持续期缺口为商业银行资产与负债利率风

险管理的长期决策提供了一个综合性的测算指标。如果商业银行希望利用持续期缺口盈利，则可在能接受实际变动与预期变动相反的利率风险前提下，调整其持续期缺口以争取获得额外利润。如果商业银行只是希望对其资产和负债进行套期保值，消除利率波动对银行带来的风险，则应设法使其资产组合的持续期与其负债的持续期相等，即缺口为零。因为在通常情况下，银行的资产总量超过其负债总量，实行套期保值管理的商业银行在实际操作过程中应做到资产组合持续期与资产总额的乘积等于负债组合持续期与负债总额的乘积。

在例题 1 中，持续期缺口 $GAP = D_a - D_l = 4.17 - 1.0 = 3.17$，这一缺口是比较大的。如果利率不是上升 3%，而是下降 3%，则商业银行利用这一缺口可得额外利润。这一例子比较简单。实务操作中，需要准确预测市场利率变化，正确计算持续期，把握机会，有较强的抗风险能力，才有可能利用持续期缺口盈利。稳健运营的商业银行大多希望持续期缺口为零或缺口不大，以回避金融风险。

2008 年美国金融危机以来，美联储长期推行低利率的货币政策。硅谷银行通过吸收大量不稳定的短期负债，配置大量的长期资产（债券），形成较大的资产负债持续期缺口。2022 年 3 月至 2023 年 2 月，美联储连续加息 8 次，累计加息 450 个基点，利率水平不断上升，硅谷银行资产市场价值下降幅度远远大于其负债市场价值下降幅度，该银行的资本金市场价值损失严重，从而诱发银行债权人集中挤兑，导致银行关闭。这是一个商业银行资产负债管理失败的典型案例。

五、资产负债比例管理

资产负债管理战略使商业银行的经营管理越来越细，水平越来越高。为了实现银行短期和长期的资产负债管理战略目标，保持银行的竞争能力和抵御风险能力，做到兼顾资金的安全性、流动性和效益性，商业银行开始重视建立资产负债比例指标体系，通过比例指标指导、评价和管理银行的资产和负债业务，促进资产负债管理的开展。从商业银行经常采用的资产负债比例指标来看，既有不同形式的资产与负债的比例，也有反映资产结构、负债结构、资产质量和盈利性的比例。资产负债比例不能狭义地理解为银行资产与其负债的比例，而是综合反映商业银行资产负债管理战略目标和工作策略的比例指标体系，同时，其中一些资产负债比例指标也是各国政府或银行业监管当局监管商业银行营运的核心内容。资产负债比例管理已成为商业银行平衡其资产负债表中的各个项目、协调其资产负债业务的重要的具体操作方法和过程。在各国商业银行成功实践的影响下，在巴塞尔委员会、各国政府及银行业监管当局的高度重视和积极推动下，资产负债比例管理在全球银行界越来越普及，并且还将得到进一步的发展。

（一）资产负债比例管理强调商业银行资产与负债的对称性

1. 资产与负债规模的对称。规模对称即资产与负债总量对称。进行负债经营的商业银行管理者应根据存款和其他负债增长的客观可能性，合理确定资产规模，以资金供给制约资金需求。规模对称不是简单的、静态的资产与负债（包括所有者权益）相等，而是要求商业银行管理者充分、动态地考虑外部借入资金加上自有资金与合理使用资金之间的规模关系。

2. 资产与负债结构的对称。结构对称即资产各项目与负债各项目之间的对称。一般地，要求商业银行的长期负债用于长期资产，短期负债用于短期资产，一些长期形成稳定余额的短期负债也可用于长期资产。

3. 偿还期的对称。偿还期对称即资产偿还期与负债偿还期的匹配。要求商业银行具有流动性需求和流动性供给平衡的机制，预期的流动性需求可以安排将到期的资产予以满足。这种对称并不是要求所有的资产项目与负债项目一一对应，一些预期的流动性需求可以事先安排其他来源的资金或掌握适量的易于出售的证券予以满足。

4. 商业银行常采用的资产负债比例主要指标。

（1）反映资产与负债关系的比例：

$$资本充足率=\frac{资本期末总额}{风险加权资产期末总额} \tag{10.11}$$

$$资本比率=\frac{资本期末总额}{资产期末总额} \tag{10.12}$$

$$杠杆比率=\frac{资产期末总额}{资本期末总额} \tag{10.13}$$

$$存贷款比率=\frac{各项贷款期末余额}{各项存款期末余额} \tag{10.14}$$

$$流动比率=\frac{流动性资产期末余额}{流动性负债期末余额} \tag{10.15}$$

$$中长期贷款与定期存款比率=\frac{中长期贷款期末余额}{定期存款期末余额} \tag{10.16}$$

$$呆账准备率=\frac{呆账准备金净额}{各项贷款期末余额} \tag{10.17}$$

（2）反映资产结构的比例：

$$各类贷款与总资产比率=\frac{各类贷款期末余额}{资产期末总额} \tag{10.18}$$

各类贷款分别指工商贷款、农业贷款、消费贷款、担保贷款、固定资产贷款、对同一客户贷款等。

此比例也可设计成各类资产与总资产比率。

$$流动性资产与总资产比率=\frac{流动性资产期末余额}{资产期末总额} \tag{10.19}$$

流动性资产指现金加存放同业、短期可出售证券等。

（3）反映资产质量的比例。资产质量比率一般指报告期正常贷款或关注、次级、可疑、损失贷款等与报告期资产总额或各项贷款余额之比。

（4）反映负债结构的比例：

$$拆借资金率=\frac{净拆入资金余额}{各项存款期末余额} \tag{10.20}$$

$$资本负债率=\frac{负债期末总额}{资本期末总额} \tag{10.21}$$

（5）反映盈利性的比例：

$$资本收益率=\frac{税后净收益期末总额}{资本期末总额} \tag{10.22}$$

$$资产收益率=\frac{税后净收益期末总额}{资产期末总额} \tag{10.23}$$

$$运营净收入率=\frac{运营总收入期末总额-运营总支出期末总额}{资产期末总额} \tag{10.24}$$

$$每股利润=\frac{税后净收益}{公开发行的普通股股数} \tag{10.25}$$

$$生息资产率=\frac{生息资产期末总额}{资产期末总额} \tag{10.26}$$

（二）比例管理易于满足资产与负债的对称性要求

资产与负债的对称性实质上由资金“三性”平衡的基本目标所决定，反过来说，如果商业银行做到了上述资产与负债的三种对称，就能实现资金的“三性”平衡。对称性是其必要和充分条件。

商业银行资金来源与运用存在着空间差和时间差，这使得通过各种变量之间的线性关系式求解最佳业务量以保证对称性成为不可能。从数学分析上讲，两两相关变量的值构成的比例即反映了某种对称性。例如，贷款期末余额与存款期末余额之比例反映了资产负债规模的对称；中长期贷款期末余额与中长期存款期末余额之比例反映了资产负债结构的对称；流动性资产期末余额（1个月内可以兑现的资产）与流动性负债期末余额（1个月内到期的各项负债）之比例反映了资产负债的偿还期对称。于是，资产负债比例逐渐成为商业银行满足其资产与负债对称性要求的工具。

（三）资产负债比例指标体系适合于商业银行的最优化管理

图10-1中，资金“三性”平衡是一个具有一定范围的空间W，处在W中的经营点是合理的（图中W只是示意性的，实际上“三性”平衡的空间不一定是方形）。这符合商业银行经营管理的事实。具体找到某个平衡点E既不可能也不必要，关键是“三性”之间应相互制约，互促发展，在一定的经营范围W内，安全性、流动性和效益性都有一定的保证，使商业银行处于良性循环的发展之中。一旦经营点偏离了这一空间W，商业银行就需要通过一定的经营管理手段把经营点拉回到空间W内。反映商业银行资金“三性”平衡的空间W不是固定的，不同商业银行的W不同，同一商业银行处在不同发展阶段的W也不一定相同，故称动态的“三性”平衡。

三维坐标图10-1中，任一坐标均不能用总量指标来度量，“三性”中的每一“性”都是一种相对量指标，不是一种绝对量指标。事实上，当银行贯彻“用资金来源制约资金运用”的经营思想时，单纯或过于注重采用绝对量指标意义不大。

商业银行合理经营的空间是图10-1中的W，任一银行的W都不能够主观确定，而是由客观条件限定的，效益性指标过高，必要的流动性或安全性就会丧失。将银行经营

点保持在或拉回到 *W* 空间可通过一组资产负债比例指标体系得以实现，这些比例指标体系经过各商业银行的精心设计，分别确定了各自的标准值，该指标体系及其相应的标准值可将商业银行的经营点约束在 *W* 空间，从而可能保证资金“三性”平衡的实现。这一工作过程即是所谓的商业银行资产负债比例管理。单一的资产负债比例指标或者资产负债比例指标太少都难以体现资金的“三性”平衡。

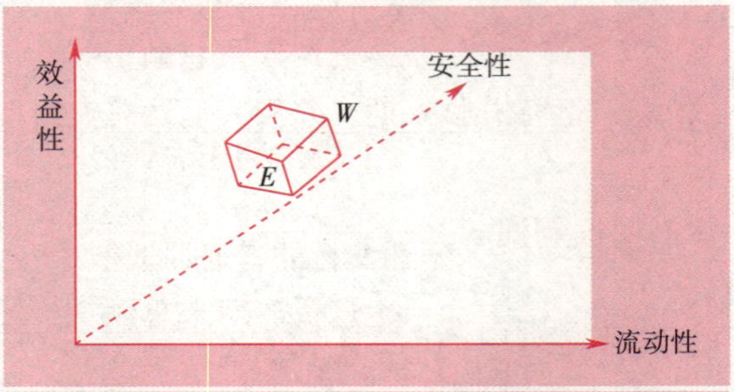

图 10－1　商业银行资金“三性”平衡的 *W* 空间

商业银行（尤其是资产规模较大的商业银行）处于国民经济的中枢地位，它们与客户之间，与中央银行和金融监管部门之间，与其他金融机构之间，以及单一商业银行内部，存在错综复杂的关系。资产负债比例管理涉及方方面面，上上下下，里里外外，构成一个复杂的经济系统。系统指相互作用的诸要素组成的有机整体。银行资金“三性”平衡与系统整体优化相关。系统具有三个基本特点：（1）整体性。整体性指系统整体的功能不等于系统各部分功能之和，即非加和性。商业银行资产负债比例管理系统内任一要素或系统环境的变化都会影响系统内其他要素变化和整个系统功能的变化，这与本教材导论中阐述的“三性”之间辩证关系是一致的。（2）行为目的与反馈控制性。行为目的指系统对其外部客体发生作用时，趋达或逼近的状态。一切有目的的行为都需要负反馈的作用。要想达到商业银行“三性”平衡的目标，经营过程中任何偏离该目标的信号就有必要用来校正系统的行为。（3）信息相关性。信息是对有序性的量度，或称组织化的度。在商业银行资产负债比例管理系统内，信息的获取、传递和作用，都是为了提高系统的有序程度，纠正偏离“三性”平衡的行为。系统方法就是按照事物本身的系统性，把所要研究并解决的问题放在系统形式中加以考察的方法。实践证明，系统越复杂，与其他方法相比较，系统方法就越有效。在数字经济时代，商业银行采用系统观念和系统方法从事资产负债比例管理是行之有效的。

资产负债比例管理不排斥其他可适用于商业银行的财务管理方法，它们之间存在互补的关系。例如，贡献分析法、机会成本分析法、盈亏平衡分析法、项目评估法等有助于增加资金的效益性和安全性。但相对于资产负债比例管理来说，其他的财务优化管理方法只处于从属、补充的地位。没有资产负债比例管理，这些财务管理方法保证不了现代商业银行资金的“三性”平衡。只有在资产负债比例管理这一大的框架下，结合采用其他的管理方法，商业银行才有可能趋达基本目标，进而达到最终目标。

第四节　案例分析

案例：西方八家商业银行的资产负债比例指标分析

表10－3列出了《巴塞尔资本协议》生效后，1992年度西方八家商业银行主要的资产负债比例指标。

从表10－3可知，日本第一劝业银行等7家商业银行的资本充足率在1992年底都达到了《巴塞尔资本协议》的要求，只有意大利圣保罗银行除外，但它也接近达标。

对表10－3中的数据进行比较，可以发现各家银行的经营风格大不一样。同一资产负债比例指标，各家银行的数值差别很大，代表着不同的经营方针。例如，流动对比率最高的达176.06%，最低只有33.94%；准备率最高的达3.89%，最低只有0.45%。但经过仔细分析可以看出，为了维持各自经营的"三性"平衡，这8家商业银行都通过资产负债比例管理进行了较好的自我约束。以美国银行、化学银行、德意志银行和圣保罗银行的经营情况为例，它们的准备率都比较高，且流动对比率都不低，尤其是化学银行和德意志银行的流动对比率相当高，这些指标值包含了较好的流动性和安全保障性；同时，这4家银行的贷款存款比和生息资产率也比较高，这些指标值则包含了较大的风险性和盈利性；再综合考虑其他的比例指标，如资本充足率、流动资产率等，可以认为这4家银行注意到并保持了资金的"三性"平衡。

表10－3　西方八家商业银行资产负债比例（1992年）　单位：%

资产负债比例指标	日本第一劝业银行	日本樱花银行	美国银行	美国化学银行	德国德意志银行	法国农业信贷银行	意大利圣保罗银行	加拿大皇家银行
1. 资本率	3.14	2.68	6.98	5.24	5.95	5.73	2.95	5.12
2. 风险资本率	8.25	8.96	10.83	9.13	10.50	9.10	7.90	9.40
3. 存贷款比率	83	83	92	91	103	123	99	88
4. 流动对比率	101.93	33.94	44.53	96.88	169.27	90.17	56.08	176.06
5. 流动资产率	19.43	13.00	12.94	31.77	41.72	17.89	21.96	7.40
6. 准备率	0.76	0.61	3.15	3.89	2.16	0.69	2.33	0.45
7. 生息资产率	69.60	62.41	88.61	87.93	96.98	91.33	79.37	80.56

资料来源：鲁驿等．商业银行资产负债管理［M］．武汉：武汉大学出版社，1996：217.

［本章小结］

1. 资产负债管理是商业银行一种全方位的管理方法，即银行为了达到已确定的经营目标，对银行的各种业务进行协调管理。

2. 资产负债管理的关键变量，短期意义上是银行的净收入，长期意义上是银行股权（或所有者权益）的市场价值。商业银行短期目标注重的是银行的净收入，通过会计模型来进行分析；长期目标注重的是银行股权的市场价值，通过经济模型来进行分析。

3. 在资产负债管理的会计模型中，银行的每股利润是其短期运营中关键的价值测度。在资产负债管理的经济模型中，商业银行资产与负债的市场价值的敏感性是利率风险的核心。利率敏感性缺口管理是会计模型分析及相关决策，管理的重点是银行的短期净利息收入。持续期缺口管理是经济模型分析及相关决策，管理的重点是银行资本的市场价值。

4. 商业银行资产与负债的对称性实质上由资金“三性”平衡的基本目标所决定。商业银行资金来源与运用存在着空间差和时间差，它们使得通过各种变量之间的线性关系求解最佳业务量以保证对称性成为不可能。从数学分析上讲，两两相关变量的值构成的比例即反映了某种对称性。资产负债比例指标体系适合于商业银行的最优化管理。

[本章重要概念]

资产负债管理　经济模型　会计模型　净收入　市场价值　利率敏感性　持续期　资产负债比例管理

[练习题]

一、计算题

1. 设某固定收入债券的息票为80美元，偿还期为3年，面值为1 000美元，该金融工具的年利率为10%，求该债券的持续期为多少？

2. 某银行持有一种国库券0.9亿元，其票面价值为1 000元，最终到期日为10年，年利率为10%。另外该银行资产还包括商业贷款1亿元，消费者贷款0.5亿元，房地产贷款0.4亿元，它们的持续期分别为0.6年、1.2年、2.5年。则该银行资产组合的持续期为多少？

二、简答题

1. 简述商业银行资产与负债管理的演变过程。
2. 简述利率敏感性分析。
3. 简述持续期缺口管理。
4. 简述资产负债比例管理。

三、论述题

1. 论述商业银行资产负债管理与资金“三性”平衡之间的关系。

练习题答案

2. 论述美国金融危机对商业银行资产负债管理的启示。

[教学辅助材料相关链接]

我国商业银行资产
负债比例管理的
由来与发展（论文）

第十一章

商业银行资产负债管理（二）

利率敏感性缺口管理和持续期缺口管理是商业银行资产负债管理的两种重要管理方法，其主要思想是通过调整商业银行资产负债结构来改变利率敏感性缺口或持续期缺口，从而对商业银行资产负债的利率风险进行有效管理。调整商业银行资产负债的利率敏感性缺口和持续期缺口还可以利用金融衍生工具的套期保值方法实现。金融衍生工具套期保值方法在资产负债管理中的应用，其实质是通过买卖金融衍生工具来构筑虚拟的资产或负债，而这种资产或负债的利率敏感性状况与商业银行现时持有的资产或负债正好相反。这些金融衍生工具主要包括金融期货、利率期权和利率掉期等。

第一节　金融期货

一、金融期货的套期保值原理

（一）金融期货合约

金融期货合约是一种按照确定价格在未来某一时间买卖特定数量金融工具的标准协议。所谓的标准协议是指金融期货合约是一种完全标准化的合约，期货交易所对每一种期货合约的有关条款进行清晰的、不含糊的规定。表 11－1 是芝加哥商品交易所对国债期货合约的相关规定。合约购买者同意在未来某一时刻按照交易时确定的价格购买特定数量的金融工具（也称期货合约的标的资产），称为期货合约多头；合约出售者同意在未来某一时刻按照交易时确定的价格出售特定数量的金融工具（也称期货合约的标的资产），称为期货合约空头。在多数情况下，金融期货在交割之前会平仓（也称对冲，即多头在期货市场上通过卖出相同的合约来抵消其多头头寸；或空头在期货市场上通过买入相同的合约来抵消其空头头寸），很少发生标的资产的实际交割。

在美国，由银行参与交易的金融期货合约主要有：美国长期国债期货合约（见表 11－1）；美国短期国债期货合约，该合约交易的是面额为 100 万美元、90 天期的美国短期国债，交割月为每年的 3 月、6 月、9 月和 12 月；3 个月期欧洲美元期货合约，合约单位金额为 100 万美元；30 天期联邦基金期货合约，合约单位金额为 500 万美元。此外，还有股票指数期货，如标准普尔 500 指数期货合约、日经 225 指数期货合约等。

表 11－1　　芝加哥商品交易所国债期货合约的定义（1992 年 12 月）

交易单位	面值 100 000 美元，息票率 8% 的美国国债
可交割等级	到期日或最早赎回日距交割月第一日至少 15 年的美国国债
交割月	3 月、6 月、9 月、12 月
交割日	交割月中任一营业日
最后交易日	交割月最后一个营业日之前第七个营业日的中午 12:00
报价	以面值的百分点以及一点的$\frac{1}{32}$%为单位表示， 如 80－16 意指 80＋$\frac{16}{32}$或 80.50%
最小变动价位	一个百分点的$\frac{1}{32}$
最小变动价值	31.25 美元
每日价格波动限制	3 个整点（96 个最小变动价位）
交易时间	07:20～14:00（交易场交易）；17:20～20:05； 22:30～06:00（Globex 屏幕交易）

（二）套期保值原理

套期保值是指构筑一项头寸来临时地代替未来的另一项头寸，或者是构筑一项头寸来保护另一项头寸的价值直到其终结。由此可见，利用套期保值方法来防范利率风险，其关键在于建立对冲组合，当利率发生变化时，使对冲组合的净价值保持不变。

设 n_1、n_2 分别是对冲组合中风险暴露资产 A_1、期货合约 A_2 的比例，V 为组合的净价值，则有：

$$V = n_1A_1 + n_2A_2 \tag{11.1}$$

当利率 x 发生变化时，使组合的价值 V 尽可能保持不变，即

$$\frac{\partial V}{\partial x} = n_1\frac{\partial A_1}{\partial x} + n_2\frac{\partial A_2}{\partial x} = 0 \tag{11.2}$$

设 $HR = \frac{n_2}{n_1}$，则 HR 为套期比率（也叫套头比），即为对冲利率风险，一单位的风险暴露资产所需要的期货合约数。

金融期货套期保值分为多头套期保值和空头套期保值。当银行在现货市场上有多头头寸时，为防止利率下跌带来的风险，可买进利率期货合约，即进行多头套期保值；当银行在现货市场上有空头头寸时，为防止利率上升带来的风险，可卖出利率期货合约，即进行空头套期保值。

（三）基差风险

运用金融期货进行利率风险套期保值会存在基差风险。

基差＝拟保值资产的现货市场价格－所选择期货合约的期货价格

如果拟保值资产与期货的标的资产是一样的，在期货合约到期日，基差应为零。如

基差不为零，则存在基差风险。

为进一步说明套期保值基差风险的特征，我们定义：S_1 为 t_1 时刻拟保值资产的现货价格；S_2 为 t_2 时刻拟保值资产的现货价格；F_1 为 t_1 时刻的期货价格；F_2 为 t_2 时刻的期货价格；b_1 为 t_1 时刻的基差；b_2 为 t_2 时刻的基差。又设套期保值开始于 t_1 时刻，结束于 t_2 时刻。则根据基差的定义有：

$$b_1 = S_1 - F_1 \tag{11.3}$$

$$b_2 = S_2 - F_2 \tag{11.4}$$

对空头套期保值者来说，在 t_1 时刻持有一个由单位资产和一个期货空头构成的组合，在 t_2 时刻购入一个期货合约，对冲原来的期货空头，并出售资产。因此，该套期保值者出售资产获得的有效价格为

$$S_2 + F_1 - F_2 = F_1 + b_2 \tag{11.5}$$

式（11.5）中，F_1 在 t_1 时刻是已知的，b_2 是未知的。因此套期保值的风险来源于 b_2 的不确定性，该不确定性即为基差风险。

同样，对多头套期保值者来说，在 t_1 时刻持有一个期货多头，并于 t_2 时刻平仓，同时买入资产。因此，该套期保值者买入资产所支付的有效价格为

$$F_2 - (F_1 + S_2) = -(F_1 + b_2) \tag{11.6}$$

式（11.5）与式（11.6）是一样的，因此，无论是多头套期保值，还是空头套期保值，其风险都来源于 b_2 的不确定性。

如果拟保值资产与期货的标的资产不一样，基差风险将变大。设 S_2^* 为期货标的资产在 t_2 时刻的现货价格，则式（11.5）或式（11.6）变为

$$S_2 + F_1 - F_2 = F_1 + (S_2^* - F_2) + (S_2 - S_2^*) \tag{11.7}$$

式（11.7）中的 $S_2^* - F_2$ 和 $S_2 - S_2^*$ 代表了基差的两个构成部分，$S_2^* - F_2$ 为拟保值资产和期货标的资产一致时的基差；$S_2 - S_2^*$ 为两项资产不一样而产生的基差。

因此，为减少套期保值的基差风险，应尽量选择其标的资产与拟保值资产一致或相近的期货合约。

二、金融期货在利率敏感性缺口管理中的运用

根据套期保值原理，当银行面临正的利率敏感性缺口，即利率敏感性资产大于利率敏感性负债，为防止利率下跌而造成损失，银行可运用多头套期保值来轧平缺口；当银行面临负的利率敏感性缺口，即利率敏感性资产小于利率敏感性负债，为防止利率上升而造成损失，银行可运用空头套期保值来轧平缺口。

一家银行为锁定正敏感性头寸而购买期货合约（多头套期保值）的数量，或为锁定负敏感性头寸而出售期货合约（空头套期保值）的数量，可用式（11.8）来计算。

$$N_f = \rho \frac{VM_c}{FM_f} \tag{11.8}$$

式中，N_f 为所需的期货合约数量；V 为拟保值资产现金流量的价值；M_c 为拟保值资产的期限；F 为期货合约的面值；M_f 为期货合约的期限；ρ 为现货市场与期货市场价格波动

的比率。

下面我们通过例题 1 来分析利率期货在利率敏感性缺口管理中的运用。

例题 1： 假设某银行的资产构成中只有 1 年期利率为 10%，终值为 100 万美元的贷款，负债构成中只有 90 天期利率为 6% 的 CD 存单。如果利率不变，该银行的现金流见表11－2。

表 11－2　利率不变时银行现金流量　　单位：美元

期限	0 天	90 天	180 天	270 天	360 天
资产：					
现金流入					1 000 000
现金流出	909 090①				
负债：					
现金流入	909 090	922 430②	935 970	949 700	
现金流出		922 430	935 970	949 700	963 640
净现金流量	0	0	0	0	36 360

注：①909 090 = 1 000 000 × $(1+0.1)^{-1}$，即 1 000 000 美元的现值；

②CD 存单以 6% 的利率每 90 天续一次，则 922 430 = 909 090 × $(1+0.06)^{0.25}$。

从表 11－2 中可以看出，该银行具有负的利率敏感性缺口，如果利率上升，由于利息支出增加银行收益降低。假设第一次 CD 存单发出 90 天后，市场利率上升 2%，以后三次 CD 存单均以 8% 的利率发行，此时，该银行的现金流量见表 11－3。

表 11－3　利率上升 2% 后银行现金流量　　单位：美元

期限	0 天	90 天	180 天	270 天	360 天
资产：					
现金流入					1 000 000
现金流出	909 090				
负债：					
现金流入	909 090	922 430	940 350①	958 620	
现金流出		922 430	940 350	958 620	977 240
净现金流量	0	0	0	0	22 760

注：①第二次 CD 存单以 8% 的利率发行，则有 940 350 = 922 430 × $(1+0.08)^{0.25}$。

比较表 11－2 和表 11－3 可知，在 1 年内，2% 的利率上升导致了银行净现金流量下降了 13 600 美元（即 36 360 － 22 760），其现值为 13 600 × $(1+0.1)^{-1}$ = 12 363 美元（设折现率为 10%）。

因此，可运用 3 个月期的美国短期国债期货进行空头套期保值。利用式（11.8）计算出所需卖空的期货合约数，设相关系数 $\rho = 1$，则：

$$N_f = \frac{909\ 090 \times 9}{1\ 000\ 000 \times 3} \times 1 = 2.7 \approx 3$$

即需要卖空3张期货合约。又设出售的期货价格为98.554美元（面值100美元短期国债的期货价格），利率上升2%后，期货价格为98.094美元。90天后，该银行可在期货市场上购入3张短期国债期货合约，对冲原来的空头头寸，其利润为

$$1\,000\,000\times(98.554-98.094)\times 3/100=13\,800\text{（美元）}$$

其现值为 $13\,800\times(1+0.1)^{-0.25}=13\,475.07$ 美元，大于12 360美元，期货市场的利润超过了现货市场的亏损。

三、金融期货在持续期缺口管理中的运用

持续期缺口管理的基本原理是构筑一个资产负债组合，使该组合的持续期为零，如其持续期不为零，则增加（或减少）资产（或负债）的持续期。将金融期货引入持续期缺口管理，其基本思想为：选择合适数量和恰当头寸（指多头或空头）的金融期货，将其与银行原有的资产负债组合成一个新的组合，从而使该组合的持续期为零。如果银行具有正的持续期缺口，可将适当数量的利率期货空头头寸引入；如果银行具有负的持续期缺口，可将适当数量的利率期货多头头寸引入。关键在于所需合约数量的确定。

设银行的持续期缺口为 ΔD，资产的市场价值和持续期分别为 V_A 和 D_A，负债的市场价值和持续期分别为 V_L 和 D_L，D_F 为期货合约标的资产的持续期，F 为期货合约的价格。银行的持续期缺口为

$$\Delta D=D_A-D_L\frac{V_L}{V_A}\tag{11.9}$$

根据套期保值原理，有：

$$\Delta DV_A+N_fD_FF=0$$

即

$$\left(D_A-D_L\frac{V_L}{V_A}\right)V_A+N_fD_FF=0$$

解得

$$N_f=-\left(D_A-D_L\frac{V_L}{V_A}\right)\frac{V_A}{D_FF}\tag{11.10}$$

式中，N_f 为正表示买入期货合约，N_f 为负表示卖出期货合约。

以下用例题2来说明金融期货在持续期缺口管理中的运用。

例题2：某银行资产负债状况见表11－4，假设该银行的资产都是一次性还款的贷款，贷款利率均为12%，负债是利率为10%的90天CD存单。

表11－4　某银行资产负债状况　单位：美元

期限/天数	资产	负债
90天期	500	3 299.18
180天期	600	
270天期	1 000	
360天期	1 400	

资料来源：Elijah Brewer. 银行缺口管理和金融期货的运用［J］. 经济前景，1985（3/4）.

首先计算各类资产负债的持续期，见表 11－5。

表 11－5 银行资产与负债持续期的计算 单位：美元

资产的构成	资产的市场价值（12%）	资产的平均持续期	负债的构成	负债的市场价值（10%）	负债的平均持续期
90 天期	486.03	0.25	90 天的 CD 存单	3 221.51	0.25
180 天期	566.94	0.5			
270 天期	918.54	0.75			
360 天期	1 250.00	1.00			
合　计	3 221.51			3 221.51	

$$银行资产的持续期（D_A）=486.03\times\frac{0.25}{3\ 221.51}+566.94\times\frac{0.5}{3\ 221.51}+918.54\times\frac{0.75}{3\ 221.51}+1\ 250\times\frac{1}{3\ 221.51}=0.73$$

银行负债的持续期（D_L）=0.25

可见该银行具有一个正的持续期缺口，应通过一个空头套期保值来减少或消除这种正缺口。又设该银行运用 90 天期的美国短期国债期货合约来进行空头套期保值，国债期货的价格为 97.21 美元（面值 100 美元短期国债的期货价格），根据式（11.6）可以计算出应出售期货合约的数量。

$$N_f=-\frac{0.73\times3\ 221.51-0.25\times3\ 221.51}{97.21\times0.25}=-63.63\approx-64$$

套期保值后，该银行资产负债组合价值的变动为

$$\left(D_A-D_L\frac{V_L}{V_A}\right)V_A+N_fD_FF$$
$$=\left(0.73-0.25\times\frac{3\ 221.51}{3\ 221.51}\right)\times3\ 221.51+(-64)\times0.25\times97.21$$
$$=-9.04(美元)$$

可见，套期保值后，该银行的平均持续期缺口接近于零。

第二节　利率期权

一、期权的特征

1973 年芝加哥期权交易所第一次将期权引入有组织的交易所交易，此后期权市场得到了迅猛发展。从交易方式看，期权有两个基本类型：看涨期权和看跌期权。看涨期权赋予期权持有者有权在某一时刻以敲定的价格购买某一基础金融工具，但也有权不购买；看跌期权赋予期权的持有者有权在某一时刻以敲定的价格卖出某一基础金融工具，

但也有权不卖出。不过这一权利不是免费的，期权的购买者必须向出售者支付一定的费用，这种费用叫期权费，也称为期权的价格。此外，期权的交易还可分为美式期权和欧式期权，美式期权在期权到期以前任何时刻都可以行使期权赋予的权利；欧式期权只有在期权到期日才能行使期权赋予的权利。按期权合约的标的资产，金融期权可分为股权期权、利率期权和货币期权三大类。利率期权是指现金流依赖于利率水平的期权，主要分为实际证券期权（如国债期权、政府票据期权等）、债券期货期权（如国库券期权、欧洲美元期货期权等）和利率协定（如利率上限等）。

在期权交易中，期权合约的买卖双方所面临的风险是不对称的。期权的卖方所面临的风险比期权的买方要大得多，因为期权买方的最大损失为支付给卖方的期权费，而对卖方而言，如利率向不利卖方的方向变动，卖方的损失是无限的。因此，一般都禁止银行作为期权的卖方参与期权交易。如在美国，期权交易规则禁止银行作为卖方签订某些高风险的看涨期权和看跌期权，而且一般要求银行买入的期权必须与银行业务所面临的具体风险紧密联系，即银行主要从事期权的套期保值业务。在美国，银行运用的期权合约主要有：美国国库券期权、欧洲美元期货期权、美国国债期权和伦敦同业拆借期权等。

二、利率期权的套期保值原理

由于期权空头的风险较大，商业银行运用利率期权来进行资产负债管理时，常常只作为期权的多头，即只买入期权。当银行处于正缺口状态时，如担心利率下降造成银行净利润减少，可购入看涨期权，这样，当利率下降时，金融资产的价格随之上涨，银行行使期权获利，以抵补现货市场的损失；如对利率未来走向判断不准确，利率不变或上升，银行可选择不行使，其损失为期权费，其效果见图 11－1。当银行处于负缺口状态时，如担心利率上升造成银行净利润减少，可购入看跌期权，这样，当利率上升时，金融资产的价格随之下跌，银行行使期权获利，以抵补现货市场的损失；如对利率未来走向判断不准确，利率不变或下降，其最大损失为期权费，其效果见图 11－2。

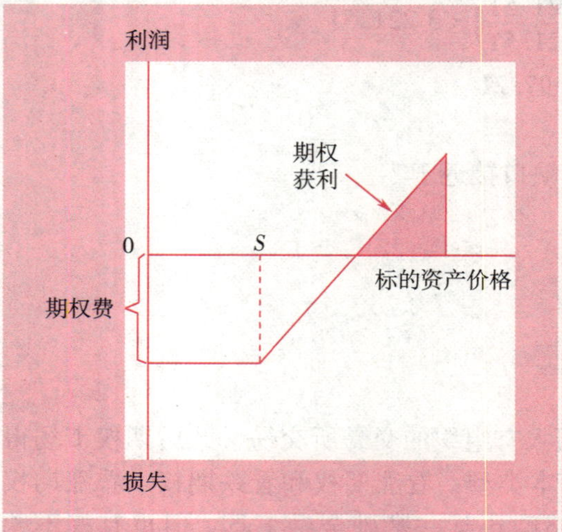

图 11－1　银行购入看涨期权效果图

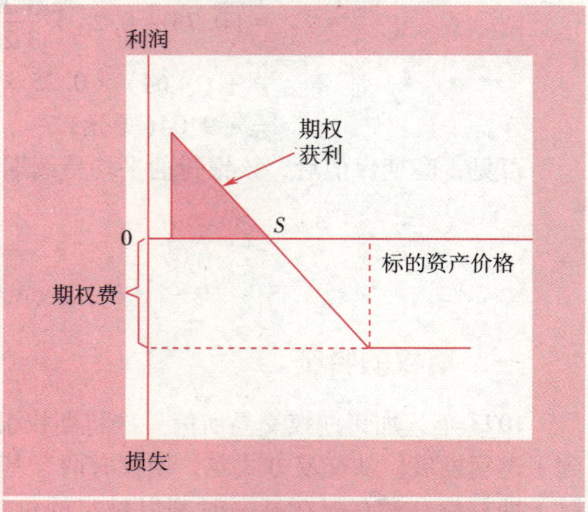

图 11－2　银行购入看跌期权效果图

运用金融期货和金融期权进行套期保值存在区别。运用金融期货套期保值，在防范利率不利变动的同时，也将利率的有利变动转移出去了。如在例题1中，当利率下跌时，不运用金融期货进行套期保值，负利率敏感性缺口将使银行的利润增加；而运用金融期货进行套期保值，这些新增加的利润将会被期货市场的亏损冲销。运用金融期权进行套期保值，能将不利的利率变动带来的风险转移出去，而将有利的利率变动留给自己。不过这种权利不是免费的，银行必须支付一定的成本（期权费）。因此，银行在运用金融期权进行套期保值时，应进行成本—利润—风险分析。

三、上限和下限在商业银行资产负债管理中的运用

上限（Cap）也叫利率上限（Interest Rate Cap），它是为保证浮动利率借款的利率不超过某一利率水平而设计的。负利率敏感性缺口银行利用利率上限可以在一个较长的时期内防范其负债成本由于利率升高带来的风险，而且当利率降低时，还可以降低负债成本。利率上限的作用原理见图11－3。由图11－3可知，其利率上限水平为5.0%，银行在0～0.5年内以较低的市场利率支付利息；在0.5～1年，市场利率为5.5%，超过上限利率，则银行以5%的利率支付利息。在剩下的几个时间段，银行将分别以4.25%、5%（上限利率）、4.5%、5%（上限利率）支付利息。这样，银行实际支付的平均利率为4.625%（每半年付息一次，不考虑复利），市场平均利率为4.875%（每半年付息一次，不考虑复利），银行实际支付的平均利率比市场平均利率低0.25%。其结算方法为：当确定日市场利率超过上限利率时，银行以市场利率借款，银行可向交易对方收取利率差（市场利率与上限利率之差），如图11－3中的0.5～1年，市场利率超过上限利率，银行有权向交易对方收取0.5%（即5.5%－5%＝0.5%）的利差。

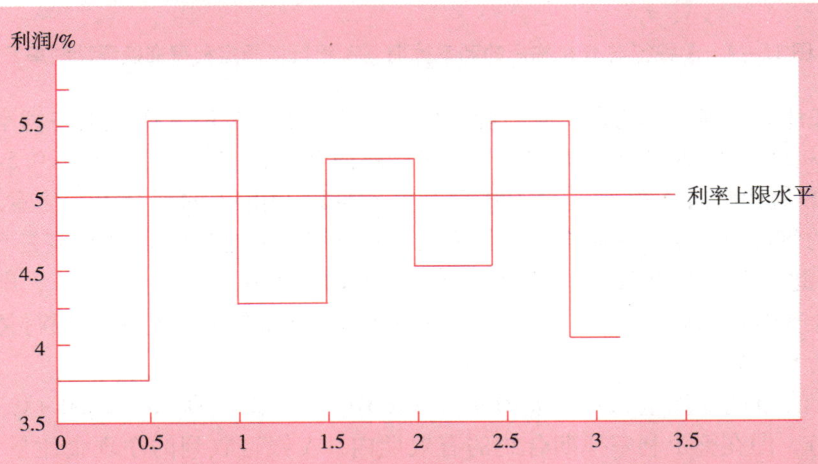

图11－3　利率上限效果图

下限（Floor）也叫利率下限（Interest Rate Floor），是一个具有与利率上限相反头寸的期权组合，其效果也与利率上限相反。正利率敏感性银行利用利率下限可以在一个较

长的时期内，防范利率敏感性资产由于利率下降而带来的风险，而且当利率上升时还可以获利。假设某家银行具有1 000万美元的正缺口。这样，如果利率上升，该银行将获利；如果利率下降，银行将亏损。该银行可以购买一份1 000万美元本金的利率下限合约，执行价为7%，每6个月确定一次。如在确定日，市场利率下降到6%，银行仍被保证获得利率为7%的收益，这样该银行有权向交易对方收取

$$1\ 000\text{万} \times (7\% - 6\%) \times 0.5 = 50\ 000\text{（美元）}$$

第三节　利率掉期

利率掉期也称为利率互换（Interest Rate Swaps），是指交易双方同意在未来的一定期限内根据同种货币，以同样的名义本金来交换现金流，其中一方的现金流量根据浮动利率计算，另一方的现金流量根据固定利率计算。下面我们用例题3来说明利率掉期的交易机制和交换现金流的计算。

例题3：银行A与某机构B于2015年3月1日签订了一份3年期的利率掉期合约，A银行同意向B机构支付5%固定利率的利息（每半年支付一次），名义本金为100百万美元，B机构同意向A银行支付6个月期LIBOR的浮动利率的利息，名义本金也为100百万美元。

这笔利率掉期交易示意图可以用图11－4来表示。

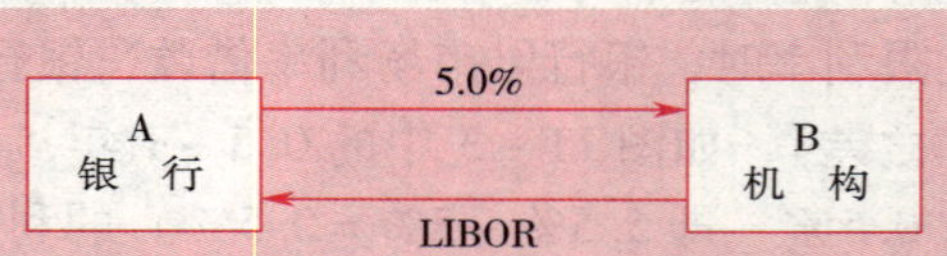

图11－4　A银行与B机构间的利率掉期（A银行以固定利率交换浮动利率）

现在来计算该利率掉期在每期的现金流量，第一次现金流交换发生在利率掉期合约签订后的6个月，即2015年9月1日，A银行将向B机构支付100×5%×0.5＝2.5（百万美元），B机构将向A银行支付100百万美元乘以LIBOR的现金流。注意，由于LIBOR是合约签订时确定的，在合约签订后6个月支付，故这里的LIBOR应是6个月前的LIBOR。因此，本次LIBOR应是2015年3月1日时的LIBOR，设为4.2%，则B机构向A银行支付100×4.2%×0.5＝2.1（百万美元）。该利率掉期合约中A银行每期的净现金流量见表11－6。

A银行的净现金流量为：－0.40＋（－0.10）＋0.15＋0.25＋0.30＋0.45＝0.65（百万美元），即在整个利率掉期合约的有效期内，A银行收到的净现金流量为0.65百万美元（不考虑资金的时间价值）。

同样，A银行也可同B机构签订以浮动利率交换固定利率的利率掉期合约，其交易可用图11－5来表示，每期现金流的计算原理与例题4相似。

表 11－6 利率掉期合约中 A 银行的净现金流量

日期	LIBOR/%	收到的浮动利率现金流	支付的固定利率现金流	净现金流
2015. 3. 1	4. 20			
2015. 9. 1	4. 80	+2. 10	-2. 50	-0. 40
2016. 3. 1	5. 30	+2. 40	-2. 50	-0. 10
2016. 9. 1	5. 50	+2. 65	-2. 50	+0. 15
2017. 3. 1	5. 60	+2. 75	-2. 50	+0. 25
2017. 9. 1	5. 90	+2. 80	-2. 50	+0. 30
2018. 3. 1	6. 40	+2. 95	-2. 50	+0. 45

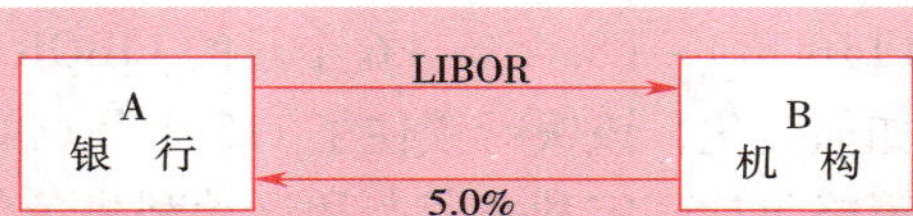

图 11－5 A 银行与 B 机构间的利率掉期（A 银行以浮动利率交换固定利率）

由于利率掉期中交换的本金是名义本金，又是场外交易的利率商品，利率掉期能相当方便和灵活地调整银行资产和负债中的浮动利率资产（负债）与固定利率资产（负债）的构成，从而达到调整缺口大小的目的。具体的交易策略包括固定利率资产与浮动利率资产之间的互换、固定利率负债与浮动利率负债之间的互换，其掉期策略见表11－7。

表 11－7 利率掉期在资产负债管理中的交易策略

资产负债结构调整方向	利率掉期策略
增加利率敏感资产	固定利率资产与浮动利率资产互换
减少利率敏感资产	浮动利率资产与固定利率资产互换
增加利率敏感负债	固定利率负债与浮动利率负债互换
减少利率敏感负债	浮动利率负债与固定利率负债互换

下面用例题 4 来说明利率掉期在资产负债管理中的交易策略。

例题 4：设某银行全部资产为 5 年期固定利率为 10%，本金为 5 000 万美元的商业贷款，利息支付以半年计，本金到期时一次付清。其负债为 6 个月的存款凭证，支付利率为 6 个月的 LIBOR + 40 个基点。因此该银行的资金缺口为负缺口，如果未来利率上升，银行将面临风险，即当 6 个月的 LIBOR 超过 9. 6% 时，其利差为负。为消除利率上升带来的利率风险，该银行应降低利率敏感负债。可采用浮动利率负债与固定利率负债互换来完成。

假定市场上存在一种 5 年期的利率掉期合约，其名义债务金额也为 5 000 万美元，掉期合约规定，每 6 个月该银行支付 8.45% 的固定利息，收到 LIBOR。根据以上掉期合约，银行的利差如下。

银行的年收益率：

商业贷款收益	10%
利率掉期合约收益	6 个月的 LIBOR
合计	10% +6 个月的 LIBOR

银行支出的年利率：

付给存款凭证的认购者	6 个月的 LIBOR +40 个基点
付给利率掉期合约	8.45%
合计	8.45% +6 个月的 LIBOR +40 个基点

净利差：

(10% +6 个月的 LIBOR) -(8.45% +6 个月的 LIBOR +40 个基点) =1.15%

因此，无论市场利率如何变化，该银行锁住了 115 个基点的利差收入。

更为复杂的利率掉期策略包括固定利率资产和浮动利率负债与浮动利率资产和固定利率负债之间的互换（见图 11 -6）；浮动利率资产和固定利率负债与浮动利率负债之间的互换（见图 11 -7）。

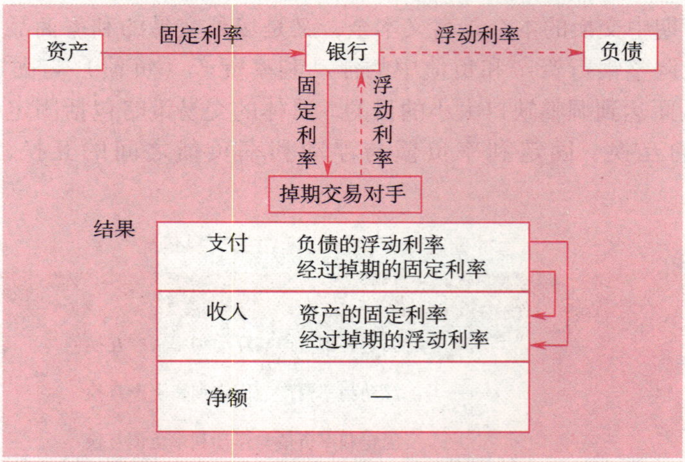

图 11 -6　负债敏感性银行的掉期交易

从图 11 -6 可以看出，该银行开始拥有固定利率资产和浮动利率负债，即具有负缺口。通过利率掉期后，该银行资产的固定利率收益与固定利率支付匹配；负债的浮动利率支付与浮动利率收入匹配，负缺口消失，锁定了银行的利差。

从图 11 -7 可以看出，开始时该银行拥有浮动利率资产和固定利率负债，即具有正缺口。通过利率掉期后，该银行资产的浮动利率收益与浮动利率支付匹配；负债的固定利率支付与固定利率收入匹配，正缺口消失，也锁定了银行的利差。

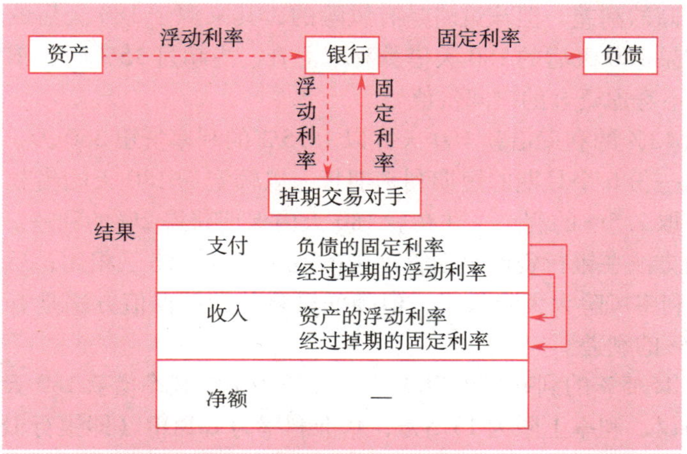

图 11－7　资产敏感性银行的掉期交易

第四节　案例分析

案例：商业银行资产负债管理策略的分析

（一）情况介绍

设某银行在各期限结构下的借贷利率情况如表 11－8 所示。

表 11－8　某银行的期限—利率

期限/天数	贷款利率/%	借款利率/%	利差/%
180 天期	14.5	13.0	1.5
360 天期	15.5	14.0	1.5
预计 180 天后的 180 天利率	14.0	12.5	1.5
6 个月期的短期利率期货暗含利率①	i_F＝13.5%		

注：①由于短期利率期货的报价为 100－i_F，故远期利率暗含于短期利率期货的报价中。

试帮助该银行尽可能多地设计出资产负债管理策略，并对每一策略进行收益—风险分析。

（二）分析

策略一：以 13.0% 的利率借款 180 天，并以 14.5% 的利率贷出 180 天。该策略保证银行在 180 天内获取 1.5% 的利差，且不冒利率风险。

策略二：以 14% 的利率借款 360 天，并以 15.5% 的利率贷出 360 天。该策略保证银行在 360 天内获取 1.5% 的利差，且不冒利率风险。

策略三：以 13% 的利率借款 180 天并以 15.5% 的利率贷出 360 天，并在 180 天借款到期时，以当时通行的 180 天借款利率续借。该策略在前 180 天锁定了 2.5% 的利差，在后 180 天内能获取 3%（15.5%－12.5%）的利差，因此，该策略在相同的时间内能获取比策略二更高的利差。但该策略是有风险的，其来源于180天后的180天借款利率的不确定性，如果180天后的180天借款利率上升，当超过15%时，该策略的平均利差将低于1.5%（不考虑资金的时间价值）。

策略四：以13%的利率借款180天并以15.5%的利率贷出360天，同时在短期利率期货市场上卖出一份6个月期的短期利率期货，以锁定后180天的借款利率。该策略在前180天内可获取2.5%的利差，并在后180天内保证获得2%的利差。该策略体现了金融期货套期保值方法在银行资产负债管理中的运用。与策略三相比，后180天内的利差减少了1%，但利率风险大大降低了，但降低风险的套期保值方法是有成本的，其成本为后180天内1%的利差。

策略五：以15.5%的利率贷出360天，以13.0%的利率借款180天，同时购买一项单期利率上限协议，利率上限为13.5%，基准利率为LIBOR（即银行180天后的实际借款利率）。该策略体现了利率期权的套期保值方法在资产负债管理中的运用。与策略四相比，该策略同样锁定了后180天的借款成本，从而使后180天的利差不低于2%。如果后180天的LIBOR低于13.5%，该策略下银行后180天的利差将会增加。但该策略要付出一定的成本，即期权费用。

[本章小结]

1. 金融期货、利率期权和利率掉期等金融衍生工具套期保值方法在商业银行资产负债管理中的运用，其实质是通过买卖金融衍生工具来构筑虚拟的资产或负债，而这种资产或负债的利率敏感性状况与商业银行现时持有的资产或负债正好相反。

2. 金融期货合约是一种完全标准化的协议。金融期货在利率敏感性缺口管理中的运用原理为：当银行面临正的利率敏感性缺口时，为防止利率下跌而造成损失，银行可运用多头套期保值来轧平缺口；当银行面临负的利率敏感性缺口时，为防止利率上升而造成损失，银行可运用空头套期保值来轧平缺口。将金融期货引入持续期缺口管理，其基本思想为：选择合适数量和恰当头寸（指多头或空头）的金融期货，将其与银行原有的资产负债组合成一个新的组合，从而使该组合的持续期为零。如果银行具有正的持续期缺口，可将适当数量的利率期货空头头寸引入；如果银行具有负的持续期缺口，可将适当数量的利率期货多头头寸引入。

3. 利率期权是指现金流依赖于利率水平的期权。由于期权空头的风险较大，商业银行运用利率期权来进行资产负债管理时，常常只作为期权的多头，即只买入期权。当银行处于正缺口状态时，如担心利率下降造成银行净利润减少，可购入看涨期权；当银行处于负缺口状态时，如担心利率上升造成银行净利润减少，可购入看跌期权。运用金融期货和运用金融期权进行套期保值的主要区别在于：运用金融期货套期保值，在防范利率不利变动的同时，也将利率的有利变动转移出去了；运用利率期权进行套期保值，能将不利的利率变动带来的风险转移出去，而将有利的利率变动留给自己，不过这种权利不是免费的，银行必须支付一定的成本（期权费）。

4. 利率掉期是指交易双方同意在未来的一定期限内根据同种货币，以同样的名义本金来交换现金流，其中一方的现金流量根据浮动利率计算，另一方的现金流量根据固定利率计算。由于利率掉期中交换的本金是名义本金，又是场外交易的利率商品，利率掉期能相当方便和灵活地调整银行资产和负债中的浮动利率资产（负债）与固定利率资产（负债）的构成，从而达到调整缺口的大小。利率掉期包括固定利率资产与浮动利率资产之间的互换、固定利率负债与浮动利率负债之间的互换。

[本章重要概念]

套期保值　多头套期保值　空头套期保值　金融期货合约　套期保值比率　基差
基差风险　利率期权　利率上限　利率下限　利率掉期

[练习题]

一、计算题

一家银行计划在货币市场上以市场利率借入 5 500 万美元，然而根据市场条件分析，市场利率将会上升。为防范因利率上升而产生的损失，该银行买入了执行价为 10% 的利率上限。在借款协议刚开始时，如果市场利率突然上升到 11.5%，请问银行应支付多少利息？另外银行将收到多少补偿金？（假设该笔借款期限只有 1 个月）

二、简答题

1. 什么是套期保值？套期保值的基本原理是什么？

2. 银行如何运用金融期货来对正、负利率敏感性缺口进行套期保值？

3. 银行如何运用金融期货来对正、负持续期缺口进行套期保值？

三、论述题

试比较金融期货、利率期权、利率掉期三种金融衍生工具套期保值方法在商业银行资产负债管理中运用的优缺点。

练习题答案

[教学辅助材料相关链接]

《金融机构衍生产品
交易业务管理暂行办法》

第十二章

商业银行经济资本管理（一）

在银行业微观审慎层面，国际银行界的风险管理已向以风险计量和资本优化配置为核心的全面风险管理转变，商业银行更加注重资本管理和价值管理，经济资本管理理念及方法应运而生，并逐渐成为商业银行管理技术的核心。2014 年 4 月，中国银监会核准中国工商银行、中国农业银行、中国银行、中国建设银行、交通银行和招商银行六家银行首批实施资本管理高级方法，标志着我国商业银行经济资本管理已进入新的阶段。

第一节　经济资本管理概述

一、商业银行损失的划分

商业银行经营牵涉社会经济的方方面面，在经营中面临和遭遇的风险也是多方面的。宏观经济环境的变化对商业银行有着全面、广泛、深入和显著的影响；市场利率和汇率等资金价格指标对商业银行有着直接的影响；商业银行客户的诚信行为对银行有着深刻、潜在的影响；商业银行员工每天的工作行为和计算机系统运行状态等诸多方面都对商业银行有着不可忽视的影响。众多因素对于商业银行经营产生的影响是不确定的，其影响的结果也是不确定的。商业银行遭遇损失的不确定性就是风险。损失可能很小，对商业银行来说没有太大影响；损失也可能很大，大到可以使商业银行面临破产的境地。如果不对损失进行细分而只是笼统地讲损失，商业银行很难采取有效手段控制风险。

现代商业银行风险管理理论和技术的发展使得风险量化手段不断加强。商业银行可以按照损失的分布规律，把损失分成几个部分，然后针对各部分的特点，分别采取产品定价转移、资本金覆盖及其他有效方法处置或防范风险。这样，商业银行才能做到既关注和控制风险，又在全行经营的整体上行得通。因此，细分损失是商业银行风险管理的基础。

潜在损失是未来可能的损失，可以分为三类：预期损失、非预期损失和极端损失，损失分布如图 12－1 所示。

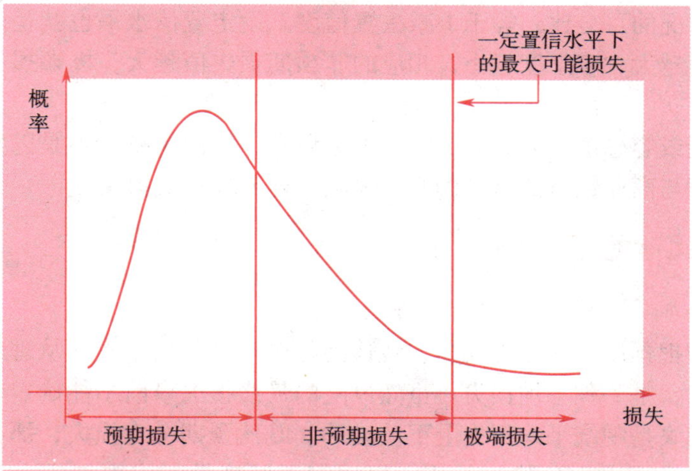

图 12－1　损失分布图

（一）预期损失

预期损失（Expected Loss，EL）是商业银行预期在特定时期内资产可能遭受的平均损失。平均损失值反映的是风险的平均大小，实际损失如果等于平均损失值只是一种巧合，一般情况下，实际损失总是大于或小于平均损失值。根据大数定律，实际损失平均值趋于期望损失。统计损失概念更多的是基于组合的概念，而不是单个交易的概念。对于单个交易，实际损失一般不等于平均值。在预测潜在损失时，用期望损失估计“预期损失”，表示对未来平均损失的预测，是向前看的。它不同于利用历史数据计算的统计平均值，统计平均值是向后看的。预期损失值是确定的，实际发生的损失一般围绕平均值波动。因此在风险管理上，商业银行可以把平均损失值看成是确定的，以准备金的形式对应并计入自身的经营成本，也可通过定价转移的方式在金融产品价格中得到补偿。现代商业银行将预期损失视为风险成本，作为总成本的一部分。

（二）非预期损失

非预期损失（Unexpected Loss，UL）是商业银行一定条件下最大损失值超过平均损失值的部分。这里的一定条件下，对应的是置信水平。比如，在 99% 可能性的条件下，最大损失值不会超过 X，也就是在 99% 置信度下最大损失值是 X。一般情况下，实际损失大多处在平均值附近，不会达到最大损失值的程度，只在很少的情况下才会接近最大损失值。平均损失值是确定的，但最大损失值随着设定不同的置信水平而改变，因此，非预期损失值随置信水平的改变而不同。

（三）极端损失

极端损失是商业银行一定置信水平下的最大损失值所没有包括的损失。这部分的损失无法封口，在损失分布图上表现为向右边不断延伸的部分，在风险管理上是无法完全解决的缺口。极端损失发生概率极低，但损失巨大。极端损失是银行无法主动控制、在极端不利情况下发生、没有可靠办法对付的损失。预期损失是平均损失值，与置信水平的设定无关，非预期损失和极端损失是通过置信度来划分的。容忍度是测量最大风险时没有覆盖到的情况的百分比，等于1减去置信度。设定置信水平也就是间接地设定容忍度水平。置信度越大，容忍度越小，相应的非预期损失值越大，极端损失发生的可能性越小。

虽然置信度或容忍度是人为设定的，可大可小，但两个指标不是随意设定的。设定置信度或容忍度与商业银行的风险偏好、风险管理要求密切相关。

二、对付风险的基本手段

（一）定价转移或准备金覆盖预期损失

定价转移指把预期损失作为成本，转移到金融产品价格中去。从理论上讲，预期损失是能够确定的，是一种平均损失。虽然风险的最终损失事前不能确定具体是多少，但可以预期最终损失是围绕平均损失上下波动的。既然预期会有损失，那么把能预期到的平均损失作为产品成本在价格中体现，根据管理经济学的成本加成定价法，就是合理的。因此，银行可将预期损失作为成本进行定价转移。

非预期损失和极端损失是不能通过定价转移的。非预期损失具有不确定性，风险的最终损失可能比平均损失大，也可能小。如果最终损失比平均损失小或者损失量不大，则不会对银行造成冲击，但如果最终损失比平均损失大，就会对银行形成压力。银行真正担心的是出现比预期损失大的损失。银行视预期损失为正常情况下出现的事，担心的则是发生更加不利情况下出现的事，要作为成本进行定价转移只能是正常情况下的事。如果把担心会发生的事都变成成本，会使成本过高。至于极端损失则是特殊情况下的巨大损失，当然不能当做成本进行定价转移。

虽然预期损失可以定价转移，但是，定价转移风险不是银行可以随意行使的一种手段，它不得不受制于市场接受程度。定价转移是否成功取决于市场接受不接受所定价格，归根结底决定于银行的风险控制水平。预期损失是银行内部的测算结果，如果根据测算结果转移定价水平过高，比如贷款利率远高于市场平均水平，客户不会接受。如果银行自身风险控制水平高，根据测算得出的定价水平相对市场同类金融产品有优势，市场才会接受，定价转移风险才能够实现。

目前，国际银行业普遍采用准备金即拨备的方式覆盖预期损失。所谓拨备，就是商业银行根据其资产的预期损失计提一定金额的贷款损失准备金，以供将来资产出现实际损失时核销之用。理论上，商业银行资产计提的准备金应当等于其风险成本，即等于其预期损失。但要做到这一点并不容易，主要存在以下几个方面的问题：第一，银行没有足够能力准确计算预期损失。第二，不排除银行出于自身调控年度利润的目的多计或少计拨备。第三，监管部门可能对银行拨备有统一的具体规定，只要这种统一的拨备制度存在，拨备与真实的各商业银行预期损失可能是脱节的。2004年6月发布的《巴塞尔协议Ⅱ》明确指出：按照内部评级法的要求，不再按照1988年的处理方法将准备金（普通贷款损失储备）计入二级资本（附属资本）。也就是说，用于覆盖预期损失的准备金不能计入银行资本，而1988年公布的《巴塞尔资本协议》是计入银行二级资本的。

为了推动我国商业银行提升预期信用损失法实施质量，有效识别信用风险，及时充足计提信用风险损失准备，2022 年 5 月，中国银保监会印发了《商业银行预期信用损失法实施管理办法》，要求商业银行依据《企业会计准则》，对所承担的预期信用损失进行评估，并依此计提信用风险损失准备。该管理办法明确指出，商业银行不得通过预期信用损失法实施调节利润、调节财务指标和监管指标、规避监管要求。商业银行预期信用损失法实施遵循以下原则：（1）全面性。预期信用损失法实施应全面覆盖表内外各项信用风险敞口，相关内部控制和决策审批流程覆盖预期信用损失法实施全过程。（2）真实性。预期信用损失法实施及其评估结果应真实反映商业银行信用风险水平和预期信用风险变化。（3）谨慎性。预期信用损失法实施及其评估结果应充分考虑信用风险管理面临的各种不确定性，审慎评估计量信用风险损失准备。（4）动态性。商业银行应根据自身信用风险水平及外部社会经济金融等环境变化，动态评估预期信用损失法的适用性及其评估结果的合理性，及时进行优化调整。（5）匹配性。商业银行应建立与自身资产规模、业务特点、信用风险特征、风险管理能力相匹配的预期信用损失法管理体系。该文件的印发标志着运用准备金覆盖信贷资产预期损失已成为中国商业银行业的工作常态，各商业银行需要对所承担的预期信用损失进行严谨的自我评估，根据评估结果及时充足计提信用风险损失准备。中国银保监会及其派出机构通过非现场监管、现场检查、调查及约谈等方式对各商业银行预期信用损失法实施情况进行监督。

（二）资本覆盖非预期损失

巴塞尔委员会在 2004 年 1 月发布的文件《改变信用的预期和非预期损失的整体处理方法》中，将预期损失和非预期损失分开处理；明确规定，对一定置信水平下的非预期损失，用资本来缓冲；对预期损失，通过计提准备金来缓冲。这一重大变化表明：商业银行的资本金只用来覆盖非预期损失。

资本覆盖风险与定价转移风险具有本质的差别，定价转移只是把平均损失计入成本了。资本覆盖风险在经营过程中是一种估计和动态的准备，并不是说每做一笔业务，就减少一点资本，而是每做一笔业务都需要一定的资本作支撑，保证一旦出现不利情况，损失超过预期损失值了，可以动用资本去抵补。由于银行有大量的业务发生，一笔业务的损失超过预期损失值，另一笔业务的损失却可能低于预期损失值，综合起来，大部分情况下，银行实际损失还是接近平均水平，因此银行资本不会轻易消耗掉。只有综合起来的结果出现了不利局面，总的实际损失超过了预期损失值，银行资本就会被非预期损失所消耗。非预期损失越大，资本消耗越大，当所有的资本都消耗完了，银行就陷入破产境地。所以，银行资本越大，可以抵御的亏损越大，抵御风险的能力就越强。这也就是为什么监管机构关注的核心常常在于银行的资本够不够，银行自律性风险管理也强调资本能否覆盖风险。

监管机构对银行资本覆盖的严格要求，体现为最低资本充足率。国际银行业和各监管机构对资本充足率十分关注，资本充足率使得银行承担的风险与资本金之间建立了一个直接的联系，也就是要找出与总体风险相适应的资本水平，满足安全性的要求。

从银行自律性风险管理角度看，资本覆盖风险的程度取决于银行对风险的偏好程度。实际上就是如何划分非预期损失和极端损失的问题，也就是容忍度的设定问题。好比修筑抵御洪水的堤坝，如果容忍度高，只要求抵御一般的洪水，堤坝就修得低；如果容忍度低，要求抵御特大的洪水，就把堤坝修得高。对商业银行而言，自身设定的容忍度与资本充足率是对应的。如果风险容忍度设定较高，资本覆盖风险的程度就会较低；就像把堤坝只修到能抵御十年一遇的洪水的水平，当水位上升至百年一遇的洪水水平，堤坝被冲垮，资本被耗尽还不够对冲全部损失。为了提高安全性，银行设定较低的容忍度，增资扩股，就像加高堤坝到能抗衡百年一遇的洪水，抵御洪水的能力提高了，资本覆盖风险的程度也就增加了。

由于资本是稀缺昂贵的资源，商业银行不能为了提高安全性，简单降低容忍度，一味增加资本。修高堤坝要付出高成本，甚至会超越技术条件。从现实看，防御风险的堤坝不可能不计成本地筑得太高。保守的银行可能选择低容忍度，希望资本覆盖风险的程度高；资本多了，如果收益没有改变，资本回报率就降低了，不能达到资本回报要求。激进的银行，可能选择高容忍度，使得抵御风险的资本少；如果收益没有变化，资本回报率会提高，但资本覆盖风险的程度低。因此，在实践中，资本与风险之间的适度平衡是商业银行管理的关键议题。

（三）压力测试对付极端损失

极端损失是指银行遭受极端不利情况时的损失，这种极端不利情况的发生几率非常小，但发生以后银行会产生巨大的损失。

对付极端损失，目前商业银行尚无十分可靠的方法。这种情形在现实中发生的可能性很小；一旦发生，国家和社会也会承担一定的责任。2007 年美国次贷危机引发的国际金融危机导致一些商业银行处于危险的境地就属于这一情形，美国政府出面对一些商业银行实施了救助。

商业银行可采用压力测试对付极端损失。所谓压力测试，就是银行假设性地把经营环境模拟成极端不利的条件，测试自己的资产、负债、资本等各项指标在这种情况下会出现什么恶劣结果，相应地采取一些防范措施。

三、经济资本的内涵

（一）经济资本的定义

商业银行资本项目包含多种内容，随着银行管理理论和实践的发展，人们对银行资本的认识也不断加深，有账面资本、监管资本和经济资本等不同但又相互联系的资本概念。经济资本是随着现代商业银行风险管理的发展而出现的新概念，它并不一定等同于真实的账面资本，而是作为银行风险管理的一种工具。明确各种资本的概念有助于准确理解经济资本的内涵。

（1）账面资本。账面资本是依据一定的会计方法和规则，在商业银行资产负债表上反映出来的资本，体现为商业银行的所有者权益。

（2）监管资本。监管资本是监管机构根据当地情况规定的银行必须执行的强制性资本标准。不同的监管主体制定了不同的监管规则，典型的是《巴塞尔资本协议》所规定的资本要求，成为国际银行业的准则。各国监管机构也因地制宜地根据本国情况设立了各自的监管资本标准。

（3）经济资本。经济资本（Economic Capital，EC），又称风险资本（Capital at Risk，CaR），是指商业银行管理层内部评估的在一定置信水平下，用来缓冲资产或业务非预期损失的资本。在数量上，经济资本等于非预期损失。比如，给定一年的时间和99.9%的置信水平，也就是银行对风险的容忍度设定为0.1%，表示银行在12个月内耗尽资本的概率维持在0.1%水平，银行遭受非预期损失不超过资本的可能性为99.9%。经济资本是银行内部的风险缓冲器。经济资本与银行的非预期损失直接对应，是银行测量所需资本的科学尺度。

因经济资本在量上等于非预期损失，当商业银行资产的质量、结构、规模发生变化时，一定置信水平下的非预期损失将随之改变，故经济资本的值也会相应改变。经济资本作为一测度值，没有在银行财务报表上得以体现，具有虚拟性；但精确计量出的商业银行非预期损失又是有科学依据的，具有客观性。经济资本直接与非预期损失挂钩及特有的“二重性”导致其成为当代重要的金融管理工具。“经济资本”这一指标既可用来测度商业银行一笔已有资产的非预期损失，也可用来测度一笔待形成资产的非预期损失；既可用来测度商业银行资产组合的非预期损失，也可在此基础上进一步测度新增资产的非预期损失。“经济资本”这一概念的内涵决定了其不仅可在商业银行总行一级计量经济资本，也可在分支行、各业务线计量经济资本。商业银行可运用“经济资本额度”的分配这一手段来激励和约束各分支行资产、各业务线资产的扩张。

（二）经济资本与账面资本、监管资本的关系

1. 资本概念建立的基础不同。银行体系存在三种不同类型的资本。账面资本是建立在财务会计基础上的资本概念，监管资本是建立在财务会计和相对简单的风险计量基础上的资本概念，经济资本是建立在财务会计和相对复杂的风险计量基础上的资本概念。

2. 资本管理活动的内容不同。账面资本的管理是指所有者权益维护、资本投资和资本融资决策、资本结构安排等有关资本的财务活动；监管资本的管理既有监管部门的管理，也有商业银行自律性管理。前者是指监管部门对商业银行的资本充足性进行监测，要求其达到监管标准；后者是指商业银行以监管部门的要求为基准所进行的一系列资本结构调整和资本融资活动；经济资本管理是指商业银行通过计量、配置和考核其内部各分支机构、业务部门和产品的经济资本，通过经济资本对风险资产进行约束和组合管理，以实现经风险调整后的资本回报率最大化的目标。

3. 经济资本是账面资本和监管资本的重要参考。经济资本的生成是以银行内在的风险为基础的，既不是由投资者实际出资数量所决定，也不是由监管机构“一刀切”的方法所计量，所以，内生的经济资本是账面资本和监管资本的重要参考。经济资本最重要的意义在于能实现银行内部各层面对风险的有效管理。它不但能为管理者提供账面资本和监管资本的对照，让管理者清楚地认识银行的可用资本和银行内实际存在的风险之间有多大的距离，更重要的在于它提供了一套风险管理的新理念和有效手段，使得商业银行能同时从风险管理和获取利润的两个视角实现对资源的有效配置，达到风险与收益的最优平衡。

4. 账面资本的数量应当大于或等于经济资本数量。账面资本虽然不直接与银行实际承担的风险挂钩，但银行因为承担风险（非预期损失）而遭受的损失最终要反映为账面资本的减少。银行需用账面资本核销不良资产；当银行真正面临破产时，承担清偿责任的是账面实际存在的资本。因此，银行为了保持稳定经营，必须保证自身所拥有的可以用于冲销实际风险损失的账面资本大于或等于所计量的经济资本。

5. 监管资本以经济资本测算为基础并附加超额资本要求。为了确保商业银行的安全，必须有充足的资本抵御风险，这是监管机构对商业银行实施资本监管的根本原因。监管资本与经济资本概念虽然有区别，但本质上是一致的，都是为了抵御非预期损失。

2008 年国际金融危机爆发之前，资本管理的主导趋势是监管资本向经济资本靠拢，将商业银行经济资本管理系统的建设作为合规行为监管的内在要求。《巴塞尔协议Ⅱ》已明确资本用来覆盖非预期损失，其目标是保证监管资本的水平与被监管银行真实风险的水平相一致，并允许活跃的商业银行使用内部评级法确定风险加权资产和资本充足率。采用《巴塞尔协议Ⅱ》内部评级法所计量出来的监管资本等同于经济资本，打破了监管资本管理与经济资本管理间的藩篱，推动了经济资本管理在商业银行的实施。

美国金融危机爆发以后，《巴塞尔协议Ⅱ》因忽略了金融体系顺周期效应而受到业界批评。《巴塞尔协议Ⅲ》内含的新资本监管理念和标准改变了监管资本向经济资本靠拢的趋势。本教材第二章阐述了这一资本监管新规的核心内容。正如第二章第四节所指出的，《巴塞尔协议Ⅲ》没有完全否定《巴塞尔协议Ⅱ》；在宏观审慎监管理念下，监管资本以经济资本测算为基础并增加超额资本和附加资本要求。

在《巴塞尔协议Ⅲ》的框架内，关于商业银行单位资产非预期损失和总风险加权资产的计算，仍可沿用《巴塞尔协议Ⅱ》提出的精细计量方法［包括式（2.8）、式（2.12）等］，但一家商业银行总监管资本要求的计算过程［采用式（2.7）］需符合金融监管部门提出的留存超额资本、逆周期超额资本和系统重要性银行附加资本的要求。具体来说，可首先采用式（2.8）计算每一债项单位资产的监管资本要求 K（即经济资本），然后采用式（2.12）计算该债项的风险加权资产；采用《巴塞尔协议Ⅱ》提供的方法计算某一商业银行所有的信用风险加权资产（CRWA）、市场风险资本要求（CRMR）和操作风险资本要求（CROR）之后，再采用式（2.7）计算该银行总的监管资本要求，其中式（2.7）中的资本充足率（CA）应当符合《巴塞尔协议Ⅲ》资本监管新规的要求（包括超额资本要求、逆周期资本要求和系统重要性银行附加资本要求）。超额资本的要求具有一定的弹性化特征（这里主要指逆周期超额资本和系统重要性银行附加资本），由监管部门根据当前金融市场状况确定具体的有关超额资本比例。

在银行业宏观审慎监管框架内，监管资本与经济资本不会趋同，但两种资本具有内在关联性。《巴塞尔协议Ⅱ》的资本理念（即经济资本理念）强调单家商业银行的风险内部控制和预期损失、非预期损失的精细化计量，重在微观审慎管理和风险调整后的收益管理；《巴塞尔协议Ⅲ》的监管资本理念以经济资本测算为基础，补充以防范系统性风险为目标的超额资本和附加资本，重在宏观审慎监管。

综上所述，根据现代商业银行资本的新理念，从微观审慎角度讲，经济资本、账面资本和监管资本在本质上是相同的，都是用来缓冲商业银行的非预期损失，只是把握的方法有区别。从宏观审慎角度讲，监管资本、账面资本不仅用于缓冲商业银行的非预期损失，还具有防范系统性金融风险的功能。

四、经济资本管理的基本内容

商业银行的核心经营理念是价值最大化。价值最大化并不等于利润最大化，而是利润最大化与风险最小化的结合和统一。经济资本揭示了风险需要资本覆盖的基本原理，体现了银行承担风险就是占用资源的基本理念。经济资本对银行的约束就是对风险的约束，对资产规模和扩张速度的约束。有多少经济资本，才可能缓冲多少非预期损失。这个原理不但对整个银行适用，对银行各个分支机构、各个业务部门、各个产品线等同样适用。每个单位都受风险限额的制约，通过经济资本限额，各个单位不再单纯追求利润，而是以最小的风险代价去追求最大的利润，想方设法在有限的经济资本额度内尽量创造更多的利润。经济资本对银行的意义，就好比血液对于人的身体，它在整个银行内部流动，为各个分支机构、各个业务部门、各个产品线带来动力和约束力。

经济资本管理的核心体现在经济资本对风险资产增长的约束和对经济资本回报的明确要求。基于以上理念，经济资本管理的目标主要有两个：控制业务风险和提高风险调整后收益。经济资本直接对应于风险，银行可通过向分支机构、业务部门分配经济资本额度的方式控制风险。同时，银行通过优化经济资本配置提高资本回报水平。为此，银行必须在价值最大化目标与具体的经营管理活动之间建立适当的关系及其运行机制，这就是银行的经济资本管理制度。通常情况下，自律性的商业银行经济资本管理至少应包括以下几个方面。

1. 经济资本计量。通过风险计量模型计量非预期损失，这是计算经济资本回报率的基础，因而是整个经济资本管理体系的关键。

2. 绩效考核。价值最大化是银行经营的核心目标。经济资本回报率指标因兼顾了收益和风险两方面的因素，体现了风险和收益对称的原则，比会计利润指标更能真实反映经营绩效和价值创造，因而以此作为商业银行内部绩效评估的主要指标，可以充分体现银行的价值理念和政策导向。

3. 经济资本配置。银行通过经济资本约束机制，控制风险增长。如果商业银行分支机构或业务部门的风险控制在上级行分配的经济资本数额内，则风险控制在了可承受范围内，风险抵御能力充分。如果分配的经济资本被占用完，则不能再新增应占用经济资本的业务量。为提高经济资本的使用效率，确保占用的经济资本能够达到最低回报要求或更高回报水平，银行应尽力将有限的经济资本配置到风险较低而回报水平较高的业务上，重点支持和发展这类业务。银行可根据各个内设机构、部门和业务的经济资本回报率水平决定业务发展战略和方向。对回报率水平和价值创造较高的机构、部门和业务，给予更多的扶持政策，而对回报率低甚至是负贡献的，则应采取限制和收缩政策，以避免价值损失。

4. 产品定价。收益最终要通过产品销售（如发放贷款）来实现，销售规模固然对收益有影响，但产品定价也重要。有风险的业务（如贷款）应占用经济资本，而经济资本需要回报，因此必须将经济资本占用纳入产品定价，确保经济资本回报达到最低要求并创造经济增加值。

需要强调的是，商业银行应在《巴塞尔协议Ⅲ》的宏观审慎框架下开展经济资本管理。单家商业银行的经济资本管理属于微观审慎范畴，与宏观审慎监管不矛盾，相辅相成。

第二节 RAROC 方法与经济资本配置

商业银行经济资本配置的方法大致可以分为三种，一是基于风险的经济资本配置方法，度量风险的组合模型均可以用于经济资本的配置；二是基于风险和成本相统一的经济资本配置方式，通过风险残余概念将风险和经济资本成本同时纳入考虑范畴；三是基于风险和收益相统一的经济资本配置方式，也就是根据 RAROC 配置经济资本。其中，基于 RAROC 配置经济资本的方式是目前比较成熟，且商业银行广泛使用的方式。RAROC 衡量的是经济资本的回报率，作为现代商业银行经营管理的核心技术手段，最早是由美国信孚银行于 20 世纪 70 年代末开发而成，后被其他商业银行采用推广。通过不断完善，RAROC 方法已逐渐成为金融界普遍应用的经营管理手段之一。

一、RAROC 的含义

（一）RAROC 的由来

对于经济资本，商业银行应通过一种机制来合理有效地进行配置，使风险和收益达到平衡，使最优的业务得到发展，不良的业务得到有效控制。经济资本配置是一项非常专业的工作，优化配置的前提是准确计算各个分支机构和业务线的经济资本回报水平，然后择优分配和配置，这就产生了如何评价不同分支机构和业务线经济资本回报绩效的问题。

传统的资本回报衡量指标是股权回报率（ROE），其缺点是没有将风险和收益纳入一个框架内评估，只能在不考虑风险情况下，或在风险等量假设下评价收益。传统的风险评价指标也只能在不考虑收益情况下，或在收益等量假设下评价风险。对收益和风险均不等的机构、部门或业务则无法进行直接对比。由于缺乏一种把风险与收益结合起来的测量手段，过去商业银行只能做到一面管收益，希望收益越高越好；一面管风险，希望风险越低越好，无法在统一的方法中把收益和风险同时考虑。由于

$$ROE=\frac{净利润}{股权资本}=\frac{净利润}{总资产}\times\frac{总资产}{股权资本}=ROA\times\frac{总资产}{股权资本} \tag{12.1}$$

由式（12.1）可知，在资产回报率（ROA）水平一定的情况下，银行股权资本越少，ROE 则越高，如果股权资本一定，资产规模越大，则 ROE 越高。因此，资产扩张很自然地成为商业银行实现利润最大化的手段。在商业银行管理中，如果资产扩张不受资本制约，且资本回报指标不能体现风险，股东追求高额资本回报（ROE）的结果很容

易诱使商业银行不计风险地盲目扩大资产规模，促使风险不断累积，潜在损失增加，从而面临最终资不抵债、破产的威胁。

为解决这个问题，银行界发明并逐步使用经风险调整后的资本回报率（Risk-Adjusted Return on Capital，RAROC），即通常所说的经济资本回报率作为资本回报水平的衡量指标。经济资本回报率是风险调整后净利润与占用的经济资本的比率。RAROC 将银行收益和风险纳入了同一个评估体系，符合风险和收益对称原则，便于对不同的分支机构和金融产品进行考核和比较，并为各分支机构、业务线或金融产品计算经济资本回报率提供了可行的方法。

（二）RAROC 的计算

RAROC 的概念借鉴于传统的资本回报率，但计算的是经济资本的回报率，将风险的因素考虑在内，其计算公式如下：

$$RAROC = \frac{\text{风险调整后的收益}}{\text{经济资本}} \times 100\%$$
$$= \frac{\text{收入} - \text{经营成本} - \text{资金成本} - \text{风险成本}}{\text{经济资本}} \times 100\% \tag{12.2}$$

例：某批发企业，信用等级为 AA，申请一笔 600 万元的流动资金贷款，期限 1 年，由仓单质押，银行评估仓单下货物总价 1 000 万元，假设该笔贷款的资金成本为 3%，营业成本为 1%，贷款的年利率为 6%。AA 信用等级的违约概率为 0.7%，该笔贷款的回收率为 61.33%，该笔贷款的非预期损失为 80 万元。试计算该笔贷款的 RAROC。

根据 RAROC 的计算公式计算如下：

收入 = 600 万元 × 6% = 36 万元

资金成本 = 600 万元 × 3% = 18 万元

经营成本 = 600 万元 × 1% = 6 万元

风险成本 = 预期损失 = 违约率 × 违约损失率 × 贷款金额

= 0.7% ×（1 − 61.33%）× 600 万元 = 1.62 万元

经济资本 = 非预期损失 = 80 万元

$$RAROC = \frac{\text{风险调整后的收益}}{\text{经济资本}} \times 100\%$$
$$= \frac{36 - 18 - 6 - 1.62}{80} \times 100\% = 12.98\%$$

RAROC 的公式虽然看似简单，却需要运用财务管理手段、风险管理手段等各项技术手段获取相关数据，配合完成。图 12 − 2 是对 RAROC 计算框架的分解，如图 2 − 2 所示，作为分子的风险调整后的收益，需从收入中扣除资金成本、经营成本和风险成本等各项成本。资金成本通过内部资金转移价格确定；经营成本需要经管理会计分摊到具体核算单位；就单笔贷款而言，风险成本，也就是预期损失，等于预期违约概率、风险暴露与违约损失率的乘积；就贷款组合而言，其风险成本是各笔贷款预期损失之和。对分母项经济资本的量化过程，也就是非预期损失的量化过程，其计算方法和过程更加复杂，对数据要求更高。所以，RAROC 作为一种核心管理技术，其成功运用是以相对完善的信息系统、财务管理系统和风险管理系统为前提。

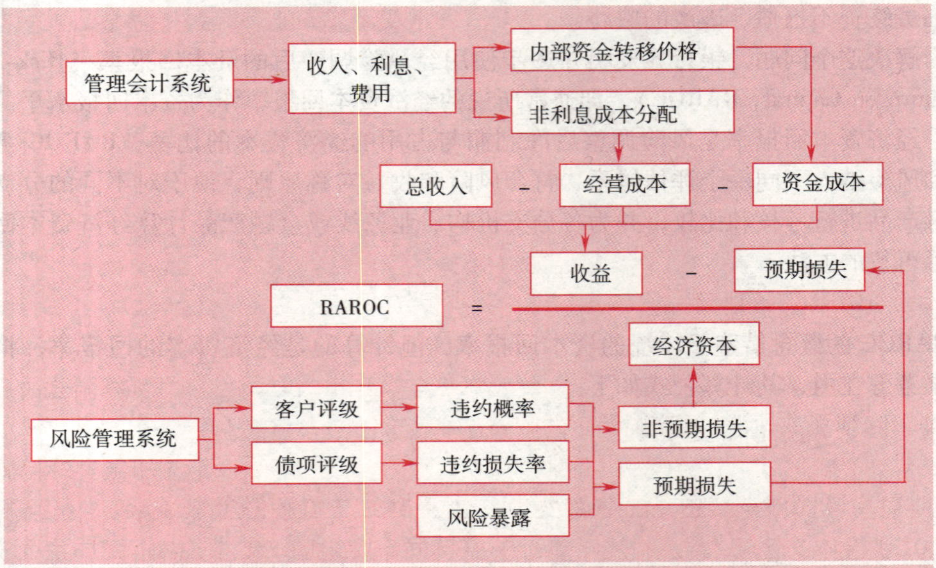

图 12－2　RAROC 的计算框架

（三）RAROC 的意义

对比传统的 ROE，RAROC 的优点在于充分反映了风险。RAROC 将未来可预计的损失量化为当前成本，直接对当期盈利进行调整，克服了传统绩效考核中盈利目标与风险成本在不同时期反映的相对错位问题。RAROC 衡量资本的使用效益，考虑到了资本储备与风险的对应，使银行的收益与所承担的风险直接挂钩，能更广泛、更有效地衡量盈利能力。商业银行的风险来自不同的部门、产品或客户，不同的部门、产品或客户会给商业银行带来不同的非预期损失，换句话说，不同的部门、产品或客户在给商业银行带来经济利益的同时，也不同程度地占用商业银行的经济资本。RAROC 方法克服了风险的隐蔽性和滞后性，体现了业务发展与风险控制的内在统一。RAROC 公式中的经济资本可以通过细化分解到各个分支机构、部门或产品，直接对应于所承担的风险，而 ROE 中的分母——股东权益（账面净资产）难以对应到各个分支机构、部门或产品，更不能反映其所承担的风险。

通过 RAROC 指标，商业银行各分支机构、各业务线或各个产品均可以按照同样的标准以 RAROC 来衡量盈利能力。若分支机构或部门的 RAROC 指标高于股东或总行要求的水平，则说明该机构或部门的经营状况较好，可以增加对其的资源配置，进一步提高收益水平；若其 RAROC 指标达不到股东或总行要求的水平，则需要查找问题，促其改进工作，减少对其的资源配置。可见，RAROC 方法有利于分支机构或部门的目标与银行最终的价值目标达到一致，为商业银行各个层面的发展战略、业务决策、目标设定、绩效考核等多方面经营管理提供重要的、统一的标准依据。RAROC 方法体现了商业银行稳健经营的正确理念：银行必须以“利润”为中心，但银行的利润必须经过风险的调整（体现为分子项中的风险成本）才是可靠的利润；银行不应当以远期的风险换取一时的、当期的利益，其资本（体现为分母项的经济资本）必须能够始终覆盖所承担的风险，才可以实现持续的发展。

二、RAROC 在经济资本配置中的作用

（一）RAROC 是有效的考核指标

考核是资源分配的基础。考核是对已经发生的事件的评价，而资源分配是对今后要做的事件的选择，没有科学的考核标准，就不可能有科学的资源分配。传统上银行如何调配资源呢？一是依据资产规模调配资源，哪个分行资产规模大，就可以占用更多的资源；二是根据利润的绝对数调配资源，哪个分行利润大，就可以多支付工资，占用更多资源。不论哪种情况都不是建立在收益与风险的有效平衡机制基础上，没有真实反映风险状况，都不是有效配置资源的方式。银行用 ROA 或 ROE 考核资源使用效率并据此分配资源，虽然考虑了资源盈利能力，但如前所述，没有考虑追求利润所付出的风险代价，在不计量风险的状态下用收益率衡量业绩，会鼓励那些具有高收益率但同时隐藏极大风险的业务无制约地扩张，结果可能导致商业银行在扩张资产和增加收入的同时积累大量风险。

用 RAROC 作为考核和资源配置的依据，有效地克服了传统方法的缺陷。由于 RAROC 充分反映了风险成本，能够更科学、真实地反映被考核对象的经营绩效；不但体现当期收益，而且体现了未来风险。另外，RAROC 用经济资本替代了账面资本进行计算，科学地揭示了支持银行开展业务的资源代价就是经济资本占用这样一个本质原理，仅看考核单位的盈利绝对数是不够的，还要看获得盈利背后的经济资本消耗。考虑到银行各个分支机构没有任何账面资本，那么要把账面资本配置到各个分支机构、各个部门就不可能。而经济资本可根据具体产品、业务部门、分支机构分别计算占用情况，那么基于经济资本进行绩效测评，以及对经济资本进行配置就成为可能。从 RAROC 的公式可以看出，明确各产品、部门、分支机构的经济资本占用情况是计算 RAROC、度量其盈利能力的基础，但是，反过来，RAROC 考核评估的结果又进一步影响经济资本在各产品、部门和机构的配置，盈利能力强的业务或部门将被分配更多的经济资本，从而改变经济资本的分配格局。

RAROC 考核指标好比一个公用的标尺、共同的准绳，是银行上下从业人员和管理者都严格执行的统一标准。RAROC 可以渗透于银行每一个部门、每一个员工和每一个岗位的日常工作中。通过 RAROC 指标，管理者可以明确作出哪种业务扩张哪种业务收缩的战术调整，把有限的资源从收益与风险不匹配的业务和部门中释放出来，用于经风险调整后效益更好的业务和部门，实现商业银行资源的最优配置。

（二）RAROC 是经济资本配置的依据

经济资本对商业银行存在特定的约束，对经济资本的配置，也就是对商业银行资源的配置。经济资本配置是指对确定的经济资本限额在商业银行不同的业务领域、不同的产品甚至不同的客户间进行合理的分解的过程。现代商业银行在风险测量系统基础上建

立的经济资本配置系统，概括其主要内容包括：采用计量模型对经济资本总量进行测量；对各项业务基于风险与收益优化的原则进行经济资本配置；动态地监测经济资本的变化并制定和实施调整政策。

基于 RAROC 的经济资本配置，简单来说可从两个方面进行：一方面是根据各个业务线、业务部门或分支机构实际的 RAROC 与股东要求的基准经济资本回报率进行对比，确定其对股东价值的实际贡献能力。如果 RAROC 低于基准经济资本回报率，则说明该部门对股东价值是损害的，必须收缩经济资本以限制其发展；另一方面是将不同业务部门的 RAROC 进行横向比较，对于 RAROC 低于平均水平的业务部门应该减少其经济资本，对于 RAROC 高于平均水平的业务部门，增加其经济资本的配置，以使它有更多的空间发展，使经济资本由绩效较差的部门向绩效较好的部门转移，从而优化资源分配，最终达到提高整个机构经济资本效益的目标。总之，商业银行应综合实现风险和收益的平衡，确定明晰的经济资本收益标准，主动有效地配置资源，才能实现价值最大化的目标。

在商业银行总行层面，商业银行最高管理层在确定了商业银行对风险的可承受能力的基础上，通过一定的方法计算商业银行需要的经济资本总量，然后将这一有限的经济资本总量在该银行内各个层面和各条业务线之间进行配置。既要通过经济资本覆盖风险，又要保证经济资本的使用是有效率的，争取实现在一定的风险水平上效益最大或者在一定的效益水平上风险最小。管理层把价值最大化这一目标转化为明确的 RAROC 目标，从而使 RAROC 不仅对商业银行总体，而且对银行内各个部门、各分支机构都有很强的激励与约束作用。

就单笔业务而言，RAROC 是业务决策的依据，通过一笔业务的风险与收益的比较，可以判断该笔业务是否值得做。还可以将 RAROC 作为业务定价的基础。就资产组合而言，商业银行在考虑组合效应后，通过对组合资产的 RAROC 的动态测算，将各类资产组合的经济资本回报率作为组合调整的主要依据，对 RAROC 指标恶化的资产及时处理，为新的资产组合腾出空间。

三、基于 RAROC 的经济资本配置方法

经济资本管理要求商业银行管理层控制在经营中面临的风险，并通过优化配置经济资本，提高经济资本回报率，增加商业银行价值。商业银行通过自下而上、由分到总的过程确定经济资本数量，然后根据既定的经济资本总量和回报要求，运用 RAROC 方法、限额控制、组合管理等手段，将经济资本从上往下在各个分支机构、业务线和产品线等不同层面进行有效的配置，使之达到最佳组合。通过合理的经济资本配置，引导商业银行的各项业务理性地收缩或扩张。经济资本的分配与资产的风险相关，但是，占用经济资本的依据并不是单笔资产本身风险的大小，而是根据该笔资产对整个组合的风险贡献度，也就是这一笔资产附带的风险对于组合的整体风险要承担多大的责任。一笔资产的风险高，它并不一定对资产组合的风险贡献度就高，这是基于资产组合风险分散化原理，资产之间的相关性和组合的分散化效应在起作用。因此，分配经济资本必须从资产

组合的层面来考虑，从组合的角度来看资产的风险状态，并由此配置经济资本。

根据风险贡献度分配经济资本，只是实际配置经济资本过程中的基础步骤。在实际操作中，经济资本配置更为综合和复杂。管理层还要动态地根据业务的 RAROC 指标来调整经济资本的配置。一方面，配置过程中依据的都是以往的表现，没有考虑未来的需要，还必须进一步根据商业银行的业务发展战略来调整经济资本配置，这样才能使经济资本配置既建立在绩效的基础上，又体现未来发展的意图，真正发挥资源优化的作用；另一方面，由于资产组合效应的存在，当经济资本配置发展变化，业务调整或资产结构发生改变之后，组合的 RAROC 也可能随之产生新的变化。只有动态地考核绩效表现，并循环地调整、配置经济资本，才是积极主动的配置方式。

这种动态的循环配置过程，可用图 12－3 表示。第一步，度量风险，确定商业银行经济资本的总量。经济资本量的确定是否科学合理，是经济资本配置能否真正达到覆盖风险、增加银行价值的基础。第二步，设定 RAROC 标准，按照一定的原则将经济资本限额分配给各个下属部门或业务单位，控制其业务发展规模，进而达到控制风险的目的。第三步，分支机构或业务单位在经济资本限额内积极主动地调整业务组合，优化配置经济资本。第四步，商业银行对各部门、各业务单位通过 RAROC 指标进行绩效衡量。RAROC 指标成为经济资本配置的重要依据。商业银行要对资产组合的 RAROC 进行动态跟踪考核，根据实际绩效调整经济资本在各业务单位的配置，对于无法产生正的经济利润、有损股东价值的业务单位应该减少其业务量，将其占用的经济资本配置到其他可以创造股东价值的业务单位中去。通过以上步骤，经过综合比较分析之后，对经济资本配置方案进行修正，然后进入下一配置周期。这样，通过一个不断调整的动态经济资本配置过程循环，使商业银行的经济资本达到最有效的利用，在有限的经济资本限制下创造最多的经济利润，从而使商业银行价值最大化。

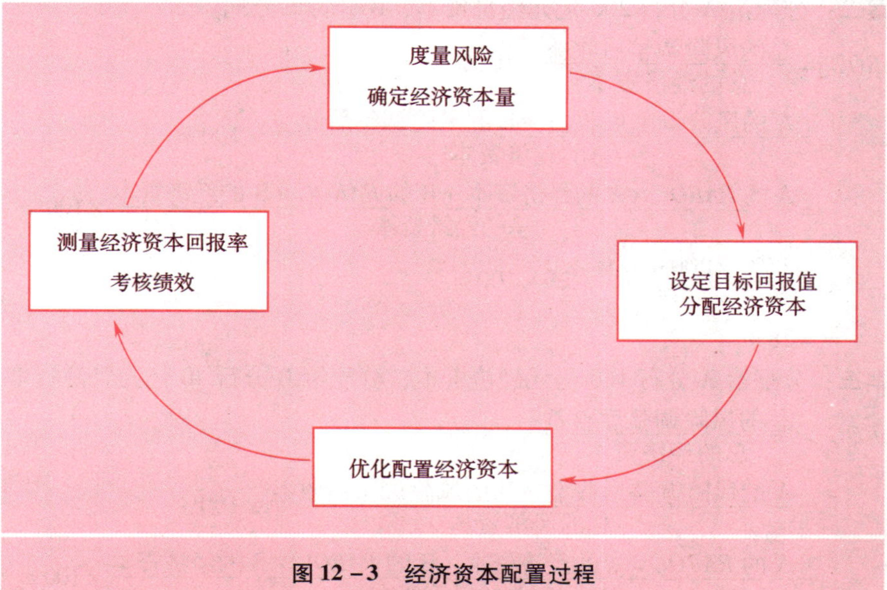

图 12－3 经济资本配置过程

值得注意的是，商业银行动态考核和调整过程中，除了将业务单位或产品自身的业绩和 RAROC 标准进行比较，保证获得正的经济利润以外，还要对各业务单位或产品之间的业绩进行比较。对绩效更高的业务单位或产品增加分配的经济资本量，从而支持其业务量的增加，更多地创造价值；对绩效相对低的业务单位减少分配的经济资本量，进而缩减其业务量，把经济资本转而投入能创造更多经济利润的业务单位中去。另外，还要注意业务单位在不同时期业绩的比较，掌握其发展趋势：如果是处于上升阶段，说明该业务单位有发展潜力，可以考虑增加经济资本投入；如果是处于下降阶段，要查找原因，如果该业务单位已经没有太大的发展空间，应该考虑逐渐减少经济资本投入。

在实践中，使用基于 RAROC 的经济资本配置方法还需结合现实条件，综合权衡，不是简单地追求 RAROC 指标最大化。

例：假设一家商业银行经济资本限额为 200 亿元。该银行有 A、B 两个分行，A 分行的 RAROC 为 28%，B 分行的 RAROC 为 18%，试分析该银行如何基于 RAROC 在 A、B 两个分行之间分配经济资本。银行有三个方案可供选择。

方案一： 对 A、B 两个分行平均分配经济资本，各 100 亿元经济资本。

$$
\begin{aligned}
\text{总的}\ RAROC &= \frac{\text{总的风险调整后收益}}{\text{总的经济资本}} \times 100\% \\
&= \frac{\text{A 的风险调整后收益} + \text{B 的风险调整后收益}}{\text{总的经济资本}} \times 100\% \\
&= \frac{\text{A 的}\ RAROC \times \text{A 的经济资本} + \text{B 的}\ RAROC \times \text{B 的经济资本}}{\text{总的经济资本}} \times 100\% \\
&= \frac{28\% \times 100 + 18\% \times 100}{200} \times 100\% \\
&= 23\%
\end{aligned}
$$

方案二： 分配给 A 分行 200 亿元经济资本，B 分行不分配。

$$
\begin{aligned}
\text{总的}\ RAROC &= \frac{\text{总的风险调整后收益}}{\text{总的经济资本}} \times 100\% \\
&= \frac{\text{A 的风险调整后收益} + \text{B 的风险调整后收益}}{\text{总的经济资本}} \times 100\% \\
&= \frac{\text{A 的}\ RAROC \times \text{A 的经济资本} + \text{B 的}\ RAROC \times \text{B 的经济资本}}{\text{总的经济资本}} \times 100\% \\
&= \frac{28\% \times 200 + 18\% \times 0}{200} \times 100\% \\
&= 28\%
\end{aligned}
$$

方案三： 分配给 A 分行 160 亿元经济资本，分配给 B 分行 40 亿元经济资本。

$$
\begin{aligned}
\text{总的}\ RAROC &= \frac{\text{总的风险调整后收益}}{\text{总的经济资本}} \times 100\% \\
&= \frac{\text{A 的风险调整后收益} + \text{B 的风险调整后收益}}{\text{总的经济资本}} \times 100\% \\
&= \frac{\text{A 的}\ RAROC \times \text{A 的经济资本} + \text{B 的}\ RAROC \times \text{B 的经济资本}}{\text{总的经济资本}} \times 100\%
\end{aligned}
$$

$$= \frac{28\% \times 160 + 18\% \times 40}{200} \times 100\%$$

$$= 26\%$$

由于A分行的RAROC显著地高于B分行的RAROC，如果追求RAROC最大化，理论上银行应该把资本全部配置到RAROC大的A分行，选择方案二。但是，在实践中的选择并不是如此简单。首先，A、B两个分行的RAROC并不是固定不变的，很有可能会随着每个分行业务规模的扩大而改变。一个地区的客户资源是有限的，当银行把所有资源都投到这个地区，企图扩大业务规模时，一般会面临客户资源不足的问题，由此会造成客户资信等级的下降、业务风险的增大、收益的下降。由于边际客户和业务的收益呈递减趋势，随着业务的扩大，银行在这个地区的RAROC会相应下降。其次，现实中商业银行不太可能完全自由地转移业务或撤销分行。转移业务或撤销分行涉及监管、地区政治和公众力量、人员安置、内部管理秩序等复杂问题，还涉及各种转移或撤销的成本。因此，在现实中，商业银行在经济资本配置中还需要考虑许多RAROC以外的因素，并不是简单地追求RAROC最大化。但不管如何，RAROC作为资本配置的核心指标的角色是不变的。在上例中，银行可能会选择方案三，把更多经济资本倾斜到RAROC较高的A分行，而不是RAROC较低的B分行，由此得到的银行总体RAROC水平还是高于平均分配的方案一。

实践中，商业银行往往会同时采用另外一种手段，比如规定每笔业务的基准RAROC要求，如果某业务的RAROC大于基准收益率，就可以认为该项业务能够为商业银行创造价值，稀缺的银行资本可以配置到该项业务之上，低于这个标准的原则上不做，从而保证整个银行的RAROC必定等于或高于这个RAROC标准。至于RAROC标准怎么制定，决定于股东对资本的回报要求，决定于银行的风险偏好，决定于银行对业务发展的追求，也决定于银行对市场的综合判断。

总之，商业银行基于RAROC进行资本的优化配置，利用RAROC指引业务的扩张与收缩，把资本合理有效配置到效率高、能够为商业银行创造经济利润的地方，最终的结果就是整个银行资源的优化配置和经济利润的增长，从而使商业银行价值最大化。

第三节　基于RAROC的商业银行贷款定价

一、商业银行贷款定价考虑的因素

在商业银行管理实践中，制定贷款定价政策是一项复杂的工作。一个好的定价政策至少应该考虑以下几大因素：第一，成本因素。贷款定价必须充分反映各类成本，包括资金成本、经营成本和风险成本。第二，资源占用情况。商业银行发放一笔贷款，不仅仅是使用一笔资金，更重要的是占用一定数量的经济资本，贷款定价应该考虑这一因素。第三，市场因素。前面两个因素都是从商业银行自身角度考虑的，但是贷款毕竟是对外发放，贷款定价直接对应客户。在实践中，确定贷款价格还需要考虑商业银行外部的客观情况，如市场资金紧缺程度、客户的贷款需求情况、同业贷款价格水平等。如果不考虑外部因素，商业银行制定的价格可能因定价过高而不被市场接受，或者因定价过低而失去获得更高收益的机会。

二、RAROC 在贷款定价中的应用

RAROC 方法不仅可以应用于绩效考核、资源配置，还有助于商业银行的资产定价更加理性。商业银行为了达到股东对资本回报率的既定要求，资产价格需达到一定的水平，因此在股东回报率要求设定的情况下，贷款定价也就是在 RAROC 既定条件下贷款利率的求解。

例：假设一家银行要求 RAROC 不低于20%，有一个客户提出 1 年期限的 1 亿元的房屋抵押贷款申请。银行评估该贷款对应的违约概率为1%，违约损失率为30%。假设银行设定的风险容忍度为2.5%，根据测算出在2.5%容忍度下的非预期损失为1 000 万元，贷款资金成本为5%，各项经营成本合计需要100 万元。根据以上数据，运用 RAROC 为该贷款定价。

第一步，计算各种成本：

资金成本 = 5% ×1 亿元 = 500 万元

经营成本 = 100 万元

风险成本 = 违约概率 × 违约损失率 × 贷款金额

= 1% ×30% ×1 亿元 = 30 万元

成本合计 = 资金成本 + 经营成本 + 风险成本 = 630 万元

第二步，计算经济资本：

经济资本 = 非预期损失 = 1 000 万元

第三步，用既定的 RAROC 计算贷款价格：

由于

$$RAROC = \frac{\text{风险调整后的收益}}{\text{经济资本}} \times 100\%$$

$$= \frac{\text{收入} - \text{资金成本} - \text{经营成本} - \text{风险成本}}{\text{经济资本}} \times 100\%$$

$$= \frac{\text{贷款利率} \times \text{贷款额} - \text{成本合计}}{\text{经济资本}} \times 100\%$$

$$\text{贷款利率} = \frac{RAROC \times \text{经济资本} + \text{成本合计}}{\text{贷款额}} \times 100\% = 8.3\%$$

通过以上例子可知，当商业银行设定了所要求的 RAROC 基准时，可以利用 RAROC 计算公式倒推合理的贷款定价水平。

设一笔贷款的贷款利率为 r（%），风险暴露为 E，违约概率为 PD，违约损失率为 LGD，总成本率为 c（%），则此笔贷款的净收益为 $[E \times (r - c)]$，预期损失为 $E \times PD \times LGD$。如果该笔贷款占用的经济资本为 K，贷款的 RAROC 表示为

$$RAROC = \frac{E \times (r - c) - E \times PD \times LGD}{K} \tag{12.3}$$

将经济资本 K 与贷款风险暴露 E 的比率用 k 表示（一般情况下，因一笔贷款占用的经济资本应大于零且不会超过该笔贷款的风险暴露，故 $0<k<1$），并称 k 为经济资本比率，RAROC 基准用 R 表示，则式（12.3）可以表示为

$$R = \frac{r - c - PD \times LGD}{k} \tag{12.4}$$

由此可得

$$r = k \times R + c + PD \times LGD \tag{12.5}$$

所以，贷款定价水平决定于经济资本比率、RAROC 基准水平、总成本率、违约概率和违约损失率。这种贷款定价方法是以风险度量为基础，对应高风险资产而言，其经济资本占用和风险成本（也就是预期损失）较高，定价较高；而对于低风险资产，其经济资本占用和风险成本较低，定价也较低。商业银行通过对资产风险的精确度量，可以计算出合理的资产价格水平，并以此为基础制订有竞争力的营销方案。

三、基于 RAROC 银行贷款定价的比较优势原理

商业银行使用 RAROC 贷款定价方法时，因各个商业银行自身情况的差异而在不同的客户信用等级区间分别具有贷款定价的比较优势。这种比较优势决定于商业银行既定的 RAROC 水平、总成本率、经济资本比率（经济资本与贷款风险暴露之比）之间的关系。

基于 RAROC 商业银行贷款定价的比较优势原理表述如下：

任意两家商业银行分别在其内部 RAROC 均保持统一且不变的条件下，因总成本率的不同，对于同一批借款人：

1. 总成本率较高的银行，若其 RAROC 小于总成本率较低的银行的 RAROC，且当这两家银行的总成本率之差与 RAROC 之差的比值的绝对值等于某一信用等级客户的经济资本比率时，那么，针对该信用等级客户，两家银行必得出相同的贷款价格，该情形下，两家银行贷款定价互不具有比较优势；对于信用等级高于该信用等级的客户，总成本率较低的银行具有贷款定价的比较优势；对于信用等级低于该信用等级的客户，总成本率较高的银行具有贷款定价的比较优势。

2. 总成本率较高的银行，若其 RAROC 小于总成本率较低的银行的 RAROC，如果当这两家银行的总成本率之差与 RAROC 之差的比值的绝对值小于最优客户的经济资本比率时，那么总成本率较高的银行具有贷款定价的绝对优势（即优势不会逆转），但随着客户信用等级的不断提高，该优势将不断减小。

3. 总成本率较高的银行，若其 RAROC 小于总成本率较低的银行的 RAROC，如果这两家银行的总成本率之差与 RAROC 之差的比值的绝对值大于信用等级最低客户的经济资本比率时，则总成本率较低的银行在定价方面具有绝对优势，且随着客户信用等级的不断提高，该优势将不断扩大。

4. 总成本率较高的银行，若其 RAROC 不小于总成本率较低的银行的 RAROC，则总

成本率较低的银行在定价方面具有绝对优势，但该优势将随着客户信用等级的提高而不断减小。

根据基于 RAROC 的贷款定价比较优势原理，商业银行可以在贷款定价和客户选择等方面得到如下启示。

1. 总成本率不同的两家商业银行，若针对某一信用等级客户，两家银行能按照基于 RAROC 的贷款定价公式得到相同的贷款价格，则总成本率较低的银行在争取信用等级高于该信用等级的客户时具有比较优势，而总成本率较高的银行在争取信用等级低于该信用等级的客户时具有比较优势。商业银行应根据自身的和其他商业银行的特点，选择在贷款定价方面有比较优势的客户，科学合理地制定其价格竞争策略。

2. 如果总成本率较高的银行存在贷款定价的绝对优势，必定要求该总成本率较高的银行将其 RAROC 降至某一水平，即以降低 RAROC 为代价换取其贷款定价的优势。当总成本率较低银行 RAROC 水平与总成本率较高银行 RAROC 水平之差小于某一特定值之后，总成本率较低银行就会具有贷款定价的绝对优势。在银行业竞争如此激烈的今天，各家银行应充分估计自己及对方的总成本率，确定合理的 RAROC 水平，从而确定相应的有比较优势的客户。对于那些在竞争中总处于劣势的商业银行来说，应选择在贷款定价方面劣势较小的客户，并可以努力通过非价格竞争方式如提高服务质量等来争取客户。

3. 基于 RAROC 商业银行贷款定价的比较优势原理还揭示出这样一个道理：不管对应于哪种情形，总成本率较低的银行都应尽力争取较高信用等级客户，而总成本率较高的银行在争取较低信用等级客户时才可能具有贷款定价的比较优势。总成本率较高的银行向较低信用等级客户发放贷款需要占用较多的经济资本，而要争取较高信用等级的客户就必须降低 RAROC 水平，以损失一定的效益为代价。所以，商业银行若希望尽可能争取较多的高信用等级客户，又不降低 RAROC 水平，就应千方百计降低银行的总成本率。

四、基于 RAROC 贷款定价比较优势原理的证明

在现实生活中，经济资本比率 k 的取值仅为（0，1）内的一个闭区间，因此不妨假设 $k \in [a, b]$，其中 $0 < a < b < 1$，a 为某一特定银行客户群最优客户所对应的经济资本比率，b 为该银行客户群最劣客户所对应的经济资本比率，k 在［a，b］内连续变化。

假设有两家商业银行：银行 1 和银行 2。下标 1、2 分别表示银行 1 和银行 2 相对应的各种经济变量。设每家银行内部（各分支机构或各业务线）具有统一的 RAROC 且保持不变。

根据基于 RAROC 贷款定价公式（12.5），两家银行针对同一客户，可分别确定其贷款利率：

$$r_1 = k' \times R_1 + c_1 + PD' \times LGD \tag{12.6}$$

$$r_2 = k' \times R_2 + c_2 + PD' \times LGD \tag{12.7}$$

记 $\Delta R = R_2 - R_1$，$\Delta c = c_2 - c_1$（为不失一般性，假设 $c_1 > c_2$，即 $\Delta c < 0$），则由式（12.7）减式（12.6），得

$$r_2 - r_1 = k' \times \Delta R + \Delta c \tag{12.8}$$

为了确定 r_1、r_2 之间的大小关系，也就是确定任意两家银行贷款定价的比较优势，分为 $\Delta R > 0$ 和 $\Delta R \leqslant 0$ 两种情形分别进行讨论。

（一）考虑银行 1 的 RAROC 小于银行 2 的 RAROC（$\Delta R > 0$）的情形

随着客户信用等级的变化，总成本率不同的两家银行贷款定价的比较优势将会发生变化。

为了便于考察客户信用等级与银行贷款定价比较优势之间的关系，需要选择某一信用等级作为参照点，此时对应银行 1 的贷款利率为 r_1^*，银行 2 的贷款利率为 r_2^*，经济资本比率为 k^*，由式（12.8）可知：

$$\Delta c = \Delta r^* - k^* \times \Delta R \tag{12.9}$$

其中：$\Delta r^* = r_2^* - r_1^*$。

将式（12.9）代入式（12.8）可得两家银行贷款利率差、RAROC 之差与参照点上的贷款利率差之间的关系为

$$r_2 - r_1 = \Delta R \times (k - k^*) + \Delta r^* \tag{12.10}$$

注意到式（12.10）不含总成本率这一参数，与式（12.8）比较，增加了与参照点有关的两个参数 Δr^*、k^*，总成本率差这一参数对定价的影响已隐含在上述两个变量之中。该式便于从参照点考察银行贷款定价的比较优势。

进一步将 Δr^* 分为 $\Delta r^* < 0$、$\Delta r^* = 0$ 及 $\Delta r^* > 0$ 三种情形进行考虑，并分别对每种情形考虑 k 相对 k^* 变化时两家银行贷款利率之间的关系。

1. 考虑 $\Delta r^* < 0$ 的情形

此时，在选定的参照点上，银行 2 的贷款利率小于银行 1 的贷款利率（$\Delta r^* = r_2^* - r_1^* < 0$）：

（1）情形 1：当 $k < k^*$ 时，根据式（12.10）可知 $r_2 < r_1$，即总成本率较低银行的贷款利率低于总成本率较高银行的贷款利率，总成本率较低的银行在贷款定价上存在比较优势，且随着客户信用等级的不断提高，该优势不断扩大，如图 12－4 所示。

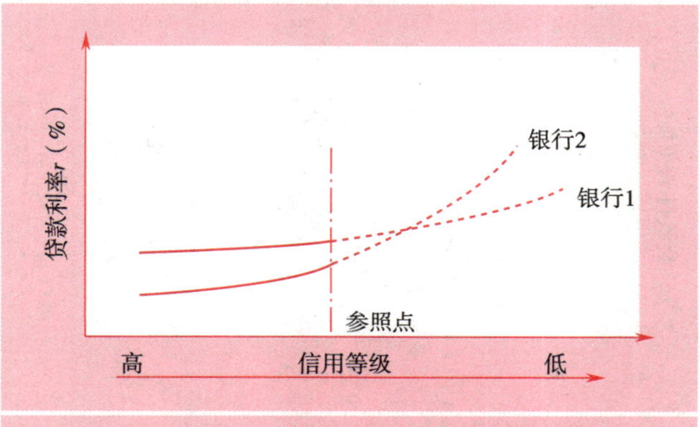

图 12－4 情形 1 所对应的贷款利率曲线图

图 12－4 中实线部分分别为该情形下两家银行所对应的贷款利率曲线。

（2）当 $k > k^*$ 时，根据式（12.10）需分几种情况讨论：

① 情形 2：若 $\Delta R \times (k - k^*) < |\Delta r^*|$ 时，根据式（12.10）可知 $r_2 < r_1$，即总成本率较低银行的贷款利率低于总成本率较高银行的贷款利率，总成本率较低的银行在贷款定价上存在比较优势，但随着客户信用等级的不断降低，该优势不断缩小，如图 12－5 所示。

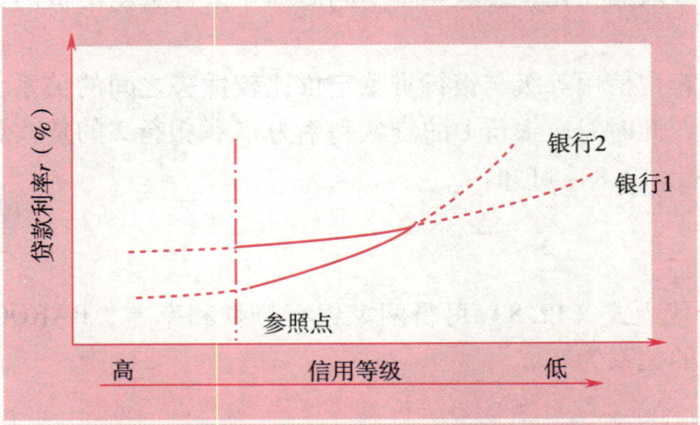

图 12－5　情形 2 所对应的贷款利率曲线图

② 情形 3：若 $\Delta R \times (k - k^*) = |\Delta r^*|$ 时，即当 k 对应的客户信用等级低于参照点的信用等级，且所对应客户的经济资本比率 k 满足 $\Delta R \times (k - k^*) = |\Delta r^*|$ 时，根据式（12.10）可知 $r_2 = r_1$，两家银行对于该类信用等级客户的贷款定价相同。

③ 情形 4：若 $\Delta R \times (k - k^*) > |\Delta r^*|$ 时，根据式（12.10）可知 $r_2 > r_1$，即总成本率较高银行的贷款利率低于总成本率较低银行的贷款利率，总成本率较高银行在贷款定价上存在比较优势，且随着客户信用等级的不断降低，该优势不断扩大，如图 12－6所示。

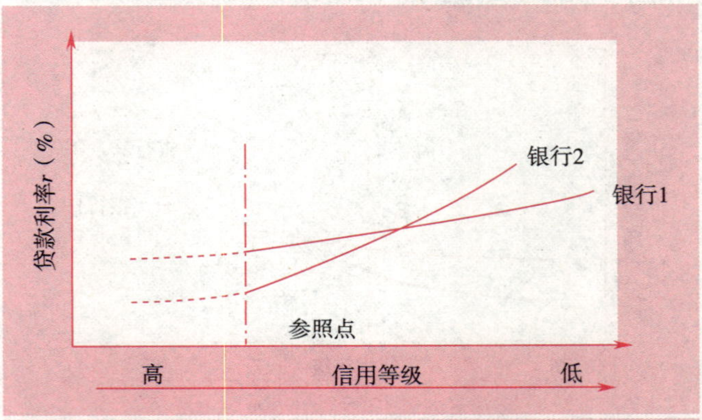

图 12－6　情形 4 所对应的贷款利率曲线图

2. 考虑 $\Delta r^* = 0$ 的情形

此时，在选定的参照点上，银行 2 的贷款利率等于银行 1 的贷款利率（$\Delta r^* = r_2^* - r_1^* = 0$）：

（1）情形5：当 $k < k^*$ 时，根据式（12.10）可知 $r_2 < r_1$，即总成本率较低银行的贷款利率低于总成本率较高银行的贷款利率，总成本率较低银行在贷款定价上存在比较优势，且随着客户信用等级的不断提高，该优势不断扩大，如图 12－7 所示。

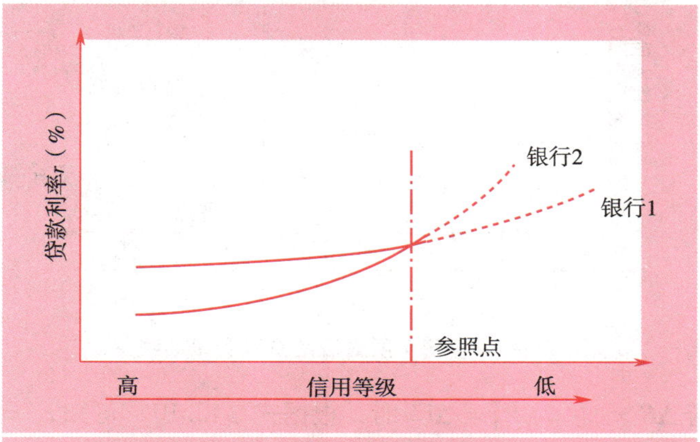

图 12－7　情形 5 所对应的贷款利率曲线图

（2）情形6：当 $k > k^*$ 时，根据式（12.10）可知 $r_2 > r_1$，即总成本率较高银行的贷款利率低于总成本率较低银行的贷款利率，总成本率较高银行在贷款定价上存在比较优势，且随着客户信用等级的不断降低，该优势不断扩大，如图 12－8 所示。

3. 考虑 $\Delta r^* > 0$ 的情形

此时，在选定的参照点上，银行 2 的贷款利率高于银行 1 的贷款利率（$\Delta r^* = r_2^* - r_1^* > 0$）：

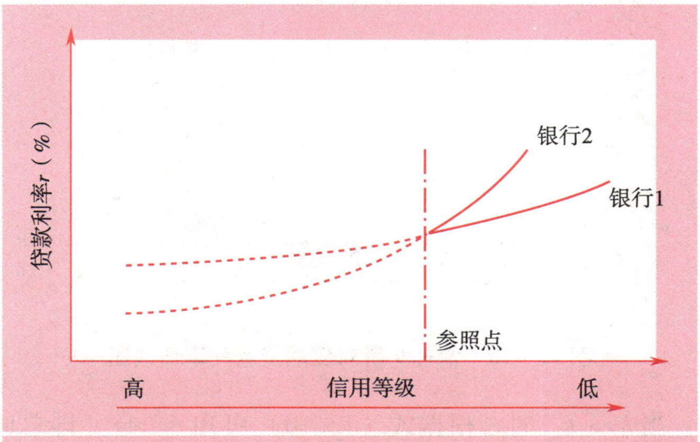

图 12－8　情形 6 所对应的贷款利率曲线图

（1）当 $k < k^*$ 时，根据式（12.10）需分情况讨论：

① 情形7：若 $\Delta R \times |k - k^*| < \Delta r^*$ 时，根据式（12.10）可知 $r_2 > r_1$，即总成本率

较高银行的贷款利率低于总成本率较低银行的贷款利率，总成本率较高银行在贷款定价上存在比较优势，但随着客户信用等级的不断提高，该优势不断缩小，如图 12－9 所示。

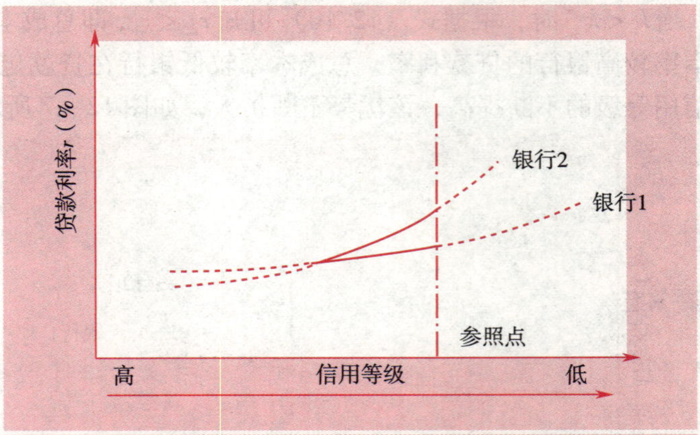

图 12－9 情形 7 所对应的贷款利率曲线图

② 情形 8：若 $\Delta R \times |k - k^*| = \Delta r^*$ 时，根据式（12.10）可知 $r_2 = r_1$，两家银行对该类客户的定价相同，即对于该类信用等级客户，它们都不具有贷款定价的比较优势。

③ 情形 9：若 $\Delta R \times |k - k^*| > \Delta r^*$ 时，根据式（12.10）可知 $r_2 < r_1$，即总成本率较低银行的贷款利率低于总成本率较高银行的贷款利率，总成本率较低银行在贷款定价上存在比较优势，且随着客户信用等级的不断提高，该优势不断扩大，如图 12－10 所示。

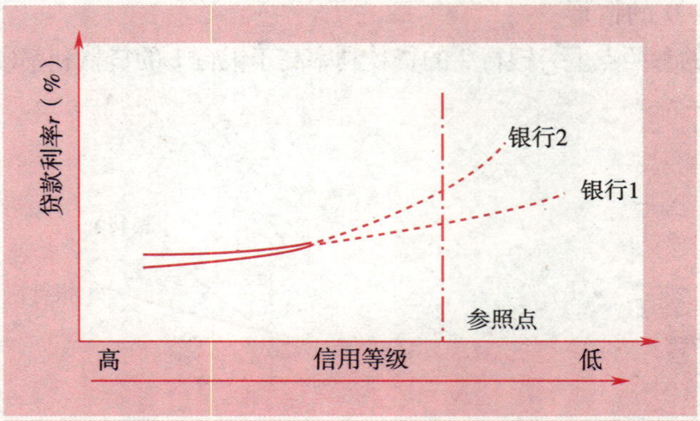

图 12－10 情形 9 所对应的贷款利率曲线图

（2）情形 10：当 $k > k^*$ 时，根据式（12.10）可知 $r_2 > r_1$，即总成本率较高银行的贷款利率低于总成本率较低银行的贷款利率，总成本率较高银行具有贷款定价的比较优势，且随着客户信用等级的不断降低，该优势不断扩大，如图 12－11 所示。

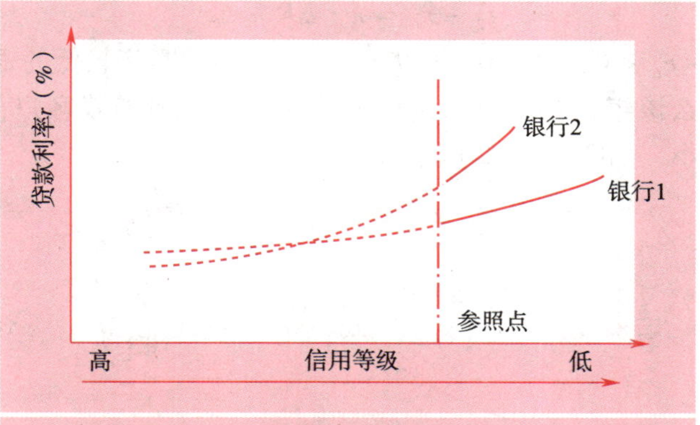

图 12－11　情形 10 所对应的贷款利率曲线图

4. 从 Δc 与 ΔR 的关系考察贷款定价的比较优势原理

由式（12.8）：$\Delta r = \Delta c + k \cdot \Delta R$

其中：$\Delta c = c_2 - c_1 < 0$，$\Delta R > 0$。

记 $m = \frac{|\Delta c|}{\Delta R}$，则：

$$\Delta r = -\frac{|\Delta c|}{\Delta R} \cdot \Delta R + k \cdot \Delta R = -m \cdot \Delta R + k \cdot \Delta R = (k - m) \cdot \Delta R \quad (12.11)$$

若 $\Delta r = 0$，则 $k = m$。

由于 $k \in [a, b]$，则：

① 当 $m \in [a, b]$ 时，必存在某一信用等级的经济资本比率，使得 $k = m$，代入式（12.11），可得 $\Delta r = 0$。即在经济资本比率为 m 的信用等级上，两家银行的贷款定价相同；在经济资本比率小于 m，也就是信用等级较高的客户上，总成本率较低的银行具有贷款定价的比较优势；在经济资本比率大于 m，也就是信用等级较低的客户上，总成本率较高的银行具有贷款定价的比较优势。

② 当 $m \in (0, a)$ 时，此时 $\Delta r > 0$，即 $r_2 > r_1$，那么银行 1 即总成本率较高的银行存在贷款定价的绝对优势，但随着 k 的不断变小，即信用等级不断变高，该优势不断减小，这种情形如图 12－11 所示。该种情形相当于总成本率较高的银行，它的 RAROC 定得过低，即以降低 RAROC 为代价获得贷款定价的绝对优势，当然这种情形在现实生活中比较少见。

③ 当 $m > b$ 时，此时 $\Delta r < 0$，即 $r_2 < r_1$，此时银行 2 即总成本率较低的银行存在贷款定价的绝对优势，且随着 k 的不断变小，即信用等级不断变低，该优势不断变大，这种情形如图 12－6 所示。该种情形相当于总成本率较高的银行，虽然它将 RAROC 相对降低了，但降的幅度不够，以至于使得它对于所有的客户仍然总是处于劣势。

（二）考虑银行 1 的 RAROC 不小于银行 2 的 RAROC（$\Delta R \leqslant 0$）的情形

情形 11：$\Delta R \leqslant 0$，即银行 1 的 RAROC 不小于银行 2 的 RAROC，由式（12.8）得：

$$r_2 - r_1 = k \cdot \Delta R + \Delta c$$

因为 $\Delta c = c_2 - c_1 < 0, \Delta R \leqslant 0$，所以 $r_2 < r_1$，即总成本率较低的银行它的 RAROC 目标也相对较低，那么该银行存在贷款定价的绝对优势。但随着客户信用等级的不断提高，该优势不断减小，如图 12 - 12 所示。

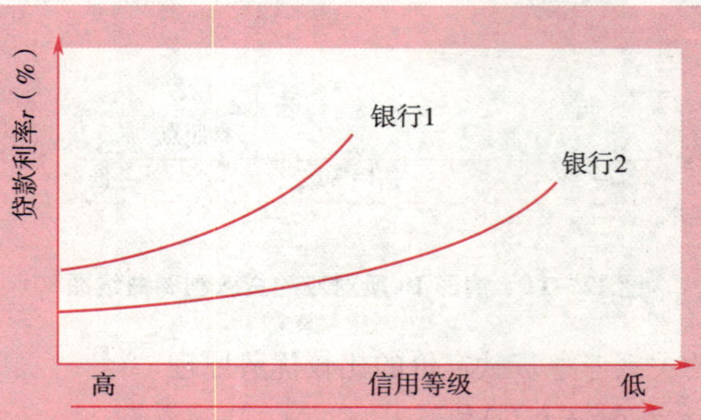

图 12 - 12　情形 11 所对应的贷款利率曲线图

第四节　案例分析

案例：新增授信的 RAROC 标准

某国有控股商业银行自 2012 年起便在信贷业务条线广泛应用 RAROC 工具，作为筛选拟授信客户的标准之一。该行根据不同行业大类设置了不同的"新增授信最低 RAROC"标准。在每个客户授信申报过程中，经办行通过该行总行开发的风险系统模块计算出相关变量值，并最终得到客户的 RAROC 值。如果所得到的该客户授信申报项目的 RAROC 值高于总行要求的"新增授信最低 RAROC"，便可向上级负责人或上级机构申报；若低于，原则上不能上报；若要突破该要求，授信审批级别需上调一级。

[**案例**] 某建材批发行业的一客户，拟申报 1000 万元的一年期流动资金贷款，担保方式为某国有担保公司提供保证。贷款利率为同期基准利率上浮 25%，预期存款资金沉淀日均 200 万元，预期结算等中间业务收入 0.5 万元，该客户信用评级对应的违约概率为 1.37%，该行活期存款内部转移价格为 2.5%，1 年期贷款内部转移价格为 4.0%，流动资金贷款风险暴露折算系数为 1。中国人民银行公布的活期存款利率为 0.72%，1 年期贷款基准利率为 6.12%。通过该行风险系统模块计算的相关值如表 12 - 1 所示，最终得到该客户的 RAROC 值为 31.4%，高于该行要求的行业大类为"批发业"客户 RAROC 值最低 25% 的标准，因此经办行可上报该客户授信。

表 12－1　拟授信项目 RAROC 值的计算　单位：元人民币

客户项目 RAROC＝（①－②－③）/④		31.4%	
①毛收入合计＝a＋b＋c	405 600	②运营成本合计＝d＋e＋f	38 600
a. 贷款毛收入预测	365 000	d. 贷款分摊费用估计	30 000
b. 存款毛收入预测	35 600	e. 存款分摊费用估计	6 400
c. 中间业务毛收入预测	5 000	f. 中间业务分摊费用估计	2 200
③客户预期损失	89 050	④客户经济资本占用	885 116

[本章小结]

1. 潜在损失是未来可能的损失，可以分为三类：预期损失、非预期损失和极端损失。商业银行对不同的损失采取不同的对付手段，定价转移预期损失，资本覆盖非预期损失，压力测试对付极端损失。

2. 经济资本是指商业银行管理层内部评估的在一个给定的置信水平下，用来吸收或缓冲资产或某项业务所有风险带来的非预期损失的资本。经济资本是与银行实际承担的风险直接对应的资本范畴，它是风险的一种虚拟资本形式，其数量随着银行实际承担的风险大小而变化。

3. 经济资本管理包括了经济资本计量方法及以此为基础的绩效考核、经济资本配置、产品定价等各个层面的管理内容，是多种管理制度和方法的总称，是一个复杂的管理体系。

4. RAROC 是风险调整后资本回报率，即风险调整后净利润与占用的经济资本的比率。RAROC 是商业银行内部绩效测评的主要指标，是商业银行经济资本配置的依据。商业银行用 RAROC 进行资本的最佳配置，各条业务线的扩张与收缩以 RAROC 作为衡量依据，把资本合理有效配置到效率高的地方，最终的结果就是整个商业银行资源的优化配置和收益最大化，从而使商业银行价值最大化。

5. 基于 RAROC 的贷款定价方法是在风险度量基础上对贷款利率的求解。贷款利率决定于经济资本比率、RAROC 基准水平、总成本率、违约概率和违约损失率。商业银行通过对资产风险的精确度量，可以计算出合理的资产价格水平。商业银行使用 RAROC 贷款定价方法时，因各个商业银行自身情况的差异而在不同的客户信用等级区间分别具有贷款定价的比较优势。这种比较优势决定于商业银行既定的 RAROC 水平、总成本率、经济资本比率之间的关系。基于 RAROC 贷款定价的比较优势原理可帮助商业银行管理者在贷款定价和客户选择等方面作出科学决策。

[本章重要概念]

预期损失　非预期损失　极端损失　经济资本　RAROC　经济资本配置
RAROC 贷款定价的比较优势原理

[练习题]

一、判断题

1. 预期损失是商业银行在特定时期内资产遭受的平均损失。（　　）

2. 已知平均损失值为 X，在 99% 置信度下最大损失值是 Y，则非预期损失为 X - Y。（　　）

3. 非预期损失和极端损失都与商业银行风险容忍度有关，容忍度越小，相应的非预期损失越大，极端损失越小。（　　）

4. 银行可以将非预期损失计入成本进行风险转移。（　　）

5. 经济资本是在一定置信水平下，用来缓冲资产或业务非预期损失的资本，因此数量上等于非预期损失。（　　）

6. ROE 和 RAROC 都可以用来衡量资本使用效率，测算资本在风险状态下的使用效率。（　　）

7. RAROC 指标中使用的经济资本可以细化分解到各个机构、部门或产品，并且直接对应于承担的风险，比传统指标更利于不同机构、部门的绩效比较。（　　）

8. 如果某业务的 RAROC 低于股东要求的基准回报率，说明该业务对股东价值是损害的，必须收缩经济资本以限制其发展甚至要排除在商业银行的资产组合之外。（　　）

9. 商业银行在不同资产间分配经济资本时应从资产组合的层面来考虑，从组合的角度来看资产的风险状态并进行配置。（　　）

10. 商业银行根据 RAROC 进行经济资本配置时，应以 RAROC 最大化为目标，科学合理地配置资源。（　　）

二、计算题

1. 某公司申请一笔金额 1 亿元的贷款，期限 1 年，贷款的年利率为 6%。该贷款的资金成本为 3%，经营成本（包括人工、设备等）共计 100 万元。经测算，该客户的违约率为 5%，该类贷款违约后损失率为 50%，该贷款的非预期损失为 500 万元。计算该笔贷款的 RAROC。

2. 某银行设定的 RAROC 要求为不低于 25%，现有客户申请一笔 6 000 万元的 1 年期贷款。银行评估该贷款对应的违约概率为 0.8%，违约损失率为 35%。假设银行设定的风险容忍度为 2.5%，根据测算，该贷款在 2.5% 容忍度下的非预期损失为 500 万元，贷款资金成本为 3%，各项经营成本合计需要 80 万元。银行应给该贷款定价多少？

三、简答题

1. 商业银行对付预期损失和非预期损失分别采取什么不同手段？

2. 简述经济资本与账面资本、监管资本的关系。

3. RAROC 的定义和作用是什么？

四、论述题

1. 试述基于 RAROC 和经济资本配置的方法和过程。

2. 试述基于 RAROC 银行贷款定价的比较优势原理的内容。

练习题答案

[教学辅助材料相关链接]

在线视频：商业银行经济资本管理的基本概念（湖南大学网络教学平台）

基于监管协调创新的银行资产负债比例管理的改进（论文）

《商业银行预期信用损失法实施管理办法》

第十三章

商业银行经济资本管理（二）

《巴塞尔协议Ⅱ》对银行信用风险管理提出了更高的要求。《巴塞尔协议Ⅱ》规定，银行应借鉴现代信用风险度量模型的思想和方法，建立内部信用风险模型，以提高风险度量的精确性和风险控制能力。本章介绍基于《巴塞尔协议Ⅱ》和信用风险计量经济资本的方法。

第一节　经济资本计量的基本原理

一、在险价值

（一）在险价值概述

风险管理通过数量化风险度量逐步发展起来，通过数量化的风险度量来控制风险或设置限额。近些年来，数量化量度方法得到了快速发展，其中，在险价值（Value at Risk，VaR）已成为量化风险与控制风险的有力工具之一。

1993 年，由金融家和学界人士组成的 30 人小组建议引入风险价值系统（Value at Risk System）来评估金融风险。1994 年 J. P. 摩根公司提出风险管理理念 VaR，最初用于度量和监管市场风险。由于 VaR 方法能简单清晰地度量市场风险的大小，因此国际掉期交易商协会、国际清算银行及巴塞尔委员会等一致推荐，将 VaR 方法作为市场风险测量和控制的最佳工具。

VaR 是在一定期限内和给定的置信水平下可能遭受的最大损失（即图 12 - 1 中所指一定置信水平下的最大可能损失）。VaR 有两个重要参数：置信水平和持有期，前者取决于决策管理层的风险偏好程度和银行可利用资金，一般取值是 95% ~ 99.99%；后者是由金融机构的交易性质决定的，通常贷款组合的持有期为 1 年。假设风险 X 的累积分布函数为 $F(x)$，在给定置信水平 α 下，VaR（α）可用数学语言表述如下：

$$Prob\{X \leqslant \mathrm{VaR}(\alpha)\} = \alpha \tag{13.1}$$

或者

$$\mathrm{VaR}(\alpha) = \min\{x \mid F(x) \geqslant \alpha\} \tag{13.2}$$

（二）在险价值的用途及比较

与传统的风险度量相比，VaR 有许多优点。VaR 用单一数值表示风险，是一个综合指标。VaR 已成为银行重要的风险管理工具。

1. VaR 是银行度量风险的统一工具。VaR 可以直接衡量并比较各种风险头寸的相对重要性，用于银行各业务单位、客户和产品分类层次上的风险度量。

2. VaR 是银行控制风险的工具。在银行的各业务单位、客户和产品分类层次上量化风险，通过 VaR 设定限额，控制各种业务单位、客户或产品分类的最大可能损失额。银行为防止某一交易员或部门过度承担风险，可通过头寸限额或风险限定（如持续期）限制其交易。

3. VaR 是银行度量经济资本的工具。VaR 的最大用途之一是可以将已知组合中的风险转换为经济资本。

4. VaR 是度量银行绩效的新型工具。利用 VaR 确定具体经济资本，可使管理者将业绩和交易内在风险结合起来考核每个业务单位、产品分类以至于银行交易员的业绩，从而改变银行以交易员创造的利润作为衡量业绩唯一标准的传统做法，改变只奖不罚的不对称激励机制。

VaR 方法在现代风险管理中占据极其重要的地位。在 VaR 出现之前，量化风险的办法主要是进行压力测试，测试几种不利情况下的潜在损失。但压力测试不能度量损失的发生概率，不能将资产组合的违约风险进行综合分析。VaR 克服了这些缺点，使组合风险反映在一个数值上，能将不同的业务统一进行管理。VaR 方法的应用标志着商业银行风险管理步入了一个新阶段。

二、经济资本的计量

（一）单笔资产预期损失与非预期损失的计算

1. 预期损失的计算。贷款收益具有高度的非对称性，贷款没有收益上升的潜力。如果贷款的信用质量恶化，若贷款价格不改变，银行一般不会因风险增加而得到补偿。当信用头寸进一步恶化到违约极限，银行便无法收回本息。

假设已知某一借款人的暴露，则当借款人不违约时，银行蒙受的损失为零；违约时银行蒙受的损失为违约风险暴露与违约损失率的乘积。因此贷款的预期损失（EL）可表示为违约概率（PD）、违约损失率（LGD）和违约风险暴露（EAD）三个风险因素的乘积，即

$$EL = EAD \times PD \times LGD \tag{13.3}$$

假设在某一时刻 t_0 银行信用资产价值为 V_0，违约风险暴露 V'_0 是该笔资产 V_0 的风险部分。在时刻 t_1 之前发生违约，银行在时刻 t_1 持有资产的价值则为（这里我们没有考虑资金的时间价值，只考虑了因违约导致的价值变化）：

$$V'_0(1 - LGD) + (V_0 - V'_0) = V_0 - V'_0 \times LGD \tag{13.4}$$

上述过程可见表 13－1。

表 13－1　资产两种状态的损失情况分析

t_0 时刻的资产价值	从时刻 t_0 到时刻 t_1	结局	t_1 时刻的价值	
V_0	$1-PD$	不违约	V_0	
	PD	违约	$V'_0(1-LGD)+(V_0-V'_0)$	$V'_0(1-LGD)$ 表示违约风险暴露的未损失部分；$(V_0-V'_0)$ 表示没有暴露在风险的部分

根据单笔资产预期损失的定义，由表 13－1 和期望值的计算原理可得

$$EL = V_0-(1-PD)\times V_0+PD\times[V'_0(1-LGD)+(V_0-V'_0)] = V'_0\times PD\times LGD \tag{13.5}$$

式（13.3）是式（13.5）的一般形式。

例题 1：单笔贷款预期损失的计算。

考虑一笔 1 年期贷款，其各项特征如表 13－2 所示。违约风险暴露为 100 万元，即银行在违约事件中暴露的数量。根据表 13－2，在分析期内无担保资产的违约损失率为 45%。

表 13－2　单笔贷款预期损失计算举例

指标	贷款类型	无担保
M	期限	1 年
EAD	违约风险暴露	100 万元
PD	1 年期违约概率	0.23%
LGD	未担保资产的违约损失率	45%
EL	预期损失（EL）$=EAD\times PD\times LGD$	0.10 万元

根据式（13.3）计算得出预期损失为 0.10 万元，它是违约风险暴露的 0.1%。这是银行必须提取的贷款损失准备金的数量。

2. 单笔资产非预期损失的计算。预期损失不能反映贷款损失的波动性，单独考察预期损失这一指标不能很好地控制风险，需要引入反映贷款损失波动性的风险度量指标——非预期损失（UL）。

单笔资产的非预期损失即为该笔贷款价值的标准差。根据标准差的定义和计算公式，单笔贷款 V_0 的非预期损失的计算公式为

$$UL = \sqrt{\mathrm{VaR}(V_0)} = \sqrt{E[(V'_0)^2]-[E(V'_0)]^2} \tag{13.6}$$

如果 V'_0 与 V_0 相等，即该笔资产 V_0 全部暴露在风险中，则

$$UL = \sqrt{\mathrm{VaR}(V_0)} = \sqrt{E[(V_0)^2]-[E(V_0)]^2} \tag{13.7}$$

为了推导出单笔资产非预期损失的计算公式，假设债务人的违约损失率为一随机变量 L，其概率密度函数为 $f(L)$，均值为 LGD，则由概率统计学的知识有

$$\int f(L)\mathrm{d}L = 1 \tag{13.8}$$

$$E[L] = \int Lf(L)\mathrm{d}L = LGD \tag{13.9}$$

$$E[L^2] = \int L^2 f(L)\mathrm{d}L = \sigma_{LGD}^2 + LGD^2 \tag{13.10}$$

因此，该笔资产价值的期望值为

$$\begin{aligned} E[V_0] &= (1-PD)V'_0 + PD \cdot \int f(L)(V_0 - V'_0 L)\mathrm{d}L \\ &= (1-PD)V_0 + PD \cdot (V_0 - V'_0 LGD) \\ &= V_0 - PD \cdot V'_0 \cdot LGD \end{aligned} \tag{13.11}$$

同理，有

$$\begin{aligned} E[V_0^2] &= (1-PD)V_0'^2 + PD\int f(L)(V_0 - V_0'^L)^2 \mathrm{d}L \\ &= (1-PD)V_0'^2 + PD\int f(L)(V_0^2 - 2V_0V'_0L + V_0'^2L^2)\mathrm{d}L \\ &= (1-PD)V_0'^2 + PD \cdot [V_0^2 - 2V_0V'_0LGD + V_0'^2 \cdot (\sigma_{LGD}^2 + LGD^2)] \end{aligned} \tag{13.12}$$

因此，该笔资产价值的方差为

$$\begin{aligned} \mathrm{VaR}[V_0] &= E[V_0^2] - E[V_0]^2 \\ &= V_0'^2 \times [PD \times \sigma_{LGD}^2 + LGD^2 \times (PD - PD^2)] \\ &= V_0'^2 \times (PD \times \sigma_{LGD}^2 + LGD^2 \times \sigma_{PD}^2) \end{aligned} \tag{13.13}$$

因此，由式（13.6）和式（13.7）可知，单笔资产非预期损失的一般计算式可以表示为

$$UL = EAD \times \sqrt{PD \times \sigma_{LGD}^2 + LGD^2 \times \sigma_{PD}^2} \tag{13.14}$$

从式（13.14）可以看出，UL 是由 PD 及 LGD 的波动性（σ_{LGD}^2 及 σ_{PD}^2）引起的。

例题 2：单笔贷款非预期损失的计算。

考虑一笔 1 年期贷款，其各项特征如表 13－3 所示。利用简单的两个状态违约过程，PD 的标准差为 $\sigma_{PD} = \sqrt{PD(1-PD)}$，假设 $\sigma_{LGD} = 20\%$，则非预期损失的计算结果为 11.8 万元，是违约风险暴露的 2.36%。

表 13－3 单笔贷款非预期损失计算举例

指标	贷款类型	无担保
M	期限	1 年
EAD	违约风险暴露	500 万元
PD	1 年期违约概率	0.23%
σ_{PD}	PD 的标准差	4.79%
LGD	未担保资产的违约损失率	45%
σ_{LGD}	LGD 的标准差	20%
UL	非预期损失 $UL = EAD \times \sqrt{PD \times \sigma_{LGD}^2 + LGD^2 \times \sigma_{PD}^2}$	11.80 万元

（二）组合的预期损失与非预期损失的计算

1. 组合的预期损失的计算。前面介绍了单笔资产预期损失的度量，现介绍风险资产组合预期损失的度量。以两笔资产为例。

两笔资产的预期损失随着信用事件的特征（如预期违约频率）的变化而变化。两笔资产在分析期间内可能发生违约事件，因此银行蒙受的平均损失等于两笔资产平均损失之和。在数学上表示为

$$EL_P = EL_1 + EL_2 \tag{13.15}$$

更一般地，对于 n 笔资产，总的预期损失为

$$EL_P = \sum_{i=1}^{n} EL_i = \sum_{i=1}^{n} (EAD_i \times PD_i \times LGD_i) \quad i = 1, 2, \cdots, n \tag{13.16}$$

即组合的预期损失是组合内每笔资产预期损失之和。

2. 组合的非预期损失的计算。由 n 笔资产构成的组合，其中各笔资产用 $i = 1, \cdots, n$ 标记。该组合的非预期损失为

$$UL_P = \sqrt{\mathrm{VaR}(\sum_{i=1}^{n} w_i V_i)} = (\sum_{i=1}^{n}\sum_{j=1}^{n} w_i w_j \rho_{ij} UL_i UL_j)^{\frac{1}{2}} \tag{13.17}$$

式中，ρ_{ij} 是资产 i 和资产 j 的违约相关系数；w_i 是组合中第 i 笔资产所占的权重，$\sum_i w_i = 1$。

由上式可知，组合的非预期损失并不等于构成组合的各笔资产非预期损失的线性之和。

3. 资产的风险贡献的计算。定义一笔资产对组合的风险贡献为该笔资产对组合非预期损失的贡献（Risk Contribution，RC），即单笔资产暴露对组合资产总风险的贡献，用公式表示为

$$RC_i \equiv UL_i \frac{\partial UL_P}{\partial UL_i} = \frac{UL_i \sum_{j=1}^{n} UL_j \rho_{ij}}{UL_P} \tag{13.18}$$

由式（13.18）可知，每笔资产的风险贡献除了与自身的非预期损失相关之外，还与组合的非预期损失相关，并受各笔资产之间的违约相关性的影响。

例题 3：组合预期损失与非预期损失的计算。

有两笔贷款，贷款 1 和贷款 2 按照相同的权重构成一个组合。每笔贷款的详细情况如表13 -4所示，计算结果在表 13 -5 给出。

表 13 -4　两笔贷款构成组合的数据

贷款类型	违约风险暴露	违约概率	违约损失率	σ_{PD}	σ_{LGD}	预期损失	非预期损失
贷款 1	500 万元	0.23%	45%	4.79%	20%	0.52 万元	11.80 万元
贷款 2	150 万元	2.35%	35%	15.14%	21%	1.23 万元	9.30 万元

表 13 - 5　两笔贷款构成组合的举例计算

ρ	两笔贷款之间的违约相关性	2.5%
EL_P	组合的预期损失 $EL_P = EL_1 + EL_2$	1.75 万元
UL_P	组合的非预期损失 $UL_P = \sqrt{UL_1^2 + UL_2^2 + 2\rho \times UL_1 \times UL_2}$	15.21 万元
RC_1	贷款 1 的风险贡献 $RC_1 = UL_1 \times (UL_1 + UL_2 \times \rho)/UL_P$	9.34 万元
RC_2	贷款 2 的风险贡献 $RC_2 = UL_2 \times (UL_2 + UL_1 \times \rho)/UL_P$	5.87 万元

表 13 - 6　两笔贷款非预期损失之和与其组合非预期损失的比较

两笔贷款的风险贡献之和	15.21 万元
两笔贷款的非预期损失之和	21.10 万元
$UL_1 + UL_2 > UL_P$	21.10 万元 > 15.21 万元

结论：① 两笔贷款的风险贡献之和等于其组合的非预期损失；这一结论具有普适性，即组合中各笔贷款的风险贡献之和应等于该组合的非预期损失。

② 两笔贷款非预期损失之和大于其组合的非预期损失；这一结论同样具有普适性，即组合能分散风险，组合的非预期损失小于各笔资产非预期损失之和。

（三）经济资本的计量

组合的非预期损失等于一定置信水平下的最大可能损失减去预期损失。经济资本的度量是根据 VaR 方法推导出来的。如本教材第十二章所述，经济资本为在给定的置信水平下，银行管理者从内部来认定和安排的对资产非预期损失的缓冲；从量的角度看，经济资本应等于非预期损失。图 13 - 1 表示计算商业银行资产组合预期损失与非预期损失时所涉及的主要因素。

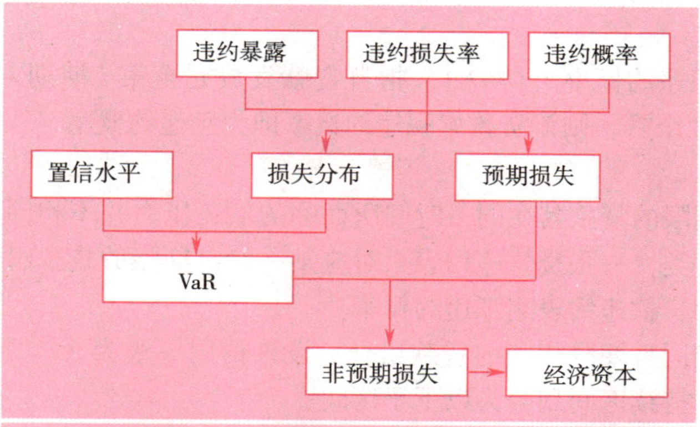

图 13 - 1　资产组合预期损失和非预期损失的计算

第二节　计量非预期损失所需参数的测算

影响资产组合信用风险的因素包括违约概率、违约损失率、违约风险暴露和期限。

一、违约概率的测算方法

《巴塞尔协议Ⅱ》将客户的违约定义为：若出现以下两种情况之一时，债务人将被视为违约：(1) 除非采取追索措施，如变现抵押品（如果存在的话），否则借款人可能无法全额偿还对银行集团的债务；(2) 债务人对银行集团的实质性信贷逾期 90 天以上。

我国商业银行贷款五级分类标准关于次级类、可疑类和损失类贷款的定义与《巴塞尔协议Ⅱ》关于违约的定义范围基本一致。因此，当贷款出现次级或次级以下状态时，将其定义为违约。违约概率（PD）是指借款人在未来一定时期内发生违约的可能性。

考虑到我国商业银行大多已建立了信用评级体系，并按月对贷款进行五级分类，且有客户违约的客观记录，在借鉴生命表法的基础上，针对我国商业银行的实际，可运用贷款违约表法测算商业银行贷款违约概率。将贷款违约表法融入现有的商业银行风险管理系统，能适时测算贷款的违约概率，对贷款的预期损失和非预期损失进行准确测量，合理地提取普通准备金。

贷款违约表法的优点在于：(1) 对于数据的要求不复杂，我国商业银行容易采集相关的数据；(2) 计算方便，可操作性强，准确度较高。

（一）贷款违约表的指标

(1) 贷款违约数（D_i），指在第 i 期内发生违约的贷款笔数。

(2) 贷款删失数（CD_i），指在第 i 期提前偿还的贷款笔数。并假设各子区间的贷款删失数都服从均匀分布。

(3) 贷款历险数（N'_i），指在第 i 期内经受违约风险考验的贷款笔数。由于贷款删失数据的存在，N'_i 并不一定等于第 i 期期初存在的贷款笔数。

(4) 贷款条件违约概率（PD_i），指在第 i 期期初存在的某笔贷款在第 i 期内发生违约的概率。

(5) 贷款累积违约概率（CPD_i），指自贷款发放起至第 i 期期末发生违约的概率。如果第 i 期为第 12 个月，则该贷款累积违约概率即为年违约概率。

（二）利用贷款违约表法测算违约概率的计算过程

考虑到不同期限的贷款其在同一时间所面临的偿还压力并不相同，有必要根据贷款期限对贷款进行分类，一张贷款违约表只对应某一特定期限的贷款组合。在区分信用等级的基础上，运用贷款违约表测算违约概率。

对信用等级相同且期限相同的贷款组合，设该信用等级为 X、贷款期限为 T，则可将这一贷款组合的持续区间划分为以下子区间：

$$(0,1],(1,2],\cdots,(i-1,i],\cdots,(T-1,T],i=1,2,\cdots,T$$

式中，$I_i=(i-1,i]$ 为贷款的第 i 期。

按贷款的五级分类判断这一贷款组合中每笔贷款是否违约。对于违约的贷款，给出违约事件所发生的子区间。对于没有发生违约的贷款，根据贷款的偿还日期再判断其是否已提前偿还。对于提前偿还的贷款，如果不将其从贷款组合中剔除，将会影响本子区间计算的结果，因此应在本子区间将其作为删失数据处理。

运用上述指标构造一贷款违约表（见表13－7），通过该表可计算信用等级相同且期限相同的贷款组合在不同子区间的条件违约概率和累积违约概率。

表13－7　　贷款违约表

区间	期初数	贷款违约数	贷款删失数	历险数	条件违约概率	累积违约概率
I_i	N_{Xi}	D_{Xi}	CD_{Xi}	N'_{Xi}	PD_{Xi}	CPD_{Xi}

信用等级为X的客户在第i期的违约概率（PD_{Xi}）和累积违约概率（CPD_{Xi}）的计算公式如下：

$$PD_{Xi}=\frac{D_{Xi}}{N'_{Xi}} \tag{13.19}$$

$$CPD_{Xi}=1-\prod_{t=1}^{i}(1-PD_{Xi}) \tag{13.20}$$

$$N'_{Xi}=N_{Xi}-\frac{1}{2}CD_{Xi} \tag{13.21}$$

式中，D_{Xi}为在第i期违约的贷款笔数；N_{Xi}为在第i期期初存在的贷款笔数，$N_{Xi}=N_{Xi-1}-D_{Xi-1}-CD_{Xi-1}$；$N'_{Xi}$为在第$i$期经受违约风险考验的贷款笔数；$CD_{Xi}$为在第$i$期内删失的贷款笔数；$CD_{Xi}$取$\frac{1}{2}$的系数是因为考虑到贷款删失数据服从均匀分布。

通过上面三式能够测算贷款组合在期限内任一子区间的条件违约概率和累积违约概率。

若确定贷款期限内任意一年的年违约概率，需运用该年内每个月的条件违约概率（PD_j）并通过如下公式计算即可求得：

$$DF_{年违约概率}=1-\prod_{j=i}^{j=i+11}(1-PD_j) \tag{13.22}$$

式中，i为贷款期内任意一个月。

依据式（13.22）可根据需要测算年违约概率。

本贷款违约表法考虑到了贷款删失数对有效样本规模的影响，有效地避免了死亡率模型对违约概率的低估，提高了测算的准确性。

二、违约损失率的测算方法

违约损失率是指在债务人违约的情况下信用资产损失的比率，影响LGD的因素有很多，主要包括债务的偿还优先级、债务的种类及用途、债务人所属行业和业务类型、破产法和破产程序等因素。由于LGD的影响因素非常复杂，因此建立准确的LGD估计预测模型并非易事。下面介绍几种估计违约损失率的方法。

（一）历史数据平均法

《巴塞尔协议Ⅱ》允许实施初级IRB法的银行使用历史平均损失率作为LGD的预测估计值，主要是因为这种方法操作简单，也比较容易被业务部门接受。随着样本数据的增加，银行必须每年重新计算历史平均损失率，以此作为未来LGD的估计值。历史数据平均法的主要缺陷是由 LGD 独特的概率分布特征决定的。研究表明，贷款和债券的损失率分布一般呈现出双峰分布特征，因此，使用平均数作为 LGD 的预测值往往存在一定的系统偏差。

（二）平均值表格预测法

国外一些银行用具有展望功能的平均值表来估计债务工具的违约损失率。这种方法通常建立在历史违约损失率数据基础上，综合专业评级机构的信用评级信息和信用风险管理专家的观点，对违约损失率作出预测，实际上是改进的历史数据平均法。

（三）《巴塞尔协议Ⅱ》提供的违约损失率参照值

依据《巴塞尔协议Ⅱ》内部评级法初级法的标准，违约损失率可以采取巴塞尔委员会提供的参照值。在《巴塞尔协议Ⅱ》中，各种担保方式对应的违约损失率如表 13－8 所示。

表 13－8　　贷款违约损失率

担保方式	违约损失率	担保方式	违约损失率
仓单、提单质押	0.4	上市公司保证	0.4
房产抵押	0.35	土地使用权抵押	0.35
国家或地方政府保证	0	信用证质押	0.4
机器设备抵押	0.4	一般法人企业保证	0.4
其他动产质押	0.4	银行汇票、本票质押	0
其他质押	0.4	应收账款质押	0.35
人民币保证金存款质押	0	在建工程抵押	0.4
人民币存单质押	0	专业担保公司保证	0.4
无抵押融资	0.45	信用	0.45

资料来源：巴塞尔委员会．统一资本计量和资本标准的国际协议：修订框架［M］．北京：中国金融出版社，2004.

三、违约风险暴露

为了明确地区分各项风险的来源，根据巴塞尔委员会的规定，计算违约风险暴露时不能扣减抵押物的价值和银行所提取的专项拨备，专项拨备或者部分冲销的风险缓释作用应该在计算违约损失率时考虑。

违约风险暴露是违约时点借款人欠银行的贷款本息余额，在具体估计时有两方面的困难。第一，银行一般是给借款人一个授信额度，但借款人在一般情况下对额度的使用情况和在违约时对额度的使用情况不同。第二，对于一些表外项目，每一笔业务的违约风险暴露只有当客户真正违约后，根据其实际损失情况才能知道。

承诺（COM）即指银行承诺将于未来某一日期进行一笔交易，银行会因此增加一笔信用风险资产。承诺由已提款部分与未提款部分两部分组成。银行承诺是指在借款人需要时可借到的贷款，并规定最高限额，即授信额度。一项承诺的已提款部分是当前借款人已经借入的部分并计入未偿债务。所以，借款人除了在正常情况下欠银行的未偿债务（OS）外，还可能在违约时使银行的承诺蒙受损失。因此整个贷款额度的已提款部分构成违约风险暴露的一部分。另外，贷款额度的未提部分内含一个或有买入期权，只要借款人遇到财务危机，随时执行提款也可能使银行蒙受损失。

《巴塞尔协议Ⅱ》规定承诺的未提款项乘以信用转换因子（CCF）变成等价的违约风险暴露。利用 CCF 可将表外项目的不确定暴露转换为表内确定的违约风险暴露。因此，承诺的未提款部分违约风险暴露为

$$EAD = (COM - OS) \times CCF \tag{13.23}$$

式中，COM 表示承诺金额；OS 表示已提款承诺金额。二者之差为承诺的未提款部分。

因此，银行在债务人 i 违约时的违约风险暴露由两部分组成，已提款部分和未提款部分，按下式计算：

$$EAD = OS_i + (COM_i - OS_i) \times CCF \tag{13.24}$$

例题 4： 违约风险暴露的计算。

考虑 1 年期贷款，其各项特征如表 13 －9 所示。

表 13 －9　违约风险暴露计算举例

COM	信贷额度	100 万元
OS	未偿债务	50 万元
RR	内部评级	3
M	期限	1 年
CCF	RR =3 时在违约时未用额度的提款部分	65%

违约风险暴露既不等于整个承诺金额，也不等于未偿金额。违约风险暴露只是在给定期间内资产价值的风险部分：

$$\begin{aligned} EAD &= OS + (COM - OS) \times CCF \\ &= 50 + (100 - 50) \times 65\% = 82.5(\text{万元}) \end{aligned}$$

计算的违约风险暴露为 82.5 万元，这是银行在贷款违约事件中暴露的数量。

四、期限

贷款期限（M）是一个重要的风险因素，在其他风险因素相同的情况下，贷款的期限越长，信用风险越高。短期贷款使银行蒙受的损失少于长期贷款的损失。短期贷款可以让银行有更大的灵活性采取抵御信用风险的措施。这主要是指银行可在客户财务状况与还款能力以外变差时停止贷款，进行定价调整，或者要求更有保障的担保或抵押条件。研究表明，期限与违约概率密切相关（见表 13 －10）。因此，银行在度量信用风险、风险定价、资本要求与调节风险后的收益时，往往都会考虑 M 因素的影响，并通过主观判断或信用风险组合模型调节这种影响。对于 BBB 级以下客户（属于投机级别的企业），银行一般不愿意提供长期贷款。

由于间接融资与直接融资之间的竞争，属于投资级别（BBB 级以上客户）的企业往

往通过发行债券在资本市场融资。由于债券有流动性较高的二级市场，所以购买企业债券的银行可以通过市场缓冲因期限带来的风险。因此，向银行贷款的企业多属于投机级别。因此部分银行严格控制向投机级企业发放5年以上贷款。

表13-10　不同信用等级不同年度累积违约概率

信用等级	1年	2年	3年	4年	5年	6年	7年	8年	9年	10年
AAA	0.00	0.00	0.03	0.07	0.11	0.20	0.30	0.47	0.57	0.70
AA	0.01	0.03	0.09	0.16	0.25	0.35	0.50	0.65	0.79	0.96
A	0.05	0.12	0.20	0.33	0.49	0.66	0.88	1.13	1.37	1.63
BBB	0.26	0.60	0.93	1.48	1.95	2.49	2.92	3.33	3.73	4.31
BB	1.22	3.28	5.66	7.65	9.34	11.26	12.87	14.21	15.83	17.48
B	5.96	12.10	16.64	19.02	20.49	22.23	24.24	26.11	27.50	29.16
CCC	24.72	30.42	33.62	36.35	39.93	41.04	42.91	43.20	44.73	46.82

资料来源：标准普尔公司根据1981—2001年9 769个企业债券发行人评级数据统计得出。

第三节　计量贷款组合非预期损失的模型

一、现代信用风险度量模型的介绍

目前国际上运用较多的信用风险度量模型大体上可分为两类：一类是以信用资产的市场价值波动为基础计算VaR的盯市（Mark-to-Market，MTM）模型；另一类为集中于预测违约损失的违约（Default Model，DM）模型。两类模型的主要区别在于：MTM模型在计算信贷资产价值的损失和收益时既考虑了违约因素，同时又考虑了信贷资产信用等级上升或下降以及由此发生的信用价差变化等因素；而DM模型只考虑两种状况：违约与不违约。这两类模型中成功运用且具有代表性的主要有以下几种。

（一）基于“公司价值”的CreditMetrics模型

CreditMetrics模型是J. P. 摩根公司和一些合作机构于1997年推出的一种用于对非交易性金融资产估值和风险测量的模型。它利用借款人的信用等级、信用等级转移矩阵、违约贷款的回收率和贷款市场上的信用风险价差和收益率来推断个别贷款或贷款组合的VaR。它是一种典型的盯市模型。

（二）基于期权定价理论的KMV模型

KMV模型是KMV公司开发的用来对上市公司的信用风险进行预测的模型。这一模型的理论基础是默顿（Merton）的期权理论，从借款企业股权持有者的角度考虑贷款偿还的激励问题。基于贷款的信用风险本质上是由债务人资产价值变化驱动的这一事实，在知道企业股权的市场价值及其波动率基础上，测算企业资产的市场价值及其波动率，从而测算出任何时间段借款企业的预期违约频率（EDF）。它也是一种盯市模型，通过跟踪借款企业股权价值及其变化捕捉其资产市场价值及其波动，对银行具有良好的预警作用。

（三）基于经济学的CreditPortfolio View模型

CreditPortfolio View模型是由麦肯锡公司1998年研发的。由于信用状况受各种宏观经济因素影响，当经济恶化时，债务人违约和降级就会增加，经济强劲时，情况就会相反。经济周期与信贷周期紧密相关，对违约概率有重要的影响，麦肯锡公司将它们纳入计量模型中，它采取将违约、信用等级转换概率和宏观因素之间的关系模型化，并通过模拟宏观因素对于模型的“冲击”来测量违约与信用等级转移概率矩阵的跨时演变，在此基础上运用信用度量技术来求不同经济时期的VaR。

（四）基于保险精算学原理的CreditRisk+模型

CreditRisk+模型是由瑞士信贷银行金融产品部（CSFP）依据精算学的分析框架而开发的一种违约模式的模型。在该模型中，价差风险被看做市场风险而不是信用风险的一部分，因此，在任何时期，只有两种状态：违约和不违约。违约被模型化为一种有着一定概率分布的连续变量，每一笔贷款的违约都独立于其他贷款的违约，用泊松分布模拟违约事件个数分布。通过频带划分，将违约事件个数分布转化为违约损失分布。利用违约损失概率之间的递推关系式，计算贷款组合的损失分布，从而得出组合的非预期损失。

此外还有毕马威（KPMG）公司构建的信贷分析体系以及神经网络技术模型等。国外银行在建立和使用各模型时都有自己的设计思想和参数设定，体现了信用风险测量的最高水平成果，得到了巴塞尔委员会的充分肯定。因此，在《巴塞尔协议Ⅱ》中，巴塞尔委员会推荐使用这些模型及参数进行相应的经济资本的配置。

目前，我国商业银行的基础数据相对匮乏，缺乏较为完善的外部信用评级体系，且银行内部信用评级体系尚在建立过程之初；我国经济转型时期信用风险数据的历史延续性和可比性比较欠缺，信用转移矩阵易变；因此，CreditMetrics模型目前在我国信用风险测量中还难以使用。我国的资本市场欠发达，上市公司数目不够多，整个金融市场不够完善，信息披露不及时且披露的信息不完全真实等，在一定程度上限制了KMV模型和CPV模型的应用。因CreditRisk+模型需要的数据较少，考虑债务人的风险时不依赖于信用质量的最终变化以及未来利率的变动及CreditRisk+模型对于债券组合或贷款组合的损失概率具有闭式解，经改造和拓展后在我国有比较好的应用基础。随着我国商业银行经济资本管理的开展、《商业银行资本管理办法》的实施，以及基础数据的更多积累，各种新的信用风险度量模型将应运而生。

二、CreditRisk+模型的基本原理以及在我国商业银行的应用方法

（一）CreditRisk+模型的基本原理

CreditRisk+模型借鉴精算学的分析框架，认为违约是一种随机行为，不同期间的违约事件彼此独立，从而得出违约事件个数服从泊松分布的结论，即用泊松分布模拟违约事件个数分布。通过频带划分，将违约事件个数分布转化为违约损失分布。利用违约损

失概率之间的递推关系式，计算贷款组合的损失分布，从而得出组合的非预期损失。

运用 CreditRisk + 模型计量非预期损失的过程可叙述如下。

1. 该模型假设：

（1）在某一时期内违约概率不变；

（2）对于一个贷款组合而言，每一笔贷款的违约概率很小；

（3）对于众多的债务人而言，每一笔贷款的违约概率相互独立。

2. 违约事件分布。考虑一贷款组合有 n 个债务人，每个债务人的违约风险暴露都有一个已知 1 年期的违约概率，用 p_A 表示债务人 A 的年违约概率。

为了分析整个贷款组合的损失分布，该模型引入如下概率生成函数：

$$F(z) = \sum_{n=0}^{\infty} p(n)z^n \tag{13.25}$$

由于违约事件彼此独立，整个组合的违约概率生成函数等于单个债务人违约概率生成函数的乘积，即

$$F(z) = \prod_A F_A(z) = \prod_A 1 + p_A(z-1) \tag{13.26}$$

F（z）的泰勒展开式为

$$F(z) = e^{\mu(z-1)} = e^{-\mu}e^{\mu z} = \sum_{n=0}^{\infty} \frac{e^{-\mu}\mu^n}{n!}z^n \tag{13.27}$$

式中，$\mu = \sum_A p_A$，表示 1 年内整个组合中预期的违约事件发生的个数。

如果单个违约概率很小，一贷款组合 1 年内发生 n 个违约事件的概率为

$$p(n) = \frac{e^{-\mu}\mu^n}{n!} \tag{13.28}$$

3. 从违约事件分布到违约损失分布。

（1）频带的划分。根据前面的假设，可以计算出 1 年内贷款组合中的违约事件的个数。但贷款组合风险计量的主要目的是计算给定损失水平的发生概率，而不是给定违约事件个数的发生概率。违约损失不仅取决于违约个数，也取决于债务人的违约风险暴露和违约损失率。在该模型中，债务人的暴露在数值上等于贷款的远期价值乘以违约损失率（注意：这里所指暴露应与教材中提到的违约风险暴露相区别，是 CreditRisk + 模型方法中特定的术语）。

将经过违约损失率调整的暴露划分为不同的频带，位于同一频带的各债务人的暴露近似等于某个值。给定一包含许多债务人的贷款组合，给定基准单位 L，每一个债务人的暴露可以表示为该基准单位的近似整数倍数。假设整个贷款组合可以被分为 m 个频带，标记为 j，即 $1 \leqslant j \leqslant m$，那么频带 j 的预期违约个数 μ_j 与预期违约损失 ε_j 之间的关系可以表示为

$$\varepsilon_j = v_j \times \mu_j \tag{13.29}$$

假设 μ 表示信贷组合 1 年内全部的预期违约事件个数。由于 μ 是每一个敞口区间段预期违约事件的个数之和（注意：这里所指敞口不是教材中提到的违约风险暴露，在

CreditRisk + 模型方法中特指暴露的取整值），所以有

$$\mu = \sum_{j=1}^{m} \mu_j = \sum_{j=1}^{m} \frac{\varepsilon_j}{v_j} \tag{13.30}$$

（2）违约损失分布。划分频带后，违约损失分布的推导仍然从概率生成函数开始。令 $G(z)$ 表示损失的概率生成函数，损失用基准单位 L 的整数倍数表示：

$$G(z) = \sum_{n=0}^{\infty} p(loss = n \times L) z^n \tag{13.31}$$

式中，$n \times L$ 为加总的损失。

由于假设组合敞口是彼此独立的，敞口区间也应该是彼此独立的。因此，组合损失的概率生成函数可以表示为各敞口区间概率损失函数的乘积，即

$$G(z) = \prod_i G_i(z) \tag{13.32}$$

组合中的每一个敞口区间都可以视为一个小的组合，有：

$$G_j(z) = \sum_{n=0}^{\infty} p(n) z^{nv_j} = \sum_{n=0}^{\infty} \frac{e^{-\mu_j} \mu_j^{\ n}}{n!} z^{nv_j} = e^{-\mu_j + \mu_j z^{v_j}} \tag{13.33}$$

因此有

$$G(z) = \prod_{j=1}^{m} e^{-\mu_j + \mu_j z^{v_j}} = e^{-\sum_{j=1}^{m} \mu_j + \sum_{j=1}^{m} \mu_j z^{v_j}} \tag{13.34}$$

4. 违约损失分布的计算过程。对上式进行泰勒展开，令 A_n 表示损失为 $n \times L$ 的概率，则有

$$p(loss = n \times L) = \frac{1}{n!} \frac{d^n G(z)}{dz^n} \bigg|_{z=0} = A_n \tag{13.35}$$

用莱布尼茨公式推导得出计算贷款组合违约损失分布的递归关系式：

$$A_n = \sum_{j: v_j \leqslant n} \frac{\varepsilon_j}{n} A_{n-v_j}, n = 0, 1, 2, \cdots \tag{13.36}$$

$$A(0) = e^{-\mu} = e^{-\sum_{j=1}^{m} \frac{\varepsilon_j}{v_j}} \tag{13.37}$$

通过上面三个公式便可得出贷款组合的损失分布。

5. 非预期损失的计算。贷款组合在一定置信水平下的 VaR 值为

$$\mathrm{VaR}(\alpha) = \min\left\{x \,\middle|\, \sum_{i=0}^{x} P(loss = i \times L) \geqslant \alpha\right\} \tag{13.38}$$

由 VaR 与非预期损失的关系可得出整个贷款组合一定置信水平下的非预期损失为

$$UL = \mathrm{VaR}(\alpha) - \sum_j \varepsilon_j \tag{13.39}$$

（二）CreditRisk + 模型在我国商业银行应用的难点及其解决方法

CreditRisk + 模型应用于我国商业银行的难点在于频带的划分以及违约概率、违约损失率的估计。在考虑我国商业银行实际情况的基础上，可以使用以下方法解决这些难点。

1. 频带的划分。频带的划分是应用 CreditRisk + 模型计量非预期损失的关键环节，为从违约事件个数的分布向违约损失的分布的转变做好铺垫。

进行频带划分，需要选择一个适当的单位暴露，单位暴露应小于贷款组合的平均暴露。将每个债务人的暴露根据违约损失率、贷款利率、期限及单位暴露进行调整，然后将调整后的暴露划分成若干频带，并将每一频带的暴露用一个整数近似表示。

（1）国外 CreditRisk + 模型频带划分方法的局限性。在应用 CreditRisk + 模型过程中，频带的划分是把违约事件个数的分布转化为违约损失分布的关键步骤。可由概率生成函数的泰勒展开式推导出违约事件个数服从泊松分布。在划分频带时，要求每个频带内贷款笔数不能太少，否则用泊松分布模拟频带内债务人违约个数的分布就会产生较大的误差。因频带内的各笔贷款均用同一公共敞口来计算，这就要求频带内各笔贷款暴露之间相差不能太大，否则计算出来的预期违约损失会产生较大的误差。当样本数据分布不均匀时，用国外（瑞士信贷第一波士顿银行）采用的四舍五入或向上取整的方法划分频带就会导致某些频带内贷款笔数过少，或者频带内贷款的暴露与公共敞口之间产生较大的舍入误差，影响预期损失和非预期损失的精确计量。经济资本管理需要各商业银行总行与其分支行上下联动，若因分支行贷款笔数较少而不能准确测定其经济资本占用额，就不能有效地在全行开展经济资本管理。国外频带划分方法存在的上述问题，导致运用 CreditRisk + 模型计量非预期损失可能存在较大误差，限制了这一模型在商业银行经济资本管理中的普遍应用。

（2）加权平均的频带划分方法。针对国外 CreditRisk + 模型频带划分方法出现的问题，可运用加权平均的方法划分频带，并要求尽可能地使贷款笔数均匀地落入各频带内。即各频带公共敞口的确定建立在频带内各笔贷款暴露的加权平均值基础上，取其最接近的整数。将这一频带划分方法统称为加权平均的频带划分方法。这是将 CreditRisk + 模型有效地运用于我国商业银行经济资本管理的关键点。

（3）加权平均的频带划分方法的基本过程。按照模型对频带划分的要求，将贷款的敞口额度根据贷款的远期价值乘以违约损失率进行调整，并把该银行在分析日尚具有余额的贷款按其风险敞口的大小升序排列，将组合内所有贷款项目按笔数均匀分组，由于违约事件分布是通过泰勒级数展开推导得出，为了有效地减少这一过程产生的误差，要求泰勒级数展开的项数不能过少（即每个频带内的贷款笔数不能过少），设定了一个限制性参数，即每个频带内的贷款笔数不少于一定的数量，并将每组内贷款的暴露加权平均，若平均值与其最接近的整数相差较大，则需将该组内的贷款笔数进行微调直至加权平均值接近上述整数或其相邻整数。将该组内的贷款项目组成一个频带，所取的这一整数即为该频带的公共敞口。公共敞口额为该整数乘以单位暴露。这一过程可通过编写应用软件随机分组。

2. 违约概率和违约损失率的估计。应用贷款违约表法测算违约概率，先根据贷款的期限将贷款分类，再结合贷款五级分类情况，利用贷款违约表法测算贷款组合的月违约概率，从而通过递推方式确定年违约概率，因而所测算的年违约概率要比信用等级映射的年违约概率准确。

违约损失率的精确估计是《巴塞尔协议Ⅱ》对内部评级法中高级法的要求，目前我国商业银行收集的数据没有达到高级法的标准，因此，按照高级法的要求估计违约损失率存在相当大的困难。

在过渡阶段，我国宜采用银行上一期的历史平均违约损失率作为本期债务人违约损失率的估计值。在初级法中这种方法是可行的。主要是基于这样的考虑：第一，我国商业银行近几年来普遍加强了信贷风险控制，平均违约损失率在逐年下降。总体而言，用历史平均违约损失率作为债务人的预期违约损失率的估计值，近期虽有所高估，但作为计量非预期损失的参数是安全的。第二，采用该银行的历史平均违约率比系数法更能体现银行的风险偏好和客户的具体特征，而且使用本银行的历史数据在相当大的程度上可以反映当地的信贷资产质量。

3. 计算贷款组合的非预期损失。将频带个数、公共敞口、频带内贷款笔数、违约概率、违约损失率等重要参数导入 CreditRisk + 模型以计算贷款组合的非预期损失。

因加权平均的方法可以按照多种不同的方式对组合进行频带划分，为了比较频带数量不同对最终计算出的非预期损失的影响程度，可将贷款组合按此加权平均法随机抽取几种不同的频带划分方式进行对比分析。实证检验结果表明，频带个数不同对计量结果的影响很小，稳定性相当好。

为了消除因频带个数的不同而引起计算结果的微小波动，可按此加权平均法随机抽取多种不同的频带划分方式分别计算出贷款组合的预期损失和非预期损失，并对它们分别求平均值作为贷款组合的预期损失和非预期损失的估计值。

频带个数过多会造成频带内贷款笔数过少，频带个数过少会造成频带内暴露相差过大，都会影响非预期损失的精确计量，故随机划分频带时应避免频带个数太多或太少。

当债务人的信用状况发生变化，其违约概率将随之改变；在不同的时点测量债务人的违约概率，其数值一般是不同的。某一贷款组合中各笔贷款的敞口和偿还状态也是随时间而变化的。故计量某一贷款组合的非预期损失所涉及的三个参数（即违约概率、违约损失率和敞口）是随时间而改变的。这三个参数的数值不同，所计量出来的非预期损失也不相同。因此，贷款组合的非预期损失是与时间相关的变量，非预期损失量随时间的推移而变化。在计算某一贷款组合的非预期损失时，必须确定计算时所在的时点。

第四节　案例分析

案例：运用拓展后的 CreditRisk + 模型计算我国商业银行贷款组合所应占用的经济资本

使用 CreditRisk + 模型计算贷款组合的非预期损失，需要输入的参数有：每笔贷款的违约风险暴露、年违约概率、违约损失率和商业银行设置的容忍度，容忍度 = 1 - 置信度。采用 CreditRisk + 模型计算贷款组合所应占用的经济资本，可以分为以下几步。

1. 选取适当的单位敞口，将每笔贷款的违约风险暴露乘以该笔贷款的违约损失率再除以单位敞口，得到该笔贷款经违约损失率调整后的单位敞口的倍数，称该倍数为风险敞口。

2. 频带划分。采用一定的方法，将风险敞口相差不大的贷款组合划分成一个频带，然后将频带内的各笔贷款使用统一的风险敞口进行处理，这样可以大大减少计算量。

3. 将计算得到的贷款组合违约损失概率生成函数使用迭代算法进行求解，即可得出贷款组合的违约损失分布。再根据置信水平的大小，计算出贷款组合的 VaR。

4. 将计算得到的 VaR 减去预期损失即为在该置信水平下贷款组合的非预期损失，也即为在该置信水平下贷款组合所需占用的经济资本。

案例：采用某商业银行企业贷款数据，运用本章第三节拓展后的 CreditRisk + 模型计算贷款组合所应占用的经济资本。

1. 样本数据的采集

某商业银行 2022 年底尚有余额的 1 年期贷款 1 854 笔贷款。运用贷款违约表法估计贷款的年违约概率，采用该商业银行上一期，即 2020 年 11 月至 2021 年 12 月底向具有信用等级的客户发放的 1 年期公司贷款为样本，总计 748 笔贷款，其中 19 笔贷款违约，估计出各个信用等级对应的年违约概率。

2. 违约概率的估计

运用贷款违约表法估计 2020 年 11 月至 2021 年 12 月底向客户发放的 1 年期公司贷款的月违约概率和累积违约概率，结果见表 13 – 11。

表 13 – 11　某商业银行公司贷款违约概率一览表

信用等级	违约概率	第 1 个月（%）	第 2 个月（%）	第 3 个月（%）	第 4 个月（%）	第 5 个月（%）	第 6 个月（%）	第 7 个月（%）	第 8 个月（%）	第 9 个月（%）	第 10 个月（%）	第 11 个月（%）	第 12 个月（%）
AAA	条件违约概率	0.00	0.00	0.00	0.00	0.00	0.00	0.00	0.00	0.00	0.00	0.00	0.00
	累积违约概率	0.00	0.00	0.00	0.00	0.00	0.00	0.00	0.00	0.00	0.00	0.00	0.00
AA	条件违约概率	0.00	0.00	0.00	0.00	0.00	0.00	0.00	0.00	0.00	0.00	0.00	0.00
	累积违约概率	0.00	0.00	0.00	0.00	0.00	0.00	0.00	0.00	0.00	0.00	0.00	0.00
A	条件违约概率	0.00	0.00	0.00	0.00	0.00	1.38	0.00	0.00	0.00	0.00	0.00	0.00
	累积违约概率	0.00	0.00	0.00	0.00	0.00	1.38	1.38	1.38	1.38	1.38	1.38	1.38

续表

信用等级	违约概率	第1个月（%）	第2个月（%）	第3个月（%）	第4个月（%）	第5个月（%）	第6个月（%）	第7个月（%）	第8个月（%）	第9个月（%）	第10个月（%）	第11个月（%）	第12个月（%）
BBB	条件违约概率	0.00	0.00	0.00	0.00	0.17	0.00	0.00	0.36	0.00	0.00	0.00	1.98
	累积违约概率	0.00	0.00	0.00	0.00	0.17	0.17	0.17	0.54	0.54	0.54	0.54	2.51
BB	条件违约概率	0.00	0.00	0.00	3.23	3.33	0.00	0.00	0.00	0.00	0.00	0.00	0.00
	累积违约概率	0.00	0.00	0.00	3.23	6.45	6.45	6.45	6.45	6.45	6.45	6.45	6.45
B	条件违约概率	0.00	0.00	0.00	0.00	0.00	7.69	0.00	0.00	0.00	0.00	0.00	0.00
	累积违约概率	0.00	0.00	0.00	0.00	0.00	7.69	7.69	7.69	7.69	7.69	7.69	7.69
CCC	条件违约概率	0.00	0.00	0.00	7.69	0.00	0.00	0.00	0.00	0.00	0.00	0.00	5.56
	累积违约概率	0.00	0.00	0.00	7.69	7.69	7.69	7.69	7.69	7.69	7.69	7.69	12.82

从表 13－11 可以看出，各个信用等级与年违约概率之间的映射关系如表13－12所示。

表 13－12　客户信用等级与违约概率的映射关系

信用等级	AAA	AA	A	BBB	BB	B	CCC
年违约概率	0	0	1.38%	2.51%	6.45%	7.69%	12.82%

将表 13－12 得出的违约概率作为下一期发放的相同信用等级贷款违约概率的近似

值。下面计算贷款组合（2022 年底尚有余额的 1 年期公司贷款，共 1 854 笔）的非预期损失时，不考虑各笔贷款违约概率的变化，也不考虑各笔贷款之间的相关性。

3. 违约损失率的估计

违约损失率的精确估计是《巴塞尔协议Ⅱ》对内部评级法中高级法的要求，目前我国商业银行收集的数据还没有达到高级法的标准，因此，按照高级法的要求估计违约损失率存在相当大的困难。现阶段一般采用巴塞尔委员会提供的参照值。

4. 样本数据的分组以及频带的划分

按照加权平均的方法进行频带划分，将贷款组合划分为 7 个频带，计算的结果如表 13－13 所示。

表 13－13　加权平均频带划分的参数及其计算结果　单位：10 万元人民币

频带 j	公共敞口 v_j	贷款笔数	预期违约个数 μ_j	预期损失 ε_j
1	1	47	1. 2497	1. 2494
2	2	229	6. 4338	12. 8676
3	4	508	14. 9201	59. 6804
4	6	205	6. 111	36. 666
5	8	282	8. 5318	68. 2544
6	11	263	8. 438	92. 818
7	39	207	6. 5068	229. 263

5. 非预期损失的计量

（1）损失分布的计算。一旦确定了频带，便可估计出各频带内的预期违约个数和预期损失，并计算出贷款组合的违约损失分布。将不同频带内的贷款项目作为一个整体计算整个贷款组合的违约损失分布。使用 CreditRisk＋模型并结合表 13－13 中的参数，计算出贷款组合的损失分布如图 13－2 所示。

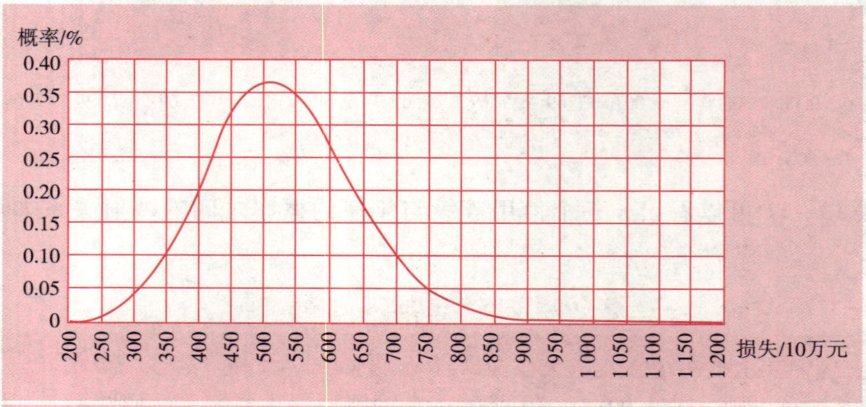

图 13－2　贷款组合的违约损失分布图

单个债务资产的“偏斜性”和组合损失分布的不对称性导致信用资产组合的实际损失分布呈现偏峰厚尾的特征。从上面计算出的违约损失分布图可以很明显地看出它们呈现出了偏峰厚尾的特征。

（2）经济资本的计算。根据违约损失分布图（图13－2），计算出贷款组合的预期损失和在99.9%的置信水平下的非预期损失分别为5 253.01万元和3 836.99万元。

考虑到对于同一贷款组合，不同的贷款风险计量人员划分的频带个数可能有所不同。为了更有效地减少因频带划分个数的不同而引起计算结果的波动，在保证频带内贷款笔数均匀且频带个数合理的前提下，运用编写应用软件随机抽取了14种不同的频带划分方式分别计算出贷款组合的预期损失和非预期损失，并对它们分别求平均值作为贷款组合预期损失和非预期损失的估计值，从而得到贷款组合的预期损失估计值为5 239.91万元，贷款组合的非预期损失估计值为3 984.47万元，即该贷款组合所应占用的经济资本为3 984.47万元。

上面是应用CreditRisk＋模型在违约概率保持不变的条件下计量贷款组合的所应占用的经济资本。当条件更为成熟时，比如能够估计出各笔贷款违约概率波动的方差，同样可以应用CreditRisk＋模型来计量贷款组合所应占用的经济资本。

[本章小结]

1. VaR是一定的置信水平下和一定的目标期间内预期的最大损失。VaR是以最简单的形式将已知组合潜在的损失与发生概率结合成为单个数字，将多个违约风险暴露的效果综合起来，便于银行和监督当局的风险管理和监管。

2. 单笔资产的预期损失可表示为违约概率、违约损失率和违约风险敞口三个风险因素的乘积；组合的预期损失是组合内各项资产预期损失的简单相加。

3. 组合中各笔贷款的风险贡献之和应等于该组合的非预期损失。

4. 组合能分散风险，组合的非预期损失小于各笔资产非预期损失之和。

5. 我国商业银行可以运用贷款违约表法测算客户的违约概率，采用拓展的CreditRisk＋模型计算贷款组合所应占用的经济资本。

[本章重要概念]

VaR　单笔资产的预期损失　单笔贷款的非预期损失　资产组合的预期损失
资产组合的非预期损失　风险贡献

[练习题]

一、计算题

考虑一笔1年期贷款，违约风险暴露为100万元，即银行在违约事件中暴露的数量。

在分析期内无担保资产的违约损失率假设为30%，违约概率为1.2%。

（1）计算该笔贷款的预期损失；

（2）若该笔贷款违约损失率的标准差为25%，计算该笔贷款的非预期损失。

二、简答题

如何理解贷款组合的非预期损失不等于贷款组合内每笔贷款非预期损失的相加之和？

三、论述题

1. 试述贷款违约表法测算违约概率的条件和过程。
2. 试述 CreditRisk + 模型在我国商业银行应用的方法。
3. 试论商业银行经济资本管理与资产负债管理的内在关系。

练习题答案

第十四章

商业银行财务报表与绩效评估

商业银行应及时、充分、公允地披露经营管理的过程和结果，并对其经营绩效进行评估，重新审视其发展计划与经营政策。商业银行经营活动的过程和结果是通过财务报表予以体现的，财务报表是综合反映商业银行某一特定日期的资产、负债和所有者权益状况，以及某一特定时期经营成果和现金流动情况的书面文件。财务报表以及相关的资料可以为银行的绩效评估提供必要信息。商业银行主要财务报表有资产负债表、损益表和现金流量表。

第一节　商业银行财务报表

一、资产负债表

商业银行资产负债表是反映商业银行某一特定时点上财务状况的会计报表，它是按照“资产 = 负债 + 所有者权益”的恒等式，按照一定的分类标准和一定的顺序编制而成的，表明了商业银行在某一特定时点上所拥有或控制的经济资源、所背负的所有义务和责任以及所有者对净资产的要求权。

（一）资产负债表的格式

按照报表各项目排列的方式不同，资产负债表可分为报告式（垂直式）和账户式两种。单张报表都是账户式，以报纸、网络等媒体发布时由于版面有限只能采取报告式。

1. 报告式资产负债表。报告式资产负债表是将资产、负债和所有者权益采取垂直分列的方式反映，即自上而下排列，首先列出资产的各项目及数额，然后列出负债的各项目及数额，最后列出所有者权益的各项目及数额。

2. 账户式资产负债表。账户式资产负债表是将资产负债表分为左右两边，左方列示资产项目，右方列示负债与所有者权益项目，左右两方的合计数保持平衡。

（二）资产负债表的编制方法

资产负债表是一种静态的会计报表，是根据银行总分类账的期末余额编制的，主要通过资产、负债和所有者权益的期末余额反映银行的财务状况。资产负债表的编制主要是根据有关科目总账和分户账的期末余额直接或汇总填列，有的根据有关账户的期末余额直接填列，有的则需根据相关账户的期末余额进行分析、调整、计算后填列。

二、利润表

利润表又称为损益表，也是公司最主要的综合财务报表之一，是反映一家商业银行在一定会计期间内的最终经营成果的报表。这种盈利或亏损是通过营业收入与营业成本的对比来体现的。

（一）利润表的格式

按照排列方式的不同，利润表的格式可分为单步式利润表和多步式利润表。我国商业银行净利润的计算，分为三个步骤：营业利润、利润总额和净利润。

（二）利润表一般列示方法

1. “本期金额”栏反映各项目的本期实际发生数。如果上年度利润表的项目名称和内容与本年度利润表不相一致，应对上年度利润表项目的名称和数字按本年度的规定进行调整，填入报表的“上期金额”栏。

2. 报表中各项目主要根据各损益类科目的发生额分析填列。

三、现金流量表

（一）现金流量表的含义

现金流量表是反映企业在一定会计期间现金和现金等价物流入和流出的报表。现金流量表应当分别按经营活动、投资活动和筹资活动列报现金流量。现金流量应当分别按照现金流入和现金流出总额列报。经营活动是指企业投资活动和筹资活动以外的所有交易和事项。投资活动是指企业长期资产的购建和不包括在现金等价物范围的投资及其处置活动。筹资活动是指导致企业资本及债务规模和构成发生变化的活动。

一个会计期间的现金变动表现为该会计期初与期末现金账户的余额之差。现金流量表根据项目资产负债表和损益表有关数据编制，它反映了项目在一个会计期间的规模、方向和结构，据此可以评估项目的财务实力和经济效益。

编制现金流量表首先应计算当期现金增减数额，而后分析引起现金增减变动的原因。

我们知道，

$$资产 = 负债 + 股东权益 \tag{14.1}$$

即

$$现金 + 非现金资产 = 负债 + 实收股本 + 留存收益 \tag{14.2}$$

$$现金 = 负债 + 实收股本 + 留存收益 - 非现金资产 \tag{14.3}$$

由式（14.3）可知，现金账户的任何变动必然是等式右边的非现金账户中一项或数项变动的结果，分析所有非现金项目的变动对现金流动的影响，把它们分别归属于经营、投资和筹资，并以表式列出，这就构成了现金流量表的基本结构。

（二）现金流量表的编制程序

编制现金流量表有直接法和间接法两种。这里介绍直接法。编制现金流量表将逐项分析非现金项目，并把它们分别归入经营、投资和筹资项目之中。

1. 经营活动所提供的现金。直接法确定经营活动所提供的现金从销售收入和营业费用开始。权责发生制基础上的销售收入并不等于当期的现金收入，销售成本和营业费用也不等于当期的现金支出。为此，需要把权责发生制基础上的收入和费用调整到收付实现制下的收入和支出。

（1）把权责发生制的本期销售收入调整为来自销售的本期现金收入。商品销售可能是现金销售，也可能是赊销。赊销的收账情况体现在应收账款的变动上。因此，把本期收益上的收入调整到本期来自销售的现金收入，需通过应收账款进行调整。应收账款的期初余额表示本期可能收现的赊销额，而期末余额则表示本期未能收现的赊销额。这样本期收益表上的销售收入加应收账款的期初余额，减应收账款的期末余额，便是来自销售的本期现金收入。项目本期来自销售的现金收入计算如下：

本期销售收入

　　加：应收账款期初余额

　　减：应收账款期末余额

　　等于：本期现金收入

（2）把权责发生制基础上的本期销售成本调整为用于购货的本期现金支出。在日常的购销活动中，商品在出售之前通常要经历一个存储过程，本期购入的商品不一定本期售出。且购货通常采用赊购方式。这样权责发生制下的本期销货成本不一定等于本期的购货，本期的购货也不一定等于用于购货的本期现金支出。因此，把本期销售成本调整为用于购货的本期现金支出，应根据存货和应付账款的变动加以分析。

本期收益表上的销售成本加上期末存货余额即等于本期可供销售商品的成本，减去期初的存货余额，便是本期的购货成本。项目本会计年度的购货成本计算如下：

本期销售成本

　　加：期末存货余额

　　减：期初存货余额

　　等于：本期购货成本

本期购货成本加上应付账款的期初余额即等于本期可能支付的购货欠款，减去应付账款期末尚未偿还的余额，即得出购货的本期现金支出。项目本会计年度的购货现金支出计算如下：

本期购货成本

　　加：应付账款期初余额

　　减：应付账款期末余额

　　等于：购货本期现金支出

（3）把权责发生制基础上的本期营业费用调整为用于营业费用的本期现金支出。收益表上的营业费用既包括本期发生本期支付的费用，也包括本期摊销的预付费用和尚未支付的应付费用。因此，计算本期用于营业费用的现金支出应在营业费用的基础上，分析应付费用和预付费用的变动情况。具体做法是，在收益表中营业费用的基础上，加上预付费用的期初余额和应付费用的期末余额，减去预付费用的期末余额和应付费用的期初余额，再扣除折旧和无形资产、债券折价摊销等非现金费用，便得出用于营业费用的本期现金支出。项目的营业费用有工薪费、折旧费、利息费、所得税费等。

2. 投资和筹资活动所提供的现金。非现金的流动项目（流动资产和流动负债）对现金流动的影响已反映在营业所提供的现金之中，因而确定投资和筹资活动所提供的现金，只要分析非流动性项目，即长期资产、长期负债和股东权益等项目。

（1）投资所提供的现金。确定投资所提供的现金，应分析各非流动资产项目及相应的变化。以固定资产为例，引起固定资产净值变动的原因通常有：固定资产的购置、固定资产的处理和固定资产的折旧。项目本会计年度固定资产投资的现金支出计算如下：

固定资产期末数

减：固定资产期初净值

加：固定资产折旧

等于：购置固定资产支出现金

（2）筹资所提供的现金。确定筹资所提供的现金应分析长期负债和股东权益等项目。引起长期负债项目变动的原因是长期负债的借入和长期负债的偿还。股东权益项目包括吸收股东投资收到的现金、发放现金股利等。

（三）商业银行现金流量表列示说明

除下列项目以外，其他项目比照一般企业现金流量表列示说明处理。

1. 经营活动产生的现金流量。（1）“客户存款和同业存放款项净增加额”项目，反映商业银行本期吸收的境内外金融机构以及非同业存放款项以外的各种存款的净增加额。（2）“向中央银行借款净增加额”项目，反映商业银行本期向中央银行借入款项的净增加额。（3）“向其他金融机构拆入资金净增加额”项目，反映商业银行本期从境内外金融机构拆入款项所取得的现金，减去拆借给境内外金融机构款项所支付现金后的净额。（4）“客户贷款及垫款净增加额”项目，反映商业银行本期发放的各种客户贷款，以及办理商业票据贴现、转贴现融出及融入资金等业务款项的净增加额。（5）“存放中央银行和同业款项净增加额”项目，反映商业银行本期存放于中央银行以及境内外金融机构的款项的净增加额。

2. 筹资活动产生的现金流量。“发行债券收到的现金”项目，反映商业银行以发行债券方式筹集资金实际收到的款项，减去直接支付给其他金融企业的佣金、手续费、宣传费、咨询费、印刷费等发行费用后的净额。

四、商业银行会计报表附注

会计报表中所规定的内容具有一定的固定性和规定性，只能提供定量的会计信息，其所能反映的会计信息受到一定的限制。会计报表附注是会计报表的补充，主要对会计报表不能包括的内容，或者披露不详尽的内容作进一步的解释说明，以有助于会计报表使用者理解和使用会计信息。商业银行应当按照38项具体会计准则要求在附注中至少披露下列内容（非重要项目和商业银行不具有的项目除外）：（1）商业银行的基本情况；（2）财务报表的编制基础；（3）遵循企业会计准则的声明；（4）重要会计政策和会计估计；（5）会计政策和会计估计变更以及差错更正的说明；（6）重要报表项目的说明；（7）或有和承诺事项的说明；（8）资产负债表日后非调整事项、关联方关系及其交易的说明；（9）现金流量表补充资料披露格式及披露说明；（10）现金流量表以总额披露取得或处置子公司及其他营业单位的有关信息；（11）披露现金和现金等价物的有关信息。

第二节　商业银行绩效评估指标与评估方法

商业银行的经营绩效评估，是对银行在一定经营期间的资产运营、财务效益、资本保值增值等经营目标的实现程度，运用专门的方法进行真实、客观、公正的综合考核和评判的活动。进行绩效分析，不仅要考察报表资料中的各项具体数据，更重要的是要分析各项数据的联系和变动趋势。为了详细了解银行的绩效水平，揭示财务报表中各项数据的联系及变动趋势，必须运用准确有效的绩效分析方法和恰当的评估指标。

一、绩效评估指标

设计绩效评价指标体系是进行评估的关键，必须服从商业银行经营总目标，即价值最大化。理论上，银行经营管理的目标是本银行价值最大化，但其经营的具体目标则是利润。衡量一家银行的经营业绩是否达到具体目标，最简单的方法就是将目标利润与实际利润进行对比分析，比如3年前要求3年内使利润总额增长30%等，3年后或年末简单计算一下即可。但这只能与计划对比，如果要进行不同规模下的利润分析，仅分析绝对额是不够的，难以达到分析的目的。因此分析银行业绩，需要设置一系列相对数指标，从各方面衡量银行的盈利能力。

（一）股权收益率

股权收益率（ROE）也称为净资产收益率，用于衡量银行给其股东的回报率。它近似于股东从投资的一家银行中所收到的净收益。一般来说，该指标值越高，股东投资的效益越好。计算公式为

$$\text{股权收益率}=\frac{\text{净利润}}{\text{股东权益总额}}\times 100\% \tag{14.4}$$

股权收益率有全面摊薄和加权平均两种计算方法。

1. 全面摊薄净资产收益率。全面摊薄净资产收益率是以期末净资产为基础计算的。计算公式为

$$全面摊薄净资产收益率 = P \div E \tag{14.5}$$

式中，P 为归属于公司普通股股东的净利润或扣除非经常性损益后归属于公司普通股股东的净利润；E 为归属于公司普通股股东的期末净资产。

公司编制和披露合并报表的，“归属于公司普通股股东的净利润”不包括少数股东损益金额；“扣除非经常性损益后归属于公司普通股股东的净利润”以扣除少数股东损益后的合并净利润为基础，扣除母公司非经常性损益（应考虑所得税影响）、各子公司非经常性损益（应考虑所得税影响）中母公司普通股股东所占份额；“归属于公司普通股股东的期末净资产”不包括少数股东权益金额。

2. 加权平均净资产收益率。加权平均净资产收益率是以平均净资产为基础计算的。计算公式为

$$ROE = \frac{P}{E_0 + \frac{NP}{2} + \frac{E_i M_i}{M_0} - \frac{E_j M_j}{M_0} \pm \frac{E_k M_k}{M_0}} \tag{14.6}$$

式中，P 分别对应于归属于公司普通股股东的净利润、扣除非经常性损益后归属于公司普通股股东的净利润；NP 为归属于公司普通股股东的净利润；E_0 为归属于公司普通股股东的期初净资产；E_i 为报告期发行新股或债转股等新增的、归属于公司普通股股东的净资产；E_j 为报告期回购或现金分红等减少的、归属于公司普通股股东的净资产；M_0 为报告期月份数；M_i 为新增净资产下一月份起至报告期期末的月份数；M_j 为减少净资产下一月份起至报告期期末的月份数；E_k 为因其他交易或事项引起的净资产增减变动；M_k 为发生其他净资产增减变动下一月份起至报告期期末的月份数。

（二）每股盈余

每股盈余（EPS）也称为每股收益，是净利润与发行在外的普通股股数的比值，反映普通股的获利水平。该指标值越高，每一股可分得的利润也就越多，股东的投资效益就越好，反之越差。计算公式为

$$每股盈余 = \frac{净利润}{发行在外的普通股加权平均数} \times 100\% \tag{14.7}$$

每股盈余也有全面摊薄和加权平均两种计算方法。

1. 基本每股收益。基本每股收益（EPS），可参照如下公式计算：

$$EPS = \frac{P}{S_0 + S_1 + \frac{S_i M_i}{M_0} - \frac{S_j M_j}{M_0} - S_k} \tag{14.8}$$

式中，P 为归属于公司普通股股东的净利润或扣除非经常性损益后归属于普通股股东的净利润；S 为发行在外的普通股加权平均数；S_0 为期初股份总数；S_1 为报告期因公积金转增股本或股票股利分配等增加的股份数；S_i 为报告期因发行新股或债转股等增加的股

份数；S_j 为报告期因回购等减少的股份数；S_k 为报告期缩减的股数；M_0 为报告期月份数；M_i 为增加股份下一月份起至报告期期末的月份数；M_j 为减少股份下一月份起至报告期期末的月份数。

2. 稀释每股收益。公司存在稀释性潜在普通股的，应当分别调整归属于普通股股东的报告期净利润和发行在外普通股加权平均数，并据此计算稀释每股收益。在发行可转换债券、股份期权、认股权证等稀释性潜在普通股情况下，稀释每股收益可参照如下公式计算：

$$\text{稀释每股收益} = \frac{P + (A - C)(1 - T)}{S_0 + S_1 + \frac{S_i M_i}{M_0} - \frac{S_j M_j}{M_0} - S_k + m} \tag{14.9}$$

式中，P 为归属于公司普通股股东的净利润或扣除非经常性损益后归属于公司普通股股东的净利润；A 为已确认为费用的稀释性潜在普通股股息；C 为转换费用；T 为所得税税率；m 为认股权证、股份期权、可转换债券等增加的普通股加权平均数。

公司在计算稀释每股收益时，应考虑所有稀释性潜在普通股的影响，直至稀释每股收益达到最小。

（三）资产收益率

资产收益率（ROA）也称为平均总资产回报率，即税后利润除以期初和期末总资产余额的平均数。这是反映银行管理效率的一个指标。即银行管理层将银行的资产转化为净收益方面的能力。计算公式为

$$\text{资产收益率} = \frac{\text{净利润}}{\text{期初和期末资产余额的平均数}} \times 100\% \tag{14.10}$$

（四）净利差率

净利差率是日均生息资产收益率减日均计息负债付息率。这个指标反映了银行作为资金借贷中介的有效程度以及在其经营领域中竞争的激烈程度。激烈的竞争使平均资产收益率与平均负债付息率之间的利差受到挤压，从而缩小利差，管理层必须寻找另外的途径来弥补净利息差的减少。计算公式为

$$\text{净利差率} = \frac{\text{利息收入}}{\text{总生息资产}} \times 100\% - \frac{\text{利息支出}}{\text{总计息负债}} \times 100\% \tag{14.11}$$

式中，

$$\text{利息收入} = \text{贷款及垫款利息收入} + \text{存放与拆放款项利息收入} + \text{投资收益} \tag{14.12}$$

$$\text{利息支出} = \text{存款利息支出} + \text{同业存入与拆入款项利息支出} + \text{发行债券利息支出} \tag{14.13}$$

（五）净利息收益率

净利息收益率即利息净收入与生息资产之比。这是衡量利息收入与利息支出之间的毛利的大小，即管理层通过严格控制银行的收益资产和追求最廉价的融资来源能达到的毛利水平。提高净利息收益率，可以相应地提高资产收益率。计算公式为

$$\text{净利息收益率} = \frac{\text{利息收入} - \text{利息支出}}{\text{生息资产总额}} \times 100\% \tag{14.14}$$

（六）加权风险资产收益率

加权风险资产收益率是税后利润除以期初及期末加权风险资产及市场风险资本调整的平均数。计算公式为

$$\text{加权风险资产收益率}=\frac{\text{净利润}}{\begin{matrix}\text{期初和期末加权}\\\text{风险资产平均数}\end{matrix}+\begin{matrix}\text{市场风险资本}\\\text{调整平均数}\end{matrix}}\times 100\% \tag{14.15}$$

（七）收入成本率

收入成本率也称为成本收入比，是业务及管理费除以营业收入。反映银行每取得1元营业收入所耗费的业务及管理成本（不包括资产损失准备）。银行管理层可以通过控制成本支出来降低收入成本率，从而提高盈利能力。计算公式为

$$\text{收入成本率}=\frac{\text{业务及管理费}}{\text{营业收入}}\times 100\% \tag{14.16}$$

式中，营业收入＝利息净收入＋手续费及佣金净收入＋投资收益
－公允价值变动净损失－汇兑及汇率产品净损失＋其他业务收入 (14.17)

（八）手续费及佣金收入占比

商业银行作为金融中介，除了融通资金收取利息以外，还有大量的非资金的金融收费服务，即手续费和佣金收入。在资金规模一定的情况下，手续费及佣金收入越多银行的盈利能力也就越高。因此，手续费及佣金收入占营业收入的比重也是衡量商业银行盈利能力的一个重要指标。计算公式为

$$\text{手续费及佣金收入占比}=\frac{\text{手续费及佣金收入}}{\text{营业收入}}\times 100\% \tag{14.18}$$

上述八个指标构成了衡量商业银行经营效益的一个完整指标体系。从它们的联系来看，前两个指标反映银行经营的结果，后六个指标反映银行经营的过程。前两个指标的好坏，可以从后六个指标中找出原因。银行的股东们最关心的是前两个指标；作为银行管理层，不仅要关心前两个指标，更要关心后六个指标。

如果单从投资人的角度分析，还可以通过经济增加值（EVA）指标来衡量公司是否为投资人真正创造了财富。因为在股权收益率指标中，没有扣除股权资本成本，是将股东资金当成零成本看待的。公司使用股东资金应该是成本最昂贵的一种资金。只有当税后利润扣除了股权资本成本后仍有剩余，即 $EVA>0$ 时，才是公司真正为股东创造了财富。

二、绩效评估方法

（一）比较分析法

比较分析法是指将财务指标进行对比，计算差异，揭示银行财务状况和经营成果的一种分析方法。比较分析法是最常用的一种基本方法，因为只有比较才能鉴别。具体运用这种方法时，是以本期实际指标与相关指标进行比较。

1. 选择相关指标的评价标准。这是比较分析的重要条件。在比较分析中通常采用的指标评价标准有：（1）法定标准。法定标准是银行监管部门为维护银行业稳健运行而制

定的强制性标准，任何一个银行都必须执行。例如我国商业银行资产负债比例管理规定流动比率不得低于25%。这些标准是根据银行业经营管理的实际情况而制定的，应用得很普遍，利用这些标准能揭示银行财务活动与财务风险的一般状况。（2）同业标准。同业标准是以银行业的特定指标数值作为财务分析对比的标准，在实际工作中的具体做法有多种：本银行的财务指标与同业公认的标准指标对比；与同业的先进水平指标对比；与同业的平均水平指标对比。通过同业标准指标比较，有利于揭示本银行与同业的差距。（3）计划标准。计划标准即银行经营管理的目标，它是在分析影响财务指标的主、客观因素的基础上制定的。本期实际与本期计划比较，可以分析计划的完成情况，如果银行的实际财务指标达不到计划目标而产生差异，应进一步查明原因，以便改进银行的经营管理。（4）历史标准。历史标准可以是绝对数，也可以是相对数。在绩效分析工作中，历史标准的具体运用方式有三种：一是期末与期初对比，即本期期末的财务指标的实际数与上期末（本期初）相同指标的实际数进行比较；二是与历史同期对比，即本期财务指标的实际数与历史相同时期的指标进行比较；三是与历史最高水平对比，即本期财务指标与该指标历史上曾达到过的最高水平进行比较。财务分析中采用历史标准有利于揭示银行绩效状况变化趋势及存在的差距。

2. 采用比较分析法进行绩效分析时应注意的问题。计算口径必须保持一致：指实际财务指标所包含的内容、范围要与标准指标保持一致；否则，二者没有可比性。

时间跨度必须保持一致：指实际财务指标的计算期限要与标准指标保持一致，如果实际指标是年度指标，那么，标准指标也应是年度指标；否则，二者不可比。

计算方法必须保持一致：这里说的计算方法不仅是指计算指标的程序，而且还包括影响指标的各项因素；否则，二者不可比。

绝对数指标比较与相对数指标比较必须同时进行。因为绝对数指标与银行生产经营规模的大小有直接关系，采用绝对数指标对比虽然能反映出财务指标的表面差异，但不能深入揭示财务现象的内部矛盾，而采用相对数指标对比则能做到这一点。

（二）比率分析法

比率分析法是指利用财务报表中两项相关数值的比率揭示银行财务状况和经营成果的一种分析方法。在财务分析中，比率分析法应用得比较广泛。财务比率有相关比率、结构比率和动态比率。

1. 相关比率。相关比率是指同一时期财务报表中两项相关数值的比率。这一类比率包括：反映偿债能力的比率，如资产负债率等；反映抗风险能力的比率，如资本充足率等；反映盈利能力的比率，如资本利润率等。

2. 结构比率。结构比率是指同一类指标中的部分与总体之比。这类比率揭示了部分与整体的关系，通过不同时期结构比率的比较还可以揭示其变化趋势。如现金与资产的比率、流动资产与全部资产的比率。

3. 动态比率。动态比率是指财务报表中某个项目不同时期的两项数值的比率，用来反映指标的发展变化趋势。这类比率又分为定基比率和环比比率，分别以不同时期的数值为基础揭示某项财务指标的增长速度和发展速度。

在绩效分析中，比率分析法要与比较分析法结合起来，这样才能更加全面、深入地揭示银行的财务状况、经营成果及其变动趋势。

（三）因素分析法

一个经济指标往往是由多种因素构成的。它们各自对某一个经济指标都有不同程度的影响，只有将这一综合性的指标分解成各个构成因素，才能从数量上把握每一个因素的变化对总体指标的影响程度，给工作指明方向。把综合性指标分解成各个原始的因素，以便确定影响绩效的原因，这种方法称为因素分析法。其要点如下：第一，确定某项指标是由哪几项因素构成的，各因素的排列要遵循正常的顺序；第二，确定各因素与某项指标的关系，如加减关系、乘除关系、乘方关系、函数关系等；第三，根据分析的目的对每个因素进行分析，测定某一因素对指标变动的影响方向和程度。

以股权收益率因素分析为例，比较股权收益率与资产收益率两个指标，很容易看出它们是紧密相连的，因为它们的分子都是净利润。因此，可以将两个指标直接相连。计算公式为

$$\begin{aligned}\text{股权收益率} &= \frac{\text{资产总额}}{\text{股东权益总额}} \times \frac{\text{净利润}}{\text{资产总额}} \times 100\% \\ &= \text{股东权益乘数} \times \text{资产收益率}\end{aligned} \tag{14.19}$$

表明股权收益率的高低受到股东权益乘数和资产收益率两个因素的影响。股权收益率与资产收益率的关系，还清楚地描述了银行管理层所面对的风险与回报之间此消彼长的基本关系。

股权收益率也可以分解成三个因素进行分析。计算公式为

$$\begin{aligned}\text{股权收益率} &= \frac{\text{资产总额}}{\text{股东权益总额}} \times \frac{\text{总收入}}{\text{资产总额}} \times \frac{\text{净利润}}{\text{总收入}} \times 100\% \\ &= \text{股东权益乘数} \times \text{资产利用率} \times \text{收入净利率}\end{aligned} \tag{14.20}$$

这一公式表明，股权收益率的高低受到股东权益乘数、资产利用率和收入净利率三个因素的影响，任何一个因素的变化，都会使股权收益率发生变化。在这三个指标中，股东权益乘数的作用最大。对很多银行而言，平均为 15 倍至 18 倍。但有些银行经常以 20 倍以上的乘数进行运作。这一乘数是对银行杠杆的直接衡量，即每 1 元股东资金支持多少资产以及银行资产中多大一部分必须建立在债务的基础上。由于股东资金必须吸收银行资产上的损失，所以乘数越大，银行股东所承担的财务风险也越大。但是，当债务成本率低于资产利用率时，股东权益乘数越大，银行给股东带来的高额回报的潜力也越大，即财务杠杆的正效应。资产利用率和收入净利率在一定程度上受到管理层的控制与引导。它提示银行可以通过收入最大化以及成功地控制成本来增加净利润并提高股东回报率。管理层如果谨慎地将银行资产投向收益率高的贷款和投资，又避免过度的风险，同样可以提高银行资产收益率。

例题：根据某商业银行财务报表数据（见表 14 - 1），分析该银行 2017 年股权收益率变动的原因。

表 14－1　　财务数据表　　单位：百万元人民币

指标	2017 年	2016 年
营业收入	726 502	675 891
净利润	287 451	279 106
资产总额	26 087 043	24 137 265
股东权益总额	2 141 056	1 981 163

资料来源：某国有商业银行网站。

根据公式（14.4）分别计算出 2017 年与 2016 年的股权收益率，然后计算 2017 年股权收益率的变动率。计算时，采用银行财务报表上的营业收入作为总收入。

2017 年的股权收益率为

$$股权收益率 = \frac{净利润}{股东权益总额} \times 100\% = \frac{287\ 451}{2\ 141\ 056} \times 100\% = 13.43\%$$

2016 年的股权收益率为

$$股权收益率 = \frac{净利润}{股东权益总额} \times 100\% = \frac{279\ 106}{1\ 981\ 163} \times 100\% = 14.09\%$$

$$2017\ 年股权收益率的变动率 = \frac{13.43\% - 14.09\%}{14.09\%} \times 100\% = -4.68\%$$

分别计算 2017 年与 2016 年的股东权益乘数、资产利用率和收入净利率，并计算 2017 年这三个因素的变动率。

2017 年的股东权益乘数、资产利用率和收入净利率计算如下：

$$股东权益乘数 = \frac{资产总额}{股东权益总额} = \frac{26\ 087\ 043}{2\ 141\ 056} = 12.18$$

$$资产利用率 = \frac{总收入}{资产总额} \times 100\% = \frac{726\ 502}{26\ 087\ 043} \times 100\% = 2.78\%$$

$$收入净利率 = \frac{净利润}{总收入} \times 100\% = \frac{287\ 451}{726\ 502} \times 100\% = 39.57\%$$

2016 年的股东权益乘数、资产利用率和收入净利率计算如下：

$$股东权益乘数 = \frac{资产总额}{股东权益总额} = \frac{24\ 137\ 265}{1\ 981\ 163} = 12.18$$

$$资产利用率 = \frac{总收入}{资产总额} \times 100\% = \frac{675\ 891}{24\ 137\ 265} \times 100\% = 2.80\%$$

$$收入净利率 = \frac{净利润}{总收入} \times 100\% = \frac{279\ 106}{675\ 891} \times 100\% = 41.29\%$$

2017 年股东权益乘数、资产利用率和收入净利率变动情况如下：

$$股东权益乘数变动率 = \frac{12.18 - 12.18}{12.18} \times 100\% = 0$$

$$资产利用率变动率 = \frac{2.78\% - 2.80\%}{2.80\%} \times 100\% = -0.71\%$$

$$收入净利率变动率 = \frac{39.57\% - 41.29\%}{41.29\%} \times 100\% = -4.17\%$$

根据以上计算结果可知，该银行 2017 年的股权收益率比 2016 年下降了 4.68%，股东权益乘数没有变动，资产利用率仅下降 0.71%，收入净利率则下降了 4.17%。根据式（14.20）判断，该银行收入净利率的下滑是导致该银行股权收益率下降的主要原因。（本例题到此结束）

银行的净利润等于其总收入减去包括费用在内的总成本和税金。因此，股权收益率还可以进行四因素分析。计算公式为

$$股权收益率 = \frac{资产总额}{股东权益总额} \times \frac{总收入}{资产总额} \times \frac{总成本}{总收入} \times \frac{净利润}{总成本} \times 100\% \tag{14.21}$$

$$= 股东权益乘数 \times 资产利用率 \times 收入成本率 \times 成本利润率$$

这一关系式说明，一家银行给股东的回报，不仅要恰当地利用财务杠杆，而且还要想方设法提高资产利用率并降低收入成本率。如果不能有效地控制成本费用，甚至于成本费用的增长速度超过了收入的增长速度，那么即使资产利用率再高也不会提高股权收益率。

因素分析法有不同的计算方式，常见的有连环替代法和差额计算法。利用因素分析法，可以全面分析各个因素对某一个经济指标的影响，也可以单独寻求某一个因素对该经济指标的影响程度。

连环替代法是依次把影响一项指标的几个相互联系的因素中的其中一个作为变量，暂时把其他因素作为不变量，逐个进行替换，以测定此因素对该项指标的影响程度。根据测定的结果，可以初步分清主要因素与次要因素，从而抓住关键性因素，有针对性地提出改善经营管理的措施。因素的排列顺序要根据因素的内在联系加以确定，遵循先实物指标后价值指标、先数量指标后质量指标的替换顺序。

差额计算法是连环替代法的简便计算。在计算某一因素的变化对总体指标的影响程度时，直接用某一个因素变化的差额一步计算出来。

第三节　案例分析

案例：根据中国建设银行集团 2017 年年度财务报告分析其经营绩效[①]

一、情况介绍

根据中国建设银行网站提供的信息，中国建设银行股份有限公司总部设在北京，于 2005 年 10 月在香港联合交易所挂牌上市，于 2007 年 9 月在上海证券交易所挂牌上市。2017 年末，该行市值约为 2 328.98 亿美元，居全球上市银行第五位。

① 本案例资料来源于《中国建设银行股份有限公司 2017 年度报告》。

二、财务摘要

（一）财务数据

表 14 – 2　　财务数据情况　　单位：百万元人民币

项目	2017 年	2016 年	变化/%	2015 年	2014 年	2013 年
全年						
利息净收入	452 456	417 799	8.30	457 752	437 398	389 544
手续费及佣金净收入	117 798	118 509	(0.60)	113 530	108 517	104 283
其他非利息收入	51 405	68 782	(25.26)	33 915	24 555	14 781
营业收入	621 659	605 090	2.74	605 197	570 470	508 608
业务及管理费	(159 118)	(152 820)	4.12	(157 380)	(159 825)	(148 692)
资产减值损失	(127 362)	(93 204)	36.65	(93 639)	(61 911)	(43 209)
营业利润	298 186	292 389	1.98	296 090	297 247	277 972
利润总额	299 787	295 210	1.55	298 497	299 086	279 806
净利润	243 615	232 389	4.83	228 886	228 247	215 122
归属于本行股东的净利润	242 264	231 460	4.67	228 145	227 830	214 657
扣除非经常性损益后归属于本行股东的净利润	240 995	229 177	5.16	226 213	226 374	213 213
经营活动产生的现金流量净额	79 090	882 532	(91.04)	633 494	316 951	45 929

资料来源：中国建设银行网站（下同）。

表 14 – 3　　财务数据情况（续表 1）　　单位：百万元人民币

项目	2017 年	2016 年	变化/%	2015 年	2014 年	2013 年
于 12 月 31 日						
客户贷款和垫款总额	12 903 441	11 757 032	9.75	10 485 140	9 474 510	8 590 057
贷款损失准备	(328 968)	(268 677)	22.44	(250 617)	(251 613)	(228 696)
资产总额	22 124 383	20 963 705	5.54	18 349 489	16 744 093	15 363 210
客户存款	16 363 754	15 402 915	6.24	13 668 533	12 899 153	12 223 037
负债总额	20 328 556	19 374 051	4.93	16 904 406	15 492 245	14 288 881
股东权益	1 795 827	1 589 654	12.97	1 445 083	1 251 848	1 074 329
归属于本行股东权益	1 779 760	1 576 500	12.89	1 434 020	1 241 510	1 065 951
核心一级资本净额①	1 691 332	1 549 834	9.13	1 408 127	1 236 112	1 061 684
其他一级资本净额①	79 788	19 741	304.17	19 720	37	16
二级资本净额①	231 952	214 340	8.22	222 326	280 161	255 024
资本净额①	2 003 072	1 783 915	12.29	1 650 173	1 516 310	1 316 724
风险加权资产①	12 919 980	11 937 774	8.23	10 722 082	10 203 754	9 872 790

①按照《商业银行资本管理办法》相关规则计算资本充足率；自 2014 年第二季度起，采用资本计量高级方法计量资本充足率，并适用并行期规则。

表 14－4　　财务数据情况（续表 2）　　单位：百万元人民币

每股计/人民币元	2017 年	2016 年	变化/%	2015 年	2014 年	2013 年
基本和稀释每股收益①	0.96	0.92	4.35	0.91	0.91	0.86
扣除非经常性损益后的基本和稀释每股收益①	0.96	0.91	5.49	0.90	0.91	0.85
于资产负债表日后每股宣派末期现金股息	0.291	0.278	4.68	0.274	0.301	0.30
每股净资产	6.86	6.28	9.24	5.78	5.01	4.30
每股经营活动产生的现金流量净额	0.32	3.53	(90.93)	2.53	1.27	0.18

①根据证监会《公开发行证券公司信息披露编报规则第 9 号——净资产收益率和每股收益的计算及披露》（2010 年修订）的规定计算。

（二）财务指标

表 14－5　　财务比率情况　　单位：%

指标	2017 年	2016 年	+（－）	2015 年	2014 年	2013 年
盈利能力指标						
平均资产回报率①	1.13	1.18	(0.05)	1.30	1.42	1.47
加权平均净资产收益率②	14.80	15.44	(0.64)	17.27	19.74	21.23
扣除非经常性损益后的加权平均净资产收益率	14.72	15.29	(0.57)	17.12	19.61	21.09
净利差③	2.10	2.06	0.04	2.46	2.61	2.56
净利息收益率④	2.21	2.20	0.01	2.63	2.80	2.74
手续费及佣金净收入对营业收入比率	18.95	19.59	(0.64)	18.76	19.02	20.50
成本收入比⑤	26.95	27.49	(0.54)	26.98	28.85	29.65
资本充足指标						
核心一级资本充足率⑥	13.09	12.98	0.11	13.13	12.11	10.75
一级资本充足率⑥	13.71	13.15	0.56	13.32	12.11	10.75
资本充足率⑥	15.50	14.94	0.56	15.39	14.86	13.34
总权益对资产总额比率	8.12	7.58	0.54	7.88	7.48	6.99
资产质量指标						
不良贷款率	1.49	1.52	(0.03)	1.58	1.19	0.99
拨备覆盖率⑦	171.08	150.36	20.72	150.99	222.33	268.22
减值准备对贷款总额比率	2.55	2.29	0.26	2.39	2.66	2.66

①净利润除以年初和年末资产总额的平均值。

②根据证监会《公开发行证券公司信息披露编报规则第 9 号——净资产收益率和每股收益的计算及披露》（2010 年修订）的规定计算。

③生息资产平均收益率减计息负债平均成本率。

④利息净收入除以生息资产平均余额。

⑤业务及管理费除以营业收入（扣除其他业务成本）。

⑥按照《商业银行资本管理办法》相关规则计算资本充足率；自 2014 年第二季度起，采用资本计量高级方法计量资本充足率，并适用并行期规则。

⑦客户贷款和垫款减值损失准备余额除以不良贷款总额。

表 14－6　资产负债比率情况表　单位：%

指标名称		标准值	2017 年末	2016 年末	2015 年末
流动性比率①	人民币	≥25	43.53	44.21	44.17
	外币	≥25	74.52	40.81	59.84
存贷比率②	人民币		70.73	68.17	69.80
单一大客户贷款比例			4.27	4.03	5.67
最大十家客户贷款比例			13.90	13.37	14.46

①流动性资产除以流动性负债，按照银监会要求计算。

②根据银监会要求，从 2016 年起按照境内法人口径计算存贷比率。以往年度按照法人口径计算。

（三）财务报表

1. 资产负债表

表 14－7　资产负债表

2017 年 12 月 31 日　单位：百万元人民币

项目	附注	本集团		本行	
		2017 年	2016 年	2017 年	2016 年
资产：					
现金及存放中央银行款项	6	2 988 256	2 849 261	2 973 506	2 842 072
存放同业款项	7	175 005	494 618	126 766	389 062
贵金属		157 036	202 851	157 036	202 851
拆出资金	8	325 233	260 670	286 797	318 511
以公允价值计量且其变动计入当期损益的金融资产	9	578 436	488 370	395 536	360 628
衍生金融资产	10	82 980	89 786	75 851	81 425
买入返售金融资产	11	208 360	103 174	194 850	67 391
应收利息	12	116 993	101 645	111 436	98 040
客户贷款和垫款	13	12 574 473	11 488 355	12 081 328	11 084 938
可供出售金融资产	14	1 550 680	1 633 834	1 402 017	1 473 168
持有至到期投资	15	2 586 722	2 438 417	2 550 066	2 410 110
应收款项类投资	16	465 810	507 963	575 994	508 363
对子公司的投资	17	—	—	51 660	37 024
对联营和合营企业的投资	18	7 067	7 318	—	—
纳入合并范围的结构化主体投资		—	—	187 486	211 908
固定资产	20	169 679	170 095	144 042	145 421
土地使用权	21	14 545	14 742	13 657	14 277
无形资产	22	2 752	2 599	1 831	1 588
商誉	23	2 751	2 947	—	—

续表

项目	附注	本集团		本行	
		2017 年	2016 年	2017 年	2016 年
递延所得税资产	24	46 189	31 062	43 821	28 281
其他资产	25	71 416	75 998	91 671	106 344
资产总计		22 124 383	20 963 705	21 465 351	20 381 402
负债：					
向中央银行借款	27	547 287	439 339	546 633	438 660
同业及其他金融机构存放款项	28	1 336 995	1 612 995	1 323 371	1 582 881
拆入资金	29	383 639	322 546	318 488	311 095
以公允价值计量且其变动计入当期损益的金融负债	30	414 148	396 591	413 523	395 769
衍生金融负债	10	79 867	90 333	73 730	83 332
卖出回购金融资产	31	74 279	190 580	53 123	170 067
客户存款	32	16 363 754	15 402 915	16 064 638	15 114 993
应付职工薪酬	33	32 632	33 870	29 908	31 779
应交税费	34	54 106	44 900	51 772	43 653
应付利息	35	199 588	211 330	197 153	210 035
预计负债	36	10 581	9 276	8 543	7 336
已发行债务证券	37	596 526	451 554	538 989	386 491
递延所得税负债	24	389	570	39	53
其他负债	38	234 765	167 252	95 324	54 015
负债合计		20 328 556	19 374 051	19 715 234	18 830 159
股东权益：					
股本	39	250 011	250 011	250 011	250 011
其他权益工具优先股	40	79 636	19 659	79 636	19 659
资本公积	41	134 537	134 543	135 109	135 109
其他综合收益	42	(29 638)	(1 211)	(24 225)	(1 990)
盈余公积	43	198 613	175 445	198 613	175 445
一般风险准备	44	259 680	211 193	254 864	206 697
未分配利润	45	886 921	786 860	856 109	766 312
归属于本行股东权益合计		1 779 760	1 576 500	1 750 117	1 551 243
少数股东权益		16 067	13 154	—	—
股东权益合计		1 795 827	1 589 654	1 750 117	1 551 243
负债和股东权益总计		22 124 383	20 963 705	21 465 351	20 381 402

2. 利润表

表 14－8　利润表

2017 年度　单位：百万元人民币

项目	附注	本集团		本行	
		2017 年	2016 年	2017 年	2016 年
一、营业收入		621 659	605 090	562 284	535 687
利息净收入	46	452 456	417 799	430 982	402 900
利息收入		750 154	696 637	713 821	670 855
利息支出		(297 698)	(278 838)	(282 839)	(267 955)
手续费及佣金净收入	47	117 798	118 509	113 855	115 876
手续费及佣金收入		131 322	127 863	126 067	125 024
手续费及佣金支出		(13 524)	(9 354)	(12 212)	(9 148)
投资收益	48	6 411	19 112	4 656	13 383
其中：对联营和合营企业的投资收益		161	69	—	—
公允价值变动收益（损失）	49	(32)	(1 412)	502	(458)
汇兑收益		14 455	2 817	11 606	3 377
其他业务收入	50	30 571	48 265	683	609
二、营业支出		(323 473)	(312 701)	(280 300)	(252 071)
税金及附加		(5 767)	(17 473)	(5 472)	(17 019)
业务及管理费	51	(159 118)	(152 820)	(149 427)	(143 229)
资产减值损失	52	(127 362)	(93 204)	(124 042)	(90 534)
其他业务成本	53	(31 226)	(49 204)	(1 359)	(1 289)
三、营业利润		298 186	292 389	281 984	283 616
加：营业外收入		3 983	4 257	3 710	3 931
减：营业外支出		(2 382)	(1 436)	(1 951)	(1 360)
四、利润总额		299 787	295 210	283 743	286 187
减：所得税费用	54	(56 172)	(62 821)	(52 063)	(62 059)
五、净利润		243 615	232 389	231 680	224 128

3. 现金流量表

表 14 –9 现金流量表

2017 年度 单位：百万元人民币

项目	附注	本集团		本行	
		2017 年	2016 年	2017 年	2016 年
一、经营活动现金流量：					
向中央银行借款净增加额		110 473	395 118	110 488	395 343
客户存款和同业及其他金融机构存放款项净增加额		766 290	1 829 273	751 673	1 808 250
拆入资金净增加额		79 857	—	29 663	—
以公允价值计量且其变动计入当期损益的金融负债净增加额		18 588	92 919	18 740	93 010
已发行存款证净增加额		141 011	12 653	148 479	20 006
存放中央银行和同业款项净减少额		32 837	—	—	—
拆出资金净减少额		47 448	10 762	80 567	—
买入返售金融资产净减少额		—	208 433	—	242 148
收取的利息、手续费及佣金的现金		911 742	842 155	870 400	810 378
收到的其他与经营活动有关的现金		155 039	37 734	124 264	4 573
经营活动现金流入小计		2 263 285	3 429 047	2 134 274	3 373 708
存放中央银行和同业款项净增加额		—	(328 481)	(5 448)	(257 744)
拆出资金净增加额		—	—		(24 082)
以公允价值计量且其变动计入当期损益的金融资产净增加额		(92 424)	(211 099)	(34 795)	(97 478)
买入返售金融资产净增加额		(105 468)	—	(127 459)	—
客户贷款和垫款净增加额		(1 299 971)	(1 258 420)	(1 190 454)	(1 205 481)
拆入资金净减少额		—	(16 216)	—	(14 329)
卖出回购金融资产净减少额		(115 297)	(78 104)	(116 926)	(94 502)
支付的利息、手续费及佣金的现金		(327 235)	(276 489)	(316 333)	(265 453)
支付给职工以及为职工支付的现金		(97 576)	(93 055)	(92 423)	(87 231)
支付的各项税费		(91 429)	(102 743)	(88 766)	(103 617)
支付的其他与经营活动有关的现金		(54 795)	(181 908)	(33 597)	(192 369)
经营活动现金流出小计		(2 184 195)	(2 546 515)	(2 006 201)	(2 342 286)
经营活动产生的现金流量净额	55（1）	79 090	882 532	128 073	1 031 422

续表

项目	附注	本集团		本行	
		2017 年	2016 年	2017 年	2016 年
二、投资活动现金流量：					
收回投资收到的现金		1 446 732	777 941	925 343	685 822
收取的现金股利		2 237	2 566	133	104
处置固定资产和其他长期资产收回的现金净额		2 911	1 187	556	1 536
收回纳入合并范围的结构化主体投资收到的净现金		—	—	24 422	—
投资活动现金流入小计		1 451 880	781 694	950 454	687 462
投资支付的现金		(1 525 529)	(1 363 040)	(1 105 742)	(1 239 507)
购建固定资产和其他长期资产支付的现金		(22 263)	(27 742)	(14 688)	(16 827)
取得子公司、联营和合营企业支付的现金		(1 544)	(1 393)	(12 000)	(2 503)
对子公司增资支付的现金		—	—	(2 636)	(2 256)
投资纳入合并范围的结构化主体支付的净现金		—	—	—	(211 908)
投资活动现金流出小计		(1 549 336)	(1 392 175)	(1 135 066)	(1 473 001)
投资活动所用的现金流量净额		(97 456)	(610 481)	(184 612)	(785 539)
三、筹资活动现金流量：					
发行债券收到的现金		34 989	16 522	22 030	—
子公司吸收少数股东投资收到的现金		3 569	13	—	—
发行优先股收到的现金		59 977		59 977	
筹资活动现金流入小计		98 535	16 535	82 007	—
分配股利支付的现金		(70 688)	(69 574)	(70 548)	(69 570)
偿还债务支付的现金		(6 347)	(11 711)	(1 790)	(3 500)
子公司购买少数股东股权支付的现金		—	(144)	—	—
偿还债券利息支付的现金		(12 708)	(10 474)	(10 818)	(9 682)
筹资活动现金流出小计		(89 743)	(91 903)	(83 156)	(82 752)
筹资活动产生/（所用）的现金流量净额		8 792	(75 368)	(1 149)	(82 752)
四、汇率变动对现金及现金等价物的影响		(18 211)	14 520	(20 047)	15 617
五、现金及现金等价物净（减少）增加额	55（2）	(27 785)	211 203	(77 735)	178 748
加：年初现金及现金等价物余额		599 124	387 921	592 413	413 665
六、年末现金及现金等价物余额	55（3）	571 339	599 124	514 678	592 413

三、2017 年经营绩效分析

（一）盈利能力指标分析

总体来说，中国建设银行2017 年的利润总额和净利润略有增长，但是盈利能力比上年有所下降。从表 14－10 可以看出，平均资产回报率比上年下降了 0.05 个百分点；加权平均净资产收益率比上年下降了 0.64 个百分点；扣除非经常性损益后的加权平均净资产收益率则比上年下降了 0.57 个百分点。可喜的是净利差率由上年的 2.06% 提高到本年的 2.10%，提高了 0.04 个百分点；净利息收益率也由上年的 2.20% 提高到本年的 2.21%；成本收入则比上年下降了 0.54 个百分点。

表 14－10　盈利能力指标汇总表　单位：%

指标	2017 年	2016 年	比上年增减
平均资产回报率	1.13	1.18	(0.05)
加权平均净资产收益率	14.80	15.44	(0.64)
扣除非经常性损益后的加权平均净资产收益率	14.72	15.29	(0.57)
净利差	2.10	2.06	0.04
净利息收益率	2.21	2.20	0.01
手续费及佣金净收入对营业收入比率	18.95	19.59	(0.64)
成本收入比	26.95	27.49	(0.54)

（二）盈利项目分析

2017 年，中国建设银行实现利润总额 2 997.87 亿元，较上年增长 1.55%；净利润 2 436.15 亿元，较上年增长 4.83%，主要是由于利息净收入较上年增加 346.57 亿元，增幅 8.30%，具体见表 14－11。盈利项目变动比较大的有利息净收入、非利息净收入、税金及附加、业务及管理费、资产减值损失等。

表 14－11　利润各项目变动情况表　单位：百万元人民币

指标	2017 年	2016 年	变动/%
利息净收入	452 456	417 799	8.30
非利息净收入	169 203	187 291	(9.66)
其中：手续费及佣金净收入	117 798	118 509	(0.60)
营业收入	621 659	605 090	2.74
税金及附加	(5 767)	(17 473)	(66.99)
业务及管理费	(159 118)	(152 820)	4.12
资产减值损失	(127 362)	(93 204)	36.65
其他业务成本	(31 226)	(49 204)	(36.54)
营业利润	298 186	292 389	1.98
营业外收支净额	1 601	2 821	(43.25)
利润总额	299 787	295 210	1.55
所得税费用	(56 172)	(62 821)	(10.58)
净利润	243 615	232 389	4.83

1. 利息净收入

2017 年，中国建设银行实现利息净收入 4 524.56 亿元，较上年增长 346.57 亿元，增幅为 8.30%；在营业收入中占比为 72.78%。该行通过优化资产负债结构、提高资产收益率和加大存款推动力度等措施，使得该行付息负债付息率下降幅度高于生息资产收益率下降幅度，净利差为 2.10%，较上年上升 0.04 个百分点；净利息收益率为 2.21%，较上年上升 0.01 个百分点。净利差与净利息收益率计算如表 14－12 所示。

表 14－12　　净利差与净利息收益率计算表　　单位：百万元人民币

项目	2017 年			2016 年		
	平均余额	利息收入或利息支出	平均收益率/成本率（%）	平均余额	利息收入/支出	平均收益率/成本率（%）
资产						
客户贷款和垫款总额	12 332 949	515 427	4.18	11 198 284	477 204	4.26
债券投资	4 567 181	170 713	3.74	4 281 294	156 204	3.65
存放中央银行款项	2 847 380	43 027	1.51	2 615 994	39 512	1.51
存放同业款项及拆出资金	578 376	15 279	2.64	709 735	19 615	2.76
买入返售金融资产	191 028	5 708	2.99	157 860	4 102	2.60
总生息资产	20 516 914	750 154	3.66	18 963 167	696 637	3.67
总减值准备	(304 369)			(274 175)		
非生息资产	1 895 179			998 631		
资产总额	22 107 724	750 154		19 687 623	696 637	
负债						
客户存款	16 037 819	213 313	1.33	14 666 217	212 474	1.45
同业及其他金融机构存放款项和拆入资金	1 875 668	46 621	2.49	1 942 354	40 593	2.09
已发行债务证券	539 251	19 887	3.69	411 584	16 615	4.04
向中央银行借款	484 099	14 486	2.99	205 300	5 671	2.76
卖出回购金融资产	101 842	3 391	3.33	128 026	3 485	2.72
总计息负债	19 038 679	297 698	1.56	17 353 481	278 838	1.61
非计息负债	1 383 210			848 040		
负债总额	20 421 889	297 698		18 201 521	278 838	
利息净收入		452 456			417 799	
净利差			2.10			2.06
净利息收益率			2.21			2.20

还可以深入分析该行资产和负债项目的平均余额和平均利率变动对利息收支较上年变动的影响。因为不同的资产结构会影响其资产平均收益率，特别是贷款结构对资产平均收益率影响更大。不同的负债结构也会影响平均成本率，特别是不同的存款结构会形成不同的存款平均成本率，从而影响整个负债的平均成本率。

2. 非利息收入

2017 年，中国建设银行非利息收入 1 692. 03 亿元，较上年下降 180. 88 亿元，降幅为 9. 66%（见表 14 - 13）。2017 年，该行手续费及佣金净收入为 1 177. 98 亿元，较上年下降 0. 60%，主要是受市场变化及减费让利等因素影响，代理业务手续费及顾问和咨询费收入出现下降。手续费及佣金净收入对营业收入的比率较上年下降 0. 64 个百分点至 18. 95%。

表 14 - 13　　非利息收入变动情况表　　单位：百万元人民币

项目	2017 年	2016 年	变动/%
手续费及佣金收入	131 322	127 863	2. 71
手续费及佣金支出	(13 524)	(9 354)	44. 58
手续费及佣金净收入	117 798	118 509	(0. 60)
其他非利息收入	51 405	68 782	(25. 26)
非利息收入总额	169 203	187 291	(9. 66)

3. 业务及管理费

2017 年，中国建设银行加强成本管理，优化费用支出结构，成本收入比较上年下降 0. 54 个百分点，下降了 1. 96%（见表 14 - 14）。业务及管理费 1 591. 18 亿元，较上年增加 62. 98 亿元，增幅 4. 12%。其中，员工成本 962. 74 亿元，较上年增加 34. 27 亿元，增幅 3. 69%；物业及设备支出 304. 85 亿元，较上年增加 5. 04 亿元，增幅 1. 68%；其他业务及管理费 323. 59 亿元，较上年增加 23. 67 亿元，增幅 7. 89%，主要是加大了对移动支付、客户拓展和积分兑换等业务的投入。

表 14 - 14　　业务及管理费变动情况表　　单位：百万元人民币

项目	2017 年	2016 年	变动/%
员工成本	96 274	92 847	3. 69
物业及设备支出	30 485	29 981	1. 68
其他	32 359	29 992	7. 89
业务及管理费总额	159 118	152 820	4. 12
成本收入比（%）	26. 95	27. 49	(1. 96)

4. 资产减值损失

2017 年，中国建设银行资产减值损失 1 273. 62 亿元，较上年增加 341. 58 亿元，增长 36. 65%。主要是客户贷款和垫款减值损失较上年增加 338. 01 亿元，增长了 37. 73%；投资减值损失较上年增加 12. 83 亿元，增长了 185. 94%。投资减值损失中，应收款项类投资减值损失为 7. 96 亿元，可供出售金融资产减值损失为 7. 64 亿元。

5. 所得税费用

2017 年，中国建设银行所得税费用 561. 72 亿元，较上年减少 66. 49 亿元。所得税实际税率为 18. 74%，低于 25% 的法定税率。主要是由于中国国债及地方政府债券利息收入按税法规定为免税收益，2017 年该行进一步增持了地方政府债券。

[本章小结]

商业银行财务报表是综合反映商业银行某一特定日期的资产、负债和所有者权益状况，以及某一特定时期经营成果和现金流动情况的书面文件。财务报表以及相关的资料可以为银行绩效的评估提供必要信息。商业银行主要财务报表包括资产负债表、损益表和现金流量表。

商业银行经营绩效的评价是对银行一定经营期间的资产运营、财务效益、资本保值增值等经营目标实现程度，运用一组财务指标和一定的评估方法进行真实、客观、公正的综合考核、评判的活动。绩效分析的方法有比较分析法、比率分析法、因素分析法等。衡量商业银行经营绩效的指标有股权收益率、每股盈余、资产收益率、加权风险资产收益率、收入成本率、净利差率、净利息收益率、手续费及佣金收入占比等，它们构成了一个完整的评估体系。

[本章重要概念]

资产负债表　利润表　现金流量表　经营绩效　股权收益率　每股盈余
资产收益率　收入成本率　净利差率　净利息收益率

[练习题]

一、判断题

1. 现金等价物，是指企业持有的期限短、流动性强、易于转换为已知金额现金、价值变动风险很小的投资。（　　）
2. 股权收益率亦称为净资产收益率。（　　）
3. 归属于公司普通股股东的期末净资产包括少数股东权益金额。（　　）
4. 净利息收益率即利息净收入与全部资产之比。（　　）
5. 加权风险资产收益率是税后利润除以期初及期末加权风险资产及市场风险资本调整的平均数。（　　）

二、单选题

1. 下列不属于经营活动产生的现金流量的项目是（　　）。
   A. 客户存款净增加额　B. 向中央银行借款净增加额
   C. 发行债券收到的现金　D. 客户贷款净增加额
2. 下列指标中不属于相关比率的是（　　）。
   A. 资产负债率　B. 资本充足率
   C. 资产收益率　D. 手续费及佣金收入占比
3. 下列指标中不属于股权收益率的分解因素的是（　　）。

A. 股东权益乘数 B. 资产利用率

C. 收入净利率 D. 资产负债率

三、多选题

1. 经营活动产生的现金流量包括（ ）。

A. 客户存款和同业存放款项净增加额 B. 向中央银行借款净增加额

C. 向其他金融机构拆入资金净增加额 D. 客户贷款及垫款净增加额

2. 计算稀释每股收益时，普通股的潜在稀释性是指公司存在下列哪几种情况？（ ）

A. 发行可转换债券 B. 股份期权

C. 认股权证 D. 优先股

3. 计算净利差率时，利息收入包括的因素有（ ）。

A. 贷款及垫款利息收入 B. 存放款项利息收入

C. 拆放款项利息收入 D. 投资收益

4. 计算净利差率时，利息支出包括的因素有（ ）。

A. 存款利息支出 B. 同业存入利息支出

C. 拆入款项利息支出 D. 发行债券利息支出

5. 计算收入成本率时，营业收入包括的因素有（ ）。

A. 利息净收入和投资收益 B. 手续费及佣金净收入

C. 公允价值变动净损失 D. 汇兑及汇率产品净损失

6. 在比较分析中通常采用的指标评价标准有（ ）。

A. 法定标准 B. 同业标准 C. 计划标准 D. 历史标准

四、计算题

根据美国花旗银行集团财务报表数据，从下列因素计算分析2007年股权收益率变动的原因。

指标	2007年	2006年
总收入	81 698	89 615
净利润	3 617	21 538
资产总额	2 187 631	1 884 318
股东权益总额	113 598	119 783

根据下列资料分析花旗集团2007年和2006年的经营绩效、资产结构、负债结构和股东权益结构。

1. 花旗集团简介

花旗集团（Citigroup）由花旗公司与旅行者集团于1998年合并而成，并于同期换牌上市。换牌上市后成为美国第一家集商业银行、投资银行、保险、共同基金、证券交易等诸多金融业务于一身的金融集团。合并后的花旗集团总资产达7 000亿美元，净收入为500亿美元，在100个国家有1亿个客户，拥有6 000万张信用卡的消费客户。现汇集在花旗集团下的主要有花旗银行、旅行者人寿和养老保险、美邦、Citi-financial、Banamex 和 Primerica。在花旗的历史上，经历了三个重要的发展阶段：花旗银行（Citibank）、花旗公司（Citicorp）和花旗集团（Citigroup）。

2. 花旗集团财务报表①

表 14－15　　花旗集团损益表

截至 2007 年 12 月 31 日　　单位：百万美元

项目	2007 年	2006 年	2005 年
收入			
利息收入	124 467	96 497	75 922
利息支出	77 531	56 943	36 676
净利息收入	46 936	39 554	39 246
佣金及收费	21 132	19 244	16 930
主要交易收入	（12 079）	7 999	6 656
管理和其他信托费用收入	9 172	6 934	6 119
出售投资实现的损益	1 168	1 791	1 962
保险费	3 534	3 202	3 132
其他收入	11 835	10 891	9 597
总的非利息收入	34 762	50 061	44 396
总收入（扣除利息支出）	81 698	89 615	83 642
贷款损失准备和保险给付及赔款准备			
贷款损失准备	17 424	6 738	7 929
保险给付及赔款	935	967	867
尚待履行的贷款承诺准备	150	250	250
总的贷款损失准备和保险给付及赔款准备	18 509	7 955	9 046
营运开支			
报酬和福利	34 435	30 277	25 772
净占用费用	6 680	5 841	5 141
科技/通信费用	4 533	3 762	3 524
广告及市场推广费用	2 935	2 563	2 533
重组费用	1 528	—	—
其他营运开支	11 377	9 578	8 193
总的营运开支	61 488	52 021	45 163
持续性业务收入（扣除所得税、少数股东权益及会计变更累计影响之前）	1 701	29 639	29 433
计提所得税（收入）	（2 201）	8 101	9 078
少数股东权益（扣除税收）	285	289	549

① 资料来源：www. Citibank. com，根据该行 2007 年年度财务报告翻译。

续表

项目	2007 年	2006 年	2005 年
持续性业务收入（会计变更累计影响之前）	3 617	21 249	19 806
非持续性业务			
非持续性业务收入	—	27	908
出售收入	—	219	6 790
计提所得税和少数股东权益（税后）	—	(43)	2 866
非持续性业务收入（税后）	—	289	4 832
会计变更累计影响（税后）	—	—	(49)
净收益	3 617	21 538	24 589
基本每股净收益			
持续性业务净收益	0.73	4.33	3.90
非持续性业务收益（税后）	—	0.06	0.95
会计原则变动累计影响（税后）	—	—	(0.01)
净收入	0.73	4.39	4.84
普通股流通股股数（加权平均值）	4 905.8	4 881.3	5 067.6
摊薄后每股收益			
持续性业务收益	0.72	4.25	3.82
非持续性业务收益（税后）	—	0.06	0.94
会计原则变动累计影响（税后）	—	—	(0.01)
净收入	0.72	4.31	4.75
调整后的普通股加权平均流通股股数	4 995.3	4 986.1	5 160.4

表 14－16　　花旗集团资产负债表

截至 2007 年 12 月 31 日　　单位：百万美元

项目	2007 年末	2006 年末
资产：		
现金及存放同业	38 206	26 514
银行存款	69 366	42 522
出售的联邦资金、借入或回购协议下买入的证券	274 066	282 817
应收佣金	57 359	44 445
交易账户的资产	538 984	393 925
投资	215 008	273 591
扣除未实现收入的贷款		
消费者	592 307	512 921
企业	185 686	166 271
扣除未实现收入的贷款小计	777 993	679 192
贷款减值准备	(16 117)	(8 940)
贷款净额合计	761 876	670 252
商誉	41 204	33 415

续表

项目	2007 年末	2006 年末
无形资产	22 687	15 901
其他资产	168 875	100 936
资产总计	2 187 631	1 884 318
负债：		
国内的不计息存款	40 859	38 615
国内的计息存款	225 198	195 002
国外的不计息存款	43 335	35 149
国外的计息存款	516 838	443 275
存款总额	826 230	712 041
购买的联邦资金和回购协议下卖出的证券	304 243	349 235
应付佣金	84 951	85 119
交易账户的负债	182 082	145 887
短期负债	146 488	100 833
长期负债	427 112	288 494
其他负债	102 927	82 926
负债合计	2 074 033	1 764 535
所有者权益：		
优先股（面值 1 美元，法定股份数为 3 000 万股）①	—	1 000
普通股（面值 0.01 美元，法定股份数为 150 亿股）②	55	55
其他资本公积	18 007	18 253
留存收益	121 920	129 267
库藏股份（扣除成本）③	（21 724）	（25 092）
累积的其他综合收入（损失）	（4 660）	（3 700）
所有者权益合计	113 598	119 783
负债和所有者权益总计	2 187 631	1 884 318

注：①以全流通价值计算。

②2006—2007 年发行的股份数为 5 477 416 086 股。

③2006 年为 565 422 301 股，2007 年为 482 834 568 股。

表 14－17　　花旗集团现金流量表

截至 2007 年 12 月 31 日　　单位：百万美元

项目	2007 年	2006 年	2005 年
持续性业务的现金流量			
净收入	3 617	21 538	24 589
非持续性业务的收入（税后）	—	150	630
销售收入（税后）	—	139	4 202
会计变更累计影响（税后）	—	—	（49）

续表

项目	2007 年	2006 年	2005 年
持续性业务收入	3 617	21 249	19 806
针对持续性业务净收入的净现金调整			
递延购置成本和未来利润现值的摊销	369	287	274
递延购置成本的增加	(482)	(381)	(382)
折旧及摊销	2 421	2 503	2 318
递延税项（收益）准备	(4 256)	90	(181)
信贷损失准备	17 574	6 988	8 179
交易账户资产变化	(62 798)	(98 105)	(16 399)
交易账户负债变化	20 893	24 779	(13 986)
联邦资金出售及证券借入或回购协议下买入的变化额	38 143	(65 353)	(16 725)
联邦资金买入及证券借出或回购协议下卖出的变化额	(56 983)	106 843	33 808
应收佣金净额的变化（应收佣金－应付佣金）	(15 529)	12 503	17 236
出售投资实现的收益	(1 168)	(1 791)	(1 962)
持有待售的贷款额的变化	(30 649)	(1 282)	(1 560)
其他净额	17 418	(8 483)	1 616
调整额总计	(75 047)	(21 402)	12 236
持续性业务的净现金流	(71 430)	(153)	32 042
持续性投资业务的现金流			
银行存款的变化	(17 216)	(10 877)	(5 084)
贷款余额的变化	(361 934)	(356 062)	(291 000)
贷款出售和证券化的净收入	273 464	253 176	245 335
购入投资	(274 426)	(296 124)	(203 023)
出售投资的净收入	211 753	86 999	82 603
到期投资的净收入	121 346	121 111	97 513
其他投资，主要是短期项目的净收入	—	—	148
资本支出（房屋和设备）	(4 003)	(4 035)	(3 724)
出售房屋设备、子公司、附属公司、回收资产的净收入	4 253	1 606	17 611
商业收购	(15 614)	—	(602)
持续性投资活动的净现金流	(62 377)	(204 206)	(60 223)
持续性融资活动的净现金流			
支付的红利	(10 778)	(9 826)	(9 188)
发行普通股股票	1 060	1 798	1 400
净赎回的优先股	(1 000)	(125)	—
库藏股份净增加	(663)	(7 000)	(12 794)

续表

项目	2007 年	2006 年	2005 年
用于支付税款的股票招标融资	(951)	(685)	(696)
发行长期债务	118 496	113 687	68 852
长期债务的支付和到期偿付	(65 517)	(46 468)	(52 364)
存款的变化	93 422	121 203	27 713
短期负债的变化	10 425	33 903	10 163
持续性融资活动的净现金流	144 494	206 487	33 086
汇率变动对现金及现金等价物的影响	1 005	645	(1 840)
非持续性业务			
非持续性业务的净现金流	—	109	(46)
现金和存放银行同业的变化	11 692	2 882	3 019
现金和存放银行同业的期初余额	26 514	23 632	20 613
现金和存放银行同业的期末余额	38 206	26 514	23 632
针对持续性业务现金流的补充信息披露			
今年支付的所得税	5 923	9 230	8 621
今年支付的利息	72 732	51 472	32 081
非现金投资活动			
回收资产的现金转移	2 287	1 414	1 268

表 14－18　　花旗集团近五年财务指标　　单位：百万美元

全年经营成果	2007 年	2006 年	2005 年	2004 年	2003 年
总收入	81 698	89 615	83 642	79 635	71 594
营运开支	61 488	52 021	45 163	49 782	37 500
资产减值准备	18 509	7 955	9 046	7 117	8 924
持续性业务收入（扣除所得税、少数股东权益及会计变更累计影响之前）	1 701	29 639	29 433	22 736	25 170
计提所得税（收入）	(2 201)	8 101	9 078	6 464	7 838
少数股东权益（扣除税收）	285	289	549	218	274
持续性业务收入（会计变更累计影响之前）	3 617	21 249	19 806	16 054	17 508
非持续性业务收入（税后）	—	289	4 832	992	795
会计变更累计影响（税后）	—	—	(49)	—	—
净收入	3 617	21 538	24 589	17 046	17 853
按每股计算					
基本：					
持续性业务收入	0.73	4.33	3.90	3.13	3.34
净收入	0.73	4.39	4.84	3.32	3.49

续表

全年经营成果	2007 年	2006 年	2005 年	2004 年	2003 年
摊薄：					
持续性业务收入	0.72	4.25	3.82	3.07	3.27
净收入	0.72	4.31	4.75	3.26	3.42
普通股每股股息	2.16	1.96	1.76	1.6	1.1
报告期末					
资产总额	2 187 631	1 884 318	1 494 037	1 484 101	1 264 032
客户存款	826 230	712 041	591 828	561 513	473 614
长期负债总额	427 112	288 494	217 499	207 910	162 702
贷款减值准备	23 594	9 579	6 264	6 209	6 057
普通股股东权益	113 598	118 783	111 412	108 166	96 889
股东权益	113 598	119 783	112 537	109 291	98 014
财务指标					
普通股权益收益率（%）	2.9	18.8	22.3	17.0	19.8
权益收益率（%）	3.0	18.6	22.2	16.8	19.6
核心资本充足率（%）	7.12	8.59	8.79	8.74	8.91
资本充足率（%）	10.7	11.65	12.02	11.85	12.04
调整后核心资本充足率（%）	4.03	5.16	5.35	5.20	5.56
普通股权益对总资产比率（%）	5.19	6.30	7.46	7.29	7.67
权益对总资产比率（%）	5.19	6.36	7.53	7.36	7.75
派息比率（%）	300	45.5	37.1	49.1	32.2
普通股股票账面价值（每股）	22.74	24.18	22.37	20.82	18.79
以固定收费和偏好股票股利的收入比例	1.02x	1.51x	1.78x	1.99x	2.44x

练习题答案

[教学辅助材料相关链接]

关于印发《商业银行压力测试指引》的通知

中国工商银行财务报告

关于印发《商业银行绩效评价办法》的通知

第十五章

商业银行营销管理

商业银行营销理论是20世纪50年代中期以后逐步形成的，在半个世纪的实践中得以发展并日趋完善。进入20世纪90年代以后，由于金融业竞争日趋激烈，金融创新不断发展，以及“客户导向”时代的到来，营销在商业银行经营中的地位和作用日益凸显并受到广泛重视，营销观念越来越深入人心。

第一节　商业银行与市场营销

一、市场营销的内涵

关于市场营销的内涵，美国市场营销协会董事会做了如下概括：市场营销是为了创造可同时实现个人和企业目标的交易机会，而对创意、物品和服务的构思、定价、促销和分销进行策划和实施的过程。

1. 市场营销是一个策划的过程。策划的过程是详细的、具体的、多方案的决策过程，是一个战略性的管理过程，它包括组织、设计、指导、评估和控制的过程。

2. 市场营销的客体可以是有形的物品、无形的服务或一个想法。正如菲利普·科特勒给产品下的定义：凡能提供给市场以引起人们注意、获取、使用或消费，从而满足人们某种愿望或需要的一切东西。市场营销的客体，可以是有形的物品，如汽车和电视机等；也可以是无形的服务，如商业银行的理财、咨询服务，甚至是一个想法或一个人，比如我们在营销一个企业时，我们不能忘了营销经营这个企业的队伍，甚至于某一个关键的决策者。

3. 市场营销的内容包括产品的构思、定价、分销和促销。第一步是产品构思，即产品设计开发的过程，有了产品，第二步是根据市场因素和自身因素确定其价格，第三步是设计和建立适应该产品的分销渠道，第四步是营销还要有必要的促销手段和措施，这四个要素就是市场营销的4Ps组合，它们构成了市场营销的核心内容。

二、市场营销理念的四大要素

市场营销是一种组织策划行为及实施过程，在这一行为和过程中有很多具体的方法和技巧，然而，市场营销首要的不是行为方法和技巧的研究与运用，而是市场营销理念的形成与健全。市场营销理念是一种理论和思想框架，它是市场营销体系的基础，是具体营销行为和方法技巧的指导。营销理念的支柱或全部内容可以精辟地概括为四大要素或四大支柱，即客户满意、企业利润、全公司的努力和社会责任四大要素。市场营销理念四大要素与成功的企业之间的关系也可形象表述为图 15－1。

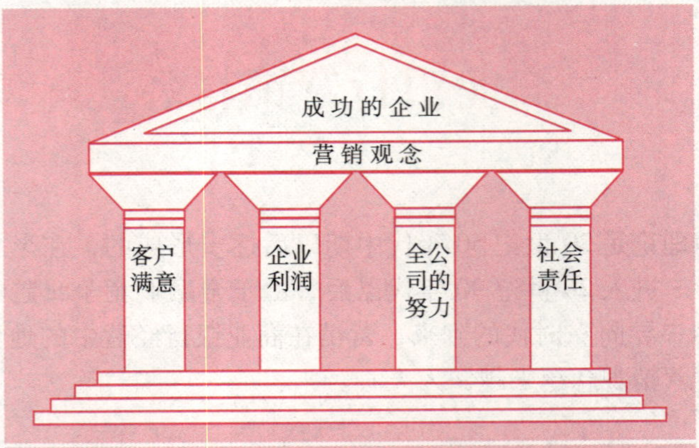

图 15－1　市场营销观念的四大要素

1. 客户满意。市场营销理念首先表现为让客户满意。然而，客户的满意是一个比较抽象的概念，一方面，怎样才能使客户满意。事实证明，只有不断了解客户的需求，比竞争者更好地满足客户现实和潜在的需求，提供一流的服务，才能创造一流的品质的客户满意度。另一方面，营销者怎样判断客户是否满意，换言之，客户满意的标志是什么？这里提供三个基本标准：一是回头客比率。如果一家企业或一家商业银行在为客户提供产品或服务过程中，能获得比较理想的回头客比率，这是评判客户满意的一大标准。二是客户忠诚度。即客户能够自始至终，并广泛使用企业（或银行）的产品和服务。三是客户对企业（或银行）产品的认识度。如果一个客户使用或消费一家企业（或银行）的产品，但它并不了解这家企业（或银行），更不知道其还能提供什么样的产品或服务，不清楚所消费产品或服务的特性、功能，那么，这样的客户是不牢固的，也谈不上客户是否满意。

2. 企业利润。市场营销理念的第二大要素是利润，即市场营销的最终目标是获取企业利润。利润是企业发展的原动力，营销理念并非一种以牺牲企业利益以帮助客户的慈善理论。与此相反，营销理念认为要达到利润目标必须在消费者满意（客户满意）和追求利润之间取得平衡。事实上，客户满意与企业利润两大因素是相辅相成的。正如美国著名管理学家韦伯斯特所言："企业不是为赚钱而服务，而是服务好了一定能赚钱。"

就商业银行而言，根据二八定律，银行利润的 80% 来源于 20% 的优质客户，因此，如何争取吸收优质客户，是现代商业银行市场营销的核心内容。自 20 世纪 80 年代以来，中外商业银行广泛推行的银行客户经理制在很大程度上就是这一营销理念的直接产物。单一消费金融产品的客户，如只有存款账户或贷款业务往来的客户，给银行带来利润的空间是有限的，因此商业银行市场营销的一个重要理念就是向同一客户营销尽可能多的金融产品，通过与客户广泛的业务往来，既满足客户的需求，又最大限度地扩展银行盈利空间。

3. 全公司的努力。市场营销理念必须成为整个企业而不仅仅是市场营销部门的指导思想。市场营销理念不是决策者一个人的理念，而应该成为企业所有员工共同的理念。营销目标的实现，需要全公司员工共同的努力。

一个企业或一家商业银行以市场为导向、以客户满意为宗旨的市场营销理念的形成，往往是不会自发产生的，必须经过管理决策者的培养，往往是由企业最高管理层提出并予以支持，同时依靠企业一切工作均以客户为中心的企业文化来实施。因此，企业市场营销理念的形成，全公司员工的努力是一个策划和实施的过程。它需要管理层的设计、策划，需要企业内部组织体制、业务发展体系的配合、支持，还需要全公司员工的共同努力。

4. 社会责任。社会责任是市场营销理念的又一重要组成部分。任何一个企业的生产、经营行为都具有明显的社会性，都与一定的社会环境条件、区域经济、社区、企业及消费者紧密相连。企业的生产经营行为必须遵守国家政策、法规的约束，必须符合产业政策、财政政策的要求，才能健康发展并得到政府相关政策扶持；诚信、公平的商品交易才能获取更多的商业伙伴或客户，消费者才能希望自己的消费权益得到保障。所有这一切都表明市场营销理念必须把社会责任作为其核心思想的一部分。

对于商业银行而言，社会责任尤为重要。金融是一国经济的核心。从某种意义上说，银行业是一种“准公共”产业，银行提供的是一种“准公共”服务。因此，商业银行市场营销理念必须注入社会责任这一核心思想。以城市商业银行为例，其社会责任可具体表现为：为地方经济服务；为区域金融安全、稳定作贡献；为社区服务；为公益事业服务。

三、商业银行市场营销观念的演变

市场营销起源于17世纪，市场营销理论作为一门独立的学科，产生于19世纪末20世纪初的美国。市场营销理念真正进入商业银行领域是在20世纪50年代。

（一）商业银行营销观念发展演变的影响因素

1. 市场份额的下降。20世纪40年代末，美国商业银行系统开始丢失存款的市场份额，来自互助储蓄银行、信用社和其他非银行金融机构对传统商业银行市场的侵蚀越来越大。从1948年商业银行占有约55.7%的国内储蓄市场份额到1993年的25.4%，45年间商业银行30%以上的市场份额被非银行金融机构占有，详细资料见表15－1。

表15－1　美国各种金融机构持有的资产比例　单位：%

年份	商业银行	储蓄贷款机构、储蓄银行、信用社	其他金融机构
1948	55.9	12.3	31.8
1960	38.2	19.7	42.1
1980	35.0	21.6	43.4
1993	25.4	9.4	65.2

资料来源：玛丽·安娜·佩苏略．银行家市场营销［M］．北京：中国计划出版社，2001：15.

2. 激烈的市场竞争。从第二次世界大战结束到20世纪70年代末，商业银行的竞争主要来自其他可获得存款的金融机构：储蓄和贷款机构、储蓄银行、信用社（统称“储蓄机构”）。进入20世纪80年代后，储蓄机构继续侵蚀商业银行的市场份额，但是新的竞争来自非银行金融机构，即货币市场基金、共同基金、证券经纪商和交易商、保险公司、投资公司、金融公司、养老基金以及房地产信托投资公司等。自1980年起，银行业的市场份额开始被这些非银行金融机构大量侵占，后者在整个市场中的份额大幅上升（如表15－1所示），从1980年的43.4%快速上升为1993年的65.2%。

3. 商业银行资产增长缓慢。在激烈的市场竞争环境下，商业银行传统的市场份额在不断下降，同时商业银行资产增长率也低于整个金融市场的资产增长率，大大落后于非银行金融机构的资产增长速度。这种趋势的体现见表15－2。

表15－2　1980—1989年美国各类机构金融资产年综合增长率

机构	增长率/%
全部金融资产	11
国内商业银行	8
储蓄机构	8
其他非银行金融机构	14

资料来源：玛丽·安娜·佩苏略．银行家市场营销［M］．北京：中国计划出版社，2001：15.

4. 营销费用的上升与传统银行业务盈利空间的不断缩小。商业银行营销意识的增强在很大程度上来自营销费用增长的压力，银行的资产收益水平不断下降，特别是经过20世纪70—80年代通货膨胀的压力和90年代的创纪录的低利率的影响。传统银行业务的盈利空间被不断压缩，商业银行越来越关注营销方式的变化和营销渠道的重新组织，同时，金融产品创新拓展，大量银行中间业务和表外业务的开展成为商业银行市场营销的重要领域及拓展新的盈利增长点的主要手段。

5. 消费者购买方式的变化。客户的需求不是静止的，而是不断变化的。随着经济全球化趋势，金融需求日新月异，许多银行的客户更注重节约时间而不是对某家银行的忠诚，很多银行也就相继推出了24小时电话服务、ATM系统和客户终端业务服务。许多银行的客户不再单纯依靠间接融资，而是直接融资和间接融资并存，不少商业银行也就发展成为全能银行。许多银行的客户不再把商业银行视为单一金融产品或服务的提供者，而更愿意把银行视为一个战略合作伙伴。商业银行把更多的新的金融产品提供给银行客户。这表明以客户为导向的营销观念在商业银行的发展中起到了积极的作用。

随着消费者个人可支配收入的增加和价值观的变化，消费者对金融服务的购买方式也发生了巨大的变化。消费者正在寻找包括共同基金、货币市场基金和保险在内的范围更广的投资产品和服务。股票和债券投资基金的存在成功地将客户从更安全但收益较低的银行产品上吸引过来。由于金融管制的放松，商业银行和其他金融机构之间的界限日益模糊，到20世纪末，发达国家已基本走向混业经营，消费者个人在享受金融服务时面临更多、更灵活的选择机会。由于购买方式的变化以及竞争者的增加，银行营销者认识到，要在金融服务这一竞技场上开展竞争比以往任何时候都更加困难。

（二）商业银行市场营销理念的发展阶段

从20世纪50年代商业银行引入市场营销理念到21世纪初，营销理念经历了几个发展阶段。

1. 公共关系阶段。这一阶段是商业银行引入市场营销理念的初期，20世纪50—60年代，银行家们改变了过去总是坐等客户上门的观念，由于储蓄机构的竞争，银行明白了这样一个道理：把客户争夺过来是一回事，留住他们却是另一回事。于是银行吸纳了市场营销、客户导向的思路——让客户更加愉快地享受银行的服务，建立良好的客户关系。出纳员的脸上开始浮现出笑容；柜台上的栏杆被拆了下来；银行营业网点被重新翻修以创造热情友好的氛围。

2. 广告和营销推广阶段。这一阶段是20世纪70年代。商业银行有了更多的广告支出，为方便客户，银行分支机构得到了较大扩张。很多银行针对本银行产品的特征开展大量的营销推广活动。银行开始不将其思维局限于为所有的客户提供全方位的服务，而是开始考虑如何吸引市场上某个特定层面的客户。一些银行通过确定价格、设计产品、广告宣传或营销推广活动大力吸收富有的消费群体；有的银行则以25岁至45岁年龄段的人群作为目标客户。

3. 营销文化发展阶段。到了20世纪80年代，许多大型商业银行把银行市场营销上升到了银行文化建设的一个新的高度和层次。市场营销作为一种商业策划活动和过程，被视为一种有效的管理工具被广泛地接受。银行营销者开始制订系统的营销策划方案，从市场调研到市场定位，产品开发创新到提供优质服务，再到银行形象建设，商业银行对自身的营销推广到了一个比较完善的阶段。

4. 满足和创造客户需求阶段。进入21世纪后，商业银行的市场营销理念进入了一个全新的发展阶段，那就是从营销银行自身转为营销客户的一个突破性的实质转变。赋予了“客户导向”一词新的内容，商业银行把注意力集中到“面向客户群营销”和“一对一营销”两个方面。进而产生了“数字化营销”“系统营销”“全方位服务”“客户经理”“产品经理”等一系列市场营销新的理念和运作方法及模式，商业银行市场营销得到了突破性的进展。

四、商业银行市场营销的主要内容

商业银行市场营销是商业银行为适应和满足客户需求而进行的从金融市场调研、市场定位到金融产品的开发、定价、分销、促销，最终到意见反馈的整体活动过程。这一过程可以分为三个阶段，即营销战略阶段、营销战术阶段和银行文化建设阶段。按现代营销理论，又可以归纳为十个方面，即十个“P”。它包括营销战略四个“P”、营销战术五个“P”和以人为本的企业文化的一个“P”。

（一）商业银行营销战略

商业银行营销战略是其面对激烈竞争而逐渐变化的外部环境，为求得长期生存和不断发展就市场营销而进行的方向性的谋划，是商业银行经营战略的重要组成部分。商业银行营销战略是随着一国金融环境的变化而变化，伴随营销理论的深化而完善的。我国当前正面临着前所未有的历史机遇与挑战，商业银行必须根据环境、客户和竞争对手的状况及变化，在充分认清自我状态的基础上进行营销战略的创新，才能使自己在激烈的竞争中处于有利的位置。商业银行营销战略的制定具体包括四个方面的内容。

1. 调查（Probing），即系统、全面的调查、分析和预测。在激烈的市场竞争环境下，商业银行营销战略的确定必须首先做好深入细致、全面、系统的调查、分析和预测。

首先是金融市场调研。一是对商业银行现实市场和潜在市场的调查、分析和预测。例如，一个精明的银行家，不是只注重现有存款市场份额的大小，还应致力于发现潜在的存款市场。1961 年花旗银行在充分研究当时美国存款产品需求的基础上推出大额可转让定期存单（CDs），使其存款市场份额大幅提高 35%。近年来，随着国内经济的迅猛发展和居民可支配收入的提高，个人消费信贷市场正成为商业银行增长最快的信贷业务。二是对金融市场主体（企业、政府、金融机构、居民个人）行为的研究。谁是现实的客户，谁是银行潜在的客户，客户需求是什么，市场主体有什么变化，谁是真正的竞争者，其优势何在。三是对金融市场客体，即金融工具和金融产品的调研。市场金融工具有什么样的变化，金融产品生命周期的研究，金融创新趋势的研究、预测。四是金融市场价格的调研。金融市场价格的变化与发展趋势，盈利空间及盈利水平的变化与预测。五是金融环境的分析研究。政府宏观政策的变化，经济环境、政治环境的影响，技术的突破将引发哪些变革等，都是市场调研要解决的问题。

其次是自我状态分析。商业银行自我状态分析主要是指自我竞争力分析。市场份额有多大？局部面临的环境有何优势、劣势？商业银行管理体制、经营机制是否灵活？银行产品有何特色？银行客户情况怎样？等等。这些都是制定营销战略必须了解与把握的。

2. 分割（Partitioning），即市场细分。市场细分是市场营销战略的重要组成部分。一方面，在当今商品劳务市场非常繁荣，消费需求旺盛，同时消费需求差异也非常悬殊的背景和条件下，任何一家商品和服务生产企业所提供的产品和服务都只能满足市场需求者总体中相对有限的一部分，而不可能满足所有需求者。另一方面，市场营销者（产品和服务供应商）所实施的营销组合策略对需求者（或购买者）的影响或吸引力也不一致，吸引某人注意或激发某人消费（或购买）的产品和服务或许并不能让另一个人心动。市场细分将一个完整的大市场划分为若干个“分市场”或称“子市场”（亦即客户群体），每个相对独立的客户群体有着相同的产品和服务需求，这样也就为营销者的营销组合策略提供了特定的营销服务对象。

商业银行市场细分即商业银行把整个金融市场的客户，按照一种或几种因素加以区分，使区分后的客户需求在一个或几个方面具有相同或类似的特征，以便商业银行相应采取特定的营销战略和营销组合来满足这些不同客户群需要的过程。

市场细分是建立在营销调研与分析基础上的。20 世纪 90 年代以来，商业银行快速发展客户数量所使用的主要工具就是建立客户信息档案系统，利用一套完整的软件程序，分析不同客户群体对银行产品和服务消费的相同和差异，这在很大程度上支持了目的明确、以客户为中心的营销工作。

3. 优先（Prioritizing），即选择目标市场。商业银行在营销战略决策中，按照不同客户群体需求的差异性和同一客户群体需求的相似性，将整个金融市场划分为不同的细分市场后，则要从众多的细分市场中选择目标市场，亦即选择银行特定为之服务的客户群。

商业银行选择目标市场是在细分市场并确认市场机会的基础上形成的。银行选择的目标市场应该是市场发展潜力最大，盈利空间较大，与本行所能提供的金融产品、服务最适应并与本行服务能力相适应的特定市场。如大银行更多地选择大企业、跨国企业为其重点服务对象，而一些中小商业银行则往往更注重选择中小企业、区域内生产经营的企业或某些特色企业为其重点服务对象。如果目标市场的需求需要高水平的知识和销售技能，而银行不能提供，这种目标市场的选择必然失效，同样，在金融中心城市开设小银行如果以高薪白领为目标市场可能会成功，因为这部分人要求高水平的个人服务。同样，这家银行可能会发现在大众市场采用大都市银行的做法成本太高，根本不可行。

对于单个商业银行而言，选择目标市场并不是简单地选择一个细分市场，放弃另一细分市场，甚至放弃其他所有细分市场的过程。这一过程并不具有机会成本效应。一家商业银行根据自身能力，可以只选择一个细分市场，也可以选择两个或两个以上的细分市场，甚至一家大银行或市场主导银行在一定范围内可以选择所有的细分市场。市场细分和目标市场选择的动机不是非此即彼，而是区别对待，为市场营销者的营销策略和营销组合提供一个机会和舞台。

4. 定位（Positioning），即市场定位。商业银行一旦明确并选择了一个或多个目标市场后，就要研究如何在目标市场上进行市场定位。定位的概念是1972年杰克·特劳特和艾尔·里斯提出的。商业银行目标市场定位就是指，商业银行根据所选定的目标市场的竞争状况和银行自身的条件和能力，确定自身在目标市场的竞争地位，进而确定向目标市场客户提供什么样价值的产品和确定银行企业形象的过程。例如，一家以消费信贷为目标市场的银行是以一般大众消费信贷产品定位，还是以高附加值消费信贷产品定位是值得研究分析的。银行目标市场定位的差异，其竞争态势、战略选择及营销技巧也会有明显的区别。

（二）商业银行营销战术

战略是长远的谋划，战术则表现为具体的方法和技巧。商业银行市场营销既要有中长期的、全面的、整体的营销战略，又要在实践营销业务中科学地、有效地运用各种营销方法和技巧，即营销战术的运用。

1. 产品（Product），即产品与服务的总称。产品是指凡能提供给市场以引起人们的注意、获取、使用或消费，从而满足人们某种欲望或需要的一切东西。商业银行一旦确认了自身在目标市场的定位，就应有能力开发并向目标客户群提供能满足其现实和潜在需要的金融产品，否则，一切都变成了纸上谈兵。现代商业银行非常注重金融产品的研究、开发，几乎所有的大银行都成立了专门的产品研发机构和部门，在这里聚集了一大批优秀的银行精英、金融分析师和产品专家。产品是银行营销战术的开始，同时也是营销战术最终的结果——客户是否接受并大量消费银行产品。金融产品具有无形性、多样性、关联性及易模仿性等多种特征，金融产品的开发必须把握其内在的特征和变化要求。金融产品与其他产品一样，也有其产品生命周期，所以，为满足客户不断发展变化的需求，银行产品的开发创新就成为商业银行营销的重要内容。

2. 定价（Pricing）。金融产品的价格受很多因素的影响，市场的供求关系是最主要的影响因素，除此之外，成本、费用、风险、客户关系、政策等都是主要影响因素。金融产品的价格往往可以由利率、费率、风险、隐含价格等要素构成。金融产品定价的方法和策略有很多，有成本定价法、关系定价法、渗透定价法等可供选择。金融产品价格往往随产品生命周期的变化而变化。

3. 渠道（Place），即金融产品的分销渠道。分销渠道的建立是解决金融产品能否快捷、顺畅地传送到消费者手中的问题，它直接关系商业银行的市场占有率以及银行资金成本和营业收入，是现代商业银行营销十分关注的关键问题。传统商业银行的分销渠道主要依赖分支机构、网点的建设，而现代商业银行的分销渠道则非常丰富，分销渠道缤纷多样，归纳起来，我们把它分为三大类型：直接渠道、间接渠道和策略联盟。直接渠道主要是指商业银行自身开发，直接与客户联系，将各种金融产品提供给客户的销售渠道，如分支机构、自设网络银行、ATM 及客户销售终端等。间接渠道则主要指商业银行委托银行以外的其他机构或企业代理销售银行金融产品的渠道。策略联盟则是银行与其他金融机构或非金融机构之间利用各自优势相互代理、合作而形成的销售渠道，是一种现代商业银行产品营销中被广泛采用，且低成本快速对外扩张的销售渠道。商业银行在不同的发展阶段及金融产品生命周期不同阶段选择采用的销售渠道和方式往往有很大的区别和差异。

4. 促销（Promotion）。商业银行将其产品和服务介绍、宣传、推广到市场中去，以便为客户所知晓、了解、产生兴趣并最终发生购买行为，这就是促销。从一般形式上看，商业银行促销方式也可分为广告、人员推销、营业推广、公共关系及定向营销等几种。广告促销行为在 20 世纪 60—70 年代曾作为各国商业银行促销的重要手段，但 20 世纪 80 年代以后，广告在银行促销行为中的地位渐渐被其他方式所替代，进入 20 世纪 90 年代以后，人员推销在金融企业特别在商业银行的作用日渐明显，主要原因是客户无法用视觉、听觉、感觉、味觉和触觉去体验金融产品和服务，销售人员必须清楚地解释金融产品和服务的特性、功能以及能给客户带来的益处，才能赢得客户的信任和购买。由于金融产品的无形性和易模仿性，客户难以区分其他金融机构所提供的金融产品和服务。现在很多商业银行主要依靠优良的客户服务帮助客户了解其与竞争对手的区别，所以与这种促销行为相辅相成的银行客户经理制度的建设与推广也就成为当今商业银行普遍采用的一种营销模式。

5. 公共关系（Public Relation）。在传统的营销理念中，公共关系是营销组合中促销行为的一项具体表现形式，公共关系可以表述为“是通过传播大量有说服力的材料，促进社会上人与人之间或人与企业之间、企业与企业之间的亲善友好的关系”。公共关系在商业银行的营销活动中尤为重要突出，其主要原因为金融是国民经济的命脉和晴雨表，金融业从某种程度上看，它是一个“公众产业”，各方面关系不仅错综复杂，而且其正负方面的影响力都非常明显、巨大，因此，如何处理好市场营销中的方方面面关系，树立良好的银行形象是银行市场营销的重要内容和手段。

（三）商业银行文化的建设

战略是总体的谋划，战术是实践的方法和技巧，以人为本的企业文化的建设则是市场营销理念的集中表现。现代企业间的竞争，已由单纯的产品竞争、价格竞争、服务竞争、客户竞争发展到企业整体形象、企业文化的竞争。商业银行文化建设的关键在于人。人是生产力中最基本、最活跃的要素。同样，人是企业的根本，是企业一切有价值存在的如质量、服务、创新的根本，是企业兴旺、发达、繁荣的根本。企业文化作为先进、科学的管理理念和管理模式，就是要树立人本理念，以人为核心，坚持人本而非物本。

商业银行文化的内涵十分丰富，其内涵与结构可以综合表述如表 15－3 所示。

表 15－3 银行文化的内涵与结构表

表层的银行文化	银行整体形象 银行产品形象 银行家和员工形象
中层的银行文化	银行的组织架构 银行的规章制度 银行经营管理模式 银行道德风尚
深层的银行文化	银行的价值观 银行的经营哲学 银行的精神 银行的目标追求

第二节 商业银行市场细分

一、商业银行市场细分的基本原理

商业银行市场细分是指商业银行按照客户需要、爱好及对金融产品的购买动机、购买行为、购买能力等方面的差异性和相似性，运用系统方法把整个金融市场划分为若干个子市场。属于同一子市场的客户，其需要和欲望具有相似性；属于不同子市场的客户，其对同一产品的需要和欲望存在明显的差别。在现代金融经济中，市场细分法得到了广泛运用，是一种占主流地位的营销方法。该方法能更好地帮助商业银行寻找营销机会，通过对自己所处行业的市场进行细分，把客户分成各具特点和需求不同的组成部分，可以发现不同类别客户的需求满足程度，从而更好地抓住机会。

商业银行市场细分的目的是选择更有利可图的目标市场和设计更为合理的市场营销组合，提供更有效的服务；同时，也使商业银行有限的资源更集中地运用于选定的市场部分，发挥更好的效果。值得一提的是，市场细分有一定的客观条件约束，这包括两个方面：一是客户需求的差异性。无论是零售业务市场还是批发业务市场，客户对商业银行产品和服务需求的差异性始终是存在的，这种差异性的存在正是市场细分的基础。二是客户需求的相似性。以个人客户为例，居住环境、文化背景、年龄基本相同的客户，对产品和服务的需求存在着一致性或相似性，这种相似性的存在导致了某一特定市场的出现。

二、商业银行市场细分的作用

商业银行市场细分是商品经济发展到一定阶段的产物，是金融市场不断发展与人们对金融产品需求多样化的客观要求，是商业银行一项十分重要的市场营销策略，其作用表现在以下几个方面。

1. 是选择目标市场与制定营销组合策略的基础，有利于商业银行制定科学的营销战略。在实际应用中，商业银行选择目标市场与制定市场营销组合策略，主要有两种途径：一是从市场细分到营销组合策略，即先将一个异质市场细分为若干子市场，再从中选定目标市场，针对目标市场设计有效的市场营销组合策略。二是从营销组合策略到市场细分，即已先期建立市场营销组合策略，将新开发的金融产品投入市场试运营，搜集反馈各种信息，分析不同客户对营销组合策略的反应及其存在的差异，然后进行市场细分，选择目标市场，调整市场营销组合策略。无论通过哪种途径，商业银行都要根据特定的细分市场开发和提供不同种类的产品。

2. 能更好地满足社会各阶层对金融产品的需要。商业银行运用市场细分原理来分析研究市场，可以较细致地了解各个细分市场中客户的不同需要，从而有针对性地开发金融产品，更好地满足不同层次客户的需要。

3. 有利于发挥竞争优势，提高商业银行的经济效益。金融市场细分后，商业银行可有针对性地选取较小的子市场开展营销活动，而这种建立在市场细分基础上的营销，不仅易于及时把握客户需求的特点和变化，而且可集中有限的人力、物力、财力对重要的子市场进行投入开发，形成局部优势并进而带动全局发展。

三、商业银行市场细分的原则和标准

（一）市场细分的原则

商业银行市场细分的实施应有利于其制定最佳营销战略，取得最好的经济效益；有利于满足客户的差异性要求；有利于营销活动的具体操作。因此，应遵循以下原则。

1. 可量性原则。各细分市场的规模、效益及可能带来的业务量的增加是可以具体被测量的，各考核指标可以量化。

2. 可入性原则。市场细分后，能通过合理的市场营销组合策略打入细分市场。如果细分后的目标市场不能进入，可望而不可即，这对商业银行来说是一种浪费，从而也失去了其细分的意义。

3. 差异性原则。每个细分市场的差别是明显的，每个细分市场对不同的促销活动应有不同的反应。

4. 经济性原则。所选定的细分市场的营销成本是合理的，市场规模是合适的，商业银行介入该市场必须有利可图。

（二）市场细分的标准

商业银行市场细分的标准是指影响客户需求差异性的诸因素，主要包括客户因素、环境因素、时间因素、区域因素等。对商业银行而言，根据不同类型客户的需求差异对市场进行细分是基本的选择，一般可区分为个人客户市场细分和公司客户市场细分。

1. 个人客户市场细分。个人客户是相对于公司客户而言的，这里的个人即自然人。个人客户市场细分标准主要有人口因素、地理因素、心理因素、行为因素。其中，人口因素是指“人口变数”，包括年龄、性别、家庭人数、收入、职业、文化程度、宗教信仰等。不同的人由于上述差别的存在，对金融产品的需求、爱好、使用频率是不同的，从而形成了不同的子市场。地理因素是指客户所在地的地理位置，按地理位置细分市场后选择目标市场是商业银行通常采用的方法。例如按地理因素细分市场，可分为城市、农村等市场。心理因素即指客户的生活方式、个性等“心理变数”。对单个客户而言，个性不同，对金融产品的需求有很大差异。个性保守的客户，选择金融产品时，总是以安全、可靠、风险小的品种为主；反之，以冒险型个性为特征的客户，则甘冒风险、追求较大利益。行为因素即指客户的“行为变数”，如客户对金融产品和服务的态度、使用情况等。

2. 公司客户市场细分。引起公司客户对金融产品和服务需求差异的因素也很多，这里主要介绍公司规模和公司所处的行业两大因素对市场细分的影响。公司规模因素主要指公司的职工人数、年营业额、资产规模等因素，根据这些因素进行市场细分，可将公司分为小型、中型、大型三种类型，每种类型的公司对市场细分的要求是不同的。行业因素是指对公司客户进行市场细分时，以公司所处的行业差异作为分类的标准。不同的行业有着不同的发展前景，其投入和产出的效益比存在较大的差别，按行业标准进行市场细分，有利于商业银行正确选择目标市场。

第三节 商业银行市场竞争战略与策略

竞争是市场经济的基本特点，也是商业银行开展营销活动所面临的基本环境压力和所要解决的基本营销决策问题。为此，要对营销竞争对手进行分析，在此基础上制定和选择正确的竞争战略与竞争策略。

一、商业银行市场营销环境分析

商业银行市场营销活动的开展受到诸多环境因素的影响和制约，为此，要适时对周边环境进行全面分析和评价，趋利避害。

商业银行营销环境是指对其营销及经营绩效起着直接或间接潜在影响的各种外部因素或力量的总和。商业银行营销环境是一个多因素、多层次与动态发展变化的多维结构系统，按影响范围的大小不同，可分为微观环境因素和宏观环境因素。

（一）微观环境因素

微观环境因素是由商业银行本身的市场营销活动所引起的与金融市场紧密相关、直接影响其市场营销能力的各种行为，是决定商业银行生存和发展的基本环境。主要包括金融市场环境、客户环境、竞争者环境。

金融市场是以货币资金为融通和交易对象的市场。对金融市场的参与者而言，由于存在资金需求和供给在时间、空间上的差异，通过金融市场可以利用资金的时间差和空间差来融通资金，因此，金融市场的发达程度对商业银行提高资产的活动和内在质量有着积极的作用，也使客户对商业银行的产品和服务的需求增加，从而对商业银行的市场营销提出了新的更高的要求。同时，商业银行的市场营销活动也总是在一定的规范的市场环境下进行的，只有有序的市场才能保证营销活动正常、有效地开展，才能真正做到真实、客观、公正，这从我国证券市场的发展和完善过程中可以窥见一斑。因此，金融市场越规范，商业银行市场营销越有效。

客户是商业银行的服务对象，也是商业银行的目标市场。这里的客户既包括工商企业，也包括城乡居民。工商企业可根据行业、规模、所有制性质和经营状况不同而进一步细分，城乡居民也因收入水平、职业、年龄不同而划分为不同的层次。客户环境对市场营销的影响表现在以下三个方面：一是客户的需求。对商业银行而言，客户的需求在不同的时间和地点条件下是不一样的，不同类型或层次客户的需求也存在着差异。因此，要不断进行金融产品和金融服务的创新，实施差异营销策略。二是客户的收益或效益。客户经济实力的雄厚与否直接关系到商业银行的生存基础。例如商业银行的储蓄业务，在经济处于疲软或下降阶段，企业效益滑坡，居民收入减少，银行的储蓄存款和对公存款规模及速度均会随之受到影响而出现下滑。三是客户的信誉度。客户是商业银行的上帝，讲究信用、遵纪守法的优质客户群有利于商业银行各项业务的顺利开展，有效降低经营风险。

竞争是市场经济的主旋律和基本特征，只要存在商品生产和商品交换，就必然存在着竞争。因此，商业银行在进行营销活动的过程中，不可避免会遇到来自竞争者的挑战。研究、分析竞争者的基本情况和特征，做到知己知彼，有的放矢，也成为金融市场营销的客观要求。

（二）宏观环境因素

宏观环境因素是指对包括商业银行在内的各个行业均带来影响的各种因素和力量的总和，由人口、经济、法律、科技、政治与文化六大要素构成。具体来讲，主要涉及以下几个方面。

1. 政治环境。政治环境可以分为国内政治环境和国际政治环境两大类，包括政治局势、方针、政策和国际关系。政治环境稳定与否是商业银行市场营销成败的保障性条件。

2. 经济环境。经济环境包括经济增长速度、发展周期、市场现状和潜力、物价水平、投资和消费趋向、进出口贸易以及政府的各项经济政策（如财政税收政策、产业政策等）。经济环境是对金融市场营销影响最大的环境因素，是其整个经营活动的基础。

3. 法律环境。一方面，要凭借国家制定的各项法律、法规来维护金融企业的正当权益；另一方面，法律是评判商业银行市场营销活动的基本准则，在开展市场营销活动过程中，了解和熟悉法律，依法行事，避免因违法而受到法律制裁。我国改革开放以来，随着市场体制的建立，经济、金融立法和执法日益受到重视，颁布了一系列法律、法规，这些法律、法规的制定和实施，为商业银行依法开展金融市场营销活动提供了依据，对在市场经济条件下全面规范商业银行营销行为起到重要作用。

4. 科学技术环境。科学技术的发展对社会进步、经济增长和人类社会生活方式的变革都起着巨大的推动作用。现代科学技术作为重要的营销环境因素，不仅直接影响商业银行的经营，而且还和其他环境因素相互依赖，共同影响金融企业的营销活动。这表现在：（1）科学技术的发展不仅提高了生产效率，也提高了交换效率，给金融市场营销工作提供了突破性机会。（2）科学技术的发展改变了人们的生活观念和生活方式，给商业银行带来新的市场营销机会。（3）科学技术的发展及其在金融领域的运用，直接或间接影响着金融市场营销策略。科技的发展推动了金融创新，金融新业务、新产品不断推向社会，这在极大方便社会公众的同时，也给金融市场营销工作提出了新的要求。一方面，新产品和新服务项目的推出，需要根据不同的营销对象，采用不同的营销方式、方法，要求营销部门和营销人员不断调整和改变营销策略和营销手段。另一方面，在新的形势下，金融市场营销工作也面临越来越大的风险。可见，科学技术的进步和发展，给社会经济、金融活动带来深刻的影响，并以不同的方式、从不同的角度影响商业银行的市场营销活动。因此，应特别重视现代科学技术在金融领域的应用和开发，加强营销力度，提高营销效益，降低营销成本，实现综合效益目标。

5. 社会文化环境。这是指一定社会形态下的民族特征、人口分布与构成、受教育程度、风俗习惯、道德信仰、价值观念、消费模式与习惯等被社会所公认的各种行为规范。在商业银行所面临的诸多营销环境中，社会文化环境是较为复杂的，它往往通过影响社会公众（客户）的思想行为来影响金融市场的营销活动。因此，应重视对社会文化环境的调查研究，作出适宜的营销决策。

二、商业银行竞争者分析

商业银行竞争者是指在同一市场范围内提供与商业银行相同或可替代产品或服务的其他金融组织和个人。如果从由窄到宽的角度来界定，商业银行的竞争者可以分为以下几个层次：一是品牌竞争者，即以相同的价格向相同的客户提供相同产品或服务的金融企业，这是狭义的竞争者，品牌几乎是区别产品或服务的唯一因素。二是行业竞争者，指同一行业提供不同档次、不同品种产品或服务的金融企业。三是一般竞争者，指为满足相同需求而提供不同产品或服务的金融企业。四是广义竞争者，指为争取同一笔资金而提供不同产品或服务的金融企业。

为了有效制定竞争战略，商业银行应从不同的角度和层次，对竞争者各方面的情况进行具体分析。

1. 竞争者数量分析。了解在同一市场上竞争者的数量有多少，包括当前的竞争者和潜在的竞争者的数量，从中分析竞争者的密度并区分出主要的竞争者。

2. 竞争者战略分析。各商业银行所采用的竞争战略是各不相同的，但在金融业中，有些商业银行可能实行相同或相似的战略，从而形成不同的战略群体。通过战略群体的划分，可以确定本银行所在的位置；可以从中选择较易进入的群体。把金融企业划分为不同的战略群体，说明同一群体内金融企业间的竞争程度很高。

3. 竞争者营销目标分析。分析竞争者的营销目标，有助于商业银行预见竞争者的基本营销做法和发展方向，即其战略策略行动，进而找到一个尽量避开竞争者目标的有利竞争位置。竞争者的目标有总目标和分层目标、近期目标和远期目标等，商业银行应采取动态的、具体分析的方法来判断竞争者的目标，以实现自身的目标和减少竞争者的威胁。

4. 竞争者实力分析。了解竞争对手的实力，准确掌握竞争者的优势与劣势，有助于商业银行在知己知彼的基础上，扬长避短，及时发现来自竞争者的当前威胁和潜在威胁，因此，竞争者实力分析就成为商业银行分析竞争者的主要内容。竞争者实力分析一般包括以下几个方面：（1）核心能力分析，即分析竞争者在行业中的基本地位和资源拥有量。（2）发展能力分析，竞争者的发展能力往往预示着行业中或市场上竞争格局可能发生的变化情况。（3）市场反应能力分析，市场反应能力是竞争者经营效率的体现，在其他条件相同时，竞争者的反应能力越强其威胁越大。（4）对风险的偏好，这一偏好会反映出竞争者的竞争姿态或喜欢采用的战略类型，越是喜欢冒险的竞争者，其市场进取性越强，越具有进攻性。

5. 分析竞争者的反应模式。即估计竞争者在遇到攻击时可能采取什么行动和作出何种反应，这有助于商业银行正确选择攻击的对象、因素和力度，实现每一次竞争行动的预期目标。

由于竞争者的反应受到其经营指导思想、企业文化、个人信念、心理状态以及对各种情况的假设的影响，因此，反应的类型也各异，商业银行应根据不同的类型，选取相应的策略和措施。

三、商业银行自我状态分析

（一）自我状态分析的概念

自我状态分析又称 SWOT 分析，即通过分析银行自身因素和实力，掌握自身的优势（Strengths）和劣势（Weaknesses）；通过分析外部环境，捕捉机会（Opportunities），并采取适当措施对待威胁（Threats）。自我状态分析其实是一种营销环境的调研分析过程，它是银行开展市场营销的基础，状态分析书面化能够在内部关系和激励机制上创造奇迹。

自我分析是银行对自身所拥有的各种物质和非物质的条件进行的详尽的分析，以期发现银行的优势和劣势。同样的客观环境，有的银行经营得很好，发展较快，而有的银行则业务萎缩，亏损严重，这都与银行的内部环境条件有直接关系。因此，银行要想在市场竞争中立于不败之地，求得生存和发展，必须对企业自身状态有个清醒的认识。

银行拥有的物质条件包括人力资源、资金、技术设备等条件。人力资源是否丰富，资金是否充足，技术设备是否先进，都会影响银行市场营销活动的效果，非物质条件包括组织结构、规章制度、管理水平和金融企业文化等。银行考虑非物质条件，必须注意以下几个方面的内容。

1. 银行内部各种机构的协调，尤其是营销部门与其他部门的协调，组织结构的完善才能保证市场营销活动的高质量和高效率。

2. 规章制度科学合理。如果银行制定的规章制度不合理、不健全，市场营销必然会产生许多弊病和失误。

3. 管理水平。银行管理水平高低，影响着企业市场营销的各个方面，因此，必须加强企业管理，不断提高管理水平，成功地开展市场营销活动。

4. 金融企业文化。企业文化是企业全体员工共有的价值观念和行为准则的总和。它决定了企业的市场营销观念，一定的企业文化也影响和决定企业的市场营销策略，即是否能从客户需求出发，是否能在兼顾消费者、企业和社会诸利益的前提下，寻找市场机会，制订市场营销计划。

5. 企业财务状况，包括资本收益率、资产收益率、一级资本比率、收入状况等。

（二）SWOT 分析表

SWOT 分析表是自我状态分析的最终结果。下面以某商业银行为例，见表15－4。

表 15－4　某商业银行的 SWOT 分析

因素		含义	需要什么活动
优势	高素质员工	更好的资历、效率和专业性	对客户的促销能力 留住优秀员工的计划 激励高成就者的成套措施
	更高的储蓄基础	更好的成本基础，更高的平均储蓄	成本基础的杠杆作用 加速自动化，降低成本 市场定位着重于上层或中层社会阶层
弱点	低级支行管理谨慎	经常把时间花在向总部汇报上	开展对支行信用评级的改进 更好地培训，改进通信设备 给支行经理更多授权 在总部安装热线
	没有海外代表	在关键领域丢掉业务	迫切、可行地研究多伦多、纽约、洛杉矶、悉尼等地的情况

续表

因素		含义	需要什么活动
机会	新型工业的发展	在商业领域银行贷款增加	招聘新的工业人才 为支行经理创办工业发展研讨会 向政府和工业社团推介
	开拓客户的金融需要	从投资、税收咨询服务中获得更多的收入，吸引新客户	发起对商业机会的研究 对4个指定国家内的银行进行调查 进行市场研究，确认最初的服务概念 引入新的服务
威胁	竞争加剧	市场份额的丢失	加强营销部门力量 制订一个营销计划 改进客户服务 强调无隐藏费用 更具进取性的广告
	核心人才的流失	私人企业和外国金融机构攻击性猎头活动	提高薪金和工作条件 引入员工满意度调查 倡议内部营销 劝导放弃享受公务人员工资结构的待遇

资料来源：［英］A. 佩恩. 服务营销［M］. 郑薇译. 北京：中信出版社，1999.

四、商业银行市场竞争战略

商业银行市场竞争战略是其在较长的时期内的主要竞争手段，决定着银行在激烈的市场竞争中能否取得成功。常见的竞争战略主要有低成本竞争战略、高质量竞争战略、差异优势竞争战略、集中优势竞争战略等。

1. 低成本竞争战略。低成本竞争战略是指商业银行以低成本作为主要的竞争手段，企图使自己在成本方面比竞争对手占有优势。商业银行实施低成本战略的关键在于，要充分发挥规模经济效应，扩大经营规模，从而降低单位产品成本（包括固定成本和变动成本），为此要千方百计以较低价格取得负债资金，不断采用先进的技术和设备，加强内部管理，提高劳动生产率。值得指出的是，高科技的应用是商业银行得以提高效率、击败竞争对手的重要因素，也关系到银行的信誉和公众形象的完善，因此，要协调好采用高科技产品和降低成本之间的关系，最终成功实施低成本竞争战略。

实施低成本竞争战略，可以低于竞争者的价格销售金融产品，提高市场占有率，实现薄利多销。也可与竞争者同价销售产品，通过辅之以良好的服务，争取客户，取得较好的经济效益。低成本不但可以使商业银行在与各种竞争基本力量的较量中处于有利地位，而且还可使银行实现经营的良性循环，把增加的利润投入到更新设备和技术，开发新产品中去。

2. 高质量竞争战略。高质量竞争战略是指商业银行以高质量的产品和服务为竞争手段，击败竞争对手。商业银行作为金融企业，不同于一般的工商企业，其产品和服务也具有自身的特殊性，在实施这一竞争战略时，应正确认识和塑造高质量的产品和服务，树立“全面质量营销”的理念，以客户需求为依据，注重产品的收益性、流动性、安全性等，注意提供全方位的高质量金融服务，真正树立起“客户的需要，就是我的责任”的服务观念。

比较其他竞争战略，高质量的优势是明显的。它是一切竞争手段的前提和基础，适应人们生活水平、生活质量不断提高，科学技术发展日新月异的市场形势和竞争格局，促使商业银行之间的营销竞争不断达到新的更高水平。

3. 差异优势竞争战略。商业银行在与竞争者的博弈中，如果不能全面占有优势，则可以利用自身某些方面的独到之处为主要竞争手段，争取在与竞争对手的差异比较中占有优势地位，这即是差异优势竞争战略。商业银行产品只要在某一方面或几方面与竞争对手有些不同，并对潜在客户具有吸引力，就能取得优势地位。

实施差异优势竞争战略，可以使银行减少与竞争对手的正面冲突，而且能集中力量，发挥自身的优势和长处，在某一方面或某一领域取得竞争的绝对优胜地位。例如，在银行业内，客户对具有特色的金融产品可能并不计较价格或难以进行价格比较，商业银行可以高于竞争对手的价格销售产品，获得更多的利润；在商业银行和其他金融企业之间，有特色的产品可以阻碍替代者和潜在加入者的进入。但实施这一战略可能会以付出较高的成本为代价，也要冒一定的风险。

4. 集中优势竞争战略。它要求商业银行致力于为某一个或少数几个消费者群体提供服务，力争在局部市场中取得竞争优势。该战略着眼于客户需求的差异性，把整体市场进行分割，根据市场细分情况，选择最适合的方面开展营销，寻求突破并占据优势。也就是说，商业银行不是面向整体市场的所有消费者推出产品和服务，而是专门为一部分消费者群体提供服务。这是中小型商业银行在激烈的市场竞争中求得生存和发展空间的主要手段。该战略既能满足某些特殊消费群体的需要，具有与差异战略相同的优势，又能在较窄领域里以较低的成本进行经营，兼有与低成本战略相同的优势，当然，在实施过程中，商业银行也要冒一定的风险。

五、商业银行市场竞争策略

竞争策略是商业银行依据自己在行业中所处的地位，为实现竞争战略和适应竞争形势而采取的各种具体的行动手段和方式。根据商业银行在行业中所处的位置，可具体分为市场领先者竞争策略、市场挑战者竞争策略、市场追随者竞争策略和市场补缺者竞争策略。

（一）市场领先者竞争策略

市场领先者是指在行业中拥有最大的市场占有率的营销者，在价格变动、新产品开发、分销覆盖面和促销强度方面都起着主导作用。作为市场领先者，会更多地考虑稳固其市场地位和保持其市场份额，其营销策略的重点是维持或稳固阵地。市场领先者要保持自己的市场占有额在行业中的优势，有三种主要的竞争策略可供选择。

1. 扩大市场总规模的竞争策略。在同行业产品结构不变的前提下，当市场规模扩大时，市场领先者凭借其在行业中的知名度、消费者受参考群体的影响和其产品覆盖面所具有的优势，所得到的好处会大于同行业中其他的竞争者，鉴于此，市场领先者总是首先考虑扩大现有的市场规模。一般可以通过以下途径：（1）寻找新用户。由于信息阻碍、产品价格限制及对产品性能了解有一个过程，因此，新的用户群体始终存在。当产品具有吸引新的购买者的潜力时，寻找新的用户是扩大市场总规模的最简便途径。此时，市场领先者可采取新市场策略、市场渗透策略、地理扩展策略来扩大市场占有份额。（2）发现产品的新用途。通过发现现有产品的新用途并加以推广而扩大市场占有率，这是一种颇具优势的竞争策略，但其使用受到产品用途这一客观因素的制约。

2. 保持现有市场份额竞争策略。这是市场领先者经常考虑采用的较为保守的竞争策略。由于市场领先者总是为人所注目，其周围意欲入侵的挑战者千方百计想侵入其市场领域，这就需要进行适当的防御。这一竞争策略以防御为重点，主要涉及以下类型：（1）阵地防御，典型的做法是向市场提供较多的产品品种和采用较大的分销覆盖面，并尽可能在同行中采用较低价格的定价策略。（2）侧翼防御，即在其市场上最易受到攻击处，设法建立较大的业务网；或向竞争对手表明，在这一方面，自己是有所防备的。（3）先发制人防御，这是一种以进攻为态势的积极的防御策略。即在竞争对手欲发动进攻的领域内，集中优势资源，首先挫伤它，使其无法进攻或不敢轻举妄动。（4）反击式防御，即在已经受到攻击时，采取进攻，而不是单纯采取防御措施。（5）运动防御，是指市场领先者将其业务活动范围扩大到其他领域中去。（6）收缩防御，即当市场领先者的市场地位已受到来自多个方面的竞争对手的攻击时，由于受到资源和能力的限制，主动放弃较弱的业务领域，集中收缩到应该保持的业务领域。

3. 扩大市场份额的竞争策略。在有需求增长潜力的市场中，市场领先者可以通过进一步扩大市场占有率来寻求发展，这既是扩大市场份额的竞争策略，也是一种主动的、具有进攻性的竞争策略。其主要做法有：（1）质量策略，即不断向市场提供超出平均质量水平的产品；（2）多品牌策略，即在市场份额较大的产品项目中，实行多个品牌的营销；（3）增加广告策略以及有效销售促进策略。

（二）市场挑战者竞争策略

市场挑战者是市场占有率位居市场领先者之后，而在其他竞争对手之上的商业银行。其实力仅次于市场领先者，是市场中最具进攻性的商业银行。市场挑战者可以采取两种不同的竞争策略：其一是固守策略，通过一定的措施来固守自己的地位，使自己不容易被其他竞争者攻击。其二是进攻策略，即向市场领先者发起进攻，以夺取更多的市场份额。

1. 固守策略。市场挑战者往往在以下条件下选择固守策略：（1）所在行业的市场需求处于总体缩小或衰退时；（2）预计竞争对手会对攻击作出强烈反应，而挑战者自身因为财力匮乏而难以长期支撑时；（3）由于竞争对手调整策略而一时还难以摸清其战略意图时。一般而言，固守策略是一种被动的、谨慎的应对策略，对商业银行而言，绝非上策，因此，应尽可能避免固守而采取主动的进攻。

2. 进攻策略。这是市场挑战者所采取的主要竞争策略，有利于商业银行在本行业中寻求进一步的发展。市场挑战者实施进攻策略，其攻击的对象主要有市场领先者、同等规模的商业银行、中小商业银行。根据不同的进攻对象和目标，可以集中优势选择正面进攻、侧翼进攻、包围进攻、迂回进攻和游击进攻等不同的进攻策略。

（1）正面进攻即从正面集中力量攻击竞争对手的真正实力所在，这是硬碰硬的攻坚战。正面进攻采取的是“实力原则”，由于这种正面进攻会遭到竞争对手的顽强抵抗，可能是一场持久战，因此，其结果取决于谁的实力更强或是持久力更强。换言之，充足的人、财、物等资源是正面进攻取胜的决定性因素。正面进攻可以实施完全正面进攻或局部正面进攻策略，这主要依攻防双方的实力而定。

（2）侧翼进攻是进攻者以自己的相对优势去攻击竞争对手薄弱环节的竞争策略，这是挑战者难以采取正面进攻或正面进攻风险太大时所选择的进攻策略，具有“扬长避短、避实击虚”的特点。采用这一策略的条件是：进攻者的实力较弱，依据现有的技术、金融力量难以发动全面进攻；所夺取的市场具有较大潜力，进攻者以此为突破口，等待和发动正面进攻。侧翼进攻不是为争夺同一市场而进行短兵相接的对抗，而是仅攻击对手的薄弱环节，其成功概率远大于正面进攻，是一种被实践证明最有效和最经济的策略形式。该策略包括地理性侧翼进攻和细分市场侧面进攻两种类型，前者是进攻者选择竞争对手实力薄弱或未满足的地区市场进行进攻；后者是进攻者选择竞争对手未能满足消费者需求的细分市场作为攻击目标。

（3）包围进攻采用在对方的领域内，同时在两个或两个以上的方面发动进攻的做法，是进攻者以更深的产品或更广的市场来围攻竞争对手阵地的竞争策略。进攻者企图通过“闪电”般的攻击，夺取竞争对手的一块市场。包围进攻的策略意图往往非常明确：从多个方面发动攻击，迫使竞争对手进行全面防御，从而分散其有限的力量，乘虚夺取其一部分市场，这要求进攻者的实力必须远超过竞争对手。

（4）迂回进攻是进攻者尽量避免与竞争对手正面冲突，在对方没有防备的地方或不可能防备的地方发动进攻。迂回进攻是不针对特定的竞争对手和现有市场的间接进攻策略，其策略意图是绕过十分拥挤的现有竞争战场来开拓发展的新天地。其具体策略包括：一是发展新产品。以新产品超越竞争对手，这一方法最易获得进攻的成功，但采用这一策略要求进攻者拥有实力雄厚的科技力量。二是多元化经营，即进攻者努力摆脱对单一业务的依赖，转而进入新的业务领域，在更为广阔的市场空间寻求立足点。

（5）游击进攻是进攻者采用“骚扰对方”“拖垮对方”的方法，向竞争对手发动小范围、小规模、间歇性的进攻。这一策略适宜于那些实力较弱或短期内没有足够财力的商业银行在向实力较强的对手发动攻击时采用。其特点是“打一枪换一个地方”，进攻不是在固定的地方。

（三）市场追随者竞争策略

市场追随者是指那些模仿市场领先者的产品、市场营销因素组合的商业银行。市场追随者竞争策略的主旨是保持现有份额，因此，它不以击败或威胁领先者为目的，而仅仅是模仿领先者的行动，依附于领先者，从中取得高额利润。其策略主要包括以下三种类型：（1）紧紧追随，指追随者在尽可能多的细分市场和营销组合中模仿市场领先者。

（2）有距离追随，指追随者在目标市场、产品革新、产品定价等主要方面追随领先者，而次要方面则保持一定的距离。采取这种策略的市场追随者总是靠兼并更小的竞争者来获得发展。（3）有选择追随，指追随者在有些方面步领先者的后尘，另一些方面又自行其是，走自己的路。其中，它只模仿领先者行之有效的策略，在能发挥自己特长的领域则致力于创新。

（四）市场补缺者竞争策略

市场补缺者是那些专门为大的商业银行所忽略或不屑一顾的在更小的细分市场提供产品或服务的商业银行。作为市场补缺者的商业银行，其补缺作用可以使大的商业银行集中精力经营主要产品，因此，其在市场竞争中的策略运用，最关键的是寻找到一个或多个安全和有利可图的市场补缺基点，以求得自身的生存和发展。

第四节 商业银行营销组合

商业银行营销的目标是实现产品的销售及提升品牌形象，如何去实现这一目标，就需要商业银行选择一系列营销方式和手段组成营销组合这一决策与方法。

一、商业银行营销组合概述

商业银行的营销优势，在相当大程度上取决于营销策略配套组合的优劣，同时商业银行在目标市场上的竞争地位和经营特色，也可在营销策略组合的特点上体现。

（一）商业银行营销组合的含义

商业银行营销组合是指商业银行为满足目标客户群的需求而对影响市场营销的因素进行综合运用的结果，它是商业银行营销战术的具体表现。商业银行营销组合与营销观念、市场细分等概念相辅相成。在商业银行营销观念的指导下，商业银行把选定的目标市场视为一个系统，同时也把各种营销手段进行分类，组成一个与之相对应的系统，在这个系统内，各种营销策略可作为可调整的子系统。

（二）商业银行营销策略

1. 商业银行产品策略。商业银行产品策略是指作出与产品有关的计划与决策。商业银行产品是指商业银行提供给目标市场的商品及劳务。产品领域的核心问题是如何满足客户的需要。为此，商业银行必须在产品种类、质量标准、产品特性等方面进行产品创新开发活动。

2. 商业银行定价策略。商业银行定价策略包括估量客户的需求和成本分析，以便选定一种能吸引客户、实现市场营销组合的价格，并且这种价格应能为商业银行创造满意的利润水平。定价时须考虑目标市场上的竞争性质、法律政策限制及客户对价格的可能反应，同时也要考虑折扣、支付期限、信用条件等相关问题。如果价格得不到客户的认可，商业银行营销组合的各种努力势必是徒劳的。

3. 商业银行促销策略。商业银行促销策略包括人员推销、广告营销、营业推广、公共关系等营销策略，其含义是指商业银行把合适的产品在适当地点按适当价格出售的信息，传达到目标市场。人员推销是面对面地传递信息；广告营销则是在同一时间向大量客户传送信息；营业推广、公共关系具有当面传递信息的功能且同一时间只能传递少量信息，所以这些方法在不同的场合各有利弊，起着相互补充的作用。

4. 商业银行营销渠道策略。商业银行营销渠道主要有分支网点、信用卡、自动柜员机、POS 机、电话银行、客户终端等，其含义是指如何选择产品从生产商转移到消费者的途径。许多市场营销职能是在市场营销渠道中完成的。商业银行营销渠道策略，是通过对渠道的选择、调整、新建和中间商的协调安排，来控制相互关联的市场营销机构，以便交易的顺畅进行。通俗地讲，分销策略要考虑的问题是：什么产品在什么地点、什么时间和由谁提供销售。

5. 商业银行关系策略。商业银行的营销除了考虑市场环境因素和政治因素，还应该考虑社会的因素。关系营销策略是指商业银行在处理银行内部关系和建立良好外部关系，所采取的各种手段和方法。关系营销能给商业银行创造良好的内、外部环境，提升商业银行的品牌。

以上五项策略处于同等地位，相互依存。单个策略是重要的，但更为重要的在于它们的配套组合。

二、商业银行营销组合的特征

1. 可控性。商业银行根据目标市场的需要，可决定自己的产品结构、产品的价格，选择不同的营销渠道和促销方法等。这些营销手段的搭配与运用对商业银行而言是可控制的，但这种自主权是相对的，因为商业银行营销过程要受本身资源和营销目标的制约，同时也会受到不能被商业银行控制的各种微观环境和宏观环境因素的制约。

2. 层次性。“5P”之间各自包含若干个次因素而形成自己的亚组合，因此商业银行营销组合是具有至少两个层次的。商业银行在确定营销组合时既要注重“5P”之间的最佳配合，又要注意安排好每个因素内部的搭配，使所有因素达到灵活有效的组合。

3. 可变性。每个“P”都是一个不断变化的量，同时各个“P”也是相互影响的。五个因素又各自包括若干小变量，每一变量的变动，都会引起整个营销组合的变化。

4. 整体性。商业银行营销组合的目标是取得最佳的经济效益与社会效益，为达到这一目标，商业银行采取的策略是“5P”组合。“5P”在这里组成一个系统作为一个整体服务于整个营销工作。

三、商业银行营销组合的作用

商业银行营销组合把各种各样的营销策略、方法、手段组合成一个多层次系统，在营销实践中发挥重要的作用。

1. 商业银行营销组合策略是商业银行制定和实施总体经营战略的客观需求。“5P”组合具有复合性、整体性的特点。这就是说，“5P”组合中的每一个“P”均是由多种营销变量组成的次组合，进而复合成“5P”组合。商业银行在制定和实施“5P”组合的过程中，不仅要使各个营销变量相互协调，而且要使其与商业银行经营目标及营销环境相协调，还要使“5P”组合在整体上实现最优化。因此，它是商业银行制定和实施总体经营战略的基石，商业银行不应忽视它的这一作用。

2. 商业银行营销组合策略是商业银行增强市场竞争力的客观需要。“5P”组合的可控性、多层次性与动态性，可以适应市场竞争的需要。例如，商业银行提供什么样的产品及如何确定产品的品质、功能、品种、品牌与附加服务，如何选择定价方法与策略，如何促销等，商业银行均可根据市场需要进行自主经营决策，以实现最优组合，获取最佳经济效益。当市场条件发生变化时，商业银行可以随机调整营销变量及其组合，使“5P”组合能够与不断变化的市场环境及潜在客户的需求在动态中实现相互协调。这就可以大大提高竞争力与市场占有率。

3. 商业银行营销组合策略是协调商业银行各项工作的纽带。商业银行营销组合“5P”模型，用三层圆圈来表示，最核心层是目标市场，中间层是“5P”，最外层是宏观经济环境。这说明商业银行“5P”策划仍然是以目标市场需求为起点，以适应宏观经济环境而进行的整体营销策划。因此，商业银行营销组合是商业银行各项工作的桥梁与纽带。

4. 商业银行营销组合策略是合理配置商业银行资源、合理分配资金的依据。商业银行营销组合的目的是达到商业银行的经营目标，并取得最佳的经济收益和社会收益。所以，其一切工作都是围绕这一计划进行的，具体目标一经确定，则商业银行的资源运用都要在此基础上进行合理分配。

四、商业银行营销组合的约束条件

商业银行“5P”组合看似简单，但如何在“5P”组合内作出选择是困难且复杂的，这是因为“5P”中每一基本变量都有很多个次变量，这些变量组合能排列出成千上万个新的组合。这就需要我们考虑市场营销组合的各个约束条件包括目标市场的特点、商业银行营销战略、商业银行营销环境、商业银行资源状况、商业银行营销预算等。从约束条件出发进行营销组合，相对而言就简单一些。

1. 商业银行目标市场的特点。一般而言，商业银行目标市场需求决定商业银行营销组合。为此商业银行应仔细分析目标市场各方条件，以便快速规划出合理的营销组合。可使用排除法达到这一目的，排除法即排除掉不适合的营销组合，留下易于处理、合适的营销组合。下面以四个方面的条件来分析目标市场及它们对各个基本策略的影响，从而得出合适的营销组合。

（1）潜在客户所在地区和人员特点，如年龄、性别、文化、收入、分布密度等条件。它影响目标市场的潜力大小；影响渠道策略——应使产品在何地能买到；影响促销策略——在何地对何人进行营销。

（2）消费模式和消费者行为。它影响产品策略——设计、品种系列、特征等；影响促销策略——迎合客户需求，投其所好。

（3）潜在客户购买的迫切性、选购商品的意愿性强弱。它主要影响定价策略——客户愿意支付的价款水平。

（4）市场的竞争特点。市场处于垄断状态或是新开发领域，竞争并不激烈，则不必费力追求“最优组合”，一种“较好”的营销组合策略就可成功。市场竞争充分，则存在较多的竞争者的营销组合方案可资借鉴，这可从中比较选择，而作出自己的最佳营销组合方案。

2. 商业银行营销战略。商业银行营销战略不同，其营销组合亦不同。如在细分市场中所采取的战略，不想对目标市场细分的商业银行经常采取“市场结合”的方法，即重点放在客户群相似之处，力争一种促销就能满足不同客户的心理特点，想对目标市场细分的商业银行则采取“求同存异”的营销组合方法满足客户的需求。另外，不同目标市场定位的商业银行，其采取的营销组合显然有很大的差异。

3. 商业银行营销环境。商业银行的营销环境对商业银行的营销组合有直接的或间接的、积极的或消极的影响，也会影响商业银行中长期计划及发展战略的抉择。所以商业银行选择营销组合时，应把营销环境看成一个主要要素。

4. 商业银行资源状况。商业银行资源状况包括资金实力、各种技术设施、营销网络、公众中的形象等。因种种原因，各商业银行在资源方面各具优势、劣势。故在选择营销组合中应注意：（1）紧紧依靠商业银行现有的营销组合，因为远离原有的营销组合会增大市场机会不确定性而带来的风险。（2）要精于专业化经营，过度的多元化经营，不利于充分调配现有的资源。（3）选择那些能提供中长期收益且能提升商业银行声誉的营销机会。

5. 商业银行营销预算。商业银行营销组合决策要耗费大量的财力、人力和物力。如广告预算要用现金，销售队伍需要人力，投资需要一段周期才能收回。因此，商业银行营销组合要与商业银行的市场营销预算计划取得动态上的平衡。设计营销组合时，要决定：（1）营销组合所需的总预算；（2）以六个基本策略为中心的经费分配计划；（3）营销工作日程与资金投入、回收周期的衔接。

第五节　案例分析

案例：香港银行业的分销策略分析

（一）情况介绍

汇丰银行近几年已在香港开设了数家形式新颖的分行，名为“汇丰日夜理财中心”，该中心内设各类自助银行机器，包括自动柜员机、提款机、存款机、打簿机及查数机等；中心有两名职员协助或指导客户使用有关服务，处理代收业务，如开户、报失、申请信用卡等，而一切现金交易经由自动柜员机处理。“汇丰日夜理财中心”与一般分行的最大区别是人员少，“汇丰日夜理财中心”面积一般约为150平方米，所需约2名至3名职员，而相同面积的传统性分行则需要约15名职员。

此外，渣打银行也开办了两家全自动化分行，分行拥有全港第一个视像对话系统及备有一台触控屏幕及摄影机，供客户与渣打银行客户服务员直接对话，该屏幕可提供各项银行服务，包括私人贷款、存款、投资与保险服务及信用卡服务等资料。该系统可按客户指示，即时列印其个人贷款选择。该自动化分行也设有自动柜员机、打簿机、客户服务电话、股市快讯终端机及利率/汇率显示板。

（二）分析

上述案例表明，与传统商业银行相比，现代商业银行分支机构的设置更注重方便客户，充分体现了“以客户为中心”的服务宗旨。无论是汇丰的“汇丰日夜理财中心”还是渣打的“自动化分行”，都比传统的分支机构效率更高，科技含量更高，也更能节约人力成本。从分销策略来分析，尽管上述两家银行设立的分支机构都是以自助银行机器为主，但又不同于单纯的“自动取款机”，它们仍然配有高素质职员或先进的视像对话系统，提供“人性化”的面对面的服务，因此，汇丰银行和渣打银行采用的是一种较为特殊的分销策略。

[本章小结]

1. 商业银行营销理论是20世纪50年代中期以后逐步形成的，在半个世纪的实践中得以发展并日趋完善。

2. 商业银行市场营销是商业银行为适应和满足客户需求而进行的从金融市场调研、市场定位到金融产品的开发、定价、分销、促销，最终到意见反馈的整体活动过程。这一过程可以分为三个阶段，即营销战略阶段、营销战术阶段和银行文化建设阶段，总览全过程，其核心内容按现代营销理论，又可以归纳为十个方面，即十个“P”。它包括营销战略四个“P”，营销战术五个“P”，以人为本的企业文化一个“P”。

3. 商业银行市场细分是指商业银行按照客户需要、爱好及对金融产品的购买动机、购买行为、购买能力等方面的差异性和相似性，运用系统方法把整个金融市场划分为若干个子市场。通常商业银行按个人客户和公司客户进行进一步细分，以挖掘不同消费者群体的需求差异或寻找同一消费者群体的需求共性，同时，为商业银行选择目标市场及确定市场定位提供参考。

4. 竞争是市场经济的基本特点，也是商业银行开展营销活动所面临的基本环境压力和所要解决的基本营销决策问题。为此，要对营销竞争对手进行分析，在此基础上制定和选择正确的竞争战略与竞争策略。

5. 商业银行营销组合与营销观念、市场细分等概念相辅相成。在商业银行营销观念的指导下，商业银行把选定的目标市场视为一个系统，同时也把各种营销手段进行分类，组成一个与之相对应的系统，在这个系统内，各种营销策略可作为可调整的子系统。在特定的目标市场，管理者对各种营销策略（或营销要素）进行不同的排列组合就是营销组合。

[本章重要概念]

市场营销　市场细分　市场选择　市场定位　营销组合　竞争战略　营销策略　SWOT 分析

[练习题]

一、判断题

1. 市场营销理论形成于20世纪50年代，该理论一经形成就被银行业广泛接受并予以创新。（　　）

2. 二八定律，是指银行利润的80%来源于20%的优质客户。（　　）

3. 营销服务中，企业追求的其实并不是客户的满意度，而是客户的忠诚度。（　　）

4. 对于单个商业银行而言，选择目标市场就是选择一个细分市场、放弃另一个细分市场的过程，这一过程具有明显的机会成本效应。（　　）

5. 金融产品的定价与市场供求、成本、风险等息息相关，但与产品生命周期的变化无关。（　　）

二、选择题

1. 提出市场营销中的市场细分理论的是（　　）。

A. 菲利普·科特勒　　B. 温德尔·斯密

C. 杰克·特劳特　　D. 艾尔·里斯

2. 把银行个人理财客户区分为保守型和激进型的细分标准有（　　）。

A. 人口因素　　B. 地理因素　　C. 心理因素　　D. 行为因素

3. 金融产品的主要特征有（　　）。

A. 多样性　　B. 无形性　　C. 关联性　　D. 易模仿性

4. 下列基本要素中应归类于银行文化行为识别系统范畴（BI）的有（　　）。

A. 银行产品形象　　B. 银行管理制度

C. 银行道德风尚　　D. 银行经营哲学

5. 银行分销渠道缤纷多样，下列项目可归纳为银行分销渠道范畴的有（　　）。

A. 银行分支机构　　B. 银行网络

C. 客户经理队伍　　D. 银行客户终端

三、简答题

1. 商业银行市场细分有何作用？
2. 试述商业银行市场营销的特点。
3. 商业银行市场营销环境分析包括哪些内容？
4. 什么是市场营销产品策略？商业银行的产品策略主要有哪些？
5. 如何理解商业银行市场营销中的定价策略？
6. 试述商业银行的市场竞争战略。

练习题答案

四、论述题

试论述商业银行市场领先者竞争策略和市场补缺者竞争策略的差异。

第十六章

商业银行人力资源管理

人力资源是商业银行最宝贵的资源，商业银行现代化首先是人的现代化。现代信息技术、网络技术、工程技术和管理方法在商业银行经营领域的广泛运用，使知识和智力成为商业银行最重要的经营要素，成为人力资源的重要组成部分，并逐渐取代了体力和技能在商业银行经营中的作用。强化人力资源管理，优化人力资源成本，提高人力资源的使用效率，是商业银行降低成本，增加收益，提高银行竞争能力，保障银行可持续发展的重要途径与方法。

第一节　商业银行人力资源需求

一、商业银行人力资源的特点

商业银行人力资源是指具有一定理论基础、一定技术水平和熟练程度的银行职工所拥有的能为银行发展作出贡献的能力。

人力资源与货币资本、实物资本都是社会再生产中必不可少的物质前提。但是，人力资源与上述其他资本有明显区别。人力资源来源于人类自身的再生产，其他资本来源于社会再生产。同时，商业银行又是经营货币资金的特殊企业，人力资源的属性与商业银行的特性决定了商业银行人力资源具有以下一些特点。

1. 能动性。人不同于自然界的其他生物，他有思想、感情，具有主观能动性，能有意识有目的地进行活动，能对自身行为作出抉择，能主动调节与外部的关系，从而改造客观世界。在商业银行的经营过程中，人是最能动的因素，它的开发培养利用，是通过自身的活动来完成的。人才开发培养得好，就可以创造出超过自身价值多倍的效益。因此，人才开发培养利用要重视其能动性。

2. 动态性，又称时态性。商业银行人力资源的投资是以人才开发培训，即银行职工自身的再生产为存在方式，当银行职工培训到一定的程度，掌握一定的专业技能就可以投入到银行营运的各个岗位上去。但从当代医学、生物学角度看，人有生命周期，不能长期储存不用，人能从事劳动，能被开发利用的自然时间又被限制在生命周期的中间一段，在这一段中又视人才类别层次的不同，有其才能发挥的最佳期和最佳年龄段。商业银行人力资源如果不被及时利用、投入，或不被定时定位利用，就会随着时间的流逝而降低或丧失其作用。人才开发培养若不及时，或开发培养出来长期闲置或学非所用，就会造成极大的人才浪费，这种损失是无法弥补的。

3. 智力性，又称可投资性。人力资源中包含着丰富多彩的智力内容，人类通过自己的智力创造了工具，使自己的器官得到延伸和扩大，从而增强了自身能力。人力资源的这种智力性表明，人力资源具有巨大潜力，只要花力气予以挖掘，就可以变成企业财富。商业银行是一个知识技术密集型行业，其职员大多是高素质人员，这就使银行人才开发有了较可靠的基础。商业银行对人力资源投资越多，人才开发越充分，就越能促进银行发展。

4. 可积累性。商业银行人力资源的积累一般是通过劳动积累而形成的，与实业资本的积累和聚集不同。劳动积累所形成的财富是显性的，如大型水利工程、建筑等。如20世纪60年代，美国的“田纳西计划”，组织失业人员修路，大大改变了美国的交通状况，使其百年受益。中国的万里长城，埃及的金字塔，都可看做是劳动积累的成果，几千年来仍屹立在地球之上。当然，在现代化建设中，用市场经济手段搞劳动积累，与古代无偿占用和使用劳动力不同。而人力资源的积累是无形的，是连续的，是对人力资源不断开发、长期培训所产生的结果。因此，在当今激烈的市场竞争环境下，一个有远见的银行家，必然为银行未来的发展制订一套长远的人力资源积累计划。

5. 社会性，又称时代性。从宏观上看，人力资源总是与一定的社会环境相联系的。它的形成、开发、配置和使用是一种社会活动。与实物资本和金融资本相比较，商业银行人力资源的社会性十分突出。首先，银行是国民经济的重要组成部分，银行的发展要满足社会发展的要求；其次，商业银行人力资源的变化，是商业银行职工自身发展变化的结果，受职工文化水平和受教育程度的制约。因此，商业银行人力资源的变化利用，具有明显的社会时代的特征。

二、商业银行对人力资源的需求

1961年，美国芝加哥大学教授、诺贝尔经济学奖获得者舒尔茨在其所著的《论人力资源投资》一书中提出人力资源的概念。舒尔茨指出：传统经济学以偏概全，只考虑到了物质资本，而排除了人力资源，实际上人力资源要比物质资本的增长快得多，如果把无形资本加到有形资本上去，资本—收入比率就会随经济发展上升；人的生产能力得到长足改进，且比资源消耗对国民收入的贡献要大得多。舒尔茨认为在所有的投资中，最有价值的投资是对人的投资；投资于人，比投资于机器、厂房等物质资本，收益高得多，同时人力资源投资既有利于个人，也有利于社会。

信息革命和知识经济的到来，使得企业的竞争已转向知识和科技的竞争，作为知识科学技术的“承载者”——人才则成为现代企业的黄金资源，在企业竞争中扮演着越来越重要的角色。现代企业之间的竞争，越来越演变为人才之间的竞争。对于现代银行业来说，更是如此。现代商业银行是知识技术密集型企业，它的经营环境是市场经济，因此它面对着激烈的竞争。要竞争就要有实力，商业银行的实力主要表现为资金、人才、服务等方面，商业银行的竞争就是这种实力的较量。就实力而言，各家商业银行都有一定的资金基础，但它不是实力的第一要素，人才是银行生存发展的第一要素，掌握现代化科学知识和具有较高管理操作技能的人是商业银行最有价值的财富。没有资金，可以融通；没有形象，可以重新塑造；但没有人才，银行将一事无成。

我们正处在承前启后、继往开来的新时期。中国加入世界贸易组织和金融体制改革的深化，要求必须加快国有银行市场化进程。现在已形成的共识是：金融领域同业的竞争，人力资源的开发和培养是主要的。谁能吸引最优秀的人才，谁就能在未来的金融竞争中赢得优势，抢得先机。人力资源的开发、人才的培养是商业银行现代化经营的关键。

第二节　商业银行人力资源结构与素质要求

一、商业银行人员结构

（一）早期商业银行的人员构成

从历史上看，银行起源于意大利。早期的商业银行多为一些富有家族为经商方便而设立的私人银行。从人员的才能和素质来看，主要由价值鉴定商（现在的资产评估师）、保卫人员、贸易专家等组成。早期银行的私人产权性质决定了其主要是一种业主型内部组织结构。银行家本人或亲属从事银行全面经营，通过亲自参与银行各种业务对下级人员实施控制和监管。在人员构成上是以出资人为核心，主要在血缘、地缘、亲缘关系的基础上加以扩展形成的。与现代商业银行相比，早期银行在人员才能结构方面较为简单，其业务一体化和多样化程度很低，业务重心一般局限于本地区。随着银行地域的扩展和社会经济的发展，早期的银行人员构成方式日益凸显不足，必然会被新的模式所替代。

（二）现代商业银行的人员构成

商业银行迄今已走过几个世纪的风雨，经过长期的发展演变，已成为一个具备现代企业制度的金融企业，即产权清晰，权责明确，政企分开，科学管理。现代商业银行大都采用股份有限公司的形式，人员的关系构成形式由早期以商业银行的血缘、亲缘关系为主转向以职能关系为主，即商业银行的人员是按银行经营管理的实际需要加以组织和管理的。随着商业银行业务扩展和地域扩张以及银行全球化的发展，现代商业银行拥有了比较健全的现代金融人才体系，一大批真正懂经营、会管理的管理专家，一些专门的法律顾问、金融分析师、资产评估师、信息管理人员、证券保险人才都被吸收到银行中来，成为商业银行人才体系不可缺少的组成部分，商业银行人员构成表现出了丰富性、开放性的特点。

21 世纪是知识经济时代，与知识经济相伴生的是科学技术信息化，在银行业主要体现在业务电子化、网络化和管理信息化，这对银行现有员工素质提出了更新更高的要求。目前，世界银行业广泛采用现代化电子设备，并积极进行金融创新，产生了大量的新业务和服务方式。业务的综合化、创新化以及服务的智能化，要求银行员工趋向知识化和精干化，要求银行员工必须对基本业务和工具有深刻的认识和理解。可以预见，知识全面、综合能力较强的金融人才将成为现代商业银行的核心力量。

二、商业银行人员的基本素质要求

素质是指一些为完成人的心理活动或行为所需要的最基本的、不可再分的、原始的品质或基础。引申到社会化的层次，就是指从事管理活动所需要的全部心理活动与机能。人的品德、性格、知识、能力、兴趣、风度、体格等都可以纳入素质的范畴。各种不同的职位对人的素质要求不同。商业银行是整个国民经济活动的中枢，在整个国民经济中居于重要的地位，其对职员的要求既有一些人力资源基本素质要求，又体现了银行不同于一般企业的特殊性需要。商业银行人员的素质主要包括品德素质、智力素质、心理素质、知识素质和身体素质等方面。

1. 品德素质。银行是一种特殊的企业，由于银行经营的特殊性——货币资金，社会地位的重要性——资金枢纽和因迅速发展而带来的神秘性——电子货币，相应要求银行职工队伍纯洁精良。商业银行人员应具有基本的职业道德和伦理道德（四无：无贿赂、无胁迫、无欺骗、无不公平歧视）；要有较强的责任心，忠于职守，忠于银行整体利益，在工作中能做到公正无私，廉洁奉公，言行一致。只有这样才能满足商业银行作为社会信用中介对银行人力资源的基本要求。

2. 智力素质。智力是获得知识和运用知识的能力，主要表现在观察力、记忆力、思考力、想象力以及对事物本质的把握能力。智力素质是人员的最基本素质，它可以使品德素质、知识素质等转化为各种工作能力。对银行而言，智力主要体现在对有关银行经营理论把握的程度和在银行实践中的运用情况等方面。商业银行各部门联系紧密，相互关联性强，是否具有获取信息和探索问题的能力，是否具有实际操作能力，能否从银行的整体利益出发对有关问题作出准确的判断和分析，是商业银行人员智力素质水平高低的具体表现。

3. 心理素质。现代商业银行竞争激烈，充满挑战和冒险，要求银行人员必须有较强的心理承受力、心理适应力和心理发展力。人的心理素质主要体现在两方面，一是情商，二是逆商。情商是指人们了解自身感受，善于自我观察，控制冲动和恼怒，理智处世。其内表现为坚强意志和毅力，其外表现为擅长与他人融洽相处，建立良好的人际关系。商业银行人员能否以银行整体利益为主，而不是将个人的喜好掺入工作；能否与客户、与银行同事、与上下级融洽相处，并主动营造良好的工作氛围，都将有赖于银行人员的情商。逆商主要是指能够在身处逆境之中，遇到重大挫折之时，不气馁，不怨天尤人，百折不挠，振作精神，奋发进取。对于银行人员来说，要对银行未来可能的变化有所准备，以平稳的心态对待工作中可能出现的困难，并采取积极的行动来处理相关问题。

4. 知识素质。伴随着银行业务电子化、网络化和管理信息化，商业银行对人力资源的知识素质要求越来越高。知识素质主要体现在学历和资历两方面。学历主要反映职员的间接知识、书本知识。资历主要反映直接知识和实践经验。知识的积累、掌握、运用和更新，要靠人的主观努力。我们正处在知识爆炸的时代，作为商业银行的人员，必须不断地充实提高，才能满足工作的需要。

5. 身体素质。身体素质是品德、知识、智力和心理诸素质发挥作用的生理基础。随着银行业务的相互渗透和不断扩展，商业银行职员必然面临着更多的业务量和工作量，这就要求银行从业人员具有健康的体魄，能够精力旺盛地完成工作。

三、商业银行领导人员素质

领导的本质是一种影响力，即对一个组织为制定目标和实现目标所进行的活动施加影响的过程。领导者身负组织领导的重任，其综合素质的高低，领导艺术的好坏，往往决定着一个企业或单位的管理水平，不仅影响其个人工作的成效，更影响其部属和群体作用的发挥。随着我国银行商业化进程的加快，银行同业竞争的加剧，银行领导者将承担越来越重的责任，对其能力要求也会越来越高。

商业银行领导人员的素质主要包括决策能力、组织协调能力、领导艺术和业务素质。

1. 决策能力。决策贯穿于银行经营管理的全过程，是领导者的一项基本的工作。决策能力是指领导者对商业银行长远发展目标的确定、经营方针的制定以及对关系商业银行经营管理全局各事项进行决断的能力。决策是否正确与及时，小则影响银行的经济效益，大则关系到社会效益和经济的发展。所以，领导者的决策能力至关重要。

（1）银行作为一个企业，各部门各业务之间存在着不同程度的联系，也都有各自的利益要求。领导者要有全面的业务知识和丰富的实际工作经验，对商业银行经营管理有深入的认识和理解，能站在整个商业银行的角度对各项事务进行全方位的考察，从而做到银行的整体利益与局部利益、长远利益与目前利益的完美结合。

（2）决策是一门科学，也是一门艺术。对于常规性决策，可按一定的程序和方法来作出决定。但是为数众多的非常规性随机事件就不可能完全按既定的程序和方法来处理，必须依靠领导者的知识、经验、直觉来作出判断和决定，采取对策。这就要求银行领导人员要有随机决断能力，对国民经济的发展及国际金融动态有较深的分析判断能力，并能根据不同时期经济政治变化情况作出恰当的应对策略。同时，领导者要在有能力作出灵活有效的决策的基础上，敢于使用决策权，敢于承担责任。

2. 组织协调能力。组织是将有限的资源加以系统的安排和运用，并将相关资源有机地结合起来，以发挥出最大的整体效用的过程。作为银行的领导者必须具有把职工个人的分散行为引向银行的整体经营目标，组织银行职员努力去实现银行经营管理目标的能力。这就要求银行家善于运用组织的力量，综合相应的人力、物力、财力，善于把国家宏观效益、银行微观效益和职员自身利益结合起来，善于协调各部门各环节之间的相互关系，从而使银行有效地担当起信用中介、信用创造和金融服务等社会职能。

从一定程度上说，商业银行的管理在本质上是对人的管理，而不同职员在性格修养、工作方法和习惯等方面存在或多或少的差异，领导者在工作中必须考虑协调与上级的关系、与同级的关系和与下级的关系，以取得上级的支持、同级的配合和下级的信赖。同时，领导要根据具体的人员差别将职员安排在能最大限度发挥其作用的适当的职位，减少或避免可能出现的人际矛盾，避免因此而影响工作效率，从而增强银行的凝聚力。

3. 领导艺术。领导艺术主要是要懂得程序管理办法和领导的技术，要根据事情的轻重缓急分清先后次序，根据每一个人的能力大小及性格偏好发挥其最大的潜能，有秩序地把整个组织的活动纳入和谐运动的轨道。这要求领导者有较强的计划能力、控制能力、个人人格魅力和亲和力，从而在工作中能做到有条不紊，正常地完成董事会确定的各项目标和要求。

4. 业务素质。随着现代商业银行健康稳健的运营，银行业务和市场的不断扩展，银行竞争优势的创造，需要大批业务素质高的银行家的出现。作为一个现代商业银行家，应懂得现代企业管理学、人才学、系统工程学、营销管理学及法律等，能对存款、贷款、结算、表外业务及银行技术发展等各种业务之间的关系有较深入的理解。银行家还要有国外市场和全球经济的知识培训，以适应日益国际化全球化的大市场竞争的需要。银行家还要具备改革创新的能力，能及时发现工作中的积极因素，不断提出新的设想，新的方法，迎接银行业日益激烈的竞争。

四、商业银行一般员工素质

商业银行一般员工主要是指操作层人员，包括操作型人才、核算型人才和经营开发型人才，主要是负责具体执行决策层或管理层交给的各项工作，实现董事会所要求的相关目标。一般来说，对其素质要求没有领导层高，但由于商业银行的特殊性，商业银行对操作层人员素质的要求也是很高的。对操作人员提出较高的要求，是因为操作层是商业银行中具体完成各项实际工作的人员，任何好的决策和规范，最终都要落实到操作人员的行动中，通过每一个操作人员的具体工作来实现，如果操作人员素质较低，就可能导致银行风险。

商业银行对一般员工的素质要求主要包括责任心和基本的业务能力。责任心是指在工作中要尽职尽责，能主动积极地为银行着想，并在集体利益与个人利益发生冲突时能以工作为重。业务能力是指在具体完成各项工作时，职员应当具备的知识修养等。如核算型人才要求具有广博的专业理论知识和丰富的实践经验，并具有较强的组织能力和操作能力。经营开发型人才则要有较好的营销知识，并具有相应的应变能力、创造能力和协调能力。

第三节 商业银行的人力资源开发

一、商业银行人员的培训

员工的培训即员工的教育与训练，是根据银行实际工作需要，为提高劳动者素质和能力而对其实施的培养和训练。培训是商业银行人力资源管理策略的重要环节，通过培训可以使员工的业务水平和工作能力不断得到提高，满足商业银行对各种人才的需要。

从培训与工作的关系划分，商业银行人员培训可分为在职培训和非在职培训。按培训时间长短可分为长期培训、中期培训和短期培训。从培训对象划分，可分为新员工培训和在职员工培训等。

1. 新员工培训。刚刚进入银行工作的新员工，必须经过1周至几周的培训以达到基本要求。对新员工的培训主要包括银行文化培训和银行业务培训。

银行文化是企业文化在商业银行领域的具体表现，从广义来看，银行文化是指一家银行在其经营管理过程中物质文化和精神文化的总和。从狭义来看，银行文化则主要是指企业的精神文化，也就是在长期经营管理活动中形成的，银行员工共同认可并持有的理想、信念、价值观、行为准则和道德规范的总和。

银行业务培训主要是掌握基本的业务知识和工作程序，以及工作中可能出现的问题及相应的解决方法等。银行业务培训主要采取课堂教学、模拟实习、案例研究和对新员工的传帮带等方法。

案例研究及模拟实习主要是由银行的有关人员通过一些银行典型案例的讲解与分析，让新员工了解银行有关经营活动的经验和教训，并通过安排具有针对性的实习活动，使银行新员工快速掌握一些基本的原则和要求。对新员工的传帮带活动即通过安排银行有经验的员工一对一地给予新员工具体细致的指导，使新员工在耳濡目染之中形成良好的作风，树立敬业精神、职业道德，并且尽快熟悉业务内容和工作方法。

2. 在职员工培训。对在职员工的培训要求根据企业不断发展的实际需要和技术更新的情况，有效地开展继续教育和终身教育，使企业职工能够不断提高知识文化和能力水平，适应企业的需要。对在职人员的培训重点应以新知识、新技能技巧、新制度等内容为主，并结合银行未来的发展，银行在激烈的竞争中所采取的措施与对策等进行有目的性的培训。常用的方法有进修、自学、轮岗、锻炼、交流等。

二、商业银行人才开发中的激励机制

激励，即对人的激发鼓励以充分开发其潜能，产生难以估算的工作热情、工作能力和无限的创造力，为组织为社会作出巨大贡献。激励机制的形成与差别主要取决于激励类型与激励方法的差异。

（一）激励的分类

1. 精神激励和物质激励。精神激励主要是运用正确的思想政治工作，树立楷模，给予员工精神上的鼓励，它可以是表彰、嘉奖、立功、评先进、授予荣誉称号。物质激励是指运用物质的手段，使受激励者得到物质上的满足，从而进一步调动其积极性、主动性和创造性。如发放奖金、实物，晋升工资，提供优惠的福利等。根据美国心理学家马斯洛提出的需要层次理论，物质需要是人类最基本的需要，但层次也最低，物质激励的作用是表面的，激励深度有限。因此，随着员工素质的提高，应该把重心转移到以满足高层次需要的精神激励上去。

2. 正激励和负激励。正激励是运用目标的鼓舞，物质的奖励，荣誉的授予，感情的沟通，民主的发挥，领导的赏识等手段，褒优贬劣，褒贤贬愚，调动员工的积极性和工作热情。负激励是运用惩罚警戒的手段，扶正祛邪，鞭挞错误和落后，调动员工树立明确的是非观念，自觉抵制不良影响。

3. 外激励和内激励。凡是满足员工生存、安全和社交需要的因素都属于保健因素，其作用只是消除不满，但不会产生满意。这类因素如工资、奖金、福利、人际关系，均属于创造工作环境方面，也叫做外在激励，简称外激励。满足职工自尊和自我实现需要，最具有激发力量，可以产生满意，从而使员工更积极地工作，这些因素属于内在激励因素，即使员工从工作本身取得很大的满足感。

（二）主要激励方法

激励是调动员工积极性，提高人员素质的主要手段。激励主要采取奖励和惩罚两种基本形式。

奖励主要是针对为银行带来其所希望的行为、行为结果的行为者给予相应的正激励。惩罚主要是对为银行带来其所不希望的行为、行为结果的行为者给予相应的负激励。在实际工作中应坚持以奖励为主，惩罚为辅；奖励要及时，要适度，惩罚要将原则性与灵活性相结合，使激励机制能激活所有员工的积极性和创造性。

第四节　商业银行人力资源成本管理

一、商业银行人力资源成本

商业银行人力资源成本是指商业银行为获取、维护、开发和利用人力资源的资金投入，是商业银行人力资源所占用和耗费的其他资源的货币表现或货币形式，即商业银行为取得人力资源而支付的代价，也称为人力成本。

商业银行人力资源成本包括获取成本、维护成本、开发成本和运用成本。获取成本是指商业银行为满足现在或未来的人力资源需求，因招募、选拔和雇用员工而发生的成本，如为补偿人力资源消耗而支付给员工或管理人员的工资报酬、薪金。维护成本是指商业银行为维护人力资源而发生的成本支出，如支付给员工的医疗保险等社会保障费用、保健费、劳动保护费和带薪休假费用等。开发成本是商业银行为提高人力资源等级和丰富人力资源内涵而发生的员工培训、开发和教育成本，如对员工进行的专业培训、素质培训或技能训练而发生的成本费用。运用成本是指商业银行对人力资源管理运用不科学、人力资源的组织配置不合理导致人力浪费或闲置而带来的成本费用开支，如银行机构臃肿，人浮于事，高职低聘，高能低用，人力资源的潜能没有得到充分的开发利用，导致人才浪费或流失。

根据人力资源会计计量的需要，人力资源成本还可以划分为不变成本、可变成本和混合成本。不变成本指商业银行支付给员工的报酬中固定的那部分，一般称为基本工资或年薪。这部分成本不随商业银行业务量的变化而变化，具有固定不变的性质。可变成本指商业银行人力成本中随业务量变化而变化的部分，如实行计件工资、计量工资、计时工资制时，支付给员工的随业务量变化而变化的报酬，商业银行用于激励员工的奖金也具有可变成本的属性。混合成本主要指维护与开发成本，它不随业务量的增加而增加，因而具有不变成本的属性，但是它随着商业银行业务规模的扩大而趋向于增长，因而又具有可变成本的属性。如随着商业银行同业竞争、市场状况、发展水平、技术手段的影响，商业银行为了创造竞争优势而投入的提高员工操作技能和竞争能力的成本。

二、商业银行人力资源成本管理的目标

人力资源成本管理目标是人力资源成本的最优化和人力资产价值增值。商业银行人力资源成本最优化是指在人力资源成本一定水平下的经营效益最大化。商业银行人力资产价值增值是指要在商业银行经营效益增长的前提下，保障人力资产价值增值，并努力提高人力资产收益率。商业银行人力资源成本管理的量化指标有人力资产收益率、人力资产净值、人力资产损失率、人力资源成本收益率等。

三、商业银行人力资源成本的测定、控制与评价

1. 商业银行人力资源成本的测定。商业银行人力资源成本测定是对银行人力资源成本现状的认识以及对人力资源成本发展的趋势、方向和可能的结果进行估计、预测及判断的过程。

对银行人力资源成本现状的认识建立在商业银行经营和人力资源管理中大量信息资料的基础上，如人力资源数量、质量，人力资源成本总量、成本结构，银行经营规模、范围、收入、利润等。银行人力资源成本的预测则根据这些数据及相关信息资料，运用科学的方法（包括定性分析和定量分析方法），分析影响人力资源成本变动的因素及其影响程度，分析人力资源成本变动的规律。对人力资源成本未来的发展趋势、方向、水平等进行估计、分析、判断，并提出科学可行的人力资源成本管理方案。

商业银行人力资源成本的测定还应包括人力资源成本的核算。人力资源成本核算就是对人力资源成本执行结果进行计算和账务处理的管理活动，这是人力资源成本会计的重要任务和职能。人力资源成本核算的程序是按照人力资源成本的性质和功能设置相关账户，以归集、结转和摊销人力资源成本。人力资源成本核算的方式和标准可按照人力资源成本的性质，设置“取得成本”、“开发成本”、“维护成本”和“人力资源成本摊销或损失”账户。其中，“取得成本”和“开发成本”两个账户根据其组织项目设置明细账，以归集当期发生的人力资源成本。

2. 商业银行人力资源成本的控制。人力资源成本控制是人力资源成本管理的核心任务。人力资源成本控制的基本原理是实施人力资源成本全面、全程、全员、全方位控制。

全面控制指从广义上管理人力资源成本，管理范围涵盖人力资源成本的各个方面、各个层次和各个领域。如既要对人力资源历史成本进行管理，又要对人力资源重置成本进行管理；既要控制人力资源成本总量，又要控制人力资源成本结构等。全程控制是从

人力资源成本运动的过程进行管理，既要进行事前管理，又要进行事中管理和事后管理。所谓全员管理是指人力资源成本管理是全体员工自己的事情，应该充分调动全体员工管理人力资源成本的积极性。人力资源成本消耗的对象是人，人是人力资源成本管理的主体，人人是成本，因而必须人人控制成本，要通过建立人力资源责任成本制度对人力资源成本进行全员管理。全方位控制是对人力资源成本实施多维管理，要建立人力资源成本管理机制，优化人力资源成本配置结构，合理配置人力资源成本与物质资源成本，达到商业银行人力资源成本的最优化和经营效益的最优化。

商业银行人力资源成本的控制在很大程度上主要取决于两大因素：一是商业银行经营管理效率（或水平）。经营管理效率的高低与人力资源成本的大小成反比。经营管理效率越高，人力资源成本在其他要求不变的情况下就越小，反之，银行管理效率低下，则会出现组织机构臃肿，人浮于事，用人不妥，不能做到人尽其才，人力资源费用上升等现象。二是商业银行经营规模与经营范围，如果一家银行不具有适当的经营规模和经营范围则会出现明显的人才浪费、人力资源利用率不高的现象，从而导致等量人力资源不能获取等量资源效益的结果。就中国商业银行，特别是国有商业银行现状而言，以上两大因素的影响和作用对如何控制人力资源成本、优化人力资源成本结构都具有十分重要的现实指导意义和作用。

3. 商业银行人力资源成本的评价。一家商业银行人力资源管理是否科学，人力资源成本控制是否合理，人力资源成本在整个银行成本总额中所占比重是否过高，这是人力资源成本评价要解决的关键问题。人力资源成本评价是对人力资源成本实际执行状况进行分析、评估的管理活动。人力资源成本管理业绩是人力资源管理部门业绩的重要表现，人力资源成本评价是对人力资源管理部门进行考核的重要内容。人力资源成本评价主要包括人力资源成本与银行经营业绩的匹配关系、人力资源价值增值水平、人力资源成本控制目标完成情况等。

四、商业银行人力资源成本优化的标志

商业银行人力资源成本优化是指在分析、评价银行人力资源成本现状的基础上，通过对银行人力资源的合理配置，强化人力资源成本管理、合理调整人力资源成本支出的结构，以达到提高人力资源效益、降低人力成本目标的过程，可以分为现状分析、方案设计、方案评估、方案实施与方案控制五个阶段。人力资源成本的优化是商业银行人力资源成本管理的最高阶段，是商业银行最终盈利目标在人力资源管理中的体现。商业银行人力资源成本优化的标志可以归纳为以下三个方面。

1. 优化人力资源投入。商业银行业务发展的水平、规模、自动化程度和组织体制是决定商业银行人力资源投入数量、质量的重要因素。商业银行与其他行业一样，也经历了由劳动密集型向知识技术密集型过渡的历史阶段。在劳动密集型阶段，商业银行依赖大量的人力资源投入推动业务发展，这时购置的人力资源较为原始，知识含量和智力水平要求也不高。随着现代科技在银行经营领域的广泛运用，商业银行经营活动中的技术手段逐渐更新，技术水平不断提高，大量业务依靠自动化设备进行自动处理，广泛延伸

的自动化业务终端代替了人工操作，延伸了商业银行的经营空间。技术手段的多样化和技术水平的提高，改变了商业银行人力资源与物质资源配置比例，从总量上减少了人力资源投入，但从质量上提出了高标准、高素质、高智力人力资源的要求，因而大大改变了商业银行人力资源投入结构，人力资源跃升为商业银行资本构成，从而促进了商业银行人力资源管理的革命，也从趋势上优化了商业银行人力资源成本投入。

2. 提高人力资源效益。商业银行人力资源效益的高低直接决定其业务发展潜力和盈利能力，提高人力成本投入效益是优化人力资源的重要任务和最终目标。人均业务量、人均存款保有量、人均净利润等指标是反映人力资源成本投入效益的关键指标。我国商业银行人力资源效益的提高，必须进一步加快商业银行组织体制和经营机制的改革；调整和优化劳动组合，提高劳动效率；强化人力资源管理，提高管理效率；扩大银行的规模经营，追求边际效益；拓展银行的经营范围，提高人力资源利用率。

3. 实现以人为本的管理思想。以人为本的管理是商业银行长足发展的前提与基础。这是因为：（1）商业银行的一切经营要素只有与人相结合才能成为实现银行经营目标的资源要素；（2）人的素质与发展水平决定了商业银行的经营发展水平和发展方向。只有在人的素质全面增强之后，商业银行的发展才有了潜力和希望；（3）知识经济的发展使人以及以人为载体的知识和智力在商业银行发展中的作用得到了空前提高，具有高智力、高知识的综合型人才是当今商业银行发展的关键。以人为本的管理要求以人的自我实现目标为银行目标，以实现个人追求与银行追求的一致性；要求银行必须为人的自我实现目标创造适宜的环境、设计全新的组织体制和业务运作模式，允许员工在组织中获得成就、实现自己的价值，使员工的能动性和劳动热情得到极大释放，劳动效率得到极大提高，而劳动效率的提高正是商业银行人力成本管理的目标。

第五节　商业银行团队建设与管理

现代商业银行在经营和发展中，要形成自己独特的核心竞争力，需要重视团队的建设与管理。核心竞争力是商业银行整合自己资源的能力，是一种最强有力的无形资产，而这一无形资产的形成可以通过团队运作来实现。

一、团队的内涵与外延

团队是由员工和管理层组成的一个共同体，该共同体合理利用每一个成员的知识和技能协同工作，解决问题，实现共同的目标。

不同组织的团队有不同的特点，但是任何组织的团队都应具有共同的构成要素，这些要素主要包括目标、人员、定位、权限和计划。

1. 目标。团队应该具有一个既定的目标为团队成员导航。没有目标，就没有前进的方向，就不可能形成合力，团队就没有存在的价值。这个共同的目标把相互依存、相互联系的人们维系在一起，使他们以一种更加有效的合作方式来达成个人和组织的目标。

2. 人员。人是构成团队的基础。三个或三个以上的人就可以构成团队。目标是通过人员具体实施的，所以人员的选择是团队中非常重要的一个部分。在一个团队中可能需要有人出谋划策，有人制订计划，有人具体实施，有人协调不同的人共同完成工作，还有人去监督团队工作的进展，评价团队最终的贡献，不同的人通过分工来共同实现团队的目标。最重要的是，团队成员之间的相互协调、有机联系、信息共享，构成了具有活力的有机整体，将产生团队协同效应，即整体功能大于部分功能之和。在人员选择方面，要考虑人员的能力、知识结构、经验、技能、性格、偏好等，形成互补。

3. 定位。定位包括团队的定位和成员的定位。团队的定位是指团队在银行中处于什么地位，由谁选择和决定团队的成员，团队应对谁负责，团队采取什么方式激励成员等。成员的定位是指成员在团队中起何种作用。

4. 权限。权限指团队的带头人与团队成员的关系。一般来说，团队越成熟，带头人所拥有的权力越小。在团队发展的初级阶段，带头人的权力相对比较集中。

5. 计划。计划指团队的具体目标和行动方案。团队目标的实现有赖于制订切实可行的行动方案，这一行动方案包括具体的工作程序和进度安排。

二、商业银行团队的类型

根据团队存在的目的和拥有权利的大小，商业银行团队可分为三种基本类型：银行管理团队、银行专业项目团队及银行工作团队。

1. 银行管理团队。这是指由商业银行管理层人员组成的队伍，商业银行存在不同层次的管理团队，高至总行级管理团队，低至支行级管理团队。

2. 银行专业项目团队。这是指商业银行为了从事某些特定的且持续时间较长的业务或开发特定的金融产品而组建的团队。银行专业项目团队往往由银行管理人员、专业人员及相关人员构成，如商业银行资产负债管理委员会、商业银行风险管理委员会、商业银行经济资本管理系统设计项目组等。

3. 银行工作团队。商业银行工作团队是为实现某一目标或为客户提供某种服务的工作团队，如银行危机处理工作团队、银行客户经理工作团队等。他们往往由银行各种专业素质较高的管理人员和职员组成。

三、商业银行团队的建设与发展阶段

建立一个高绩效的银行团队不是一蹴而就的事情，团队的建设发展有它自己的阶段。一般来说，团队建设发展分成五个阶段：创立期、动荡期、稳定期、高产期和调整期。

1. 创立期。创立期即银行团队形成的初期。在创立期，团队成员的行为特征、团队的工作重点以及如何顺利度过此阶段，都是应该注意的问题。

在银行团队形成初期，团队成员的行为一般具有如下特征：（1）加入团队的人既兴奋又紧张；（2）高期望；（3）开始进行自我定位，并试探周围环境和核心人物；（4）存在困惑和不安全感；（5）依赖职权。

银行团队组建的两个工作重点，简单地说一个是对内，即在内部建立怎样的团队框架；一个对外，即怎样与团队之外的领导者或其他团队领导联系。

在建立团队的内部框架时，需要考虑的问题：（1）团队的任务是什么？（2）团队应该是什么样的人员结构？（3）是否应该组建这样的团队？（4）成员的角色如何分配？（5）团队的规模多大？（6）团队生存需要什么样的行为准则？

如何帮助团队度过第一阶段，其主要措施有：（1）宣布对于团队的期望；（2）明确团队的愿景和工作方向；（3）提供团队所需要的资讯；（4）帮助团队成员彼此认识。

2. 动荡期。银行团队经过一段时间的运行，进入到第二阶段——动荡期。团队成员在动荡期的行为特征主要表现为：（1）期望与现实脱节，隐藏的问题逐渐暴露，有挫折感和焦虑感，不知目标能否完成；（2）人际关系紧张；（3）对决策不满；（4）生产力遭受持续打击。

如何帮助团队度过第二阶段，基本措施有：（1）安抚人心；（2）建立工作规范，团队带头人以身作则；（3）作出新的决策，鼓励团队成员参与决策。

3. 稳定期。随着团队规范的逐渐确立和执行，团队会进入稳定期，这是银行团队发展的第三个阶段。团队成员稳定期的行为特征一般有：（1）人际关系走向和谐，沟通顺畅，相互信任加强；（2）工作技能提升，团队注意力转移到工作的拓展；（3）建立、完善工作规范和流程，团队特色逐渐形成。

为了带领银行团队顺利度过这个阶段，建议：（1）充分发挥团队成员的知识、技能和经验；（2）鼓励成员多沟通、求同存异；（3）带头人应卷起衣袖，与队员协力工作。

4. 高产期。度过第三个阶段，稳定期的团队就可以进入高产期，出现关键的突破，进入到高绩效阶段。

在高产期，团队的主要特征如下：（1）团队信心大增，团队成员具备了多种技巧，并协力解决各种问题；（2）成员之间通过标准流程和方式进行沟通、化解冲突和分配资源；（3）团队成员自由而建设性地分享观点与信息；（4）团队成员在各自优势领域发挥主导作用；（5）团队处于巅峰期，每个成员都拥有完成任务的使命感和荣誉感。

如何带领高产期的团队，维持高绩效团队的措施有：（1）变革并随时更新工作方法与流程；（2）团队带头人形如团队成员而非领袖；（3）通过承诺而非管制追求更佳结果；（4）给团队成员提供挑战性的目标；（5）开展有效的监督工作；（6）承认个人的贡献，表彰成就。

5. 调整期。“天下没有不散的宴席”，任何一个团队也都有它自己的生命周期，高产期的团队运行到一定阶段，实现了自身的目标后，将进入团队发展的第五个阶段——调整期。

经过调整的银行团队可能有三种结果：（1）组建新团队；（2）团队部分更新；（3）团队解散。总而言之，团队将进入新的生命周期。

四、学习型团队的建设

商业银行应通过学习型团队的建设来加快自身核心竞争力的提高。美国麻省理工学院教授彼得·圣吉提出了“五项修炼”这一理念，即学习型组织应包括五项修炼：自我超越，改善心智模式，建立共同愿望，团队学习，系统思考。这一理念可为商业银行建设学习型团队提供借鉴。

团队应建立一种有效的学习机制，鼓励读书、思考和思想交流，通过培养弥漫于整个团队的学习气氛，激发团队成员的创新思维和新理念的产生，智慧的火花将大大提高团队的生命力和竞争力。

第六节　案例分析

案例：美国大通曼哈顿银行开发人力资源拾零

（一）情况介绍

坐落于纽约市中心的大通曼哈顿银行是一个培养和选拔职业商业银行员工的摇篮。10多年前，它平均每年的教育经费投入就在5 000万美元以上，如果员工在大通曼哈顿银行工作满半年以上，没有学位的可直接申请入学，由银行提供全部费用，大通曼哈顿银行认为这是一种投资，可以带来长期稳定的巨大收益。大通曼哈顿银行的总裁曾经说过："企业的实力是一定要让人才队伍超前于事业发展，才能更快地适应国际金融市场并得以发展。"大通曼哈顿银行设有专门的培训机构和专职人员，由83名有经验的管理人员组成。他们的主要任务是：（1）为领导提供员工教育的有关信息；（2）负责组织银行与员工之间的信息交流；（3）根据银行领导和董事会的要求，组织员工撰写个人年度培训计划；（4）组织落实各种培训工作。认真执行年度培训是大通曼哈顿银行每年必须做的一项工作。银行要求全体员工每年制订一次自我培训计划，并做到切实可行。如某员工在培训计划中写道：1—2月，对银行内部的基本环境和结构进行一次调查；2—3月，对自身不足之处和对银行的不满之处作一个系统的总结；3—7月，主要对自身的不足进行彻底改善；7—12月，对银行不足之处提出更好的建议。

（二）分析

大通曼哈顿银行的培训计划是在员工提出的新一年培训计划基础上，由总行制订，再由员工选择，然后交由部门审核并上报上级部门，最后由培训主管部门汇总、实施。大通曼哈顿银行把培训与晋级、提升、奖励紧密结合，这种办法极大地调动了员工主动参与培训的积极性。大通曼哈顿银行设计了一个员工鉴定表，每人每年都要填写一次。其中是否参与培训是重要一栏，并关系到员工将来的提升晋级，在这方面大通曼哈顿银行的员工深有体会。大通曼哈顿银行为使基层人员迅速掌握计算机知识及操作技能，曾多次举办短期电脑培训班。为了使员工能写出简洁、准确的报告及信件，银行专门举办写作技能培训班。大通曼哈顿银行为了使高级主管人员了解最新信息，经常对他们进行快速培训，有时还到有关大学进行专门培训。银行每年还专门抽出时间培训银行各级官员，并曾把培训工作的主攻方向放在银行领导层上。

大通曼哈顿银行要求技术性较强的工作岗位人员具备大学以上学历。为此，大通曼哈顿银行建立了"资助自我开发制度"——员工参加学历教育或学位培训，银行负责支付全部费用，学习人员的工资照发，但规定只能利用业余时间进行学习。

大通曼哈顿银行实现了录用、培训、选拔、管理一体化，统一由人力资源开发部门负责。银行提拔员工主要看培训后的工作业绩。

[本章小结]

1. 人力资源管理是商业银行管理的核心组成部分。随着现代商业银行的发展，商业银行的经营模式正向着知识化、科技化、现代化、自动化和网络化的方向转变，商业银行的竞争也逐渐由对有形资源如资金的竞争转变到对无形资源如人力资源、技术、知识的竞争上来。

2. 现代商业银行在经营和发展中，要形成自己独特的核心竞争力，需要重视团队的建设与管理。核心竞争力是商业银行整合自己资源的能力，是一种最强有力的无形资产，而这一无形资产的形成可以通过团队运作来实现。

[本章重要概念]

商业银行人力资源　银行文化　激励机制　人力资源成本　学习型团队

[练习题]

一、判断题

1. 智商是指人们获得知识和运用知识的能力，代表人们了解自身感受，善于自我观察，控制冲动和恼怒，理智处世。（　）

2. 商业银行人力资源成本是指商业银行为获取、维护、开发和利用人力资源的资金投入，即商业银行为取得人力资源而支付的代价。（　）

3. 银行价值取向和银行精神的提炼是银行文化行为识别系统（BI）的核心内容。（　）

4. “五项修炼”，即学习型组织这一理念，是由美国麻省理工学院教授彼得·圣吉总结提出的。（　）

二、选择题

1. 员工素质和能力要素中，下列各项应归类于情商范畴的有（　）。

A. 记忆能力　B. 意志与毅力

C. 对社会、事物的认识能力　D. 与人交流的能力

2. 下列激励因素中应归类于内激励的有（　）。

A. 工资　B. 福利　C. 职工自尊　D. 自我实现

3. 银行团队建设的基本要素有（　）。

A. 人员　B. 目标　C. 权限　D. 定位

E. 计划

4. 下列团队特征中，不应属于一个成熟、稳定团队特征的是（　　）。

A. 加入团队的人既兴奋又紧张

B. 人际关系和谐、沟通顺畅、相互信任

C. 工作技能提升，团队注意力转移到工作的拓展

D. 团队人员高期望

三、简答题

1. 人力素质包括哪些主要因素？
2. 如何设计和规划职工生涯计划？
3. 商业银行领导人员应该具备哪些素质？
4. 如何优化商业银行人力资源成本管理？
5. 谈谈你对建立商业银行学习型团队的认知和感想。

四、论述题

商业银行激励机制的设计要考虑哪些因素？商业银行不同发展阶段激励机制有怎样的差异？

练习题答案

[教学辅助材料相关链接]

《银行业金融机构从业人员行为管理指引》

《银行业金融机构全面风险管理指引》

第十七章

商业银行全面质量管理

为了保证商业银行业务人员各项岗位职责履行到位，确保经营目标顺利实现，有必要将全面质量管理方法引入商业银行的内部经济管理和外部经济管理中。

第一节 商业银行的经营责任制与全面质量管理

一、商业银行经营责任制

商业银行经营责任制是在符合国家金融政策的范围内，以资金营运为中心，以提高经济效益为目的，实行责、权、利相结合的银行经营管理的基本制度。商业银行经营责任制，可以分为以下三个层次。

第一层次——行长任期目标责任制，是将行长任期内要达到的银行工作目标，同行长的责任、权力、利益紧密结合起来的一种责任制度。

第二层次——部门管理责任制，是商业银行内部处、科、股、柜组实行的专业管理责任制。它包括信贷、计划统计、会计出纳、信息、人事、行政、监察等各专业管理部门的责任制。

第三层次——岗位经济责任制，行长的任期责任目标，既要从横向分解落实到各专业管理部门，又要从纵向分解落实到各工作岗位直至每位员工，形成岗位经济责任制。岗位经济责任制是通过“四定”，即按岗位定职责，按职责定指标，按指标定考核，按考核定奖惩，将责、权、利紧密结合起来。

二、商业银行全面质量管理

我国商业银行在追求金融企业价值最大化过程中，应大力推行银行经营责任制，这就有必要采取一定的激励机制和约束机制，全面质量管理方法是行之有效的。全面质量管理（TQM）是企业管理中的一种科学管理方法，强调“全员”的质量意识，建立“全过程”的质量保证体系，以质量责任制为核心，以标准化工作为手段，努力提高工作质量，目的在于保证产品质量。

商业银行作为一个经营货币信用的金融企业，完全能够运用全面质量管理办法，对其信贷资产进行有效管理。在推行商业银行经营责任制的过程中，全面质量管理与目标管理（包括利润、成本、收入等指标的管理）须臾不可分离。

商业银行信贷资产的全面质量管理主要指对银行的每笔贷款，从事实核定、借款企业信用调查，到贷款收回以及逾期处理、事后总结，即该笔信贷资产整个使用过程的各个环节，制定出一套固定的工作程序、工作标准、风险评定标准、贷款检查标准、有问题贷款处理标准等，同时制定信贷资产责任制，使每个环节都有负责人，保证工作质量，提高贷款质量。商业银行信贷资产全面质量管理的推行，要求银行全体职工（上至行长、下至信贷员）都要贯彻“质量第一”的方针，运用以数理统计方法为主的一整套科学的质量管理方法，通过“全员”的、“全过程”的信贷资产质量管理来保证全行各项工作正常进行，特别是使贷款质量指标合格。由于银行的每一项业务工作都有标准、有人负责、有检查、有评比、有总结，因此每一项局部工作都可能由相关工作人员作出正确分析和选择（决策），实现经营全过程的优化。

第二节　商业银行全面质量管理的基本方法

商业银行实行企业化经营后，一般的企业管理方法也适用于银行，全面质量管理方法亦如此。

一、“计划—执行—检查—处理”管理工作方法

做任何工作，通常都是事先有个设想，然后根据这种设想去工作，在工作过程中或工作到一定阶段以后，再把工作结果与原来的设想进行对比（这种对比，也叫检查），并用检查的结果来改进工作或修改原来的设想。这就是办事情的一般规律，在国外有人称之为 PDCA 循环。它们是英语 Plan（计划）、Do（执行）、Check（检查）、Action（处理）四个词第一个字母的组合，反映了做工作必须经过四个阶段：第一个阶段是计划，包括方针、目标、活动计划等；第二个阶段是执行，即实地去干；第三个阶段是检查，即干了以后要进行检查，哪些对了，哪些错了，要注重效果，找出问题；第四个阶段是处理，把成功的经验加以肯定，形成标准（失败的教训也要总结，以后不再这样干），以后就按标准进行。没有解决的问题，向下一个循环反映，如图 17－1 所示。

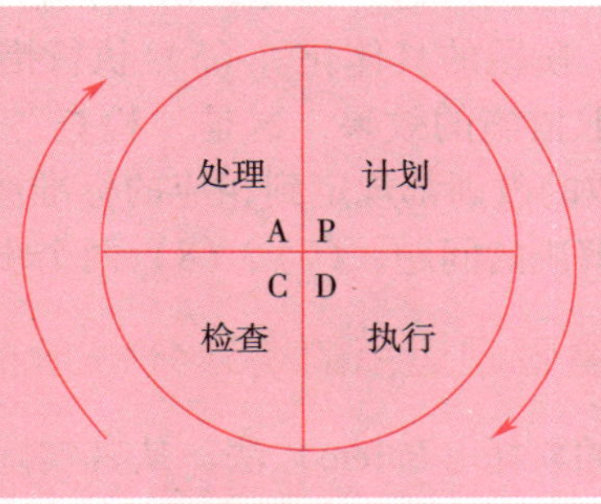

图 17－1　PDCA 循环

PDCA 循环一般具有这样的特点。

1. 大环套小环，互相促进。PDCA 作为企业管理的一种科学方法，适用于企业各个方面的工作，因此，整个企业是一个大的 PDCA 循环，各级管理和各部门管理又都有各自的 PDCA 循环，依次又有更小的 PDCA 循环，直至具体落实到每个人。比如说，某县支行根据市分行计划即市分行 PDCA 循环的 P 制订自己的计划，这就是县支行的 PDCA 循环中的 P，接着股室如信贷股制定相应的 P，然后落实到人（信贷员）。上一级的 PDCA 循环是下一级 PDCA 循环的依据，下一级 PDCA 又是上一级 PDCA 循环的贯彻落实和具体化。通过循环把银行各项工作有机地联系起来，彼此协同，互相促进，如图 17－2 所示。

2. 爬楼梯。四个阶段周而复始地转，而每一次转动都有新的内容与目标，因而也意味着前进了一步，就如爬楼逐步上升，如图 17－3 所示。在质量管理上，经过一次循环，也就解决了一批问题，质量水平就有了新的提高。

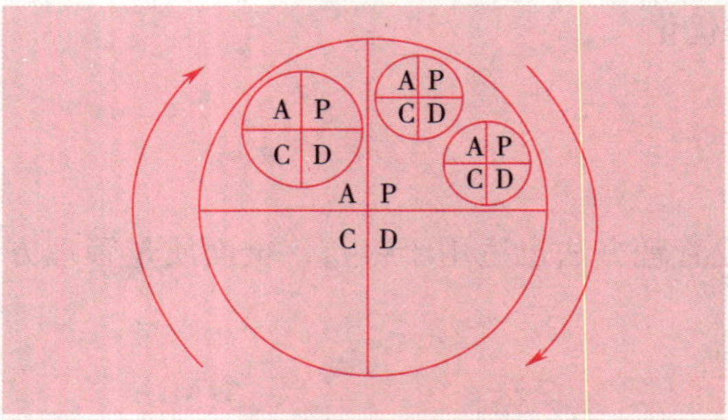

图 17－2　大环套小环

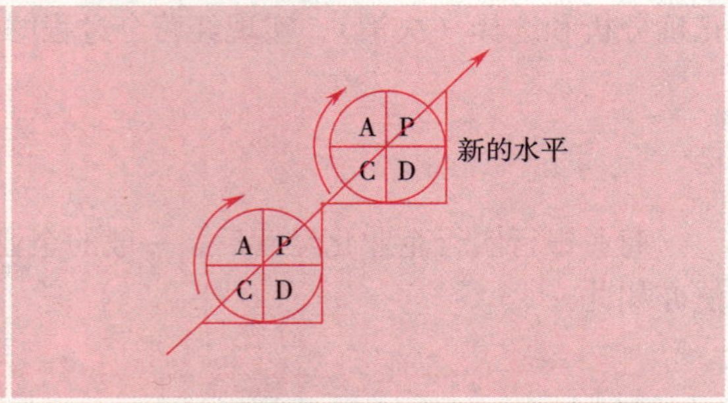

图 17－3　爬楼梯

3. 关键在于“处理”这个阶段。“处理”就是总结经验，肯定成绩，纠正错误，以利再行。为了做到这一点，必须对成绩和错误，都加以“标准化”“制度化”，以便在下一循环中，巩固成绩，避免重犯错误。

为了解决银行业务的质量问题，在质量管理中，通常把 PDCA 管理循环进一步具体化为八个步骤：（1）分析现状，找出存在的质量问题。（2）分析产生问题的各种原因或影响因素。（3）找出影响质量的主要因素。（4）针对影响质量的主要因素，制定措施，提出可行计划并预计效果。措施和计划应该具体明确，一般要明确为什么要制定这一措施，预期达到什么目标，在哪里执行这一措施，由谁执行，何时完成以及用什么完成。以上四个步骤也就是“计划”阶段的具体化。（5）执行措施或计划，就是“执行”阶段。（6）检查也就是调查采取措施的效果，这是“检查”阶段。（7）总结经验就是巩固成绩，把成功的经验和失败的教训都规定到相应的标准或制度规定中，防止再次发生过去的问题。（8）提出尚未解决的问题。（7）、（8）两个步骤就是“处理”阶段。

二、商业银行全面质量管理运用的统计分析方法

1. 排列图法。有的也叫帕累托（Pareto）法。从其实际应用的含义来看，又叫主次因素排列图法，是从影响金融产品质量的许多原因中找出主要影响原因的一种有效而简便的方法，其形式如图 17－4 所示。

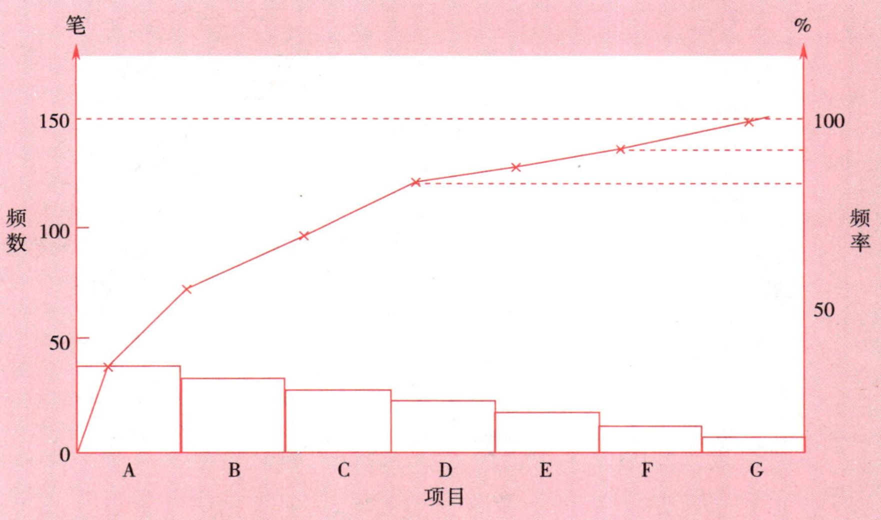

图 17－4　排列图

排列图最早因意大利经济学家、统计学家帕累托用来统计分析社会财富分布状况而得名。他发现少数富人占有社会的绝大部分财富，绝大多数人处于贫困状态，富人人数虽少，但在左右整个社会经济发展动向时起着关键作用。即发现所谓“关键的少数和次要的多数”的关系。后来美国质量管理学家朱兰（J. M. Juran）将此原理应用于全面质量管理，作为改善质量活动中寻找主要矛盾的一种工具，即分析从哪里入手解决质量问题，其经济效益最好。

排列图中有两个纵坐标，一个横坐标，几个直方形和一条曲线。左边的纵坐标表示频数（件数、金额）等，右边的纵坐标表示频率（以百分比表示）。有时，为了方便，也可把两个纵坐标都放在左边。横坐标表示影响质量的各个因素，用直方形表示，按影响程度的大小从左到右排列，直方形的高度表示某个因素影响的大小。曲线表示各因素分为三类：0～80%为 A 类，是累计百分数在 80%的因素，显然是主要因素；累计百分数在 80%～90%的为 B 类，是次要因素；累计百分数在 90%～100%的为 C 类，在这一区间的因素为一般因素。例如，某银行有问题贷款统计见表 17－1。

表 17－1　　某银行有问题贷款统计表

原因	数量/笔	比率/%	累计百分比/%
因素 1	153	71.8	71.8
因素 2	29	13.6	85.4
因素 3	25	11.8	97.2
因素 4	6	2.8	100.0
总　计	213	100	

根据表 17－1 的统计资料，就可以画出它的排列图，见图 17－5。

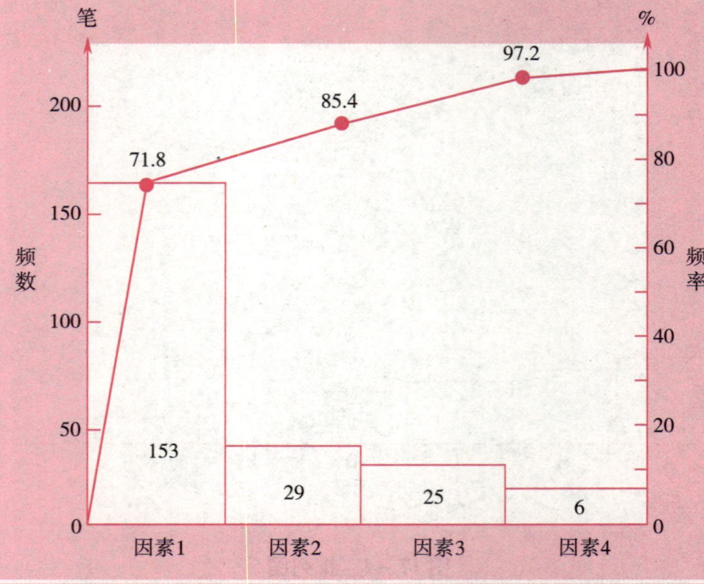

图 17－5　有问题贷款排列图

作排列图应注意的事项：（1）一般来说，主要原因是 1～2 个，至多不超过 3 个，否则就失去找主要矛盾的意义，要考虑重新进行原因分类。（2）纵坐标可以用"笔数"或"金额"来表示，原则上以更好地找到"主要原因"为准。（3）不太重要的项目很多时，横轴会变得很长，通常把这些列入"其他"栏内，因此"其他"栏总在最后。（4）确定了主要原因，采取了相应措施后，为了检查"措施效果"，还要重新画出排列图。

2. 因果分析图法。因果分析图法简称因果图法，或叫特性因素图法，又因其形状而称树枝图法或鱼刺图法。为了寻找产生某种质量问题的原因，质量管理小组采用开"诸葛亮会"的办法，集思广益，同时将群众的意见反映在一张图中，如图 17－6 所示。探讨一个问题的产生原因要从大到小，从粗到细，寻根究底，直到能具体采取措施为止。

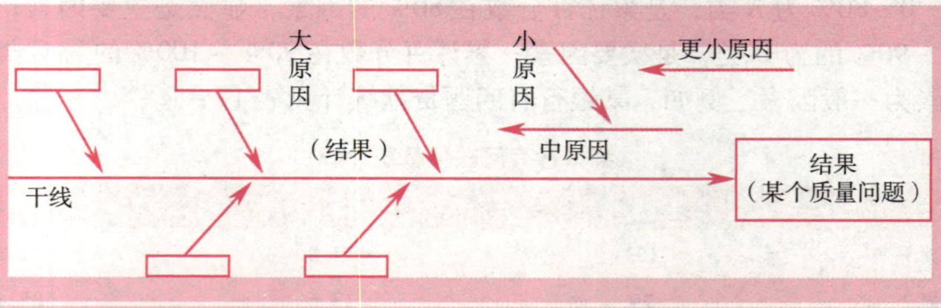

图 17－6　因果分析图

作因果分析图应注意的事项：（1）明确画图所要分析研究的对象，即确定要解决的质量问题。（2）在分析、探讨一个质量问题产生的原因时，先要按原因分类，一般按"人、机、料、法、环"五个大的质量因素进行分类，然后再逐类细分并相应地用粗细和大小不同的箭头表示。例如，影响银行信贷资产质量问题的大原因，通常有五个方面，即人员、设备、管理、法规、政策。（3）原因分析应具体到能采取措施。（4）充分发扬民主，力求分析的结果准确。（5）大原因不一定是主要的原因。主要原因要用排列图法、投票或其他方法来确定，然后用方框框起来，以引起注意。（6）措施实施以后，还应再用排列图等检查其效果。

3. 分层法。分层法又叫分类法。它是分析影响质量（或其他问题）原因的方法。影响质量变动的因素很多，如果性质不同的原因搅在一起，就很难厘清头绪。办法是把搜集来的数据按照不同的目的加以分类，把性质相同，在同一条件下搜集的数据归纳在一起，这样可使数据反映的事实更明显、更突出，便于找出问题，对症下药。

商业银行处理数据可以按以下原则分类：（1）按不同时间分。如按贷款时间、贷款期限进行分类。（2）按操作人员分。如按电子汇兑、手工汇兑等进行分类。（3）按操作方法分。如按不同的贷款条件、贷款程序等工作条件进行分类。（4）按工作方式分。如按不同的贷款方式（信用贷款、抵押贷款、担保贷款、票据贴现）进行分类。（5）按不同的检查手段分类。（6）其他分类。如按不同的单位、经营规模、政策条件等分类。

总之，目的是把不同性质的问题分清楚，便于分析问题找出原因。分类方法多种多样，没有硬性规定。

4. 散布图法。散布图法又叫相关图法。在原因分析中，常常遇到一些变量同处于一个统一体中，它们相互联系，相互制约，在一定的条件下又相互转化。有些变量之间存在着确定性的关系，有些变量之间存在着相关关系，即这些变量之间既有关系，但又不能由一个变量的数值精确地求出另一个变量的值。将两种有关的数据列出，并用黑点填在坐标纸上，观察两种因素之间的关系，这种图称为散布图（或相关图），对它进行的分析称为相关分析。

在银行信贷管理中可以用到散布图。按贷款五级分类法分析贷款质量，当贷款处于次级、可疑、损失状态时，即可视为贷款违约。银行需要了解贷款违约率与贷款利率之间的关系，贷款违约率与贷款证发放率之间的关系，贷款质量与银行职工文化素质之间的关系等，而这些都要用到这种分析方法。

图 17－7 就是表示贷款证发放率与贷款违约率关系的散布图。

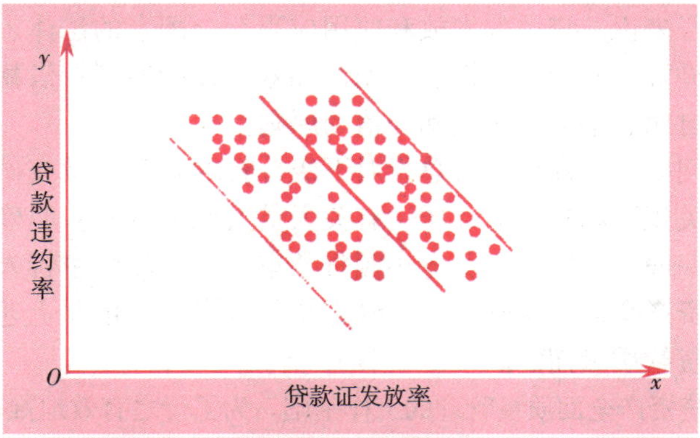

图 17－7　散布图

从图 17－7 可以看出，数据点近似一条直线，在此情况下可以说明贷款违约率与贷款证发放率近似线性相关，并可用下列直线方程表明它们之间的关系：

$$y=a-bx$$

方程所代表的直线称为 y 对 x 的回归线。

如果影响的因素不止一个，而是若干个 x_1，x_2，…，x_k，可以分别绘制 y 与 x_1，y 与 x_2，…，y 与 x_k 的散布图，确定相关关系，并找出影响 y 的相关因素。

有了这种图，我们就能自觉地利用它来控制影响信贷资产质量的相关因素。

5. 统计分析表法。统计分析表法就是利用统计表来进行数据整理和粗略的原因分析的一种有效工具。其格式多种多样，一般因调查目的不同而不同。

第三节 商业银行信贷资产的全面质量管理

一、调整商业银行内部机构并重新确定工作关系

实施商业银行信贷资产全面质量管理应有相应的职能机构来保证，因此应调整原有的职能机构并明确各自的业务范围和相互之间的工作联系。职能机构的设置和相互工作联系的设计应遵循以下原则：（1）适用信贷资产的全过程管理；（2）有利于实现贷款的审、贷、收三项工作相分离；（3）有利于监督、考核全过程中每个环节上的工作质量和信贷资产质量；（4）有利于简化贷款手续，提高工作效率。

根据以上原则，各级商业银行可成立一个信贷资产全面质量管理办公室（以下简称“全质办”），负责信贷资产质量管理工作。

二、商业银行信贷资产全面质量管理的实施基础

1. 制定和完善贷款政策文件。贷款政策是为了指导和约束信贷责任人实现贷款决策过程优化而设计的一系列贷款方针、贷款原则、贷款权限以及操作规则和程序。贷款政策文件有利于业务部门维持适当的信用标准，遵守各项法规，保证贷款决策的一致性和科学性，反映银行的资金运用策略。

对我国商业银行来说，贷款的发放和使用应当符合国家的法律、行政法规和监管机构的规章制度；遵循资金使用安全性、流动性和效益性的原则；借款人与贷款人的借贷业务往来应当遵循自愿、平等、诚实和守信的原则。

关于贷款权限问题，各商业银行总行对下级分行的贷款审批权做了规定，各级分行则根据上级行的有关规定和贷款的性质、有关人员的职务进一步明确本系统的贷款主管人员的贷款权限。一般是低职务人员有小额贷款审批权，高级主管人员有较大额的贷款审批权。实行信贷资产全面质量管理后，确定贷款权限除了依照上述要求外，还应视责任人的工作质量、贷款质量而定。

2. 建立实施信贷资产全面质量管理的工作基础。为了行之有效地推行信贷资产的全面质量管理，必须具备两项前提条件：一是与贷款业务相关的各项工作标准化，二是建立严格的

信贷资产质量责任制。工作标准包括银行贷款业务标准、考核标准、信贷资产质量标准，其中信贷资产质量管理应以商业银行资产负债比例管理中的资产标准为核心，各项标准的制定应保证资产负债比例管理和风险管理顺利实施，信贷资产责任制与工作标准化相配套，银行的每一个部门、每一个人必须按工作标准履行职责。在本单位内部，无论是上级部门还是下级部门，每一项具体工作都有第一责任人，做到质量工作事事有人管、人人有专责、办事有标准、工作有检查。同时把信贷资产质量的好坏直接同部门和个人的利益挂钩，根据工作标准和考核结果对有关部门和个人进行奖罚。要把每一笔贷款和每一责任人有关工作的计划、实施、检查、处理记录在案，严格的档案制度必不可少。“全质办”负责整个业务档案的存档和查档工作，应建立的业务档案包括单笔贷款档案、责任人档案、部门档案等。

银行贷款工作标准和信贷资产质量责任制构成了信贷资产质量保证体系，各级商业银行“全质办”在这一体系中起着组织协调、检查和督促作用，并对本行行长负责。

作为参考，表 17－2 提出了商业银行贷款业务的工作标准。

表 17－2　商业银行贷款业务的工作标准

顺序号	标准工作程序	责任部门	参加部门	工作标准的主要内容	第一责任人
1	贷款调查	经济调研部门	信贷管理部门	①调查借款申请书的内容真实性 ②调查贷款可行性 ③调查抵押物 ④按时写出书面调查报告	注：每一项相对独立的具体工作都应明确第一责任人
2	信用评估	信用分析部门	会计部门	①审查其财务报表，如果是公司，还需要董事会授权与银行谈判贷款的协议 ②评估其信用状况 ③写出信用评估报告	
3	贷款审批	贷款决策委员会（或信贷部门）	计划部门	①审核交来的信用评估报告 ②按照“分级负责、集体审定、一人审批”的贷款审批制度进行决策 ③逐笔逐级签署审批意见并办理审批手续	
4	签订借款合同	信贷部门		①拟定借款合同文本 ②对保证、抵押、质押贷款，要求签订保证合同、抵押合同或质押合同 ③签订借款合同	注：每一项相对独立的具体工作都应明确第一责任人
5	贷款发放	信贷部门	会计部门	①审核借款借据 ②按合同规定足额发放贷款，将借款借据交会计部门，整理全部贷款文件交“全质办”存档	
6	贷款检查	稽核部门	信贷部门 监察部门	①借款人是否按规定使用贷款 ②借款人资产负债结构的变化情况 ③借款人还款能力 ④如发现问题应立即采取措施 ⑤写出稽核结果的报告	
7	贷款收回	信贷部门	会计部门	①在贷款快到期前的一段时间内通知借款企业 ②按时收回贷款本息 ③如需展期，按有关规定办理 ④若贷款本息收回，写出本笔贷款的结业报告，肯定成绩，奖励先进，总结经验	
8	有问题贷款处理	信贷部门	计划部门 会计部门 稽核部门 监察部门	①认定有问题贷款的状况 ②明确第一责任人和其他责任人的过失，写出分析报告交“全质办”处理 ③按上级有关部门的处理意见办理	

三、商业银行信贷资产全面质量管理的推行步骤

推行信贷资产全面质量管理离不开全行人员的共同努力。开展这项活动的银行，首先要在本单位员工中介绍必要的理论知识和操作方法，然后广泛征求群众意见，集思广益。有了全体员工的支持，制定比较合理的工作标准和信贷资产责任制就不难了，这项管理工作就会搞得有声有色，就能够大见成效。

全面质量管理工作是以预防为主，把质量贯穿于工作和经济运行的全过程。在我国商业银行引入这一管理方法还是一件新鲜事，不可能一蹴而就。商业银行推行全面质量管理可以分为三个阶段进行，争取在3~5年内，进入管理的高级阶段。表17-3列出了推行步骤。

表17-3　　银行信贷资产全面质量管理推行步骤

	初级阶段	中级阶段	高级阶段
方针目标	针对信贷资产质量第一的观点，增强银行员工的业务素质	资产负债比例日趋合理，资产风险防范能力大为增强，存量及新增贷款形成较强的增值能力	存量加新增贷款加成本，进入适应市场需要的信贷资产综合质量管理，形成信贷资产的良性循环
推行重点	银行信贷业务流程质量攻关，建立质量管理点，建立健全业务档案制度，建立第一责任人制度	从整体上优化设计银行信贷资产的使用，完善信贷资产责任制和工作标准	银行经营服务过程适应市场变化，讲究良好的经营效果，实现安全性、流动性、效益性“三性”均衡
关键	行长重视支持，员工普及教育，质量攻关试点，开展质量管理活动	行长和中层干部具有系统的质量管理思想，有一支既懂信贷业务又懂统计的专业骨干队伍，加强检查监督工作	全行员工在本行专业领域里有较高的技术水平或管理水平，质量意识已深入人心，保证质量已成为员工的工作习惯

第四节　ISO9000与商业银行管理

ISO9000系列国际标准是在总结各国质量管理经验基础上发展起来的，是经过各国长时间实践而集成的智慧结晶。不论在原理还是在基本要求上，其与全面质量管理都是一致的。正确推行ISO9000系列标准有利于全面质量管理的规范化，以全面质量管理的思想为指导去学习、推进ISO9000系列标准，并结合实际充实和完善企业质量体系，其效果将会更好。

一、商业银行推行ISO9000标准的可行性

ISO9000的质量管理体系之所以在近几年被世界各国广泛推行，不仅在于其高度概括、总结和提炼了世界各国质量管理和质量保证理论的精华，统一了质量管理学的原理、方法和程序，更在于其通用性和适用性，不受行业和产品的限制，对各行业均有兼容的实用价值。ISO9000标准的核心内容是：以满足客户及其他受益者明确的或隐含的质量要求为目标，通过建立具有很强约束力的文件化质量体系，使各项质量活动及影响质量的全部因素都处于严格的受控状态，并通过不间断的质量体系审核及管理评审，力求不断改进和提高质量管理水平，确保预期的质量目标得以实现。

ISO9000标准的精髓主要体现在以下三个方面：（1）所有工作都是通过过程来完成的，对质量有影响的所有因素都已包含在过程之中，只有控制住质量过程，才能产生预期的质量结果；（2）质量体系的“重点在于预防问题的发生，而不是依靠事后的检查”，“质量体

系应重视避免问题发生的预防措施，同时还应保持一旦发现问题作出反应和加以纠正的能力”；（3）“当实施质量体系时，组织的管理者应确保质量体系能推动和促进持续的质量改进”，“争取使客户满意和实现持续的质量改进应是组织的各级管理者追求的永恒目标”。概括地讲，ISO9000 质量管理体系是注重过程控制的质量管理，是以预防为主的质量管理，是不断改进的质量管理。由此可见，任何一个企业和部门要规范管理、防范风险、提高效率及增强市场竞争力，都需要按照 ISO9000 标准所要求的这几方面内容进行管理。

作为国民经济中的重要行业，银行业向全社会提供的是金融服务这种特殊产品，其经营和运作虽迥异于制造业，但在管理上与制造业有着许多相通或相似之处。首先，商业银行的每一种业务活动都可以分解为若干个环环相扣、彼此制约的服务过程（这与制造业的“工序”类似），同样需要严谨、细致的分工协作。其次，商业银行的每一类管理活动都可以划分为计划、实施、检查和处理四个阶段，同样必须做到有始有终、循环往复。再次，商业银行的每一个金融服务品种都是为特定的客户设计和开发的，同样要得到客户乃至市场的认可。最后，商业银行面对激烈的同业竞争和众多的金融风险，同样要建立和实施完整的、持久的、有效的质量体系，贯彻“过程控制”“预防为主”“不断改进”的管理思想。

因此，尽管 ISO9000 标准起源于制造业并且偏重于涵盖制造业的管理特点，但它所蕴含的管理原理和方法对商业银行同样适用。综观国内外众多贯标企业的实践，推行 ISO9000 标准对企业确有帮助，主要体现在：通过建立文件化的、高效率的质量体系提高了管理素质，增进了客户信任，从而提升了企业形象；通过降低质量成本，增强了竞争能力，扩大了产品销路，从而提高了经济效益；拿到国际上认可的质量认证证书，等于取得进入国际市场的“绿卡”。

综上所述，推行 ISO9000 国际标准，把它所蕴含的科学的管理原理和方法融入银行的管理和经营活动，稳步开展标准化、规范化和程序化的管理实践，对于商业银行强化内部管理、防范经营风险、提高资产质量和服务质量、增强竞争实力大有帮助，而这正是商业银行推行 ISO9000 国际标准的根本目的。

20 世纪 90 年代以来，国内推行 ISO9000 标准的商业银行越来越多，最早有招商银行、中国民生银行、中国工商银行、兴业银行、中国农业银行、上海浦东发展银行等获得认证，并收到了良好效果。

二、ISO9000 标准质量管理体系内容

ISO9000 系列国际标准目前有三个版本：1987 年版、1994 年版和 2000 年版。虽然它们所蕴含的基本原理是一致的，但每一个新版本的问世都是一个不断完善、补充和改进的过程，体现了与时俱进的精神。这里以 2000 年版为范本来介绍。2000 年版标准共有 20 个要素要求，以“管理职责，资源管理，过程管理，测量、分析和改进”四个部分为主体内容。2000 年版标准质量管理体系总流程见图 17－8。

显然，新的标准结构是按“管理逻辑”构建的。在流程中，其系统的接触界面主要对象是客户，在系统的集合中，“管理职责”“资源管理”成为“过程管理”的前提，而“测量、分析和改进”则贯穿系统全过程。质量管理体系总流程是一个闭环。每个部分又细分为若干条款或条目，其内容见表 17－4。

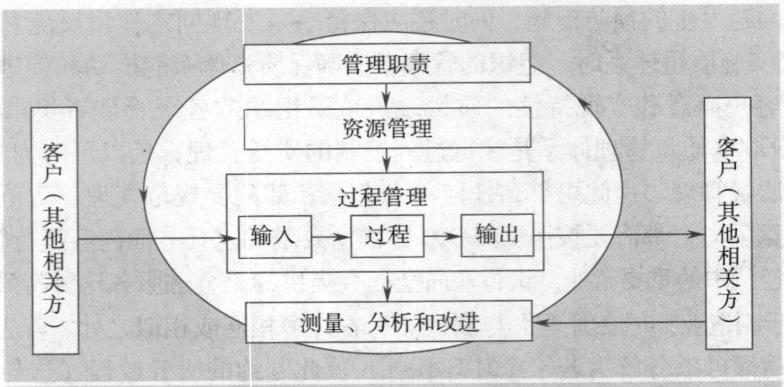

图 17－8　2000 年版标准质量管理体系流程图

表 17－4　ISO9001：2000 年版的四大部分内容

部分	内容	部分	内容
管理职责	总则	过程管理	设计和开发输入
	客户的需要和要求		设计和开发输出
	质量方针		设计和开发评审
	质量目标和策划		设计和开发验证
	质量目标		设计和开发确认
	质量策划		设计和开发更改
	质量管理体系		采购
	总则		总则
	职责和权限		采购信息
	质量手册		采购产品和/或服务的验证
	体系程序		生产和服务运作
	管理者代表		总则
	文件的控制		标识和可追溯性
	质量记录的控制		搬运、包装、贮存、防护和交付
	管理评审		过程确认
资源管理	总则		总则
	人力资源		不合格的控制
	人员的委派		不合格的评审和处理
	培训、资格和能力		交付后的服务
	其他资源	测量、分析和改进	总则
	信息		测量
	设施		体系表现的测量
	工作环境		客户满意的测量
过程管理	总则		内部审核
	与客户有关的过程		过程测量
	明确客户要求		产品和/或服务的测量
	评审客户要求		测量、检验和试验设备的控制
	评审满足规定要求的能力		数据分析
	与客户的交流		改进
	客户财产		纠正措施
	设计和开发		预防措施
	总则		改进过程

注：ISO9000 系列标准共包括 ISO9000—9004 五个标准，其中 ISO9001 标准质量体系要求最多，是设计、开发、生产、安装和服务的质量保证模式，该标准共有 20 个要素要求，内容也最详尽，因此 ISO9001 标准最具代表性。

1. 管理职责。它是建立并有效运行质量体系的关键性要求，涉及管理者的任务和责任，以及与质量有关的所有人的职责、权限和相互关系。

2. 资源管理。就是要提供质量管理所需的人力资源、设施、信息及与产品质量要求相符合的工作环境来作为对产品实现和持续改进的支持。

3. 过程管理。就是要确定和实施测量、监视和跟踪措施，以确保过程有效运作，产品或服务符合客户的要求，保证全过程处于“受控状态”。

4. 测量、分析和改进。就是指通过对体系表现、客户满意、过程、产品或服务进行测量和分析，保证产品或服务质量并寻求质量持续改进的机会。

三、商业银行推行 ISO9000 标准应遵循的原则

1. 整体优化的原则。系统工程的核心是整体优化，商业银行在建立、保持和改进质量体系的各个阶段，包括分解和调整组织职责、编制和修改质量体系文件、协调各要素（各部门）质量活动之间的衔接、建立和扩展质量保证模式、审核和评价质量体系等，都必须树立整体优化的思想，追求整体优化的效果。

2. 预防为主的原则。预防为主就是将质量管理的重点从对结果的关注转向对因素的控制。不是等出现了不合格才去采取措施，而是将质量问题消灭在萌芽状态，做到防患于未然。商业银行应力求使与质量有关的所有技术因素、人力因素和物力因素始终处于受控状态，所有管理活动都应针对减少和消灭不合格，尤其是预防不合格。

3. 过程控制的原则。ISO9000 标准强调“所有工作都是通过过程来完成的”，而质量体系是通过过程来实施的。一个有效的质量体系不仅是过程的总和，更重要的是确定这些过程之间的衔接，使之相互协调。为了建立和实施一个有效的质量体系，商业银行应根据本行的具体情况确定有哪些过程，确定实施这些过程的活动及其相应的职责、权限、程序和资源。

4. 客户至上的原则。确立“客户至上”的观念，满足客户及其他受益者对金融产品的合理需求，是商业银行建立质量体系的核心。衡量所建立的质量体系是否有效，首先要看所提供的金融产品的质量是否符合以下要求：满足客户的期望；以有竞争力的价格及时提供；经济地提供；符合国家的政策和法规；符合社会要求；反映环境需要。

5. 持续改进的原则。建立质量体系不可能一蹴而就，其本身就是一个持续改进的过程。为了提高活动和过程的效益和效率，向本行及客户提供更多的收益，在实施质量体系的过程中商业银行还应主动寻求质量改进机会，努力营造质量改进氛围，在全局或局部范围内采取有效的纠正措施或预防措施，使质量改进成为一种经常性的活动和阶段性的目标，并以恰当的方式保持和巩固质量改进成果。

6. 注重效益的原则。商业银行与其客户之间既有相互依存的一面，也有相互制约的一面，即都希望能用最少的劳动耗费和劳动占有提供（取得）满足使用要求的金融产品，做到效用最大、成本最小、风险最低的最佳组合。因此，一个有效的质量体系不仅要能满足客户的需求和期望，而且要能保护商业银行的利益，这样的质量体系是在考虑效益、成本和风险的基础上使质量最佳化并且对质量加以控制的很有价值的管理资源。

四、商业银行推行ISO9000标准的步骤

推行ISO9000国际标准是一项复杂和具有相当难度的系统工程，要达到预期的效果，须统筹规划，上下协调。贯标主要历经以下五个阶段。

（一）论证及决策阶段

行成于思，成功的举措来源于周密的论证和正确的决策。对商业银行来说，推行ISO9000国际标准是全行的一件大事，应在论证和决策上下功夫，来不得半点的仓促与马虎，认真贯彻最高管理层的意图，为推行ISO9000标准工作创造良好的开端。这个阶段，首先是要围绕本行贯标的可行性与必要性展开论证，论证结果以可行性报告形式提交最高管理层审议。可行性报告一般应包括：贯标的有利条件、贯标的主要困难、贯标的前景和拟订总体实施方案。其次是明确目标并科学决策。最高管理层审议可行性论证报告，可采取召开行长办公会的方式进行，审议的重点在于本行推行ISO9000标准的目标是什么。最后是形成并发布推行决定，审议通过以及最高管理层作出推行决定并以文件形式告知全行。

（二）统一及落实阶段

1. 动员。为了使各级领导和广大员工对贯标目的和任务达成共识，总行、分行都要进行高层动员和全行动员。

2. 培训。总行要在贯标范围内组织实施贯标骨干培训和贯标专题辅导，培养一批带头人和明白人；分行及其辖属机构要结合贯标的进度分阶段、分层次进行贯标的综合培训和专业培训，以使贯标知识普及到全体贯标员工。

3. 组织。为了强化对贯标工作的策划、部署、推动和协调，总行、分行都要成立ISO9000推行工作领导小组，下设ISO9000推行工作机构并配备专、兼职工作人员，负责本行质量体系的建立、维护和改进工作；总行、分行贯标部室和分行辖属机构都要任命或指定质量管理负责人和质量管理员，负责具体落实本单位承担的贯标任务。

4. 沟通。采取各种有效措施增进管理层和操作层之间的联系：总行、分行贯标部室要加强条线管理，逐级深入基层搞调研、办实事，以提高工作效率。分行辖属机构要注意向上级贯标部室反馈有关信息，遇到问题及时沟通并主动提出富有参考价值的意见和建议。

（三）建立质量体系阶段

这个阶段的主要任务是把ISO9000国际标准的质量体系要求与商业银行的质量管理实践结合起来，构筑文件化的质量体系，是商业银行推行ISO9000标准的前奏。建立质量体系阶段包括文件化质量体系的策划和文件化质量体系的构建两个方面。

1. 文件化质量体系的策划。分析和归纳客户需求，在此基础上确定质量方针和质量目标，形成质量承诺，使之成为全体贯标员工共同的行动纲领。对本行相关质量过程进行分解，寻找将ISO9000质量管理原理和方法导入其中的最佳结合点，并将ISO9001标准的20个要素逐一转化为本行相关的质量活动，使每一个职能系统、每一个管理环节、每一个操作过程都处在相互制约、相互促进的有机联系之中。对本行相关质量职责进行

分解，将 ISO9001 标准的 20 个要素与总行、分行贯标部室和分行辖属机构的工作职责一一对应起来，理顺纵向和横向的职责接口，使每一项工作职责都服从本行的质量方针和质量目标。文件化质量体系策划的总体要求是：所有质量活动和管理活动都要符合标准化、规范化、程序化的要求，自始至终处于受控状态；在既定的职责范围内，每个员工都承担相应的质量管理职责，既是执行者又是监督者。

2. 文件化质量体系的构建。对照 ISO9001 标准的 20 个要素的要求全面分析管理现状，彻底诊断现行规章制度和操作规程。在此基础上找出原有管理体系存在的差距及改造的方向，进而确定文件化质量体系的基本框架，结合文件化质量体系策划的内容和结果，确定质量体系文件编写计划，成立质量体系文件编写小组，要求所有编写人员按期完成所承担的编写任务。为确保文件化质量体系符合要求并有效，质量体系文件定稿之前应全面、系统、分层次征求咨询小组成员、管理层和操作层的修改意见，同时通过多种途径验证质量体系文件的可操作性，例如分阶段、分层次、分专题召开质量体系文件评审会议。建立文件化质量体系的总体要求是：第一层次、第二层次、第三层次质量体系文件之间衔接顺畅、条理清楚，形成一个全面控制质量活动、全员参与质量管理的有机整体；每一项质量活动都能满足六个“W”（做什么，由谁做，何时做，何地做，为什么做，怎么做）的要求，并以质量体系文件的形式固定下来。

（四）实施质量体系阶段

这个阶段主要是把满足 ISO9000 标准要求的质量体系文件付诸实施并加以改进，是比较关键的实质阶段。

1. 要把全体员工的思想统一到贯标上来，使其逐步接受 ISO9000 标准的质量管理原理和方法，自觉破除某些思维定式，摒弃某些习惯做法，全面落实贯标的各项任务和要求。

2. 按照“全行一盘棋”的贯标思路开展贯标工作，要求所有贯标员工在理顺各种工作关系、工作接口的前提下加强分工协作，在本职工作中不断分析新情况、提出新对策、解决新问题。

3. 为确保质量体系运行的符合性，要求有关单位针对贯标工作中存在的质量问题和管理问题，特别是内部质量审核中发现的不合格项和观察项，迅速组织力量整改，按要素、按职责、按岗位制定，落实纠正措施和预防措施，治违章，堵漏洞。同时要求其他单位引以为鉴，举一反三，避免同类问题再次发生。

4. 实施管理评审，从总体上评价和审查质量体系的适宜性和有效性，分析质量体系运行中存在的重大问题并采取必要的改进措施。

（五）外部认证阶段

这个阶段就是要选择有良好经营业绩、知名度高、信誉好的第三方机构进行认证注册，并接受证书。商业银行聘请的认证机构应得到中国质量体系认证机构国家认可委员会（CNACR）的认可，应具有足够合格且有国家注册审核员资格的人员，具有比较丰富的质量体系审核经验，此阶段包括两方面。

1. 认证的申请和评定，即由认证机构受理商业银行申请并对商业银行的质量体系进行审核和评定，决定是否批准认证，予以注册并颁发证书。

2. 由认证机构对获准认证的商业银行的质量体系进行日常的跟踪与监督管理，从而使获准认证的商业银行的质量体系在认证有效期内持续符合相应质量体系标准的要求。

第五节　案例分析

案例：商业银行一个年度内资金损失情况分析

（一）情况介绍

A银行2022年度资金损失额达26万元，按照各个部门的损失金额得到统计表17-5。

表17-5　A银行2022年度资金损失统计表

单　位	损失金额/万元	占比/%	累计百分比/%
信贷部门	12	46.2	46.2
计划部门	6	23.1	69.3
会计部门	5	19.2	88.5
出纳部门	2	7.7	96.2
储蓄部门	1	3.8	100.0
合计	26	100.0	

根据上述统计表作排列图17-9。

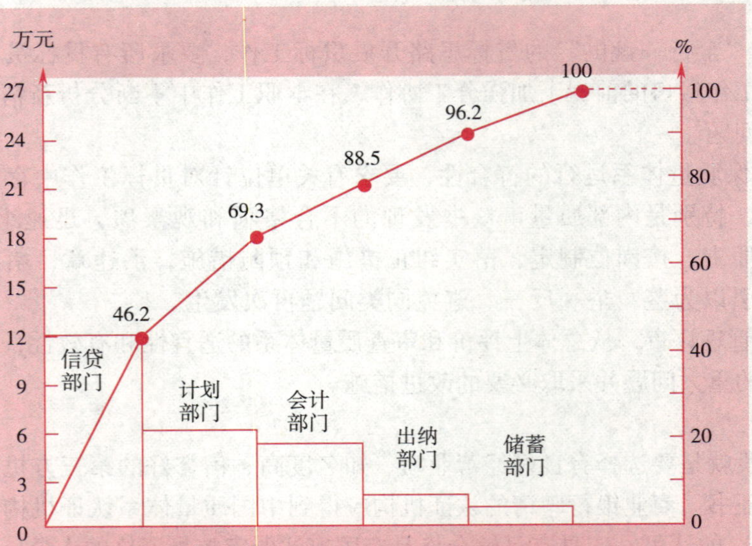

图17-9　A银行主要职能部门资金损失排列图

（二）分析

如图 17－9 所示，全行资金损失金额最大的是信贷部门，达 12 万元，占 46.2%，这就是 A 银行资金损失的关键部门。

仅找到关键部门说明不了什么问题，更重要的还要找出关键原因。那么，往下就要分析资金损失分布的关键项目。信贷部门的贷款项目主要有 4 个：工业流动资金贷款、商业流动资金贷款、科技开发贷款、技术改造贷款，已知这 4 个项目的贷款分别损失资金 3 万元、6 万元、1 万元和 2 万元。按照上述方法作统计表后，作排列图 17－10。

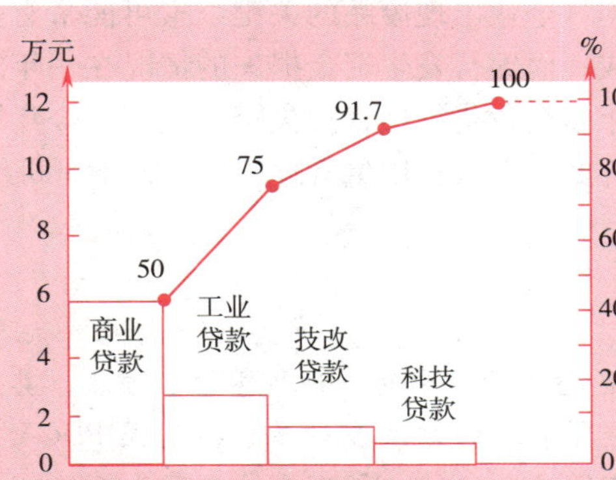

图 17－10 信贷部门主要贷款项目资金损失排列图

从图 17－10 可知，商业贷款项目资金损失金额占信贷部门资金损失额的 50%。商业贷款并非信贷的关键项目，但它的资金损失却占了关键性的比例，因此还需要将商业贷款发生资金损失的原因继续分类，列出商业贷款资金损失原因排列图，见图 17－11。

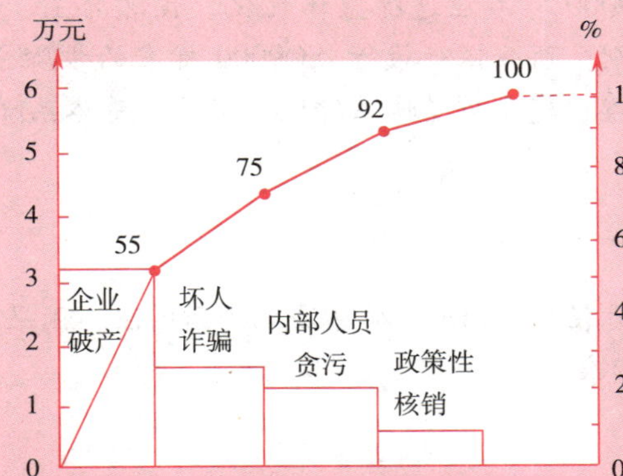

图 17－11 商业贷款资金损失原因排列图

从图 17－11 中的帕累托曲线可以看出，因企业破产原因引起银行贷款资金损失占 55%，显然为 A 类因素，也是关键因素；因坏人诈骗和内部人员贪污原因引起贷款损失的累计比例为 92%，应为 B 类因素，是次要因素；因政策性核销引起的贷款损失为 C 类因素。

找到了关键因素，作为银行管理者来说，在新的年度里就要从此入手开展信贷质量管理活动。企业破产引起银行信贷资金损失，从表面上看是外部原因，银行无能为力，但实际上这与银行的信贷工作密切相关。如果信贷工作的“三查”搞得扎实，如果银行的信贷服务竭尽全力，也许企业不致因经营不善而破产。万一破产已成定局，银行也可在破产之前尽力收回贷款，或者在破产之后通过拍卖企业的抵押物而使信贷资金损失减少到最低限度。

当然，这里列举的只是一个年度内的资金损失情况。这种情况与企业的废品损失不同。在一个比较长的时间内，企业出现废品的关键因素可能带有一种系统性，即由于机器磨损、原材料等因素造成；而银行发生资金损失的情况在一年之内其关键因素常常带有偶然性，也就是说，上年是商业贷款项目损失资金最多，今年则可能是工业贷款，也可能不发生在信贷部门。因此，在银行质量管理工作中，不可机械照搬。

[本章小结]

1. 全面质量管理方法是企业管理中的一种科学管理方法，其基本原理也能够完全运用于商业银行管理。全面质量管理的方法多种多样，包括 PDCA 循环法、排列图法、因果分析图法、分层法、散布图法、统计分析表法等。商业银行可以运用全面质量管理方法对其信贷资产进行有效管理。

2. ISO9000 系列标准与全面质量管理在原理和基本要求上是一致的，因而也适宜于商业银行质量管理。其核心内容是以客户满意为目标，通过建立文件化的质量体系，使各项质量活动及影响质量的因素都处于严格的受控状态，并通过持续改进，确保质量管理目标得以实现。

3. 商业银行推行 ISO9000 标准应遵循整体优化、预防为主、过程控制、客户至上、持续改进和注重效益的原则。商业银行推行 ISO9000 标准的步骤分为五个阶段：论证及决策阶段、统一及落实阶段、建立质量体系阶段、实施质量体系阶段和外部认证阶段。

[本章重要概念]

全面质量管理　经营责任制　PDCA 循环法　排列图法　因果分析图法　分层法
散布图法　ISO9000 标准

[练习题]

一、判断题

1. 排列图法、帕累托法二者的内涵是一致的。（　　）
2. 商业银行不适宜推行 ISO9000 标准。（　　）
3. 商业银行推行全面质量管理的关键在行长。（　　）

二、多选题

1. 商业银行推行 ISO9000 标准应遵循的原则包括（　　）。
   A. 整体优化　B. 预防为主　C. 过程控制　D. 客户至上
2. PDCA 循环所具有的特点是（　　）。
   A. 大环套小环　B. 爬楼梯　C. 环环相扣　D. 下楼梯
3. 商业银行全面质量管理常用的几种统计分析方法包括（　　）。
   A. 排列图法　B. 因果分析图法　C. 分层法　D. 回归分析法

三、简答题

1. 什么是商业银行信贷资产的全面质量管理？
2. 全面质量管理的基本方法有哪些？
3. 商业银行贷款业务的工作标准是什么？
4. 简述商业银行推行 ISO9000 标准的可行性。
5. 商业银行推行 ISO9000 标准应遵循什么原则？
6. 商业银行推行 ISO9000 标准的步骤有哪些？

练习题答案

四、论述题

简述商业银行信贷资产全面质量管理的推行步骤。

[教学辅助材料相关链接]

关于印发《商业银行内部控制指引》的通知

第十八章

商业银行兼并与收购

兼并与收购是一种正常的市场行为，是生产要素重新配置的有效方法。国际商业银行业已经历了五次并购浪潮，每一次并购浪潮都促进了生产力的发展和社会经济的繁荣。20世纪20年代以来，商业银行业的并购风起云涌，银行并购的规模越来越大。并购由此受到商业银行的重视，并已成为商业银行管理的重要内容。

第一节　商业银行兼并与收购的动机

并购（或购并）泛指在市场机制作用下，企业为了获得其他企业的控制权而进行的产权交易活动，是收购与兼并的总称。收购是指企业用现金、债券或股票购买另一家企业的部分或全部资产或股权，以获得该企业的控制权；兼并通常指企业以现金、证券或其他形式（如承担债务、利润返还等）购买取得其他企业产权，使其他企业丧失法人资格或改变法人实体，并取得对这些企业决策控制权的经济行为。国际学术界、投资银行界和实业界都习惯于将兼并与收购合在一起使用，英文缩写为M & A，中文简称为并购（也称为购并）。除了特殊情况（如会计、税收考虑和相关法律规定等）要考虑两者的区别外，一般情况下对兼并与收购习惯上不作特别明确的区分，经常同时使用或以并购统称。

商业银行并购的动机是多方面的，但主要包括国际背景因素和谋求协同效应等方面的原因。

一、适应经济全球化和公司跨国化的需求

20世纪中期以来，经济全球化和跨国公司的大量涌现是世界经济发展的主线。经济全球化主要表现在世界贸易自由化、生产一体化和国际金融一体化，经济全球化的直接结果是涌现了大量的跨国公司，跨国公司已成为经济全球化的主要推动力量和最大受益者。目前全球有数万个跨国公司母公司与几十万个在国外的子公司和附属企业，这些跨国公司控制了全球大约三分之一的生产、三分之二的国际贸易、70%的对外直接投资。面对世界经济全球化和跨国公司化的趋势，为之服务的国际银行业势必要迎合这种趋势，加快发展，以从形式上、规模上和服务品种上满足跨国公司和经济全球化的需求。

因此，适应经济全球化和跨国公司化趋势是国际银行业并购的动机之一。

二、谋求管理协同效应

管理协同效应主要是指高效管理的银行可通过并购那些缺乏管理人才而效率低下的银行，提高整体效率而获利。全球商业银行数以万计，管理水平和管理效率参差不齐，在激烈的市场竞争环境下，管理人才缺乏、管理水平和管理效率低的银行往往难以生存或不敌竞争对手而纷纷败下阵来，沦为被他人并购的目标。高效管理的银行在并购那些缺乏管理人才而效率低下的银行后，通过向其注入管理人才和先进管理方式提高管理效率，从而提高银行的整体效率。

三、谋求市场份额效应

市场份额效应主要是指通过市场份额的提高而获得一定的垄断利润和竞争优势。近年来国际银行业大规模并购的事实表明，银行实力的大小直接决定着市场份额的多寡，谋求市场占有率和市场份额效应是国际银行业并购的重要动机。在美国，并购使得万余家大小银行整合为千余家大银行，其中资产超过 2 000 亿美元的最大的 6 家银行控制了美国银行全部资产的 70%，美国又恢复了其世界金融超级大国地位，彻底打破了日本银行独霸世界银行列强的局面。美国银行业的一系列并购动作又进一步迫使日本及欧洲银行迅速作出反应，以保持自己的市场份额，从而引发了日本和欧洲乃至全世界银行的并购浪潮。

四、谋求经营协同效应

经营协同效应是指并购给银行经营活动在效率方面带来的变化及效率提高所产生的效益。通俗地说，经营协同效应就是 1 + 1 > 2 的效应，即并购后银行的总效益大于并购前两个独立银行效益的算术和。

银行并购的经营协同效应主要表现在以下几个方面：一是通过并购节省管理费用和人力资源，如美国化学银行 1992 年完成对汉诺威银行的并购后，其成本节约了 2.8 亿美元；1997 年瑞士联合银行与瑞士银行合并，计划通过裁员和撤销机构，在以后的 4 年内，每年节约 30 亿 ~40 亿瑞士法郎的费用。二是优势互补，利用已有的优秀人才、机构网点和渠道进行营销，以节约营销费用和扩大营销规模，如美国大通银行和化学银行合并后，通过增加交易量以及信用卡业务收益的增加，使其在 1996 年第四季度的盈利大幅增加，达到 9.01 亿美元，比上年同期的 8.78 亿美元增加了 3%。三是并购使得银行能集中资金用于研究和发展新科技，并能节约科技投资和设备投资，如美国大通银行在与汉华银行合并后一年的开支总额为 90 亿美元，其中 18 亿美元投资于新科技，合并后估计一年可节约 17 亿美元的开支，其中在新科技方面的投资可节省 3 亿 ~4 亿美元。四是并购使得银行融资相对较容易并能获得价格竞争优势，如合并后的银行，经营规模大，财力雄厚，市场对其信心充足，在资金拆借市场上，其资金拆借成本不会高于市场平均成本，甚至有可能比市场平均成本低一些。

五、谋求财务协同效应

财务协同效应主要是指并购给银行在财务方面带来的种种效益，这些效益的取得不是由效率的提高而引起的，而是由于税法、会计处理惯例以及证券交易等内在规定的作用而产生的一种纯金钱上的收益。银行并购的财务效应主要表现在以下几个方面：一是通过并购达到合理避税的目的，如达到国家规定的享受税收优惠政策的标准，或通过转移定价方法，把利润从高税率企业（或项目）向低税率企业（或项目）转移。二是通过换股并购达到银行每股收益和股价均上升的目的，如一家市盈率比较高的银行收购市盈率较低但每股收益较高的银行时，并购后银行的股票市盈率会下降，每股收益会上升，从而其股票价格也会上升。

银行并购的动机除了上述几点外，还有管理层利益驱动、获得特殊资产、收益多元化、分散风险和化解危机等。随着我国金融服务业的对外开放，我国银行业的并购会越来越多。例如，2007 年中国工商银行以 54.6 亿美元收购非洲第一大银行南非标准银行 20% 的股权，成为该行第一大股东；2008 年招商银行以 193 亿港元（约合 172 亿元人民币）收购香港永隆银行 53.12% 的股权。

第二节 商业银行并购的方式

商业银行并购的方式多种多样，按照不同的分类标准可作若干分类：（1）按双方产品与产业的联系划分，可分为横向并购、纵向并购、混合并购；（2）按并购的实现方式，可分为合并、现金购买式并购、股权式并购和混合证券式并购；（3）按涉及被并购企业的范围，分为整体并购和部分并购；（4）按企业并购双方是否友好协商，分为善意并购和恶意并购。下面主要就并购的实现方式来介绍商业银行的并购。

一、合并

合并是指两家或多家独立的商业银行同时放弃各自的法人地位而实行股权联合，从而组建一个新的法人实体的经济行为。国际银行并购中不乏使用这种方式获得成功的案例。如 1971 年 10 月，日本第一银行和劝业银行合并组成日本第一劝业银行，合并以后，该行的分支机构有 300 多家，存款额为 41 000 多亿日元，贷款额为 35 000 多亿日元，雇用职工 23 000 多人，在日本城市银行中均居首位，形成日本第六大集团——第一劝业银行集团。1986 年，该行按资产规模排名世界第一。2003 年 3 月 20 日由第一劝业银行、日本兴业银行与富士银行合并而成瑞穗控股金融集团，按资产规模其再次成为世界第一大银行集团。

二、现金购买式并购

凡不涉及发行新股的收购，都可以视为现金购买式并购，主要由并购方出资购买目标银行的资产。并购方通过对被并购银行的所有债权债务进行清理并清产核资，协商作价，以现金为购买条件，支付产权转让费，将目标银行的整个产权买下，从而实现银行产权的合理转移。现金购买式并购包括用现金购买资产和用现金购买股票两种方式。现金收购是一种单纯的收购行为，一般由收购者支付一定数量的现金，以获得被收购银行的所有权，一旦被收购银行的股权股东得到了所拥有股份的现金支付，就失去了任何选举权或所有权，这是现金收购方式的一个突出特点。并购银行的购买价格实际上是被并购银行偿还债务后的出价，因此，并购银行即使承担目标银行的债务，目标银行的资产仍大于其债务，从而使并购银行获得实际利益。

三、股权式并购

股权式并购是指投资者不以现金为媒介对目标银行进行并购，而是通过增加发行本银行的股票，以新发行的股票替换目标银行的股票。它实际上也包括两种形式：以股票购买资产和以股票交换股票。股权式并购与现金购买式并购的主要区别是，它不需要支付大量的现金，因而不会影响并购银行的现金状况。同时，并购完成后，被并购银行的股东并不会因此失去其所有权，只是由对被并购银行所有权转为对并购银行的所有权，成为该扩大了的银行的新股东。也就是说，并购完成后，被并购银行被纳入了并购银行，并购银行扩大了规模，扩大后的银行所有者由并购银行的股东和原被并购银行的股东共同组成，但并购银行的原股东应在经营控制权方面占主导地位。股权式并购的具体实施有三种方法：一是收购全部股权，将目标银行置于自己的绝对控制之下，如美国花旗公司换取花旗银行的全部股权就属于这种方式；二是控制大部分股权的并购，如1986年排名世界大银行第28位的瑞士联合银行曾收购阿尔高信贷银行股本的58%；三是控制少部分股权的并购，如英国国民西敏寺银行曾于20世纪70年代购入意大利西方信贷银行部分股权。

四、混合证券式并购

混合证券式并购是指并购银行对目标银行或被收购银行提出收购要约时，其出价形式不仅有现金、股票，还有认股权证、可转换债券等多种形式。商业银行在并购目标银行时采取混合证券的方式，既可以避免支付更多的现金，又可以防止控股权的转移。

商业银行并购最初采取的方法是现金并购，后来又出现了股权式并购。随着金融制度和金融手段的创新，各种并购方法也不断涌现，最常见的是认股权证、可转换债券和期权等形式，在并购实务中其往往与现金购买式并购、股权式并购结合使用。

第三节　商业银行并购管理

一、银行并购的程序

银行并购交易金额大，涉及面广，是一项复杂的工程，并购银行应精心组织，科学设计并购程序，使银行并购活动有条不紊地进行。银行并购的程序大致可分为准备与设计、谈判与实施和整合三个阶段。

（一）准备与设计阶段

银行并购的准备与设计阶段是银行并购活动的起点，这一阶段的工作成效如何，对并购活动的成功与否影响甚大。本阶段主要负责组建并购领导小组，制定并购战略，搜寻、筛选和确定目标银行，以及对目标银行进行战略评估。

1. 组建并购领导小组。组建并购领导小组是银行并购管理的核心。并购领导小组在制定并购战略、目标银行的搜寻、协调各方利益以及并购后的整合等方面均起着重要作用。领导小组一般由并购银行某高层人员牵头，成员包括银行各部门的代表和外界专业人士。

2. 制定并购战略。银行任何并购活动都有其战略考虑，如实现强强联合、优势互补，商业银行集团收购投资银行向全能型银行发展，建立大规模的分支机构，建立金融超市等。不同的并购战略会规范和指导不同类型的银行并购行为。

3. 搜寻、筛选和确定目标银行。并购银行应积极主动地去获取信息，如果不知道如何发现目标银行，最简单的办法就是查找分类银行目录，先从外部取得资料作初步分析，然后再实际接触，在取得精确的报表等资料后，再作进一步的分析评估。收集目标银行信息的范围主要包括目标的背景、财务信息等，信息来源主要有公司报刊、消息报道、股票分析报告、股票交易历史记录和行业出版物等。在对目标银行进行全面调查后，便进入对目标银行的确定阶段。选择目标银行应从两方面入手。首先，根据并购银行的并购战略选择目标；其次，分析目标银行被并购的可能性。

（二）谈判与实施阶段

本阶段主要负责并购要约策略的制定，如对目标银行进行财务评估，确定定价策略，谈判，明确融资策略等。

1. 对目标银行进行财务评估。选中目标后，并购银行应认真审查目标银行，这是协助并购定价和了解并购后影响银行经营业绩与价值的机会和障碍所在的重要环节。审查的重点一般包括目标银行的规章、财务等诸多方面。为了使最终支付的价格不超过目标银行所具有的价值，必须对目标银行进行财务评估。

2. 定价策略。并购银行应会同其财务顾问在仔细评估的基础上确定目标银行的价值区域，订出其可以接受的并购最高价。在分析和了解目标银行的运作、财务和市场、在同行业中的竞争地位、发展前景的基础上，确定目标银行的内在价值，通过考察目标银行的内在现金流，评价与选择并购的融资途径和支付方式。

3. 谈判。银行并购实务中谈判通常是按三步进行的。第一步是进行一般意义上的讨价还价以达成一个原则上的协议。在这一过程中，买卖双方在交易的每个关键问题上进行讨论和协商。有时候，这个过程产生的是简单的条款草案，只能作为进一步谈判以达成明确的并购协议的基础。一旦谈判各方解决了所有主要关键问题，他们将会同意签订一份正式的原则协议。此时，并购银行会要求目标银行提供相关的账簿和业务记录以便核对财务报表和其他信息。谈判进程的第二步是准备明确的并购协议和其他补充协议。第三步是对明确的并购协议以及任何必要的补充协议进行实际准备。

4. 融资策略。银行并购的融资方式有现金方式融资、普通股股票方式融资、可转换优先股方式融资和延期支付证券方式融资等。并购银行应结合自身的具体情况，采用适当的并购融资策略。并购银行的融资策略至少应考虑如下因素：完成交易的速度；交付方式对目标银行的吸引力；并购银行的最优资本结构；税收连带考虑；信用等级的影响；未来的融资能力；财务的灵活性；市场时机的选择等。

（三）整合阶段

本阶段主要负责组织适应性和文化融合性的评估、整合方法的确定以及并购银行与目标银行之间的战略、组织和文化协调。

银行并购的实质是企业文化、管理机制的扩张和融合的过程。每个银行都有一定的文化传统，这些文化传统体现在它的分配制度、激励制度、内部与外部变化的反应机制、资源配置、管理理念、技术特性等因素中。企业文化一旦形成，都有一定的稳定性和惯性，对外来的文化冲击会很自然地作出抵御反应。因此，银行并购的整合阶段极其关键，并购银行应采用适当的整合方法搞好并购双方的协调工作。

1. 进行内部人事调整。并购完成后，并购银行应根据被并购银行组织、结构、文化的特点，在比较并购双方特点的基础上，选择双方的优点构筑新银行的文化特色。

2. 广泛与股东进行沟通。并购银行在并购过程中及并购完成后，一定要以股东利益为重，避免个人利益凌驾于股东利益之上。并购过程应该透明，及时披露并购信息，特别是有关并购给股东带来的利益及利益保障程度的信息，以保证并购活动和并购完成后内部整合的顺利进行。

3. 争取客户信任和扩大客户基础。为了保证内部整合的顺利进行，并购银行在与股东进行广泛沟通的同时，还应尽量赢得客户的信任。为此，银行可在以下几个方面展开工作：（1）继续实现并购前所作的承诺以及承担以往的职责；（2）丰富金融产品系列和完善配套服务，使新银行成为全能式银行；（3）发展新客户。

二、银行并购支付方式的选择

银行并购的支付方式大致可分为换股和付现两种方式。换股支付是指并购银行以自己发行的普通股来交换目标银行的股份；付现支付则是指并购银行直接以现金去购买目标银行的股份或净资产，所需现金可能通过举债、发行新股或可转换证券等方式来筹集。银行并购的支付方式当然要由并购双方谈判来决定，但是，作为并购管理的重要环节，并购银行应力争选择符合自身最大利益要求的并购支付方式。

（一）并购银行可能选择现金支付方式的几种情况

1. 并购银行价值被市场低估。所谓价值被市场低估是指其市场价值小于内在价值，如并购银行为上市银行，则表现为其股价偏低或是低于并购银行经理人员预期的价格。由于存在着市场信息不对称问题，并购银行的经理人员往往掌握有关本银行内在价值的秘密信息，而外部利害关系人却对此一无所知，此时，并购银行的经理人员则倾向于采用现金支付方式。因此，在市场信息不对称的情况下，并购银行所选择的支付方式会向市场传递重要的信息：现金支付意味着并购银行股票价值被低估了，这对投资者来说是个好消息。

2. 并购银行经理人员意图保持其对银行的控制权。在任何情况下，经理人员都不愿意失去其对银行的控制权，若选择普通股作为并购的支付方式，则需发行新股，而在经理人员持有本银行股份的情况下，发行新股会“稀释”他们对银行的所有权乃至控制权，并且可能会导致外部投资者的干预，因此，经理人员在本银行拥有的股份越大，他们选择普通股作为支付方式的可能性就越小。

3. 并购银行拥有大量的自由现金流量或充足的借款能力。在较容易获得现金的情况下，并购银行往往倾向于选择现金支付方式，经理人员一般按下列顺序选择融资方式：内部融资、举债、外部权益融资。

4. 股份相对集中于机构投资者和其他大股东。一般情况下，机构投资者和其他大股东往往愿意花昂贵的费用来监督经理人员的经营决策，并努力使经理人员的利益与股东的利益相一致。如果某一家银行的大量股份为某些机构投资者或其他类型的大股东所持有，他们就可能通过董事会或股东大会来干预并购支付方式的选择。由于许多实证研究表明换股并购会导致并购银行股东财富的降低，因此，机构投资者（或其他大股东）持有银行的股份越多，银行选择普通股为支付方式的可能性就越小。

5. 采用恶意收购。收购方式对支付方式的选择具有重要的影响。在恶意收购的情况下，选择现金作为支付方式的可能性较大，因为现金支付简便迅速，它可以使有抵制情绪的目标银行管理当局措手不及，无法及时采取“反收购”策略。在同时有多个并购银行“竞购”某一目标银行的情况下，并购银行采用现金支付方式的可能性也较大，因为现金支付方式可以迅速地击败竞争对手。另外，大多数实证研究表明，“公开标购”也通常采用现金支付方式。

6. 总体经济形势不佳。西方学者认为，经济周期会影响并购支付方式的选择，在总体经济形势不佳的情况下，并购银行采用现金支付方式的可能性较大。

（二）并购银行可能选择普通股支付方式的几种情况

1. 并购银行价值被市场高估。由于市场信息不对称，并购银行的经理人员比外人更熟悉自身银行的内在价值，在自身银行价值被市场低估的情况下，并购银行经理人员会倾向于采用普通股支付方式去并购目标银行。

2. 并购银行具有较好的成长前景。西方学者认为，银行的负债比率与其成长前景之间存在如下关系：一家银行的价值越是依赖于其未来的投资机会，它的负债水平就越低，原因之一是未来充满了不确定性，某种不利情况的出现可能会导致预想的投资方案无法实施，因而经理人员更可能将目标负债比率建立在现有资产（而不是未来投资机会）的基础之上。因此，未来成长前景对一家银行的价值影响越大，该银行就越可能采取权益式融资方式，以普通股作为并购的支付方式。

3. 分散并购价格高于目标银行内在价值的风险。由于信息不对称，并购银行承担着“支付过多”（即实际支付的并购价格高于目标银行的内在价值）的风险。因此，并购银行很可能选择普通股作为并购的支付方式，因为普通股支付方式能够产生“或然定价效应”，即目标银行的现有股东将通过换股而成为并购银行（或一个新的联合银行）的股东，他们在一定程度上分担了因并购银行“支付过多”而带来的不利后果。

4. 总体经济形势较好。西方学者认为，在总体经济形势较好的情况下，并购银行选择普通股为并购支付方式的可能性较大。

另外，一国会计准则和税法对并购银行选择支付方式的影响也很大。

三、商业银行并购的估价

在商业银行并购实务中，并购双方的估价和出价是整个并购活动中最棘手的问题。分析评估人员应根据具体情况采用合适的估价方法，务求估价客观准确。下面介绍并购中几种常用的估价方法。

（一）贴现现金流量法

贴现现金流量法通常被认为是评估与定价理论上最有效和最成熟的方法，它同时适用于对上市和非上市银行的评估。其基本原理是将目标银行在预测期内的现金流量和预测期末的剩余价值（也称终值）按适当的贴现率计算出其现值，该现值即为目标银行的估价。现值的计算公式为

$$V = \sum_{t=1}^{n} \frac{CF_t}{(1+i)^t} + \frac{TV}{(1+i)^t} \qquad (18.1)$$

式中，V 为对目标银行的估价；n 为预测期；CF_t 为第 t 年的现金流量（$t=1, 2, \cdots, n$）；TV 为第 n 年末目标银行的终值；i 为折现率。

1. 现金流量的预测。现金流量是指目标银行每年产生的或必须投入的现金，包括营业现金流量、投资现金流量和筹资现金流量。需要特别指出的是，该现金流量是目标银行被并购后的现金流量。

2. 预测期的确定。理论上，预测期应该持续到增量投资的预期报酬率等于资本成本（即投资者要求达到的最低报酬率）时为止，在并购估价实践中，5～10 年的预测期最为普遍。

3. 终值的确定。由于目标银行持续经营和现金流量预测期有限性的矛盾，有必要确定目标银行预测期末的剩余价值，即终值。并购实务中，终值的确定方法一般有两种：永续增长模型和市盈率法。永续增长模型计算公式为

$$TV = \frac{CF_t}{(k-g)} \qquad (18.2)$$

式中，TV 为终值；CF_t 为计算终值的那一年的现金流量；k 为资本加权平均成本或股东成本；g 为 CF_t 永续增长的预期增长率。

市盈率法的计算公式为

$$终值 = 预测期最后一年的预计现金流量 \times 市盈率 \qquad (18.3)$$

4. 折现率的确定。折现率必须反映目标银行资本的边际成本，而不是并购银行总的资本成本费用。另外，它还必须反映获得预期结果的内在风险。在并购实务中，一般采用以下四种方法来确定适当的折现率：（1）挑选目标银行的现有资本加权平均成本作为基础折现率，在此基础上加几个百分点；（2）挑选目标银行历史上的资产收益率作为基础折现率，在此基础上加几个百分点；（3）利用预期未来利息率的当前估计作为基础折现率，随后考虑它与行业、目标银行和财务结构有关的风险因素而加以调整；（4）利用

对目标银行加权资本成本（来自公开资料）的当前估计作为基础折现率，随后根据目标银行不同风险因素而加以调整。

（二）股票交换法

该方法适用于用换股方式进行的并购。换股并购的关键是确定股票的交换率。企业并购实务中，交换率通常用市场价值法和每股收益法来确定。

1. 市场价值法。该法适用于并购银行与目标银行同为上市银行的情况。在一个充分有效的市场上，股票的市场价可以看做投资的价值，这一现值为并购双方所认同。如果以 MP_1 和 MP_2 分别代表并购银行和被并购银行的股票市价，在考虑了同类并购活动的平均溢价 $\bar{P}$ 后，股票的交换率为

$$E_t = \frac{MP_2\ (1+\bar{P})}{MP_1} \tag{18.4}$$

该比率说明被收购方的1股股票相当于收购方股票的多少股。市场价值法要求并购双方银行同为交投活跃的大银行，因为只有交投活跃，才能使股票的价格体现其真实价值。

2. 每股收益法。由于每股收益的多少在很大程度上反映一家银行的真实价值，因此银行并购实务中常以并购双方银行的每股收益为依据，计算并购双方银行的换股比率。如果以 EPS_1 和 EPS_2 分别代表并购银行和被并购银行的每股收益，在考虑了同类并购活动中的并购溢价后，股票交换率为

$$E_t = \frac{EPS_2\ (1+\bar{P})}{EPS_1} \tag{18.5}$$

当然，该法用于并购双方银行同处于稳定发展阶段时效果最佳，如果并购双方银行所处发展阶段不同，则可用加权平均法来计算每股收益。

四、银行并购的风险与风险控制

（一）银行并购的风险

1. 信息不对称风险。银行并购活动中，并购银行与目标银行处于信息不对称状态，由于目标银行距离遥远、差异较大，并购银行对目标银行的资产价值和盈利能力的判断往往难以做到非常准确，从而使其难以找到合适的价位，或者难以以合理的交易成本得到目标银行。

2. 融资风险。一般而言，并购行为需要大量资金的支持，即使是承债并购，也不过是把资金支出后移一定时期而已。银行并购的融资风险主要表现在以下几个方面：（1）并购活动会占用大量的流动资金，从而降低银行对外部环境变化的快速反应能力和适应能力，增加银行的运营风险；（2）如果银行采用举债收购方式，则会面临资本结构恶化、负债比例过高等风险；（3）在强弱并购的承债并购活动中，并购银行可能会面临资产负债结构调整而导致的风险。

3. 汇率风险。银行并购有许多是跨国银行间的并购，涉及外汇交易，在相应外汇汇率变动的情况下，银行的并购活动就可能因此而遭受损失或者丧失预期利益。汇率风险主要包括外汇买卖风险、交易风险和会计结算风险等。

4. 利率风险。银行并购的利率风险是指并购银行在资本的筹集和运用过程中由于利率的变动而导致收回投资、偿还贷款所面临损失的可能性。银行间的并购往往需要巨额资金，并购银行除了自有资金外，还需到资金市场上筹集资金，由于市场利率的不断变动，并购银行可能面临资金成本增加的风险。

5. 法规风险。由于各国在投资、贸易、技术转移、劳动关系、会计和税收政策等方面的法规不同，跨国银行并购还面临着来自法规方面的风险，如国家或区域组织的反托拉斯法就可能导致跨国间的银行并购案流产。

6. 并购银行与目标银行的整合风险。并购银行与目标银行间的整合实际上是并购银行对目标银行的物质资源、人力资源、银行的企业文化进行重新调整，如果整合不成，则会使并购后的银行难以产生规模经济效应或范围经济效应。并购银行与目标银行的整合风险主要表现在：（1）在强强结合的并购中，银行的企业文化难以相容、管理机制产生冲突等因素导致的风险；（2）在强弱结合的银行跨国并购中，优势银行文化不能有效同化弱势银行的文化而导致的风险；（3）两家银行的整合过程中未能有效地处理相关各方的利益，由于利益冲突而导致的风险。

（二）银行并购的风险控制

1. 信息不对称风险的控制。针对信息不对称风险，并购银行应在目标选择和评价中，对目标银行的资产状况、资本结构、财务状况、经营状况、资信状况等进行全面、深入的调查，不仅要仔细分析其财务报表上的有关项目，而且还应从目标银行的客户市场等方面了解情况，综合评价，尽量掌握真实、完整、准确的信息。另外，为了避免对方故意隐瞒重大事实，在签订有关并购合同时应增加部分自我保护性条款。

2. 融资风险控制。针对融资风险，并购银行应在充分评估目标银行的基础上选择适当的并购支付方式，采取最佳融资策略。对于现金支付方式，并购银行应及时调整资产负债结构，准备充足的现金头寸，避免过多消耗自身的流动资源。如果用于并购的现金是短期借款，那么还应选择一种妥善的重新融资方案，避免举债过于沉重、负债比例过高和资本结构恶化。对于强弱结合的承债并购，并购银行应量力而行，充分考虑自身资产负债结构的承受能力，以保持银行适应未来环境变化的能力。

3. 汇率风险的控制。针对汇率风险，并购银行应尽量缩短借入和买入外汇与支付外汇之间的时间间隔，降低此间的不确定性影响；遵循“借用还一致”的原则，避免不同外汇之间套算的损失；在遇到外汇交易风险时，可采取提前或者推迟实际交易的进行来规避风险；在会计结算风险方面，可采取编制会计结算风险表的方法，将银行的所有风险头寸用一种职能货币反映出来，以便在不同的计算期之间进行比较。

4. 利率风险的控制。针对利率风险，并购银行在筹集资金时，必须考虑资金的成本，不仅要考虑资金成本对收益的影响，还要考虑不同时期成本的变化，考虑并购后因银行资产负债结构的调整导致的银行利率敏感性资产和利率敏感性负债的缺口变化，避免因利率变动而带来的损失。

5. 法规风险控制。针对法规风险，并购银行在进行并购时，应聘请专门的会计、税收和法律事务顾问机构，在专门顾问机构的帮助下进行并购运作，避免因运作不当而多缴税或者因违规而受处罚。

6. 整合风险控制。银行并购双方能否顺利整合是能否导致并购协同效应的关键，整合的关键是银行的企业文化和管理机制的融合。银行的企业文化和管理机制往往根深蒂固，难以改变，并购后的银行应调动一切资源，加强团队建设，强化团队精神，统一团队认识，以点带面，逐步达到银行企业文化和管理机制的融合。

第四节 案例分析

案例：珠联璧合：J. P. 摩根大通公司的诞生

（一）情况介绍

20 世纪 90 年代以来，面对竞争的压力，世界各行各业又掀起了并购浪潮，特别是金融、电信、能源和汽车行业的并购大有愈演愈烈的势头。在这样的大环境下，许多世界大银行、公司纷纷采取行动，大通曼哈顿公司和 J. P. 摩根公司也在此行列。

1955 年，大通国民银行与曼哈顿银行合并组成大通曼哈顿银行，资产达 70 亿美元。1965 年，参加联邦系统和联邦存款保险公司。1969 年，成立银行持股公司——大通曼哈顿公司，大通银行则成为其主要子公司。截至 1999 年末，大通的资产总额达 4 061 亿美元，成为美国第三大银行，同年全球 500 强排名第二十三位。大通公司的战略目标是致力于改善资本回报率、资产利润率和成本收益比等指标，拟通过收购高市盈率公司来提升自身股票的市场价值。

1933 年，为顺应美国分业经营的法律要求，摩根银行决定保留其商业银行业务，把投资银行业务分离出去组成摩根士丹利银行公司，即原摩根银行一分为二：J. P. 摩根和摩根士丹利。随着美国银行法的逐步修订，美国的金融业逐步由分业经营走向混业经营。1987 年，J. P. 摩根开始进入投资银行领域，业务多元发展。2000 年，J. P. 摩根列全球银行排名第五，在美国的股票承销业务排名第七。摩根的战略是改变自己在华尔街贵族银行的身份，拟通过与银行的合并，依靠银行完善的服务网络，增加客户资源，改善客户群结构。

大通与摩根优势互补。大通的优势是有众多的分支机构、丰富的客户源、充足的资本金和成熟的批发业务，劣势是市场价值较低、投资银行业务欠发达、非利息收入较低以及欧洲和亚洲市场有待开发。摩根的优势是有极强的国际批发业务、成熟的投资银行技能、广泛的欧洲和亚洲业务以及较高的市场价值，劣势是分支机构和客户群结构局限。

并购的主要程序：事前商讨，由两家银行的高层少数领导、律师及投资银行家小范围谈判；2000 年 12 月 11 日，美联储理事会以全票通过了这项合并计划；2000 年 12 月 22 日，合并方案分别获两家银行的股东大会通过；2000 年 12 月 31 日，合并正式完成，J. P. 摩根大通公司诞生。新公司的股票于 2001 年 1 月 2 日在纽约股票交易所开始交易。

并购的技术处理：实行新设合并，成立新的 J. P. 摩根大通公司，原 J. P. 摩根公司和大通公司解散；股票互换，合并采取股票互换方式进行，大通公司将按 2000 年 9 月 12 日的收盘价，以 3. 7 股去交换摩根的 1 股；会计处理原则，采取合并利益的会计处理方法，假定新公司在报告期内一直存续。

（二）分析

大通与摩根合并，堪称珠联璧合，两公司合并实现了商业银行业务和投资银行业务的契合，有利于增强竞争实力，建立真正的国际大银行。新公司成立后，J. P. 摩根大通公司成为全美第三大银行集团。

大通与J. P. 摩根两强合并，有利于分散资产组合和收入来源，从而稳定利润，降低风险。两行在除商业银行业务以外的其他核心业务领域，如投资银行业务和风险投资业务方面也可以相辅相成。

[本章小结]

1. 并购是银行资本运作的重要方式，也是国际银行业发展的大势所趋，并购的主要目的是增强竞争实力和增加盈利。银行并购重在决策，因此，并购银行应对目标银行准确定价，选择合适的并购支付方式，搞好与被并购银行的整合，最终实现1+1>2的并购目标。

2. 银行并购的原因很多，但国际背景因素和谋求管理协同效应、经营协同效应以及财务协同效应是商业银行并购的主要动机。

3. 银行并购实务中，虽然现金流量折现分析是评估目标银行价值的有效定量分析方法，但同时还应辅以定性方法来评估目标银行的价值。

4. 国际并购的实践表明，并购成败的关键是如何使并购双方尽快实现整合，而整合的关键又在于双方企业文化的融合。

[本章重要概念]

兼并　收购　并购　合并　管理协同　经营协同　财务协同

[练习题]

一、判断题

1. 合理避税是并购的经营协同效应的表现之一。（　）
2. 股权式并购是指投资者以现金为媒介对目标银行进行并购。（　）
3. 现代并购实务中最常见的是混合证券式并购。（　）
4. 混合式并购的唯一好处是减轻现金支付压力。（　）
5. 获得管理人才进而提高管理效率是并购的管理协同效应的主要表现。（　）
6. 合并是指两家独立的企业同时放弃各自的法人地位而实行股权联合，从而建立一个新法人实体的经济行为。（　）
7. 换股并购的关键是确定股票的交换率。（　）
8. 并购估价中的市场价值法用于并购双方同处于稳定发展阶段时效果最佳。（　）

9. 并购估价中的每股收益法要求并购双方同为交投活跃的上市公司。 （ ）

10. 在恶意收购的情况下，选择现金作为支付方式的可能性较大。 （ ）

二、单选题

1. 下列各项不属于换股支付方式特点的是（ ）。

A. 不需要支付大量的现金 B. 不影响并购企业的现金流动状况

C. 目标企业的股东不会失去所有权 D. 获得财务杠杆利益

2. 如果并购后的公司价值超过合并前各公司价值的简单代数和，则这种合并的动因是（ ）。

A. 扩大市场份额动因 B. 企业发展动因

C. 经营协同效应 D. 管理层利益驱动

3. 由并购方直接发行某种形式的票据完成并购，则这种支付方式属于（ ）。

A. 换股支付 B. 现金支付 C. 综合证券 D. 杠杆收购

4. 当并购银行选择现金支付方式进行并购时，其选择融资方式的顺序是（ ）。

A. 内部融资、举债、外部权益融资 B. 举债、内部融资、外部权益融资

C. 外部权益融资、举债、内部融资 D. 外部权益融资、内部融资、举债

5. 并购银行可能选择股权支付方式的情况有（ ）。

A. 并购银行价值被市场低估

B. 并购银行管理人员意图保持其对银行的控制权

C. 采用敌意收购 D. 并购银行价值被市场高估

6. 在并购估价实践中，下列各时间段的预测期中最为普遍的是（ ）。

A. 1～2 年 B. 2～3 年 C. 3～5 年 D. 5～10 年

7. 并购活动中因资产负债结构调整而导致的风险为（ ）。

A. 融资风险 B. 汇率风险 C. 利率风险 D. 法规风险

8. 并购银行可能选择现金支付方式的情况为（ ）。

A. 并购银行价值被市场高估

B. 并购银行具有较好的成长前景

C. 分散并购价格高于目标银行内在价值的风险

D. 并购银行价值被市场低估

三、多选题

1. 按并购的实现方式，并购可分为（ ）。

A. 整体并购 B. 部分并购

C. 承担债务式并购 D. 现金购买式并购

E. 股份交易式并购

2. 银行并购的动因与效应有（ ）。

A. 谋求经营协同效应 B. 谋求财务协同效应

C. 谋求市场份额效应 D. 谋求管理协同效应

E. 适应经济全球化的需要

3. 按并购双方产品与产业的联系可将并购分为（　　）。
A. 吸收并购　　B. 横向并购
C. 纵向并购　　D. 混合并购
E. 新设并购

4. 下列各项中可以用来确定现金流量贴现法中资本成本的基准收益的有（　　）。
A. 市场利率　　B. 估计的未来利率
C. 目标银行当前加权平均资本成本　　D. 目标银行历史上的资产收益率
E. 同行业的加权平均资本成本

5. 并购银行选择现金支付方式的情况主要有（　　）。
A. 并购银行价值被市场低估
B. 并购银行价值被市场高估
C. 并购银行管理人员意图保持其对银行的控制权
D. 并购银行现金充裕
E. 股份相对集中于机构投资者

6. 并购银行选择普通股支付方式的主要情况有（　　）。
A. 并购银行具有较好的成长前景
B. 并购银行价值被市场高估
C. 并购银行价值被市场低估
D. 分散并购价格高于目标银行内在价值的风险
E. 总体经济形势较好

四、简答题

1. 试述商业银行并购的动机。
2. 试述银行并购步骤。
3. 试述现金流量折现分析方法的优缺点。
4. 试述并购银行与被并购银行的整合策略。

练习题答案

[教学辅助材料相关链接]

《银行保险机构公司治理监管评估办法》

《商业银行公司治理指引》

参考文献

［1］中国银行保险监督管理委员会，中国人民银行．商业银行资本管理办法（征求意见稿）［M］．2023－02－18.

［2］巴塞尔银行监管委员会．第三版巴塞尔协议［M］．北京：中国金融出版社，2012.

［3］巴塞尔银行监管委员会．统一资本计量和资本标准的国际协议：修订框架［M］．北京：中国金融出版社，2004.

［4］Frederic S. Mishkin and Stanley G. Ealkins：Financial Markets and institutions，9th Edition，Pearson Education. Inc.，2018.

［5］Matthias Gundlach et al.：CreditRisk + in the Banking Industuy，Germany，Springer-Verlag Berlin Heidelberg，2004.

［6］Gunter Loffler and Peter N. Posch：Credit risk modeling using Excel and VBA，England，John Wiley & Sons，Ltd.，2007.

［7］Michael Kong. 内部信用风险模型——资本分配和绩效度量［M］．李志辉译．天津：南开大学出版社，2004.

［8］黄达．金融——词义、学科、形势、方法及其他［M］．北京：中国金融出版社，2001.

［9］彭建刚．彭建刚文集（第一卷：经济金融改革研究；第二卷：普惠金融研究；第三卷：银行业微观审慎管理研究；第四卷：银行业宏观审慎管理研究；第五卷：金融研究国际交流与教学科研方法探索［M］．北京：中国金融出版社，2018.

［10］彼得·S.，罗斯，西尔维娅·C. 赫金斯．商业银行管理（第五版）［M］．戴国强译．北京：机械工业出版社，2006.

［11］小约瑟夫· F. 辛基．商业银行财务管理（第六版）［M］．黄金老译．北京：中国人民大学出版社，2005.

［12］露西沃·萨诺，马克·P. 泰勒．汇率经济学［M］．何泽荣译．成都：西南财经大学出版社，2006.

［13］陈小宪．风险·资本·市值［M］．北京：中国金融出版社，2004.

［14］詹原瑞．银行信用风险的现代度量与管理［M］．北京：经济科学出版社，2004.

［15］章义伍．如何打造高绩效团队［M］．北京：北京大学出版社，2005.

［16］加里·阿姆斯特朗，菲利普·特勒．科特勒市场营销教程（第六版）［M］．俞利军译．北京：华夏出版社，2004.

［17］邱兆祥．金融改革理论问题研究［M］．北京：光明日报出版社，2015.

［18］费雷泽等．商业银行业务：对风险的管理［M］．康以同等译．北京：中国金融出版社，2002.

[19] 马君潞，王东胜．金融机构管理［M］．大连：东北财经大学出版社，2004.

[20] 弗兰克·J. 法博齐．投资管理学［M］．周刚等译．北京：经济科学出版社，1999.

[21] 王广谦，张亦春，姜波克，陈雨露．金融学科建设与发展战略研究［M］．北京：高等教育出版社，2002.

[22] 戴国强．商业银行经营学［M］．北京：高等教育出版社，1999.

[23] 章彰．商业银行信用风险管理［M］．北京：中国人民大学出版社，2002.

[24] 戴相龙．商业银行经营管理［M］．北京：中国金融出版社，1998.

[25] 曾康霖，谢太峰，王敬．银行论［M］．成都：西南财经大学出版社，1997.

[26] 洛伦兹·格利茨．金融工程学（修订版）［M］．唐旭等译．北京：经济科学出版社，1998.

[27] 张桥云．中国银行业存款产品设计创新研究［M］．北京：中国金融出版社，2010.

[28] 彭建刚．商业银行经济资本管理研究［M］．北京：中国金融出版社，2011.

[29] 姜旭朝，于殿江．商业银行管理案例评析［M］．济南：山东大学出版社，2000.

[30] 俞乔，邢晓林，曲和磊．商业银行管理学［M］．上海：上海人民出版社，1998.

[31] 吴青．西方银行管理［M］．北京：对外经济贸易大学出版社，2002.

[32] 张金鳌．二十一世纪商业银行资产负债管理［M］．北京：中国金融出版社，2002.

[33] 约翰·马歇尔，维普尔·班赛尔．金融工程［M］．宋逢明译．北京：清华大学出版社，2001.

[34] 左柏云．金融风险案例剖析［M］．广州：广东经济出版社，2001.

[35] 栗书茵．国际金融与国际结算［M］．北京：经济科学出版社，1999.

[36] 刘舒年．国际信贷［M］．成都：西南财经大学出版社，1997.

[37] 徐国祥．证券投资分析［M］．上海：上海三联出版社，1997.

[38] 王海智．金融风险典型案例评析与防范［M］．北京：中国金融出版社，2000.

[39] 闻潜．消费启动与投资启动［M］．北京：经济科学出版社，2000.

[40] 王先玉．现代商业银行战略管理与营销管理［M］．北京：中国金融出版社，1999.

[41] 彭建刚．现代商业银行资产负债管理研究［M］．北京：中国金融出版社，2001.

[42] 彭建刚等．中国地方中小金融机构发展研究［M］．北京：中国金融出版社，2010.

[43] 周朝琦．质量管理创新［M］．北京：经济管理出版社，2000.

[44] A. V. 费根堡姆．全面质量管理［M］．中文版，北京：机械工业出版社，1991.

[45] 田进，钱弘道．兼并与收购［M］．北京：企业管理出版社，1991.

[46] 吕国胜．金融战略整合［M］．北京：企业管理出版社，2001.

[47] 孔永新．迎接全球银行购并浪潮［M］．北京：中国金融出版社，2000.

[48] 干春晖等．企业并购［M］．上海：立信会计出版社，2002.

[49] 郭基元．汽车消费信贷手册［M］．北京：中国商业出版社，1999.

[50] 刘锡平．消费信贷指南［M］．长沙：湖南人民出版社，2000.

[51] 雷鸣．银行质量管理学［M］．北京：中国地质大学出版社，1992.

[52] James C. Bander：International Finance，Prentice - Hall，Inc.，1998.

[53] George H. Hempel and Donald G. Simonson：Bank Management，John Wiley & Sons，Ins.，1999.

[54] John C. Hull. Option，Future，and Other Derivatives（Fourth Edition）［M］．北京：清华大学出版社，2001.

[55] 中国人民银行长沙中心支行，湖南大学联合课题组．普惠金融的货币政策支持［N］．金融时报，2018 - 12 - 10.

［56］彭建刚．基于宏观审慎监管的银行业压力测试研究［M］．北京：中国金融出版社，2014.
［57］贾春霖．技术经济学（修订版）［M］．长沙：中南工业大学出版社，1993.
［58］王祖继．大型商业银行金融科技管理［M］．成都：西南财经大学出版社，2020.

21世纪高等学校金融学系列教材

一、货币银行学子系列

书名	作者		价格	出版时间
★货币金融学（第五版）	朱新蓉	主编	69.00元	2021.05出版
（普通高等教育“十一五”国家级规划教材/国家精品课程教材·2008）				
货币金融学	张　强　乔海曙	主编	32.00元	2007.05出版
（国家精品课程教材·2006）				
货币金融学（附课件）	吴少新	主编	43.00元	2011.08出版
货币金融学（第二版）	殷孟波	主编	48.00元	2014.07出版
（普通高等教育“十五”国家级规划教材）				
现代金融学——货币银行、金融市场与金融定价（第二版）	张成思	编著	69.00元	2022.08出版
货币银行学（第二版）	夏德仁　李念斋	主编	27.50元	2005.05出版
货币银行学（第三版）	周　骏　王学青	主编	42.00元	2011.02出版
（普通高等教育“十一五”国家级规划教材）				
货币银行学原理（第六版）	郑道平　张贵乐	主编	39.00元	2009.07出版
金融理论教程	孔祥毅	主编	39.00元	2003.02出版
西方货币金融理论	伍海华	编著	38.80元	2002.06出版
现代货币金融学	汪祖杰	主编	30.00元	2003.08出版
行为金融学教程	苏同华	主编	25.50元	2006.06出版
中央银行通论（第三版）	孔祥毅	主编	40.00元	2009.02出版
中央银行通论学习指导（修订版）	孔祥毅	主编	38.00元	2009.02出版
商业银行经营管理（第二版修订版）	宋清华	主编	50.00元	2021.08出版
商业银行管理学（第六版）	彭建刚	主编	80.50元	2023.09出版
（国家级一流本科课程配套教材/普通高等教育“十一五”国家级规划教材/国家精品课程教材·2007/国家精品资源共享课配套教材）				
商业银行管理学（第四版）	李志辉	主编	76.00元	2022.03出版
（普通高等教育“十一五”国家级规划教材/国家精品课程教材·2009）				
商业银行管理学习题集	李志辉	主编	20.00元	2006.12出版
（普通高等教育“十一五”国家级规划教材辅助教材）				
商业银行管理	刘惠好	主编	27.00元	2009.10出版
现代商业银行管理学基础	王先玉	主编	41.00元	2006.07出版
金融市场学（第三版）	杜金富	主编	55.00元	2018.07出版
现代金融市场学（第四版）	张亦春	主编	50.00元	2019.02出版
中国金融简史（第二版）	袁远福	主编	25.00元	2005.09出版
（普通高等教育“十一五”国家级规划教材）				

书名	作者		方式	定价	出版时间
货币与金融统计学（第四版）	杜金富		主编	48.00 元	2018.07 出版
（普通高等教育“十一五”国家级规划教材/国家统计局优秀教材）					
金融信托与租赁（第五版）	王淑敏	齐佩金	主编	45.00 元	2020.06 出版
（普通高等教育“十一五”国家级规划教材）					
金融信托与租赁案例与习题	王淑敏	齐佩金	主编	25.00 元	2006.09 出版
（普通高等教育“十一五”国家级规划教材辅助教材）					
金融营销学	万后芬		主编	31.00 元	2003.03 出版
金融风险管理	马昕田		主编	40.00 元	2021.06 出版
金融风险管理	宋清华	李志辉	主编	33.50 元	2003.01 出版
网络银行（第二版）	孙　森		主编	36.00 元	2010.02 出版
（普通高等教育“十一五”国家级规划教材）					
银行会计学	于希文	王允平	主编	30.00 元	2003.04 出版
互联网金融	万光彩	曹　强	主编	50.00 元	2022.01 出版

二、国际金融子系列

书名	作者		方式	定价	出版时间
国际金融学	潘英丽	马君潞	主编	31.50 元	2002.05 出版
★国际金融概论（第五版）	孟　昊	王爱俭	主编	45.00 元	2020.01 出版
（国家级一流本科课程配套教材/普通高等教育“十二五”国家级规划教材/国家精品课程教材·2009）					
国际金融（第四版）	刘惠好		主编	66.00 元	2022.11 出版
国际金融概论（第四版）（附课件）	徐荣贞		主编	48.00 元	2022.01 出版
★国际结算（第七版）（附课件）	苏宗祥	徐　捷	著	70.00 元	2020.08 出版
（普通高等教育“十二五”国家级规划教材/2012—2013 年度全行业优秀畅销书）					
各国金融体制比较（第五版）	白钦先		等编著	78.00 元	2021.09 出版
国际金融（第二版）	周　文	漆腊应	主编	43.00 元	2021.04 出版
国际金融管理	鞠国华		主编	43.00 元	2020.01 出版

三、投资学子系列

书名	作者		方式	定价	出版时间
投资学（第四版）	张元萍		主编	63.00 元	2022.04 出版
证券投资学	吴晓求	季冬生	主编	24.00 元	2004.03 出版
证券投资学（第二版）	金　丹		主编	69.00 元	2022.08 出版
证券投资学	王玉宝		主编	38.00 元	2018.06 出版
现代证券投资学	李国义		主编	39.00 元	2009.03 出版
证券投资分析（第二版）	赵锡军	李向科	主编	35.00 元	2015.08 出版
组合投资与投资基金管理	陈伟忠		主编	15.50 元	2004.07 出版
投资项目评估（第三版）	李桂君	宋砚秋	主编	60.00 元	2021.06 出版
	王瑶琪				
项目融资（第三版）	蒋先玲		编著	36.00 元	2008.10 出版

四、金融工程子系列

书名	作者		方式	定价	出版时间
金融经济学教程（第三版）	陈伟忠	陆珩瑱	主编	56.00 元	2021.11 出版
衍生金融工具（第二版）	叶永刚	张　培	主编	53.00 元	2020.07 出版

衍生金融工具	王德河　杨　阳	编著	38.00 元	2016.12 出版
现代公司金融学（第三版）	马亚明	主编	59.00 元	2021.08 出版
金融计量学	张宗新	主编	42.50 元	2008.09 出版
数理金融	张元萍	编著	29.80 元	2004.08 出版
金融工程学（第二版）	沈沛龙	主编	63.00 元	2023.02 出版
金融工程	陆珩瑱	主编	39.50 元	2018.01 出版

五、金融英语子系列

金融英语阅读教程（第五版）（北京高等教育精品教材）	沈素萍	主编	69.00 元	2022.10 出版
金融英语阅读教程导读（第四版）（北京高等学校市级精品课程辅助教材）	沈素萍	主编	23.00 元	2016.01 出版
保险专业英语	张栓林	编著	22.00 元	2004.02 出版
保险应用口语	张栓林	编著	25.00 元	2008.04 出版

注：加★的书为“十二五”普通高等教育本科国家级规划教材。

21 世纪高等学校保险学系列教材

书名	作者		定价	出版时间
保险学概论	许飞琼	主编	49.80 元	2019.01 出版
保险学概论学习手册	许飞琼	主编	39.00 元	2019.04 出版
经典保险案例分析 100 例	许飞琼	主编	36.00 元	2020.01 出版
保险学（第二版）	胡炳志　何小伟	主编	29.00 元	2013.05 出版
风险管理与保险	孔月红　高　俊	主编	39.50 元	2019.10 出版
保险精算（第三版） （普通高等教育"十一五"国家级规划教材）	李秀芳　曾庆五	主编	36.00 元	2011.06 出版
人身保险（第二版）	陈朝先　陶存文	主编	20.00 元	2002.09 出版
财产保险（第六版） （普通高等教育"十一五"国家级规划教材/普通高等教育精品教材奖）	许飞琼　郑功成	主编	56.00 元	2020.12 出版
财产保险案例分析	许飞琼	编著	32.50 元	2004.08 出版
海上保险学	郭颂平　袁建华	编著	34.00 元	2009.10 出版
责任保险	许飞琼	编著	40.00 元	2007.11 出版
再保险（第二版） （普通高等教育"十一五"国家级规划教材）	胡炳志　陈之楚	主编	30.50 元	2006.02 出版
保险经营管理学（第二版）	江生忠　祝向军	主编	49.00 元	2017.12 出版
保险经营管理学（第二版） （普通高等教育"十一五"国家级规划教材）	邓大松　向运华	主编	42.00 元	2011.08 出版
保险营销学（第四版） （教育部经济类专业主干课程推荐教材）	郭颂平　赵春梅	主编	42.00 元	2018.08 出版
保险营销学（第二版）	刘子操　郭颂平	主编	25.00 元	2003.01 出版
★风险管理（第五版修订本） （普通高等教育"十一五"国家级规划教材）	许谨良	主编	50.00 元	2022.01 出版
保险产品设计原理与实务	石　兴	著	24.50 元	2006.09 出版
社会保险（第五版） （普通高等教育"十一五"国家级规划教材）	林　义	主编	49.00 元	2022.08 出版
保险学教程（第二版）	张　虹　陈迪红	主编	36.00 元	2012.07 出版
利息理论与应用（第二版）	刘明亮	主编	32.00 元	2014.04 出版
保险法学	李玉泉	主编	53.50 元	2020.08 出版

注：加★的书为"十二五"普通高等教育本科国家级规划教材。